추격을 넘어 추월

# 한국경제론

강성진

From Catch Up to Leapfrogging

# KOREAN ECONOMY

박영사

# 머리말

한국은 6·25 전쟁 이후 폐허가 된 경제 기반과 정치·사회적 혼란 속에서 국가 재건을 시작해야 했다. 당시 국제사회는 한국의 발전 가능성을 낮게 보았지만, 정부는 수출 중심의 경제개발 전략을 추진하며 1970~80년대에 이른바 '한강의 기적'이라 불리는 눈부신 성장을 이뤄냈다. 세계은행이 1993년에 발표한 『동아시아의 기적』 보고서와 노벨경제학상 수상자인 로버트 루카스(R. Lucas)도 한국의 경제성장을 높이 평가했다.

한국은 1970년대의 스태그플레이션, 1997년 외환위기, 2000년대 카드대란, 2008년 글로벌 금융위기, 2020년 글로벌 복합위기 등 여러 차례 경제위기를 겪었지만, 구조조정과 수출 전략 등을 통해 이를 극복했다. 그 결과 현재 한국은 세계 10위권의 경제 규모를 갖춘 나라로 성장했고, 1인당 국민소득도 3만 달러를 넘어서며 명실상부한 선진국 반열에 올랐다. 하지만 한국의 고도성장에 대해 비판적인 시각도 꾸준히 제기되어 왔다. 1990년대 중반에 경제학자 폴 크루그먼(P. Krugman)과 알윈 영(A. Young)은 한국을 포함한 동아시아 국가들의 성장이 주로 노동력과 자본 투입에 의존했으며, 기술혁신의 기여는 제한적이었다고 지적하면서, 이러한 성장 방식이 장기적으로 지속가능하지 않다고 보았다. 그 외에도 정경유착, 다양한 양극화 현상, 대기업 중심의 경제력집중, 노동권 침해, 환경오염 같은 문제도 한국 경제 발전의 그림자로 지적되어 왔다.

여러 우려에도 불구하고 오늘날 국제사회에서 실질적인 선진국 대열에 들어선 것으로 인정받고 있는 것은 사실이다. 그러나 앞으로도 지속적인 경제성장을 달성하기 위해서는 여전히 해결해야 할 과제들이 남아 있다. 저출산과 고령화는 노동인구 감소와 연금제도의 지속가능성에 부담을 주고 있다. 디지털전환과 에너지전환은 새로운 산업생태계를 필요로 하며, 탄소중립이라는 국제적인 환경 목표도 중요한 과제로 떠오르고 있다. 또한, 가계와 기업의 높은 부채는 경제와 금융시스템의 안정성을 위협하는 요인이 될 수 있다.

이제 한국은 과거의 중앙집중적이고 정부주도적인 '개발국가' 모델에서 벗어나야 할 시점에 와 있다. 앞으로는 민간이 경제의 주체가 되고, 정부는 조정자이자 지원자의 역할을 해야 한다. 민간의 자율성과 창의력을 키우는 동시에 공정한 경쟁 질서를 마련하는 것이 지속가능한 발전을 위한 중요한 방향이다. 한국의 경제발전 경험은 전 세계 개발도상국들에게 좋은 정책제안 모델이 될 수 있지만, 추가적으로 단순한 경제성장 전략에서 더 나아가 국민 삶의 질, 행복, 환경과 사회의 지속가능성까지 함께 고려하는 발전 전략이 요구된다.

이 교재는 한국의 경제발전을 단순한 성공 이야기로만 보지 않고, 발전의 원인과 특징은 물론, 그 과정에서 드러난 한계와 문제점까지 함께 살펴보고자 한다. 또한, 앞으로 한국이 선진국으로서 지속가능발전을 이루기 위해 어떤 과제를 해결해야 하는지도 다룬다. 이를 위해 조선 말기와 일제강점기, 그리고 1950년대 이승만 정부 시기의 경제정책과 상황도 함께 살펴보며, 한국경제를 역사적으로 통찰할 수 있도록 구성했다. 특히 한국의 경제발전에 관심이 있는 외국의 학자, 정책입안자 및 학생들과 공유하기 위하여 영문판으로 동시 출판한다.

이 교재가 한국 경제발전의 성과와 과제를 균형 있게 이해하고, 나아가 한국의 경험을 다른 나라와 공유하는 데 도움이 되기를 바란다. 아울러 집필 과정에서 꼼꼼히 읽고 오탈자를 지적해 준 연구실 대학원생 여러분(김지용, 김홍여, 이선주, 이정우, 정대규, 조시준, 진윤호)께 깊이 감사드린다. 앞으로도 자료를 지속적으로 보완하고 내용을 수정해 나갈 계획이다. 이 교재가 한국 경제발전에 대한 이해와 토론의 출발점이 되기를 기대한다.

# 차례

Chapter 1 폐허에서 선진국으로: 원인, 성과 및 과제

Chapter 2 한국 경제발전 성과와 특징

1. 들어가며 12
2. 경제발전 성과 13
3. 경제발전 전략의 특징 20
4. 경제발전 과정 34
5. 정부주도형 경제발전 전략과 전환 과제 38

Chapter 3 한국 자본주의 태동

1. 들어가며 46
2. 조선사회 자본주의 맹아론 46
3. 식민지근대화론 48
4. 식민지근대화론에 대한 비판 50
5. 해방 이후 1950년대 경제발전 52
6. 경제발전 동력의 원인에 대한 견해 64

Chapter 4 정부주도 고도성장기

1. 들어가며 72

2. 고도성장기 경제성과 73
3. 정부 조직의 변화와 정치적 리더십 77
4. 경제개발 5개년 계획과 성과 79
5. 수출주도형 정책 지원 83
6. 고도성장기 경제위기와 안정화정책 94

Chapter 5 민간주도 경제발전 이행기

1. 들어가며 102
2. 민간주도 이행기 주요 경제성과 102
3. 정부별 주요 경제정책 106
4. 경제개발 5개년 계획과 성과 113
5. 민간주도 경제발전정책의 성과 119

Chapter 6 지속가능발전 준비기

1. 들어가며 128
2. 지속가능발전 준비기 주요 경제성과 129
3. 정부별 경제정책 변화 132
4. 지속가능발전 준비기의 과제 148

Chapter 7 중화학공업 육성정책과 경제안정화 정책

1. 들어가며 156
2. 중화학공업 발전 현황 157
3. 중화학공업 발전 정책 161
4. 중화학공업 발전 정책과 경제안정화종합시책 178

## Chapter 8 재정체계 변화와 공기업 민영화

1. 들어가며 186
2. 재정체계와 정부 재정지출 현황 187
3. 재정정책의 역사 199
4. 공기업 민영화와 국영기업 205
5. 재정체계와 재정정책의 평가 213

## Chapter 9 금융기관과 금융정책의 변화

1. 들어가며 217
2. 금융기관과 금융시장 현황 219
3. 금융정책 역사 223
4. 금융산업 발전 정책 성과와 전망 241

## Chapter 10 과학기술정책과 전자·정보통신산업

1. 들어가며 248
2. 전자 및 정보통신산업의 현황 249
3. 과학기술정책의 역사 255
4. 전자·정보통신산업의 발전 과정 262
5. 정보통신산업 정책의 발전 성과 273

## Chapter 11 공정거래와 중소기업정책

1. 들어가며 277
2. 중소기업과 대기업집단의 분류와 성과 279

3. 대기업과 중소기업의 경제성과 281
4. 공정거래제도의 변화와 대기업 정책 284
5. 시대별 중소기업정책 291
6. 공정거래와 중소기업 정책의 성과 300

Chapter 12 서비스산업 발전과 과제

1. 들어가며 308
2. 서비스산업 현황 309
3. 시대별 서비스산업 발전 정책 314
4. 서비스산업 발전 방안 327
5. 서비스산업 발전 정책과 전망 330

Chapter 13 경제위기 극복과 대응 정책

1. 들어가며 338
2. 고도성장기 스태그플레이션과 경제안정화종합시책 342
3. 1980년대 경제위기와 대응 정책 345
4. 동아시아 외환위기와 대응 정책 350
5. 카드사태와 대응 정책 359
6. 글로벌 금융위기와 대응 정책 363
7. 글로벌 복합위기 367
8. 경제위기 대응의 교훈 369

Chapter 14 사회보장제도와 과제

1. 들어가며 376

2. 소득분배 현황 377
3. 사회보장제도 현황 386
4. 시대별 사회보장제도의 변화 388
5. 사회보장제도의 한계와 과제 396

Chapter 15 에너지와 기후변화정책

1. 들어가며 404
2. 에너지 및 환경 지표 현황 404
3. 시대별 에너지정책 407
4. 시대별 환경 및 기후변화 정책 413
5. 에너지·환경정책과 과제 426

Chapter 16 대외경제정책의 성과와 과제

1. 들어가며 432
2. 대외개방 주요 지표 433
3. 대외경제정책의 변화 440
4. 대외경제정책의 현황과 전망 456

Chapter 17 한국경제 발전의 시사점과 도전 과제

1. 들어가며 462
2. 경제발전의 성과와 시사점 463
3. 한국경제가 직면한 도전과 대응 방향 467
4. 한국 경제발전 정책 패러다임의 전환 481
5. 한국의 지속가능발전을 위한 방안 488

CHAPTER

# 01

# 폐허에서 선진국으로 : 원인, 성과 및 과제

Chapter 01

# 폐허에서 선진국으로 : 원인, 성과 및 과제

한국경제는 6·25전쟁으로 인한 극심한 산업기반 파괴와 혼란 속에서 국가 재건을 시작해야만 하였다. 당시 외국 언론은 한국의 미래를 매우 절망적으로 전망하였다. 1951년 10월 1일 영국의 더 타임스(The Times)는 "이러한 한국의 폐허 속에서 건전한 민주주의를 기대하는 것보다 쓰레기통에서 장미꽃이 피기를 바라는 것이 더 합리적이다."라며 한국의 발전 가능성을 거의 없다고 평가하였다. 실제로 한국은 극심한 빈곤과 사회·정치적 혼란에 시달렸으며, 전후에는 경제성장이 불가능에 가까운 목표처럼 여겨졌다.

20세기 후반 한국은 이른바 '한강의 기적'이라 불리는 압축 성장을 이뤄냈다. 1993년 세계은행(World Bank)이 발간한 『동아시아의 기적(East Asian Miracle)』 보고서에서도 한국, 싱가포르, 대만, 홍콩 등을 기적적인 경제성장을 달성한 국가로 주목하였다. 보고서에 따르면 이들 국가의 성장 원인은 단순히 노동과 자본의 양적 투입에 국한되지 않고, 기술혁신도 경제성장에 중요한 역할을 하였다고 평가되었다. 또한 급속한 성장에도 불구하고 소득분배가 심각하게 악화되지 않았다는 점도 중요한 특징으로 언급되었다. 한편, 노벨경제학상 수상자인 로버트 루카스(R.E. Lucas, Jr.)는 1993년 논문에서 한국과 필리핀이 서로 다른 성장 경로를 따른 원인을 인적자본 격차로 설명함으로써, 교육 투자가 경제성장에 중요한 기여를 하였다고 강조하였다. 이후 30여 년이 지난 2024년에도 세계은행은 『2024 세계개발 리포트: 중진국 함정』에서 한국은 3I 즉, 투자(investment), 기술도입(infusion), 혁신(innovation) 단계를 거쳐 성공적으로 중진국 함정을 벗어난 국가로 극찬하고 있다.

한국의 고도성장 과정에 대해 비판적인 견해도 꾸준히 제기되어 왔다. 예컨대 폴 크루그먼(P. Krugman, 1994)과 알윈 영(A. Young, 1995)은 한국을 비롯한 동아시아 국가들의 성장세가 노동과 자본의 급격한 투입에 주로 의존했으며, 기술혁신이 실제 성장에 기여한 비중은 제한적이었다고 지적하였다. 폴 크루그먼은 아시아 국가들의 고도성장을 '종이호랑이(paper tiger)'에 비유하면서 이들 국가의 성장 패턴은 장기적으로 지속가능성이 낮다고 비판하였다. 이들의 연구에 따르면 4개국의 경제성장은 기술혁신보다는 자본 투입, 즉 투자의 증가로 이루어진 것이 대부분이라는 결론에 도달하였다. 이에 따라 신고전파 경제성장 이론의 관점에서 볼 때, 이들 4개국의 경제성장은 '기적'이라기보다는 단순히 투자 확대의 결과로 설명할 수 있다는 의견이 제기되었다. 그 외에도 한국의 경제성장 원인에 대한 비판과 함께 정부주도형이면서 민간기업 중심의 경제발전 전략으로 정경유착 및 대기업에 의한 경제력집중과 같은 부정적인 문제가 심해졌다는 비판을 받기도 하였다. 동시에 노동자에 대한 억압적 제도와 환경에 대한 고려를 덜 하였다는 비판도 받았다.

이러한 비판에도 불구하고 한국은 1970년대 스태그플레이션(stagflation), 1997년 동아시아 외환위기, 2003년 카드사태, 2008년 글로벌 금융위기 및 2020년 글로벌 복합위기를 성공적으로 극복하였다. 적극적인 구조조정과 수출 확대 전략 등으로 위기에서 벗어났고, 이후에도 꾸준한 성장을 이어갔다. 그 결과 한국은 글로벌 경제에서 중요한 위치를 차지하게 되었으며, 2020년대에는 1인당 실질 국내총생산(GDP)이 3만 달러를 넘어서 선진국 대열에 당당히 서게 되었다.

이처럼 한국의 고도 경제성장을 할 수 있도록 한 경제발전 전략을 본 교재는 다음 10개 특징으로 요약한다.

① 정부주도형 발전 전략은 경제기획원(Economic Planning Board, EPB)의 설립과 강력한 정치적 리더십의 역할을 바탕으로 추진되었다. 경제기획원은 정책 수립과 예산 권한을 가진 강력한 정책 부서로서 역할을 하였고, 박정희 대통령은 수출진흥확대회의와 월간경제동향보고 회의를 직접 주재하며 경제발전과 수출 확대를 선도하였다.

② 정부주도형 전략의 대표적인 정책으로 경제개발 5개년 계획을 1997년까지 수립하였다. 그 이후에는 민간경제로의 전환에 부응하여 경제개발 5개년 계획보다는 전략적 산업정책을 시행하고 녹색성장 5개년 계획(2008), 그린 뉴딜(2020) 정책 등의 정부 차원 계획은 계속 시행되고 있다.

③ 중화학공업 중심의 수출주도형 산업정책이 채택되었다. 이는 당시 비교우위를 가졌

던 1차산업과 경공업 대신, 자동차, 철강, 석유화학 등 중화학공업에 집중적으로 투자하고 수출지향적 정책을 시행한 것이 특징이다.

④ 고도 경제성장 과정에서도 소득분배 상태가 급격히 악화되지 않고 비교적 형평성을 유지했으며, 1980년대 이후에는 점진적인 개선도 이루어졌다.

⑤ 정부는 수입대체전략을 시행하였다. 중화학공업 중심의 수출주도형 성장전략을 추진하면서 전략산업의 수입을 억제하고 국내 산업의 발전을 도모하였다. 특히 1960년대 경제발전 초기부터 자동차산업의 부품국산화 정책을 시행하였다.

⑥ 경제발전을 위한 자금조달 방안으로는 대외차관(foreign debt)이 활용되었다. 6·25전쟁 직후에는 미국 등 선진국과 국제기구로부터 무상원조를 받았으나, 1950년대 말 무상원조가 급격히 감소하면서 대외차관을 도입하여 전략적 산업에 선택적으로 투자하였다. 이후 1980년대부터는 외국인직접투자(FDI) 유입 정책을 본격적으로 시행하기 시작하였다.

⑦ 경제발전 초기부터 교육에 대한 적극적인 투자도 이루어졌다. 해방 이후 1950년대부터 보편적 초등교육을 포함하여 고등교육에까지 빠르게 확대하여 인적자본을 축적했고, 이는 경제성장 촉진에 중요한 역할을 하였다.

⑧ 민간부문의 역할이 강조되면서 경제력집중과 정경유착의 문제도 발생하였다. 실질적인 생산활동은 국영기업보다 민간기업을 중심으로 이루어졌으며, 이에 따라 정경유착과 경제력집중이라는 부작용도 나타났다.

⑨ 경제발전 초기에는 억압적인 노동정책이 광범위하게 시행되었다. 특히, 1960~70년대에는 노동자의 기본권과 노동권이 제한된 가운데 압축적인 경제성장이 이루어졌다.

⑩ 환경문제에 대한 적극적인 정책은 부족하였다. 중화학공업 중심의 에너지 집약적 산업 전략으로 온실가스 배출이 많았다. 그럼에도 산림녹화정책을 통한 녹화사업이 경제발전 초기부터 시행되었고, 1980년대 이후에는 산업화 과정에서 나타난 환경오염(울산 태화강과 시화호 등)에 대한 개선 정책은 지속되었다.

전쟁으로 인해 폐허가 된 상태에서 시작한 한국이 정부주도형 산업화 전략으로 이룩한 급속한 경제성장은 여전히 개발도상국에서 중요한 학습 모델로 평가받고 있다. 한국의 성공 사례에서 가장 주목할 점 중 하나는 장기적인 계획 수립이다. 국가는 명확한 장기 비전을 수립한 뒤 이를 실현하기 위한 제도적 장치와 인프라를 단계적으로 구축하여 경제성장의 기반을 마련하였다. 또한, 산업정책의 적극적인 도입으로 중화학공업과 같은 자본·기술집약적 산업을 전략적으로 육성하며 산업구조를 고도화하였다. 이를 통하여 고부가가치 산업 중심의 경제구조를 구축하며 지속적인 성장을 가능하게 하였다. 대외 자본의 활용 역시 성장 과정에서 중요한 역할을 하였다. 초기에는 원조와 차관에 의존했으나, 이후 외국인직접투자(FDI)와 같은 다양한 자본 유입 방식을 모색하며 산업기반을 확장하였다. 특히, 아시아개발은행(ADB)과 같은 국제기구는 고속도로, 댐, 항만 등과 같은 사회기반시설 건설에 필요한 차관을 제공하며 초기 인프라 구축에 필요한 재원을 지원하였다. 이러한 다각적인 노력은 한국경제가 빠르게 성장하고, 개발도상국의 모델로 자리 잡게 만든 핵심 요인이었다.

정부주도형 모델은 한국의 빠른 경제성장을 이끄는 데 핵심적인 역할을 했지만, 경제 규모가 커지고 민간부문의 경쟁력이 강화되면서 이러한 중앙집권적 정책 추진 방식은 점차 한계에 직면하고 있다. 예를 들면, 한국은 이미 1인당 실질 GDP 3만 달러를 초과했으며, 실질 GDP도 세계 10위권인 경제 규모에 이르렀다. 동시에 민간경제 주체들의 역량도 크게 향상되었다. 이러한 변화 속에서, 중앙정부가 모든 정보를 독점하고 경제 전반을 지휘하는 과거 방식은 더 이상 효과적이지 않다. 대신, 민간이 경제활동의 주도권을 가지고, 정부는 조율자이자 지원자 역할을 수행하는 선진국형 경제 패러다임으로 전환해야 한다. 이는 민간의 자율성과 창의력을 최대한 활용하는 동시에, 정부가 시장의 실패를 보완하며 공정한 경쟁 환경 조성에 중점을 두는 방향으로 나아가야 함을 시사한다. 더 중요한 문제는 소득수준이 높아졌다고 해서 사회 전반의 문제가 자동으로 해결되는 것은 아니라는 점이다. 예컨대 2024년 기준 한국의 1인당 소득은 세계 30위권이지만, 유엔이 2025년 발표한 『2025년 세계행복보고서』에 따르면, 대한민국의 행복 수준은 147개국 중 58위에 그쳤다. 이는 경제적 성취와 국민 삶의 질 간의 격차가 존재함을 보여주는 사례로, 한국이 앞으로 해결해야 할 과제를 제시한다.

한국이 중장기적으로 안정적인 성장을 유지하기 위해서는 저출산·고령화, 디지털 및 에너지전환, 그리고 가계·기업 부채 등 다양한 과제를 해결해야 한다. 먼저 저출산·고령화는 인구 감소와 노동력 부족을 유발하고, 연금 제도의 지속가능성을 저해함으로써 장기적 성장동력을 약화시킨다. 다음으로 디지털 전환은 4차 산업혁명 시대에 AI, 빅데이터, 플랫폼 기술 등 첨단 분야에 대한 투자와 혁신생태계 구축을 요구한다. 또한 에너지전환은 기후 위기에 대응하고 지속가능한 발전 모델을 마련하기 위해 탄소중립 및 친환경 기술 도입을 추진해야 함을 시사한다. 마지막으로 가계와 기업의 높은 부채 수준은 금융 안정성과 경제 전반의 회복력(resilience)을 약화시킬 수 있으므로, 거시건전성 관리 및 재정·금융 정책의 긴밀한 조율이 필수적이다.

오늘날 한국은 경제발전과 민주화를 동시에 이룬 대표적인 사례로 꼽히며, 선진국 반열에 올랐다는 평가를 받는다. 이제 한국은 과거의 발전 경험을 개발도상국과 공유하고 국제사회에서 더 큰 책임을 수행해야 할 시점이다. 동시에 저출산·고령화, 환경문제, 디지털 전환, 연금 개혁 등 중장기 과제를 해결하여 지속가능발전(sustainable development)을 달성하는 것 역시 중요하다. 한국의 발전 모델은 성공과 한계를 모두 드러낸 사례로서, 앞으로도 국제사회와 후속 세대에 다각적인 통찰을 제공할 것으로 기대된다.

본 교재는 이 장을 포함해서 총 17개의 장으로 구성된다. 제2장은 한국 경제발전의 성과를 정리하고, 경제성장의 원인과 특징이 무엇인가에 대하여 논의한다. 제3장~제16장에서는 대한민국 정부수립 이전부터 현재까지로 크게 네 개 시기로 나누어 시대별 경제발전 전략의 변화와 특징을 정리한다. 제7장~제16장에서는 부문별 정책의 구체적 내용을 다루며, 앞 장들에서 논의된 정책의 변화 내용을 구체적으로 시기별·정부별로 정리한다. 마지막으로 제17장에서는 경제적으로 선진국에 진입한 한국경제가 직면하고 있는 문제가 무엇이며, 명실상부한 선진국으로 진입하기 위하여 해결되어야 할 과제가 무엇인가에 대하여 논의한다.

CHAPTER

# 02

# 한국 경제발전 성과와 특징

1. 들어가며
2. 경제발전 성과
3. 한국의 경제발전 전략의 특징
4. 경제발전 과정
5. 한국의 정부주도형 경제발전 전략과 전환 과제

Chapter 02

# 한국 경제발전 성과와 특징

한국은 조선시대, 대한제국, 일제강점기, 미군정 시기, 그리고 6·25전쟁 등 전쟁과 혼란을 극복하고 세계적으로 유례없는 경제성장을 이룩하였다. 정부주도형 경제발전 모델을 통하여 강력한 산업 지원 정책과 수출 주도형 성장전략을 추진했으며, 인적자원 개발, 사회적 안정 등의 요소가 결합하면서 급속한 경제발전을 이뤘다. 그 결과 1인당 명목 GDP가 1960년대 초 100달러에서 2020년대 3만 달러 이상으로 증가하고, 세계적인 기업과 경쟁력을 갖춘 경제 강국으로 자리 잡았다. 그리고 대외원조를 받던 세계 최빈국에서 지금은 대외원조를 공여하는 선진국 대열에 당당하게 들어선 대표적인 사례로 평가받고 있다. 특히, 한국은 동아시아 외환위기와 글로벌 금융위기 등을 극복하며 지속가능한 경제성장을 추구해 왔으며, 디지털 경제와 혁신 산업을 육성하는 등 변화하는 글로벌 경제 환경에 적응해 왔다.

한국의 고도 경제성장과 위기 극복 경험은 경제발전의 과제에 직면해 있는 많은 개발도상국에 중요한 참고 사례가 될 수 있다. 한국은 지식 공유 프로그램(KSP), 공적개발원조(ODA), 산업 협력 및 기술 이전 등 국제협력을 강화하여 지속가능발전과 글로벌 경제성장에 기여할 필요가 있다.

## 1 들어가며

한국은 일제강점기(1910~45), 미군정(1945~48), 그리고 6·25전쟁(1950~53)을 거치는 동안 최빈곤국 상태에 있었으나 정치·경제적 위기를 극복하고 세계에 유래가 없을 정도로 단기간에 고도성장을 달성하였다. 이러한 과정을 거쳐서 한국은 미국, 일본 등 선진국과의 경제발전의 격차를 좁혀서 추격(catching up)하고, 아르헨티나와 필리핀 등의 경제발전 단계를 추월(leapfrogging)한 대표적인 국가이다.

실질적으로 한국의 고도 경제성장이 본격적으로 시작된 시기는 1960년대 이후이다. 그렇다면 고도성장의 근본적인 원인을 어디에서 찾을 수 있느냐는 의문이 든다. 이러한 원인을 찾음으로써 많은 개발도상국과 고도성장 경험을 공유할 수 있기 때문이다. 본 교재에서는 한국경제의 발전 원인을 종합적으로 보면 '정부주도에 의한 경제발전 전략'으로 규정하고 있다. 이는 미국이나 영국과 같은 기존 선진국들이 초기부터 자유시장 경제체제에 기반하여 성장한 발전전략과는 차별성이 있다. 이를 다른 시각으로 보면 정치적으로 강력한 권위주의적 체제하에서 정부의 시장개입과 경제개발 5개년 계획으로 달성한 성과라는 것이다.

본 교재는 총 10개의 발전전략 특징으로 정리하고 있다. 이들은 정부주도형 발전 전략과 정치적 리더십, 경제개발 5개년 계획, 중화학공업 중심의 수출주도형 산업정책도, 수입대체 전략과 부품국산화 정책, 대외차관을 통한 투자 재원 조달, 교육에 대한 적극적인 투자로 인적자원 축적, 민간부문의 생산 역할 강화 등이다. 이 과정에서 소득분배 상태가 급격히 악화되지 않고 비교적 형평성을 유지하였다는 특징을 갖는다. 반면에 경제발전 초기의 억압적 노동정책, 정경유착과 경제력집중, 소극적인 환경문제 대응 등의 단점도 나타났다.

이 장에서는 경제발전의 성과를 알아보고, 이러한 성과가 나타나게 된 원인과 특징에 대하여 알아본다. 이를 통하여 경제발전을 하고자 하는 많은 개발도상국과 공유할 수 있는 부분과 그러지 말아야 할 정책이 무엇인가에 대하여 논의한다.

## 2 경제발전 성과

### (1) 주요 경제지표

[표 2-1]은 1960년 이후 주요 경제지표 추이를 보여준다. 1인당 경상 GDP는 1960년 158달러에서 2000년에 12,257달러를 달성했고, 2022년에 32,422달러를 달성하였다. 또한 대외의존도도 지속적으로 증가하였다. GDP 대비 수출과 수입 비중이 1960년 각각 2.6%와 12.0%에 불과하였으나, 2000년에는 각각 33.9%와 32.1%에 이르렀고, 2022년에는 48.3%로 수출과 수입을 합하면 GDP와 거의 같게 되었다.

**표 2-1** 주요 경제지표

| 항목 | | 1960 | 1980 | 2000 | 2020 | 2022 |
|---|---|---|---|---|---|---|
| 1인당 실질 GDP (2015 실질 달러) | | 1,028 | 4,056 | 16,996 | 31,378 | 33,719 |
| 1인당 경상 GDP(달러) | | 158 | 1,715 | 12,257 | 31,721 | 32,422 |
| 수출(%, GDP 대비) | | 2.6 | 28.4 | 33.9 | 36.4 | 48.3 |
| 수입(%, GDP 대비) | | 12.0 | 37.1 | 32.1 | 32.7 | 48.3 |
| 산업구조 (%) | 1차산업 | 36.6 | 14.3 | 3.9 | 1.8 | 1.6 |
| | 2차산업 | 17.3(11.4) | 32.1(22.0) | 34.8(26.4) | 32.5(24.8) | 31.7(25.6) |
| | 3차산업 | 39.1 | 42.8 | 51.6 | 57.0 | 58.0 |
| 소득분배 | 지니계수 | 0.302 | 0.330 | 0.341 | 0.332 | 0.316 |

주: 1) 산업구조는 부가가치 기준이며, 구체적인 정의는 각주 1과 같음. 2) 2차 산업구조에서 ( )는 제조업 비중임. 3) 1960년 지니계수는 1965년 값임.

출처: World Bank WDI, Solt(2020).

산업구조는 1960년 1차 산업인 농림어업 비중이 36.6%에 이르렀으나, 2022년에는 1.6%로 하락하였다.[1] 반면에 제조업을 포함하는 광공업인 2차산업은 같은 기간 17.3%에서 31.7%로 증가하였다. 여기서 제조업은 같은 기간에 11.4%에서 25.6%로 증가하였다. 서비스업 비중도 같은 기간에 39.1%에서 58.0%로 증가하였다. 소득분배 상태를 나타내는 지니계수를 보면 1960년대 이후 전반적으로 양호한 상태를 유지한 것으로 나타난다.[2] 1960년대 0.28 수준이었던 지니계수는 1990년대 상승하여 소득분배가 악화되기도 하였으나 2000년대 들어서 안정적으로 0.30 수준에 머물러 있다.

### (2) 경제성장률과 1인당 GDP

[그림 2-1]은 1960년 이후 한국의 1인당 실질 GDP(Y축의 좌측)와 경제성장률(Y축의 우측) 추이를 보여준다. 2015년 가격 기준으로 1960년 1인당 실질 GDP는 1,028달러였으나 62년 이후인 2022년에는 33,719달러로 약 33배가 증가하였다. 특히 1990년대에 1만 달러를 넘어서면서 30년 만에 당당히 중진국 대열에 들어서는 국가가 되었다.

이를 반영하듯 경제성장률 추이를 보면 1960년대 경제발전정책을 시행하는 초기부터 높은 성장률을 달성하여 1970년대 초까지 연평균 10%에 이르렀다. 석유파동이 오기 시작한 1973년에는 경제성장률 역사상 가장 높은 14.9%에 이르렀다. 1960~2022년 사이 마이너스 성장률은 제2차 석유파동 영향이 정점에 달했고 박정희 대통령이 암살된 직후인 1980년 -1.6%와 아시아 금융위기 시대인 1998년(-5.1%)과 코로나19 위기가 닥친 2020년(-0.9%)인 세 번에 불과하였다. 그렇지만 경제성장률의 장기적 추이를 보면 1990년대, 특히 1997년 아시아 금융위기 이후 전반적으로 하락하고 있음을 알 수 있다. 이는 경제규모가 커짐에 따른 자연스러운 현상으로 이해할 수도 있고 경제의 전반적인 성장잠재력이 하락하고 있어서 나타나는 현상일 수도 있다.

---

1 1차산업은 국제표준산업분류(International Standard Industrial Classification, ISIC) 버전3 코드에서 1, 2와 5를 포함한다(3과 4는 없음). 코드 1과 2는 농업 및 임업을 의미하고 5는 어업이다. 2차산업은 ISIC 버전 코드 3에서 10-45를 포함한다. 10-14는 광업, 15-37은 제조업, 40-41은 전기, 가스 및 수도, 그리고 45는 건설업을 의미한다. 3차산업은 1차 및 2차산업을 제외한 모든 서비스산업을 의미하는 것으로 ISIC 버전 3의 코드 50-99를 포함한다(United Nations, 1990).

2 지니계수(Gini coefficient)는 소득이나 자산 분포의 불평등 정도를 수치로 나타내는 지표로, 0에서 1 사이의 값을 가지며, 0에 가까울수록 평등하고 1에 가까울수록 불평등한 상태를 의미한다.

**그림 2-1** 1인당 실질 GDP와 경제성장률

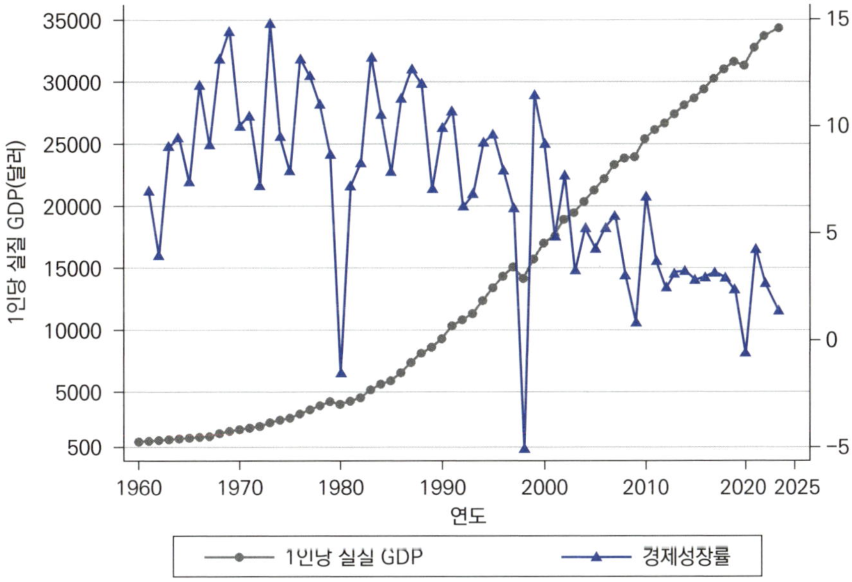


출처: World Bank WDI.

### (3) 수출입산업구조의 변화

한국의 고도 경제성장이 가능했던 중요한 요인 중 하나는 성공적인 산업구조 전환이다. [표 2-2]와 [표 2-3]은 시기별 세계 10대 수출산업품과 수입산업품을 정리한 것이다.[3] 1977년부터 자료가 제공되는 산업자원부 총 197개의 품목분류표(MTI)의 3단위 코드 중에서 생산규모가 큰 상위 10개 품목을 선정하였다.

한국의 수출산업은 1977년과 2023년 사이에 큰 변화를 겪었다. 1977년 당시 1위 수출품은 의류였으며, 그 뒤를 이어 선박해양구조물, 가구, 목재류 등의 품목이 주요 수출품으로 나타났다. 이는 당시 한국의 수출이 노동집약적 경공업 위주였음을 보여준다. 반면, 46년이 지난 2023년에는 반도체가 1위 수출품으로 자리 잡았고, 이어 자동차, 석유제품 순으로 나

3 정부에서 발표하는 10대 수출입 자료는 MTI 3단위(HS 3단위와 동일)를 중심으로 계산한 것이다. 산업자원부 품목분류표(Ministry of Trade and Industry Code, MTI)는 1988년 산업자원부(현재 산업통상자원부)와 한국무역협회가 산업별 수출입 통계를 분석하기 위해 해당 산업의 관련 HS 코드를 연계하여 재구성한 체계이다. HS 코드(Harmonized System Code)는 국제통일상품분류체계로 세계관세기구(WCO)에서 제정한 국제표준상품 분류코드로 전 세계적으로 무역 상품을 식별하고 분류하기 위해 사용된다.

타났다. 이로써 의류산업의 수출주도 역할은 사라졌으며, 기술집약적 산업이 수출을 견인하고 있음을 알 수 있다. 이들 10대 품목이 전체 수출에서 차지하는 비중은 1977년 52.7%에서 2023년 57.3%로 증가하였다. 이는 주요 품목에 대한 수출 집중도가 심화되었음을 의미한다.

수입 산업 역시 뚜렷한 구조적 변화를 보인다. 1977년 이후로 원유는 꾸준히 1위 수입품 자리를 차지하고 있으며, 이는 한국이 에너지 빈곤국이라는 점을 시사한다. 따라서 한국경제는 원유 가격에 민감하게 반응하는 구조적 약점을 가지고 있다. 1977년에는 원유 다음으로 목재류와 곡식류(쌀, 보리, 콩, 조, 수수 등)가 주요 수입 품목에 포함되었다. 이는 당시 한국의 기초자원 및 식량의 해외 의존도가 높았음을 나타낸다. 그러나 2023년에는 원유 다음으로 반도체, 천연가스, 석유제품 등이 주요 수입 품목으로 등장하였다. 이를 통하여 첨단 산

**표 2-2** 시기별 한국의 10대 수출산업 추이

| 순위 | 1961 | 1977 | 1990 | 2010 | 2023 |
|---|---|---|---|---|---|
| 1 | 철광석 | 의류 | 의류 | 반도체 | 반도체 |
| 2 | 중석 | 선박해양구조물 및 부품 | 반도체 | 선박해양구조물 및 부품 | 자동차 |
| 3 | 생사 | 가구 | 가구 | 자동차 | 석유제품 |
| 4 | 무연탄 | 목재류 | 영상기기 | 평판디스플레이 및 센서 | 자동차부품 |
| 5 | 오징어 | 어류 | 선박해양구조물 및 부품 | 석유제품 | 합성수지 |
| 6 | 활선어 | 음향기기 | 컴퓨터 | 무선통신기기 | 선박해양구조물 및 부품 |
| 7 | 흑연 | 반도체 | 음향기기 | 자동차부품 | 철강판 |
| 8 | 합판 | 철강판 | 철강판 | 합성수지 | 평판디스플레이 및 센서 |
| 9 | 미곡 | 레일 및 철구조물 | 인조장 섬유직물 | 철강판 | 정밀화학원료 |
| 10 | 돈모 | 기타 섬유제품 | 자동차 | 컴퓨터 | 무선통신기기 |
| 비중 | 62.0% | 52.7% | 53.4% | 62.3% | 57.3% |

주: 1961년 자료는 한국경제 60년사 편찬위원회(2010c)에서 인용.

출처: 한국무역협회 K-stat.

**표 2-3** 시기별 한국의 10대 수입산업 추이

| 순위 | 1977 | 1990 | 2010 | 2023 |
|---|---|---|---|---|
| 1 | 원유 | 원유 | 원유 | 원유 |
| 2 | 목재류 | 반도체 | 반도체 | 반도체 |
| 3 | 곡실류 | 석유제품 | 석유제품 | 천연가스 |
| 4 | 기타 잡제품 | 섬유 및 화학기계 | 천연가스 | 석유제품 |
| 5 | 기타 농산물 | 가죽 | 석탄 | 정밀화학원료 |
| 6 | 섬유 및 화학기계 | 컴퓨터 | 철강판 | 반도체 제조용 장비 |
| 7 | 철강판 | 철강판 | 컴퓨터 | 석탄 |
| 8 | 선박해양구조물 및 부품 | 항공기 및 부품 | 반도체 제조용 장비 | 농약 및 의약품 |
| 9 | 가죽 | 목재류 | 정밀화학원료 | 자동차 |
| 10 | 반도체 | 계측제어분석기 | 철광 | 컴퓨터 |
| 비중 | 46.1% | 35.4% | 42.8% | 49.3% |

출처: 한국무역협회 K-stat.

업과 에너지 중심의 수입 구조로 전환되었음을 확인할 수 있다. 한편, 1977년 10대 수입품에 포함되었던 목재, 곡식류, 잡제품, 농산품 등은 2023년에는 상위 품목에서 사라졌다. 10대 수입품이 전체 수입에서 차지하는 비중은 1977년 46.1%에서 2023년 49.3%로 증가하였으며, 이 또한 수입구조의 집중화를 보여준다.

## (4) 추격과 추월

1950년대 한국은 세계에서 가장 가난한 나라 중 하나로 대외원조에 의존하여 경제성장을 위한 투자 자금을 마련하였다. 그러나 이후 비약적인 경제성장을 달성하였고, 1996년에는 선진국 그룹인 경제협력개발기구(OECD)에 가입하였으며, 2005년에는 세계무역기구(WTO)에도 가입하였다. 나아가 2009년에는 OECD 개발원조위원회(DAC)에 가입함으로써 대외원조를 받던 수원국에서 원조를 제공하는 공여국으로 전환되어 국제사회에서 경제적 위상을 인정받기에 이르렀다.

이러한 경제적 성과는 1970년대 두 차례에 걸친 석유파동, 1997~98년 동아시아 외환위기, 2008년 글로벌 금융위기 등 여러 외환·금융 위기를 성공적으로 극복한 결과이다. 이와 같은 성과는 단순한 경제 회복을 넘어 구조적 발전을 이루었다는 점에서 의미가 있다. 특히 1인당 실질 GDP 변화를 보고 한국의 발전 수준을 확인할 수 있다. 이는 단순히 미국이나 일본과의 격차를 줄이는 추격 단계에서 벗어나, 과거 한국보다 더 잘살던 국가들을 뛰어넘는 추월의 양상을 보여주고 있다.

[그림 2-2]와 [그림 2-3]은 주요 국가들의 1인당 실질 GDP(2015년 기준)를 한국과 비교한 것이다. [그림 2-2]는 한국이 일본과 미국을 얼마나 빠르게 따라잡았는지를 보여준다. 1960년 기준으로 일본의 1인당 실질 GDP는 6,261달러였으며, 이는 같은 해 한국의 1,028달러보다 약 6.1배 높은 수준이었다. 그러나 시간이 흐르면서 격차는 점차 좁혀졌고, 2023년에는 일본이 36,990달러, 한국이 34,121달러를 기록하여 양국 간 격차는 1.1배로 줄어들었다. 이는 양국의 경제력이 거의 비슷한 수준으로 접근했음을 나타낸다. 미국과의 격차도 크게 축소되었다. 1960년 당시 미국의 1인당 실질 GDP는 19,135달러로, 한국에 비해 약 18.6배에 달하였다. 그러나 2023년에는 미국이 65,875달러로 한국과의 격차는 1.9배에 불과하였다. 이러한 변화는 한국경제가 단순한 성장 단계를 넘어, 선진국과의 소득격차를 실질적으로 좁

**그림 2-2** 한국의 주요국 추격

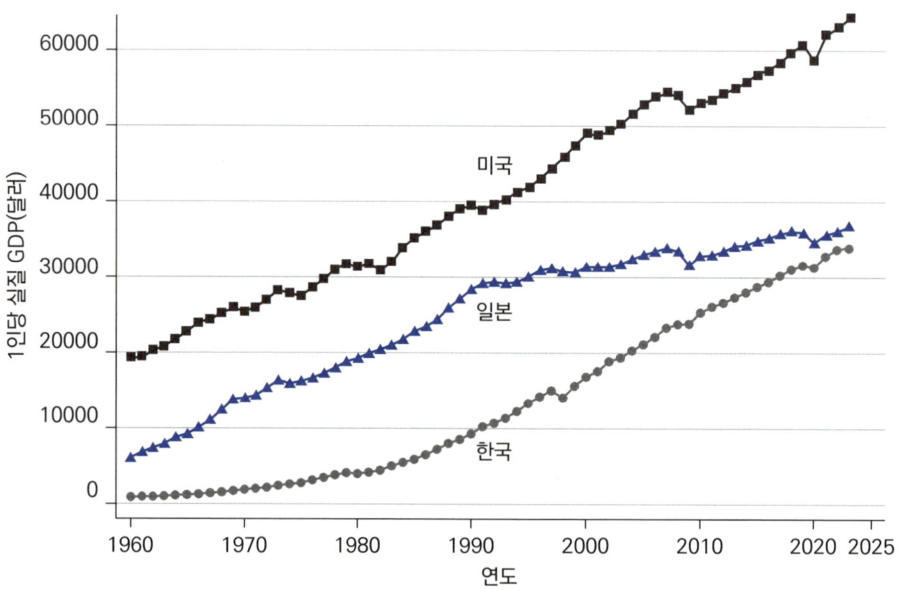


출처: World Bank WDI.

힌 대표적인 추격 사례임을 보여준다.

[그림 2-3]은 한국이 선진국을 추격하는 과정에서 여러 국가를 추월하게 된 사실을 보여준다. 1960년에는 한국과 필리핀의 1인당 실질 GDP가 각각 1,026달러와 1,123달러로 비슷한 수준이었으나, 이후 두 나라의 경제성장 경로는 크게 달라졌다. 2023년 기준으로 필리핀의 1인당 실질 GDP는 3,746달러로 한국(34,121달러)의 약 11% 수준에 불과하다. 아르헨티나는 1960년에는 한국에 비하여 1인당 실질 GDP가 한국의 7.2배에 달하였다. 그러나 2023년에는 오히려 아르헨티나의 1인당 실질 GDP가 12,933달러로 한국의 38% 수준으로 추월당하였다. 이와 같은 격차 역전 현상은 한국의 빠른 성장과 함께 아르헨티나의 상대적인 정체가 맞물린 결과라 할 수 있다. 그리스와 콜롬비아 역시 비슷한 추세를 보였다. 1960년 기준으로 그리스와 콜롬비아는 각각 4,985와 1,961달러로 한국의 각각 4.8 및 1.9배였다. 그러나 2023년 이들 국가의 1인당 실질 GDP는 각각 21,139 및 6,819달러로 한국의 60% 및 20%에 불과했다. 이러한 수치는 한국이 단순히 선진국을 따라잡는 데 그치지 않고, 과거 더 부유했던 국가들을 추월한 국가임을 입증하는 사례로 평가할 수 있다.

한국에서 추월을 당한 대표적인 나라들은 인기영합주의(populism) 정책을 시행한 국가

그림 2-3 한국의 주요국 추월

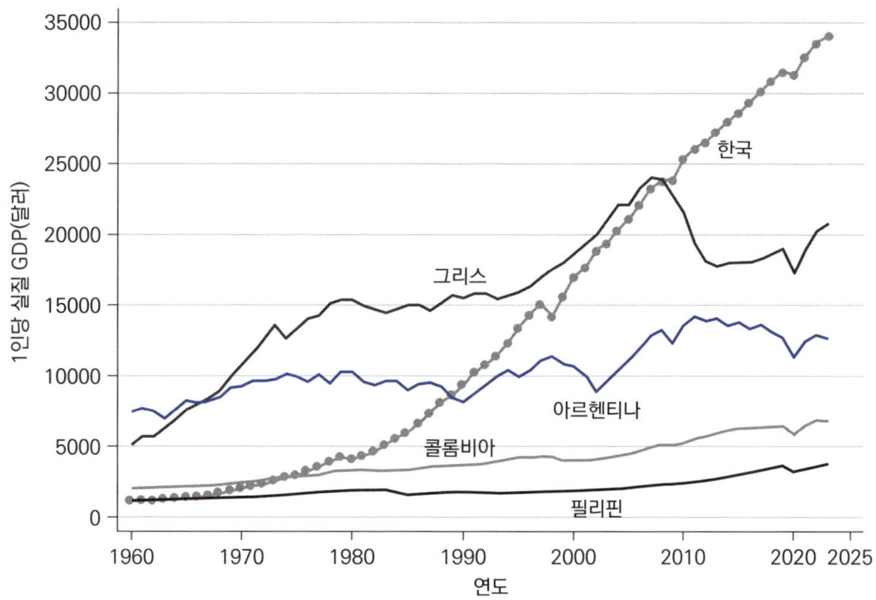


출처: World Bank WDI.

들이 많다. 예를 들면, 아르헨티나는 페로니즘(Peronism)으로 알려진 후안 페론(J. Perón) 대통령(1946~55, 1973~74), 그리스의 안드레아스 파판드레우(A. Papandreou) 대통령(1981~89, 1993~96) 집권 기간이다. 특히 2000년대에는 베네수엘라의 우고 차베스(H. Chávez) 대통령(1999~2013)의 정책이다. 한국은 1990년대에 베네수엘라를 앞지른 것으로 알려져 있으나 세계은행을 비롯한 국제기구들은 최근에는 1인당 GDP 자료를 발표하지 않고 있다.

## 3 경제발전 전략의 특징

한국이 세계적으로 유례를 찾기 어려울 만큼 짧은 기간에 급속한 경제성장을 이룩한 배경에 관해서는 다양한 연구가 진행되었다. 세계은행(World Bank)은 1993년 보고서를 통해 한국이 경제성장뿐만 아니라 소득분배 측면에서도 심각한 불평등 악화를 겪지 않은 드문 사례로 평가하였다. 이러한 성과는 단순한 경제지표 이상의 의미를 지니며, '기적'이라는 표현이 사용될 만큼 국제적으로 주목을 받았다. 이번 절에서는 한국 경제발전의 특징을 여러모로 분석하고, 그 과정에서 나타난 문제점들을 열 가지 항목으로 정리하여 살펴본다. 더불어, 한국의 경제발전 경험과 성과를 바탕으로, 개발도상국이 참고할 수 있는 정책적 시사점도 함께 제시하고자 한다. 이를 통하여 한국의 경제성장이 갖는 의미와 세계 경제발전 논의에 기여할 수 있는 교훈을 체계적으로 이해할 수 있을 것이다.

### (1) 경제기획원과 정치적 리더십에 의한 정부주도 경제발전 전략

한국의 경제발전 전략은 강력한 정부주도로 정책을 수립하고 실행하는 전형적인 정부주도형 발전 전략에 해당한다. 이러한 전략을 실현하기 위해 설립된 핵심 기관이 바로 경제기획원(EPB)이다. 경제기획원의 기원은 1948년 대한민국 정부 수립 당시 신설된 재무부와 기획처로 거슬러 올라간다. 이후 1955년에는 이 조직이 부흥부로 확대 개편되었으며, 1958년에는 부흥부 산하에 산업개발위원회(EDB)를 설치하여 장기 경제개발계획 수립의 기반을 마련하였다.

1961년에는 종합계획국, 물동계획국, 예산국, 통계국 등 4개국 체제로 경제기획원이 정식 출범하였다. 이 기관은 단순히 계획 수립 기능에 그치지 않고, 경제정책을 수립·집행할 권한과 함께 예산권까지 보유함으로써, 정부 내 경제정책의 컨트롤타워 역할을 하였다. 일반적으로 개발도상국들은 정책 기획 부처와 예산 부처를 분리하여 운영하는 반면, 경제기획원은 두 기능을 통합하여 정책 집행에서 높은 효율성을 보인 것이 특징이다. 이후 조직 개편을 거쳐 경제기획원의 기능은 변화했지만, 그 역할은 2008년 신설된 기획재정부로 계승되었으며, 이를 통하여 정부주도형 발전 전략이 현재까지도 지속되고 있음을 확인할 수 있다.

한국의 수출주도형 경제 전략에서 대통령의 강력한 리더십도 핵심적인 역할을 담당하였다. 1960년대에 들어서며 한국은 기존의 수입대체전략에서 벗어나 수출주도 전략으로 경제정책의 방향을 전환하면서 정부 차원의 적극적인 수출지원을 본격화하였다. 특히 1962년부터 국무총리 주재로 운영되던 수출진흥위원회는 1965년 2월 이후 대통령이 직접 주재하는 수출진흥회의로 격상되면서 수출 확대 정책이 더욱 강력하게 추진되었다. 1969년에는 회의 참석 대상이 정부 관료뿐만 아니라 경제 단체장, 해외공관, 민간 전문가 등으로 확대되면서 회의 명칭도 수출진흥확대회의로 변경되었다. 이후 1977년부터는 수입도 함께 고려하는 정책 방향으로 전환되며 회의 명칭은 무역진흥확대회의로 다시 개칭되었다.

이러한 회의 체제는 시대에 따라 형태와 명칭이 변해왔다. 1981년 3월 이후 전두환 대통령 시기에는 무역진흥월례회의로 바뀌었지만, 점차 개최 빈도가 줄어들며 1986년 7월 이후에는 중단되었다. 이후 1989년에는 노태우 대통령이 무역동향보고회의를 개최하였다 멈추었으나 1993년 김영삼 대통령이 집권하면서 다시 신경제 국제화 전략회의를 통하여 정책 논의를 주도하였으며, 김대중 대통령은 1998년 회의 명칭을 무역투자진흥회의로 변경하고 2000년 1월까지 총 5차례 회의를 개최하였다. 노무현 대통령 역시 2003년 4월 무역진흥확대회의를 열었고, 이명박과 박근혜 정부 시기에도 무역투자진흥회의는 이어졌다. 최근에는 2022년 11월 윤석열 대통령이 제1차 수출전략회의를 주재함으로써 수출 활성화를 위한 논의를 다시 본격화하였다. 이처럼 대통령의 지속적인 리더십과 정부의 정책적 노력은 한국경제의 수출 중심 성장전략에 있어 중요한 동력으로 작용해 왔다.

### (2) 경제개발 5개년 계획

정부주도형 발전 전략의 대표적인 사례는 경제개발계획이다. 광복 이후 이승만 정부에서도 다양한 경제개발계획이 수립되었지만 6·25전쟁, 투자자금 부족, 그리고 산업화 전략을 둘러싼 미국과의 갈등 등의 이유로 본격적으로 시행되지는 못하였다. 체계적인 경제개발

**표 2-4** 경제개발 5개년 계획 실적

| | 1차 | 2차 | 3차 | 4차 | 5차 | 6차 | 7차 |
|---|---|---|---|---|---|---|---|
| 기간 | 1962~66 | 1967~71 | 1972~76 | 1977~81 | 1982~86 | 1987~91 | 1992~97 |
| 경제성장률(%) | 8.3 | 11.5 | 10.5 | 7.5 | 10.3 | 10.5 | 8.0 |
| 1인당 실질 GDP (2015년 기준) | 1,220 | 1,816 | 2,737 | 4,005 | 5,552 | 8,788 | 12,465 |
| 소비자 물가상승률(%) | 16.3 | 12.7 | 16.0 | 18.6 | 3.6 | 6.8 | 5.3 |
| 수출증가율(%) | 27.7 | 31.9 | 31.7 | 12.8 | 13.5 | 9.7 | 14.7 |
| 수입증가율(%) | 19.7 | 25.6 | 16.5 | 13.5 | 8.8 | 16.1 | 14.3 |
| 경상수지 (억 달러) | -3.2 | -8.1 | -11.9 | -37.4 | -0.4 | 34.2 | -54.6 |

주: 해당 시기 평균값임.
출처: World Bank WDI.

계획이 시작된 것은 1962년 제1차 경제개발 5개년 계획부터이며, 이후 1997년까지 5년 단위로 총 7차례의 경제개발계획이 수립·시행되었다. 이 시기의 높은 경제성장률은 대외지향적 무역 확대 정책이 중요한 동력으로 작용하였다. 이러한 경제개발 5개년 계획의 성과는 [표 2-4]에 정리되어 있다.

1980년대 이후, 정부는 경제운용을 정부주도의 고도성장 전략에서 민간이 주도하는 방식으로 전환하고자 하였다. 이는 당시 세계적인 경제발전 전략의 변화와도 같은 방향이었다. 이런 정책 기조를 따라서 1997년 이후 경제개발 5개년 계획은 중단되었다. 1997년 동아시아 외환위기를 계기로 한국경제는 전면적인 구조 조정을 겪었으며, 정부가 직접 경제성장을 이끄는 방식에서 벗어나 민간이 주도하는 경제체제로 변화하였다. 1997년 이후부터는 기존의 산업 중심 정책에서 벗어나 미래 기술과 신산업을 집중적으로 지원하는 정책으로 전환되었다.

이러한 신산업 육성 정책은 정부별로 다양한 형태로 추진되었다. 김영삼 정부에서는 G7 전략을 통하여 선진국형 산업 육성을 목표로 삼았다. 김대중 정부 이후부터는 신산업 정책이 본격적으로 시행되었으며, 정보통신기술(ICT)과 같은 미래 성장 동력 산업에 대한 투자가 강화되었다. 이명박 정부에서는 환경을 고려한 녹색성장 5개년 계획을 경제개발계획에 고려하였다. 그리고 윤석열 정부에서는 신성장 4.0 정책을 발표하며, 신기술과 신성장동력 산업에 대한 투자를 지속적으로 확대하고 있다.

이처럼 한국의 경제발전 전략은 시대적 변화에 맞춰 지속적으로 조정되었으며, 특히 신기술 및 신산업에 대한 집중 투자는 각 정부 간 정책적 일관성을 유지하면서도 미래 성장동력을 확보하는 방향으로 이어지고 있다.

### (3) 중화학공업 중심의 수출주도형 산업정책

정부가 특정 산업을 집중적으로 지원하여 발전시키려는 정책을 전략적 산업정책(strategic industrial policy)이라고 한다. 한국은 1945년 광복 이후 지속적으로 산업화 전략을 추진해 왔다. 1950년대에는 수입대체형 산업전략으로 국내 산업을 발전시키려는 노력이 이루어졌다. 당시 한국은 수출할 만한 산업기반이 부족한 빈곤국이었기 때문에 수출보다는 수입을 대체하는 방식으로 산업화를 이루고자 하였다. 1960년대 이후에는 수출주도형 산업전략으로 전환하면서 정부의 차별적 산업정책이 본격적으로 시행되었다. 1960년대 말 정부는 4대 핵심산업정책(core industry policies)을 추진했으나 큰 성과를 거두지 못하였다. 이에 따라 1973년부터 6개 중화학공업을 전략산업으로 선정하고 집중적으로 지원하였는데, 이들은 철강, 조선, 비철금속, 기계, 전자, 화학공업이었다.

중화학공업 정책을 추진하게 된 이유에 대해서는 경제적 요인과 정치적 요인으로 나눌 수 있다. 경제적 요인으로 1970년대 당시 일본, 소련, 중국 등 산업화가 진행 중이던 국가들은 철강과 같은 후방 연관 효과가 큰 산업을 중심으로 경제발전을 추진하고 있었다. 이러한 세계적 흐름이 한국의 중화학공업 육성 정책에 영향을 미쳤다는 분석이 있다. 정치적 요인으로 1969년 북한의 청와대 기습 미수 사건과 1970년 닉슨 독트린에 따른 주한 미군 감축 발표는 한국의 안보 불안을 초래하였다. 이에 따라 국방력을 강화하기 위하여 국방산업과 연관된 중화학공업 발전이 필요하다는 인식이 확산되었다.

첫째, 정부는 이러한 산업을 육성하기 위해 금융억압정책(financial repression policy)을 활용하여 낮은 이자율과 신용할당을 통하여 수출기업을 지원하였다. 또한, 민간기업의 차관에 대해 정부가 신용보증을 제공하고, 세제지원을 통하여 민간기업의 성장을 유도하는 등의 정책을 시행하였다.

둘째, 중화학공업을 육성하기 위해 정부는 다양한 산업 육성법을 제정하였다. 1960~70년대에 제정된 대표적인 7개 산업별 육성 법률로는 「기계공업진흥법」(1967), 「조선공업진흥법」(1969), 「전자공업진흥법」(1969), 「철강공업육성법」(1970), 「석유화학공업육성법」(1970), 「비철금속제련사업법」(1971), 「섬유공업근대화촉진법」(1979)이 있다. 1980년대 이후에는 개별산업이 아닌 전체 산업 차원의 정책을 시행하면서 이들 법률은 1986년 「공업발전법」으로 통합되었고, 1999년에는 「산업발전법」으로 개정되었다.

셋째, 산업구조 고도화를 지원하기 위한 사회간접자본 확충에도 많은 노력을 기울였다. 국토종합개발이 시작되면서 고속도로 및 도시 인프라 건설이 본격화되었다. 경인고속도로(1968), 경부고속도로(1970), 영동고속도로(1971) 및 서울지하철 1호선(서울역-청량리 구간)(1974)이 개통되었다. 또한, 급격한 산업화와 도시화를 관리하기 위해 1971년 「도시계획법」을 개정하여 개발제한구역 제도가 도입되었다. 이는 무분별한 도시 확장을 방지하고, 균형 잡힌 산업 발전을 도모하려는 조치였다.

이처럼 한국의 산업화과정은 전략적 산업정책을 중심으로 추진되었으며, 산업별 육성정책과 사회간접자본 확충이 함께 이루어지면서 경제성장의 기반이 마련되었다. 물론 정부주도의 경제발전 전략은 높은 경제성장률을 달성했지만, 동시에 여러 가지 비판을 받기도 하였다. 사회기반시설 투자에 대한 반발로 대표적으로 1960년대 경부고속도로 건설 계획에 대해 많은 사람들이 비현실적이라는 인식을 가졌다는 점이 이를 보여준다. 또한, 경제개발과정에서 노동자들의 권리가 강하게 통제되었고, 지역별 및 산업 간 구조적 불균형도 심화되었다. 특정 산업에 대한 편중된 지원은 산업 간 발전 속도 차이를 초래하여 산업 간 불균형을 발생시켰다. 정부의 지원이 일부 대기업에 집중되면서 경제력집중이 심화되고, 정경유착 문제가 부각되기도 하였다. 그리고 수출주도형 전략으로 인해 한국경제는 높은 대외의존도로 세계시장의 변화에 취약한 구조를 가지게 되었다.[4]

4 경제발전 단계와 소득불평등 간의 관계는 쿠즈네츠 가설(Kuznets Hypothesis)로 설명될 수 있다. 경제가 성장하는 과정에서 처음에는 소득불평등이 심화되다가 일정 수준이 넘으면 다시 완화되어 경제발전 단계와 소득불평등 간에 역 U자 관계를 보인다는 가설이다. 사이먼 쿠즈네츠(S. Kuznets)가 1950년대에 제시하였다. 초기 산업화 단계에서는 자본가와 노동자 간의 격차가 커지지만, 경제가 더 발전하고 교육·복지 제도가 확충되면서 불평등이 점차 줄어든다고 본다. 최근에는 환경, 지역 간, 산업 간 불평등과 경제발전 단계와의 관계로 확장하여 설명되고 있다.

## (4) 형평성 있는 소득분배

한국은 1960년대 중반에 이미 다른 국가들보다 비교적 공평한 소득분배 상태를 유지하고 있었다. 또한, 경제발전 과정에서도 다른 나라들처럼 소득불평등이 심각하게 악화되는 경험을 하지 않았다. 한국과 비슷한 시기에 경제성장을 이룬 대만, 싱가포르, 홍콩 또한 비슷한 소득분배 변화를 겪었다. 이러한 국가들의 높은 경제성장과 공정한 소득분배 특성을 바탕으로, 세계은행(1993)은 이를 '동아시아의 기적'이라고 평가하였다.

경제발전 초기 시기인 1960년대 중반에 한국의 소득분배 수준을 주요국과 비교한 결과는 [표 2-5]에 나타나 있다. 지니계수를 살펴보면, 대만(0.276)과 한국(0.302)은 다른 국가들보다 상대적으로 소득분배가 공평한 편이었다. 반면, 홍콩(0.366)과 싱가포르(0.361)는 비교적 소득불평등이 심했지만, 당시 아시아에서 일본 다음으로 경제 수준이 높았던 필리핀(0.424)보다는 나은 상황이었다. 전반적으로 한국은 다른 국가들과 비교했을 때 상대적으로 양호한 소득분배 상태를 유지하고 있었다.

**표 2-5** 주요국의 1960년대 소득분배 비교

| | 연도 | 지니계수 |
|---|---|---|
| 선진국 | | |
| 미국 | 1965 | 0.331 |
| 영국 | 1965 | 0.254 |
| 일본 | 1965 | 0.229 |
| 스웨덴 | 1965 | 0.364 |
| 독일 | 1965 | 0.274 |
| NICs | | |
| 한국 | 1965 | 0.302 |
| 싱가포르 | 1973 | 0.361 |
| 대만 | 1965 | 0.276 |
| 홍콩 | 1965 | 0.366 |

| | 연도 | 지니계수 |
|---|---|---|
| BRICs | | |
| 중국 | 1978 | 0.283 |
| 인도 | 1971 | 0.420 |
| 브라질 | 1965 | 0.442 |
| 기타 | | |
| 필리핀 | 1965 | 0.424 |
| 아르헨티나 | 1965 | 0.359 |
| 탄자니아 | 1969 | 0.392 |
| 방글라데시 | 1965 | 0.287 |
| 칠레 | 1968 | 0.447 |
| 콜롬비아 | 1970 | 0.326 |

출처: Solt(2020).

### (5) 수입대체 발전전략과 부품국산화 정책

한국은 1970년대까지 꾸준히 수입대체 전략을 시행해 왔다. 1960년대에는 수출 중심 성장전략을 추진하면서도 높은 관세를 통한 수입대체 및 국산화 정책을 동시에 시행하였다.

[표 2-6]의 관세율 추이를 보면, 1970년대에도 여전히 높은 수준이 유지되었음을 알 수 있다. 예를 들어, 1957년 단순평균관세율은 30.2%에서 1962년 39.9%까지 상승했고, 1973년에는 31.5%로 다소 낮아졌지만, 1980년대까지 여전히 높은 수준을 유지하였다. 이와 같은 정책 일환으로 비관세 장벽도 활용되었으며, 대표적인 방법으로는 수량 규제 정책이 있었다. 이를 통하여 특정 품목의 수입을 제한함으로써 국내 산업 보호와 국산화 확대를 도모하였다.

대표적인 사례로는 1950년대 설탕, 밀가루, 면직물의 삼백산업(three white industries) 육성 정책과 1960년대 이후 계속된 자동차 부품국산화 정책이 있다. 1950년대 삼백산업 발전은 수입대체 전략의 영향을 받았다. 당시 정부는 완제품의 수입을 억제하는 대신, 원료를 수입하여 국내에서 가공하도록 제한하였다. 그 결과, 원료 수입권을 받은 기업들은 국내시장을 독점하며 막대한 이익을 얻을 수 있었다. 당시 미국에서는 한국에 대한 소비재 지원을 위한 원조로 제품보다는 원료를 지원하였는데, 대표적인 원료가 원당, 소맥(밀) 그리고 원면이다. 이들을 가공한 설탕(제당), 밀가루(제분), 면직물(면방직)이 흰색을 띠고 있어서 삼백산업이라고 불린다. 이들 원료는 미국으로부터 무상으로 지원되고, 정부는 설비자금을 지원하고 가공 제품에 대한 수입을 제한하면서 국내산업이 비약적으로 발전하게 되었다. 이러한 정책은 1980년대에도 지속되었으며, 대표적인 예로 일본산 자동차 수입 금지가 있었다. 이는 수입

**표 2-6** 관세율 추이

단위: %

| | 1957 | 1962 | 1968 | 1973 | 1977 | 1979 | 1984 |
|---|---|---|---|---|---|---|---|
| 단순평균관세율 | 30.2 | 39.9 | 39.1 | 31.5 | 29.7 | 24.8 | 21.9 |
| 일반관세율 | 35.4 | 49.5 | 56.7 | 48.1 | 41.3 | 34.4 | 26.7 |
| 총관세율 | 35.4 | 49.6 | 58.9 | 48.2 | 41.3 | 34.4 | 26.7 |

주: 1) 단순평균관세율은 법정 세율의 단순평균임. 2) 일반관세율은 1975년 생산액으로 가중 평균한 세율임. 3) 총관세율은 일반관세 및 외환세를 합한 세율임.

출처: 한국경제 60년사 편찬위원회(2010a).

대체 정책의 일환이기도 했지만, 만성적인 대일 무역적자를 줄이기 위한 목적도 있었다. 결국 당시 정부는 수출 지향 정책을 추진하면서도 수입 자유화 속도를 늦추는 전략을 통하여 국내 산업의 경쟁력을 극대화하려고 하였다. 1960년대 시행된 자동차 부품국산화 정책도 대표적인 수입대체 전략 중 하나였다. 정부는 1960년대부터 자동차 국산화 정책을 꾸준히 시행하였다. 그러나 정부의 강력한 정책에도 불구하고 1970년대 초까지 자동차산업의 계열화 및 국산화 성과는 뚜렷하게 나타나지 않았다.

한편, 현재와 같이 국제화가 진행되고 시장개방 압력이 강화된 경제 환경에서는 과거처럼 인위적인 수입 제한 정책을 적극적으로 시행하기 어렵다. 그 이유는 국산 부품 사용 요건(local content requirement)이나 정부 조달 정책(procurement) 등으로 국내기업을 우대하는 것이 WTO 체제에서는 명시적으로 금지되기 때문이다. 따라서 과거처럼 수입을 제한하고 국산화를 강제하는 방식은 오늘날 국제무역 규범에서 실현되기 어려운 정책이 되었다.

### (6) 대외차관을 통한 자본축적

한국은 경제개발 초기부터 부족한 투자자금을 대외원조와 대외차관을 통하여 조달하였다.[5] 그러나 1980년대 초반 이후, 한국은 외채 중심 조달 방식에서 외국인 직접투자(FDI) 유치 중심 정책으로 전환하였다. 그 배경에는 두 차례의 석유파동으로 인한 경기침체와 미국 기준금리 인상으로 인해 세계적으로 외채 부담이 증가하면서 경제위기가 심화된 상황이 있었다. 실제로 사회주의 체제의 붕괴, 남미국가들의 채무불이행(default) 사례 등도 외채 부담 증가가 경제위기의 중요한 원인으로 작용하였다.

1962년부터 1992년까지의 외국자본 도입 현황은 [표 2-7]에 나타나 있다. 이 기간 조달된 전체 자금 중 차관의 비중이 매우 높았다. 구체적으로, 공공차관이 194억 달러(전체 자금의 24.2%), 상업차관이 210억 달러(전체 자금의 26.2%) 그리고 은행 및 금융차관까지 포함하면 총 외자 조달의 약 70%가 차관으로 이루어졌다. 반면, 외국인직접투자는 78억 달러로 전체의 9.7%에 불과하였다. 기간별로 살펴보면, 1970년대까지는 외국인 직접투자 비중이 10%에도 미치지 못했지만, 1980년대 이후 증가하는 추세를 보였다. 이는 외채 부담을 줄이고 보다 안

5 전통적으로 1970년대까지는 여러 국가가 경제발전을 위한 투자재원으로 외채를 통하여 조달하였는데, 이는 투자 증가가 경제성장동력이 된다는 해로드-도마트(Harrod-Domar) 경제성장 모형에 기반한 것이다. 그러나 외채부담의 증가는 1980년대 외채보다는 FDI에 의한 재원을 조달하는 정책으로 전환되었다.

**표 2-7** 주요 외자도입 실적

단위: 백만 달러(%)

| | | 1962~65 | 1966~72 | 1973~78 | 1979~85 | 1986~92 | 계 |
|---|---|---|---|---|---|---|---|
| 차관 | 공공차관 | 63<br>(42.9) | 1,130<br>(32.2) | 3,431<br>(30.6) | 10,105<br>(28.9) | 4,688<br>(15.4) | 19,417<br>(24.2) |
| | 상업차관 | 71<br>(48.3) | 1,950<br>(55.5) | 5,858<br>(52.2) | 7,937<br>(22.7) | 5,206<br>(17.1) | 21,022<br>(26.2) |
| | 은행차관 | –<br>(-) | 205<br>(5.8) | 1,007<br>(9.0) | 11,892<br>(34.1) | 4,318<br>(14.2) | 17,422<br>(21.7) |
| 외국인 직접투자 | | 13<br>(8.8) | 227<br>(6.5) | 704<br>(6.3) | 1,157<br>(3.3) | 5,684<br>(18.7) | 7,785<br>(9.7) |
| 채권 | 금융기관 외화채권 | –<br>(-) | –<br>(-) | 219<br>(2.0) | 2,989<br>(8.6) | 5,978<br>(19.7) | 9,186<br>(11.5) |
| | 기업 외화채권 | –<br>(-) | –<br>(-) | –<br>(-) | 834<br>(2.4) | 4,515<br>(14.9) | 5,349<br>(6.7) |
| | 계 | 147<br>(100.0) | 3,512<br>(100.0) | 11,219<br>(100.0) | 34,914<br>(100.0) | 30,389<br>(100.0) | 80,181<br>(100.0) |

출처: 재무부·한국산업은행(1993).

정적인 자본 조달 방식을 모색한 결과였다.

대외차관을 통한 재원 조달은 차입자인 정부나 기업이 원하는 곳에 자유롭게 투자할 수 있다는 장점이 있다. 그러나 동시에 원금과 이자를 직접 상환해야 한다는 부담이 따른다. 따라서 과거 한국처럼 중화학공업과 같은 특정 산업에 장기적인 전략을 기반으로 투자하거나 산업정책을 추진하기 어렵다. 실제로, 1970년대 한국은 대외차관을 활용하여 중화학공업에 과도하게 투자한 결과, 1980년대 초반에는 누적된 외채 부담으로 기업과 정부가 심각한 재정위기에 직면하기도 하였다.

### (7) 교육을 통한 인적자본 축적

한국의 고도 경제성장은 국민의 높은 교육열, 정부주도의 교육 기회 확대 정책, 그리고 산업인력 양성을 위한 적극적인 투자 덕분에 가능하였다(한국경제 60년사 편찬위원회, 2010a).

이승만 정부는 1949년 「교육법」을 제정하여 교육의 목적과 기본 방향을 설정하였다. 1952년부터 지방 분권형 교육제도를 도입하고, 초등 의무교육을 확대하기 위해 의무교육 6개년 계획을 추진하였다. 의무교육완성 5개년 계획(1954~59)을 시행하여 학령 아동 취학률을 96%까지 끌어올렸으며, 문맹 퇴치를 위한 문맹퇴치 5개년 계획(1954~58)을 통하여 국민문맹률을 1948년 78.2%에서 1958년 4.1%로 대폭 낮추었다.

1960~70년대에는 중고등학교 입학 기회를 확대하고 산업화에 필요한 인력을 양성하기 위한 정책이 추진되었다. 중학교 무시험 입학제인 7·15 입시개혁이 시행되어 중학교 진학률이 증가했으며, 실업계 고등학교에서 직업기술 교육이 적극적으로 이루어졌다. 1960년대에는 경공업 인력 양성을 중심으로, 1970년대에는 중화학공업 육성에 맞추어 산업인력 양성이 강화되었다. 대학교육 또한 확대되었으며, 1965년 대학생 정원령으로 이공계 인재 양성이 추진되었다. 1978년에는 전문학교를 전문대학으로 승격하여 전문 직업인력이 대학 교육을 받을 기회를 넓혔다.

[표 2-8]을 보면 한국의 경제성장에서 중요한 역할을 한 인적자본 투자는 교육기관 등록률의 증가로 확인할 수 있다. 1970년 한국의 중등 및 고등교육 등록률은 각각 39.8%와 7.0%에 불과했으나, 2022년에는 97.9%와 103.3%로 급격히 증가하였다. 이는 선진국과 비교해도 빠른 증가세이며, 교육 투자가 경제발전의 원인이자 결과였음을 보여준다. 반면, 탄자니아의 경우 1970년 중등 및 고등교육 등록률이 각각 2.7%와 0.2%였으며, 2022년에도 각각 27.9%와 5.4%에 그쳐 여전히 낮은 수준을 유지하고 있다. 이와 같이 한국의 사례는 교육 투자가 경제성장에 중요한 역할을 한다는 것을 보이는 대표적인 사례로 평가된다.

**표 2-8** 주요국의 등록률

| | 1970 | | 2022 | |
|---|---|---|---|---|
| | 중등 | 고등 | 중등 | 고등 |
| 미국 | 86.1 | 50.0 | 97.5 | 79.4 |
| 영국 | 73.8 | 15.1 | 113.2 | 80.2 |
| 일본 | 89.5 | 16.9 | 102.3 | 64.6 |
| 스웨덴 | 85.3 | 22.6 | 139.4 | 83.9 |
| 독일 | – | – | 100.8 | 77.4 |
| 한국 | 39.8 | 7.0 | 97.9 | 103.3 |
| 싱가포르 | – | – | 103.0 | 98.0 |
| 홍콩 | 34.7 | 7.1 | 102.0 | 97.3 |
| 중국 | 25.8 | 0.1 | 93.3 | 72.0 |
| 인도 | 24.2 | 5.0 | 81.2 | 32.7 |
| 브라질 | 26.0 | 4.8 | 106.0 | 60.4 |
| 필리핀 | 46.7 | 17.2 | 93.7 | 39.6 |
| 아르헨티나 | 44.7 | 13.4 | 115.4 | 107.0 |
| 탄자니아 | 2.7 | 0.2 | 27.9 | 5.4 |
| 나이지리아 | 4.5 | 0.7 | 47.2 | 11.8 |
| 가나 | 40.3 | 0.7 | 76.8 | 20.4 |
| 짐바브웨 | 7.1 | 1.6 | 51.8 | 9.7 |
| 전 세계 | 40.9 | 10.1 | 77.6 | 42.4 |

주: 1) 각 기간에서 최근 자료를 인용한 것으로 1970년은 1970년과 1971년, 그리고 2022년은 2020년, 2021년, 2022년에서 최근값을 선택했음. 2) 나이지리아 고등 등록률은 각각 1975년, 2018년 값임. 3) 2022년 중등 등록률에서 중국은 2012년, 짐바브웨는 2013년 값임.

출처: World Bank WDI.

## (8) 민간부문의 역할 강화와 경제력집중

한국의 경제성장 과정에서 중요한 특징 중 하나는 정부가 강력한 주도형 경제정책을 시행했지만, 실질적인 기업 활동은 국영기업이 아닌 민간기업 중심으로 이루어졌다는 점이다. 대만과 달리 한국에서는 국영 또는 공영기업의 경제적 역할이 상대적으로 작았다. 대신, 정부는 세제 혜택, 재정 및 금융 지원 등의 정책으로 민간기업의 생산활동, 특히 수출진흥을 적극 지원하였다. 경제발전 초기부터 중화학공업 중심 정책이 추진되면서, 대규모 투자가 필수적이었다. 이에 따라 대규모 자본을 보유한 대기업이 중심이 되어 투자 활동을 주도했으며, 정부 지원 또한 대기업 위주로 이루어졌다. 이러한 정책의 결과로 대기업집단이 형성되었고, 이들의 시장지배력이 강화되는 문제가 발생하였다.[6] 이는 결국 정경유착 문제를 초래하는 요인이 되었다.

정부가 공기업보다 민간기업 지원을 강화하면서, 자연스럽게 민간기업의 시장지배력이 증가하였다. [표 2-9]에 따르면, 1973년 5대 재벌의 GDP 대비 부가가치 비중은 3.5%였으나, 1978년에는 8.1%로 증가하여 2.3배 확대되었다. 같은 기간 10대 재벌의 부가가치 비중도 5.1%에서 10.9%로 증가하였다. 반면, 공기업의 부가가치 비중은 1970년대 내내 10% 이내를 유지하였다. 이러한 수치는 비록 정부가 경제발전 계획을 수립하고 시장에 적극 개입하는 전략을 취했지만, 실제 생산활동은 주로 민간기업에 의해 이루어졌음을 보여준다. 이는 한국경제의 성장이 정부의 정책적 개입과 민간기업의 역할이 결합된 독특한 방식으로 진행되었음을 의미한다.

6 이들 기업은 한국의 특유한 기업집단이라 하여 재벌(Chaebol)로 불리기도 하고, 이는 일본의 재벌(zaibatsu)과 비교되기도 한다.

**표 2-9** 재벌그룹의 GDP 대비 부가가치 총액 및 비중

단위: 10억 원(%)

| | 1973 | 1974 | 1975 | 1976 | 1977 | 1978 |
|---|---|---|---|---|---|---|
| 상위 5 | 169.3<br>(3.5) | 258.5<br>(3.8) | 425.3<br>(4.7) | 599.9<br>(5.1) | 1,253.8<br>(8.2) | 1,656.7<br>(8.1) |
| 상위 10 | 246.4<br>(5.1) | 385.4<br>(5.6) | 638.0<br>(7.1) | 850.6<br>(7.2) | 1,609.2<br>(10.6) | 2,222.9<br>(10.9) |
| 상위 20 | 344.9<br>(7.1) | 537.2<br>(7.8) | 881.1<br>(9.7) | 1,114.8<br>(9.4) | 2,028.9<br>(13.3) | 2,862.7<br>(14.0) |
| 상위 46 | 476.7<br>(9.8) | 709.0<br>(10.3) | 1,111.1<br>(12.3) | 1,458.1<br>(12.3) | 2,485.4<br>(16.3) | 3,492.7<br>(17.1) |
| 공기업 | 417.3<br>(8.6) | 537.6<br>(7.8) | 737.5<br>(8.2) | 1,014.6<br>(8.5) | 1,191.1<br>(7.8) | - |

주: ( )안은 GDP 대비 비중임.
출처: 사공일(1980).

## (9) 억압된 노동운동

1950년대 한국에서는 노동정책의 법적 기반이 마련되었다. 1953년 「노동쟁의조정법」과 1954년 「근로기준법」이 제정되었지만, 당시 한국의 시장경제가 충분히 발달하지 않았고 기업문화도 전근대적이었기 때문에 근로자 보호의 실질적인 효과는 크지 않았다. 1959년에는 37개 노동조합 연합체 중 23개 단체 대표가 모여 전국노동조합협의회(전국노협)를 설립하였다. 1960년 11월에는 대한노총이 한국노동조합총연맹(한국노총)으로 결성되었으나, 1961년 5·16군사정변 이후 해산되었다. 같은 해 8월, 정부는 다시 한국노총의 활동을 보장하였다.

5·16군사정변 이후 노동조합 체제는 크게 변화하였다. 1961년 「근로자 단체 활동에 관한 임시조치법」이 제정되어 기존의 기업별 노조 체제가 15개 산별노조 체제로 개편되었다. 이후 복수노조 금지, 노동조합의 정치활동 금지 강화, 사용자 부당노동행위 처벌 방식 변경(처벌주의에서 원상회복주의로 전환) 등 노동조합의 영향력을 약화시키는 조치가 시행되었다. 특히, 쟁의행위(파업 등)에 대해서는 사전 적법 여부 심사를 의무화하여 노동운동을 더욱 제한

하였다.[7] 1970년대에 들어서면서 노동조합 활동은 더욱 제한되었다. 1971년에는 단체행동뿐만 아니라 단체교섭도 정부의 조정을 받도록 규정되었으며, 1973년 「유신헌법」이 제정되면서 노동 3권(단결권, 단체교섭권, 단체행동권)의 제한 또는 불인정이 가능해졌다. 이러한 정책은 1979년 유신체제가 붕괴할 때까지 지속되었다.

1960년대 이후 억압적인 노동정책은 노동자들의 강한 저항을 불러일으켰다. 특히, 1970년 청계천 평화상가의 봉제 노동자였던 전태일이 분신하면서, 저임금, 장시간 노동, 열악한 노동환경 등의 문제가 사회적으로 부각되었다. 그의 희생은 한국 사회에서 노동운동에 관한 관심을 높이는 계기가 되었다. 1980년대 이후 노동운동은 민주화 운동과 결합하여 급속히 성장했으며, 특히 1987년 6월 항쟁 이후 노동조합 조직률과 투쟁 강도가 크게 증가했다.[8] 이 시기 노동운동은 주로 임금 인상과 노동조건 개선을 요구하면서도 정치적 민주화와 연대하는 경향을 보였다. 1990년대 이후에는 민주노총 창립(1995)을 통해 조직적으로 재편되며 진보적 정치 세력과의 연계를 강화했고, 이후 비정규직 문제와 구조조정에 대응하는 방향으로 관심이 확대되었다. 전반적으로 한국의 노동운동은 국가 권위주의에 저항하는 민주화 주체에서, 이후에는 노동시장 양극화와 신자유주의적 구조조정에 대응하는 사회운동적 성격을 띠게 되었다.

### (10) 환경에 관한 낮은 고려

한국이 급속한 경제성장을 이루던 시기는 국제적으로 기후변화 대응이 강하게 이루어지지 않던 시기였다. 특히 1970년대 중화학공업 중심의 성장전략을 추진하는 동안 온실가스 배출에 대한 국제적 압력이나 규제는 크지 않았다. 그러나 한국이 경제발전 과정에서 환경을 전적으로 무시한 것은 아니었다. 해방 직후부터 산림녹화사업을 강력히 시행했으며, 화전민 정책으로 산림 황폐화를 방지하는 등 환경 보호 정책도 일부 추진되었다.

[그림 2-4]의 한국의 1인당 실질 GDP(2015년 기준)와 1인당 이산화탄소($CO_2$) 배출 추이를 보면, 1960년 이후 두 지표가 거의 동일한 패턴으로 증가한 것을 알 수 있다. 이는 경제성장

7 최초의 「노동조합법」은 1953년 제정되었으며 1996년 폐지되고 1997년에 「노동조합 및 노동관계조정법」(약칭: 「노동조합법」)으로 제정되었다.

8 2023년 기준으로 전체 임금근로자 중에 노동조합 가입률은 13.3%로 조합원 수는 273.7만 명으로 추계되었다(고용노동부, 2024.12.18.).

**그림 2-4** 1인당 $CO_2$와 실질 GDP

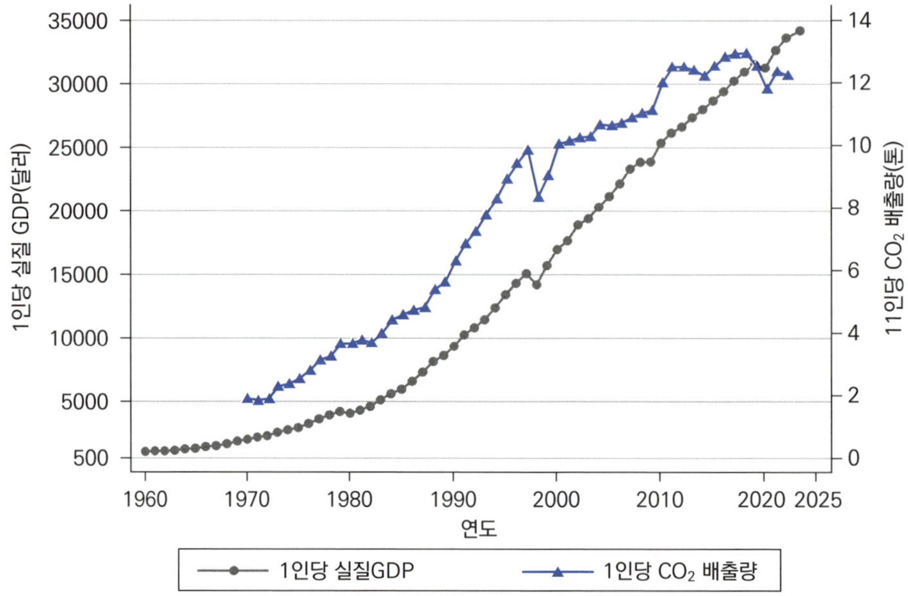


출처: World Bank WDI.

과 이산화탄소 배출이 동조화(coupling)되는 현상을 의미한다. 즉, 생산 증가가 곧 이산화탄소 배출 증가로 이어지는 구조가 형성되었음을 보여준다. 그러나 2000년대 이후에는 1인당 실질 GDP 증가 속도에 비해 1인당 $CO_2$ 배출 증가율이 둔화되는 모습을 보인다. 이는 에너지 효율 개선, 친환경 기술 도입, 환경 규제 강화 등의 요인이 영향을 미쳤을 가능성을 시사하지만, 글로벌 복합위기 등 경제성장 둔화로 나타난 현상이라 본격적인 탈동조(decoupling)라고 볼 수 없다는 의견도 있다.

## 4 경제발전 과정

본 교재에서는 한국의 경제발전 과정을 네 개의 시기로 구분하여 경제성장 과정과 변화 양상을 체계적으로 분석하고자 한다.

### (1) 한국 자본주의 태동기

한국의 고도성장은 1960년대부터 본격화되었지만, 그 이전 정책과 제도가 이후 성장에 어떤 영향을 미쳤는지 살펴보는 것은 매우 중요하다. 한국의 자본주의 태동기라 할 수 있는 시기는 조선 후기, 일제강점기, 해방 이후부터 1950년대 말까지의 세 시기는 경제체제 변화와 관련하여 중요한 분석 대상이 된다.

첫 번째 시기는 조선 후기로 자본주의의 초기 형태가 싹트기 시작하였는지에 대한 학문적 논의가 활발하다. 일부 연구자들은 상업자본과 시장경제의 발달, 신분제의 동요 등을 근거로 조선이 점진적으로 자본주의로 이행할 가능성을 내포하고 있었다고 본다. 반면, 봉건적 토지 제도와 제한적인 생산력, 폐쇄적인 대외정책 등을 지적하며 구조적 한계를 강조하는 견해도 존재한다. 한편, 이 시기의 조선은 세계사적으로 산업혁명과 제국주의 확산이라는 커다란 흐름 속에 놓여 있었다. 따라서 당시 조선과 대한제국이 봉건적 경제구조를 극복하고 자본주의로 전환하기 위한 개혁과 개방을 얼마나 시도했는지는 중요한 평가 기준이 된다.

두 번째 시기는 일제강점기(1910~45)이다. 이 시기 일본 제국의 식민지 지배는 한국 경제구조에 중대한 영향을 미쳤으며, 그 성격과 결과에 대해서는 상반된 해석이 제기되고 있다. 식민지 근대화론은 일본의 식민 통치가 한국 사회의 산업화 및 근대화를 일정 부분 촉진하였다고 주장하는 반면, 식민지 수탈론은 경제발전의 주체가 한국인이 아니었으며, 발전의 결과 또한 식민 지배국에 귀속되었다는 점에서 구조적 착취에 초점을 맞춘다.

세 번째 시기는 해방 이후부터 1950년대 말까지이다. 이 시기는 광복과 분단, 6·25전쟁 등 격변 속에서 경제체제의 재편이 이루어진 시기였다. 미군정기와 이승만 정부 시기를 거치며 다양한 경제정책이 시행되었으나, 그 효과에 대해서는 학계의 해석이 분분하다. 일부는 해방 직후의 경제 상황을 쇠퇴기로 규정하며 구조적 침체를 강조하고, 또 다른 견해는 이 시기를 본격적 산업화 이전의 과도기로 해석한다. 한편, 장기적인 경제 정체의 관점에서 이 시기를 분석하는 정체론도 제시되고 있다. 이처럼 해방 이후 한국경제의 성격은 정책적 요인, 국제 질서, 전쟁 등의 복합적 변수와 결합되어 이해되어야 한다.

### (2) 정부주도형 고도성장기

1960~70년대는 한국이 본격적인 고도 경제성장을 경험한 시기로, 경제사적으로 중요한 전환점에 해당한다. 이 시기 정부는 경제개발계획을 중심으로 산업화 전략을 수립하고, 국

가 주도의 경제성장을 적극적으로 추진하였다. 특히 초기 단계의 농업 중심 또는 경공업 중심 전략에서 벗어나, 1970년대에는 중화학공업을 핵심으로 한 산업구조 고도화를 시도하였다. 이는 수출지향적 산업화를 통하여 급속한 성장과 기술집약적인 산업기반을 구축하고자 한 정책적 선택이었다. 또한 정부는 농촌 경제의 활성화를 위해 새마을운동을 전개하였다. 이 운동은 단순한 생활 개선 운동을 넘어 국가 주도의 농촌 개발 정책으로 기능하였으며, 전기 공급, 상수도 보급, 주택 지붕 개량, 농로 및 도로 정비 등 각종 기반 시설 확충 사업이 포함되었다. 이러한 노력은 농촌 지역의 생활 환경 개선과 생산성 향상으로 도시 중심의 경제발전 혜택을 농촌으로 확산시키려는 목적을 지니고 있었다.

그러나 이러한 고도성장 과정에는 여러 구조적 한계와 부작용도 존재하였다. 산업화과정에서 도시와 농촌 간의 소득격차와 지역 간 불균형이 심화되었으며, 특정 산업과 대기업에 자원이 집중되면서 자원의 비효율적 배분과 과잉투자 문제가 발생하였다. 또한 노동시장에서는 저임금과 장시간 노동, 노동권 억압 등 인권적·사회적 문제가 심각하게 제기되었고, 재벌 중심의 경제력집중 현상도 두드러지게 나타났다. 이러한 점들로 인해 당시의 경제발전 전략과 성과에 대해서는 이후 다양한 비판과 학문적 논쟁이 이어졌다. 일부는 이 시기의 성장을 '기적'으로 평가하지만, 다른 한편에서는 그 과정의 불균형성과 사회적 비용을 중시하는 비판적 시각도 공존하고 있다.

### (3) 민간주도 경제발전 이행기

1980년대부터 1997~98년 동아시아 외환위기까지의 시기는 세계적으로 경제정책의 패러다임이 수요 중심에서 공급 중심으로 전환되며, 시장경제 체제가 지배적인 경제모델로 자리 잡은 시기였다. 자본주의와 사회주의 간의 이념 경쟁이 종결되면서, 시장 중심의 자본주의가 세계 경제의 주류로 확립되었다. 특히 1978년 중국의 개혁·개방 정책 추진과 1991년 소련의 붕괴는 사회주의 계획경제 체제의 한계를 분명히 드러낸 역사적 사건으로 작용하였다. 한편, 남미국가들은 정치적 독립 이후에도 경제발전에 지속적으로 어려움을 겪었으며, 이러한 배경 속에서 등장한 종속이론은 선진국과 후진국 간의 구조적 불균형을 설명하려는 시도로 주목받았다. 이에 따라 일부 개발도상국은 자립적 산업화를 위해 수입대체 산업화 전략을 채택하였다. 한국 역시 1950년대에는 삼백산업을 중심으로 한 수입대체 전략을 일시적으로 추진한 바 있다.

세계 경제는 1970년대 두 차례의 석유파동을 겪으면서, 경기침체와 물가 상승이 동시에 나타나는 스태그플레이션 상황에 직면하였다. 이는 기존의 케인스주의적 수요 자극 정책만으로는 대응이 어려운 상황이었으며, 이에 따라 제도 개혁과 공급 측면의 효율성 제고를 중심으로 한 새로운 경제정책이 대두되었다. 이러한 세계적 흐름에 발맞추어 한국도 1979년 경제안정화종합시책을 발표하며 정책 전환을 추진하고자 하였다.

이후 제5차 경제개발 5개년 계획(1982~86년)에서는 '안정, 능률, 균형을 통한 사회개발'을 국가 비전으로 제시하였으며, 이에 따라 안정화(stabilization), 자유화(liberalization), 개방화(opening), 민영화(privatization)를 핵심 키워드로 한 개혁·개방 정책이 본격 추진되었다. 정부는 과잉투자 조정, 노동시장 유연성 강화, 공공부문 구조조정 등으로 국가 주도형 경제에서 민간 중심의 시장경제 체제로 전환하고자 하였다.

이 시기는 한국경제가 외형적 성장을 지속하는 동시에, 국제경제 질서의 변화에 대응하여 구조적 개혁을 시도한 시기로 평가된다. 그러나 이러한 정책 추진 과정에서 사회적 불평등, 고용 불안정, 노동시장 유연화에 따른 갈등 등의 문제도 동반되었으며, 결국 이러한 구조적 불균형은 1997~98년 외환위기의 배경 중 하나로 작용하였다.

### (4) 지속가능발전 준비기

1997년 동아시아 외환위기를 겪으면서 한국경제는 전반적인 구조 개혁을 경험하였다. 외환시장과 금융시스템의 개방, 기업 구조조정, 공공부문 개혁 등 다양한 분야에서 개혁이 이루어졌으며, 이는 이후 한국경제의 제도적 틀을 형성하는 데 중요한 전환점이 되었다. 이후 2008년 글로벌 금융위기를 계기로 한국경제는 본격적인 저성장 국면에 접어들었으며, 동시에 전형적인 선진국형 문제에 직면하게 되었다. 경제지표만 놓고 보면, 1인당 국민소득, GDP, 수출입 규모 등에서 한국은 이미 선진국 수준에 진입한 것으로 평가된다. 그러나 자살률, 저출산과 고령화 같은 비경제적 지표를 함께 고려할 경우, 아직 선진국과의 격차가 존재한다. 따라서 진정한 의미에서의 선진국형 지속가능발전 단계에 도달하기 위해서는 경제 외적인 다양한 사회·경제 지표에서도 선진국 수준을 달성하는 것이 중요하다.

현재 한국경제는 여러 구조적 문제에 직면해 있다. 대표적인 과제로는 경제성장률 둔화, 서비스산업의 낮은 국제경쟁력, 높은 자살률, 빠르게 진행되는 저출산과 고령화, 그리고 연금 및 건강보험 등 사회보장제도의 재정 불안정성이 있다. 여기에 더해 가계, 기업, 정부 부

**표 2-10** 한국 경제발전의 시대 구분

| 구분 | 시기 | 주요 정치·경제 상황 |
|---|---|---|
| 자본주의 태동기 | 1950년대 이전 | 대한제국(1897~1910), 일제강점기(1910~45), 미군정(1945~48), 6·25전쟁(1950~53), 4·19혁명(1960) |
| 정부주도 고도성장기 | 1960~70년대 | 5·16군사정변(1961), 10월유신(1972), 중화학공업화선언(1973), 4·17 경제안정화종합시책(1979) |
| 민간주도 경제발전 이행기 | 1980~2000 | 공정거래위원회 설립(1981), 최저임금법(1986), 금융실명제(1993), 동아시아 외환위기(1997~98), 일본문화 개방(1999) |
| 지속가능발전 준비기 | 2000년 이후 | 국민기초생활보장제도(2000), 「경제자유구역법」(2002), 신용카드사태(2003), 글로벌 금융위기(2008), 녹색성장계획(2009), 그린뉴딜(2020) |

출처: 저자 작성.

문의 부채가 빠르게 증가하면서, 정부의 재정 및 통화 정책 운용에 제약이 커지고 있다. 또한, 탄소중립 목표를 달성하는 동시에 지속가능한 성장을 이루는 것도 한국경제가 당면한 핵심 과제 중 하나이다. 이를 위해 에너지전환과 디지털전환을 성공적으로 추진하는 것이 필수적이다. 이러한 국내외적 도전 과제들은 단순한 위기로만 볼 것이 아니라, 오히려 지속가능발전을 위한 새로운 기회로 인식될 수 있다. 이러한 변화에 능동적으로 대응하기 위해서는 다양한 정책적 노력이 필요하며, 특히 현재 사회에 진입하고 있는 젊은 세대에게 중요한 과제가 될 것이다. [표 2-10]은 이들 네 시기 구분과 주요 사건을 정리한 것이다.

## 5 정부주도형 경제발전 전략과 전환 과제

한국의 경제발전 전략은 자본주의 시장경제 체제를 기본 틀에서 강력한 정부주도의 정책 추진을 핵심 수단으로 활용하였다. 경제개발 5개년 계획의 수립, 경제기획원의 설치, 각종 수출 진흥책 등은 정부가 단순한 조정자가 아닌 적극적인 성장 주체로 기능했음을 보여주는 대표적 사례들이다. 이러한 발전 방식은 산업혁명 초기의 자유방임주의(laissez-faire)적 정책이나, 선진국 중심의 시장주도형 발전 전략과는 명확히 구별되는 특성이 있다. 이와 같은 정부주도형 발전 전략은 한국 고유의 모델이라기보다는, 일본, 싱가포르, 홍콩, 대만 등 여러 동아시아 국가가 채택한 공통된 성장 경로로 평가된다. 이러한 유사성을 바탕으로 해당 전략은 일반적으로 '동아시아 발전 모델' 또는 '정부주도형 경제발전 전략'으로 불린다.[9]

정부주도형 발전 전략은 1960~80년대 한국경제의 고도성장을 이끌어내는 데 큰 기여를 하였다. 국가가 산업 육성과 수출주도 경제정책으로 자원을 전략적으로 배분하고, 민간부문을 집중적으로 지원함으로써 단기간 내 산업화를 달성할 수 있었다. 그러나 이와 동시에 권위주의적 통치, 정경유착의 심화, 정치와 재계 간 비민주적 유착 구조 등의 부작용도 야기되었다. 한국의 발전 전략은 기득권층의 이해관계를 보장하면서도 경제성장을 추진하는 구조를 보였으며, 이러한 방식은 중앙집권적 체제를 갖춘 개발도상국들에 하나의 모범 사례로 인식되기도 하였다. 이에 반해, 1980년대 이후 국제통화기금(IMF)과 세계은행(World Bank) 등이 주창한 워싱턴 컨센서스(Washington Consensus)는 민영화, 시장개방, 규제완화 등 시장중심의 개혁을 강조하였다. 이 모델은 기존 권력 구조의 해체를 전제로 하는 측면이 있어, 많은 개발도상국에서는 채택에 소극적이었으며, 실제로 일부 국가는 기대한 성과를 거두지 못하고 경제위기를 겪는 등 부정적인 결과를 경험하기도 하였다.

한국의 사례는 강력한 중앙집권적 정책 수단과 체계적인 산업육성 전략이 경제성장의 추진력으로 작용할 수 있음을 입증한 대표적 사례로 평가된다. 그러나 경제적 성공이 정치적 권위주의를 정당화할 수는 없으며, 성장의 질과 민주적 제도의 성숙이 병행되어야 한다는 점도 분명히 인식되어야 한다. 오늘날 한국은 1인당 실질 GDP가 3만 달러를 넘어서는 등 명목상 선진국의 반열에 올라섰다. 민간부문의 경제 역량이 공공부문을 웃돌게 되었고, 경제 규모와 구조가 고도화됨에 따라 중앙정부 중심의 정책 운용에는 명확한 한계가 나타나고 있다. 더불어 사회, 문화, 환경 등 다양한 분야에서는 여전히 선진국 수준에 도달하지 못한 과제가 존재한다. 따라서 한국은 과거의 정부주도형 발전 전략에서 벗어나, 민간주도형이고 지속가능성이 높은 선진국형 경제 패러다임으로의 이행을 적극적으로 추진해야 한다. 이는 경제성장의 지속뿐 아니라, 사회 전반의 질적 성숙을 이룰 수 있는 토대가 될 것이며, 진정한 의미에서의 '실질적 선진국'으로 자리매김하는 데 결정적 역할을 할 것이다.

9 현대 자본주의 체제는 시장과 정부의 역할 배분 방식에 따라 여러 유형으로 구분되며, 대표적으로 시장자본주의(미국), 사회적 자본주의(독일 등 서유럽), 정부주도형 자본주의(한국, 일본 등), 체제전환형 자본주의(러시아 등) 등이 있다(강성진, 2020).

# 참고

### 참고 2 근대화이론과 종속이론

종속이론(Dependency Theory)은 1960~70년대 라틴아메리카를 중심으로 등장한 발전 이론으로, 제3세계 국가들의 빈곤과 저발전이 국제 자본주의 체제에서 구조적 종속 관계에 기인한다고 본다. 이 이론은 주로 개발도상국의 저발전을 설명하기 위해 마르크스주의적 시각을 기반으로 기존 근대화 이론과 다른 분석 틀을 제시하였으며, 1980년대 한국에서도 매우 유행하였다.

근대화이론은 모든 국가가 선진국의 발전 경로를 따라갈 수 있다고 가정하면서, 개발도상국의 저발전을 주로 내부적 요인—예를 들어 낮은 저축률, 비효율적 제도, 전통적 가치관—에서 찾았다. 그러나 종속이론은 이와 반대로 개발도상국이 저발전 상태에 있는 이유는 국제 경제체제 내에서 선진국(중심부)과 후진국(주변부) 간의 불평등하고 종속적인 관계 때문이라고 주장한다. 즉, 종속이론은 주변부 국가들은 원자재나 저가 노동력을 제공하는 방식으로 중심부 국가의 자본축적에 기여하지만, 이 과정에서 자체적인 산업화와 경제 자립이 저해된다. 즉, 중심부는 기술, 자본, 상품을 주변부에 수출하고, 주변부는 이에 의존하는 구조에 놓이게 되며, 이러한 종속 구조는 시간이 지나도 쉽게 바뀌지 않는다고 본다. 결과적으로 개발도상국은 독자적인 경제성장을 이루기 어렵고, 중심부 국가에 대한 경제적·정치적 종속에서 벗어나지 못하게 된다.

대표적인 종속이론 학자로는 안드레 군더 프랑크(A.G. Frank), 샘리어민 아민(S. Amin) 등이 있으며, 이들은 제3세계의 발전을 위해서는 단순한 시장개방이 아니라, 중심부로부터의 탈종속 혹은 경제적 자립을 모색해야 한다고 강조하였다. 일부 학자는 이를 위해 수입대체산업화 정책, 보호무역, 국가 주도 산업화 같은 대안을 제시하기도 하였다. 하지만 종속이론은 지나치게 외부 요인만을 강조하고 내부적 비효율이나 부패, 정치적 불안정 등 내재적 요인을 간과한다는 비판도 받았다. 또한, 실제로 한국, 대만 등 일부 국가는 주변부적인 국가였음에도 수출주도형 경제발전 전략으로 경제성장을 이루었기 때문에, 이 이론이 모든 경우에 적용되기 어렵다는 점도 지적된다. 그런데도, 종속이론은 국제경제질서의 불평등성과 구조적 제약을 강조함으로써, 개발도상국의 지속적인 저발전 문제를 보다 거시적이고 정치경제학적 관점에서 분석할 수 있는 틀을 제공하였다는 점에서 중요한 이론으로 평가된다.

# 연습문제

2.1. 한국의 10대 수출 및 수입 산업구조는 1977년부터 2023년까지 어떻게 변화했으며, 이러한 변화가 한국경제에 어떤 의미를 갖는지 서술하시오.

2.2. 한국은 1950년대 대외원조에 의존하던 경제에서 어떻게 선진국 수준의 경제로 발전하였는가? 주요 전환점과 1인당 실질 GDP의 변화를 중심으로 서술하시오.

2.3. 1960년 이후 한국은 어떤 국가들을 경제적으로 추월하였으며, 이러한 추격(leapfrogging) 현상이 의미하는 바는 무엇인가? 구체적인 사례와 수치를 들어 설명하시오.

2.4. 한국은 어떻게 짧은 기간 내에 경제성장과 안정적인 소득분배를 어떻게 동시에 달성할 수 있었는가? 이 사례가 개발도상국에 주는 시사점을 포함하여 설명하시오.

2.5. 한국의 정부주도형 발전전략에서 경제기획원의 설립과 대통령의 수출정책 리더십은 어떤 방식으로 경제성장에 기여했는가? 구체적인 제도와 변화 과정을 중심으로 설명하시오.

2.6. 한국은 어떻게 전략적 산업정책을 통하여 산업화를 추진하였으며, 그 과정에서 나타난 문제점과 시사점은 무엇인가? 구체적인 정책 수단과 결과를 중심으로 서술하시오.

2.7. 한국은 1960년대 중반 이후 경제성장을 지속하면서도 심각한 소득불평등을 겪지 않았다. 이러한 특성이 다른 아시아 국가들과 비교해 어떤 의미를 가지며, '동아시아의 기적'이라는 평가로 이어진 배경은 무엇인가?

2.8. 한국은 경제개발 초기 자본 부족 문제를 어떻게 해결했으며, 외자 조달 방식의 변화는 어떤 경제적 배경과 정책적 전환에 기반했는가? 해로드-도마르 모형과 외채·외국인직접투자(FDI)의 역할을 중심으로 서술하시오.

2.9. 한국의 경제 고도성장에서 교육 정책과 인적자본 투자가 어떤 역할을 했는지 서술하고, 이를 다른 국가와 비교했을 때 어떤 시사점을 얻을 수 있는지 설명하시오.

2.10. 한국 자본주의의 네 시기를 구분하여 각 시기의 경제적 특성과 주요 전환점, 문제점 및 시사점을 간략히 설명하시오.

CHAPTER

03

# 한국 자본주의 태동

1. 들어가며
2. 조선사회 자본주의 맹아론
3. 식민지근대화론
4. 식민지근대화론에 대한 비판
5. 해방 이후 1950년대 경제발전
6. 경제발전 동력의 원인에 대한 견해

Chapter 03

# 한국 자본주의 태동

자본주의(capitalism)는 생산 수단을 개인이나 기업이 소유하고, 이윤 추구를 목적으로 자유로운 시장경쟁을 통하여 경제활동이 이루어지는 경제체제이다. 이 체제에서는 상품과 서비스의 가격이 수요와 공급에 따라 결정되며, 자본축적과 임금 노동이 핵심 요소로 작용한다. 자본주의는 개인의 경제적 자유와 효율성을 중시하며, 국가의 개입을 최소화하려는 경향이 강하다.

자본주의는 산업혁명 이후 급격한 경제성장과 기술혁신을 촉진하는 데 중요한 역할을 해왔다. 기업 간의 경쟁은 생산성 향상과 새로운 제품 개발로 이어지며 소비자 선택의 폭을 넓혔고, 생활 수준을 향상시키는 데 기여하였다. 그러나 자본주의는 동시에 사회적 불평등, 노동 착취, 환경 파괴, 경기 불안정 등 여러 문제도 초래하였다. 특히 부의 집중 현상은 경제적 양극화를 심화시키고, 일부 계층의 정치·사회적 영향력을 강화시키는 결과를 낳기도 한다. 이러한 문제에 대해 마르크스주의와 같은 비판적 시각에서는 자본주의가 본질적으로 소수 자본가에게 부와 권력을 집중시키고, 다수 노동자의 희생을 초래하는 착취적 구조라고 본다. 이들은 자본주의가 주기적인 경제위기와 불안정성을 내포하고 있으며, 근본적인 체제 변화를 통하여 사회 정의를 실현해야 한다고 주장한다.

1929년 대공황 이후 자본주의의 안정성과 지속가능성에 대한 논쟁이 본격화되었고, 국가가 경제에 일정 수준 개입하여 시장 실패를 보완하고 사회적 안전망을 구축하려는 수정자본주의(mixed economy) 모델이 등장하였다. 이후 공산주의·사회주의 체제와의 경쟁을 거치며 각국의 자본주의는 다양한 형태로 변화·발전하였다.

## 1 들어가며

한국은 1945년 일본 식민지 지배에서 해방된 후, 36년간의 식민지 경험을 청산해야 했다. 해방과 동시에 한반도는 남북으로 분단되었고, 자유민주주의와 공산주의 체제 간 갈등이 본격화되었다. 1950년 북한의 기습 남침으로 인한 6·25전쟁 속에서 산업기반은 대부분 파괴되었고, 한국은 전쟁의 폐허 속에서 세계 최빈국으로 전락하였다. 1950년대 한국경제는 전후 복구와 기초 산업 형성에 성공했으나 본격적인 산업화에는 한계가 있었다. 그러나 이 시기의 경험은 1960년대 국가 주도의 경제개발 정책을 추진하는 중요한 계기가 되었다.

1960년대 이후 박정희 정부가 추진한 다양한 경제발전 정책이 한국 경제성장의 직접적인 원인이라는 주장에 반대하는 사람은 많지 않다. 하지만 그 이전, 즉 조선시대와 대한제국, 일제강점기, 그리고 해방 이후 이승만 정부의 경제정책이 1960년대 성장에 어떤 영향을 미쳤는지는 여전히 활발히 논의되고 있다. 이 논의는 단순히 경제성장의 성과를 평가하는 차원을 넘어, 한국의 자본주의 체제가 본격적으로 발전하기 시작한 시점이 언제인가에 대한 질문과도 연결된다. 이 문제를 분석하는 것은 다른 나라들이 경제발전 정책을 수립할 때나, 한국의 정책 경험을 공유하는 데 중요한 의미를 갖는다.

이 장에서는 한국 경제발전의 원인에 대한 다양한 견해를 정리한다. 먼저, 조선 후기부터 이미 자본주의의 기초가 형성되었다는 자본주의 맹아론과 일제강점기가 한국 경제발전에 긍정적인 영향을 미쳤다고 주장하는 식민지 근대화론을 비교하여 분석한다. 또한, 1950년대의 경제적 역할과 그 의미를 어떻게 평가할 것인지에 대한 다양한 관점을 살펴보겠다.

## 2 조선사회 자본주의 맹아론

자본주의 맹아론은 자본주의 경제가 형성되는 데 필요한 요소들이 조선 후기부터 이미 나타나기 시작하였다는 주장이다. 즉, 농업과 상업이 발전하면서 이윤 창출이 가능해졌고, 이를 통하여 경제가 자생적으로 성장할 수 있는 기반이 조선시대 후기에 형성되었다는 것이다. 이러한 관점은 내재적 발전 이론이라고도 불리며, 이는 조선 후기 경제가 외부 요인이 아니라 자체적인 요인으로 발전할 가능성이 있었다고 설명한다.

자본주의 맹아론을 뒷받침하는 핵심 근거는 조선 후기 농업 생산성 향상과 상공업 발전이다. 이에 대한 연구는 농업부문에서는 김용섭의 『조선후기농업사연구』(1970), 상공업 부문에서는 강만길의 『조선후기 상업자본의 발달』(1973) 등을 통하여 구체적으로 분석되었다.

첫째, 농업의 발전과 자본축적이다. 조선 후기에 이앙법(모내기법)이 널리 보급되면서 농업 생산성이 크게 증가하였다. 이앙법은 벼농사에서 모를 따로 키운 뒤 본 논에 옮겨 심는 방식으로, 수확량을 높이고 노동력을 효율적으로 사용할 수 있게 하였다. 그 결과, 농민들의 소득이 증가하면서 자본을 축적하는 계층이 등장하였다. 반면, 부를 축적하지 못한 가난한 농민들은 생계를 위해 도시로 이동하였고, 이들은 점차 도시의 노동력으로 전환되면서 상공업이 발달하는 계기가 되었다. 즉, 농업의 발전이 도시 경제활성화로 이어졌다는 것이다.

둘째, 상공업과 유통경제의 성장이다. 조선 후기에는 상업이 발달하면서 도고라고 불리는 독점 상인들이 등장하였다. 이들은 특정 상품을 독점적으로 거래하면서 자본을 축적하였고, 상업이 더욱 활성화되는 계기를 만들었다. 대표적인 조선 후기 상인으로는 경강상인(서울), 송상(개성), 만상(의주) 등이 있었으며, 이들은 전국적인 상업 네트워크를 형성하였다. 또한, 지방을 중심으로 장시(시장)가 활발하게 운영되었으며, 이를 통하여 화폐 경제도 발전하였다. 대표적인 예로 상평통보라는 화폐가 전국적으로 유통될 정도로 경제활동이 활발해졌다.

셋째, 광업에서 나타난 자본주의적 생산 방식 발달이다. 광업에서도 초기 자본주의적 요소가 등장하였다. 이들은 물주(자본을 투자하는 사람), 덕대(광산을 경영하는 관리자) 그리고 임금노동자(실제 광산에서 일하는 노동자) 등이다. 이러한 구조는 현대 자본주의 생산 방식과 유사하며, 조선 후기 경제가 자생적인 발전을 이룰 가능성이 있었음을 보여준다.

결국, 자본주의 맹아론은 조선 후기에 농업과 상공업이 발전하면서 자본축적, 노동력 이동, 화폐 경제 활성화 등의 요소가 형성되었고, 이를 통하여 자본주의로 발전할 가능성이 있었다는 점을 강조한다. 즉, 조선 후기의 경제구조가 근대 자본주의로 이어지는 중요한 토대였다는 것이다.

## 3 식민지근대화론

식민지근대화론은 조선 후기 경제발전이 이미 정체된 상태에 빠져있었다는 주장에서 출발한다. 즉, 한국의 근대화는 일제강점기부터 본격적인 경제성장이 시작하였다는 주장이다. 식민지개발론으로도 불리는 이 주장은 일제강점기에 일본학자 스즈키 다케오(1901~75) 경성제국대학 교수에 의해 조선시대 정체론으로 처음 제기되었다.[1] 식민지근대화론이 한국에서 본격적으로 제기되기 시작한 것은 1980년대 안병직과 이영훈 중심의 낙성대경제연구소에 의해서였다. 이들은 내재적 성장이론 혹은 자본주의 맹아론은 자신들이 구축한 실증자료와 부합하지 않는다고 보고, 한국의 근대화는 일제강점기부터 본격적으로 시작되었다고 주장하였다.[2] 이들이 주장하는 주요 내용을 정리하면 다음과 같다.

### (1) 주요 경제성과 지표

식민지근대화론은 일제강점기에 국내총생산이 지속적으로 증가하였다는 데서 출발한다. [표 3-1]은 낙성대경제연구소가 발표한 1911~40년 기간의 주요 경제지표를 요약한 것이다.[3]

1인당 실질 국내총생산(GDP)은 1911년 57.2엔에서 1940년 117.6엔으로 증가하여 연평균 약 2.5% 증가율을 보여준다. 1인당 실질 국민소득(GNI)도 56.7엔에서 114.3엔으로 증가하였다. 인구 변화를 보면 1911~40년 기간 동안 약 800만 명이 증가하였다. 같은 기간 실질 GDP 성장률은 연평균 3.8%, 인구증가율은 1.3%였다. 이러한 변화는 식민지근대화론을 주장하는 주요 근거가 되었다. 기간별로 보면 일제강점기 초기부터 1917년까지 GDP 연평균

1 스즈키 다케오(Takeo Suzuki)는 1928년 이후 경성제국대학 법문학부 교수로 활동하며, 조선총독부의 경제정책에 깊이 관여한 인물이다. 그는 한국이 일본의 식민 지배를 받는 동안 경제와 문화적 생활 수준이 크게 향상되었다고 주장했는데, 이는 식민지 근대화론의 출발점이 되었다(박찬승, 2014). 이후, Eckert(1991), Kohli(1994), McNamara(2004) 등의 학자들도 비슷한 주장을 펼쳤다. 이들은 일제강점기 일본이 조선에 사회기반시설 구축, 산업화, 교육 투자 등을 진행했으며, 이것이 해방 후 경제발전에 긍정적인 영향을 미쳤다고 주장하였다.

2 이 주장을 뒷받침하기 위해 사용된 자료는 김낙년 편(2006)의 연구와 낙성대경제연구소(2012)의 분석 등으로, 이들은 일본이 작성한 일제강점기 국민소득 자료를 추적하여 정리하였다.

3 1917년과 1918년을 명시적으로 본 것은 식민지근대화론에 대한 비판 중 하나인 1917년 이전 자료가 과대평가 되었다는 것에 대하여 명확히 비교하기 위한 것이다.

**표 3-1** 일제강점기 주요 지표

| | | 1911 | 1917 | 1918 | 1930 | 1940 |
|---|---|---|---|---|---|---|
| 인구(천명) | | 16,615(-) | 18,103(1.4) | 18,274(0.9) | 21,058(1.2) | 24,302(1.4) |
| 1인당 GDP(엔) | | 57.2(-) | 72.5(4.0) | 77.1(6.2) | 88.2(1.1) | 117.6(2.9) |
| GDP(백만 엔) | | 950(-) | 1,312(5.4) | 1,409(7.1) | 1,857(2.3) | 2,859(4.3) |
| 1인당 GNI(엔) | | 56.7(-) | 69.9(3.5) | 74.3(6.1) | 81.5(0.8) | 114.3(3.3) |
| GNI(백만 엔) | | 942(-) | 1,266(4.9) | 1,358(7.0) | 1,716(1.9) | 2,746(4.7) |
| 산업구조 (%) | 1차 | 67.2 | 65.2 | 66.7 | 47.3 | 41.4 |
| | 2차 | 5.1 | 7.1 | 6.8 | 9.7 | 19.4 |
| | 3차 | 27.7 | 27.6 | 26.5 | 43.1 | 39.2 |

주: 1) ( )안의 값은 표의 직전에 표기된 연도부터 연평균 성장률이며 자연로그의 차에 의하여 계산됨. 2) 1인당 실질 GDP(GNI)는 실질 GDP(GNI)를 인구로 나누어 계산한 것으로, 1935년 가격 기준 실질값임. 3) 산업구조는 경상 총생산 대비 비중이고, 1차산업은 농림어업, 2차산업은 광공업, 3차산업은 전기, 가스, 수도, 건설 및 서비스업을 포함함.
출처: 김낙년 편(2006).

증가율은 5.4%로 높았고, 1930~40년 기간에는 4.3%였다. 그리고 총국민소득인 GNI도 GDP와 마찬가지로 일제강점기 초기에 오히려 더 높은 성장률을 보여주고 있다. 산업구조도 변화하여 1차산업 비중이 1911년 67.2%에서 1940년 41.4%로 하락하였다. 반면에 2차산업인 광공업 비중은 같은 기간에 5.1%에서 19.4%로 증가하였다. 또한 주로 서비스업으로 구성된 3차산업 비중도 1911년 27.7%에서 1940년 39.2%로 증가하였다.

### (2) 식민지근대화론의 근거

식민지근대화론의 주요 근거는 근대제도 도입, 농업생산 증대 및 산업부문 발전이다. 첫째, 일제강점기에 각종 도로·철도·항만·전신·전화 등 사회간접시설이 건설되고, 근대화된 법·제도, 시장경제 및 근대화된 교육제도가 도입되었다. 그리고 일본 유학을 통하여 축적된 인적자본은 일제강점기 근대화를 이끈 주요 요인이 되었다. 당시 도입된 대표적인 근대화 정책은 토지조사사업(1910년대)과 산미증산계획(1920~30년대)이었다. 1930년대부터 본격화된 공업화 정책이 시행되었다.

둘째, 1910년대 우량품종 도입, 비료 투입 확대, 경지면적 확대 등으로 농업생산량이 증가하였다. 식민지 근대화론자들은 19세기 말 토지생산성은 17~18세기 말과 비교해 급락하여 농업생산이 정체되었다가, 1910년대에는 다시 증가하였다고 주장한다. 근거는 17세기 말과 비교해 19세기 말의 두락당 지대량이 하락하는 추세를 보여주었다가 일제강점기 때 다시 상승하였다는 것이다.[4]

셋째, 1920년대 중반 이후 일본 질소비료를 도입한 것을 시작으로 일본의 대자본이 조선에 활발하게 진출하면서 산업부문 생산이 증가하였다는 주장이다.[5]

## 4 식민지근대화론에 대한 비판

식민지근대화론에 관한 주장과 반대하는 비판도 다양한 시각에서 제기되었다. 대표적인 비판은 지대의 변화에 대한 해석 차이, 자료의 부정확성과 경제성장 성과의 착취론이다.[6]

### (1) 지대 증가는 생산성 향상이 아닌 관행의 변화

19세기에 비해 1910년대 지대(rent) 증가는 노동생산성 향상이 아니라 지주가 지대를 받는 관행이 변화하였기 때문이라는 비판이다. 1910년 이후에 지주가 지세와 종자를 부담하는 관행으로 바뀌기 시작하면서 지주가 1/3을 받는 관례에서 수확의 50%를 받는 제도로 변하여 지대가 다시 상승하는 효과가 나타났다는 주장이다. 따라서 19세기에 지주가 받아 가는 지대의 하락은 생산성 하락이 원인이 아니라 지대를 받는 제도의 변화 때문이었다는 것이다.

---

4 두락은 마지기로도 불리는데 한 말의 씨앗을 뿌릴 수 있는 면적으로 보통 200~300평(661.2~991.7㎡) 정도를 의미한다.

5 일본은 식민지 초기에 조선을 순수 농업지대로 남겨 두기 위한 목적으로 「회사령」(1911~20)으로 근대적 대공업이 발달하는 것을 억제하려 하였다. 그러나 1916년경부터 세계경제 호황기에 진입하면서 기업설립 활동이 상대적으로 활발하게 이루어졌다(허수열, 2005).

6 식민지근대화론의 주요 내용과 비판은 허수열(2005, 2012, 2015)과 이영훈(2004, 2009, 2013)의 주요 내용을 정리한 것이다.

## (2) 1910년대 농업생산에 대한 과소평가

1910년 초기 GDP를 과소평가함으로써 1910~17년 기간의 경제성장률이 매우 높게 나타나는 결과를 보여주었다(허수열, 2005). 1920년대 말까지 GDP 비중이 67.2%를 차지하였던 농업부문 생산액 추이를 보면 1911~18년 기간 생산액이 빠르게 증가하다가, 1919~29년 기간에는 정체되었다. 따라서 GDP도 급속하게 증가하는 현상이 나타나게 되었는데 이는 사실이 아니라는 주장으로 그 이유는 다음과 같다.

첫째, 1910~13년 기간 우량품종 보급이 증가하거나 농지 면적이 확대되었다는 주장은 과장된 것이라는 비판이다. 즉, 우량품종이 보급되었지만, 처음부터 사용되었던 품종에 비해 생산성이 높았던 것은 아니라는 주장이다. 단보당 수확량이 1910년에 등장한 품종은 1.15석이었고, 1930년대 등장한 품종은 1.39석으로 큰 차이가 없었다. 특히 1920년대 말까지 기존 재래종과 우량품종의 생산성은 큰 차이를 보여주지 않았다(허수열, 2005).

둘째, 경지면적이 1910~17년 기간에 58.6%가 증가하였으나, 1918~42년 기간에 단지 1.2% 증가하였다는 주장도 현실적으로 받아들이기 어렵다.[7] 즉, 산미증식계획으로 농업생산에 역점을 둔 1918~29년 1인당 GDP는 거의 변화가 없었음에도 1910년대에 비해 농업생산이 급격히 증가하였다는 것은 믿기 어렵다는 비판이다.[8] 이런 추정 결과를 종합하여 허수열(2005)은 1인당 GDP가 증가한 것이 확실한 시기는 1930년대에 국한하여 보아야 한다고 주장하였다.[9]

7 허수열(2012)은 1908년이 되어야 농업생산량 통계의 작성법이 처음으로 시작되었고, 1915년에 관련 훈령이 나오면서 비로소 완전한 모습을 갖추게 되었다고 보았다. 그는 조선총독부가 1918년과 1919년 『통계연보』에 과거 농업 관련 통계들을 수정한 데서 알 수 있듯이, 1917년 이후가 되어야 체계화되고 신뢰할 수 있는 통계를 이용할 수 있었다고 주장하였다.

8 그는 농업생산에 영향을 미치는 개간 및 간척에 의한 경지면적 변화, 수리관개시설, 지목 변화에 의한 논 면적 변화, 우량품종 보급현황 등을 조사하였다. 1912년 2.79%에서 1919년 53.09%로 우량품종 보급률이 증가한 것 외에 1920년 이전에는 농업생산에 영향을 주는 큰 변화를 보여주지 못하고 있다고 주장하였다.

9 국세(인구)조사는 1920년에, 토지조사는 1918년에 완료되었다. 산미증산계획은 일본에 대한 쌀 공급을 확대하기 위하여 1920~35년 기간 동안 쌀 생산을 증대하려는 계획이었다. 그러나 1929년 세계 대공황으로 도시 인구가 농촌으로 유입하여 일본 지역의 쌀 생산이 증가하였고 가격이 폭락하자 이 계획은 1933년에 중단되었다.

### (3) 1941~45 기간 통계 자료 미흡

식민지근대화론이 사용하는 자료에는 일제강점기 말기인 1941~45년 기간이 포함되지 않는다. 이 시기에는 태평양전쟁으로 인하여 일본이 건설해 놓았던 농업과 공업 기반의 상당 부분이 붕괴되었다는 주장이다. 특히 이 기간에 붕괴된 농업생산을 고려하면 일제강점기 동안 경제성장이 오히려 마이너스가 될 수도 있음을 지적하였다.

### (4) 근대화와 착취론

근대화는 경제적 요인뿐만 아니라 사회, 문화 및 정치 등 모두를 포함하는 개념으로, 단순히 국민소득 증가가 한국을 근대화로 이끌었다고 할 수 없다. 따라서 근대제도의 도입과 경제성장에 의해 근대화가 달성되었다는 판단이 일반적으로 쓰이는 근대화를 달성한 것과는 다르다고 하겠다. 특히 중요한 것은 경제성장 과정에서 나타난 일본인과 한국인의 분배 및 착취 문제는 구체적으로 논의가 이루어지지 않고 있다. 즉, 한 국가 내에서 생산과 분배의 변화가 아니라, 식민지라는 상황에서 조선인과 일본인 간 생산과 분배 문제이기 때문이다. 만약 국내에서 생산되더라도 국내에 있는 일본인에 대한 소득분배가 훨씬 크다고 하자. 이 경우 한국 내에서 생산되었지만, 일본인에게 분배된 소득은 해외로 송금된다. 따라서 식민지근대화론은 식민지의 역할에 대하여 개발과 착취라는 양 측면을 공평하게 다루고 있는 것은 아니다.

## 5 해방 이후 1950년대 경제발전

1945년 일제로부터 독립한 한국은 경제적 · 정치적으로 심각한 혼란의 시기를 경험하였다. 이미 일제강점기 말기인 1940년대 초에는 제2차 세계대전으로 일본의 전시동원령에 따라 한국 내 산업인프라 상당한 부분이 파괴되었다. 이승만 정부(1948~60)는 대한민국 정부수립 초기, 전후 복구와 반공체제 구축을 최우선 과제로 삼았다. 광복 직후 혼란과 북한의 침공에 의한 6·25전쟁(1950~53)으로 경제 기반이 크게 파괴되었고, 미국의 대규모 원조에 의존해 경제를 유지하였다. 토지개혁(1949)을 단행해 농지 소유 구조를 개혁하고 농민 중심의 경제 기반을 마련했지만, 산업기반 육성에는 실패했으며, 만성적인 인플레이션과 경제 불안정, 부정부패 문제로 경제 성과는 제한적이었다.

본 절에서는 해방 이후 1950년대까지 경제발전 정책을 알아보고, 본격적인 경제발전이 이루어지기 시작한 1960년대와 어떤 연관이 되는지에 대한 연구자들의 시각을 정리한다.

### (1) 주요 경제정책

#### 1) 귀속재산불하

해방 이후 미군정과 한국 정부는 사유재산제도를 확립하기 위하여 귀속재산(vested property)불하(매각)와 농지개혁을 시행하였다. 귀속재산불하는 일제강점기 당시 일본인이 소유하고 있던 농지, 사업체 및 부동산 등을 미군정에 모두 귀속시키고, 이를 민간에게 매각하는 정책이다. 1951~53년 기간에 이 정책이 집중적으로 실시되었고, 1958년경에는 대부분의 귀속재산은 민간 소유로 전환되었다. 민간에 대한 귀속재산불하는 새로운 민간기업이 탄생하는 계기도 되었다. 1950년대 300인 이상 대기업의 귀속사업체 중에서 민간에 매각된 기업의 비중은 약 40%에 달하였다(한국경제 60년사 편찬위원회, 2010a).

#### 2) 농지개혁

농지개혁은 1949년 「농지개혁법」과 1950년 「농지개혁법개정법률」에 의하여 유상매수와 유상분배 원칙에 의한 농지분배가 시작되었다.[10] 정부는 토지소유자로부터 토지를 유상으로 매입하고 이를 농민들에게 유상으로 판매하였는데, 판매가격은 시장가격보다는 낮은 수준에서 결정되었다.[11] 매수 대상 농지는 농가가 아닌 자의 농지, 자신이 경작하지 않는 자의 농지, 가구당 3정보(약 29,752㎡)를 넘는 농지 등이다. 토지소유자들은 농지를 내놓는 조건으로 정부로부터 지가증권을 받았다. 분배 면적은 가구당 3정보를 초과하지 못하도록 하였고,

10 북한은 1946년 3월 이후에 무상몰수·무상분배 원칙에 의한 토지개혁 정책을 폈다고 한다. 그러나 무상몰수는 있었지만, 사회주의 체제에서 사유재산권이 인정되지 않는다는 측면에서 보면 토지의 개인소유 형태로 분배는 이루어지지 않았다. 중국의 토지개혁도 유사하여. 1949년 공산화 이후 토지개혁으로 지주의 토지를 몰수하고, 농민에게 분배하였다, 그러나 그 이후 모두 몰수하여 인민공사(1958)로 만들어서 공산주의 이상을 실현하기 위한 대약진운동(Great Leap Forward)을 전개하였으나 실패로 끝났다.

11 농지개혁은 기존의 지주와 소작농이라는 농지 소유구조에서 자신이 농지를 직접 소유하는 구조로 전환하도록 하였다. 또한 이로 인해 지주들의 농지매각대금을 산업화 자금으로 이용할 수 있는 계기도 되었으나 6·25 전쟁으로 인하여 사실상 산업자금화로의 전환은 한계가 있었다.

상환 방법은 평년작 생산 물량의 15%로 하되 5년 동안 같은 액수를 납부하도록 하였다.

### 3) 기획처와 경제개발계획

해방 이후 미군정 시기(1945~48)를 거치면서 다양한 경제개발계획이 수립되었다. 6·25전쟁으로 이 계획들이 실현되지는 못하였으나, 전쟁 이후에도 미국과 한국 정부는 경제개발계획을 지속해서 수립하였다. 미국과의 경제협력은 1948년에 한미 정부 사이에 한미원조협정을 체결하면서 시작되었다.

정부는 경제개발계획을 수립하고 추진할 기구로 기획처(1948)를 설립하였는데, 이후 부흥부(1955)와 경제기획원(1961)으로 변경되었다. 1949년 정부가 발표한 산업부흥 5개년 계획(1949~53)의 목적은 농업국에서 공업국으로의 전환이었다. 이를 위해 연료와 동력, 중화학공업 분야 12개 부문에 대한 집중적인 투자로 생산을 증대하고자 하였다.[12] 그러나 1950년 6·25전쟁의 발발로 원조계획과 산업부흥계획은 실현되지 못하였다.

6·25전쟁이 끝나고 다시 경제개발계획이 수립되기 시작하였는데 당시 이승만 정부는 경제성장을 통한 자립경제를 추구하였다. 그러나 미국은 전쟁 동안의 인플레이션과 재정적자에 대응하기 위해 긴축을 통한 재정안정화 정책을 먼저 실시하도록 한국 정부에 촉구하였다. 또한 미국은 일본을 중심으로 한 지역통합전략 차원에서 일본과 중복산업에 대한 투자를 거부하면서 이승만 정부와 갈등을 일으켰다.[13]

미국의 원조가 경제부흥에 필요한 중요한 재원이 되면서 미국의 한국에 대한 원조정책의 목적과 산업화 전략에 갈등이 생겼다. 한국과 미국이 구성한 한미합동경제위원회(Combined Economic Board)가 1950년에 발표한 경제안정 15원칙의 전문에 "금후의 경제정책은 무엇보다도 인플레 현상의 조급한 극복에 중점을 두어 재정의 균형, 금융의 건전 및 생산증강을 기한다."라고 되어 있는 것을 보아도 미국은 경제정책의 우선순위를 경제성장보다는 경제안정에 두고 있음을 알 수 있다.

12 주요 내용으로 남아있는 것을 보면 전력, 철강(선철, 강철), 광업(금, 은), 조선(어선, 수송선), 원동기, 시멘트 등 12개 주요 업종을 선정하고 5년에 걸친 증산계획이 포함되었다(국가기록원, 기록으로 보는 경제개발 5개년 계획).

13 이러한 상황을 타개하고자 정부는 1954년 3월부터 1957년까지 8회에 걸쳐서 6억 6,700만 원의 산업부흥국채를 발행하였다. 이 자금과 대충자금을 재원으로 하여 정부는 관개, 항만, 도로, 교통, 통신시설을 정비하는 데 재정투자를 하고, 기간산업 건설을 통한 산업구조 정비와 강화에 재정융자를 하였다(정진아, 2009).

정부가 아닌 유엔한국부흥단(UNKRA) 주도로 1953년 한국경제재건 5개년 계획(1953~57)이 발표되었다.[14] 그리고 같은 해에 3개년에 걸친 원조의 성격과 공여 방식 및 경제안정화 시책 등을 제안하는 종합부흥 3개년 계획이 발표되었다.[15] 그러나 이 계획들은 이승만 정부의 산업화 의지와 별도로 모두 미국 입장을 반영한 것으로 한국 정부에서 받아들이기에 어려웠다. 그 이후 한국 정부가 독자적으로 자립 기반의 국가경제체제를 수립하기 위하여 신부흥 5개년 계획(1956)을 수립하였다. 이 계획에서는 주요 투자 목적으로 전력 복구, 공공시설 및 농업생산 증대 등이 포함되었다. 그리고 수입대체산업화를 위한 비료공장과 시멘트공장 그리고 울산정유공장의 재건에 대한 투자 계획도 포함되었다. 정부는 이 계획을 미국 정부에도 제출하여 5년간 계획 실행을 위한 23억 7,490만 달러의 지원을 요청하였다.

이 부흥계획은 미국 정부와의 협의 없이 한국 정부가 독자적으로 수립한 것으로 두 정부 사이에 의견 차이가 컸다. 따라서 정부는 미국과 협의를 거쳐서 새로운 경제개발계획을 수립하기로 하였다. 정부는 1958년 부흥부 산하에 산업개발위원회를 설치하여 장기 경제개발계획을 수립하게 하였다. 1959년에 발표된 경제개발 3개년 계획은 1960년을 시작으로 계획된 경제개발 7개년 계획의 전반부에 해당한다. 그러나 이승만 정부가 수립한 경제개발 3개년 계획은 4·19혁명으로 제대로 논의되지 못하고 폐기되었고, 장면 정부에서도 5.16 군사정변으로 실행에 옮기지 못하였다. 본격적인 경제개발계획은 1962년 발표한 제1차 경제개발 5개년 계획(1962~66)이다.

1960년 발표된 경제개발 3개년 계획의 주요 내용은 [표 3-2]에 정리되어 있다. 이 계획은 자립경제의 기반 조성을 주요 목표로 삼고 4개 중점 개발전략을 세우는 한편, 추진 방식은 자유경제의 원칙에 따라 정부는 민간이 할 수 없는 장기적인 일에만 관여하도록 하였다.

---

14 유엔한국부흥단(UNKRA)이 네이선(Nathan) 협회에 용역을 주어서 만든 계획으로 네이선 보고서(Nathan report)라고도 불린다.

15 이 계획은 미국 정부의 특사로 소사에 파견되었던 타스카의 이름을 이용하여 타스카 보고서(Taska report)라고도 불린다.

**표 3-2** 경제개발 3개년 계획의 주요 내용

| 계획 기조 | 자립경제의 확립을 위한 기초로서 자립화의 기반 조성 |
|---|---|
| 개발전략<br>[중점목표] | ① 식량의 대외의존도 경감과 농산물 수급균형 지향<br>② 중소기업 육성 발전을 통한 생필품 자급과 고용기회 증대<br>③ 수입대체산업과 수출산업 육성을 통한 국제수지 개선<br>④ 통신동력, 수리, 위생교육시설 등 사회기본시설 확충 |
| 추진방식 | ① 자유경제의 원칙<br>② 정부는 민간이 할 수 없는 장기적인 일(산업 및 고용구조 조정, 국민생활수준 책정, 사회기본시설 확충, 과학기술 진흥, 장기자원 계획 등)에만 관여 |
| 경제성장률 | 5.7%(목표) |

출처: 유광호(1999).

### 4) 개발협력 원조와 자본축적

해방 이후 경제개발을 위한 국내자본이 매우 부족한 상황에서 정부는 주요 투자재원을 대외원조에 의존하였다.[16] 한국이 대외원조를 받기 시작한 것은 해방 이후 미국에 의해 수립된 미군정청을 통해서이다. 1948년 미국 정부와 한미원조협정이 체결되고, 이에 따라 주한경제협조처(ECA)에서 대한원조계획안이 입안되었다.[17] 주요 원조는 점령 지역 구호를 위한 정부지출(GARIOA)과 점령 지역의 경제복구(EROA) 형태인 경제부흥원조였다. 그리고 미군정 후기에 제공된 대외청산위원회(OFLC) 차관이 있다.

1945~48년 기간 동안 제공된 원조는 총 4억 9백 40만 달러였는데, 그중에서 양곡을 위주로 한 식료품이 약 1억 7천만 달러였다.[18] 한국이 받은 최초의 차관인 OFLC 차관은 1947년 해외 미군이 보유하고 있던 2천 4백 9십만 달러 상당의 잉여시설과 물자를 장기 저리(연 2.5%, 20년 분할상환)로 받은 것이다(한국국제협력단, 2004). 1949년 이후에는 주한 경제협조처(ECA)를 통하여 원조가 지속되었고, 1950년 6·25전쟁 발발로 유엔 차원의 원조가 동시에 이루어지기 시작하였다. 유엔원조는 전쟁 피해를 구호하기 위한 원조인 한국민간구호처

16 당시 자본축적에 주요 영향을 준 것은 대외원조 이외에 귀속재산불하, 대외원조를 이용한 재정투자와 융자, 인플레이션 그리고 환율 등이다.

17 한미원조협정 내용은 [참고 3-1]에 설명되어 있다.

18 이 밖에 1946년 6월 미군이 철수하면서 무상으로 제공한 보유 잉여물자 약 1억 1천 6백만 달러를 합하면 1945~48년 기간 동안 미군정청이 제공한 원조는 모두 5억 5천 30만 달러에 이른다(한국국제협력단, 2004).

(CRIK)와 전후 복구 및 재건을 위한 긴급원조인 유엔한국재건단(UNKRA)으로 이루어졌다.

미국의 무상원조는 1950년대에도 지속되어 대충자금(counterpart fund)이라는 특별계정에 적립되었다. 한국은 미국과 한미경제원조협정(1948)에 따라 제정된 「대충자금 운용특별회계법」(1951)에 의하여 대충자금 계정의 운용 방식을 결정하였다. 전체 예산액 중 대충자금 비중은 1950년대 후반에 20%대였으나, 1961년 48.4%에 이르렀고, 1960년대 전반에 30%대를 차지하였다(한국경제 60년사 편찬위원회, 2010b). 당시 대충자금의 대부분은 한미잉여농산물협정(1955)에 의한 농산물 무상증여이다.[19]

**표 3-3** 한국에 대한 무상원조 현황

단위: 백만 달러(%)

| 연도 | 미국 | 유엔 | 총규모 | GDP 비중 |
|---|---|---|---|---|
| 1949 | 116.5 | - | 116.5 | - |
| 1950 | 49.3 | 9.4 | 58.7 | - |
| 1951 | 32.0 | 74.5 | 106.4 | - |
| 1952 | 3.8 | 157.6 | 161.4 | - |
| 1953 | 5.8 | 188.4 | 194.2 | 14.9 |
| 1954 | 82.4 | 71.5 | 153.9 | 11.0 |
| 1955 | 205.8 | 30.9 | 236.7 | 16.9 |
| 1956 | 304.0 | 22.7 | 326.7 | 23.3 |
| 1957 | 368.8 | 14.1 | 382.9 | 22.5 |
| 1958 | 333.5 | 7.7 | 341.2 | 16.9 |
| 1959 | 219.7 | 2.5 | 222.2 | 11.7 |
| 1960 | 245.1 | 0.2 | 245.3 | 12.3 |
| 계 | 1,966.7 | 579.5 | 2,546.2 | |

출처: 한국국제협력단(2004), 한국경제 60년사 편찬위원회(2010a).

19 한미잉여농산물협정 내용은 [참고 3-1]에 설명되어 있다.

1949~60년 기간에 미국과 유엔으로부터 받은 대외원조 현황은 [표 3-3]과 같다. 이 기간에 미국과 유엔이 제공한 원조금액은 25억 4천 6백만 달러였고, 이 중 미국이 약 20억 달러를 제공하여 전체 원조의 77%였다. 물론 유엔을 통하여 들어온 원조의 상당 부분이 미국이 제공한 것이라는 점에서 볼 때, 이 기간 한국이 받은 원조는 대부분 미국에서 온 것으로 볼 수 있다. 대외원조자금은 민간 구호에도 사용되었지만, 투자 여력이 부족하였던 당시 상황에서 경제부흥을 위한 재원으로도 상당 부분이 사용되었다.

### 5) 금융억압과 인플레이션

해방 이후 1950년대까지 금융억압 정책과 전쟁 중 물자 조달을 위해 필요한 통화량 공급으로 인플레이션 문제가 심각하게 대두되었다.[20] 당시 은행금리는 20%에 고정되어 있었지만, 사채시장 금리는 48~120% 혹은 150~240%에 이를 정도로 높게 형성되어 있었다. 그리고 1953년 통화량이 약 38억 원이었으나, 그 후 3년 동안 거의 매해 2배씩 증가하였고, 1956년 이후는 안정적으로 증가하였다.[21]

낮은 금리에 의한 통화수요 증가는 인플레이션으로 이어졌고, 따라서 채무자가 부담해야 할 실질금리가 음(-)으로 나타났다. 이는 또다시 시중은행에 대한 대출수요 증가로 이어지고, 시중은행은 부족한 재원을 중앙은행 재할인으로 공급받으면서 시중 통화량이 계속 증가하였다. 여기에 국방·치안 등에 대한 정부지출이 늘어나면서 소비자 물가상승률이 전쟁 시기인 1951년에는 390.5%에 이르렀다(한국경제 60년사 편찬위원회, 2010a).

[표 3-14]는 1945~60년 소비자물가 및 생산자물가 상승률과 통화량(M2)의 GDP 대비 증가율 및 금리 추이를 보여준다. 소비자물가 상승률을 보면 해방 직후인 1946년 280.4%였고, 전쟁 중인 1951년 390.5%까지 치솟았다. 이후 1957년에 이르러 -3.5% 이후 안정되기 시작한다. 반면에 통화량 (M2/GNP)은 1953년 6.8%에서 1960년 12.5%로 증가하였지만 대체로

20 금융억압정책은 정부가 인위적으로 금융시장을 통제하여 낮은 이자율을 유지하고, 민간 자금을 정부재정이나 국영부문에 유리하게 유도하는 정책을 의미한다. 주로 개발도상국에서 사용되며, 대표적인 수단으로는 이자율 상한 설정, 금융기관에 대한 대출규제, 자본이동 통제, 법정 지급준비율 강화 등이 있다. 이러한 정책은 단기적으로는 정부의 투자재원 확보와 물가안정에 도움이 될 수 있으나, 장기적으로는 저축과 투자 유인을 저해하고, 금융시장 왜곡 및 자원의 비효율적 배분을 초래할 수 있다는 비판을 받는다.

21 전쟁물자를 공급하기 위한 재정지출 증가는 한국은행으로부터 차입에 의존할 수밖에 없어서 화폐발행액이나 통화량(M1)이 1949~52년에 10배 이상 증가하였다. 이에 따라 물가는 더 빠르게 증가하여 1952년 소비자물가지수는 1949년에 비해 24배에 달하였다(한국경제 60년사 편찬위원회, 2010a).

**표 3-4** 1945~60년 통화량 증가와 물가상승률

단위: %

| | 1945 | 1946 | 1947 | 1948 | 1949 | 1950 | 1951 | 1952 |
|---|---|---|---|---|---|---|---|---|
| 소비자물가상승률 | - | 280.4 | 78.9 | 58.4 | 24.9 | 167.5 | 390.5 | 86.6 |
| 생산자물가상승률 | - | 385.4 | 73.9 | 62.9 | 36.7 | - | - | - |

| | 1953 | 1954 | 1955 | 1956 | 1957 | 1958 | 1959 | 1960 |
|---|---|---|---|---|---|---|---|---|
| M2/GNP | 6.8 | 9.4 | 9.7 | 9.1 | 8.2 | 10.5 | 13.3 | 12.5 |
| 은행수신/GNP | 4.6 | 3.8 | 4.3 | 8.3 | 10.2 | 12.7 | 14.7 | 16.3 |
| 통화량(M2, 연말, 10억원) | 3.8 | 6.9 | 11.1 | 15.0 | 17.2 | 22.7 | 24.8 | 24.9 |
| 은행수신최고금리 | 5.0 | 12.0 | 12.0 | 12.0 | 12.0 | 12.0 | 11.0 | 10.0 |
| 실질수신금리 | -31.1 | -18.5 | -33.5 | -8.9 | -9.0 | 16.1 | 7.6 | 1.9 |
| 소비자물가상승률 | 52.5 | 37.1 | 68.3 | 23.0 | 23.1 | -3.5 | 3.2 | 8.0 |
| 생산자물가상승률 | 25.3 | 28.2 | 81.1 | 31.6 | 16.2 | -6.2 | 2.6 | - |

출처: 한국경제 60년사 편찬위원회(2010a).

안정적으로 유지되었다. 이 기간에 은행 수신 최고 금리가 소비자물가 상승률보다 낮아 실질 금리가 음(-)의 값을 갖고 있었음을 알 수 있다. 이런 추이가 바뀌는 것은 1958년부터이다.

### 6) 금융시장정책

1950년 중앙은행으로서 한국은행을 금융통제기구로 하는 「한국은행법」과 일반은행을 대상으로 하는 「은행법」이 동시에 제정되어 공포되었다. 이들 법에 따라 금융기관의 재편이 이루어졌다. 「한국은행법」이 제정되었으나 중앙은행으로서의 완전한 독립성은 확보하지 못하였다. 1954년 한국식산은행이 한국산업은행으로 재편되었고, 「은행법」이 시행된 이후 보유지분을 민간에 매각하는 민영화정책을 시행하여, 1956년 4개 은행(상업은행, 조흥은행, 홍업은행, 저축은행)으로 민영화되었다. 그리고 1956년 대한증권거래소가 개장되었고, 1961년에 제정된 「부정축재처리법」에 의하여 민간이 보유한 은행 지분이 국가에 귀속되었다. 그리고 국책은행으로 한국산업은행이 설립(1954)되어 주요 전략산업에 대한 장기 신용을 제공하고자 하였다.

### 7) 대외무역정책

당시 대외무역으로 수입대체공업화 정책을 시행하였다. 상공부는 수입부문에서 자동승인품목, 제한수입품목, 그리고 수입금지품목을 정기적으로 발표하였다. 국내 생산으로 국내 수요를 충족시킬 수 있는 품목에 대해서는 수입을 금지했고, 국내 수요를 충분히 충족시키지 못할 때는 주무 부처의 승인을 거쳐서 수입하도록 하였다(한국경제 60년사 편찬위원회, 2010a). 그리고 관세정책을 통하여 국내 산업을 보호하였다. 1949년까지 10%의 단일관세가 부과되다가, 전쟁 이후 전반적으로 인상되어 1950년 하반기에는 관세율이 27.4~66.5%에 이르렀다(김광석, 1988).

수출에 대해서는 직접적인 수출진흥정책보다는 환율제도를 이용하여 간접적으로 지원하였다. 정부는 1949년부터 공정환율과 시장환율에 의한 복수환율제도를 채택하고 있었다.[22] 당시 원조자금에 대한 의존도가 높았던 정부는 달러당 환율의 공정환율을 높게 하여 원화 표시 원조자금액을 많게 하려고 하였다. 수출에 대해서는 인센티브를 주기 위하여 수출대금을 매각하는 경우 적용하는 환율은 1954년부터 1957년까지 연말 기준으로 2~10% 높은 수준으로 상향 조정하였다.

### 8) 외자유치정책

해방 이후 세계 최빈국으로서 한국은 노동력이 풍부하였으나 산업화 촉진을 유도하는 다른 요소인 기술과 자본은 충분하지 못하였다, 따라서 이승만 정부 이후 국제사회로부터 받은 대외원조는 충분한 투자재원이 될 수 없어 지속적인 외자도입을 위한 정책을 시행하였다. 그렇지만 해방 이후 혼란한 정국과 6·25전쟁과 그리고 이후 전후 복구 과정에 해당하는 1950년대에는 외자보다는 미국 등 국제사회로부터의 대외원조 자금이 자본축적에 중요한 역할을 하였다. 이승만 정부 시기에는 외자구매처(1949)와 임시외자관리청(1949)이 있었다. 외자구매처는 정부 자금으로 외자를 구매 및 수입하는 사무를 담당하고, 임시외자관리청은 수입된 외국 원조물자를 관리하고 배당 및 정리하는 등의 사무를 담당하였다. 이들은 1955년에 외자청으로 통폐합되었다.

---

22 당시에 정부가 보유한 외환에 대한 환율은 공정환율이라 하고, 기타 외환에 대해서는 시장환율을 적용하는 복수환율제를 채택하였다. 1964년에 이르러 단일환율제도로 전환되었다.

### 9) 산업기반 시설 구축

6·25전쟁 이후 이승만 대통령과 미국 정부 간에 미국원조자금의 사용에 대한 갈등이 많았다는 사실은 잘 알려져 있다. 미국은 자신들이 제공하는 원조자금을 전후 복구 및 소비재 공급을 통한 경제안정에 많이 사용하기를 원하였다. 반면에 이 대통령은 산업화를 촉진하기 위하여 산업기반시설에 더 많은 투자를 하고자 하였다. 이러한 갈등은 당시 경제개발계획에 철강산업 투자계획 등이 포함된 것을 보아도 잘 알 수 있다. 이러한 이 대통령의 주장이 반영되어 당시 원조기관 UNKRA 자금으로 대표적인 3개 산업기반시설이 건설되었다. 1957년에 인천에 판유리공장과 문경에 시멘트공장이 건설되었고, 1961년에는 국내 최초의 현대식 화학공장으로 충주에 비료공장이 건설되었다. 그 외에도 한강 제3철교가 완공(1957)되고, 국산자동차 시발(shibal)을 생산(1955)한 이후 1957년부터 9인승 세단을 생산하기 시작하였다.

### 10) 철강산업 및 원자력 산업 진출

이승만 대통령은 철강과 원자력에 대해서도 각별한 관심을 가졌다. 1953년 인천에 국영기업인 대한중공업공사(현재 현대제철)를 설립해서 철강산업에 진출하고자 하였다.[23] 1956년 대한중공업공사는 연간 12만 톤 규모의 국내 최초 제강공장인 평로공장을 설립했고, 1960년에 박판압연공장을 세워서 국내에서 철판이 생산되기 시작하였다. 원자력을 에너지로 사용하기 위한 정책도 시행하였다. 1956년에 이승만 대통령은 미국과 한미원자력협정을 체결하였고, 3월에는 문교부 기술교육국에 원자력과를 설치하였다. 1958년 「원자력법」을 제정하고, 1959년에는 원자력원(대통령 직속)과 원자력 연구소(현재 한국원자력연구원)를 설립하였다.

## (2) 경제성과

### 1) 경제성장과 산업구조 전환

[표 3-5]의 1950년대 GDP의 경제활동별 성장률 추이를 보면 5% 내외의 경제성장률을 달성했음을 알 수 있다. 6·25전쟁 직후 1954년을 보면 실질 GDP 성장률은 7.2%였고, 1956년을 제외하고는 1950년대 5%가 넘는 매우 높은 성장률을 보여주었다. 산업별로 보면 제조

23 대한중공업공사는 일제강점기 시기인 1938년에 이연콘체론이 세운 조선이연금속 인천공장이 모태인 회사이나. 해방 이후 비군정청에 귀속되었다가 1948년 한국 정부로 인계된 후 대한중공업공사로 사명을 바꿔 관리되다 1953년 국영기업으로 설립되었다.

**표 3-5** 1950년대 경제활동별 GDP 성장률 추이

단위: %

| | GDP | 농림어업 | 광공업 | (제조업) | 전기, 가스 및 수도사업 | 건설업 | 서비스업 |
|---|---|---|---|---|---|---|---|
| 1954 | 7.2 | 9.0 | 10.6 | (13.5) | 26.9 | 23.0 | 4.2 |
| 1955 | 5.6 | 1.9 | 16.3 | (16.8) | -0.4 | -0.4 | 5.9 |
| 1956 | 0.6 | -5.8 | 14.7 | (16.0) | 15.1 | -7.1 | 4.0 |
| 1957 | 9.4 | 9.9 | 10.4 | (8.1) | 15.8 | 25.3 | 7.0 |
| 1958 | 6.6 | 8.3 | 9.7 | (10.8) | 25.3 | 2.6 | 3.7 |
| 1959 | 5.6 | 0.3 | 11.0 | (10.2) | 18.7 | 21.5 | 7.5 |
| 1960 | 2.3 | -1.4 | 10.0 | (7.4) | -1.7 | -1.9 | 2.9 |
| 1961 | 6.9 | 14.9 | 5.5 | (5.4) | 7.0 | 9.6 | 1.0 |
| 1962 | 3.9 | -6.3 | 16.3 | (15.2) | 25.9 | 14.7 | 7.6 |

주: 2015년 기준 GDP의 경제활동별 성장률임.
출처: 한국은행 경제통계시스템.

업이 다른 산업에 비해 상당히 높은 성장률을 보여주었다.[24] 그리고 산업기반 시설인 전기·가스 및 수도사업이 1957~59년에 높은 성장률을 보여주어 1960년대 경제성장의 기반이 되었고, 1958년과 1959년에는 각각 25.3%와 18.7%가 성장하였다.

[표 3-6]은 1953~59년 주요 경제지표를 정리한 것이다. 1950년대 경제성장을 반영해서 1인당 실질 GDP가 1953년 278달러에서 1959년 345달러로 증가하였다. 국제수지를 보면 1957년까지 경상수지는 적자였고, 상품수지는 지속적으로 적자였다. GDP 대비 수출과 수입 비중도 대부분 10% 미만으로, 아직 국제적 거래가 활발하게 이루어지고 있지는 않았다. 이는 전쟁 이후 최빈국으로 국내 자본이 충분치 않고 자본도 미국을 비롯한 국제기구의 무상원조에 의존하는 국가로서 수출과 수입의 비중은 높을 수가 없었다.

24 GDP 관련 자료는 한국은행 자료이고 4장 이후 자료는 세계은행 자료를 인용한 것이어서 비교에 주의가 필요하다.

**표 3-6** 주요 경제지표(1953~59)

| 항목 | | 1953 | 1955 | 1957 | 1958 | 1959 |
|---|---|---|---|---|---|---|
| 경제성장률 | | 7.2 | 5.6 | 9.4 | 6.6 | 5.6 |
| 1인당 실질 GDP (2015년 달러) | | 278 | 129 | 309 | 341 | 345 |
| 1인당 명목 GDP(달러) | | 66 | 64 | 74 | 81 | 82 |
| 소비자물가상승률 | | 52.5 | 68.3 | 23.1 | -3.5 | 3.2 |
| 경상수지(백만 달러) | | -68 | -36 | -3 | 38 | 16 |
| 상품수지(백만 달러) | | -306 | -310 | -371 | -326 | -254 |
| 수출(GNI 대비 %) | | 2.0 | 2.5 | 2.0 | 2.3 | 2.7 |
| 수입(GNI 대비 %) | | 7.1 | 9.8 | 11.4 | 10.2 | 9.7 |
| 산업구조 (%) | 1차산업 | 32.3 | 31.6 | 29.7 | 30.2 | 28.6 |
| | 2차산업 | 8.4(2.9) | 9.3(3.4) | 10.2(3.9) | 10.2(3.9) | 11.2(4.2) |
| | 3차산업 | 61.0 | 59.3 | 59.9 | 58.3 | 59.3 |

주: 1) 1953년 경제성장률은 1954년임. 2) 산업구조는 부가가치 기준이며 구체적인 정의는 2장 각주1 참조. 3) 2차 산업구조에서 ( )는 제조업 비중임. 3) 소비자물가상승률, 경상수지와 무역수지는 한국경제 60년사 편찬위원회(2010a)에서 인용.
출처: 한국은행 경제통계시스템; 한국경제 60년사 편찬위원회(2010a).

### 2) 수입대체전략과 삼백산업의 발달

당시 높은 관세에 의해 수입이 억제되면서 발달한 국내 삼백산업의 대표적인 기업으로 제당산업에 제일제당(1953), 제분산업에 대한제분, 조선제분, 제일제분 그리고 면직물 산업에 제일모직(1956)이 있었다. 이들은 원료를 독점하고 완제품 수입이 제한된 시장 그리고 당시 고물가 상황에서 공정환율과 일반환율 간의 격차를 이용하여 막대한 독점이익을 얻으면서 비약적으로 성장하였다. 그러나 1957년대 말부터 미국원조가 줄어들면서 이들 산업도 불황에 직면하게 된다.[25]

25 삼백산업 기업들은 한국제분공업협회, 대한제당협회 및 대한방직협회를 결성하고, 이들 협회가 각 산업을 대표하여 정부로부터 독점적으로 원료도입자금을 받아 수입하고 이를 원료로 제품을 생산하여 막대한 이익을 남겼다. 수입대체전략으로 완제품 수입은 금지되어 있어서 국내시장에서 독점적 지위를 누렸다. 협회는 기업 규모에 따라 자금을 배정하였는데 신규기업의 진입을 막고 더 많은 수입 자금을 받기 위하여 사업 규모를 경

## 6 경제발전 동력의 원인에 대한 견해

한국은 1960년대 이후 본격적인 고도 경제성장을 이루었다. 중요한 질문은 이러한 경제성장이 어떻게 가능했는지, 그리고 이 발전 전략이 오늘날 다른 국가에게 어떤 시사점을 제공하는가이다. 이에 대한 설명으로 다양한 역사적 해석이 존재한다. 대표적으로 자본주의 맹아론, 식민지 근대화론, 해방 이후 자본주의 기반론 등이 논의되었다.

자본주의 맹아론은 조선 후기와 대한제국 시기에 이미 자본주의적 요소가 자생적으로 형성되기 시작하였다고 주장한다. 상공업의 발전, 민간 자본의 축적, 지역시장 확대 등의 현상을 그 근거로 제시하며, 한국 사회 내부의 역동성을 강조한다. 식민지 근대화론의 관점은 일제강점기 동안 일본이 도입한 근대적 제도와 산업기반이 경제성장의 토대를 마련하였다고 본다. 철도, 공업시설, 금융제도 등을 정비하여 경제발전의 기반이 구축되었으며, 이러한 유산이 해방 이후에도 일정 부분 유지되었다고 평가한다.

해방 이후 자본주의 태동에 관한 주장은 해방 이후 특히 1950년대에 한국이 자본주의 체제의 기초를 구축하였다고 본다. 그러나 이 시기는 산업기반의 지역적 불균형과 6·25전쟁으로 인한 사회기반시설의 파괴 등 매우 불리한 여건 속에서 전개되었다. 그럼에도 불구하고 이후 남한에서 경제성장이 가능했던 배경을 해석하는 데 있어 학계는 크게 정체론, 연속론, 과도기론으로 나뉜다.

정체론은 1950년대의 한국경제가 실질적인 발전 없이 정체 상태에 있었다고 본다. 이 시기 미국의 원조는 자립적 자본축적보다는 원조 의존성을 심화시켰으며, 농지개혁은 영세 소농 중심의 구조를 형성해 농업 생산성이 오히려 약화되었다. 또한 저곡가정책과 임시토지수득세 등은 농촌 경제를 위축시켰고, 산업구조는 3차산업 중심으로 정체되어 있었다고 평가된다. 연속론은 1950년대 후반의 경제구조가 1960년대 수출지향적 산업화로 자연스럽게 이어졌다고 본다. 해방 이후의 경제정책과 산업계획이 박정희 정부의 경제개발계획과 연속성을 가지고 있으며, 농촌의 잉여농산물을 활용한 자본축적이 이루어졌다는 점에서 내재적인 경제발전의 흐름으로 해석된다. 과도기론은 1950년대를 1960년대 고도성장을 위한 준비기로 본다. 귀속재산의 불하(매각)를 통하여 새로운 자본가 계층이 형성되었고, 농지개혁으로 자영농 중심의 경제 기반이 마련되었다. 이 시기의 농업 생산성 증대는 잉여노동력을 도시

---

쟁적으로 늘리면서 1950년대 말에는 이들 산업에 대한 과잉투자 문제가 나타났다.

산업으로 이동시키는 기반이 되었으며, 미국의 원조 또한 단순 구호를 넘어서 투자자금으로 활용되어 자본주의 체제의 정착에 기여하였다는 평가다.

이러한 다양한 해석은 한 나라의 경제성장이 단일한 원인보다는 복합적 요소의 결과임을 보여준다. 한국의 사례는 자생적 발전 요소, 외부적 영향, 정책적 선택이 맞물려 이루어진 결과로, 오늘날 개발도상국에 중요한 정책적 시사점을 제공한다. 특히 역사적 제도와 구조의 연속성, 정치·사회적 환경의 변화에 따른 경제정책의 적응력, 외부 원조의 전략적 활용 등이 주목할 만한 요소이다.

# 참고

### 참고 3-1 주요 용어 해설

1) 한미잉여농산물협정: 6·25전쟁 이후 경제 회복과 식량 부족 문제를 해결하기 위해 한국과 미국이 1955년 5월 체결한 협정이다. 이 협정을 통하여 한국은 부족한 식량과 원자재를 확보할 수 있었고, 미국은 잉여농산물 처리와 정치적 영향력 확대라는 이익을 얻었다. 미국의 잉여농산물 원조는 미국의 「농산물교역 발전 및 원조법(Agricultural Trade Development and Assistance Act: PL480)」(1954)에 따른 것이다.
2) 대충자금: 제2차 세계대전 이후 대외원조를 통하여 유럽의 부흥을 이룩하기 위한 마샬플랜(Marshall Plan)의 「경제협력법(Economic Cooperation Act)」(1948)에 규정된 특별계정에 적립되는 자금이다. 대외원조 금액 중 증여에 해당하는 금액을 자국 통화로 환산하여 한국은행 특별계정에 적립한 후, 이 금액의 95%를 통화안정과 경제재건에 사용하고, 나머지 5%는 전략물자 구매 등에 사용하도록 하는 제도이다. 대충자금의 운영과 관리를 위해 한미 간 합동경제위원회(Combined Economic Committee)가 설치되었으며, 이 위원회를 통하여 한국 정부는 미국의 동의 하에 대충자금을 전후 경제 재건을 위한 투융자 활동에 사용하였다.
3) 한미원조협정: 경제협조처(Economic Cooperation Administration, ECA) 원조협정이라고도 한다. 한국 정부의 재정·금융·무역정책, 경제부흥계획 등이 규정되었다. 이는 1961년 2월 한미경제·기술원조협정으로 대체되었다. 경제협조처는 유럽부흥계획을 실시하기 위하여 1948년 미국 대통령 직속으로 설립된 기구이다. 1951년에 상호안전보장처(Mutual Security Agency, MSA) 그리고 1953년에 대외활동본부(Foreign Operation Administration, FOA)로 이름이 바뀌었다.

## 참고 3-2 경제체제 논쟁과 정판사 위조지폐 사건

1920년대 말 미국의 대공황은 자유방임주의에 기반한 자본주의 체제의 지속성과 안전성에 대한 우려를 제기하는 계기가 되었다. 이후 자본주의 체제에서는 정부의 역할을 추가하는 수정자본주의와 자본주의 체제를 근본적으로 부정하는 사회주의 체제의 경쟁이 1991년 소련이 붕괴할 때까지 지속되었다.

한국도 해방 직후 체제경쟁이 치열했고, 오히려 사회주의와 공산주의가 더 높은 지지를 받았다. 해방 직후 미군정청 여론국에서 8,453명을 대상으로 실시한 여론조사 결과를 보면 알 수 있다. 동아일보(1946.8.13.)의 보도를 보면 3번째 질문은 "귀하의 찬성하는 것은 어느 것입니까?"라는 것이었고, 답변 결과는 자본주의(1,189명, 14%), 사회주의(6,037명, 70%), 공산주의(574명, 7%), 모릅니다(653명, 8%)였다.

냉전 체제에서 남한 내 공산주의 확산을 막고, 잇따른 무장 반란과 좌익 운동을 제압하기 위해 1948년 12월 「국가보안법」이 제정되었다. 그 이후 한국에서 공산당이 발붙이기 어렵게 한 결정적 사건이 일어났는데 1949년 6월 발각된 정판사 위조지폐 사건이다. 조선공산당 당원인 은행 직원이 약 1선 2백만 원의 위조지폐를 만들어 유포하였다는 사건으로 남한의 공산주의 세력과 미군정 간 전면적인 충돌의 계기가 되었다. 당시 조선공산당은 소공동의 정판사(일제강점기 조선은행의 지폐 인쇄소)가 위치한 건물에 입주하여 신문 '해방일보'를 발행하고 있었다. 이 사건과 1949년 4월 말에서 8월 중순에 발각된 '국회프락치 사건'을 계기로 공산당 활동이 불법화되었고, 1949년 반민족행위특별조사위원회(반민특위) 해체의 계기가 된 것으로 알려져 있다.

# 연습문제

3.1. 자본주의 체제의 주요 특징을 설명하고, 이에 대한 비판적 시각과 그 체제의 변화과정을 논하시오.

3.2. 자본주의 맹아론의 핵심 주장과 그 근거를 설명하고, 이 이론이 조선 후기 경제를 바라보는 시각에 어떤 의미를 가지는지 논하시오.

3.3. 식민지근대화론의 주요 주장과 그 학문적 배경을 설명하고, 이 이론이 한국 근대화의 시기와 주체에 대해 제기하는 쟁점을 논하시오. 그리고 이 주장에 대한 반박을 제시하시오.

3.4. 광복 이후 1950년대 한국경제의 특징과 한계를 설명하고, 이 시기의 경제정책이 1960년대 경제발전과 어떤 연관을 가지는지 논하시오.

3.5. 광복 이후부터 1960년대 초까지 한국의 경제개발계획 수립 과정과 그 특징을 설명하고, 이 시기의 경제개발 노력이 1960년대 이후 본격적인 경제개발계획에 어떤 영향을 미쳤는지 논하시오.

3.6. 해방 이후 1960년대 전반까지 한국이 대외원조에 의존한 배경과 주요 원조 형태를 설명하고, 이러한 원조가 한국경제에 미친 긍정적·부정적 영향을 분석하시오.

3.7. 이승만 정부 시기의 철강산업 및 원자력 개발 정책의 추진 배경과 그 의의를 설명하시오.

3.8. 1950년대 한국의 경제성장률 추이와 산업별 성장의 특징을 설명하고, 당시 국제수지와 무역 구조를 고려할 때 한국경제의 구조적 한계를 어떻게 평가할 수 있는지 논하시오.

3.9. 1950년대 한국의 삼백산업 성장의 배경과 특징을 설명하고, 이들 산업의 성장 방식이 가지는 구조적 한계와 문제점을 논하시오.

3.10. 1960년대 이후 한국의 고도 경제성장이 가능했던 역사적 배경에 대한 다양한 해석을 설명하고, 이들 해석이 오늘날 개발도상국에 주는 시사점을 논하시오.

CHAPTER

# 04

# 정부주도 고도성장기

1. 들어가며
2. 고도성장기 경제성과
3. 정부 조직의 변화와 정치적 리더십
4. 경제개발 5개년 계획과 성과
5. 수출주도형 정책 지원
6. 고도성장기 경제위기와 안정화정책

Chapter 04

# 정부주도 고도성장기

경제발전 전략에는 크게 균형발전과 불균형 발전전략이라는 두 가지 접근 방식이 있었다. 균형 발전전략은 다양한 산업부문을 고르게 성장시키는 것을 목표로 했던 반면, 불균형 발전전략은 특정 핵심 산업에 자원을 집중시켜 경제성장을 견인하는 방식을 의미한다. 소련과 중국은 사회주의 경제체제하에서 그리고 일본은 패전 이후 경제 재건 과정에서 중화학공업 부문 육성을 통한 불균형 발전전략을 채택하였다.

이러한 중화학공업 중심 발전전략은 여러 배경을 종합적으로 고려한 결과였다. 일본과 독일처럼 이미 산업화된 국가들은 기존 산업기반을 강화하기 위해 중화학공업에 집중할 필요가 있었다. 특히 한국처럼 남북한 대치 상황에 놓인 국가들은 군사력 강화와 경제적 자립을 위해 중화학공업을 필수적으로 육성해야 하였다. 또한 자원이 부족하고 내수시장이 협소한 국가들은 해외시장 개척을 통하여 경제성장을 도모해야 했기에, 대규모 생산이 가능한 중화학공업 분야의 발전이 필요하였다.

당시 세계 경제발전 전략 논의 속에서 한국을 비롯한 여러 국가는 경제적 파급효과가 큰 중화학공업과 같은 특정 산업을 집중적으로 육성하는 수출주도형 불균형 발전전략을 선택하였다. 이는 선진국과의 기술 격차를 단기간에 좁히고 국제시장에 진입하기 위한 선택이었다. 반면, 브라질과 아르헨티나 등 일부 남미국가들은 종속이론에 입각해 내수 중심의 수입대체형 발전전략, 즉 균형 발전전략을 채택하였다. 그러나 결과적으로 수출주도형 전략을 택한 국가들이 경제성장을 더 빠르게 달성한 반면에 수입대체 전략을 선택한 국가들은 상대적으로 성장에 어려움을 겪는 경우가 많았다.

## 1 들어가며

한국의 경제발전은 권위주의적 정치체제 하에서 정부주도에 의한 자유시장경제에 기반한 자본주의적 경제모델로 추진되었다. 이승만 정부는 미국의 원조자금을 주로 산업 발전에 투입하려 했고, 1950년대에는 수입대체 전략을 통하여 삼백산업 중심의 성장을 도모하였다. 또한 경제개발계획을 주도할 기구로 기획처(1948), 부흥부(1955)를 설립하였다.

박정희 정부(1961~79)는 경제기획원(1961)을 설립하여 체계적인 경제발전 기반을 마련하였다. 수출주도형 경제성장 전략을 적극적으로 추진하여 1960년대에는 제1, 2차 경제개발 5개년 계획을 통하여 경공업 중심 제조업을 육성하고, 수출 장려 및 무역자유화, 외자 유치 정책을 병행하였다. 이 시기 도로, 항만, 발전소 등의 사회간접자본 확충과 금융·투자 정책의 정부주도 운영도 활발히 이루어졌다. 1970년대에 들어서는 제3, 4차 경제개발 5개년 계획을 통하여 철강, 석유화학, 조선, 기계, 전자 등 중화학공업이 집중적으로 육성되었다. 1970년대 새마을운동을 통한 농촌 개발, 포항제철 설립, 중동 건설시장 진출 등도 경제성장 기반을 확대하였다. 정부는 재정, 금융, 산업정책은 물론 인력양성과 산업단지 조성까지 폭넓게 지원하며 중화학공업 중심의 경제구조를 구축하였다.

이러한 경제발전 전략의 결과로 1960~70년대에 연평균 8~10%의 고도성장률을 달성했고, 수출액은 1964년 1억 달러를 돌파한 데 이어 1977년에는 100억 달러를 넘어섰다. 1인당 명목 GDP도 1960년 158달러에서 1980년 1,715달러로 크게 증가하였다. 산업구조는 농업 중심에서 제조업 중심으로 전환되었으며 고용도 확대되었다. 그러나 급속한 경제성장 과정에서 재벌 중심의 경제구조 형성, 지역 및 산업 간 불균형 심화, 환경오염 심화, 저임금 구조 고착화, 정부와 기업 간 정경유착, 과도한 외채 의존 등 부작용이 발생하였다. 이러한 문제들은 이후 1980년대 지속적인 경제성장과 구조조정의 주요 과제로 남게 되었다. 결국, 1960~70년대는 한국경제가 '한강의 기적'이라 불리는 고도성장을 이룬 동시에 향후 해결해야 할 구조적 한계를 내포한 시기로 평가된다.

## 2 고도성장기 경제성과

### (1) 주요 경제지표

한국의 고도성장기라고 하면 박정희 정부 시기인 1960~79년 시기로 가장 높은 경제성장률을 보였다. [표 4-1]은 1960~80년 기간 주요 경제지표를 정리한 것이다. 이 기간에 1인당 실질 GDP는 1960년 1,028달러에서 1980년 4,057달러로 거의 4배가 증가하였다. 소비자물가 상승률은 1965년 이후 10%가 넘었고, 특히 2차에 걸친 석유파동을 경험하였던 1970년대에는 매우 높았고, 1975년에는 25.2%에 달하기도 하였다. 그리고 수출주도형 경제성장 정

**표 4-1** 주요 경제지표

| 항목 | | 1960 | 1965 | 1970 | 1975 | 1980 |
|---|---|---|---|---|---|---|
| 경제성장률(%) | | 6.9 | 7.3 | 10.1 | 7.8 | -1.6 |
| 1인당 실질 GDP (2015년 달러) | | 1,028 | 1,274 | 1,977 | 2,906 | 4,057 |
| 1인당 명목 GDP (달러) | | 158 | 109 | 279 | 617 | 1,715 |
| 소비자물가상승률(%) | | 8.0 | 13.5 | 16.0 | 25.2 | 28.7 |
| 경상수지(백만 달러) | | 13 | 9 | -623 | -1,887 | -5,312 |
| 무역수지(백만 달러) | | -273 | -240 | -922 | -1,671 | -4,613 |
| 수출의 GDP대비 비중(%) | | 2.6 | 7.1 | 11.4 | 22.7 | 28.4 |
| 수출의 GDP대비 비중(%) | | 12.0 | 14.3 | 21.1 | 31.3 | 37.1 |
| 산업구조 (%) | 1차산업 | 36.6 | 37.5 | 26.5 | 24.5 | 14.3 |
| | 2차산업 | 17.3(11.4) | 23.3(17.1) | 24.8(17.1) | 26.7(20.1) | 32.1(22.0) |
| | 3차산업 | 39.1 | 33.8 | 39.9 | 39.6 | 42.8 |
| 소득분배 | 지니계수 | - | 0.302 | 0.304 | 0.318 | 0.330 |

주: 1) 1960년 경제성장률은 1961년임. 2) 산업구조는 부가가치 기준이며 구체적인 정의는 제2장 각주1 참조. 3) 2차 산업구조에서 ( )는 제조업 비중임. 4) 경상수지와 무역수지는 한국경제 60년사 편찬위원회(2010a)에서 인용. 5) 지니계수는 Solt(2020)에서 인용.

출처: World Bank WDI, 한국경제 60년사 편찬위원회(2010a), Solt(2020).

책으로 수출과 수입이 급격히 증가하였지만, 상품수지는 지속적인 적자를 기록하면서 1980년대 외채 문제의 원인이 되었다. 높은 경제성장률에 의한 산업화의 진전은 산업구조의 변화도 나타나게 되었다. 1960년 1차산업 비중이 36.6%였으나 1980년에는 14.3%로 거의 절반 이하로 하락하였고 같은 기간에 2차산업은 17.3%에서 32.1%로 증가하였다. 그런데도 소득분배 상태는 거의 변화가 없었다는 중요한 특성을 보여준다.

[그림 4-1]은 1960~79년 기간 경제성장률과 소비자물가상승률의 추이를 보여준다. 경제성장률은 1960년대는 매우 높게 나타나서 1968년과 1969년에는 각각 13.1%와 14.6%에 이를 정도로 높은 성장률을 보여주었지만, 1970년대에는 1973년 14.9%를 제외하고는 1960년대에 비해서는 떨어지고 있다. 그렇지만 전 세계가 석유파동에 의한 경기침체에 직면해 있었다고 볼 때 한국의 경제성장률은 매우 높았다고 볼 수 있다. 1960~70년대 소비자물가상승률은 1961년(8.2%), 1962년(6.6%), 1973년(3.2%)을 제외하고 모든 해가 10%를 넘었다. 1963년과 1964년 각각 20.7%와 29.5%로 최고 수준에 달했고, 1970년대에는 1974년(24.3%)과 1975년(25.2%)에 상승하다가 다시 하락하였으나 1980년에는 다시 28.7%까지 상승하였다.

그림 4-1 경제성장률과 소비자물가상승률(1960~79)

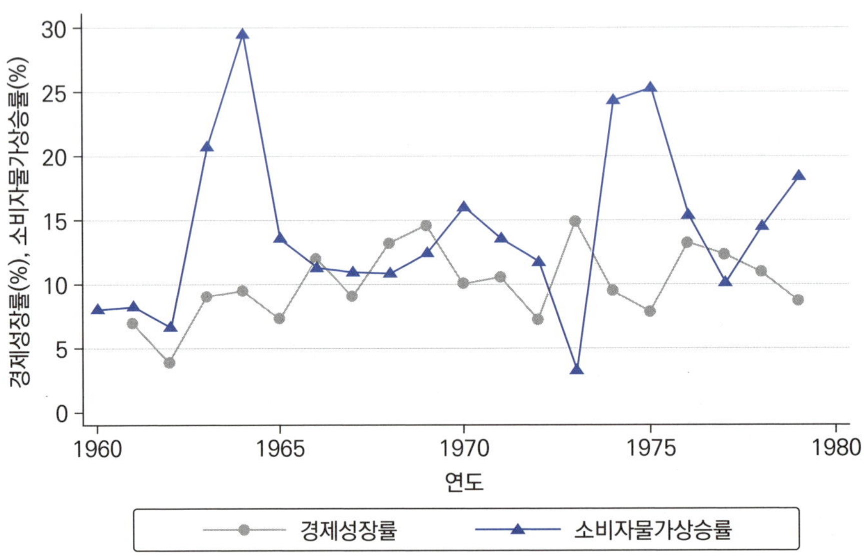


출처: World Bank WDI.

그림 4-2 국제수지 추이(1953~80)

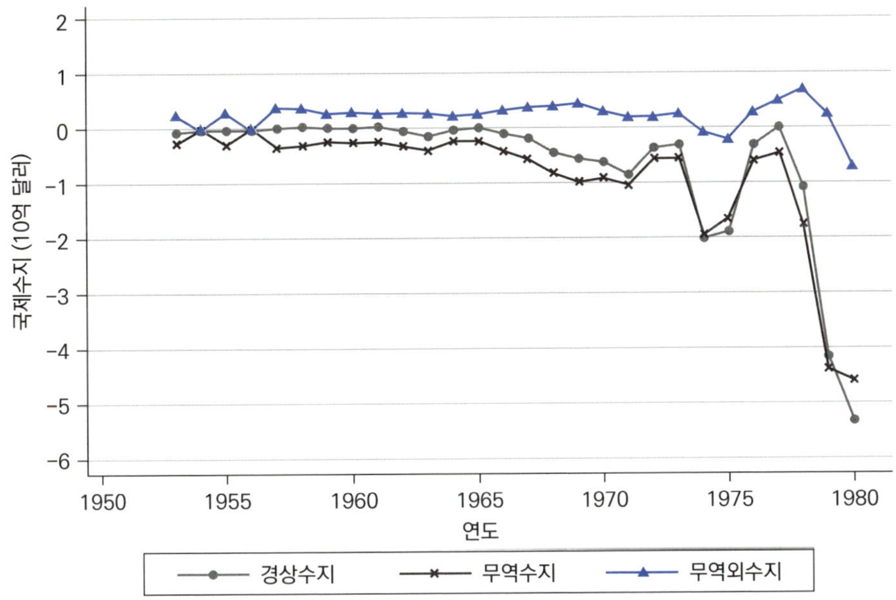


출처: 한국경제 60년사 편찬위원회(2010a).

[그림 4-2]는 1980년 이전의 경상수지, 무역수지 및 무역외수지 추이를 보여준다.[1] 전반적으로 1980년 이전까지는 무역외수지가 흑자를 보였으나 무역수지의 적자폭이 더 커서 경상수지는 지속적으로 적자를 기록하였다. 이는 1970년대까지 고도 경제성장을 이루었음에도 불구하고 경상수지 적자는 외채가 누적되는 문제를 안고 있었다.

1950~60년대에 비해 1970년대 들어서면서 경상수지는 전반적으로 지속적인 적자를 기록하였다. 이는 당시 정부 주도의 산업화 전략과 중화학공업 육성을 위한 대규모 설비 투자 및 원자재 수입 확대에 따른 결과로, 수입이 수출을 상회하는 구조가 고착되었기 때문이다. 특히 1973년과 1979년에 발생한 두 차례의 석유파동은 원유 수입 가격을 급격히 상승시켜 경상수지 적자를 심화시켰다. 1973년 3억 달러 정도 적자였으나 1974년과 1975년에 각각 20억과 19억 달러 적자로 확대되었다. 그 후 적자 규모가 감소하였으나 다시 1978년 11억, 1979년 42억 그리고 1980년 53억 달러 적자로 급격히 확대되었다. 당시 경상수지 적자

1 원자료는 경상수지와 무역수지만을 포함하고 있어 무역외수지는 두 값의 차이로 정의한 것이다. 따라서 이는 한국은행이 1980년대 이후 발표하는 서비스수지와는 개념이 다르다.

는 대부분 무역수지 적자에 의하여 나타난 것으로 거의 같은 추이를 보여 주고, 무역외수지는 1970년대 중반까지는 상대적으로 약간의 흑자이면서 안정적 구조를 보여 준다. 1970년대의 경상수지 적자 구조는 한국경제의 대외 취약성을 보여주는 중요한 지표로 평가된다.

### (2) 경제원조와 국가부채

1950년대 말부터 미국의 원조전략 변화로 무상원조 규모가 감소하기 시작하였다. [그림 4-3]은 1945년 이후 대외원조 수원국 지위가 끝나는 1999년까지의 한국에 대한 무상원조 및 유상원조 추이를 보여준다. 먼저 1945~61년까지는 1947년만 제외하고 유상원조는 지원되지 않았다. 무상원조 금액의 추이를 보면 1957년 이후부터 감소하기 시작하였다. 물론 1980년대 중반부터 증가하다가 1999년에 모든 무상원조가 중단되었다. 반면에 유상원조는 1960년대부터 증가하기 시작하여 1980년대 초반 일시적 감소를 제외하고 1990년대까지 지속된다. 이러한 유무상원조 금액의 변화는 1950년대 말 미국의 대외원조 정책의 변화가 반영된 측면도 있지만, 최빈국 상태일 경우 무상원조 금액이 많다가 어느 정도 경제발전 단계에 이

**그림 4-3** 한국이 받은 무상원조와 유상원조 추이

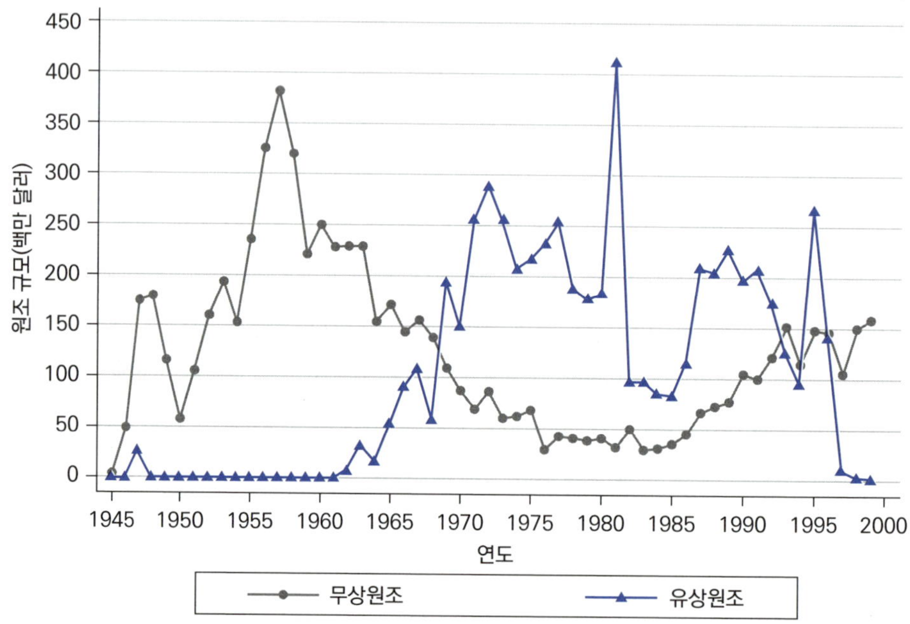


출처: 한국개발연구원 경제정책시계열서비스.

르면 유상원조 금액이 많아지는 전반적인 추이를 따랐다고 할 수 있다.

당시 한국이 받고 있던 무상원조 규모를 보면 외환보유고가 얼마나 열악한 수준이었는지 알 수 있다. 1960년 한국이 받은 무상원조는 1960년 2억 4,970만 달러였고, 1961년은 2억 2,980만 달러였다(한국개발연구원 경제정책시계열서비스). 외환보유고(금을 포함)가 1960년 말 기준으로 1억 5천 7백만 달러였고, 1961년 2억 7백만 달러에 불과하였다(한국은행 경제통계시스템).

미국원조가 감소하면서 한국은 자체적인 투자자금 마련의 필요성이 대두되었다. 이에 대한 대응으로 경제개발계획이 수립되었고, 중화학공업 중심의 수출주도형 전략으로 전환하기 시작하였다. 1960년대 제1, 2차 경제개발 5개년 계획을 시행하면서 정부주도의 수출주도 기업 및 산업에 대한 집중적인 지원으로 기업들의 투자 확대가 이어졌다.

## 3 정부 조직의 변화와 정치적 리더십

### (1) 기획처와 경제기획원 설립

해방 이후 이승만 정부 시기인 1948년에 기획처가 설립되어 정부주도형 경제발전 전략이 채택되었다. 이후 부흥부(1955)와 경제기획원(1961)으로 변경되면서 정부주도 경제발전의 핵심 기구가 되었다. 이 기구가 강력한 영향력을 발휘하게 된 것은 개발계획만 아니라 예산 배정 기능을 동시에 가지고 있어서 다른 어느 부처보다 막강한 힘을 가지고 있었기 때문이다. 경제기획원은 경제개발계획을 수립할 뿐만 아니라 이를 수행하는 데 필요한 예산에 대한 권한을 동시에 가지고서 장관이 부총리급으로 경제정책의 강력한 권한을 가진 컨트롤 타워 역할을 수행하였다.

경제기획원은 1948년 대한민국 정부가 출범하면서 신설된 재무부와 기획처에서 출발한다. 1955년에는 기획처가 부흥부로 확대 재편하고 1958년에 그 산하에 산업개발위원회(EDB)를 설치하여 장기 경제개발계획을 수립하도록 하였다. 1961년 5월에 국가재건최고회의가 부흥부를 다시 확대 개편하여 건설부를 출범시켰는데, 여기에는 종합계획국과 물동계획국이 있었다. 같은 해 7월 건설부의 종합계획국과 물동계획국, 내무부의 통계국 그리고 재무부의 예산국을 흡수하여 전체 4국 14과 체제의 경제기획원으로 출범하였다.[2] 특히 1963년에는 경제기획원 장관은 경제부총리로 격상되어 전체 경제부처 장관회의의 의장으로서 실질적인 경제정책 운용의 책임자가 되었다.

1994년 경제기획원은 재무부와 통합되어 재정경제원으로 개편되었고, 1998년에는 재정경제부로 명칭이 변경되면서 예산 기능이 기획예산위원회와 예산청으로 분리되었다. 1999년에는 예산 기능을 기획예산처(장관급)로 통합했으며, 2001년에는 재정경제부를 장관급에서 부총리급으로 격상하였다. 이후 2008년에 재정경제부와 기획예산처가 기획재정부(장관급)로 통합되었고, 금융정책 기능은 금융위원회로 이관되어 현재의 형태에 이르게 되었다. 2013년에는 기획재정부를 부총리급 부처로 다시 환원하였다.

### (2) 경제동향보고와 무역협회 설립

1960년대 박정희 정부는 경제기획원을 통한 정책의 계획 및 예산을 통합함과 동시에 대통령이 직접 수출진흥확대회의와 월간경제동향보고 회의를 주재하여 경제성장 및 수출 확대를 선두에서 지휘하였다. 그리고 수출기업들의 해외시장 진출을 도와주기 위하여 한국무역협회(KITA)와 대한무역진흥공사(KOTRA)가 설립되었다.

#### 1) 월간경제동향보고와 수출진흥확대회의

월간경제동향보고는 1965~79년 정치인, 장차관, 기업인 등이 참여하면서 14년간 146차례 회의를 하였다. 그리고 수출을 통한 경제성장 전략을 논의하기 위하여 1962년 수출진흥위원회가 개최되었다. 위원회에서는 국무총리를 중심으로 수출과 관련된 부처의 장관 및 관련 비정부 기관장 등 약 25명이 참석하여 수출실적을 확인하고 수출 확대를 위한 정책을 논의하였다. 1965년 9월 박정희 대통령이 직접 주재한 수출진흥확대회의로 공식적인 명칭이 바뀌면서 실질적인 수출지원정책을 총괄하는 최고정책기구가 되었다. 1977년 이후에는 무역의 중요성을 강조하기 위하여 무역진흥확대회의로 이름이 바뀌었다. 그 이후 정부마다 명칭은 바뀌었지만, 수출 혹은 무역 확대를 위한 회의는 지속되었다.

2 1948년에 설립된 재무부는 화폐·금융·조세·외국환 등을 담당하다가 1994년 경제기획원과 통합하여 재정경제원으로 재편되면서 폐지되었다.

### 2) 대한무역진흥공사 및 한국무역협회 설립

기업의 해외 진출 및 수출을 지원하기 위한 기관들이 설립되었다. 해방 직후인 1946년에 법인으로 한국무역협회(KITA)가 설립되었다. 1962년에 대한무역진흥공사(KOTRA)가 설립되었고, 1995년에는 대한무역투자진흥공사로 바뀌어 현재에 이르고 있다. 이는 해외시장 정보 수집, 수출 마케팅 및 해외 네트워크 형성 등을 담당하였다.

## 4 경제개발 5개년 계획과 성과

### (1) 배경

1950년대 무상원조 때문에 한국의 경제발전이 이루어졌다고 볼 수 있다. 그러나 1950년대 말부터 무상원조가 감소하기 시작하면서 자립경제 체제를 확립하기 위한 경제발전 전략의 필요성이 강하게 대두되기 시작하였다. 해방 직후에서 1950년대까지는 미군정 시기와 전쟁 이후의 복구 과정이 미국이나 유엔의 무상원조로 이루어지면서 한국이 독자적으로 경제발전 계획을 수립하거나 집행하기가 어려웠다.

한국에서의 경제개발계획은 1945년 해방 이후 여러 형태로 발표되었으나 6·25전쟁과 미국과의 합의가 어려운 점 등 때문에 실질적으로 실현되기 어려웠다. 미국과 어느 정도 합의로 만들어진 것은 1950년대 후반에 수립된 경제개발 7개년 계획이다. 이 계획은 상반기 3년과 하반기 4년 단위로 구성되었으나 4·19혁명과 5·16 군사정변에 의해 실질적으로 실행되지는 못하였다. 한국에서 본격적으로 시작한 경제개발계획은 1962년 제1차 경제개발 5개년 계획이다. 그 이후 5년마다 계획이 수립되어 1992년 제7차 계획(1992~96)까지 수립되었고, 이를 수정한 신경제 계획(1993~97)을 마지막으로 국가 단위의 경제개발계획은 중단되었다. 이후 발표된 2009년 이명박 정부의 녹색성장 5개년 계획이나 2020년 문재인 정부의 그린뉴딜 정책은 기존의 경제개발 5개년 계획에 비해 좁은 범위의 개발계획이다.

### (2) 경제개발 5개년 계획

[표 4-2]는 제1, 2차 경제개발 5개년 계획의 주요 내용을 정리한 것이다. 제1차 경제개발

5개년 계획(1962~66)은 사회경제적인 악순환을 시정하고 자립경제를 달성할 수 있는 기반을 구축하는 것을 목표로 삼고 여섯 가지 중점 개발전략을 제시하였다. 제1차 계획은 이미 발표된 장면 정부의 경제개발계획을 이어받았지만 매우 단기간에 수립되었고, 계획 시행 초기에 투자재원의 부족 등으로 중간에 계획수정이 이루어지기도 하였다. 정부는 계획 실행에 필요한 투자 재원을 확보하기 위해 다양한 정책을 폈다. 국내 저축 증대를 위하여 제2차 긴급통화조치(1962), 긴급금융조치(1962) 그리고 금리현실화조치(1965) 등을 시행하였다. 이 조치들은 음성적으로 숨어있는 자금을 시장으로 나오게 하여 산업자금으로 전환되도록 유도하기 위한 것이었다. 그리고 국내 저축이 부족한 상황에서 정부는 「외자도입법」(1966)을 통하여 외자도입에 대한 정부의 지급보증과 같은 다양한 외자도입 지원 정책을 시행하였다.

제2차 경제개발 5개년 계획(1967~71)은 산업구조의 근대화와 자립경제의 확립을 추진하는 것을 목표로 삼고 있다. 주요 발전전략은 다음과 같다. 첫째, 물가안정을 위해 대통령령으로 경제기획원 장관의 자문기관인 물가안정위원회(1967)를 통하여 공공요금 결정 및 물가안정을 위한 최고가격 지정 및 폐지 등 정책을 시행하였다. 또한 물가안정을 위한 비상대책

**표 4-2** 경제개발 제1차 및 제2차 계획의 목표와 개발전략

| | 1차 계획 | 2차 계획 |
|---|---|---|
| 기간 | 1962~66 | 1967~71 |
| 계획 목표 | 1) 사회·경제적 악순환 시정<br>2) 자립경제 달성을 위한 기반 구축 | 1) 산업구조의 근대화<br>2) 자립경제 확립을 촉진 |
| 발전 전략 | 1) 전력, 석탄 등 에너지 공급원의 확보<br>2) 농업생산력 증대에 의한 농가소득의 상승과 국민경제의 구조적 불균형 시정<br>3) 기간산업 확충과 사회간접자본의 충족<br>4) 유휴자원 활용, 특히 고용의 증가와 국토의 보전 및 개발<br>5) 수출증대를 주축으로 하는 국제수지의 개선<br>6) 기술의 진흥 | 1) 식량 자급, 산림녹화 및 수자원개발<br>2) 화학·철강·기계공업 건설을 통해 공업고도화의 기반을 조성하고 공업생산 증가<br>3) 7억 달러 수출과 수입대체 촉진으로 국제수지 개선<br>4) 고용을 증대하고 가족계획을 추진하여 인구팽창을 억제<br>5) 영농의 다각화와 농가소득 향상으로 국민소득 증가<br>6) 과학과 영농 기술을 진흥하고 인적자원을 배양하여 기술 수준과 생산성을 제고 |

출처: 강광하(2000).

(1969)을 발표하였다. 둘째, 제2장에서 설명하였듯이 중화학공업 진흥을 위하여 다양한 산업별 육성법이 제정되었다. 「기계공업진흥법」(1967)에서 「섬유공업근대화촉진법」(1979)까지 7개의 산업육성법이 제정되었다. 셋째, 산업구조 고도화를 추진하기 위한 사회간접자본 확충 노력도 하였다. 그리고 고속도로와 서울지하철의 착공 및 준공 등 교통도로망을 확충하는 국토종합개발이 시작되었다. 그리고 새마을운동에 의한 농촌 및 지방에 대한 발전전략도 동시에 실행되었다.

[표 4-3]은 제3, 4차 경제개발 5개년 계획의 주요 내용을 정리한 것이다. 제3차 경제개발 5개년 계획(1972~76)은 성장·안정·균형의 조화, 자립적 경제구조를 실현하고 지역개발의 균형을 달성하는 것을 목표로 삼고 8개 주요 발전전략을 제시하였다.

1973년 1월 박정희 대통령이 신년 기자회견에서 중화학공업화선언을 하면서 중화학공업 중심 정책이 본격적으로 시행되었다. 당시 정부에서 전략산업으로 선택한 6개 산업은 철강, 조선, 비철금속, 기계, 전자 및 화학공업이다. 정부는 이 산업들의 국제경쟁력을 강화하기 위하여 적극적인 지원 정책을 폈다. 예를 들어 12·7 특별경제조치(1974)를 통하여 통화팽창 억제, 중소기업 지원, 물가상승 압력 최소화와 환율 현실화를 추진하였다. 그리고 높은 경제성장률에 의해 나타난 높은 물가상승을 안정시키기 위하여 「물가안정에 관한 법률」(1973)이 제정되었고, 이후 「물가안정 및 공정거래에 관한 법률」(1975)로 대체되었다. 농업부문에서도 경제성장에 따른 도시화로 인한 농지 감소를 억제하기 위하여 「농지의 보전 및 이용에 관한 법률」(1972) 제정을 통하여 농업 이외의 농지 전용을 최대한으로 규제하고자 하였다.

제4차 경제개발 5개년 계획(1977~81)은 성장·균형·능률 달성, 자력 성장구조의 실현, 사회개발의 촉진 그리고 기술혁신과 능률 향상을 목표로 삼고 여섯 가지의 주요 정책 목표가 제시되었다. 제3차 계획까지의 정책 시행으로 중화학공업을 중심으로 한 산업구조 전환의 기반 구축은 이루어졌다고 보았다. 제4차 계획부터는 성장에 더하여 균형 및 능률을 추가적인 목표로 삼았다. 특히 주목할 만한 것은 사회발전의 목표가 제4차 계획에 처음으로 등장하고 있는 점이다.

**표 4-3** 경제개발 제3차 및 제4차 계획의 목표와 개발전략

| | 3차 계획 | 4차 계획 |
|---|---|---|
| 기간 | 1972~76 | 1977~81 |
| 계획 목표 | 1) 성장·안정·균형의 조화<br>2) 자립적 경제구조 실현<br>3) 지역개발의 균형 | 1) 성장·형평·능률<br>2) 자력 성장구조의 실현<br>3) 사회개발을 통한 형평 증진<br>4) 기술혁신과 능률향상 |
| 발전 전략 | 1) 식량 증산을 통한 주곡의 자급화<br>2) 농어촌 보건 및 문화시설 충실화 및 농어촌 전화 및 농어촌 도로망 확충<br>3) 35억 달러 수출 목표를 달성하여 국제수지를 개선<br>4) 중화학공업 건설로 공업의 고도화<br>5) 과학기술 향상과 교육시설 확충을 통한 고용 증대<br>6) 사회간접시설의 균형적 발전<br>7) 국토자원의 효율적 개발 및 개발단지 조성을 통하여 지역개발 촉진 및 공업과 인구의 적정 분산<br>8) 주택, 위생시설 및 사회보장을 확충하고 근로환경을 개선하여 국민복지와 생활 향상을 기함 | 1) 자력 성장구조의 실현: 투자재원의 자력 조달, 국제수지 균형, 산업구조의 고도화<br>2) 새마을사업의 확대<br>3) 과학기술투자의 확대<br>4) 경제운용과 제도의 개선<br>5) 산업안전 강화<br>6) 노사협동의 산업풍토 조성 |

출처: 강광하(2000), 신태곤(2001).

### (3) 경제개발 5개년 계획의 성과

[표 4-4]는 1~4차 경제개발계획의 목표 대비 성과를 정리한 것이다. 1970년대까지 4차에 걸친 경제개발 5개년 계획은 석유파동이 본격화된 4차 계획 이외에는 경제성장률은 목표를 초과 달성하는 매우 성공적인 성과를 달성하였다. 특히 이러한 경제성장률은 수출과 수입이 목표치 이상으로 확대되면서 나타났는데, 대외지향적 무역 확대 정책이 중요한 역할을 하였음을 알 수 있다. 그런데도 경상수지 적자는 더욱 확대되어 외채가 누적되면서 1980년대 외채위기에 직면하였다. 이는 외채에 의한 경제성장이라는 비판을 받는 계기가 되었고, 1980년대 전 세계적인 외채 문제에 한국도 예외가 아니었다.

**표 4-4** 제1~4차 경제개발계획과 실적

| | | 1차 | | 2차 | | 3차 | | 4차 | |
|---|---|---|---|---|---|---|---|---|---|
| 기간 | | 1962~66 | | 1967~71 | | 1972~76 | | 1977~81 | |
| | | 목표 | 실적 | 목표 | 실적 | 목표 | 실적 | 목표 | 실적 |
| 경제성장률(%) | | 7.1 | 8.5 | 7.0 | 9.7 | 8.6 | 10.1 | 9.2 | 5.5 |
| 인구증가율(%) | | 2.81 | 2.75 | 2.20 | 2.24 | 1.5 | 1.7 | 1.6 | 1.6 |
| 투자율(%) | | 22.6 | 15.1 | 19.0 | 26.4 | 24.9 | 27.8 | 26.2 | 35.5 |
| 국민저축률(%) | | 9.2 | 6.1 | 11.6 | 13.1 | 19.5 | 18.2 | 24.2 | 23.9 |
| 해외저축률(%) | | 13.4 | 8.8 | 7.5 | 12.9 | 5.4 | 9.8 | 2.0 | 11.2 |
| 산업구조(%) | 1차 | 35.3 | 33.0 | 35.3 | 32.8 | 24.2 | 27.2 | 20.4 | 19.2 |
| | 2차 | 23.5 | 23.5 | 25.1 | 17.9 | 26.0 | 26.3 | 38.0 | 32.9 |
| | 3차 | 41.2 | 43.5 | 39.6 | 49.2 | 49.8 | 48.2 | 41.7 | 47.9 |
| 경상수지(백만 달러) | | -286.1 | -273.0 | -111.3 | -530.2 | -477.4 | -1,027.8 | 243.0 | -2,996.1 |
| 수출(백만 달러) | | 100.1 | 137.9 | 422 | 699 | 2,517.8 | 4,456.2 | 14,762.6 | 15,111.6 |
| 수입(백만 달러) | | 481.0 | 502.0 | 815 | 1,573 | 3,177.0 | 5,523.6 | 14,273.6 | 18,002.2 |

주: 1) 5개년 평균값임. 2) 세계은행 자료를 이용한 [표 2-4]의 자료와는 차이가 있음.
출처: 한국개발연구원(1995).

## 5 수출주도형 정책 지원

1961년에 집권한 박정희 정부는 수출 확대를 통한 경제성장 전략을 택하여 수출과 관련된 산업에 대한 차별적이고 집중적으로 지원하였다. 주요 정책 내용을 정리해 보면 다음과 같다.

### (1) 투자재원 확보와 외자도입정책

1960년대 이후 정부는 경제개발계획을 수립하고 수출주도 및 중화학공업 중심의 경제성장 정책을 시행하였다. 그러나 한국은 당시 세계 최빈국 중의 하나로서 노동력은 풍부하였으나 기술이나 자본력은 충분하지 못하였다. 이승만 정부 때는 미국을 비롯한 국제기구들의 무상원조에 의한 투자재원이 있었으나 1950년대 말 이후 무상원조가 급격히 줄어들면서 자체적으로 투자재원을 확보해야 하는 과제에 직면하였다. 이는 결국 경제성장을 위하여 투자에 필요한 외부자금을 끌어와야 하고 이를 갚기 위하여 다시 수출해야 하는 상황이었다.

### 1) 외자도입정책

이승만 정부하에서 설립된 외자구매처(1949)와 임시외자관리청(1949)은 1955년에 부흥부 소속의 외자청으로 통합되었다. 이는 외국 원조로 도입되는 물자관리업무와 정부 소유 또는 관리에 속하는 자금으로 구매하는 외자의 수입 등에 관한 업무를 일원화하기 위한 것이었다. 외자청은 5·16군사정변 후 부흥부가 폐지되고, 건설부가 설치되면서 건설부의 외청이 되었다가 건설부가 폐지(1961)되면서 재무부의 외청으로 변경되었다. 그 후 외자청은 폐지(1961)되고 재무부 장관 소속으로 조달청이 신설된 이후 경제기획원(현재 기획재정부)의 외청으로 그 소속이 변경되어 오늘에 이르고 있다. 그리고 외자의 효율적인 관리와 적정한 사용을 위하여 「외자관리법」(1958)이 제정되었는데, 여기서 외자는 한국에 공여된 원조자금과 이에 의하여 도입된 물자를 의미한다. 부흥부 장관을 주무장관으로 하여 산업 경제의 부흥에 관한 종합적 계획에 의하여 사용을 집행하도록 하고 있다(제3조).

박정희 정부의 핵심 대외지향전략은 양질의 실업인구들을 생산적인 인적자본으로 육성하여서 노동집약제품을 해외시장에 수출하는 것이었다. 이러한 발전전략에 따라 요구되는 막대한 투자 자본의 필요를 채우기 위해 정부주도로 외자도입이 이루어졌다. 특히 1950년대 말 이후 미국으로부터의 원조가 감소하면서 외화 조달자로서 정부에게 더욱 중요한 역할이 부여되었다. 정부는 1962년 제1차 경제개발 5개년 계획을 발표하기에 전에 외자도입 운영 방침을 발표하였다. 이후 1962년에 외자도입촉진위원회는 최초로 상업차관 도입을 인가하였고, 곧이어 경제기획원은 미국경제협조처(USOM)와 협력하여 최초의 AID 원조를 도입하였다(박진근, 2009).[3]

3 미국경제협력처(USOM, United States Operations Mission)는 미국 정부가 제2차 세계대전 이후 세계 각국에 대한 경제원조를 수행하기 위해 설립한 기구이다. 1950~60년대에는 개발도상국의 경제개발을 지원하기 위한 미국의 주요 원조 집행 기관 중 하나였다. AID 원조는 미국의 국제개발처(Agency for International Development, AID)를 통해 제공된 대외원조로 개발도상국의 경제발전을 목적으로 한 지원 프로그램이다.

정부의 기본 방침에서 민간 차관사업의 경우 투자되는 외화 소요액이 적고, 지불보증이 요구되지 않는 사업, 수출대금의 범위 내 원리금 상환이 가능한 수출사업, 회임기간이 짧고, 내자 조달을 위한 차관, 빠르게 투자 효과가 나타나는 재정차관이 어려운 투자사업 등을 허가 기준으로 규정하고 있다. 그러므로 정부는 상당 부분의 외자 소요분이 민간 상업차관으로 조달되기 마련인 상황에서 외국인 직접투자의 도입 증대와 공공차관과 상업차관 투자의 효율성 증대 및 원리금 상환 부담을 경감하는 방안 등에 정책 초점을 맞추었다.

경제성장을 위하여 필요한 투자재원은 국내저축보다 많았기 때문에 정부는 필요한 추가 재원을 확보하기 위하여 외국으로부터 차관을 도입하는 정책을 폈다. 기존의 외국자본 도입과 관련해 분산되었던 법률을 통폐합하여 1966년에 「외자도입법」이 제정되었다.[4] 상업차관의 급격한 증가는 차관 도입 업체들의 부실화 확대 및 원리금 상환 부담 증가 등 문제점으로 나타나기 시작하였다. 1960년대 중반 기업의 부채비율이 100% 내외였으나 1970년대에는 300~400%에 이르렀다(한국경제 60년사 편찬위원회, 2010a). 따라서 정부는 과도한 차관 도입을 막기 위하여 외자도입에 대한 규제를 강화하고 외국인 직접투자 유입 정책을 폈다. 예를 들어 1970년 마산수출자유지역을 설치하였는데 이 지역에 대해서는 규제를 완화하였지만, 생산된 제품은 전량 수출하도록 하였다.

### 2) 한일협정 및 송금에 의한 자금 유입

송금은 해외에서 일하는 사람이 자신의 국가에 있는 사람에게 자금을 보내는 것을 말한다. 개발도상국은 대체로 해외로부터 받는 송금이 개인소득에 비해 상당히 큰 비중을 차지하고 있다. 따라서 송금은 가족 단위만 아니라 국가 차원의 외화획득 수단이 되고, 송금된 자금이 국가적 투자재원으로 활용된다면 경제성장에도 도움이 된다. [표 4-5]는 1965~75년 기간 세계 각국으로부터 받은 송금 추이를 정리한 것이다.[5] 경제발전 과정에서 국내 투자재원이 충분하지 않았던 시기에 해외로부터 송금은 투자재원 증가에 큰 도움이 되었을 것으로

---

원조 형태는 자금 지원뿐만 아니라 기술 이전, 전문가 파견, 교육 훈련 등 다양한 방식으로 이루어졌다.

4 민간부문의 신용도가 낮은 당시 경제 상황에서 정부의 지급보증은 민간 차관을 도입하는 데에 큰 도움이 되었다. 당시 통폐합된 법들은 「외자도입 촉진법」(1960), 「장기결제방식에 의한 자본재도입 특별조치법」 및 「차관보증에 관한 법률」(1962)이었다. 그 이후 「외국인투자 및 외자도입에 관한 법률」(1997)로 제정되었다가 「외국인투자촉진법」(1998)으로 전면개정되었다.

5 서독으로부터의 송금은 1971년에서 1975년까지 광부와 간호사 이외에 서독에 파견한 기술사로부터의 송금액이 합산된 것이다.

판단된다. 이 기간에 국내 송금액은 1967년에 GNI의 2.29%와 정부지출의 23.92%에 이를 정도였다.

이 기간 가장 많은 송금을 보낸 국가는 미주로 3억 4천 달러였고 주로 70년대 초반에 많이 송금하였다. 베트남 파병에 의한 송금으로 같은 기간 총 2억 5백만 달러였다. 그리고 서독에 파견된 광부, 간호사와 기술자들의 송금은 1965~75년에 1억 150만 달러에 이르렀다. 1963~77년 기간에 광부 7,936명과 1960~77년 사이 간호 요원 11,057명이 파견되었다. 그 이후 서독에 파견된 기술자들의 송금(1971~75년)도 이루어졌다.[6]

**표 4-5** 연도별·지역별 한국에 대한 송금액 현황

단위: 경상 백만 달러(%)

| 연도 | 베트남 | 서독 | 일본 | 동남아 | 미주 | 기타 | 계 | GDP 비중 | 정부지출 비중 |
|---|---|---|---|---|---|---|---|---|---|
| 1965 | 0.05 | 2.7 | 5.8 | 0.2 | 9.5 | 0.2 | 18.4 | 0.58 | 6.60 |
| 1966 | 13.7 | 4.8 | 13.0 | 0.5 | 25.1 | 0.3 | 57.3 | 1.43 | 15.07 |
| 1967 | 54.3 | 5.8 | 16.6 | 1.0 | 36.3 | 0.7 | 114.7 | 2.29 | 23.92 |
| 1968 | 48.5 | 2.4 | 10.1 | 1.1 | 24.0 | 0.5 | 86.5 | 1.38 | 13.92 |
| 1969 | 42.1 | 1.2 | 3.4 | 0.5 | 21.5 | 0.5 | 69.2 | 0.88 | 9.08 |
| 1970 | 25.2 | 3.3 | 3.7 | 0.6 | 15.2 | 0.5 | 48.4 | 0.53 | 5.43 |
| 1971 | 15.3 | 6.6 | 3.2 | 3.1 | 17.5 | 0.8 | 46.4 | 0.47 | 4.60 |
| 1972 | 4.2 | 8.3 | 10.2 | 1.9 | 30.6 | 1.6 | 56.8 | 0.52 | 5.00 |
| 1973 | 1.2 | 14.2 | 20.1 | 1.6 | 53.3 | 23.0 | 113.3 | 0.82 | 9.19 |
| 1974 | 0.4 | 24.5 | 19.3 | 1.9 | 67.5 | 30.9 | 144.4 | 0.74 | 7.69 |
| 1975 | 0.1 | 27.7 | 19.5 | 9.5 | 39.7 | 61.6 | 158.2 | 0.73 | 6.55 |
| 계 | 205.0 | 101.5 | 124.8 | 21.9 | 340.0 | 120.5 | 913.7 | - | - |

주: 1) 기타는 유럽 및 기타 지역, 선원 및 중동에서의 송금을 합한 것임. 2) GDP 비중은 명목 GDP 대비 비중(%)임.
출처: 진실·화해를 위한 과거사 정리위원회(2009), World Bank WDI.

6 진실·화해를 위한 과거사 정리위원회는 백영훈(1997)이 독일에 파견된 광부와 간호사의 임금을 독일의 코메르츠방크에 3년간 예치하는 조건으로 1960년대 초 독일 상업차관을 얻었다는 주장(임금담보론)은 사실

한일협정(1965)에 의한 청구권자금도 유입되었다. 일본이 한국에 무상자금 3억 달러, 유상자금 2억 달러의 총 5억 달러 청구권자금과 차관 3억 달러를 10년에 걸쳐 제공하는 조건이었다. 이 자금은 10여 년 동안 농업 임업 및 자본재 등에 40.4%, 원자재 도입에 44.3% 그리고 양국 간의 부채상환 등에 15.3%를 사용하였다.[7]

### (2) 환율제도 개혁

수출 확대를 위한 정책으로 1961년 2차례에 걸쳐서 공정환율 인상, 즉 원화의 평가절하가 이루어졌다. 당시 고정환율 제도하에서 공정환율 인상은 원화 가치 하락을 통한 수출 확대와 수입 억제를 유도하기 위한 것이었다. 먼저 1961년 1월 공정환율을 1달러당 65원에서 100원으로 인상하였고, 2월에 130원으로 인상하였다. 그리고 1962년부터 제1차 경제개발 5개년 계획이 본격적으로 실시되면서 단기 상업차관으로 투자재원을 마련하였다. 당시 외환보유액이 충분하지 못한 상황에서 환율제도의 개혁을 통하여 외환을 관리하고 수출을 확대하고자 하였다. 1964년 5월에 기존의 복수환율제도를 단일변동환율로 전환하고, 공정환율을 달러당 130원에서 255원으로 올리며 대폭적인 원화 절하를 하였다.

### (3) 수출실적링크제

수출지원정책으로 수출실적링크제는 1960년부터 시행하였다.[8] 이 제도는 수출을 촉진하고 산업화에 필요한 자원을 수입할 수 있도록 도와주는 정책이었다. 1957년에 제정된 「무역법」에서는 은행에 외환을 예치해 둔 무역업자는 외화를 사용하여 물품을 수입할 수 있었

---

이 아니라고 밝히고 있다. 위원회 보고서는 1961년 확정된 1억 5천 마르크는 「경제 및 기술협조 의정서」(1961.12.13.)에 의한 원조였다고 밝히고 있다. 이 중에서 7천 5백만 마르크는 독일 정부차관(공공차관)으로 보증이 필요 없는 것이고, 나머지 7천 5백만 마르크는 상업차관이다. 이 상업차관(유상원조)은 임금을 담보로 한 것이 아니라 대규모 고액 설비를 한국업체에 연불수출하는 독일업체에 제공한 장기수출거래신용으로 한 거래였다는 것이다. 즉, 독일의 Hermes 수출보험공사가 보증을 섰고, 독일부흥금융공사(KfW)가 자금의 공여자였다고 밝히고 있다(진실·화해를 위한 과거사 정리위원회, 2009, pp.175~232; 이영조·이옥남, 2013).

7 이 중에서 3천 8백만 달러가 포항종합제철공장 확충에 사용되기도 하였다(김정식, 2000).

8 1980년대 초 시행된 수출입링크제와 약간의 차이는 있다. 수출실적링크제는 수출실적에 따라 수입을 허용하는 방식으로 운영되었으나, 수출입링크제는 수출과 수입을 직접 연계하여 외환을 효율적으로 사용하려는 정책이었다. 두 제도는 산업화와 수출 확대를 위한 중요한 정책이었지만, 시행 시기와 세부적인 운영 방식에서 차이를 보였다.

다. 그러나 1962년에 「수출진흥법」이 제정된 이후로는 무역업자와 생산업자 모두가 은행에 외화를 예치해 두고 있더라도 일정 수준의 수출실적이 없으면 수입할 수 없도록 하였다. 이후부터 전면적인 수출실적링크제를 시행하기 시작하였다. 1964년에 환율제도가 단일변동 화폐제도로 변화하면서 수출실적링크제는 폐지되었다.

### (4) 수출진흥종합시책

경제개발계획을 시행하면서 무질서하게 계획된 각종 수출지원정책을 체계적으로 정리하여 1964년에 수출진흥종합시책이 발표되었다. 주요 내용은 수출산업 육성, 수출금융 및 수출보상제도 확충, 수출금융확대, 외환 및 무역제도 개편, 해외시장 개척 강화, 수출검사제도의 강화 등이었다(한국개발연구원, 1995). 이 시책에서 논의된 수출진흥제도들은 경제성장 과정에서 정부가 시행해 온 수출 확대 및 경제성장 정책이 거의 모두 포함되었다.

[표 4-6]은 정책의 주요 내용을 정리한 것이다. 첫째, 수출산업을 집중적으로 육성하겠다는 것이다. 구체적으로는 수출 특화산업(견직물, 자전거, 라디오, 재봉틀 등)을 육성하고, 장기적인 산업구조 개편, 수출산업공업단지 조성 등이 있다. 특히, 1967년에는 기존 무역관련 법들을 통합하여 「무역거래법」을 제정하였다.[9] 둘째, 세제개편 및 수출장려금 등을 지원하여 수출을 확대하고자 하는 정책들이 망라되어 있다. 세제개편에는 외화취득소득에 대하여 법인세 및 소득세를 80% 감면하는 것을 포함하여 소득 범위 확대(수출보조금 소득 감면) 등이 포함되어 있다.[10]

셋째, 수출금융확대 정책으로 융자율 인상, 융자 금리 인하 및 융자 대상 및 기간 확대 등이 포함되어 있다. 넷째, 외환 및 무역제도 개선에는 무역 행정 간소화 및 외국환 전담 은행 설립 추진이 포함되었다. 다섯째, 해외시장개척 강화에 해외 수출시장 개척을 장려하기 위한 통상협정 확충 및 공관별 수출책임량 할당 등이 포함되어 있다. 여섯째, 수출검사제도를 강화하고 검사기관을 일원화하여 이중검사를 지양하고자 하였다. 일곱째, 3개년 수출계획

9 당시 통합된 법들은 「무역법」(1957), 「수출장려보조금 교부에 관한 임시조치법」(1961), 「수출진흥법」(1962)이다. 그 이후 1986년에는 「무역거래법」을 폐지하고 「무역법」을 제정하였고, 1996년 「대외무역법」으로 개정한 이후 현재에 이르고 있다.

10 그 외에 수출용으로 매매되는 국산 및 원료에 대한 원천징수제 폐지, 수출용 시설재에 대한 상각기간의 특례 실시, 수출용 원자재에 대한 관세의 대체 면제제도의 부활, 수출 위주 품목의 국내 소비 억제를 위한 물품세의 중과, 수출용 원자재의 사후관리 강화, 수출용 원자재의 관세 및 물품세의 면세 등이 포함되어 있다.

**표 4-6** 수출진흥종합시책의 주요 내용

| 정책 | 주요 내용 |
|---|---|
| 1. 수출산업의 육성 | ① 수출 특화산업(견직물, 자전거, 라디오, 재봉틀 등)을 육성하고, 장기적인 산업구조 개편을 도모, ② 수출산업공업단지 설정, ③ 중소기업을 수출산업으로 전환하고 가동률을 높여 생산비 절하, 고용 확대 및 수출상품구조의 다양화 추구, ④ 수출 산업용 시설재 도입 촉진, ⑤ 수출용 원자재의 확보, ⑥ 수입의존도 저하 |
| 2. 세제개편 및 수출보상제도 확충 | ① 외화획득소득에 대하여 법인세 및 소득세 80% 감면 등, ② 수출장려금 지급(2억 원 범위 내)으로 신규 품목, 원격지 수출, 차별관세 대상 품목, 특수 장려 품목에 대한 중점적 보상, ③ 광산물 운임 비용 인하로 수출 광석에 대한 철도운임 20% 인하 등 |
| 3. 수출금융 확대 | ① 융자율을 달러당 110원에서 최고 200원까지 인상, ② 융자 금리를 0.35~3.5%포인트 인하, ③ 수출금융의 담보취득제도 지양, 융자 대상 확대 및 융자 기간 연장 등 |
| 4. 외환 및 무역제도 개선 | ① 무역 행성 간소화의 하나로 수출입 업무를 외국환은행으로 대폭 이양, ② 외국환 전담 은행의 설립 추진 |
| 5. 해외시장개척 강화 | ① 해외 수출시장 개척을 장려하기 위하여 통상협정의 확충과 기존 체결협정의 재검토, ② 기존 상무관 제도 지양 및 현지 상무 행정의 해외공관 일원화, ③ 공관별 수출책임량 할당, ④기타 민간 통상사절단 파견, 수출업자 해외여행에 대한 편의 부여 등 |
| 6. 수출검사제도 강화 | ① 불량 수출품에 대한 클레임 증가 대책으로서 수출검사제도를 강화, ② 이중검사를 지양하며 검사를 단일기관으로 일원화 |
| 7. 기타 | ① 3억 달러 목표로 3개년 중기 수출계획 수립, ② 수출 분위기 조성, ③ 연불수출 및 유한구상제 등 특수 수출 제도의 활용, ④ 수출진흥위원회 개편 등 |

출처: 한국개발연구원(1995).

을 수립하고, 수출진흥위원회 개편 등이 포함되어 있다. 그리고 1967년에는 관세 및 무역에 관한 일반 협정(GATT)과 케네디라운드(Kennedy Round)에 가입하면서 국제시장에 적극적으로 참여를 하게 되었다.

## (5) 수입 제한과 국산화 정책

정부는 수출 확내 정책을 펴는 동시에 국내산업을 보호하기 위한 수입 제한을 위하여 높은 관세율을 유지한다거나 비관세장벽을 실시하였다. 1967년에는 긴급·할당·상계·편익관세 등 탄력관세제도를 도입하였다.[11] 제2장의 [표 2-6]에서 보았듯이 1970년대에도 여전히 높은 관세율 수준을 유지하였음을 알 수 있다. 단순평균관세율을 보면 1957년 30.2%에서 1968년 39.1%까지 점차 증가하다가 1973년에 31.5%로 낮아지기는 하였으나 1980년대까지 여전히 높은 수준을 유지하고 있었다.

비관세장벽으로는 수량규제정책을 실시하여 상공부가 정기적으로 발표하였던 자동승인품목과 제한수입품목을 명시하는 포지티브 리스트 방식에서 네거티브 리스트 방식으로 전환하였다(1967). 수입금지품목과 제한수입품목 리스트를 발표하고 나머지는 자동승인품목이 된다.[12] 이는 수입을 늘려 시장개방을 확대하는 정책으로 볼 수 있다. 정부는 산업별 수입대체전략도 적극적으로 시행했는데 대표적인 것이 자동차 부품 국산화정책이다. 정부는 1962년에 자동차공업 5개년 계획을 발표하고, 5월에는 「자동차공업 보호법」을 제정 공포하여 외국산 자동차 및 부품 수입을 제한하여 국내 자동차산업 국산화를 장려하고자 하였다.[13] 이후 자동차공업 종합육성계획(계열화방안)(1964), 국산화 5개년 계획(1965)을 수립하였다. 그럼에도 불구하고 부품국산화 진전이 빠르게 이루어지지 않자 1969년 자동차공업 육성 기본계획(국산화 3개년 계획)을 발표하여 1972년까지 자동차 부품 100% 국산화를 추진하고자 하였지만 1970년대 초까지는 부품국산화가 크게 진전되지 못하였다.

### (6) 금융억압정책

경제성장 정책에서 중요한 역할을 한 것이 금융정책을 통한 산업 및 기업지원 정책이다. 금융억압정책으로 불리는데 당시 시행하였던 주요 정책을 보면 다음과 같다.

11 탄력관세제도는 정부가 일정한 범위 내에서 수입 물품에 대해 기본관세율과 다르게 관세율을 조정할 수 있도록 한 제도이다. 이는 국내산업 보호, 물가안정, 국제수지 개선 등 특정한 경제 상황에 대응하기 위해 활용된다. 탄력관세의 종류에는 할당관세, 긴급관세, 보복관세, 상계관세, 반덤핑관세 등이 있으며, 이러한 조치는 대부분 일정 기간 동안 한시적으로 적용된다.

12 포지티브 리스트(positive list)는 허용되는 항목만을 명시하여 그 외는 모두 금지되는 방식이며, 네거티브 리스트(negative list)는 금지되는 항목만을 명시하여 나머지는 모두 허용되는 방식이다. 포지티브 리스트는 안전성과 통제를 중시할 때 유리하지만 유연성이 떨어지고, 네거티브 리스트는 자유와 혁신을 촉진할 수 있으나 규제의 사각지대가 생길 수 있다는 단점이 있다.

13 이 법이 시행된 이후는 국산 자동차를 늘리는 대신 오히려 조립공장화되는 문제가 나타나면서 정부는 이 법을 폐기하였다.

첫째, 1962년 「한국은행법」 개정을 통하여 통화정책을 수립할 때 정부와 협의하도록 규정하여 정부의 중앙은행에 대한 영향력을 강화하였다. 둘째, 시중은행 국유화를 통하여 민간은행에 대한 정부 통제를 강화하고, 특수은행을 새로이 설립하여 정부의 재원 조달에 도움을 주도록 하였다. 정부는 「부정축재처리법」(1961)을 제정하여 이승만 정부에서 민영화되었던 4대 시중은행을 민간 소유 지분을 모두 정부에 귀속시켜 공기업으로 전환하였다. 이로 인해 정부의 민간금융기관에 대한 영향력은 더욱 커지게 되었다.

셋째, 금융시장 자원배분의 효율화를 위하여 금리현실화 조치(1965)를 시행하여 고금리 정책으로 전환하였다. 정기예금(1년) 수신 금리를 연 15%에서 최고 연 30%로 인상하고, 일반대출의 여신금리는 연 16%에서 연 26%로 인상하였다. 이러한 금리현실화조치는 은행의 저축성 예금을 끌어들이는 데에는 성공하였지만, 여수신금리의 역전으로 금융기관의 경영이 악화하고, 그동안 저금리를 이용하여 자금을 수요하고 있던 기업에는 큰 부담이 되었다.[14] 고금리정책으로 상대적으로 금리가 낮은 외국으로부터의 외자 유입이 늘어나게 되면서 외채 증가에 의한 부실기업이 나타나기 시작하였다. 이에 대응하기 위하여 정부는 제1차 금리인하 조치(1968) 이후 1972년 8월 금리인하 조치까지 6차례에 걸친 금리인하를 단행하였다(한국개발연구원, 1995).

넷째, 중화학공업육성정책을 지원하기 위하여 국민투자기금(1974)을 조성하였다. 이는 금융기관과 공공기금, 국민투자채권 발행 등으로부터 조성된 것으로 특정 산업을 육성하고 수출을 지원하고자 했던 정책금융으로 2003년에 청산되었다.

### (7) 정부주도 금융기관 설립

다양한 특수금융회사와 지역은행 등을 설립하여 산업자금을 조달하고 경제에 도움을 주고자 하였다. 특수금융회사로 1954년 한국산업은행이 설립된 이후 중소기업은행(1961), 농업협동조합(1961), 수산업협동조합(1962), 국민은행(1963), 한국외환은행(1967), 한국개발금융공사(1967), 한국신탁은행(1968), 한국주택은행(1969), 한국수출입은행(1976)이 새로이 설립되거나 재편되었다. 1967년 대구은행과 부산은행을 시작으로 지역금융 활성화를 위한 지역은행들도 설립되기 시작하였다. 그리고 증권거래법(1962)이 제정되었는데 증권사의 수가 급격

14 GDP 대비 저축성예금의 비중이 1964년 말 2%에서 1969년 말 21%로 증가하고, 총예금의 비중은 6%에서 29%로 상승하였다(한국경제60년사 편찬위원회, 2010a).

히 증가하면서 1962년 5월 증권파동이 일어난 이후부터는 증권시장은 침체기에 빠지게 되었다.[15] 그리고 보험관련 3대법령(「보험업법」(1961년 제정), 「보험모집단속법」(1949년년 제정), 「외국보험사업자에 관한 법률」(1966년 제정))이 제정·개정되면서 보험회사의 양적 성장이 시작되었다.

### (8) 인력양성 지원 정책

산업진출 인력을 확보하기 위하여 공업계 고등학교와 공과대학의 입학정원을 증가시켰다. 그리고 많은 연구소가 설립되었다. 1960~70년대는 중고등학교에 대한 입학 기회를 확대하고 산업화 과정에서 필요한 산업인력 양성 및 대학교육 확대를 위한 정책들이 다음과 같이 실시되었다(한국경제 60년사 편찬위원회, 2010a). 첫째, 교육 기회 확대 차원에서 1968년 중학교 무시험 입학제인 7·15 입시개혁으로 중학교 진학률이 증가하였다. 둘째, 경제성장 과정에서 필요한 산업인력을 육성하기 위해 실업계 고교를 통한 직업기술교육을 적극적으로 실시하였다. 1970년대에는 본격적인 중화학공업 정책이 시행됨에 따라 이에 부응하는 산업인력 양성 및 직업기술 교육에 주력하였다. 셋째, 대학교육도 제1, 2차 경제개발계획의 일환으로 제정된 대학생 정원령(1965)을 통하여 이공계 인재양성 정책을 폈다. 특히 1978년에는 전문학교를 전문대학으로 승격시켜서 전문 직업 인력이 대학에서 교육받을 기회를 확대하였다.

정부 정책을 지원하기 위한 국공립연구소는 1960년대 중반 이후 본격적으로 설립되기 시작하였다. 이러한 문제를 극복하고자 1966년 첫 번째 정부출연연구소인 한국과학기술연구소(KIST)가 비영리 재단법인 형태로 설립되었다. 이후 무기 개발을 추진하기 위해 설립된 국방과학연구소(1970, ADD)와 고급과학기술인력 양성을 위한 한국과학원(1971, KAIS)도 모두 KIST처럼 독립적 육성법에 근거하여 설립되었다.

15 1962년 5월 증권파동은 박정희 군사정부가 주식시장을 활성화하려는 자본시장 육성책을 추진하는 과정에서 발생한 한국 최초의 주식시장 붕괴 사건이다. 정부가 증권사와 은행을 동원해 주식매입에 나서자 주가가 1961년 말에 비해 4배 정도가 급등하였다. 이후 이들의 개입을 중단시키자 주식시장이 급락하며 금융시장에 큰 혼란을 초래하였다. 이로 인해 증권사 도산과 금융시장 위축이 발생했고, 정부는 이후 보다 신중한 금융정책을 모색하며 자본시장의 건전성을 강화하는 계기로 삼았다.

### (9) 수출산업 인프라 구축

수출산업을 지원하기 위한 산업기반시설이 건설되기 시작하였는데 대표적으로 수출산업공단을 포함한 산업단지와 고속도로 건설이었다. 산업단지 조성을 위하여 정부는 1962년에 「울산지구 종합공업지대 조성 추진위원회 규정」을 공포하여 경제기획원에 위원회를 설치하였다. 이는 최초의 산업단지로 제철, 정유, 비료공장을 유치시키기 위해 조성되었다. 1963년에 한국수출산업공단이 창립하고, 1964년에 「수출산업공업단지개발 조성법」이 제정되면서 수출산업공업단지 조성이 본격적으로 시작되었다. 당시에 구로공업단지(현재 서울디지털산업단지)를 포함하여 총 112만 7,000평에 이르는 수출공업단지가 건설되기 시작하였는데 이들은 1960~70년대 경공업 수출의 중심 역할을 하였다. 1970년대에는 대규모 조선소 건립을 위하여 울산공업지구를 확대한 울산·미포국가산업단지를 비롯하여, 포항(종합제철공장 관련 기업), 구미(전자산업), 창원(기계공업), 여수(종합화학공업), 온산(동·아연 등 비철금속 제련, 펄프, 식유정세), 옥포·안정·죽도(조선산업) 국가산업단지가 건설되었다. 제2장에서 이미 논의하였듯이 고속도로와 지하철의 사회기반시설이 건설되었다.

### (10) 개별산업별 지원 정책

박정희 정부 시기에는 각 산업을 직접적으로 지원하고 육성하기 위하여 개별산업별 육성정책을 시행하였다. 대표적인 정책으로 제2장에서 논의하였듯이 1967년 「기계공업진흥법」을 시작으로 7개의 개별산업육성법이 제정되었다. 이 법들은 1985년 「공업발전법」으로 통폐합되면서 개별산업이 아닌 통합적 산업정책으로 전환되었다.

### (11) 규제 중심의 물가안정 정책

물가는 국민 개개인의 경제 상황만 아니라 소비, 투자, 저축, 생산 등 전반적 국가 경제에 매우 중요한 영향을 미친다. 특히 생활필수품의 물가 변동은 단순히 물가지수 차원을 넘어 국민 개개인의 생활에 직접적으로 영향을 미친다. 이러한 이유로 정부는 1970년대까지 안정적 행정규제라는 명목으로 직접적인 규제 방식으로 물가 관리를 하였다.

[그림 4-1]은 1960년대와 1970년대 높은 소비자물가상승률을 보여준다. 그러나 두 시기의 인플레이션의 원인은 다르다. 1960년대에는 급속한 경제성장 정책으로 외자도입이 증가

하면서 국내 유동성 증가, 정부의 재정투자 확대, 환율 인상에 의한 수입 물가상승 등 총수요 증가로 물가가 상승하였다. 반면에 1970년대에는 투자수요 확대도 계속되었지만, 두 번에 걸친 석유파동에 의한 공급주도형 인플레이션으로 그 전에 경험하지 못했던 스태그플레이션이 발생하였다.

먼저, 1960년대 초반 물가 급등이 심각해지자 정부는 가격억제와 물품 수급의 원활화를 위해 1961년 「물가조절에 관한 임시조치법」을 제정하였다. 이에 근거하여 쌀, 보리쌀, 석탄, 연탄, 비료 가격을 통제하였고, 이후 대상 품목의 변동은 있었지만 1971년까지 계속되었다. 정부의 종합물가안정대책, 수입자유화 폭 확대, 재정안정계획 등을 통한 물가안정대책으로 1960년대 후반에는 비교적 안정적인 물가상승률이 유지되었다.

둘째, 1970년대에는 두 번에 걸친 석유파동으로 물가상승과 경기침체가 동반되는 스태그플레이션 시기였다. 이 시기에는 1960년대 시행하였던 행정지도만으로는 물가상승을 억제하는 데 한계가 있었다. 이에 정부는 1973년 「물가안정에 관한 법률」을 제정하여 쌀값 등 21개 주요 생활필수품에 최고가격 및 기준가격을 지정하여 개별품목에 대한 가격 규제가 강화되었다. 그러나 독과점 기업들의 가격 인상 문제가 지속되자 이 법률을 폐지하고 1975년 「물가안정 및 공정거래에 관한 법률」(약칭: 「물가안정법」)을 제정하면서 더욱더 직접적이고 광범위한 가격 규제가 시행되었다.

## 6 고도성장기 경제위기와 안정화정책

1960~70년대 한국 정부는 경제개발계획을 중심으로 수출주도형 정책을 추진하며 고도성장을 이루었다. 당시 한국은 노동력이 풍부했지만, 자본과 기술이 부족한 최빈국이었고, 미국의 대외원조가 감소하면서 자체적인 투자 재원 마련이 필요해졌다. 특히 5.16 군사정변 이후 본격적으로 시작된 경제개발 5개년 계획에는 막대한 자금이 필요하고 정부가 국내저축을 증가시키기 위하여 고금리정책을 시행하면서 1960년대 후반에는 오히려 기업들의 대외차입과 사채의존도가 늘어나 자금난이 심화되었다. 이에 정부는 환율 인상과 금리인하 조치를 시도했지만 큰 효과를 보지 못했고, 사채시장 확대 등의 부작용이 발생하였다. 이러한 문제에 대응하기 위하여 정부는 부실기업 정리와 물가안정대책 등을 발표했으나 자금난 해

결에는 한계가 있었고, 1972년에는 8·3 긴급경제조치를 통하여 사채 부담을 완화하고 금융 지원을 확대하였다.

1973년에는 중화학공업화 선언을 발표하고, 이를 위해 대외자금 유입, 중화학공업 중심의 수출 정책, 금융·재정 지원을 강화하며 산업 인프라를 구축하였다. 이로 인해 한국은 세계적인 높은 성장률을 유지하며 괄목할 만한 성과를 이루었지만, 두 차례의 석유파동으로 스태그플레이션에 직면하게 되었고, 중화학공업 정책의 과잉투자와 정경유착 등의 부정적인 문제는 지속되었다. 이에 대한 대응으로 1979년 경제안정화종합시책을 수립하였으나 박정희 대통령의 사망으로 시행되지는 못하였다. 이후 1980년대부터는 정부주도의 경제정책에서 민간주도의 경제정책으로 전환하려는 움직임이 일어났다. 결국, 1960~70년대 한국경제는 급속한 산업화와 성장을 이뤘으나 금융정책 변화와 세계경제 위기를 겪으며 점진적으로 정책 방향을 수정하게 되었고, 이는 1980년대 이후 민간의 역할을 강화하는 경제정책으로의 변화를 이끌었다.

# 참고

### 참고 4-1 한일기본조약과 유·무상 배상

일본의 전후 배상은 샌프란시스코 조약(1951)에 따라 개별국가와의 협상을 통하여 이루어졌다. 한일기본조약('대한민국과 일본국 간의 기본 관계에 관한 조약')은 한국과 일본 간의 국교 정상화와 전후 보상 문제 해결을 위해 1965년 6월 22일 체결되었다. 이 조약은 1951년 제1차 한일회담 이후, 총 다섯 차례의 협상을 거쳐 체결되었다. 조약의 부속 협정인 '청구권·경제협력에 관한 협정'에 따라, 한국은 1966~75년까지 5억 달러의 대일청구권 자금을 지원받았다. 일본은 미얀마(1954), 필리핀(1956), 인도네시아(1958), 베트남(1959) 등 4개국에 배상금을 지급했으며, 중국을 포함한 일부 국가는 배상을 포기하였다. 라오스(1958), 캄보디아(1959)에는 경제 기술 협정을 통한 무상원조가 제공되었다. 당시 협상을 통하여 일본으로부터 받은 유무상 배상총액은 한국(무상자금 3억 달러, 유상재정차관자금 2억 달러, 상업차관 3억 달러), 필리핀과 인도네시아가 각각 8억 달러, 미얀마는 4억 2천만 달러, 베트남은 5천 5백만 달러였다(김정식, 2000).

### 참고 4-2 사카린 밀수 사건

이 사건은 당시 대기업과 정부 간 유착 문제, 정치자금 조성 의혹, 불공정 경제 행태 등을 보여준 사례이다. 1966년 5월 24일, 삼성 계열사인 한국비료공업(현 롯데정밀화학)은 일본 미쓰이물산에서 상업차관을 도입하여 울산에 요소비료공장을 건설할 계획을 세웠다. 그러나 한국비료공업은 공장 건설을 명목으로 사카린 원료(OTSA)를 비롯해 당시 수입이 금지된 양변기, 냉장고, 에어컨, 전화기 등을 건설자재로 위장하여 대량 밀수입하였다. 이후 이를 암시장에서 판매하여 막대한 이익을 얻었고, 이 과정에서 대기업과 정치권의 유착 의혹이 불거졌다. 이 사건은 한·일 양국의 대기업이 연루되었을 뿐만 아니라, 정치자금과의 연관성이 제기되면서 사회적으로 큰 파장을 일으켰다.

# 연습문제

4.1. 균형 발전전략과 불균형 발전전략의 차이를 설명하고, 20세기 중후반 한국이 채택한 발전전략의 특징과 그 배경을 논하시오.

4.2. 1960~70년대 한국 경제발전의 특징과 성과를 설명하고, 그 과정에서 나타난 구조적 한계와 향후 과제로 이어진 문제점을 논하시오.

4.3. 1950년대 말부터 변화하기 시작한 미국의 원조정책이 한국의 경제전략에 어떤 영향을 미쳤는지 설명하고, 이러한 변화가 1960년대 이후 경제개발계획과 수출주도형 산업화 전략 수립에 어떤 계기를 제공했는지 논하시오.

4.4. 해방 이후 설립된 경제기획원의 변천 과정을 설명하고, 한국 경제발전 과정에서 수행한 핵심 역할과 한계점에 대하여 논하시오.

4.5. 1950년대 무상원조의 역할과 그 한계를 설명하고, 이후 무상원조가 감소하면서 경제개발계획을 실현하기 위하여 정부가 채택한 발전전략의 변화와 문제점을 논하시오.

4.6. 제3차와 제4차 경제개발 5개년 계획의 주요 내용과 중화학공업 육성 정책의 특징을 비교하고, 이 두 계획이 한국경제와 사회에 미친 영향을 설명하시오.

4.7. 1960~70년대 한국경제에서 해외 송금의 역할을 설명하고, 서독 파견 인력과 관련된 '임금담보론'에 대한 진실화해위원회의 검토 내용을 바탕으로 그 역사적 의미를 분석하시오.

4.8. 1964년 발표된 수출진흥종합시책의 주요 내용과 그 역사적 의미를 설명하고, 이후 한국의 수출 중심 성장전략에 이 시책이 어떤 영향을 미쳤는지 논하시오.

4.9. 1960~70년대 한국의 수입제한정책과 그 주요 수단을 설명하고, 이러한 정책이 국내 산업에 미친 긍정적·부정적 영향을 분석하시오.

4.10. 1960~70년대 한국 정부의 수출주도형 경제정책과 금융정책의 변화 과정을 설명하고, 이 정책들이 직면한 문제점과 1980년대 이후 경제정책 방향의 전환 배경을 논하시오.

CHAPTER

# 05

# 민간주도 경제발전 이행기


1. 들어가며
2. 민간주도 이행기 주요 경제성과
3. 정부별 주요 경제정책
4. 경제개발 5개년 계획과 성과
5. 민간주도 경제발전정책의 성과

Chapter 05

# 민간주도 경제발전 이행기

세계는 1970년대 두 번의 석유파동을 거치면서 스태그플레이션(stagflation)에 직면하면서 기존의 케인스형 수요주도 정책에서 공급주도 정책으로 전환하게 되었다. 미국의 레이건 행정부의 레이거노믹스, 영국의 대처노믹스가 대표적인 예로 긴축재정, 규제완화, 민영화, 개방화 등을 통하여 민간주도 경제체제를 지향하였다. 그리고 이 시기에는 사회민주주의 정책에 자유주의적 정책을 도입하고자 하는 생산적 복지(workfare) 정책도 등장하였다.

생산적 복지는 일(work)과 복지(welfare)의 합성어로 당시 영국의 앤소니 기든스(A. Giddens)의 『제3의 길』(1998)을 기반으로 하였다. 영국 토니 블레어 (T. Blair)와 고든 브라운(G. Brown), 프랑스 리오넬 조스팽(L. Jospin) 및 독일 게르하르트 슈뢰더(G. Schröder), 미국 빌 클린턴(B. Clinton) 등의 정책 기반이 되었다. 이는 시장에 의해 야기될 수 있는 양극화 및 소득분배 악화라는 문제점을 극복하면서 정부의 과잉복지에 의한 비효율성을 고려하여 효율성과 형평성이 상호 보완적으로 통합하고자 하는 정책이다. 특히 빈곤층을 포함한 취약 계층에게 직접적인 현금지원보다는 생산활동에 참여하여 근로소득을 지속적으로 얻을 수 있도록 하는 방향의 복지제도이다.

이 시기는 개방에 반대하는 측으로부터 신자유주의, 시장근본주의 등으로 비판을 받기도 하며, 2008년 글로벌 금융위기에 직면하면서 너무 높은 수준의 규제완화가 원인이 아니냐는 비판을 받기도 하였다. 이러한 논쟁은 적절한 시장과 정부의 역할에 대한 논의가 본격적으로 이루어지게 되는 계기가 되었다.

## 1 들어가며

1970년대까지 한국의 경제개발 5개년 계획은 정부주도로 중화학공업 중심 정책을 통하여 추진되었다. 그러나 1980년대 제5차 경제개발 5개년 계획부터는 성장 위주에서 벗어나 형평성과 안정성을 주요 목표로 삼기 시작하였다. 그리고 1997년 제7차 5개년 계획(신경제 5개년 계획)을 마지막으로 국가 차원의 경제개발계획 수립은 중단되었고, 민간주도의 경제발전 정책으로의 전환이 시도되었다. 민간주도형 체제로의 전환은 1960~70년대 정부주도의 중화학공업 중심 정책이 석유파동 등을 거치며 한계를 드러낸 데에 기인한다.

1980년대 이후 한국은 민간주도의 경제발전을 추진했지만, 중화학공업 분야의 과잉투자, 누적된 외채, 석유파동으로 인한 물가 상승 등의 여파로 정부의 산업합리화 정책과 같은 시장개입정책은 지속되었다. 1980~90년대는 한국경제가 중진국에서 선진국으로 도약하던 시기로, 반도체·자동차·정보통신 산업이 국제경쟁력을 높이는 데 크게 기여하였다. 그러나 이 시기에는 재벌 중심의 경제구조와 금융시스템의 취약성 같은 구조적인 문제점도 드러났다.

1997년 동아시아 외환위기, 2004년 신용카드 사태, 2008년 글로벌 금융위기 등 경제위기 극복과정에서 정부의 민간시장 개입은 계속되었으며, 따라서 민간주도 경제체제로의 완전한 전환이 이루어지기 어려웠다. 특히 1997년 외환위기의 극복과정에서 경제체제를 전면적으로 재정비하였고, 이후 2000년대에는 정보기술(IT)과 벤처 산업의 성장, 금융 개혁, 서비스산업의 확대 등을 통하여 새로운 경제발전 방향을 모색하게 되었다.

## 2 민간주도 이행기 주요 경제성과

1980~2000년 기간 주요 경제지표를 정리한 것이 [표 5-1]이다. 2차 석유파동으로 1980년에 음(-)의 경제성장률을 기록한 경우를 제외하면 2010년(6.8%)까지 높은 경제성장률을 달성하였다. 이 기간에 1인당 실질 GDP는 1980년 4,057달러에서 2000년 16,996달러로 약 4배가 증가하였다. 소비자물가상승률도 1980년(28.7%)을 제외하고는 점진적으로 하락하면서 안정적인 추이를 보여주었다. GDP 대비 수출 비중은 1980년 28.4%에서 지속적으로 감소하다가 2000년 33.9%로 증가했지만, 수입비중은 같은 시기에 37.1%에서 32.2%로 감소

**표 5-1** 민간주도 이행기 주요 경제지표

| 항목 | | 1980 | 1985 | 1990 | 1995 | 2000 |
|---|---|---|---|---|---|---|
| 경제성장률(%) | | -1.6 | 7.8 | 9.9 | 9.6 | 9.1 |
| 1인당 실질 GDP (2015년 달러) | | 4,057 | 5,952 | 9,367 | 13,411 | 16,996 |
| 1인당 명목 GDP(달러) | | 1,715 | 2,482 | 6,610 | 12,564 | 12,257 |
| 소비자물가상승률 | | 28.7 | 2.5 | 8.6 | 4.5 | 2.3 |
| 경상수지(백만 달러) | | -6,896 | -2,178 | -2,884 | -10,230 | 10,180 |
| 상품수지(백만 달러) | | -6,619 | -2,358 | -3,689 | -7,004 | 15,392 |
| 수출(% of GDP) | | 28.4 | 26.9 | 25.0 | 25.7 | 33.9 |
| 수입(% of GDP) | | 37.1 | 25.8 | 25.8 | 26.7 | 32.2 |
| 산업구조(%) | 1차산업 | 14.3 | 11.8 | 7.7 | 5.3 | 3.9 |
| | 2차산업 | 32.1(22.0) | 34.0(24.2) | 36.3(25.0) | 36.5(25.8) | 34.8(26.4) |
| | 3차산업 | 42.8 | 44.2 | 46.5 | 49.3 | 51.6 |
| 소득분배 | 지니계수 | 0.330 | 0.338 | 0.333 | 0.330 | 0.341 |

주: 1) 산업구조는 부가가치 기준이며, 구체적인 정의는 제2장 각주 1과 같음. 2) 2차 산업구조에서( )는 제조업 비중임. 3) 경상수지와 상품수지 자료는 한국은행에서 인용(1980년 이후 자료만 있어 <표 4-1>과 차이가 있음). 4) 지니계수는 Solt(2020)에서 인용.

출처: World Bank WDI, 한국은행 경제통계시스템, Solt(2020).

하였다. 그리고 1970년대처럼 만성적인 경상수지 적자는 지속되었다. 이 기간에 산업구조도 변화하여 1차산업 비중이 감소하였다. 1980년 1차산업 비중이 14.3%였으나 2000년에는 3.9%로 하락하였다. 반면에 같은 기간에 2차산업은 32.1%에서 34.8%로 증가하였다. 소득분배는 지니계수가 0.33 정도에서 큰 변화 없이 안정적인 추이를 보여주었다.

[그림 5-1]은 경제성장률과 소비자물가상승률의 추이를 표시한 것이다. 경제성장률은 여전히 높게 나타나고 있으나 점진적으로 하락하는 경향을 보인다. 이는 경제 규모가 확대됨에 따른 결과라고 볼 수 있다. 마이너스 성장을 했던 1980년 이후 1983년에는 13.4%에 이르러 이 기간에 가장 높은 경제성장률을 달성하였다. 그 이후 1986년(11.3%)과 1987년(12.7%)의 높은 경제성장률을 달성하는 호황기를 지난 이후 점차적으로 하락하는 수치를 보여주었

그림 5-1 경제성장률과 소비자물가상승률 추이(1980~2000)

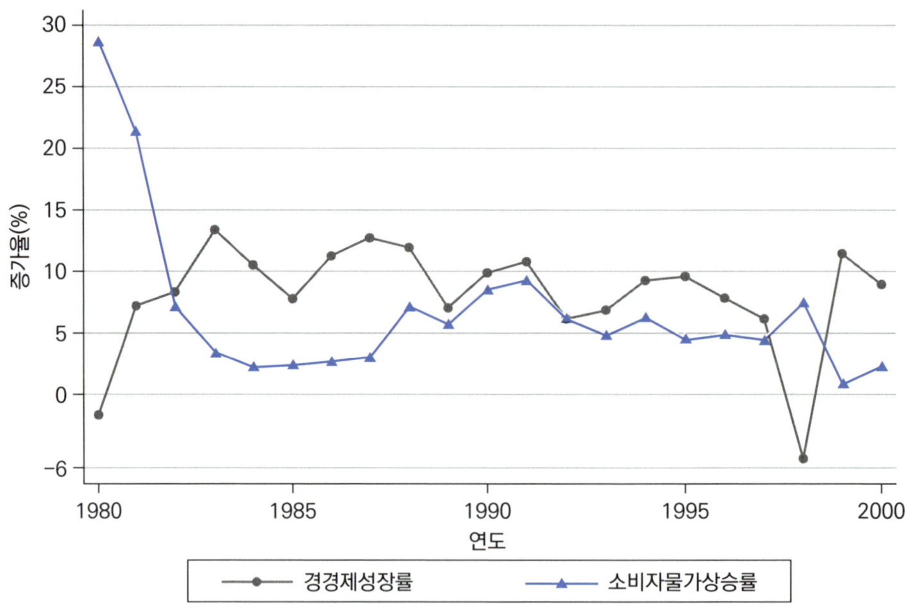


출처: World Bank, WDI.

다. 그런데도 2000년까지는 1998년을 제외하고 6% 이상을 웃돌아 높은 경제성장률을 달성하였다. 소비자물가상승률도 1980년 29%까지 상승하였지만, 그 이후 2000년까지 하향하는 경향을 보이면서 비교적 안정적인 추이를 보여주었다. 다만, 1980년대 중반에서 1990년대 말까지는 5% 이상의 높은 물가상승률을 보여주고 있다.

한국은행이 발표하는 국제수지표에서 경상수지는 상품수지, 서비스수지, 소득수지, 경상이전수지의 네 가지 항목으로 구성된다. 상품수지는 한 나라가 수출한 상품에서 수입한 상품을 뺀 차액이고, 서비스수지는 운송, 여행, 금융 등 무형의 서비스 거래에서 발생하는 수지를 말한다.[1] 소득수지는 해외투자에서 발생한 배당금, 이자, 임금 등 소득의 유출입이고, 경상이전수지는 대가 없이 주고받는 이전소득의 수지를 의미하며, 해외 송금, 원조, 기부금 등이 포함된다. 1980년대 이후 국제수지는 경제성장과 외부 환경 변화에 따라 적자와

1 관세청이 발표하는 무역수지(trade balance)는 통관 기준의 수출액과 수입액의 차이로 기록된다. 이는 한국은행이 발표하는 본선 인도조건(free on board, FOB) 기준의 상품수지와는 수출액 및 수입액과 포괄범위, 계상 시점 및 평가 방법에 차이가 있다.

흑자를 반복하는 흐름을 보였다. 1980년대 중반과 1990년대 말에는 상품수지가 흑자로 전환되었지만, 전반적인 적자 추이는 지속되었다. 서비스수지는 해외여행 증가, 특허·로열티 지급 확대 등의 영향으로 인해 현재까지도 적자 폭이 지속적으로 커지는 경향을 보인다.

[그림 5-2]를 보면 경상수지는 1990년대 중반까지는 만성적인 적자를 보이고 있음을 알 수 있다. 1980년대 초까지만 해도 이러한 적자 추이는 변화가 없었으나 1986년부터 흑자를 보이기 시작하였다. 1986년 26억 달러 흑자를 시작하여 1989년 38억 달러 흑자를 보여주다가 다시 1997년까지 1993년을 제외하고 지속적인 적자를 보였다. 동아시아 외환위기를 극복한 이후에는 다시 흑자로 돌아섰다. 서비스수지는 1990년까지 흑자를 기록하였으나 그 이후부터 두 해(1998, 1999)를 제외하고 2000년까지 만성적인 적자를 보여준다.[2]

그림 5-2 국제수지 추이(1980~2000)

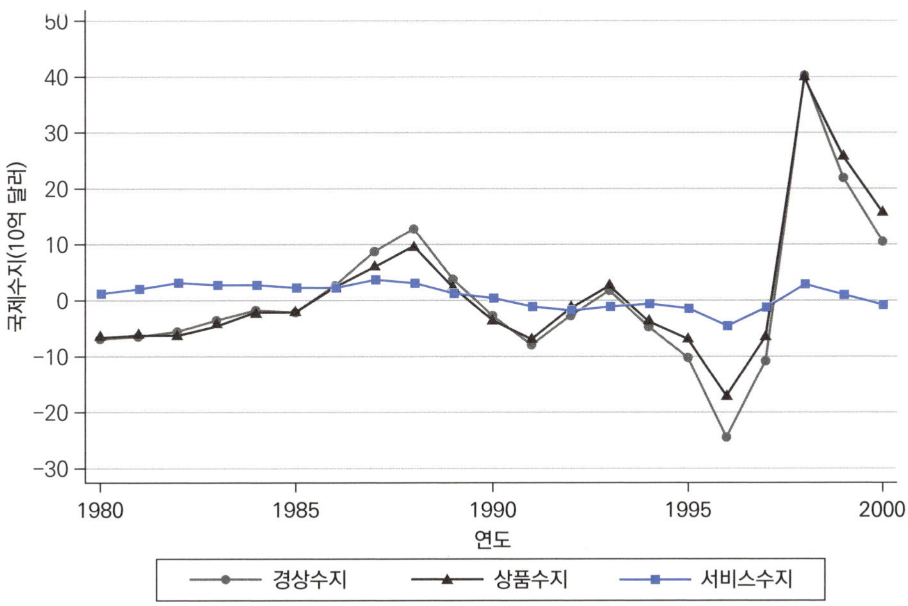


출처: 한국은행경제통계시스템(ECOS).

2 1998년 및 1999년은 아시아 금융위기의 여파로 해외소비가 급격히 감소하면서 나타난 일시적인 현상이라고 볼 수 있다.

## 3 정부별 주요 경제정책

1980년대에는 그동안 강력한 정부주도의 경제발전정책에서 점차로 민간주도로 이행하려던 시기이다. 1970년대 산업별 육성정책을 시행하던 법들을 통합한 「공업발전법」(1986)을 제정하여 산업정책을 종합적으로 시행하는 방향으로 산업정책 패러다임이 전환되었다. 최저임금법 제정, 산업합리화를 통한 기업구조조정 등이 시행되었고, 1997년에는 국가 차원의 경제개발계획을 포기하고 산업별 성장전략으로 전환하였다. 1997년 말에 발생한 동아시아 외환위기는 그동안 경제성장 과정에서 잠재해 있던 산업과 기업부문의 누적된 비효율성을 한꺼번에 드러나게 하였다. 그렇지만 이 위기는 정부의 다양한 구조조정정책과 사회안전망 정책을 통하여 성공적으로 극복하였다.

정부별로 다양한 경제정책들이 시행되면서 직면한 경제위기를 극복하고 지속적 경제성장을 위한 발판을 마련해 오고 있었다. 다만 정부별 경제정책의 성과는 무엇보다도 부동산 정책과 가격 변동에 따라 긍정과 부정의 평가를 받는 경향이 매우 크다. 다음은 정부별 주요 경제정책들을 정리한 것이다.

### (1) 전두환 정부

전두환 정부(1980~88)는 1970년대 두 차례에 걸친 석유파동으로 야기된 스태그플레이션이라는 어려운 상황에 직면하여 강력한 경제안정화 정책을 추진하였다. 그동안의 중화학공업 정책으로 인한 막대한 투자는 경기침체에 직면하여 과잉·중복투자라는 문제에 직면하였다. 결국 외채를 통한 투자자금 조달과 대외무역에 의존하였던 한국경제는 심각한 경제적 어려움에 직면하게 된다. 그런데도 이 시기에 한국은 스태그플레이션을 성공적으로 극복하고 1980년대 3저(저유가, 저달러, 저금리) 호황이라는 호재에 직면하였다. 그리고 적극적인 산업합리화 정책으로 '단군 이래 최대 호황'이라는 말을 들을 정도로 높은 경제성장률을 달성하였다. 전두환 정부에서 시행된 주요 정책은 물가안정정책, 공정거래위원회 창립, 전자·반도체산업 육성, 산업합리화, 최저임금법 시행 등이다.

(1) 강력한 정부 정책으로 근로자 임금과 추곡 수매가 동결, 수입규제 완화, 정부예산 동결 등과 같은 물가안정정책을 통하여 물가안정에 성공하였다. [표 5-1]과 [그림 5-1]에서 보았듯이 1980년과 1981년 소비자물가상승률이 각각 28.7%와 21.4%에 이르렀

으나 1982년부터 안정되기 시작하여 1982년 7.2%와 1983년 3.4%로 안정되었다. 그 이후 세계적 3저 현상도 영향을 미치면서 1988년 7.2%에 이르기까지는 3% 내외로 안정되었다.

(2) 중화학공업 분야의 과잉·중복투자의 해소와 사양산업의 구조조정을 위한 산업합리화 정책을 시행하였다. 1979~80년에 단행된 중화학공업투자 조정 시책에 의하여 산업 구조조정이 이루어졌다. 대상 산업은 비료공업(1981), 해운산업(1982), 자동차공업(1986), 발전설비제조업(1987) 등이다. 정부는 과잉투자 조정과 부실기업 정리, 재정·금융정책에 의한 지원 등을 통하여 산업구조조정 및 경제활성화를 위해 노력하였다.

(3) 공정거래위원회가 1981년 경제기획원(현 기획재정부) 산하 기관으로 설립되었다.[3] 1980년 법률제정 이유로 '경제운용의 기본방향을 정부주도에서 민간주도로 점차 바꾸어 나감으로써 경제체질의 강화와 경제운용의 효율화를 추진하기 위하여 시장기능의 활성화와 경쟁체제를 도입'한다고 제시하고 있다(한국개발연구원, 1995).

(4) 은행자본과 산업자본을 분리하고자 하는 정책이 본격적으로 논의되기 시작하였다. 정부는 「은행법」을 개정하여 동일인이 은행 지분을 8% 이내만 보유하도록 제한하였다. 이는 산업자본이 은행기관에 대한 지분을 높여 특정인에 의한 사금고화를 방지하겠다는 목적이었다. 1980년대 이전에는 사실상 대부분의 은행이 정부 소유 지분이 높아 이러한 문제점이 크게 드러나지 못하였다. 그러나 1980년대 들어 민영화 정책이 추진되면서 은행의 사금고화 우려가 강하게 대두되기 시작한 것이다.

(5) 정부는 1986년에 「최저임금법」을 제정하였고, 1987년 노동부 소속으로 최저임금심의위원회를 설치하여, 1988년부터 최저임금제를 시행하기 시작하였다. 당시 최저임금은 업종에 따라 두 그룹으로 나누어 제시되었는데 시간당 462.5원(1그룹 12개 업종)과 487.5원(2그룹 16개 업종)이었으나 이후는 모든 업종에 동일한 최저임금을 적용하였다.

최저임금심의위원회의 역할과 지위는 한국 노동정책 변화와 함께 점진적으로 변화하였다. 초기(1987~97년)에는 노동부 소속 법정 자문기구로, 노·사·공익 위원으로 구성되어 최저임금을 심의·의결하고 노동부 장관이 이를 고시하였다. 법적으로는 자문기구였지만 사실상 최저임금 결정기구로 기능하였으며, 처음에는 일부 업종에

3 1994년에 국무총리 소속으로 이관되었다.

만 적용되었다가 점차 모든 산업으로 확대되었다. 2006년 법 개정으로 최저임금위원회로 명칭이 변경되면서 독립된 공식 기구가 되었고, 노동부 소속 자문기구에서 노·사·공익 3자 합의 기구로 위상이 높아졌다. 현재 최저임금위원회는 법정 독립기구로서 최저임금을 심의·의결하며, 정부(고용노동부)는 위원회의 결정 내용을 고시하는 역할을 담당하고 있다.

(6) 전자·반도체산업 육성 정책을 적극적으로 시행하기 시작하였다. 정부는 1981년 전자공업육성계획과 반도체공업육성계획을 통하여 산업화 단계별 육성 품목 지정과 지원제도의 개선(기술개발투자 촉진, 국산화 촉진, 전자공업육성기금 조성 지원 등)을 발표하였다. 그리고 정부는 1983년을 정보산업의 해로 선포하고 정보산업 육성을 위한 적극적인 정책을 마련하기 시작하였다.

(7) 1970년대의 특정 산업 중심의 육성 정책에서 탈피하기 시작하였다. 1970년대 중순 이후 정부의 직접적 지원이 아닌 시장경제의 자율·경쟁 원리에 맡기자는 의견이 대두되기 시작했기 때문이다. 이에 부응하여 1986년 기존의 7개의 개별 육성법을 통합한 「공업발전법」을 제정하여 기능별 공업발전 육성정책으로 전환하였다. 이는 1999년에 「산업발전법」으로 대체되었다.

(8) 1987년 출자총액제한제도가 도입되어 대기업이 회사 자금으로 다른 회사 주식을 매입하여 보유할 수 있는 총액을 제한하였다.[4] 이 제도를 시행한 것은 재벌그룹들이 회사들을 인수하거나 설립하여 문어발식 확장을 막으려는 의도였다. 처음 시행할 때는 총자산 4,000억 원 이상 기업집단을 대상으로 순자산의 40%를 상한선으로 지정하였다. 이 제도는 1998년에 폐지되고 2001년 재시행되었다가 되었다가 2009년에 다시 폐지되었다.

(9) 기술 진흥 확대회의가 시작되었는데 1970년대 박정희 정부의 수출진흥확대회의와 대비 되는 것으로 1982~87년 사이에 총 12회가 개최되었다. 이는 그동안 외국의 기술을 이용하여 상품을 생산하는 단계에서 자체적인 기술을 개발하여 세계적 기술경쟁에 대응하고자 하는 시발점이라고 할 수 있다. 대통령이 직접 회의를 주재하는 것

4 출자총액제한제도는 대기업의 계열사 간에 상호출자를 제한하여 경제력집중을 억제하고, 공정한 시장경쟁을 유도하기 위해 도입되었다. 이 제도는 경제력집중 억제와 기업의 투자활성화라는 두 목표 사이에서 균형을 맞추기 위해 변화해 온 대표적인 대기업 규제정책이다.

으로 전 부처의 과학기술에 관한 관심을 집중하고, 기업의 기술개발을 지원하는 중요한 역할을 하였다.

## (2) 노태우 정부

노태우 정부(1988~93)는 6·29 선언 이후 민주화 분위기 속에서 경제 안정과 성장을 조화시키는 것을 목표로 삼았다. 당시는 물가안정, 재정건전성, 시장경제 체제 확립을 추진했으며, 북방정책을 통하여 해외 경제교류를 다변화하였다. 그러나 고도성장기 동안 벌어들인 소득이 생산적 투자 대신 부동산과 주식시장으로 몰리면서 투기가 심화되었고, 이를 억제하기 위해 토지공개념 3법과 주택 200만 호 건설 같은 대규모 부동산 공급정책을 추진하면서 어느 정도의 부동산 가격 안정을 달성하였다. 당시 경제성장률은 여전히 연평균 10% 전후로 높았으나 1992년과 1993년에는 각각 6.2%, 6.9%로 급락하는 등 점차 둔화되는 추세를 보였다.

(1) 노태우 정부에 들어서 토지공개념 개념이 본격적으로 도입되기 시작하였다.[5] 1988년 서울올림픽과 1980년대 중반 3저 호황으로 경기호황에 접어들면서 투기자금이 부동산으로 대거 몰렸다. 이로 인하여 1986년까지 안정되었던 부동산 가격이 1987년에 들어서면서 폭등하기 시작하였다. 1988년 부동산 가격 안정을 위하여 부동산종합대책(8·10 부동산종합대책)을 발표하고, 1989년 1기 신도시(분당·일산) 건설과 토지공개념 3법을 공포하였다. 토지공개념 3법은 「택지소유상한에 관한 법률」, 「토지초과이득세법」, 「개발이익 환수에 관한 법률」이다.[6]

「택지소유상한에 관한 법률」의 주요 내용을 보면 도시계획법의 도시계획구역 안의 택지(housing site) 소유 상한제를 시행하였다. 그리고 가구별로 소유상한을 정하여 예를 들어 5인 가족은 한 가구당 6대 도시에서 200평 이상 소유하지 못하도록 하고, 법인은 원칙적으로 주택 소유를 금지하였다(한국개발연구원, 1995). 그러나 이 정책은 헌법재판소가 시장경제에 역행하고 재산권을 침해한다는 이유로 헌법 불합치 결정이

5 토지공개념이라는 용어는 쓰지 않았지만, 이승만 정부에서의 경자유전의 원칙이나 소작제도 금지 그리고 박정희 정부에서의 그린벨트 정책은 사유재산권을 제한하는 대표적인 정책이었다.

6 부동산 규제완화 및 강화정책은 한국 정부가 전통적으로 사용하는 경기조정 정책이다. 이는 건설업이 가장 먼저 경기에 반응하는 대표적인 산업이기 때문이다,

나면서 1998년 폐지되었다.

「토지초과이득세법」은 지가 상승에 의한 자본이득에 과세를 강화하고자 하였다. 이는 실현된 이득에 부과하는 양도소득세제에 의한 개발이익환수제도의 한계를 보완하기 위하여 도입되었다. 이 법의 제1조(목적)를 보면 "각종 개발사업 기타 사회경제적 요인으로 유휴토지 등의 지가가 상승함으로 인하여 그 소유자가 얻는 토지초과이득을 조세로 환수함으로써 조세부담의 형평과 지가의 안정 및 토지의 효율적 이용을 기하고 나아가 국민경제의 건전한 발전에 이바지함을 목적"으로 명시되어 있다. 그러나 부동산 실명제 시행 및 토지종합전산망 구축 등의 부동산 투기를 방지하기 위한 제도가 시행되면서 미실현 이득에 대한 과세라는 비판을 받던 토지초과이득세제는 1998년 폐지되었다.

「개발이익환수에 관한 법」은 제5조(대상사업)에 명시된 개발사업에 대해 해당 사업시행자에게 개발이익의 50%를 해당 지방자치단체, 나머지는 국가균형발전 특별회계로 귀속되도록 하는 제도이다. 이 법은 여러 차례의 개정을 거쳐 현재까지 시행 중이다.

(2) 주택 보급 확대를 통한 주택가격 안정화정책으로 1988년부터 1992년까지 5년간 주택 약 200만 호 건설계획을 발표하였고, 실제로 약 206만호가 공급되었다. 이 계획은 당시 주택 부족과 급등하는 부동산 가격 문제를 해결하기 위해 추진된 대규모 정책으로, 연평균 40만 호 이상의 주택이 공급되었다. 수도권의 1기 신도시(분당, 일산, 평촌, 중동, 산본) 개발과 함께 전국적으로 공공 및 민간부문이 함께 참여하여 실질적인 주택공급 확대가 이루어지면서, 1991년부터 부동산 가격은 안정되기 시작하였다.

(3) 사양산업으로서 석탄산업(1988)과 당시 세계적인 조선산업 불황으로 어려움에 직면하자 국제경쟁력 강화를 위하여 조선산업(1989)에 대한 산업합리화 정책이 시행되었다.

(4) 대기업의 중복투자와 과열 경쟁을 지양하여 국제경쟁력 강화를 목적으로 하는 업종전문화정책이 시행되기 시작하였다. 1991년부터 국내 대기업 그룹들이 경쟁력이 있다고 판단되는 2~3개 주력업체를 선정하여 비효율적 중복투자를 줄이겠다는 주력업체제도가 시행되었다. 1994년 김영삼 정부에서는 이 정책을 주력업종·주력기업제도로 확대·개편하였다가 1997년 1월 폐지되었다.

(5) 은행자본에서 더 나아가 금융자본과 산업자본과의 분리에 대해 논의가 본격화되었

다.[7] 1980년대 금융산업에 대한 자율화 및 금융기관의 민영화가 본격적으로 시행되면서 은행만 아니라 보험·증권 등 금융산업이 발달하였다. 따라서 은행자본보다 더 넓은 의미의 금융자본과 산업자본의 관계 설정에 대한 논의가 활발하게 이루어졌다. 1991년 「금융기관의 합병 및 전환에 관한 법률」(약칭: 「금융산업구조개선법」)을 제정하였는데, 「금산법」으로도 불린다. 이 법은 금융기관 간의 원활한 구조조정과 업종 변경을 위한 법적 기반을 제공하며, 금융시장의 안정성과 경쟁력 강화를 목적으로 한다.

(6) 국민연금제도가 1988년부터 10인 이상 사업장 근로자를 대상으로 처음으로 시행되었다. 당시에는 기준 월소득에 대한 보험료율은 3%였고, 소득대체율은 70%이며 연금 개시 연령은 60세였다. 소득대체율은 평균 소득 대비 월 평균 수령액의 비율을 의미한다.

마지막으로 1987년 6월 민주항쟁 이후 제9차 개정 헌법(제119조 제2항)에 경제민주화(economic democratization)가 포함되면서 정치적 민주주의뿐 아니라 경제 영역의 민주화도 정부의 중요한 역할로 명시되었다.[8] 즉, 경제민주화가 단순히 정치 구호 차원이 아닌 헌법상 가치이자 국가의 책무로 자리 잡았다. 이후 이 조항에 근거하여 재벌 규제, 공정거래 강화, 중소기업 보호 등 경제민주화 정책의 근거로 이용되고 있다.

### (3) 김영삼 정부

김영삼 정부(1993~98)는 신경제를 내세워 경제의 세계화(globalization)와 시장경제 질서 확립을 추진하였다. 금융·자본시장 개방, 무역자유화, 기업 투명성 강화 등을 시도했으며, 부동산 실명제와 금융실명제 같은 강력한 제도 개혁도 단행하였다. 그리고 정보통신산업 육성 정책을 본격적으로 시행하여 오늘날 정보통신 선진국의 초석이 되었다. 그러나 1997년 동아시아 외환위기에 직면하고 1997년 12월 IMF에 구제금융을 요청하면서 다양한 경제정책들은 빛이 바랬다.

7 금산분리(separation of banking and commerce)는 금융자본과 산업자본이 상대방 업종을 소유하거나 지배하는 것을 금지하는 것을 의미한다. 금산분리는 은행뿐만 아니라 증권, 보험 등 모든 금융업종에 적용되고, 은행에만 적용되는 경우를 은산분리라고 한다. 제9장에서 이에 대해 자세히 논의된다.

8 헌법 제119조 ① 대한민국의 경제질서는 개인과 기업의 경제상 자유와 창의를 존중함을 기본으로 한다. ② 국가는 균형 있는 국민경제의 성장 및 안정과 적정한 소득의 분배, 시장지배와 경제력 남용 방지, 그리고 경제주체 간의 조화를 통한 경제민주화를 위하여 경제에 관한 규제와 조정을 할 수 있다.

(1) 1993년 전격적으로 발표된 금융실명제는 가명 혹은 무기명을 금지하고 실명에 의해서만 금융거래를 하도록 하였다.[9] 그 이전에는 예금주가 익명, 차명 계좌로도 금융거래를 할 수 있어서, 검은 자금이 금융기관에 예치되거나 이를 통하여 세금 회피 수단이 될 수도 있었다. 이 제도는 김영삼 대통령이 1993년에 금융실명거래 및 비밀보장에 관한 대통령 긴급재정경제명령을 발동하여 확정하였다. 1997년 「금융실명거래 및 비밀보장에 관한 법률」(약칭: 「금융실명법」)이 공포될 때까지 대통령의 긴급재정경제명령 체제로 금융실명제를 시행하였다. 이로써 금융실명제는 차명이나 익명에 의한 금융거래를 하고 세금 회피 혹은 부정·부패가 차단되는 중요한 역할을 하게 되었다.[10]

(2) 1995년에 부동산실명제를 시행하여 그동안 관행이 되고 있던 명의신탁제도를 금지하였다. 부동산을 취득한 자가 타인 명의로 등기할 수 있는 명의신탁제도는 재산은닉 및 조세포탈의 수단으로 악용했고 부동산 투기의 중요한 원인으로 인식되었다.

(3) 1993년에 김영삼 대통령은 제7차 경제개발 5개년 계획을 수정한 신경제 5개년 계획을 발표하였다. 이를 마지막으로 정부 차원의 종합적인 경제개발 5개년 계획은 중단되었다. 그리고 선도기술개발사업(G7 프로젝트, 1992~97)을 발표하여 2000년대에는 한국의 과학기술 수준을 세계 7대 과학기술 선진국 진입을 목표로 하였다. 이 사업은 1997~2001년까지 범국가적으로 추진하여 집중적으로 개발할 7개 선도기술이 포함되어 있다(한국개발연구원, 1995).

(4) 1995년 정보통신부를 정부 조직으로 출범시키면서 체계적이고 본격적인 정보통신산업정책이 시행되기 시작하였다. 대표적인 정책은 1993년 초고속통신망 기본계획, 1994년 초고속정보시스템, 1995년 초고속정보통신기반구축 종합추진계획이다. 특히 1995년 「정보화촉진기본법」을 제정하면서 체계적인 정보통신산업 육성정책이 시작되는 계기가 되었다. 1996년에는 이 법을 기반으로 하여 정보화 촉진 기본계획을 수립하고 2010년까지 3단계로 달성하고자 하는 목표를 설정하였다.

---

9 금융실명제도는 전두환과 노태우 정부에서도 시도하다가 유보되었다. 1982년 이철희·장영자 어음사기 사건을 금융실명제 도입 필요성이 제기되면서 정부는 1982년 「금융실명거래에 관한 법률」을 제정하였다. 그러나 경제 여건이 좋지 않았고 행정적 준비 미흡으로 시행이 유보되었다. 이후 1988년 노태우 정부는 '경제의 안정성장과 선진화합경제 추진 대책'을 발표하고 1991년 1월부터 금융실명제 실시하려 하였으나 이 역시 경제 여건이 좋지 않다는 이유로 유보되었다.

10 금융실명제의 실시는 1995년 노태우 대통령 비자금 사건이 시중에 드러나게 된 결정적인 원인이 되었다.

## 4 경제개발 5개년 계획과 성과

1962년부터 시작한 제1차 경제개발 5개년 계획은 1997년까지 5년 단위로 7차까지 수립되고 난 이후 중단하였다. 기존의 정부주도에서 민간주도 경제발전 전략으로 전환하면서 국가 차원에서 개발계획을 수립하는 것을 포기한 것이다. 중단한 결정적인 계기는 1997년 동아시아 외환위기에 직면하면서 전면적인 경제구조 개편의 필요성이 제기되면서이다.

### (1) 제5차 경제사회발전 5개년 계획

제5차 경제사회발전 5개년 계획(1982~86)은 기존 계획의 중심이었던 경제성장을 대신하여 '안정, 능률, 균형'이 전면에 나서기 시작한 것이 특징이다. [표 5-2]는 제5차 계획의 주요 내용을 정리한 것이다. 기본 목표를 경제안정, 기술주도 산업발전, 사회개발 확대 및 정부

**표 5-2** 제5차 경제사회발전 5개년 계획(수정 계획)

| | 기본 목표와 주요 내용 |
|---|---|
| 기본 목표 | 1) 경제안정기조를 견고히 하면서 자력성장의 기반 구축<br>2) 기술주도의 산업발전으로 선진국과의 기술 및 경쟁력 격차 축소<br>3) 국민편익 및 사회간접자본시설을 균형 있게 확충하고 사회개발을 확대하여 국민생활의 질적 향상 도모<br>4) 정부 기능의 발전과 봉사하고 신뢰받는 행정 풍토 정착 |
| 주요 내용 | 1) 국내물가 불안 요인을 안정시키고 해외 인플레 요인을 최대한 흡수함으로써 안정 기조 정착<br>2) 수출의 지속적 신장과 국내저축의 획기적 증대를 통하여 국제수지 개선 촉진<br>3) 기술혁신 및 민간 설비투자를 촉진해 7~8%의 성장을 이룩함으로써 매년 45만 명 내외의 고용 창출<br>4) 민간의 자율과 창의가 최대한 발휘될 수 있도록 시장경쟁여건 조성에 주력<br>5) 기술혁신을 위한 집중적 노력과 중소부품공업의 육성으로 산업의 전반적인 경쟁력 강화<br>6) 농업의 생산성을 향상시키고 농·어가 소득증대에 주력<br>7) 전산업에 걸쳐 에너지절약 및 이용합리화 시책 강화<br>8) 수도권 집중을 완화하고 지역개발 촉진<br>9) 우리의 발전단계와 능력에 부합되는 사회복지제도 발전<br>10) 기회의 균등과 투기의 근절로 성실하고 창의적인 사람이 정당하게 대우받는 사회적 환경 조성 |

출처: 한국개발연구원(1995).

기능의 발전을 두고 있다. 이는 1970년대 스태그플레이션에 의한 과도한 물가상승을 안정시키고 그동안의 과잉투자에 의한 중화학공업 정책의 산업구조조정을 염두에 둔 것이다.

주요 정책에서 물가안정을 가장 우선하고 있는 것도 이러한 경제환경을 반영한 것이다. 그 외에 수출확대를 통한 개방화, 기술혁신 및 민간투자 활성화, 시장경쟁 활성화, 중소부품공업 육성, 농가소득 확대, 에너지절약 및 합리화, 지역균형개발, 사회복지제도 발전, 기회균등 보장 및 투기 근절 등이 포함되어 있다. 다행스럽게도 1986년부터 3저 호황에 의한 국제경제 환경 변화는 다시 물가안정과 경제성장을 달성하는 중요한 계기가 되었고, 만성적인 경상수지 적자가 흑자로 전환하는 중요한 계기가 되었다.

### (2) 제6차 경제사회발전 5개년 계획의 주요 내용

제5차 경제개발 5개년 계획을 추진하는 과정에서 3저 현상에 의한 국제적 환경 변화는 한국경제에 다시 도약하는 계기를 마련해 주었다.[11] 뒤를 이은 제6차 경제사회발전 5개년 계획(1987~91년)은 '자율·안정·복지의 조화'를 기본이념으로 하여 세 가지 기본 목표를 설정하였다. 이들은 경제운용의 형평성 제고와 공정성 확보, 경제의 균형발전과 서민 생활 향상, 경제의 개방화와 국제화 추진이었다. 중점적으로 시행하고자 하는 정책들은 [표 5-3]에 정리되어 있었다. 주요 내용을 보면 조세부담의 형평성 제고, 부동산 투기 억제, 금융자율화, 공정거래제도의 강화, 노사관계 질서 정착, 농어촌 생활환경 개선, 주택난 완화, 주거환경 개선, 사회보장제도 확충, 교육환경 개선, 지역간 균형개발, 수출산업 고도화 등이 포함되어 있다.

11 1980년대 지속적인 경제성장과 함께 1986년 아시안 게임과 1988년 하계 올림픽을 성공적으로 개최하면서 세계 무대에도 당당하게 등장하기 시작하였다.

**표 5-3** 제6차 경제사회개발 5개년 계획(수정 계획)

| | 기본 목표와 주요 내용 |
|---|---|
| 기본목표 | 1) 경제운용의 형평성 제고와 공정성 확보<br>2) 경제의 균형발전과 서민 생활 향상<br>3) 경제의 개방화와 국제화 추진 |
| 주요 내용 | 1) 조세부담의 형평 제고를 위한 세제개혁과 복지기능을 뒷받침하기 위한 재정구조의 개편<br>2) 부동산 투기 억제와 토지제도 개선<br>3) 금융자율화의 추진<br>4) 경제력집중 완화와 공정거래제도의 강화<br>5) 자율적이고 미래지향적인 노사관계 질서의 정착<br>6) 농어가 소득증대와 농어촌 생활환경의 개선<br>7) 근로자와 도시 서민의 주택난 완화<br>8) 영세민과 자녀교육 및 주거환경 개선에 대한 지원 향상<br>9) 의료, 연금 등 사회보장제도의 확충<br>10) 교육환경의 질적 개선<br>11) 지역간 균형개발과 지방공업 육성<br>12) 영세상인의 보호 육성과 유통근대화<br>13) 국제수지 흑자 시대에 상응하는 국내 제도 및 체제개선<br>14) 수출산업구조의 고도화와 수출시장 다변화<br>15) 대(對) 개도국 경제협력 증진 및 해외투자의 확대 |

출처: 한국개발연구원(1995).

### (3) 제7차 경제사회발전 5개년 계획과 신경제 5개년 계획

노태우 정부가 들어선 1990년대에는 급변하는 국제경제환경에 대응하기 위하여 단기적 목표를 설정하고 이를 달성하기 위한 정책 수단을 제시하는 방식이 아닌 중장기적인 관점에서 계획을 수립하게 되었다. 이를 위하여 경제·사회적 제도를 정비하고 개선하여 실질적인 목표 달성에 도움을 주는 인프라 구축 및 정비에 중점을 두었다. 특히 계획 수립에 있어서 국민적 합의의 중요성을 고려하여 민간 전문가들의 참여도 확대하였다.

1991년 발표한 제7차 경제사회발전 5개년 계획(1992~96)은 21세기 경제사회 선진화와 민족통일을 지향해 나가는 것을 기본 목표로 설정하였다. 이를 달성하기 위하여 세 가지 기본 방향을 제시하였는데 산업경쟁력 강화, 사회적 형평 제고와 균형발전, 국제화·자율화 추진과 통일 기반 조성으로 설정하였다. 이후 김영삼 대통령은 1993년에 제7차 계획을 수정한 신경제 5개년 계획을 발표하였다. 신경제 5개년 계획은 기본 목표로 모든 국민의 참여와 창의를 발전의 원동력으로 하여 계획 기간 중 선진경제권에 진입하고, 통일에 대비한 경제적 비용을 감당할 경제적 기반을 마련하는 것이었다. 5개년 계획의 기본 방향과 주요 내용은 [표 5-4]에 정리되어 있다.

신경제 계획은 두 단계로 나누어 시행되었다. 먼저 처음 100일간 실시될 신경제 100일 계획은 7가지 중점 추진 과제를 설정하였다. 이들은 경기활성화, 중소기업구조개선, 기술개발투자의 효율성 제고, 경제행정규제 등 기업의 애로 요인을 제거하여 기업 활동의 자율성을 제고, 농어촌 구조개선 사업의 개선 방안 마련, 생필품 가격 안정 및 공직자 중심의 의식개혁 운동이었다. 중요한 것은 단기적 정책을 시행하기보다는 보다 각종 제도의 근본적인 개혁을 시도한 경제개혁 추진이라는 점이었다. 구체적으로, 재정개혁, 금융개혁, 행정규제개혁과 경제의식개혁을 통하여 제도를 부분적인 개선·보완보다는 근본적인 개편을 추구하였다. 특이한 점은 제도의 개혁과 함께 국민의 경제의식개혁 추진이 명시적으로 5개년 계획에 포함된 것이었다. 그 이유로 5개년 계획은 제도 개혁 효과가 정착되는 데는 상당한 기간이 소요되므로 국민이 참여와 창의를 국민 의식에 직접 호소하는 경제 의식개혁을 동시에 추진하는 것이라고 설명한다.[12]

다음으로 5개년 계획을 추진하기 위한 주요 정책으로 크게 경제개혁의 추진과 함께 성장잠재력의 강화, 국제시장 기반의 확충, 국민 생활 여건의 개선을 경제 시책 중점과제로 선정하였다. 첫째, 성장잠재력 강화에서는 투자 확대보다 기술집약산업 및 기술개발에 대한 정책이 우선되고 있다. 이미 한국의 산업구조가 노동집약적 수준을 벗어났고, 투자 확대만으로는 경제성장을 촉진할 수 없는 단계에 이르렀음을 의미한다. 그 외에 중소기업 및 농어업 발전계획 및 사회간접자본 확충 등이 포함되어 있다. 둘째, 국제시장 기반 확충에서는 경제운용 제도의 국제화, 자주적 수출 체제 확립 및 남북 교류 협력 활성화가 포함되어 있다. 셋째, 국민생활여건의 개선에서는 주택 공급 확대와 가격 안정, 대중교통 확충, 환경오염 대응, 사회복지제도 개선 및 약자 권익 개선 방안 등이 포함되어 있다.

12 이에 대한 추가 설명은 다음과 같다. "경제 의식을 통해서 모든 경제주체가 갖추어야 할 가장 중요한 의식은 공동체 의식이다. 즉, 급속한 산업화와 민주화의 발전에 따라 발생한 각 경제주체의 과도한 욕구 분출과 개인 및 집단이기주의의 만연 등 경제의 지속적 발전에 대한 장애물 제거하기 위해서는 공동체 의식이 시급히 확립되어야 한다. 나아가 이를 바탕으로 직업정신, 진취 정신의 배양과 합리성 추구 등이 요망된다."(대한민국 정부, 1993, p.148).

**표 5-4** 신경제 5개년 계획

| | 기본 목표와 주요 내용 | |
|---|---|---|
| 기본 목표 | 1) 계획 기간 중 선진경제권으로 진입<br>2) 다가올 통일에 대비한 경제적 기반 확립 | |
| 주요 내용 | 1. 성장잠재력 강화 | ① 기술·지식집약 산업구조로 전환, ② 기술개발 및 정보화 촉진, ③ 공정경쟁 질서 정책, ④ 중소기업 및 농어업 육성, ⑤ 인력개발 및 노사관계 안정, ⑥ 국토의 효율적 이용, ⑦ 사회간접자본 확충 |
| | 2. 국제시장 기반의 확충 | ① 경제운용과 제도 및 관행의 국제화, ② 자주적 수출 체제의 확립, ③ 남북 경제교류·협력 활성화 |
| | 3. 국민생활여건의 개선 | ① 주거 안정과 교통난 완화를 위한 주택 공급 확대와 가격 안정, ② 대중교통 확충, ③ 환경오염 최소화 및 환경기초시설 확충, ④ 사회복지제도 개선, ⑤ 저소득층, 소비자 등 약자 계층의 권익보장 |

출처: 대한민국정부(1993), 한국개발연구원(1995).

경제개발 5개년 계획은 1997년 11월 동아시아 외환위기가 불어닥치면서 역사의 뒤안길로 사라지게 된다. 1998년 김대중 정부는 시장경제 강화를 위한 민간경제활동을 확대하고, 재정안정화를 우선적 정책 방향으로 삼으면서 정부주도의 경제개발 5개년 계획은 더 이상 시행하지 않기로 하였다. 다만 경제정책 전반보다는 국가 경제에 필요한 부문별 경제발전계획은 꾸준히 시행되었다. 이는 경제개발계획이라기보다는 신성장동력 산업 혹은 주요 부문별 경제발전 정책이라고 할 수 있다. 대표적인 정책이 2009년 이명박 정부에서 시행된 녹색성장 5개년 계획이다. 그 이후 다음 장에서 자세히 논의되겠지만 신성장동력산업 산업정책은 G7 프로젝트(1992~2002)가 시작된 이후 차세대 성장동력(2003), 신성장동력(2009), 미래성장동력(2014), 13대 혁신성장동력(2017), 5대 신산업 프로젝트(2017) 등이다.

### (4) 경제개발 5개년 계획의 목표와 성과

3저 현상이 본격적으로 나타나기 시작한 1986년에는 높은 경제성장률을 달성하고 만성적인 경상수지 적자에서 벗어난 첫해이기도 하다. 제5, 6차 경제개발 5개년 계획은 모두 목표를 초과하는 경제성장률을 달성하였다. 경상수지는 제5차 계획에서 4백만 달러 적자였으나 제6차 계획에서는 36.6백만 달러 흑자를 달성하여 경제개발계획이 세워진 이후 처음으로 흑자를 달성하였다. 반면에 제6차 계획에서는 1990년과 1991년에는 다시 경상수지가 적자로 돌아서기 시작하였다. 그러나 제7차에 신경제 계획 기간에는 목표 이상으로 실적을 달성하였다. 특히 경상수지는 60억 달러 적자를 예상했으나 8억 달러 적자에 그쳐서 상대적으로 잘 대응하였다고 볼 수 있다. [표 5-5]는 제5~7차 경제개발계획의 주요 지표에 대한 목표와 성과를 비교한 것이다.

**표 5-5** 제5~7차 경제개발계획과 실적

| | | 5차 | | 6차 | | 7차 | |
|---|---|---|---|---|---|---|---|
| 기간 | | 1982~86 | | 1987~91 | | 1992~96 | |
| | | 목표 | 실적 | 목표 | 실적 | 목표 | 실적 |
| 경제성장률(%) | | 7.6 | 9.8 | 8.2 | 10.0 | 7.5 | 8.0 |
| 인구증가율(%) | | 1.6 | 1.3 | 1.2 | 1.0 | 0.9 | 1.0 |
| 투자율(%) | | 29.9 | 29.4 | 31.0 | 33.8 | 36.4 | 37.6 |
| 국민저축률(%) | | 26.8 | 28.6 | 34.0 | 36.4 | 35.5 | 37.6 |
| 해외저축률(%) | | 3.1 | 0.7 | −3.0 | −2.7 | 0.6 | 0.0 |
| 산업구조(%) | 1차산업 | 12.8 | 12.4 | 11.1 | 9.6 | 7.3 | 5.7 |
| | 2차산업 | 30.5 | 31.9 | 31.9 | 31.2 | 30.6 | 36.1 |
| | 3차산업 | 56.7 | 55.7 | 57.4 | 59.2 | 62.1 | 49.3 |
| 경상수지(억 달러) | | −1.1 | −0.4 | 68.0 | 36.6 | −60 | −8.1 |
| 수출(억 달러) | | 29.8 | 38.1 | 621.0 | 614.6 | 1,063.0 | 1,125.0 |
| 수입(억 달러) | | 31.4 | 28.8 | 586.6 | 611.2 | 1,114.0 | 1,129.2 |

주: 1) 모든 자료는 원계획과 수정 계획의 연평균 값임. 제5차 계획은 원래 계획(1982, 1983)이고, 다른 연도는 수정 계획임. 제6차 계획의 원계획은 1986년도임. 2) 제5,6차 자료는 한국개발연구원(1995) 자료를 이용한 것임. 3) 7차계획 성과는 산업구조는 세계은행 자료이고, 나머지는 한국은행 자료를 이용한 것임. 투자율과 국민저축률은 각각 총투자와 총저축의 국민총처분가능소득 대한 비율임.

출처: 한국개발연구원(1995), 한국은행 경제통계시스템, World Bank WDI.

## 5 민간주도 경제발전정책의 성과

1980~90년대는 한국경제가 고도성장을 이어가며 산업구조를 고도화한 시기였다. 반도체, 자동차, 정보통신 산업 등 첨단기술 기반 산업이 본격적으로 육성되면서 수출 중심 경제구조가 확립되었고, 이는 한국이 국제시장에서 경쟁력을 확보하는 데 중요한 역할을 하였다. 특히 반도체산업은 경제성장의 핵심 동력으로 떠올랐으며, 자동차 산업 역시 내수 확대와 수출 증대를 통하여 급속히 성장하였다. 이러한 산업 성장에 힘입어 한국은 중진국에서 선진국으로 진입할 수 있는 경제적 기반을 마련할 수 있었다.

경제정책 측면에서는 정부가 주도하던 경제 운영 방식에서 점차 민간 중심의 경제구조로 전환하려는 노력이 본격화되었다. 기존처럼 개별산업을 직접 지원하는 방식에서 벗어나, 산업 전반의 경쟁력 강화를 위한 통합적 정책 기조가 자리 잡기 시작하였다. 동시에 세계화 흐름에 맞춰 시장개방, 무역자유화, 공기업 민영화가 추진되었고, 이를 통하여 한국경제는 글로벌시장과의 연계를 더욱 강화해 나갔다. 이러한 변화는 특히 금융, 통신, 항공 등 서비스산업 분야의 구조조정 및 민영화 과정에서 두드러지게 나타났다. 이러한 경제성장의 성과로 1990년대 초에는 수출 1,000억 달러, 1인당 국민소득(GNI) 1만 달러를 달성하였으며, 1996년에는 OECD에 가입하여 선진국의 반열에 들어섰다. 그러나 눈부신 성과에도 불구하고 한국경제는 여전히 구조적 문제점들을 안고 있었다. 재벌 중심의 경제구조는 경제력집중과 부의 불균형을 심화시켰고, 금융시스템은 과도한 차입과 부실 경영으로 인해 불안정한 상태였다.

한편, 고도성장의 부작용도 사회 전반에 걸쳐 나타났다. 경제발전 초기인 와우 아파트 붕괴 사건(1970) 이후 성수대교 붕괴(1994), 삼풍백화점 붕괴(1995)와 같은 대형 사고들은 성장 일변도의 정책이 초래한 안전 불감증과 시스템 부재를 보여주는 사례였다. 이후에도 세월호 참사(2014), 이태원 참사(2022) 등은 이러한 구조적 문제들이 완전히 해결되지 않았음을 보여준다.특히 1997년 말 동아시아 외환위기는 한국 경제구조의 취약성을 극명하게 드러낸 사건이었다. 외환보유고의 고갈과 금융시장 불안으로 인해 IMF로부터 구제금융을 받는 상황에 직면하였다. 이후 한국은 IMF의 요구에 따라 대대적인 구조조정과 경제개혁을 추진하였다. 정부는 시장 중심의 경제체제로의 전환을 위해 금융개혁, 기업 구조조정, 공공부문 개혁을 진행하였고, 동시에 IT 및 벤처 산업을 새로운 성장동력으로 집중 육성하였다. 이처럼 1980~90년대는 산업구조 고도화와 시장개방이라는 성과를 이루는 동시에, 경제구조 개혁의 필요성과 대응이라는 과제도 함께 안고 있던 시기였다.

# 참고

### 참고 5-1 시장경제 정책의 전환과 복지 포퓰리즘의 양면성

1980년대는 기존의 케인스주의적 정부의 시장개입 한계를 극복하려는 전환점이었다. 영국과 미국은 정부의 역할 축소와 시장 중심의 정책을 추진했으며, 반대로 그리스와 베네수엘라는 포퓰리즘적 복지 확대가 국가 위기의 원인이 되었다.

영국의 마거릿 대처 정부는 노조의 과도한 영향력을 제어하기 위해 광산노동자 파업(1984~85)을 강경 진압하고 노조에 대한 법적 규제를 강화하였다. 미국의 로널드 레이건 행정부 또한 1981년 약 13,000명의 항공관제사노조(PATCO)의 불법 파업에 대해 11,359명을 해고하며 공공부문 노조에 대한 강경한 입장을 취하였다. 이러한 조치는 공공부문의 비효율성을 억제하고 시장 중심의 경제구조로의 전환을 상징하였다.

반면에 그리스와 베네수엘라는 지나친 복지 포퓰리즘으로 경제상황이 악화된 대표적인 국가이다. 그리스는 안드레아스 파판드레우 총리(1981~89)의 범그리스사회주의운동(PASOK)하에서 연금, 고용, 의료·교육 서비스를 급격히 확대하였다. 세수 기반 없이 확대된 복지는 재정적자와 국가부채 증가를 초래했고, 결국 2009년 유로존 재정위기 속에 국제 구제금융과 긴축정책을 수용하게 되며 경제 침체와 사회 불안을 겪었다. 베네수엘라는 차베스 정권(1999~2013) 시기 석유 수익을 활용한 무상 복지로 빈곤율과 문맹률을 낮추었으나, 유가 하락과 비효율적 정책으로 인해 국가 재정은 붕괴되었다. 물자 부족, 인플레이션, 대규모 해외 이주 등 심각한 인도적 위기가 초래되었다. 한국에서도 2006년 KBS 스페셜에서 '신자유주의를 넘어, 차베스의 도전'이라는 다큐멘터리를 현지 취재로 방영하면서 큰 관심을 보여주기도 하였다.

결국, 1980년대는 시장경제의 자율성을 강조한 시기였으며, 일부 국가는 이를 통하여 경제 효율성을 회복한 반면, 포퓰리즘적 복지 확대는 장기적 재정위기로 이어지는 교훈을 남겼다. 이러한 시장중심적 정책은 2008년 글로벌 금융위기에 직면하면서 시장과 정부의 역할에 대해 다시 논쟁이 일어났다.

## 참고 5-2 케인스와 슘페터: 총수요 및 총공급 경제정책

케인스(J.M. Keynes, 1883~1946)와 슘페터(J. Schumpeter, 1883~1950)는 같은 해에 태어나 20세기 경제학을 대표하는 두 학자이지만, 이들의 경제정책에 대한 관점은 근본적으로 다르다. 케인스는 대공황과 같은 심각한 경제 불황을 분석하면서, 시장이 항상 자동적으로 균형을 이루지 못한다고 보았다. 그는 유효수요의 부족이 실업과 경기침체의 핵심 원인이라고 보았고, 이를 해결하기 위해 정부가 적극적으로 개입해 총수요를 늘려야 한다고 주장하였다. 예를 들어, 정부지출 확대나 세금 인하를 통하여 소비와 투자를 촉진함으로써 고용과 생산을 회복시킬 수 있다는 것이다. 이러한 관점은 단기적인 경제 안정과 완전고용 달성을 중시하며 재정정책을 핵심 수단으로 삼았다.

반면 슘페터는 경제를 정체와 불균형의 문제로 보기보다는 역동적 발전의 관점에서 접근하였다. 그는 자본주의 경제의 본질은 '창조적 파괴(creative destruction)'라고 보았으며, 새로운 기술과 아이디어, 경영 방식 등을 도입하는 기업가의 혁신 활동이 경제성장을 이끈다고 보았다. 따라서 그는 정부의 단기적 수요 관리보다는 장기적인 성장동력, 즉 기업가 정신과 시장의 자율성 보장을 더 중요하게 여겼다. 정부는 혁신을 촉진할 수 있는 제도적 환경을 조성하는 역할에 국한되어야 하며, 과도한 개입은 오히려 경제의 활력을 저해할 수 있다고 보았다.

이처럼 케인스는 경제위기 시 정부가 수요를 조절해야 한다고 본 반면에 슘페터는 장기적인 구조변화와 혁신이 경제의 본질적인 추진력이라고 강조하였다. 케인스는 단기적 경기 안정과 고용 유지에 초점을 두었고, 슘페터는 시장 기반의 창의성과 기업 활동을 통한 성장에 초점을 두었다. 결국, 케인스는 정부 중심의 조절 메커니즘을, 슘페터는 시장 중심의 발전 메커니즘을 각각 제시한 셈이다. 이들의 사상은 오늘날 경제정책의 방향 설정, 특히 경기 부양과 혁신 진흥을 둘러싼 논의에서 여전히 중요한 이론적 기반이 되고 있다.

# 연습문제

5.1. 1970년대 석유파동 이후 세계 주요 국가들이 공급주도 경제정책으로 전환한 배경과 특징을 설명하고, 이 시기에 등장한 생산적 복지 정책의 개념과 역사적 의의를 논하시오.

5.2. 한국은행이 발표하는 국제수지표의 주요 구성 항목을 설명하고, 1980년대 이후 경상수지의 흐름과 그 배경을 분석하시오.

5.3. 1980년대 경제정책의 변화 흐름과 주요 위기 대응 사례를 설명하고, 정부주도 경제정책에서 민간주도 경제구조로의 전환이 갖는 의미를 논하시오.

5.4. 전두환 정부의 주요 경제정책과 그 배경을 설명하고, 이 시기 정책이 한국 경제구조와 산업정책의 전환에 끼친 영향을 논하시오.

5.5. 노태우 정부의 경제정책은 민주화 이후의 정치 환경 변화와 함께 부동산 투기 억제, 산업합리화, 경제민주화 실현 등 다양한 목표를 동시에 추진하였다. 이 시기의 주요 경제정책들을 서술하고, 그 정책들이 한국 경제구조와 사회에 미친 긍정적·부정적 영향을 설명하시오.

5.6. 김영삼 정부는 신경제와 세계화를 경제기조로 내세우며 금융·부동산 제도 개혁 및 정보통신 산업 육성정책을 적극 추진하였다. 이 시기 주요 경제정책과 제도 개혁 내용을 서술하고, 이러한 정책이 한국 사회와 경제에 미친 긍정적·부정적 영향을 설명하시오.

5.7. 1993년 김영삼 정부가 단행한 금융실명제의 배경과 주요 내용, 그 의의와 파급효과를 서술하시오.

5.8. 제5차 경제사회발전 5개년 계획의 주요 목표와 특징을 서술하고, 이 계획이 1980년대 한국경제에 미친 영향을 설명하시오.

5.9. 제6차 경제사회발전 5개년 계획의 기본이념과 정책 목표는 무엇이었으며, 이를 바탕으로 한국경제가 어떤 방향으로 나아가고자 했는지 서술하시오.

5.10. 1980~90년대 한국경제의 주요 산업구조 변화와 정부의 경제정책 전환 흐름을 서술하고, 이 시기의 경제성장 성과와 함께 드러난 구조적 문제점을 설명하시오.

CHAPTER

# 06

# 지속가능발전 준비기

1. 들어가며
2. 지속가능발전 준비기 주요 경제성과
3. 정부별 경제정책 변화
4. 지속가능발전 준비기의 과제

Chapter 06

# 지속가능발전 준비기

세계경제는 20세기 이후 여러 위기를 겪으면서 시장과 정부 모두 완벽하지는 않지만, 어느 한쪽도 불필요하지 않다는 교훈을 얻었다. 1930년대 대공황은 시장에만 의존하는 자유방임주의의 한계를 드러냈으며, 정부의 개입과 조정이 필요하다는 수정자본주의의 등장을 촉진하였다. 이후 1970년대에는 높은 물가 상승과 경기침체가 동시에 발생하는 스태그플레이션이 나타나, 정부의 비효율성을 지적하고 규제완화와 민간의 혁신을 강조하는 시장 중심의 접근이 부각되었다. 그러나 1980년대 양극화의 심화와 1997~98년 동아시아 외환위기, 그리고 2008년 글로벌 금융위기를 거치며, 시장 기능만으로는 경제의 지속가능성과 안정성을 확보하기 어렵다는 인식이 확산되었다.

2000년대 이후의 세계경제는 더 복합적이고 구조적인 과제들에 직면하게 되었다. 글로벌금융 시스템의 불안정, 기술혁신 가속화, 그리고 기후변화와 같은 문제는 시장과 정부의 역할을 조화롭게 결합하는 새로운 경제시스템의 필요성을 제기하였다. 이 시기는 단순한 경기변동을 넘어서 지속가능한 성장, 사회적 불평등 해소, 그리고 기후변화 대응과 같은 중장기적 과제를 중심으로 시장과 정부의 역할을 재정립해야 하는 과제에 직면하였다. 특히 기후변화는 단순한 환경 문제가 아니라 산업구조 변화, 에너지정책 전환, 국제협력 체계 재편 등 경제 전반에 걸친 전환을 요구하는 핵심 이슈로 부상하였다.

## 1 들어가며

동아시아 외환위기 이후 한국경제는 금융개혁과 기업 구조조정을 중심으로 경제체질을 개선하며 회복세를 보였다. 2000년대에 들어서면서 인터넷 보급 확대와 기술 기반 창업 활성화는 디지털 경제발전을 이끌었고, 서비스산업의 확장과 국제경쟁력 제고에도 긍정적인 영향을 미쳤다. 정부는 재벌의 무분별한 확장을 억제하고 부실기업을 정리했으며, 공기업 민영화와 노동시장 유연화를 추진하였다. 이 과정에서 비정규직 증가와 같은 사회적 부작용이 발생하기도 하였다.

2000년대 초에 IT 및 벤처산업이 급성장하면서 반도체, 모바일, 전자산업이 세계적 경쟁력을 확보했고, 삼성과 LG와 같은 기업들이 글로벌 브랜드로 성장하였다. 한편, 자유무역협정(FTA)을 적극 추진하여 미국, 중국 등 주요국과 협정을 체결하며 수출 중심의 성장 구조를 강화하였다. 2008년 글로벌 금융위기는 시장 중심 경제체제의 한계를 드러냈고, 정부는 확장적 재정정책과 금융안정 조치를 통하여 비교적 빠르게 위기를 극복할 수 있었다. 2010년대에는 4차 산업혁명에 대응하여 인공지능(AI), 바이오, 전기차, 배터리 등 미래 산업에 대한 투자가 확대되었으며, 특히 코로나19 이후 바이오산업이 크게 부상하였다. 이와 함께 소득주도성장 정책을 통하여 최저임금 인상, 근로시간 단축 등 노동정책이 시행되었다. 하지만 그 효과에 대한 평가는 엇갈렸고, 복지 확대에 따른 재정 부담도 제기되었다. 코로나19 대응 과정에서는 긴급재난지원금과 기업 지원정책을 통하여 방역과 경제 회복을 동시에 추구하였다.

최근 한국은 탄소중립 목표를 제시하고 친환경 산업 전환에 나섰으며, 디지털 경제와 스타트업 생태계 활성화를 통하여 카카오, 네이버, 쿠팡 등 플랫폼 기업들이 성장하였다. 동시에 K-콘텐츠 산업이 세계 시장에서 큰 성공을 거두며 문화산업의 경쟁력도 강화되었다. 그러나 구조적 문제도 여전히 남아 있다. 경제 양극화, 부동산 가격 불안정, 가계부채, 저출산·고령화 등은 장기적 성장의 걸림돌로 작용하고 있다. 특히 인구구조 변화는 노동력 감소와 연금 재정 악화를 초래하고 있어 이에 대한 근본적 대응이 요구된다.

향후 한국경제는 지속가능한 성장과 포용적 경제를 실현하기 위해, 친환경 산업과 디지털 혁신을 가속화하고, 중소기업·스타트업 지원, 노동시장 개혁, 복지제도 개편 등 다면적 노력이 병행되어야 한다.

## 2 지속가능발전 준비기 주요 경제성과

[표 6-1]을 보면 소비자물가상승률은 2020년 0.5%까지 하락하였으나, 이후 글로벌 공급망 위기, 에너지 및 식량 가격 상승 등 복합적인 외부 요인으로 인해 2022년에는 5.1%까지 급등하였다가, 2023년에는 3.6%로 하락하였다. 경상수지는 2020년 75.9억 달러로 흑자 규모가 줄었으나, 이후 다시 회복세를 보여 2023년에는 355억 달러 수준으로 증가하였다. 상품수지와 서비스수지의 구성도 변화가 나타났는데, 2020년까지는 상품수지의 흑자 폭이 경상수지 전체를 상회하면서 서비스수지는 적자였다. 그러나 이후에는 상품수지 흑자가 줄어들고, 서비스수지가 일시적으로 흑자를 나타냈다. 이는 글로벌 복합위기의 여파로 해외여행 등 서비스 부문의 국제 거래가 감소한 데 따른 일시적인 현상으로, 서비스수지의 구조적인

**표 6-1** 지속가능발전 준비기 주요 경제지표

| 항목 | | 2000 | 2010 | 2020 | 2022 | 2023 |
|---|---|---|---|---|---|---|
| 경제성장률(%) | | 9.1 | 6.8 | -0.7 | 2.6 | 1.4 |
| 1인당 실질 GDP (2015년 달러) | | 16,996 | 25,456 | 31,378 | 33,690 | 34,121 |
| 1인당 명목 GDP(달러) | | 12,257 | 23,079 | 31,721 | 32,394 | 33,121 |
| 소비자물가상승률(%) | | 2.3 | 2.9 | 0.5 | 5.1 | 3.6 |
| 경상수지(백만 달러) | | 10,180 | 27,950 | 75,902 | 25,828 | 35,488 |
| 상품수지(백만 달러) | | 15,392 | 47,932 | 80,604 | 15,620 | 34,092 |
| 수출(% of GDP) | | 33.9 | 47.1 | 36.6 | 48.3 | 44.0 |
| 수입(% of GDP) | | 32.2 | 44.3 | 32.7 | 48.3 | 43.9 |
| 산업구조 (%) | 1차산업 | 3.9 | 2.1 | 1.8 | 1.6 | 1.6 |
| | 2차산업 | 34.8(26.4) | 34.1(27.4) | 32.5(24.8) | 31.7(25.6) | 31.6(24.3) |
| | 3차산업 | 51.6 | 54.7 | 57.0 | 58.0 | 58.4 |
| 소득분배 | 지니계수 | 0.341 | 0.319 | 0.332 | 0.316 | - |

주: 1) 산업구조는 부가가치 기준이며, 구체적인 정의는 제2장 각주 1과 같음. 2) 2차 산업구조에서 ( )는 제조업 비중임. 3) 경상수지와 상품수지는 한국은행에서 인용. 4) 지니계수는 Solt(2020)에서 인용.

출처: World Bank WDI, 한국은행 경제통계시스템, Solt(2020).

개선으로 보기는 어렵다. 수출과 수입의 GDP 대비 비중은 2020년까지 감소 추세를 보였으나, 이후 반등하여 2023년에는 2010년 수준에 근접하였다. 이는 우리 경제의 대외의존도가 여전히 높은 수준임을 보여준다.

산업구조의 변화도 눈에 띈다. 2023년 기준으로, 2000년과 비교했을 때 1차산업 비중은 3.9%에서 1.6%로, 2차산업은 34.8%에서 31.6%로 각각 하락하였다. 이 가운데 제조업 비중도 26.4%에서 24.3%로 줄었다. 반면, 제3차 산업의 비중은 같은 기간 51.6%에서 58.4%로 증가하여 서비스산업 중심의 산업구조 전환이 진행 중임을 보여준다. 한편, 소득분배 지표는 2000년대 이후 점진적으로 개선되는 추세를 나타내고 있다.

[그림 6-1]을 보면 2000년 이후 최근까지 경제성장률과 소비자물가상승률은 뚜렷한 변화를 보여주고 있다. 경제성장률은 2000년 9.1%에서 점차 하락하다가 2010년에 6.8%를 기록하며 높은 수준을 보였으나, 이후 전반적으로 하락하는 추세를 나타냈다. 특히 2020년에는 코로나19의 영향으로 일시적인 마이너스 성장률(-0.7%)을 기록하였다. 이후 2021년부터 성장률이 일시적으로 반등한 모습이 나타났지만, 이는 코로나19로 인한 급격한 경기침체에 따

**그림 6-1** 2000년 이후 경제성장률과 소비자물가상승률

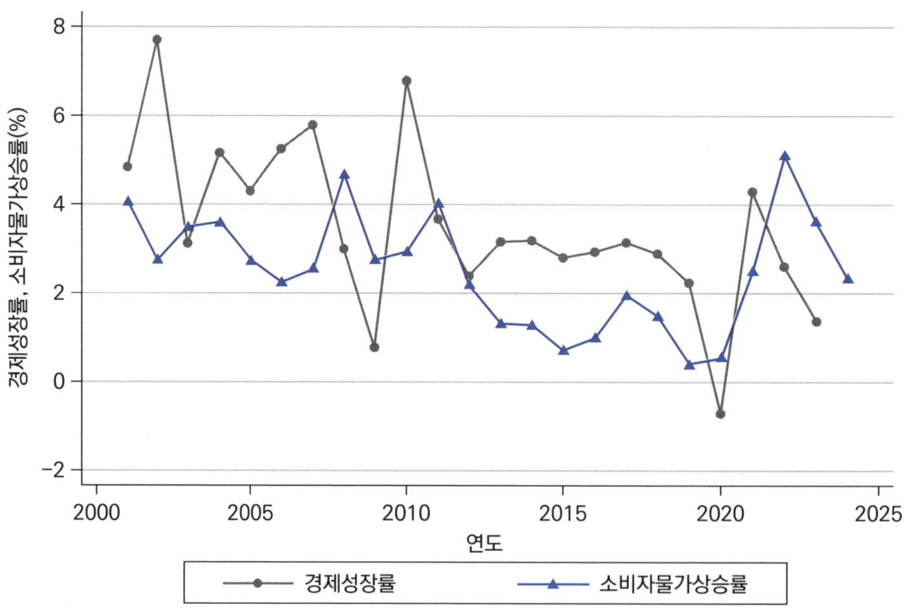


출처: World Bank WDI.

른 기저효과로, 본격적인 회복 국면에 접어들었다고 보기는 어렵다. 같은 기간 소비자물가 상승률은 2020년까지는 점진적으로 하락하는 경향을 보였으나, 이후 다시 상승세로 전환되었다. 이러한 물가상승은 전 세계적인 코로나19 확산에 따른 글로벌 공급망의 혼란, 그리고 러시아-우크라이나 전쟁으로 인한 국제 곡물 및 원자재 가격 상승 등 외부 요인에 크게 영향을 받았다.

[그림 6-2]에서 볼 수 있듯이 국제수지는 구조적인 문제점을 지속적으로 안고 있다. 2015년까지 경상수지와 상품수지는 높은 수준의 흑자를 기록했으나, 이후 점차 감소하는 추세를 보인다. 2023년에는 일시적으로 소폭 상승하는 모습을 나타냈지만, 전반적인 하락 흐름은 여전히 지속되고 있다. 특히 주목할 점은 한국의 1인당 실질 GDP는 선진국 수준에 도달했음에도 불구하고, 국제수지 구조는 여전히 취약하다는 점이다. 국제수지는 서비스수지에서 만성적인 적자를 보이고 있으며, 경상수지는 상품수지에 지나치게 의존하는 구조를 갖는다. 이러한 문제를 해결하기 위해 정부는 서비스산업 선진화를 통한 국제경쟁력 강화를 추진해 왔다. 그러나 아직까지 그 성과는 제한적이며, 국제수지의 질적 개선에는 더 많은 노력이 필요한 상황이다.

그림 6-2 2000년 이후 국제수지 추이

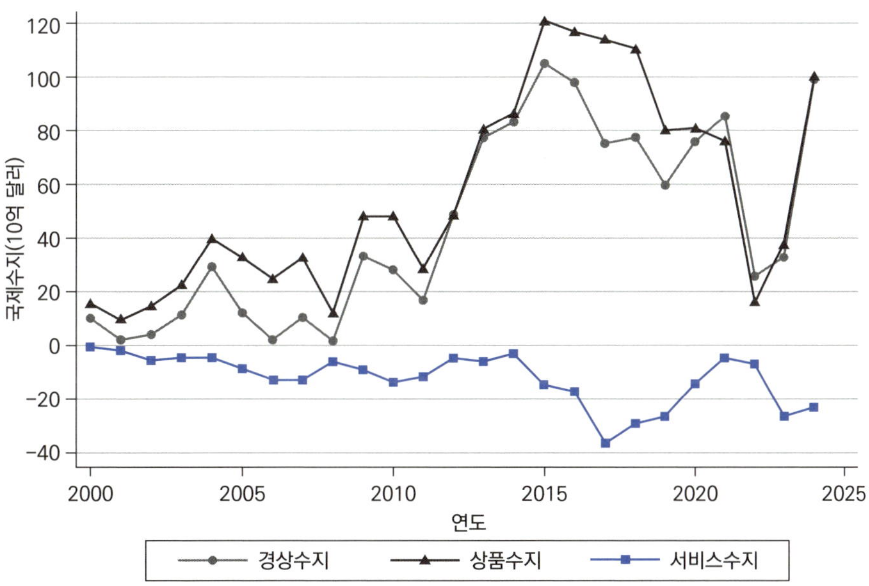


출처: 한국은행 경제통계시스템(ECOS).

## 3 정부별 경제정책 변화

### (1) 김대중 정부

김대중 정부(1998~2003)는 직면한 동아시아 외환위기를 극복하는 데 경제정책에 중심을 두었다. 한국에 구제금융을 제공한 IMF는 국제 수준 경제구조의 투명성을 요구하여 경제부문의 구조 개혁을 시작하였다. 구조개혁과 정부의 적극적인 경제성장 정책으로 2001년 8월 IMF로부터의 차입금을 모두 상환하였다. 대표적으로 기업을 포함한 경제구조 개혁, 규제완화를 통한 외국자본 도입 자유화, 생산적 복지정책, IT·벤처산업 활성화 등이 시행되었다.

(1) 정부는 1997년 불어닥친 동아시아 외환위기의 해결을 위하여 다양한 구조개혁과 사회안전망 정책을 시행하였다. 대표적으로 4대 부문(기업·금융·노동·공공)의 경제구조 개혁을 주도하였고, 생산적 복지(workfare)에 기반한 사회안전망을 강화하였다. 국민연금을 전국민 대상으로 확대(1999)하고, 1961년에 시작한 생활보호제도가 국민기초생활보장 제도로 개정(2000)되어 도입되었다. 그리고 중산층 육성과 서민생활향상을 위한 사회안전망을 구축하고자 하였다. 제13장에서 당시 경제개혁과 사회안전망에 대하여 자세히 논의한다.

(2) 외환위기 극복을 위한 규제완화정책 중 하나로 부동산 규제완화가 있다. 1998년에 수도권 민간택지 분양가 자율화(1월), 재당첨 금지 기간 단축 및 폐지(5월), 양도세 한시적 감면(5월) 등이 시행되었다. 1999년에 들어서도 분양가 전면 자율화, 분양권 전매 허용, 주택 10만 호 건설 등이 발표되었다. 이들 정책은 다시 부동산 가격이 가파르게 상승하는 원인이 되면서 2002년부터 노무현 정부에 이르기까지 분양가 규제 등 강력한 부동산 규제정책이 시행되기 시작하였다. 그리고 1996년에 금융소득 종합과세를 시행하려다가 경제 상황이 어려워지면서 유보되었다가 2001년 시행되었다.

(3) 2001년에 차세대 성장산업 육성방향(1998~2005)을 발표하여 5개 기술에 대한 육성정책을 발표하였다. 차세대 성장산업으로 정보기술(IT), 바이오기술(BT), 나노기술(NT), 환경기술(ET), 문화기술(CT)을 선정하였다. IT·벤처기업 활성화 정책을 위해 「벤처기업 육성에 관한 특별조치법」(약칭: 「벤처기업법」)을 제정(1997)하였다. 그리고 벤처기업 육성촉진지구(2000) 도입, 벤처기업 건전화 방안(2002) 등으로 벤처산업 활성화를 적극적으로 시행하였다. 그리고 정보통신산업 발전을 위한 정책이 지속되어 김영삼 정

부에서 시작한 초고속 정보통신망 2단계 산업을 계획보다 2년 앞서 2000년 완성하였다. 2001년에는 제2차 정보화 촉진 기본계획(2002-2006)을 수립하였다.

(4) 외환위기를 성공적으로 극복한 이후 국내소비 촉진을 통한 국내경기 활성화를 유도하기 위해 신용카드 활성화 정책을 시행하였다. 1999년 신용카드 현금서비스 월 이용 한도를 폐지하고, 8월에 신용카드 소득공제제도 도입, 2000년 신용카드 매출전표 발행사업자에 대한 세액공제혜택도 확대 등 신용카드 거래 활성화를 위한 정책을 적극적으로 추진하였다. 그러나 금융기관들의 무분별한 신용카드 발급은 소비 확대 효과는 거두었으나 과도한 소비로 이어져 개인부채가 증가하였다. 이는 2000년대 초반 카드회사와 금융회사 부실을 일으켜 카드사태의 원인이 되었다.

(5) 2002년 「경제자유구역의 지정 및 운영에 관한 법률」(약칭: 「경제자유구역법」)이 제정되어 외국인직접투자 촉진을 통한 국가경쟁력 강화 정책이 시행되었다.[1] 이후 노무현 정부에서 경제자유구역(FEZ)으로 지정·개발이 본격화되기 시작하였다.

(6) 2002년에 「은행법」을 개정하여 동일인이 은행 및 은행지주회사의 소유 한도를 기존의 4%에서 10%로 상향 조절하였다. 다만, 4%를 초과한 지분의 의결권을 제한하여 은산분리의 기본 정신은 유지하였다.[2]

(7) 일본 대중문화 개방이 본격적으로 시작되었다. 김대중 대통령이 1998년 4월 일본 대중문화 시장개방을 지시한 이후 노무현 정부를 포함하여 총 4차(1998~2003)에 걸친 개방이 이루어졌다.[3] 정부는 1998년부터 점진적인 일본문화 개방을 추진하였다. 김대중 대통령이 1998년 4월 '일본 대중문화 개방에 두려움 없이 임하라.'라고 지시하였고, 1998년 10월 8일에는 양국은 한일 파트너십 공동선언을 발표한 이후 일본 대중문화 개방이 본격적으로 시작되었다. [표 6-2]는 1998년부터 2004년까지 총 네 차례에 걸쳐 일본 대중문화 개방 과정을 정리한 것이다.

---

1 이 법은 2009년 「경제자유구역의 지정 및 운영에 관한 특별법」(약칭: 「경제자유구역법」)으로 개정되었다. 이는 경제자유구역의 지정과 운영에 있어서 보다 전문적이고 독립적인 법적 체계를 마련하여 외국인 투자 유치와 지역 경제 활성화를 효과적으로 추진하기 위해서이다.

2 또한, 동일인을 금융주력자와 비금융주력자로 나누어 비금융조력자의 주식보유한도를 명시적으로 제한하고 있는데 이러한 구분은 현재까지 지속되고 있다.

3 노무현 전 대통령은 2003년 6월 방일 당시 출연한 일본 방송(TBS)에서 일본 대중문화 개방에 관한 질문에 대하여 국가가 문화 분야에 간섭하는 것은 온당치 못하다고 밝히기도 하였다.

2000년까지 1~3차 개방이 이루어진 후 2001년 7월 12일, 정부는 일본 역사 교과서 왜곡 시정 거부에 대한 대응 조치로 일본 대중문화 추가 개방을 중단하였다. 이후 2003년 6월 7일, 노무현 대통령이 한·일 정상 공동선언에서 "문화교류 활성화를 위해 일본 대중문화 개방을 확대하겠다."는 방침을 밝히면서 4차 개방이 두 단계로 이루어졌다. 이후 2004년 1월부터는 영화, 음반, 게임분야는 사실상 전면 개방되었고, 2007년 일본문화 수입 제한과 관련된 규제가 완전히 철폐되었다.

**표 6-2** 일본 문화 개방 경과와 주요 내용

| 경과 및 시기 | 주요 내용 |
|---|---|
| 1차 개방<br>(1998.10.20.) | - 영화 및 비디오: 영화에서 공동제작 영화(20% 이상 출자와 한국 영화인이 감독이나 주연으로 참여한 경우), 일본 배우가 출연한 한국 영화, 4대 국제영화제(칸, 베를린, 베니스, 아카데미) 수상작<br>- 출판: 일본어판 만화와 만화잡지 |
| 2차 개방<br>(1999.9.2.) | - 영화: 공인된 국제영화제(70개) 수상작과 전체관람가 영화(애니메이션 제외)<br>- 공연: 2천석 이하 규모 실내 장소에서 대중가수 공연 |
| 3차 개방<br>(2000.6.27.) | - 영화: '12세 및 15세 관람가' 등급 영화<br>- 애니메이션: 국제영화제 수상한 극장용 애니메이션<br>- 공연: 모든 규모의 대중가수 공연<br>- 음반: 일본어 가창을 제외한 음반<br>- 게임: 게임기용 비디오 게임을 제외한 여타 게임물(PC게임과 온라인 게임 등) 등 |
| 4차 개방<br>(2003.9.16.) | - 영화·음반·게임 분야 완전 개방 |
| 4차 추가개방<br>(2003.12.30.) | - 지상파방송: 교양 프로그램, 국내 상영관 개봉영화 전면 개방. 드라마는 한·일 공동제작 드라마에 한해 개방. 버라이어티쇼, 토크쇼, 코미디 등 오락프로그램은 보류.<br>- 공연: 일본 가수 공연 중계 방영 및 일본 가수의 국내방송출연. 일본어 가창 뮤직비디오 방영은 불허<br>- 케이블TV 및 위성방송: 교양, 영화, 극장용 애니메이션, 일본어 가창 전면 개방하고. 드라마는 모든 연령·7세 이상·12세 이상 시청가 등급 드라마와 한·일 공동제작 드라마 등 부분 개방 |

출처: 행정안전부 국가기록원(1998), 연합뉴스(2003.12.30.).

## (2) 노무현 정부

노무현 정부(2003~08)는 대기업과 중소기업의 균형발전, 지방 분권, 혁신주도형 경제를 목표로 했고, 부동산 가격 급등을 억제하기 위해 강력한 규제정책을 시행하였다. 또한 FTA 체결 추진으로 경제의 개방성과 경쟁력을 강화하려 했으며, 복지지출 확대와 소득재분배에도 관심을 두었다. 주요 경제정책 내용을 정리하면 다음과 같다.

(1) 부동산 안정화를 위한 대책으로 대표적인 것이 2005년 종합부동산세 도입이다.[4] 그 외에도 2003년 5·23 주택가격 안정대책에서 2007년 1·11 부동산 대책에 이르기까지 10여 번의 부동산 대책을 발표하였다.[5] 주로 규제강화 정책이 도입되었는데 종합부동산세 도입, 재건축 소형평형 의무화, 다주택 보유자 양도세 중과, 수도권 투기과열지구 지정, 분양권 전매제한 확대 등이 있다. 당시 도입된 부동산 가격 안정화정책으로 대출을 제한하는 주택담보대출비율(LTV)과 총부채상환비율(DTI) 등 금융정책은 현재까지도 모든 정부에서 시행되고 있다.[6] LTV는 2002년에 처음으로 도입되었는데 금융기관이 대출금액을 담보물 가치의 일정 비율로 정하는 방법이다.[7] DTI는 2005년 8·31 부동산종합대책에서 처음으로 도입되었는데, 대출자의 소득 대비 부채 상환 능력을 기준으로 대출 가능 금액을 제한한다.

(2) 정부는 10대 차세대 성장동력 육성 사업(2003~07)을 시행하였다. 10대 차세대 성장동력 산업별 핵심전략기술 및 제품을 선정하여 1인당 국민소득 2만 달러 도약 및 성장

---

4 토지나 주택 등의 재산을 가진 사람에게 부과하는 보유세는 재산세와 종합부동산세로 나눌 수 있다. 재산세는 지방세로 재산을 가진 모든 사람에게 부과되지만, 종합부동산세는 국세이며 일정 금액 이상의 재산을 가진 사람에게 선택적으로 부과된다.

5 그 외의 대책으로 9.5 부동산시장 안정대책 발표(2003). 10·29 부동산 대책(2003), 건설교통부 판교 투기방지대책(2005.2.17.), 재정경제부 5.4 부동산 대책(2005), 부동산중개업법 개정안 국회 본회의 통과(2005.6.30.), 8·31 부동산 대책(2005), 재건축 개발이익 환수를 중심으로 한 부동산종합대책(2006.3.30), 11·15 부동산시장 안정화방안(2006) 등이 발표되었다.

6 DTI와 LTV는 금융기관이 대출 심사할 때 사용하는 대표적인 규제 지표로 가계부채 관리와 부동산시장의 안정화를 위한 중요한 정책 수단으로 사용되고 있다. DTI는 개인의 소득 대비 모든 대출의 원리금 상환액 비율을 나타내며, 대출 상환 능력을 판단하는 기준이 된다. 반면 LTV는 담보로 제공된 주택의 가치 대비 대출금의 비율을 의미하며, 금융기관이 대출해 줄 수 있는 최대한도를 결정하는 기준으로 사용된다.

7 2002년 4월 부동산 과열을 방지하기 위하여 LTV를 도입하였다. 4월에는 투기과열지구에 대하여 LTV 비율 60% 이내로 제한하였다가, 11월에는 전 지역을 60%로 기준을 확대하였다. 2003년에도 부동산 과열이 지속되자 투기지역에는 40%로 강화하고, 나머지는 60%를 유지하였다.

잠재력 확충을 목표로 한다. 10대 산업으로는 디지털 TV·방송, 디스플레이, 지능형 로봇, 미래형 자동차, 차세대 반도체, 차세대 이동통신, 지능형 홈네트워크, 디지털콘텐츠·SW솔루션, 차세대 전지, 바이오 신약·장기가 선정되었다.

(3) 김대중 정부에서 2002년에 제정된 「경제자유구역법」에 근거하여 2003년 인천, 부산·진해, 광양에 이어 이명박 정부인 2008년 대구·경북, 황해, 새만금·군산(추후 해제됨) 등이 경제자유구역으로 지정·개발되기 시작하였다. 정부는 2005년 수도권 신·증설을 허용하면서 LG는 2007년 LG화학, LG전자, LG이노택 등 전자계열사를 중심으로 파주 LCD 클러스터를 형성하였다. 그리고 동북아 경제의 중심 국가로 만들기 위한 한·미 FTA를 추진하였다. 이를 통하여 시장개방과 국제경쟁력을 강화하여 한국경제의 국제화에 큰 영향을 미쳤다. 한·칠레 간에 최초의 FTA를 체결한 이후 다양한 국가들과 FTA 협정 체결을 통하여 한국경제의 국제화를 촉진하고자 하였다.

(4) 종합적인 서비스산업 발전 정책이 처음으로 발표되었다. 2004년 6월 노무현 정부의 서비스산업 경쟁력 강화 추진 방안은 김대중 정부 시절 발표된 산업별 정책을 종합한 것이었다. 현재까지 정부마다 지속적인 정책이 시행되고 있지만 의료나 교육부문의 공공성과 산업화에 대한 의견 대립으로 당시 지향한 정책 방향이 모두 시행되고 있다고 볼 수 없다.

(5) 복지 및 노동정책을 강화하여 사회안전망을 강화하고자 하였다. 정부는 경제성장뿐만 아니라 사회적 약자 보호와 복지 확대를 적극 추진하였다. 「기간제 및 단시간근로자 보호 등에 관한 법률」(약칭: 「기간제법」)을 제정(2006)하여 비정규직의 정규직 전환을 유도하고, 비정규직 근로자의 권리를 보호하고, 차별을 방지하며, 남용을 막고자 하였다.[8] 그리고 국민기초생활보장정책에서 수급자 확대를 통하여 저소득층 지원을 강화하고 의료보험을 확대하였다. 다만, 국민연금 개혁으로 보험료율 인상없이 소득대체율(급여율)을 60%에서 40%로 인하(2028년까지 단계적 인하)하여 노후소득보장 악화 우려를 낳기도 하였다.

노무현 정부의 경제정책은 성장과 분배의 조화를 이루려는 시도였으며, 특히 부동산 정책, 복지 강화, 중소기업 지원, 국제화 전략이 주요한 정책 방향이었다. 그러나 부동산 가격

8 1998년 제정된 「파견근로자 보호 등에 관한 법률」(약칭: 「파견법」)도 비정규직 보호법의 하나로 포함된다.

상승, 기업 규제강화와 노동시장 문제 해결의 한계로 인해 논란도 많았던 시기였다.

### (3) 이명박 정부

이명박 정부(2008~13)는 747 공약(경제성장률 7%, 1인당 국민소득 4만 달러, 세계 7대 경제강국 진입)을 내걸고 친기업·성장 중심의 경제정책을 추진하였다. 규제완화와 감세로 기업투자와 경제활성화를 추진했으며, 글로벌 금융위기 대응을 위해 확장적 재정정책과 통화정책을 적극 활용하였다. 주요 정책들을 보면 다음과 같다.

(1) 정부는 저탄소 녹색성장(Low Carbon, Green Growth)을 국가 비전으로 채택하고, 환경과 경제를 동시에 고려하는 친환경 경제발전 전략을 공식화하였다. 이 비전은 2009년 제정된 「저탄소 녹색성장 기본법」을 통하여 법제화하고, 장기전략으로 녹색성장 국가전략(2009~50)을 수립하고, 5년마다 녹색성장 5개년 계획을 수립하도록 하였다. 녹색성장 전략은 단순한 기후변화 및 에너지 대책을 넘어서 삶의 질 향상을 통하여 지속가능발전을 지향하는 포괄적인 국가발전전략이다(미래기획위원회, 2009; 녹색성장위원회, 2009). 이 전략은 기후변화 적응 및 에너지 자립, 신성장 동력 창출, 삶의 질 개선과 국가 위상 강화를 목표로 한다. 제1차 녹색성장 5개년 계획(2009~13)은 387개의 세부 과제를 포함하며, 시장원리를 적극 활용하여 경제주체의 참여를 유도하는 정책을 강조하였다(강성진 외, 2022). 그리고 정부는 2009년 11월 2020년 온실가스 배출량을 배출전망치(BAU) 대비 30%를 감축하겠다고 발표하였다.

(2) 신성장동력 육성 사업(2009~13)으로 3개 분야, 17개 신성장동력 사업을 선정 및 육성하고자 하는 정책이다. 한국도 기후변화와 같은 글로벌 이슈에 대하여 국제적인 책임을 다하면서 지속가능발전을 추구하고자 고부가가치 및 친환경적인 성장동력 산업에 대한 투자가 필요하였다. [표 6-3]은 신성장동력 사업의 내용을 정리한 것이다. 3대 산업부문을 보면 녹색기술산업, 첨단융합산업 및 고부가가치 서비스산업으로 구성되어 있다.

**표 6-3** 이명박 정부 신성장동력 사업

| 구분 | 사업명 |
|---|---|
| 녹색기술산업 | 신재생에너지, 탄소저감에너지, 고도 물처리, LED 응용, 그린수송시스템, 첨단그린도시 |
| 첨단융합산업 | 방송통신융합산업, IT융합시스템, 로봇 응용, 신소재·나노융합, 바이오제약(자원)·의료기기, 고부가가치 식품산업 |
| 고부가가치 서비스산업 | 글로벌 헬스케어, 글로벌 교육서비스, 녹색금융, 콘텐츠·소프트웨어, MICE·관광 |

출처: 국무총리실(2009).

(3) 2008년 과학기술 발전을 위한 중장기 정책 방향을 제시한 과학기술 577 전략을 발표하였다. 여기서 '577'은 2012년까지 GDP 대비 연구개발 투자율을 5%(정부 1.25%, 민간 3.75%)로 올려서 7대 기술 분야와 7대 시스템을 개발·개선한다는 의미이다. 7대 기술 분야는 주력기간산업 기술(자동차, 조선, 기계 및 제조 공정, 반도체 등), 신산업 창출(차세대 시스템 S/W, 암 진단 및 치료, 뇌과학 등), 지식기반 서비스(융합형 콘텐츠, 첨단 물류, 통신방송융합기술 등), 국가주도 기술(위성체 개발, 차세대 무기, 차세대 원자로 등), 현안 관련 특정 분야(식품안전성 평가, IT 나노소자 기술 등), 글로벌 이슈 대응(신재생에너지, 기후변화 예측 및 적응 등), 기초·기반·융합기술(바이오칩 및 센서, 지능형 로봇 등) 등이다. 그리고 효율화할 7대 시스템은 세계적 과학기술 인재 양성, 기초원천 연구진흥, 중소·벤처 기술혁신 등으로 구성되었다.

(4) 감세정책과 은산분리 완화 정책은 경제성장과 투자활성화를 목표로 한 대표적인 정책 중 하나였다. 먼저, 은산분리 완화 정책으로 산업자본의 금융지주회사의 은행 지분 보유 한도를 기존 4%에서 8%로 완화하였다. 그리고 감세정책으로 종합소득세율 인하, 1세대 1주택자 양도세 비과세 확대, 법인세율 인하 등이다. 법인세율 인하는 단계적으로 시행되었는데 2009년부터 법인세 과세표준액 기준 2억 원 이하에 중소기업 세율을 13%에서 11%로, 2억 원 초과에는 25%에서 22%로 인하하였다. 그리고 2010년에 2억 원 이하에 대해 11%에서 10%로 인하했고, 2012년에 2~200억 원 구간을 신설해서 22%에서 대해 20%로 인하하였다. 소득세율도 인하하여 최고세율을 기존의 3,200만 원 초과 35%에서 8,800만 원 초과 35%로 조정하고, 소득세 과세표준을 조정하여 전반적인 세 부담을 감소시켰다.

(5) 2009년 12월부터 시행한 무담보·소액대출 사업인 미소금융사업이 있는데 일종의 소액 신용대출(micro credit) 사업으로 재원은 금융권과 재계 기부를 통하여 확보되었다. 이 사업은 2016년 서민금융진흥원(미소금융 창업자금)이 설립되면서 공식적인 조직에 의한 지원사업으로 정착되었다.

(6) 2008년 정부는 공공기관 선진화 방안을 발표하여 공공부문의 효율성을 높이고 재정건전성을 확보하고자 하였다. 이를 통하여 공기업의 방만한 경영을 개혁하고 민간의 참여를 확대하는 것이 핵심 목표였다. 당시 주요 구조조정으로 한국토지공사와 대한주택공사의 한국토지주택공사로의 합병과 한국산업은행의 산은금융지주 출범 등이 있다.

(7) 서비스산업 선진화를 위한 대표적인 정책으로 서비스산업 발전법을 제정하고자 하였으나 국회를 통과하지는 못하였다. 이는 김대중 정부 이후 지속적으로 추진하고자 했던 서비스산업 경쟁력 강화 정책의 일환이었다. 특히 의료산업 선진화 정책을 시행하려 했으나 실질적으로 실현되지는 못하였다. 당시에 영리병원 허용 및 민간의료보험 도입으로 의료산업의 국제경쟁력을 강화하려 하였다.[9] 의료민영화 혹은 의료산업화 등으로 불리며 의료도 산업적 시각에서 민간자본을 유치하여 경쟁력 강화 및 서비스 질을 향상시키려는 의도에서 정부마다 시도한 정책이다.

(8) 정부는 2008년 국민 주거 안정을 위한 도심 공급 활성화 및 보금자리 주택 건설 방안을 발표하였다. 당시 계획은 2008~18년 기간에 150만 채의 공공주택을 공급하고자 하였다. 주택 공급 확대를 민간에만 맡기지 않고 한국주택공사를 활용하여 공공주택을 저렴하게 공급하고자 하였다.

(9) 2011년 중소기업적합업종 제도를 도입했는데, 대기업의 특정 품목에 대한 진출이나 확장을 막아서 중소기업을 보호하고 경쟁력을 강화하고자 하고자 하였다. 2011년 1차 선정에는 16개 품목(사업철수 1개, 진입자제 4개, 확장자제 11개)을 중소기업적합업종으로 지정하여 대기업 진출을 막은 것으로 시작하여 지속적으로 대상이 확대되고 있다.[10] 2025년 현재까지 동반성장위원회를 통하여 중소기업적합업종 제도를 시행하고 있다.

9 한국에서 영리병원이라는 의미는 의료법인재단에 해당한다. 의료법인이 아닌 의료기관은 이미 영리영업을 하고 있다.

10 11개 품목은 사업철수(세탁비누), 진입자제(골판지상자, 플라스틱 금형, 프레스 금형, 자동차재조부품), 확장자제(순대, 청국장, 고추장, 간장, 된장, 막걸리, 떡, 기타인쇄물, 재생타이어, 절연전선, 아스콘)이다.

(10) 자본시장의 효율성과 투명성을 높이고 국제기준에 부합하는 금융환경을 조성하고자 하였다. 2009년 「자본시장과 금융투자업에 관한 법률」(약칭: 「자본시장법」)을 제정하였다. 이는 기존의 「증권거래법」, 「선물거래법」, 「간접투자자산운용업법」 등을 통합하여 금융투자업의 규율을 일원화한 것이다. 특징적인 내용은 금융투자상품을 증권과 파생상품으로 구분하여 정의, 투자자를 전문투자자와 일반투자자로 나누어 차등 규제를 적용, 금융투자업자의 설명 의무 및 불공정거래 방지 조치를 강화하여 투자자 보호를 도모하였다. 기업의 자금조달을 지원하기 위해 기업공개(IPO), 회사채 발행, 사모펀드 활성화를 추진하였으며, 파생상품 및 신종 금융상품의 규제 체계를 정비하고 시장 감시 및 감독을 강화하였다.

### (4) 박근혜 정부

박근혜 정부(2013~17)는 과학기술과 ICT를 활용한 신성장 동력 창출을 강조하였다. 또한 내수 진작, 부동산 경기 부양, 규제완화 등으로 저성장 극복을 시도했으며, 경제혁신 3개년 계획을 통하여 구조개혁과 재정건전성 확보를 추진하였다. 박근혜 정부의 주요 경제정책을 보면 다음과 같다.

(1) 노태우 정부에서 개정된 헌법에 명시된 경제민주화라는 기조에서 주요 정책들이 시행되었는데 2013년 3개 법안이 국회를 통과하였다. 첫째, 「하도급거래 공정화에 관한 법률 개정안」(약칭: 「하도급법」)은 첫 번째 경제민주화법이 되었다. 핵심 내용은 소위 단가 후려치기로 알려진 부당한 단가 인하, 부당 발주 취소, 부당 반품에 대하여 징벌적 손해배상을 물리도록 하는 것이었다. 둘째, 2002년 제정된 「가맹사업거래의 공정화에 관한 법률」(약칭: 「가맹사업법」)이 개정되었다. 주요 내용은 가맹본부는 가입과 가맹계약을 체결할 때 가맹점의 예상매출액산정서를 의무적으로 교부하도록 하였다. 그리고 부당한 점포환경개선을 강요하지 못하도록 했고, 가맹본부가 점포환경개선을 하는 경우 비용의 40%를 부담하도록 하였다. 셋째, 「고용상 연령차별금지 및 고령자고용촉진에 관한 법률」(약칭: 「고령자고용법」) 개정안으로 정년 60세 의무화가 2016년부터 도입되었는데, 첫해에는 300명 이상 대기업과 공기업 등이 대상이었지만 2017년부터는 300인 미만 기업으로 확대되었다.

(2) 경제활성화 정책으로 경제혁신 3개년 계획이 추진되었다. 박 대통령이 취임 1주년이

**표 6-4** 경제혁신 3개년 계획(2014~2016)

| 분야 | 추진 과제 |
|---|---|
| 기초가 튼튼한 경제 | 공공부문개혁, 원칙이 바로 선 시장경제, 사회안전망 확충 |
| 역동적인 혁신경제 | 창조경제 구현, 미래 대비 투자, 해외진출 촉진 |
| 내수·수출 균형경제 | 내수-소비 기반 확대, 투자여건 확충, 청년-여성 고용률 제고 |

출처: 관계부처합동(2014a).

되는 2014년에 발표되었는데, 주요 내용은 [표 6-4]에 정리되어 있다. 계획의 3개의 핵심 전략은 기초가 튼튼한 경제, 역동적인 혁신 경제, 내수·수출 균형 경제이다. 첫째, 기초가 튼튼한 경제 전략의 추진 과제는 공공부문 개혁, 원칙이 바로 선 시장경제, 사회안전망 확충으로 구성되어 있다. 주요 내용은 공기업 개혁, 공무원연금 개혁, 대·중소기업 불공정 관행 개선, 4대 보험 사각지대 개선, 주거 급여 확대 등이 포함되어 있다. 둘째, 역동적인 혁신 경제의 추진 과제는 창조경제 구현, 미래 대비 투자와 해외진출 촉진으로 구성되어 있다. 주요 내용은 창조경제혁신센터 설립, 농업의 미래산업화, 연구개발(R&D) 확대, 에너지산업 활성화, 한·호주, 한·캐나다 등 전략적 FTA 체결 등이 포함되어 있다. 셋째, 내수·수출 균형경제의 추진 과제는 내수·소비 기반 확대, 투자 여건 확충, 청년·여성 고용률 제고로 구성되어 있다. 주요 내용은 주택시장 활성화, 규제개혁(규제정보포털 개선 등), 시간 선택제 일자리, 청년과 여성 일자리 창출 등이 포함되어 있다.

(3) 미래성장동력 사업도 추진되었는데 문제는 여러 기관에서 다양한 정책들이 발표되면서 일관성이 있는 정책 추진이 어렵게 되었다.[11] 대표적인 정책은 2014년 13대 미래성장동력을 확정하였는데 9대 전략산업과 4대 기반산업으로 구성되어 있다(미래창조과학부, 2014.6.18.). 9대 전략산업은 주력산업(① 스마트 자동차, ② 5G 이동통신, ③ 심해저 해양플랜트), 미래 신시장(④ 지능형 로봇, ⑤ 착용형 스마트기기, ⑥ 실감형 콘텐츠), 복지·산업동반육성(⑦ 맞춤형 웰니스 케어, ⑧ 재난안전관리 스마트 시스템, ⑨ 신재생에너지 하

11 정부는 13대 메가프로젝트(2013), 13대 미래성장동력과 13대 산업엔진 프로젝트(2014), 19대 미래성장동력(2015), 10대 미래성장동력(2016), 9대 국가전략 프로젝트(2016), 9대 미래성장 테마(2017), 그리고 혁신성장동력 추진전략(2017)을 발표하였다.

**표 6-5** 19대 미래성장동력 주요 추진 사업

| 구분 | 사업명 |
|---|---|
| 주력산업 | 5G 이동통신, 스마트자동차, 심해저 해양플랜트, 수직이착륙무인기 |
| 미래신산업 | 지능형로봇, 착용형 스마트기기, 실감형 콘텐츠, 스마트바이오생산시스템, 가상훈련 시스템 |
| 공공복지 에너지산업 | 맞춤형 웰니스케어, 재난안전관리 스마트시스템, 신재생 하이브리드시스템, 직류송배전, 초임계$CO_2$발전 |
| 기반산업 | 지능형 반도체, 융복합소재, 지능형 사물인터넷, 빅데이터, 첨단소재 가공시스템 |

출처: 미래창조과학부(2015).

이브리드시스템)이다. 4대 기반산업은 ① 지능형 반도체, ② 융복합 소재, ③ 지능형 사물인터넷, ④ 빅데이터이다. 2015년에는 19대 미래성장동력(2015~17)을 선정하여 지원하고자 하였다. 주요 내용은 [표 6-5]에 정리되어 있는데 크게 주력산업, 미래 신산업, 공공복지 에너지산업 및 기반산업으로 구성되어 있다.

2016년 정부는 9대 국가전략 프로젝트를 선정하였다. 성장동력 확보를 위한 5개 분야(자율주행차, 경량소재, 스마트시티, 인공지능, 가상현실, 증강현실)를 선정하였다. 그리고 국민행복과 삶의 질 제고를 위한 4개 분야(정밀의료, 신약, 탄소자원화, 미세먼지)를 선정하였다(미래창조과학부, 2016.8.9.). 정부는 2017년 19대 미래성장동력과 9대 국가전략 프로젝트 사업을 연계·통합한 혁신성장동력 추진전략을 발표하였다. 이를 통하여 기술의 조기상용화와 원천기술 확보하고자 하였다(관계부처합동, 2017).[12]

(4) 규제완화정책도 적극적으로 추진하여 규제정보 포털이 신설되었고, 규제개혁회의를 통하여 규제개혁을 추진하고자 하였다. 특히, 박근혜 대통령은 2014년 제2차 규제개혁회의에서 규제를 '손톱 밑 가시'로 명하면서 도시, 건축, 인터넷, 농축산 분야의 규제개혁을 지시하기도 하였다.[13] 실질적으로 이루어진 규제개혁은 부동산 규제완화로

12 국회예산정책처(2016)는 정부별 미래성장동력 산업정책을 비교하고 정부가 바뀔 때마다 새로운 정책이 바뀌는 점을 비판하였다. 특히 박근혜 정부에서는 정책추진체계가 국가과학기술심의회와 과학기술전략회의로 이원화되어 있어 비효율적으로 운영되었다고 비판하였다. 예를 들어 R&D 정책의 비효율성과 산업정책을 너무 자주 발표한 문제점이 나타났다.

13 규제개혁에 대한 논의는 끊임없이 강조되는 정책이지만 성공적이라는 평가를 받지 못한다. 예를 들면 이명박 정부에서 '규제 전봇대를 뽑겠다.'라고 하기도 했으나 실질적인 규제개혁의 체감으로 느껴지기는 한계가 있었다.

**표 6-6** 국가중점과학기술 전략로드맵(2014~)

| 분야 | 대상 기술 |
|---|---|
| ICT융합 신산업창출 | 정보보호, 빅데이터, 실감형콘텐츠, 방송통신융합 플랫폼, 차세대 반도체, 스마트 자동차, 생산시스템 생산성 향상, 첨단 플랜트 |
| 미래 신산업기반확충 | 차세대 소재, 차세대에너지 저장장치, 바이오에너지, 서비스 로봇, 의료기기, 고부가가치 선박, 미래형 항공기 |
| 깨끗하고 편리한 환경조성 | 환경통합 모니터링 및 관리, 오염물질 저감 및 관리, 유용 폐자원 재활용, 기후변화 감시·예측·적용, 온실가스 처리 및 저감, 스마트 에코빌딩 |
| 건강장수시대 구현 | 맞춤형 신약개발, 생명시스템 분석, 유전체 정보 이용, 줄기세포, 맞춤형 건강관리 |
| 걱정없는 안전사회 구축 | 식품안전 및 가치창출, 유용 유전자원 이용, 자연재해 모니터링·예측·대응, 사회적 복합재난 저감 |

출처: 관계부처합동(2014b)

나타났다. 그 외에 비영리 의료법인 병원에 대하여 영리 자회사 허용 등을 시도하였으나 실질적으로 이루어지지는 못하였다.

(5) 국가가 중점적으로 지원할 국가중점과학기술 전략로드맵을 발표했는데 모두 5개 분야에 30개 기술로 구성되어 있다. [표 6-6]은 5개 분야에 관한 기술을 정리한 것이다. 5개 분야는 ICT융합 신산업창출(8개), 미래 신산업기반확충(7개), 깨끗하고 편리한 환경조성(6개), 건강장수시대 구현(5개) 그리고 걱정 없는 안전사회 구축(4개)이다.

(6) 2014년에 소위 부동산 3법 개정안이 통과되면서 규제완화를 통한 부동산경기부양책을 시행하였다. 부동산 3법은 「재건축초과이익 환수에 관한 법률」(약칭: 「재건축이익환수법」, 2006년 제정), 「주택법」, 「도시 및 주거환경 정비법」(약칭: 「도시정비법」, 2002년 제정)을 말한다.[14] 이들 법을 통하여 재건축 초과이익환수제의 3년간 유예, 분양가 상한제의 실질적 폐지, 재건축 조합원의 분양주택 수를 3주택까지 허용하는 것이 주된 내용이다. 그리고 대표적인 부동산 대출 규제 수단인 총부채상환비율(DTI)과 담보인정비율(LTV)을 완화하고 부동산 관련 대출을 확대하였다.

(7) 가계소득 증대를 위한 3대 세제 패키지인 근로소득 증대세제, 배당소득 증대세제, 기

14 1972년 제정된 「주택건설촉진법」이 2003년 전면개정으로 이름이 「주택법」으로 바뀌었다.

업소득 환류세제(corporate income reflux tax)를 도입하였다. 근로소득 증대세제는 가계의 처분가능소득 증대를 유인하기 위하여 근로자의 임금을 늘린 기업에 대해 증가분의 10%(대기업 5%)를 세액공제한다. 배당소득 증대세제는 배당을 촉진하고 주식시장을 활성화하기 위한 것이다. 구체적으로 고배당주식 배당소득 원천징수 세율을 14%에서 9%로 인하해 소액주주의 세 부담을 덜어준다. 그리고 금융소득종합과세 대상자는 선택적 분리과세(25%)를 허용한다. 기업소득 환류세제는 기업의 현금 유보를 줄이고 배당 및 기업투자를 늘리려는 정책이다. 구체적으로 기업투자, 임금 증가, 배당 등이 당기 소득의 일정액에 미달하면 10%의 추가 세율을 부과한다(대한민국 정책브리핑, 2014).[15]

## (5) 문재인 정부

문재인 정부(2017~22)는 소득주도성장, 혁신성장, 공정경제의 3대 전략을 중심으로 경제정책을 추진하였다. 최저임금 인상과 공공부문 일자리 확대 등으로 가계소득을 높이고 국내 소비를 활성화하려고 했으며, 4차 산업혁명 대응과 벤처·스타트업 육성으로 미래 성장동력을 확보하고자 하였다. 또한 재벌 개혁, 갑을 관계 개선, 공정거래 질서 확립 등 공정경제 구현을 위한 제도 개선을 추진하였다.

(1) 경제정책의 핵심으로 소득주도성장 정책을 채택하였다. 주요 정책 수단이 최저임금 상승, 근로시간 단축, 비정규직의 정규직화 등을 통하여 소득 중에서 노동소득의 증대를 통하여 생산성 및 소비를 증대시켜 경제성장을 유도한다는 정책이었다는 측면에서 볼 때 실질적으로는 임금소득주도 성장이론이라고 볼 수 있다.[16] 당시 최저임금

15 박근혜 정부에서 2014년 임명된 최경환 부총리는 내수활성화, 민생안정, 경제혁신을 경제정책 방향으로 정하였다. 이를 달성하기 위한 핵심 정책으로 부동산 시장활성화를 위한 부동산 3법과 LTV 및 DTI 완화, 가계소득 증대 3법 등을 제시하였다. 부총리의 성(Choi)을 따라서 초이노믹스(Choinomics)라고 불린다. 이는 부동산 및 증권시장 부양책과 가계수요 증대(이에 따른 경기활성화와 이에 따른 가계소득 증대를 기대)를 통하여 경기활성화를 하려는 정책으로 전형적인 부채의존형 경기활성화 정책이다.

16 소득주도성장정책은 기존의 투자→고용→성장→소득이라는 정책 효과에서 소득 증가가 소비와 투자→성장으로 이어진다는 정책 효과의 과정을 제시한 것이다. 문재인 정부에서 제시한 정책 수단이 '임금소득주도'가 아닌 '소득주도'라는 이름을 사용한 이유는 한국에 노동자와 자본가의 성격을 공유하고 있는 자영업자의 비중이 높아서 노동자만을 분리하면 해당하는 노동자 비중이 작아서 나타나기 때문이라고 볼 수 있다(강성진, 2020). 소득주도 성장론은 후기 케인스학파(post-Keynesisn)가 만들었다는 주장도 있지만, Lavoie and

**표 6-7** 13대 혁신성장동력산업

| 유형 | 사업명 |
|---|---|
| 지능화인프라 | 빅데이터, 차세대통신, 인공지능 |
| 스마트이동체 | 자율주행차, 드론(무인기) |
| 융합서비스 | 맞춤형 헬스케어, 스마트시티, 가상 증강현실, 지능형로봇 |
| 산업기반 | 지능형 반도체, 첨단소재, 혁신신약, 신재생에너지 |

출처: 관계부처합동(2017).

은 급격한 증가로 2016년에 시급 6,030원에서 정권 말기인 2021년 8,720원으로 44.6%가 증가하였다.[17]

(2) 정부는 2017년에 혁신성장을 주도할 5대 신산업 프로젝트 추진계획과 13대 혁신성장 동력산업을 발표하였다. 5대 신산업 프로젝트로 전기·자율주행차, IoT가전, 에너지신산업, 바이오·헬스, 반도체·디스플레이가 포함되었다. 13대 혁신성장동력(2018~21) 정책 내용은 [표 6-7]에 정리되어 있다. 이는 박근혜 정부에서 제시된 19대 미래성장동력과 9대 국가전략프로젝트의 중복 분야를 통합하고, 성장동력 분야의 특성(제품·서비스와 핵심기술)에 따라서 조기 상용화 분야와 원천기술 확보 분야로 구분한 것이다.

(3) 2020년에 코로나19 팬데믹으로 인한 경제적 침체와 구조적 대전환에 대응하기 위해 한국판 뉴딜 종합계획을 발표하였다. 특히, 문재인 대통령은 2021년 영국 글래스고에서 열린 제26차 유엔기후변화협약 당사국총회(COP26)에서 2030년까지 2018년 대비 40%의 온실가스를 감축하겠다는 2030 온실가스감축목표를 국제사회에 천명하였다. 이러한 환경 변화에 대응하기 위하여 디지털 뉴딜과 그린뉴딜을 핵심 정책으로 하고 여기에 안전망 강화를 추가한 한국판 뉴딜종합계획을 발표하였다(관계부처합동, 2020a). 계획은 전체 3개 분야로 구성되어 있는데 디지털뉴딜 분야에 3개 과제, 디지

Stockhammer(2012)는 19세기 과소소비(underconsumption) 이론이 노동소득주도 성장론의 토대가 되었다고 본다.

17 「근로기준법」 제55조에 의하여 1주에 15시간 이상 근로할 때는 1일 급여를 추가 지급해야 한다. 이를 주휴수당이라 하는데 실질적으로 최저임금이 주 20% 정도는 증가한다.

**표 6-8** 한국판 뉴딜 종합계획의 10대 대표 과제

| 구분 | 사업명 |
|---|---|
| 디지털뉴딜 | 데이터 댐, 지능형 정부, 스마트 의료 인프라 |
| 디지털·그린융합 | 그린 스마트 스쿨, 디지털 트윈, 국민안전 사회기반시설(SOC) 디지털화, 스마트 그린산단 |
| 그린뉴딜 | 그린 리모델링, 그린 에너지, 친환경 미래 모빌리티 |

출처: 관계부처합동(2020).

털·그린융합 분야에 4개 과제, 그리고 그린뉴딜의 3개 과제가 포함되어 있다. [표 6-8]은 계획의 구분과 사업명을 정리한 것이다.

(4) 다양한 부동산정책이 시행되었는데, 6·19 부동산 대책(2017). 9·13 부동산 종합대책(2018), 종합부동산세 확대 개편, 공시지가 변경, 3기 신도시 발표, 분양가 상한제 및 12·16 부동산 대책(2019), 6·17 부동산 대책, 종부세 강화, 임대차 3법(2020) 등이 대

**표 6-9** 문재인 정부 주요 부동산정책

| 연도 | 사업명 |
|---|---|
| 2017 | 6.19 부동산 대책(LTV, DTI 강화 등), 8.2 부동산 대책(다주택자 양도세 중과 등), 10.24 가계부채 종합대책(총량 측면 리스크 관리 위한 신DTI, DSR 도입), 11.29 주거복지로드맵, 12.13 임대등록 활성화 |
| 2018 | 2.21 재건축 안전진단 강화, 6.4 부실시공자 선분양 제한, 7.5 신혼부부·청년 주거지원, 8·27 부동산대책, 9·13 부동산대책, 12.19 공급 대책(3기 신도시 계획 발표) |
| 2019 | 1.24 공시가격 현실화(공시가격 인상), 3.21 분양가 공시 항목 확대, 8·12 부동산대책, 12·16 부동산대책 |
| 2020 | 2·20 부동산대책, 6.17 부동산 대책(과열 지역 투기수요 유입 차단 등), 7.10 부동산 대책(다주택자 과세율 인상 등), 8·4 대책, 11.26 전세 대책(공공임대 11만여 호 공급 등) |
| 2021 | 2.4 대도시권 주택 공급 획기적 확대 방안, 4.29 가계부채 관리 방안(DSR 대상 확대 등) |

주: 총부채원리금상환비율(Debt Service Ratio, DSR)은 모든 신용대출 원리금을 포함한 총대출 상환액이 연간 소득액에서 차지하는 비중임.

출처: 이창무(2020)를 수정·보완.

표적이다.[18] 문재인 정부에서 발표된 주요 부동산정책을 정리한 것이 [표 6-9]이다. 2021년까지 무려 27번의 부동산 관련 대책을 발표하였음에도 부동산 가격이 안정되지 못함으로써 정책 시행의 의도와 다르게 실질적인 효과는 거두지 못하였다.

### (6) 윤석열 정부

윤석열 정부(2022~25)는 감세정책과 재정건전성 강화, 규제혁신을 통하여 민간주도의 성장을 유도하려고 하였다. 부동산시장 정상화, 원자력 발전 활용 확대와 에너지 안보 강화, 저출산 대응을 위한 복지정책 확대 등을 추진하며 경제 체질 개선을 목표로 하였다.

정부는 경제성장정책으로 2022년 신성장 4.0 전략 추진계획을 발표하였다(관계부처합동, 2022). 12대 국가전략 기술을 포괄하는 체계적이고 포괄적인 범부처·민관협업 방식의 국가성장전략을 수립하였다. 신성장 4.0 전략의 출발점은 과도한 규제와 공공부문 비중 확대가 민간의 혁신을 저해하고 있다는 시각에서 출발하였다. 정부는 이 계획을 한국경제의 미래 성장동력 및 국제경쟁력을 확보하고, 디지털 혁신을 통하여 국민 삶의 질을 높이고자 하는 종합적인 경제발전계획으로 수립하였다. [표 6-10]는 신성장 동력 4.0 정책의 주요 내용을 정리한 것이다. 정책은 3대 분야 15대 프로젝트로 구성되어 있다. 3대 분야는 미래첨단기술 확보, 디지털 혁신을 통한 국민 삶 제고, 초격차 · 신기술로 신시장 선점이다.

**표 6-10** 신성장 4.0 전략

| 구분 | 사업명 |
|---|---|
| (신기술) 미래 분야 개척 | 미래형 모빌리티, 독자적 우주탐사, 양자기술, 미래의료 핵심기술, 에너지 신기술 |
| (신일상) Digital everywhere | 내 삶 속의 디지털, 차세대 물류, 탄소중립도시, 스마트 농어업, 스마트 그리드 |
| (신시장) 경쟁을 넘어 초격차 확보 | 전략산업 No.1 달성, 바이오 혁신, K-컬처 융합 관광, 한국의 디즈니 육성, 빅딜 수주 릴레이 |

출처: 관계부처합동(2022).

18 문재인 정부 시절 도입된 임대차 3법은 계약갱신청구권제·전월세상한제·전월세신고제 도입하는 내용으로 「주택임대차보호법」(1981년 제정) 및 「부동산 거래신고 등에 관한 법률」(약칭: 「부동산거래신고법」, 2016년 제정) 개정안에 포함되었다.

## 4 지속가능발전 준비기의 과제

한국 정부는 1997년 동아시아 외환위기와 2000년대 초 카드 사태를 성공적으로 극복하였다. 그 이후 2008년 글로벌 금융위기는 경제정책 시행에 있어 세계 국가들만 아니라 한국도 시장에 대한 관점의 변화를 불러왔다. 먼저 개발도상국이 아닌 선진국인 미국에서 위기가 시작되었고 그것도 금융과 부동산 부문인 서브프라임(subprime) 사태로 시작되었다. 이는 1980년대부터 전 세계적인 경제정책 기조가 되었던 규제완화와 국제화와 같은 시장과 민간 중심 경제정책이 그 원인이라는 비판을 받았다. 심지어는 지나치게 시장경제 의존하여 나타났다는 시장근본주의 혹은 신자유주의 정책의 실패라는 비판이 바로 이것이다. 글로벌 금융위기가 지나친 시장 의존 때문에 일어난 것인지 아니면 정부 규제정책의 실패인지에 대해서는 학자들 간에도 치열한 논쟁이 벌어지고 있다.

한국이 글로벌 금융위기의 영향을 받게 된 결정적 원인은 2000년대 중반 금융기관들의 지나친 외국자본 차입이었다. 이는 2008년 들어 외국차입금이 대거 빠져나가면서 외환 유동성 문제에 직면하게 되었다. 이에 따라 원화 가치 하락과 경상수지 적자가 발생했으나, 1997년과는 달리 한국은 상당한 외화보유액을 축적한 상태였기에 외화 유출 위기를 효과적으로 극복할 수 있었다. 1997년 말 한국의 가용외환보유액이 약 89억 달러에 불과했던 반면, 2007년 말에는 2,622억 달러로 증가해 금융위기 대응력이 한층 강화되었음을 보여준다. 그러나 2008년을 기점으로 한국경제는 경제성장률이 2010년 6.8%를 기록한 이후 지속적으로 하락하는 경향을 보이고 있다. 그리고 국내적으로 저출산·고령화 문제와 국제적인 기후위기와 탄소저감이라는 국제적 문제에도 적극적으로 대응해야 할 필요성이 커졌다. 한국이 지속가능발전을 이루기 위해서는 내수시장 확대를 통한 대외의존도 완화, 규제개혁과 혁신을 통한 국제경쟁력 강화, 심화하는 양극화 문제 해결 등 다각적인 정책적 접근이 필수적이다.

# 참고

### 참고 6-1 사회주의 붕괴와 자본주의 체제의 변화

자본주의는 사회주의와의 경쟁 속에서 변화하며 발전해 온 경제체제이다. 경제학자 아나톨 칼레츠키(A. Kaletsky)는 자본주의의 발전 과정을 네 단계로 구분하였다.

자본주의 1.0은 1929년 대공황 이전의 자유방임주의 시기로, 시장의 자율성을 중시하면서 높은 경제성장을 이루었지만, 실업 증가, 빈곤 확대, 아동 노동 등 심각한 사회 문제가 발생하였다. 이러한 문제의 반작용으로 마르크스와 엥겔스에 의해 사회주의 및 공산주의 이론이 등장하였다. 자본주의 2.0은 1929년 대공황 이후 등장한 형태로, 정부의 시장개입을 강조한 케인스 경제학에 기반한다. 대표적인 예는 미국의 뉴딜정책이며, 이는 냉전 시기 자본주의가 사회주의와 경쟁하는 데 중요한 역할을 하였다. 그러나 1970년대 석유파동과 스태그플레이션 등 경제적 혼란을 겪으며 정부 개입 중심의 정책은 한계를 드러냈고, 이에 따라 자본주의 3.0이 1980년대에 등장하였다. 이 시기는 시장 자율성을 다시 강조하며, 영국의 대처 정부와 미국의 레이건 정부가 규제완화, 민영화 등 자유주의 정책을 추진하였다. 이러한 정책은 효율성을 높였지만, 사회적 불평등과 같은 문제를 일으켜 비판을 받기도 하였다. 이 시기 중국은 개혁·개방 정책을 시작했고, 소련은 1991년 붕괴하면서 사회주의 체제는 큰 전환점을 맞이하였다. 좌파 진영인 사회민주주의 진영에서는 자유주의 정책을 받아들이자는 앤서니 기든스(A. Giddens)는 전통적인 좌파와 우파의 대립을 넘어서는 제3의 길을 제안하였다. 이는 시장의 효율성과 정부의 형평성 역할을 동시에 추구하는 정책 방향이었다.

마지막으로, 자본주의 4.0은 2008년 글로벌 금융위기 이후 등장한 새로운 형태로, 시장과 정부 모두에 한계가 있다는 인식에서 출발한다. 이 시기의 자본주의는 시장의 자율성과 정부의 개입을 조화롭게 결합하여, 안정적이고 지속가능한 경제체제를 지향하는 새로운 패러다임을 형성하고 있다.

## 참고 6-2 워싱턴 컨센서스와 포용성 제도의 중요성

워싱턴 컨센서스(Washington Consensus)는 1989년 존 윌리엄슨(J. Williamson)이 정리한 10개 경제정책 처방으로, IMF, 세계은행, 미국 재무부 등 워싱턴에 있는 국제기구들이 개발도상국에 권고한 정책을 의미한다. 핵심 내용은 거시경제 안정화, 무역자유화, 민영화, 재정건전성 등이며, 주로 중남미 국가들의 경제 구조조정에 적용되었다. 그러나 이러한 정책은 빈곤 심화, 불평등 확대, 공공서비스 약화 등 여러 부작용을 낳으며 신자유주의 또는 시장근본주의라는 비판을 받았다. 이에 대한 반성으로 2000년대 들어 등장한 것이 수정된 워싱턴 컨센서스(Augmented Washington Consensus)이다. 다니 로드릭(D. Rodrik)은 시장개혁만으로는 충분하지 않으며, 교육, 보건, 법치, 부패 방지, 사회안전망 등 제도적·사회적 요소를 함께 고려해야 한다고 주장하였다.

이 과정에서 제도(institution)는 경제성장의 핵심 개념으로 떠올랐다. 제도는 법과 헌법 같은 공식 규칙뿐 아니라, 관습과 신뢰 같은 비공식 규범까지 포함한다. 좋은 제도는 투자와 혁신을 촉진하지만, 부패하거나 배타적인 제도는 경제를 오히려 저해할 수 있다. 제도와 함께 주목받는 개념이 사회적 역량(social capability)이다. 이는 개혁을 단순히 도입하는 수준을 넘어, 실제로 실행하고 지속할 수 있는 능력을 의미한다. 교육 수준, 정책 집행력, 시민 참여 문화 등이 이에 포함되며, 경제발전의 실질적인 기반이 된다.

최근에는 포용적 제도(inclusive institution)의 중요성이 강조되고 있다. 애쓰모글루와 로빈슨은 포용적 제도가 권력과 자원을 소수에 집중시키지 않고, 다양한 계층에 공정하게 기회를 제공하며 시민의 정치·경제 참여를 보장한다고 보았다. 이는 지속가능한 성장의 핵심 조건으로 평가된다. 반면, 배제적 제도는 소수만의 이익을 보호하며 사회적 갈등과 퇴보를 초래할 수 있다.

결론적으로, 워싱턴 컨센서스는 시장 중심 개혁의 출발점이었지만, 이후 국제개발 담론은 제도의 질, 사회적 역량, 포용성 등을 중시하는 방향으로 발전하였다. 이는 개발이 단순한 경제정책을 넘어, 정치적·사회적 조건을 포괄하는 총체적 과제임을 보여준다.

# 연습문제

6.1. 20세기 이후 세계경제가 겪은 주요 경제 위기들을 통하여 시장과 정부의 역할에 대한 인식이 어떻게 변화해 왔는지를 설명하고, 2000년대 이후의 구조적 경제 과제에 대해 서술하시오.

6.2. 한국의 2000년대 이후 국제수지 구조의 특징과 문제점을 설명하고, 이를 해결하기 위한 정부의 정책 방향 및 한계에 대해 논하시오.

6.3. 김대중 정부가 1997년 외환위기 극복을 위해 추진한 주요 경제정책을 두 가지 이상 서술하고, 해당 정책이 한국경제에 미친 긍정적·부정적 영향을 각각 설명하시오.

6.4. 김대중 정부 이후 일본 대중문화 개방이 이루어진 배경과 개방 과정의 특징을 서술하시오. 또한 이 개방이 한국 사회와 문화에 끼친 영향을 긍정적·부정적으로 각각 서술하시오.

6.5. 노무현 정부의 주요 경제정책 중 부동산 가격 안정화정책과 차세대 성장산업 육성정책의 핵심 내용을 서술하시오. 또한 이들 정책이 갖는 정책적 의의와 한계점을 각각 설명하시오.

6.6. 이명박 정부는 '747 공약'을 제시하며 성장 중심의 경제정책을 추진하였다. 이 시기 '저탄소 녹색성장'과 '신성장동력 육성정책'의 주요 내용과 의의를 각각 서술하고, 이에 대한 한계점도 서술하시오.

6.7. 박근혜 정부는 '경제혁신 3개년 계획'을 통하여 구조개혁을 시도하고, 미래성장동력 발굴을 위한 다양한 정책을 추진하였다. 이 계획의 주요 내용과 함께 박근혜 정부의 미래성장동력 정책의 특징과 문제점을 서술하시오.

6.8. 박근혜 정부는 초이노믹스(Choinomics)라는 이름 아래 내수활성화를 위한 다양한 세제정책을 시행하였다. 이 중 3대 가계소득 증대세제의 목적과 내용을 설명하고, 이에 대한 정책적 한계나 비판점을 서술하시오.

6.9. 문재인 정부의 소득주도성장 정책의 개념과 주요 수단을 설명하고, 이 정책이 한국경제에 미친 긍정적·부정적 영향에 대해 서술하시오.

6.10. 2008년 글로벌 금융위기의 발생 원인과 한국경제에 미친 영향, 그리고 한국 정부의 대응 방식에 대해 서술하시오. 또한 이러한 위기가 한국 경제정책 방향에 어떤 변화를 가져왔는지도 논하시오.

CHAPTER

# 07

# 중화학공업 육성정책과 경제안정화 정책


1. 들어가며
2. 중화학공업 발전 현황
3. 중화학공업 발전 정책
4. 중화학공업 발전 정책과 경제안정화종합시책

Chapter 07

# 중화학공업 육성정책과 경제안정화 정책

많은 국가가 중화학공업 중심의 산업화를 시도한 이유는 경제적 자립과 군사·산업기반 강화라는 전략적 목표 때문이다. 철강, 기계, 석유화학, 전력 등 중화학공업은 모든 산업의 기반이 되는 핵심부문으로, 이를 먼저 육성하면 다른 산업 분야로의 확장이 쉽다. 특히 중화학공업은 전방(소비재 산업)과 후방(원자재 및 부품 산업)에 걸쳐 파급 효과가 커서 전후방 연관 효과가 크다. 이는 생산성을 끌어올리고 산업구조 고도화를 이끄는 데 효과적이며, 경제의 기초 체력을 강화하는 데 중요한 역할을 한다.

20세기 산업화과정에서 소련, 중국, 일본은 각기 다른 방식으로 중화학공업 전략을 추진하였다. 소련은 1920년대 말부터 스탈린의 계획경제 하에 철강, 기계, 군수산업 등 기초 산업에 집중적으로 투자하며 급속한 산업화를 이루었고, 이는 군사력 강화와 경제 자립을 동시에 도모하려는 시도였다. 중국은 이를 모델로 삼아 1950년대 소련식 중공업 우선 전략을 채택하고 제1차 5개년 계획을 통하여 국유기업 확대 및 중공업 육성에 주력했으나, 농업과 경공업의 희생 속에 경제의 불균형이 심화되었고, 이후 대약진운동 등 정책 실패로 사회·경제적 혼란을 겪었다. 반면, 일본은 제2차 세계대전 이후 미군정하에서 경제 재건을 시작하고, 1950년대부터 정부의 전략적 산업정책과 민간기업의 역동성을 결합하여 중화학공업을 육성하였다. 1970년대에는 철강, 조선, 자동차, 전자 등 분야에서 세계적 경쟁력을 확보하며 수출 주도형 경제구조를 구축했고, 소련·중국과 달리 시장 기능과 정부 지원을 조화롭게 활용함으로써 균형 있는 산업화를 달성하였다.

## 1 들어가며

한국의 고도 경제성장은 정부 및 수출주도의 중화학공업을 중심으로 이루어졌다. 이에 대한 이유로는 북한의 위협에 대비한 방위산업 육성이 필요하였다는 견해부터, 독일과 일본의 경제성장 과정을 참고하여 계획적으로 추진되었다는 견해까지 다양하다. 그 배경이 어떻든 간에 정부는 중화학공업을 강력히 지원하였고, 이를 통하여 급속한 경제성장을 달성할 수 있었다. 1973년 정부가 전략적으로 선택한 6대 중화학공업은 전후방 연관효과가 큰 산업으로 다른 산업과 동시다발적 발전을 촉진하는 역할을 하였다. 이러한 성장 과정에서는 일부 부작용도 나타났다. 정부의 전략적 재정·금융·산업정책과 민간기업 주도의 산업 발전 정책이 맞물리면서, 과잉투자와 정경유착 문제가 발생하였다. 하지만 결과적으로 중화학공업 육성을 중심으로 한 정부의 적극적인 개입은 경제의 산업화와 현대화를 앞당기는 데 중요한 역할을 하였다.

본격적인 중화학공업 육성 정책이 시작된 것은 1960년대 박정희 정부가 경제개발 5개년 계획을 수립하면서이다. 1960년대 및 1970년대 초반까지는 철강산업을 비롯한 4대 핵심산업(core industry) 전략을 추진하였다. 박정희 대통령은 1973년 1월 신년사에서 중화학공업 전략을 국가 발전 정책으로 시행한다는 발표를 하였고, 이에 따라 1970년대에는 정부의 적극적인 정책지원 아래 수출주도형 중화학공업 육성 정책이 본격적으로 시행되었다. 당시 본격적으로 추진하고자 했던 6대 중화학공업으로는 철강, 비철금속, 기계, 조선, 전자, 석유화학이 채택되었다.

중화학공업은 초기부터 막대한 투자가 필요한 산업이기 때문에 대기업 중심으로 이루어졌다. 그리고 규모의 경제가 적용되는 산업이라는 측면에서 국내 수요만으로는 국제경쟁력을 유지할 수 없어서 해외수요를 위한 수출주도형 전략이 될 수밖에 없었다. 특히 이러한 전략이 민간기업 주도로 이루어지면서 정부의 중화학공업을 위한 각종 특혜가 대기업에 집중되면서 정경유착과 경제력집중도 증가라는 부작용을 남기기도 하였다.

본 장에서는 해방 이후 중화학공업 정책의 수립 과정, 정책 및 그 성과에 대한 논의를 주로 한다. 더 나아가 1970년대 말 경제안정화 계획을 수립하게 된 배경도 논의한다.

## 2 중화학공업 발전 현황

### (1) 경공업과 중화학공업의 정의

경공업과 중화학공업의 경제성장률, 부가가치, 무역 추이 등 다양한 자료가 나오고 있지만 일관된 정의에 따른 자료가 미흡한 것은 사실이다. 저자 및 자료 출처에 따라 다양한 통계가 나오는 이유이기도 하다. 산업구조의 변화 추이를 명확하게 살펴보기 위하여 한국표준산업분류(KSIC) 코드에 의해 제조업을 경공업과 중화학공업으로 분류해서 정의한다.[1] [표 7-1]은 한국은행의 경제활동별 GDP 분류를 KSIC 코드와 결합하여 제조업을 경공업과 중화학공업으로 분류한 것이다.[2]

**표 7-1** 경공업과 중화학공업의 분류

| | 산업 |
|---|---|
| 경공업 | 음식료품(C10,C11,C12), 섬유 및 가죽제품(C13,C14,C15), 목재, 종이, 인쇄 및 복제업(C16,C17,C18) |
| 중화학공업 | 코크스 및 석유정제품(C19), 화학물질 및 화학제품(C20,C21,C22), 비금속광물제품(C23), 1차금속(C24), 금속가공제품(C25), 컴퓨터, 전자 및 광학기기(C26), 전기장비(C27), 기계 및 장비(C28), 운수장비(C29,C30,C31), 기타제조업 및 산업용 장비 수리업(C32,C33,C34) |

주: ( )는 한국표준산업분류(KSIC 11차)의 중분류 코드임.

1 KSIC는 21개 대분류(A~U)로 구성되는데 제조업은 대분류 C에 해당된다. KSIC는 1963년 제정된 후 2024년까지 11차례의 개정을 거쳤다. 총 5단계로 산업을 분류하고 있는데 대분류(21), 중분류(77), 소분류(234), 세분류(501) 및 세세분류(1,205)로 산업을 구분하고 있다(통계청, 2024). KSIC는 국제표준산업분류(ISIC)를 기초로 하며, 한국 실정에 맞게 조정된 체계이다. ISIC는 1948년 제정된 이후 2006년 4차 개정(1958, 1968, 1989, 2006)을 통하여 지금까지 사용되고 있다. ISIC는 산업을 4단계로 분류하여 대분류(21), 중분류(88), 소분류(238) 및 세분류(419)로 구성된다.

2 이 분류는 통계청(2023)의 KSIC에 따른 중화학공업 및 경공업의 분류와 약간의 차이가 있다. 예를 들면, 통계청은 C17을 중화학공업으로, 세 개 산업(C22, C32, C34)을 경공업으로 분류하고 있다.

## (2) 중화학공업의 발전 현황

[표 7-2]는 한국은행이 자료를 공표하는 1970년 이후 제조업의 경제활동별 실질 GDP(2015년 기준)의 비중 변화를 보여준다. 1970년을 보면 제조업에서 가장 높은 비중을 차지하는 산업은 음식료품으로 전체 제조업 중에서 38.6%를 차지하고 있다. 이들 산업은 식료품(C10), 음료(C11) 및 담배(C12)를 포함한다. 그다음으로 높은 비중을 차지하는 산업은 섬

**표 7-2** 경공업과 중화학공업의 제조업 실질 GDP 비중 추이

| | 1970 | 1980 | 1990 | 2000 | 2010 | 2020 | 2024 |
|---|---|---|---|---|---|---|---|
| **경공업** | **89.9** | **73.6** | **42.0** | **20.4** | **12.6** | **11.1** | **9.8** |
| 음식료품 | 38.6 | 24.1 | 12.9 | 7.4 | 4.4 | 5.1 | 5.2 |
| 섬유 및 가죽제품 | 38.3 | 40.4 | 21.0 | 8.2 | 4.9 | 3.2 | 2.4 |
| 목재, 종이, 인쇄 및 복제업 | 13.0 | 9.2 | 8.1 | 4.9 | 3.3 | 2.7 | 2.2 |
| **중화학공업** | **10.1** | **26.4** | **58.0** | **79.6** | **87.4** | **88.9** | **90.2** |
| 코크스 및 석유정제품 | 6.3 | 11.6 | 4.1 | 10.7 | 4.3 | 0.5 | 1.5 |
| 화학물질 및 화학제품 | 29.4 | 20.6 | 18.4 | 17.7 | 17.5 | 16.9 | 16.1 |
| 비금속광물제품 | 10.4 | 5.5 | 5.8 | 3.3 | 2.6 | 2.3 | 1.7 |
| 1차금속 | 4.5 | 11.2 | 13.2 | 8.8 | 6.5 | 5.5 | 3.9 |
| 금속가공제품 | 3.8 | 5.1 | 7.7 | 8.2 | 7.2 | 6.7 | 4.4 |
| 컴퓨터, 전자 및 광학기기 | 0.9 | 2.6 | 5.0 | 10.3 | 18.8 | 28.4 | 34.1 |
| 전기장비 | 0.6 | 1.9 | 3.8 | 5.9 | 6.3 | 6.0 | 5.7 |
| 기계 및 장비 | 2.0 | 4.1 | 6.5 | 7.7 | 8.9 | 9.3 | 9.1 |
| 운송장비 | 5.8 | 6.1 | 12.7 | 14.8 | 15.1 | 10.9 | 13.6 |
| 기타제조업 및 산업용 장비 수리업 | 9.7 | 6.1 | 6.3 | 3.0 | 2.1 | 2.4 | 1.8 |

주: 2015년 기준 실질값을 기준으로 제조업 대비 비중(%)임.

출처: 한국은행 경제통계시스템(ECOS).

유 및 가죽제품으로 38.3%를 차지하고 있어 당시 경공업이 경제성장을 주도하고 있었음을 알 수 있다. 중화학공업에 속하는 화학물질 및 화학제품 산업도 제조업 비중이 29.4%로 역시 성장동력 산업으로서 중요한 역할을 하였다. 구체적으로 화학제품(C20), 의료품(C21)과 고무 및 플라스틱(C22) 제조업을 포함한다. 그렇지만 이들 산업은 2024년 기준으로 음식료품(5.2%)과 섬유 및 가죽제품(2.4%)으로 제조업 비중이 급격히 하락하면서 성장동력 산업으로서 역할이 거의 사라졌다. 반면에 화학물질 및 화학제품의 비중은 16.3%로 줄어들었지만 53년이 지난 현재까지도 여전히 경제성장동력 산업으로서의 중요한 역할을 하고 있음을 알 수 있다.

2024년 가장 높은 비중을 차지하는 제조업은 컴퓨터, 전자 및 광학기기로 34.1%를 차지하는 제조업은 1970년도에도 0.9%에서 급격히 증가한 제조업임을 알 수 있다. 1970년 두 번째로 높았던 산업은 화학물질 및 화학제품 산업으로 2024년에는 16.1%를 차지하고 있고, 다음으로 운송장비(13.6%), 기계 및 장비(9.1%)가 뒤를 잇는다.

[그림 7-1]은 위의 정의에 따른 1970년 이후 제조업 대비 경공업과 중화학공업의 비중 변

그림 7-1 경공업과 중화학공업 비중 추이

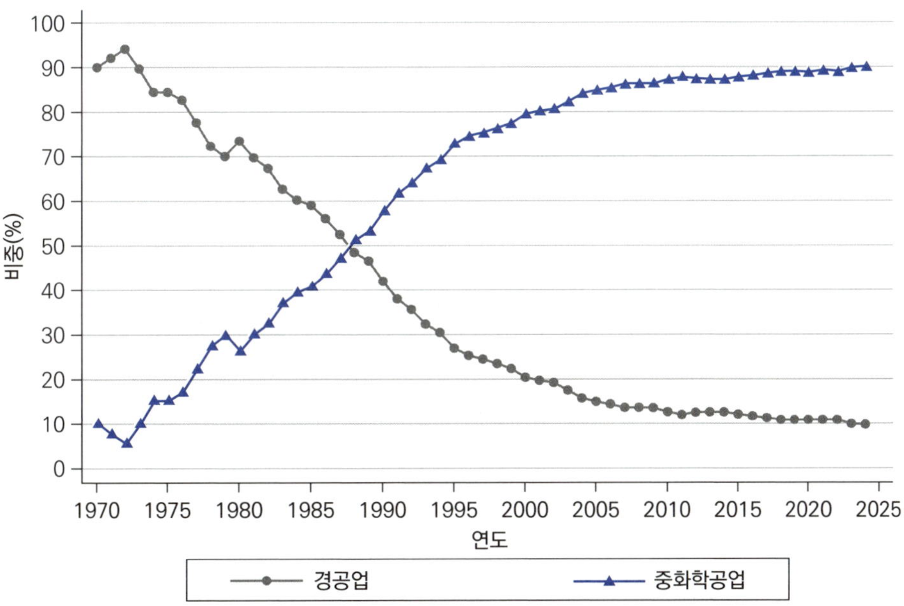


출처: 한국은행 경제통계시스템(ECOS).

화를 보여준다. 1970년을 보면 경공업의 비중은 89.9%였고, 중화학공업의 비중은 10.1%였으나 2024년 기준으로 경공업과 중화학공업 비중이 각각 9.8%와 90.2%로 그 비중이 역전되었음을 알 수 있다. 두 산업 비중이 역전되기 시작한 것은 1988년으로 경공업과 중화학공업이 각각 48.6%와 51.4%였는데 바로 전년도인 1987년에는 각각 52.6%와 47.4%였다.

[그림 7-2]는 1977~2024년 중화학공업의 제조업 대비 수출입 비중을 보여준다.[3] 수출 비중은 중화학공업 비중이 급격하게 증가하는 추이를 보여주지만, 수입 비중 추이를 보면 전 기간에 중화학공업 비중이 지속적으로 높다.

수출 비중을 보면 이 기간에 중화학공업은 연평균 86.3%를 차지하지만, 연도별 변동은 심하여 경공업과 중화학공업 비중이 1977년 41.6%와 58.4%에서 1988년 각각 38.6%와 61.4%였다, 반면에 2024년에는 이 비율이 각각 3.2%와 96.8%로 변하여 중화학공업 수출 비중이 전체 제조업 수출의 대부분을 점하고 있음을 알 수 있다. 반면에 중화학공업의 수입

그림 7-2 중화학공업의 제조업 대비 수출 및 수입 비중

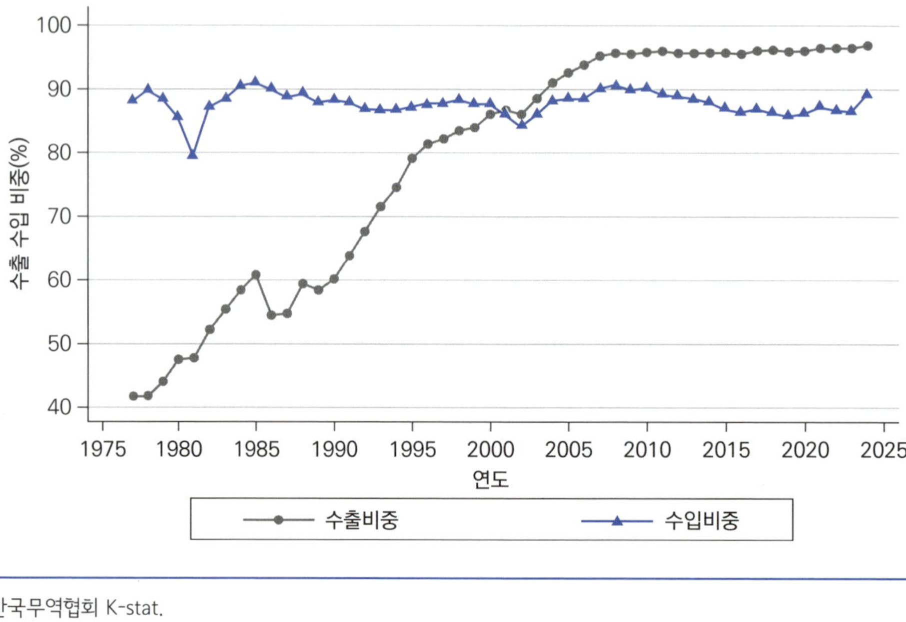


출처: 한국무역협회 K-stat.

3 한국무역협회 K-stat의 한국통일상품분류체계(HSK)에 의한 자료를 국제무역표준분류(SITC) 및 KSIC 코드와 매칭하여 계산한 것이다.

비중은 1977년 이후 큰 변화는 없다. 수입 비중을 보면 중화학공업 비중은 연평균 86.5%에 이르렀고, 연도별 비중은 1977년 88.4%와 1988년 97.3%에서 2024년 89.4%였다.

## 3 중화학공업 발전 정책

### (1) 이승만 정부 중화학공업 산업기반 구축

한국은 일본의 식민지에서 해방된 이후 지속적인 산업화를 통한 경제발전 전략을 시행하였다. 6·25전쟁 이후 정부는 미국과 국제기구로부터 받은 대외원조 자금을 산업화 추진에 사용하고자 하였다. 이승만 정부는 산업화를 위하여 전력공급과 농업생산에 필요한 비료공장을 세우고, 주택 및 건설에 필요한 시멘트와 철강재 생산을 위한 공장 건설계획 및 원자력연구소 설립 등 정책을 시행하였다.

일제강점기에 흥남 질소비료공장이 설립되면서 본격적인 화학비료(연 48만 톤 규모의 황산암모늄)가 생산되기 시작하였다. 반면에 남한지역에는 소규모 석회질소 공장만 있어서 해방 이후 국내에서 사용되는 대부분의 비료는 수입에 의존하고 있었다. 한국 최초의 현대식 화학공장으로 충주비료공장은 1955년 착공되어 계획(1958년 2월)보다 늦었지만 1961년에 준공되었다.[4] 정부는 철강산업에 관한 관심도 매우 높아서 대한중공업을 통하여 1956년 하반기 평로 제강공장 건설이 완공 후 1959년부터 본격적인 철강생산을 시작하였다. 그리고 철강 국비유학생을 선발하여 서독에 파견하기도 하였다.

국내 건축이나 토목에 필요한 시멘트 공장도 건설되었다. 1957년에 국내 최초의 현대식 공장으로 20만 톤 규모의 문경 시멘트공장이 준공되어 국내 시멘트 공급과 관광지로서 역할도 하였다. 그러다 2018년 국내수요 감소와 시설 노후화로 문을 닫았고, 수소연료전지발전소 건립을 계획하고 있다. 그리고 1957년에는 인천유리공업이 설립되어 인천 만석동에 국내 최초로 판유리(plate glass)공장이 준공되어 건설자재인 판유리와 형광등 등에 쓰이는 관유리, 자동차 유리 등 다양한 유리제품을 생산하는 한국 최대의 유리공장이었으나 1997년 군

4 1950년 12월에 전쟁으로 붕괴된 한국경제 재건을 목적으로 설립된 국제연합한국재건단(UNKRA)은 경제 재건에 필수적인 산업시설 신설을 지원하여 문경 시멘트공장(1957), 인천 판유리공장(1957), 충주 비료공장(1959), 국립의료원(1958) 등을 설립하였다.

산으로 이전과 함께 폐쇄되었다.[5]

### (2) 제1차 경제개발 5개년 계획과 정유 및 비료공장 건설

박정희 정부가 들어서도 중화학공업 발전 전략을 통한 경제성장 전략은 지속적으로 추진되었다. 주요 중화학공업 육성을 포함한 제1차 경제개발 5개년 계획은 미국이 종합제철소 건설과 같은 과도한 투자에 대한 취소를 요구하면서 대폭적인 수정을 한 것으로 알려져 있다. 결국 종합제철소 설립 계획을 취소하고 정유공장 및 비료공장을 건설하는 것으로 국한하였다. 먼저 정부는 정유공장을 건설하기 위하여 1962년 국영기업 대한석유공사(약칭 유공)를 설립하였다. 대한석유공사는 1964년 미국 걸프석유회사의 25% 지분투자와 차관을 얻어 최초의 민간석유시설로 울산 정유공장을 건설하였다.[6]

1960년대에 5개의 비료공장이 건설되었다. 1961년 충주 비료공장(8만 5천 톤/년)과 1962년 호남비료공장(8만 5천 톤/년)이 건설되었으나 이들만으로는 당시 농업생산을 충당하기에는 부족하였다. 이에 제2차 경제개발 5개년 계획의 일환으로 1967년에는 3개의 비료공장이 건설되었다. 울산에 영남화학이 요소공장(8만 4천 톤/년)과 복합비료공장(18만 6천톤/년)을 건설하였고, 진해에 진해화학이 요소공장(8만 4천 톤/년)과 복합비료공장(18만 6천 톤/년)을 건설하였다. 울산에는 한국비료가 요소공장(33만 톤/년)을 건설하였는데, 한국비료는 삼성의 창업주 이병철이 일본 미쓰이 물산에서 4천만 달러 차관을 도입해 민간이 건설한 비료공장이었다(한국비료공업협회 홈페이지).[7] 1966년 사카린 밀수 사건이 터지면서 삼성은 이 공장을 국가에 헌납하였다.

전기생산을 위한 부산화력발전소가 1961년 공사에 착공하여 1964년 8월에 준공되었다. 이는 1,2호기 6만kW 규모였고, 1969년 6월에 10만 kW 규모의 3, 4호기가 완공되었다. 이후

---

5 인천유리공업은 한국유리공업으로 바뀌었다가 한글라스(1998), LX글라스(2023)로 바뀌었다.

6 1980년 민영화 정책으로 걸프사는 한국에서 철수하면서 선경이 그 지분을 인수하였고, 1982년 유공으로 개칭하였다가, 1998년 SK 주식회사가 되었다. 2007년 지주회사 체제로 전환되고, SK에너지를 분할하였으며, 2015년 SK C&C에 흡수합병되어 폐업하였다.

7 1973년 충주와 호남을 합병하여 암모니아센터를 설립하였으나 1983년부터 생산이 중단되었다. 화학비료를 수출산업화하기 위하여 1977년에는 전남 여천에 동양 최대 규모의 남해화학을 건설하였다. 영남화학은 1988년에 동부석유화학에 매각되어 현재 동부한농화학, 진해화학은 1987년에 한일그룹에 매각 후 퇴출/폐쇄되었고, 한국비료는 1994년도에 삼성그룹에 매각되어 현재 삼성정밀화학이다.

2001년에 한국남부발전으로 이관되어 한국남부발전 부산발전본부로 운영되고 있다.

### (3) 4대 핵심공장 건설사업

1960년대에는 경제개발계획을 통하여 본격적인 경제성장 전략을 주도하는 시기였다. 그러나 국내외 상황은 경제만을 생각하기에는 어려운 상황이었다. 1960년대에 자주 일어난 북한의 도발로 한반도의 긴장 상황은 더욱 악화되고 있었다. 대표적인 북한 도발은 진주무장공비 침투사건(1966)이 있었고, 1968년에는 1·21사태, 푸에블로호 피랍사건, 울진·삼척 무장공비 침투사건 등이 있었다. 1969년에는 EC-121기 격추사건과 대한항공 YS-11기 납북사건이 있었다.[8]

한반도의 안보위기는 악화되어 가는데 국제정세는 반대로 동서냉전에서 화해 분위기로 움직였다. 미국 대통령 닉슨은 1969년 괌에서 괌독트린(Guam Doctrine)을 발표하고, 이를 1970년 외교교서로 닉슨독트린이 발표되었다. 이 중에서 아시아 관련 내용은 미국은 아시아 제국에 조약상 약속을 지키지만, 강대국이 핵으로 위협하는 것을 제외하고는, 내란이나 침략에 대하여 스스로 협력하여 그에 대처하여야 한다는 것이었다.[9] 이 방침에 따라 1971년에 윌리엄 포터(W.J. Porter) 주한 미국대사의 브리핑에서 주한미군의 감축 가능성을 언급하였다. 이후 한국과 미국은 베트남 전쟁에 대한 참전 대가로 다양한 군사·경제협력을 합의하였는데 이를 브라운 각서라고 한다.[10]

---

8 1·21 사태는 1968년 1월 21일 북한군 특수부대인 124군 부대 소속 31명의 무장군인이 청와대를 무장 기습하려던 사건이다. 박정희 대통령 암살을 위한 목적의 청와대 침투 시도 사건으로 당시 유일하게 생포된 김신조 이름을 따서 김신조 사건이라고도 한다. 그리고 1968년 10월 30일부터 11월 1일까지 북한 무장 공비 120명이 울진·삼척에 침투한 사건이 있었다. 이 사건으로 한국은 군경 38명 전사, 이승복 어린이(당시 9세)를 포함한 민간인 23명이 사망했고, 공비 113명이 사살되고 7명이 생포되었다.

9 핑퐁 외교(1971), 키신저-저우언라이 회담(1971), 닉슨-마오쩌둥 회담(1972) 등으로 동서냉전이 화해 분위기로 돌아서게 되었다.

10 브라운 각서는 1966년 3월 7일 주한 미국대사 윈스럽 브라운(W.G. Brown)이 한국 정부에 전달한 공식 문서이다. 한국은 베트남 전쟁에서 1964년 9월 1개 의무 중대 및 태권도 교관단 그리고 1965년 10월 전투부대(육군 맹호부대와 해군 청룡부대)를 파견하였다. 브라운 각서는 미국 정부가 전투부대를 추가로 요청하면서 한국에 반대급부로 보장한 군사·경제지원 사항들을 명시한 문서이다. 군사원조에는 한국군 현대화를 위한 장비 지원, 북한의 대남 도발에 대한 지원, 추가 베트남 파병에 대한 비용의 미국 부담, 추가 파견에 대한 필요 장비 제공, 파견 병력을 대체할 보충 병력에 대한 재정지원 등이 있었다. 경제지원으로는 추가 파병 및 한국군 유지 비용 지원, 군사원조 지속, 수출진흥을 위한 기술원조 강화, 추가 차관 제공 등의 내용을 담고 있다.

박정희 대통령은 이를 심각한 안보 위기로 인식하고 방위산업을 통한 중화학공업 정책을 계획하였는데 바로 4대 핵심공장 건설이었다(박영구, 2008). 자주국방과 무기 국산화를 위한 필수적인 산업발전 정책을 계획한 것이었다. 1970년에 정부는 4대 핵심공장 사업 계획을 세웠는데, 주물선(foundry pig)공장, 특수강(alloy steel)공장, 중기계(heavy machinery) 종합공장 및 조선소 건설이 포함되었다. 그리고 1970년 정부는 국방력 강화와 자주국방에 필요한 병기, 장비 및 물자에 관한 기술적 조사, 연구, 개발 및 시험 등을 담당할 국방과학연구소(ADD)도 설립하였다. 1970년에 4대 핵심공장 사업 중에서 조선사업을 제외한 다른 3개 사업은 차관을 받지 못하고 미국과 일본 등의 비협조로 진척되지 못하면서 실패로 결정하였다. 당시의 4대 핵심공장 건설사업은 방위산업 육성을 위한 중화학공업 정책이라는 성격이 강하다. 그러나 여기서 멈추지 않고 1973년 시작한 중화학공업화 선언은 방위산업 차원에서 더 나아가 산업화 전략이라는 성격이 강하였다.

### (4) 1973년 중화학공업화 선언

4대 핵심공장 건설사업 추진이 차관 획득의 어려움과 미국과 일본 등의 비협조로 진척되지 못하자 박정희 대통령은 1971년 오원철 상공부 차관보를 경제 제2수석으로 임명하여 방위산업육성에 대한 책임을 맡겼다. 그리고 본격적인 중화학공업 추진 발표는 1973년 1월 17일 연두 기자회견에서였다. 이후부터는 방위산업 육성을 위한 중화학공업 전략이 아니라 전반적인 경제발전을 위한 전략으로서의 중화학공업 전략을 시작하겠다는 선언이었다. 박정희 대통령은 방위산업 육성에만 그치지 않고, 1980년 10억 달러 수출 및 1인당 소득 천 달러 달성이라는 비전을 제시하였다. 이를 달성하기 위한 정책 수단으로 전면적인 중화학 공업화 전략을 채택한 것이었다. [표 7-3]은 당시 기자회견 내용 중에서 중화학공업에 관해 설명한 부분을 인용한 것이다.

---

이후 정부는 백마부대를 추가 파병하는 등 8년간의 베트남 전쟁 참전 중에 총 31만 2천 853명을 파병하였다(국사편찬위원회, 사료로 본 한국사).

**표 7-3** 박정희 대통령 1973년 연두 기자회견 내용: 중화학공업 추진 선언

| |
|---|
| 나는 오늘 이 자리에서 우리 국민 여러분들에게 경제에 관한 하나의 중요한 선언을 하고자 합니다. 우리나라 공업은 이제 바야흐로 중화학 공업 시대에 들어갔습니다. 따라서, 정부는 이제부터 중화학 공업 육성의 시책에 중점을 두는 중화학 공업 정책을 선언하는 바입니다. 또 하나 오늘 이 자리에서 우리 국민들에게 내가 제창하고자 하는 것은, 이제부터 우리 모두가 전 국민의 과학화 운동을 전개하자는 것입니다. 모든 사람들이 과학 기술을 배우고 익히고 개발을 해야 되겠습니다. 그래야 우리 국력이 급속히 늘어날 수 있습니다. 과학기술의 발달 없이는 우리가 절대로 선진 국가가 될 수 없습니다.<br>80년대에 가서 우리가 100억 달러 수출, 중화학 공업의 육성 등등 이러한 목표 달성을 위해서 범국민적인 과학 기술의 개발에 총력을 집중해야 되겠습니다. 이것은 국민 학교 아동에서부터 대학생, 사회 성인까지 남녀노소할 것 없이 우리가 전부 기술을 배워야 되겠습니다. 그래야만 국력이 빨리 신장하는 것입니다. 80년대 초에 추이가 100억 달러의 수출 목표를 달성하려면, 전체 수출 상품 중에서 중화학 제품이 50%를 훨씬 더 넘게 차지해야 되는 것입니다. 그러기 위해서, 정부는 지금부터 철강, 조선, 기계, 석유화학 등 중화학 공업 육성에 박차를 가해서 이 분야의 제품 수출을 목적으로 강화하려고 추진하고 있습니다. |

출처: 대통령기록관, 연설기록, 1973년 연두 기자회견.

대통령 연두 기자회견 이후 본격적인 중화학공업 추진계획이 수립되기 시작하였다. 먼저 청와대 비서실장 김정렴과 경제 제2수석 오원철 등으로 중화학 공업화팀을 구성하여 이를 강력히 추진하였다. 중화학 공업화를 위한 전담 기구도 설치하였다. 1973년에 국무총리를 위원장으로 하는 중화학 공업화 추진위원회를 만들고, 6월에는 중화학공업육성계획을 발표하고, 6개 산업(철강, 비철금속, 조선, 화학, 기계 및 전자공업)에 대한 기본계획을 발표하였다. 그리고 9월에는 중화학공업추진위원회 기획단을 설립하였는데, 단장은 청와대 경제수석비서관이 맡은 것으로 보아 실질적으로 청와대에서 직접 중화학공업 정책을 챙기고자 한 것으로 보인다.[11]

11 박정희 대통령이 중화학공업화 전략을 경제기획원 중심으로 한 것이 아니라 위원회를 중심으로 추진하였다. 그 이유는 4대 핵심공장 건설사업 추진 과정에서 보여준 경제기획원의 미온적인 태도와 차관을 확보하지 못한 것에 대한 실망감 그리고 방위산업으로서의 중화학공업화에 대한 반대 의견 등이 반영되었다는 시각이 있다(박영구, 2012).

## (5) 중화학공업 추진 정책

### 1) 철강산업

철강산업은 산업 전반에 걸쳐 핵심적인 역할을 하는 기초 소재 산업으로, 철광석이나 고철 등의 원료를 가공하여 철강 제품(강판, 강봉, 강관 등)을 생산한다. 건설, 자동차, 조선, 기계, 전자 등 다양한 산업의 기반이 되기 때문에 '산업의 쌀'이라고도 불린다.

일제강점기에는 대부분 제철소가 원료 확보가 용이한 북한 지역에 설립되었다. 대표적으로 1917년 황해도 송림면 경이포에 미쓰비시 제철소가 설립되었고, 1930년에 대형 고로 설비로 일본제철 청진제철소가 설립되었다. 그 외에 소형 고로 제철소로 일본 무연탄제철, 가네보실업 평양제철소, 일본 강관 원산제철소가 설립되었다. 남한지역에는 1938년 일본 이연콘체론이 세운 조선이연 인천공장이 건설되었다. 이 회사는 1945년 일본 패망 이후 귀속재산으로 1948년 대한중공업공사(현 현대제철)로 상공부가 관리하다가 1953년 국영기업으로 전환되었다. 이후 1962년 인천중공업로 회사명이 바뀌었다가 1966년 정부 지분(52.5%)이 매각되어 민간기업으로 전환하였다. 또 다른 제철소로 1943년 말 강원도 동해(양양)에 설립된 일본 고레가와제철이 일본 패망 이후 삼화제철공사로 되었다가 1958년 범환무역에 불하되어 삼화제철소로 바뀌었는데 이는 한국 최초의 민간제철소이다.[12]

해방 이후 이승만 정부는 산업화 전략을 적극적으로 추진하고자 하였다. 대표적인 산업이 철강산업인데 당시에 많은 철강회사가 설립되었다.[13] 철강산업의 발전은 계속되어 1954년 대한중공업공사의 5만 톤 규모 평로 제강공사를 수주한 서독의 데마그사가 1956년 완공하여 1959년부터 본격적인 철강생산이 시작되었다. 그리고 이승만 정부에서는 제철산업을 위하여 철강 국비유학생을 선발하여 서독에 파견하기도 하였다. 1960년대 초 한국에는 일

12 강원도 동해시에 있던 삼화제철소는 미군정기와 대한민국 정부에서 국영기업인 삼화제철공사로 되었다가 1958년 범한무역에게 불하되어 삼화제철가 되었다. 1971년 가동이 중단되었고, 부지는 동국제강(1973)과 대동건설(1991)로 넘어가 폐쇄되어 아파트 건설부지로 전환되면서 철거된 8기 중 1기는 1993년 포스코로 넘어가 포스코 역사관에 전시되고 있다.

13 철강산업의 역사적 변천에 대한 자세한 내용은 한국철강협회 홈페이지를 참조하였다. 1945년 고려상사(현 고려제강)를 시작으로 1946년 협화상회(현 태창철강), 1953년 한국기계주물제작(현 한국주철관공업), 대한중공업공사(현 현대제철), 동아제강(현 만호제강)이 설립되었다. 1954년에는 대한상사(현 대한제강)와 동국제강이 창립되었고, 1955년 대한중기계공업(현 세아베스틸)이 설립되었다. 이어서 1957년 한국철강과 한일철강(현 아리스틸)이 설립되었고, 1958년에는 극동철강공업(현 YK steel)이 설립되고, 1959년에는 동양석판공업(현 TCC스틸), 동일제강 및 한국전기야금(현 SIMPAC)이 설립되었다.

제시대 건설된 삼화제철소와 대한중공업공사에서 1962년에 이름이 바뀐 인천중공업이 있었다.[14] 1960년대에는 종합제철소의 건설도 추진되었는데 철광석과 코크스를 고로에서 녹여 무쇠(cast iron)를 만들고, 여기서 탄소를 제거하여 강철을 만든 다음 높은 압력을 가해 여러 용도의 철판을 생산하는 곳이다.

박정희 정부는 제1차 5개년 계획에서 30만 톤 규모의 종합제철소를 건설하고자 하였으나 자금 확보가 어려워 포기한 상태였다. 종합제철소 건립이 본격화된 것은 1965년 미국을 방문한 박정희 대통령이 한국에 제철소 건립을 요청하였고 이를 지원하기 위하여 5개국 8개사로 구성된 한국국제제철차관단(KISA)이 설립되면서이다. 1967년에 경제기획원과 KISA는 60만 톤 규모의 종합제철건설 기본합의서를 체결하였고, 1968년에는 대한중석을 모태로 국영기업인 포항종합제철(정부 3억 원, 대한중석 1억 원 출자)이 설립되었다.

1969년 파리에서 열린 국제경제협의체 회의에서 KISA의 종합제철소 건설안이 최종적으로 부결되면서 종합제철소 건설이 무산되는 듯하였다. 그러나 한국 정부는 KISA 대신 일본에 도움을 요청하였고, 1969년에 한국과 일본이 종합제철소 건설에 합의하는 기본합의서를 체결하면서 급진전되었다. 일본의 3개 제철 회사는 재팬그룹 컨소시엄을 구성하여 기술을 지원하였다.[15] 포항종합제철은 외국자금 1억 7천 800만 달러와 국내자금 493억 원을 포함해서 총 1,204억 원을 투자하였다. 결국 1973년 연 103.2만 톤 규모의 종합(일관)제철소가 완공되었다. 포항종합제철은 2000년에 산업은행이 보유하고 있던 36%를 매각하면서 민영화되었고, 2002년 포스코로 명칭이 바뀌었다.

당시에 박정희 대통령의 '종이마패' 일화도 있다. 포항종합제철소 건설 과정에서 정치권의 정치자금이나 리베이트 요구 등 어려움이 많았다. 박태준 사장의 건의문 형식의 메모를 본 박정희 대통령은 메모지에 자신의 사인을 해주면서 이를 가지고 정부와 정치권 인사들의 외압을 뿌리치라고 얘기하였다고 한다. 종이마패로 불리는 문서는 현재 포항에 있는 포스코역사박물관이 보관 중이다.

[표 7-4]는 1970년대 주요 철강 관련 기업들의 설립 연도와 그 이후 변천 과정을 요약한 것이다. 이들 기업은 업계에서 사라지기도 하였지만 서로 흡수·합병을 거쳐 오늘날의 한국

---

14 인천제철은 1964년 이동준이 서독 차관을 들여 세웠다. 경영난으로 산업은행 관리에 있다가 1970년에 인천중공업에 합병되었으나 인천제철 이름은 그대로 유지되었다가 1978년 현대그룹에 인수되었다.

15 3개 회사는 야하타제철(현 일본제철), 후지제철(현 일본제철), 그리고 일본강관(현 JFE홀딩스)이다.

철강산업에서 주요한 역할을 하였다. 현재 한국의 대표적인 철강 기업으로는 3대 종합(일관)제철소(포항제철, 현대제철, 동국제강)를 포함하여 세아제강, 대한제강 등이 있으며, 이들은 자동차, 조선, 건설 등 다양한 산업 분야에 철강 제품을 공급하며 국내외 시장에서 경쟁력을 유지하고 있다. 예를 들어, 현대의 철강산업 진출 과정을 보면 1978년 인천제철을 인수한 후 철강산업을 집중적으로 육성해 왔다.[16] 2000년에는 포항에 있는 강원산업과 창원의 삼미특

**표 7-4** 1970년대 주요 철강 기업

| 업종 | 회사명 | 설립연도 | 주요 변천사 |
|---|---|---|---|
| 종합철강 | 포항종합제철 | 1973 | 1968년 포항종합제철로 설립되어 1973년 제1고로에서 첫 쇳물이 나오면서 공식가동 시작하였고, 2002년 포스코로 사명 변경 |
| 특수강 | 한국종합특수강 | 1966 | 삼양종합특수강(1966), 한국특수강(1975), 삼미특수강(1997), 인천제철(2000), 비앤지스틸(2002), 현대비앤지스틸(2011) |
| 조강류 | 동국제강 | 1954 | 1954년 서울시 당산동에 위치한 적산기업인 한국특수제강을 불하받아 설립 |
|  | 인천제철 | 1953 | - 1953년 대한중공업공사(1962년 인천중공업으로 사명 바꿈)가 설립되었고, 1970년 인천중공업으로 흡수합병<br>- 1978년 현대그룹으로 편입되었다가, 현대제철(2006)로 상호 변경 |
|  | 강원산업 | 1952 | 강원탄광으로 설립되었다가, 강원산업(1966)으로 바꾼 이후 1970년 중공업공장을 세워 철강산업을 시작함 |
| 판재 | 연합철강 | 1962 | - 1967년 연간 10만 톤 규모 공장을 부산광역시 감만동에 준공<br>- 국제그룹(1977), 유니온스틸(2004), 동국제강과 합병(2015) |
|  | 일신제강 | 1967 | 동진제강(1982), 동부제철(2008), KG동부제철(2020), KG스틸(2022) |
| 강관 | 한국강관 | 1967 | 강관 주력회사, 신호스틸(1995), 휴스틸(2003) |
|  | 부산철관공업 | 1960 | 부산파이프(1975), 세아그룹으로 출범하면서 세아제강(1996)으로 사명을 바꿈 |

출처: 박영구(2012, p.229)를 기초로 각 사 홈페이지 등을 참고하여 보완.

16 인천제철은 1970년 인천중공업(1953년 설립된 대한중공업공사의 변경된 이름)에 흡수합병되었으나 이름은 그대로 사용하고 있었다.

수강을 합병하였다. 이후 2001년 INI스틸로 사명을 변경하고, 2004년에 충남 당진에 있는 한보철강을 인수하였고, 2006년 현대제철로 사명을 바꾸었으며, 2010년에는 일관제철소를 준공하였다. 2015년에는 현대하이스코를 합병하여 울산·순천·예산공장을 두고 있다.

### 2) 조선산업

조선산업은 선박(배)을 설계하고 건조하는 산업으로 해양산업의 핵심이자 철강, 기계, 전기전자, 화학 등의 산업과 밀접하게 연계된 종합 제조업이다. 이 산업은 원유, 천연가스, 철광석, 곡물 등 대량 화물을 전 세계로 운송하는 해상 물류의 핵심 수단인 선박을 만드는 데 필수적인 역할을 하며, 해양플랜트, 잠수정, 특수선 등 고부가가치 제품을 포함하는 첨단기술 기반 산업으로 발전하고 있다. 조선산업은 단순한 선박 생산을 넘어, 설계·자재 조달·엔지니어링·시운전에 이르기까지 고도의 종합 시스템 역량이 요구되며, 하나의 선박을 완성하기 위해 수많은 부품과 장비가 협력 산업에서 공급된다. 이에 따라 철강재(선체), 기계장비(엔진, 추진기), 전기제어시스템, 배관 및 도장 기술 등 다양한 산업과의 연계성이 매우 높고, 산업 전체에 파급효과가 크다.

한국의 조선산업 발전 과정을 보면 미쓰비시 중공업과 동양척식주식회사의 합작으로 1937년 부산에 설립된 조선중공업이 원양어선, 화물선 등을 건조할 수 있는 유일한 조선 분야 기업이었다. 정부는 1949년 대한조선공사로 명칭을 변경하고, 1957년에는 재무구조 악화에 따라 매각을 시도했으나 실패하여 주식회사 형태의 대한조선공사로 개편하였다. 이후 1989년 한진그룹이 인수하였고, 1990년 한진중공업으로 명칭이 변경되어 오늘에 이르고 있다. 또한, 대한조선공사는 1973년 거제도 옥포에 100만 톤급 규모의 옥포조선소를 건설하였는데, 석유파동 등으로 조선업계의 불황이 지속되면서 1978년 대우조선공업에 인수되었다. 대우그룹이 해체되면서 2000년 대우중공업에서 분리되어 2002년 대우조선해양으로 사명이 바뀌었다가 2023년 한화오션에 인수되었다.

다른 대표적인 기업인 HD현대는 1970년 현대건설 산하 조선사업부로 시작하여, 1973년에 현대조선중공업으로 분리되었다가, 1978년 현대중공업 그 후 2022년 현재 이름으로 바뀌었다. 1970년 현대의 정주영은 그리스의 LIVANOS로부터 26만 톤급 유조선 두 척을 계약하였다. 이 계약은 정부가 계약불이행에 대한 지급 보증하면서 성사될 수 있었다. 이후 1972년 조선소를 울산에 짓기 시작하여 1974년 2년 3개월 동안에 세계 최대 규모의 조선소를 완공하고 동시에 LIVANOS의 26만 톤급 초대형 유조선(VLCC)을 성공적으로 건조하였다.

또한, 1974년 창립된 삼성중공업은 1977년에는 삼성조선을 설립했고, 1983년에는 1977년에 인수한 대성중공업을 포함한 세 회사(삼성중공업, 삼성조선, 대성중공업)를 삼성중공업으로 통합하였다.

한국은 1990년대 이후 세계 조선시장에서 중국, 일본과 함께 조선 3강으로 불리며, 특히 LNG 운반선, 초대형 원유운반선(VLCC), 컨테이너선 등 고부가 선종 분야에서 세계 최고의 기술력과 수주 경쟁력을 보유하고 있다. HD현대, 삼성중공업, 한화오션(구 대우조선해양) 등 주요 기업들이 국내 조선산업을 대표하며, 최근에는 친환경 선박, 자율운항선박, 해양플랜트 등 미래형 조선기술 개발에 박차를 가하고 있다.

### 3) 비철금속산업

비철금속(non-ferrous metal)은 철 이외의 모든 금속을 말하는데, 자동차, 전기전지, 반도체, 조선, 건축 등 산업에 기초소재로 광범위하게 사용된다. 가장 많이 사용되고 있는 대표적인 6대 비철금속으로 알려진 것이 알루미늄(Al), 구리(Cu), 니켈(Ni), 주석(Sn), 납(Pb), 아연(Zn)이다.[17] 1960년대 비철금속을 채광·제련하고 가공·판매하는 회사로 한국광업제련이 있었다. 이 기업은 1936년 LS니꼬동제련이 설립한 조선제련의 장항제련소였다.[18] 조선제련은 1943년 삼성광업에 인수된 이후 미군정을 거쳐 1947년 상공부 소속 삼성광업회사, 1962년 한국광업제련으로 되었다. 이후 1978년 LG화학과 대한전선에 공동 인수되었다가 여러 기업을 거쳐 현재 2022년 LS MnM이 되었다.[19]

본격적으로 비철금속 산업에 대한 투자 계획이 시행된 것은 1973년 중화학공업화 선언 이후이다. 1973년 중화학공업 추진위원회가 비철금속 제련소 건설계획을 발표했고, 5월에는 경제기획원이 구체적인 내용을 발표하였다(박영구, 2012a).[20] 비철금속 분야의 주요 회사

17 KSIC에 의하면 비철금속은 소분류로 242(1차 비철금속 제조업(2421, 2422, 2429))와 243(금속 주조업(2432))이 포함된다.

18 당시 한국에 있던 6개의 제련소 중에서 5곳(진남포, 흥남, 해주, 용암포, 원산)은 북한 쪽에 있었다.

19 1980년에 온산제련을 합병하여 국제 규모 제련업체가 되었고, 1982년에 온산동제련을 흡수·합병한 다음 1989년에 럭키금속, 1995년 LG금속으로 사명을 변경하였다가 5월에는 LG산전에 합병되었다. 2005년에는 엘에스(LS)산전 장항공장, 2010년 LS메탈 장항공장으로 변경되었다가 2022년 LS MnM이 되었다.

20 주요 내용은 온산공업단지 내에 대규모 비철금속단지를 건설하고 1972년에 10만 톤 규모의 동제련소, 1975년 아연제련소, 1976년 알루미늄제련소를 착공하여 1978년까지는 모두 완공하고자 하였다. 아연제련소는 1980년까지 완공하여 1980년까지는 모든 비철금속 제련소를 건립한다는 것이었다. 물론 1973년에는 석유파

**표 7-5** 1960~70년대 주요 비철금속 기업

| 회사명 | 설립 연도 | 주요 사업 내용 |
|---|---|---|
| 한국광업제련 | 1962 | - 1936년 조선제련으로 시작됨<br>- 1995년 LG산전에 합병<br>- 2010년 LS메탈, 2022년 LS MnM이 됨. |
| 고려아연 | 1974 | - 온산제련소 |
| 대한알루미늄공업 | 1973 | - 알루미늄 제품 제조·판매회사<br>- 2002년 알칸대한에 흡수 합병되었고, 2005년 노벨리스코리아로 회사명 변경 |

출처: 각 사 홈페이지 등 참고하여 작성.

로는 1973년 설립된 대한알루미늄공업과 1974년 고려아연이 있었다. 대한알루미늄공업은 1986년 연산 1만 톤 규모의 합금공장을 준공하였다. 1999년 알칸 대한(Alcan DaeHan)이 설립되고, 2000년 현대그룹이 보유하고 있던 대한알루미늄 지분을 인수하였고 2002년 공식적으로 합병되었다.[21] 알칸대한은 2005년 노벨리스(Novelis)코리아로 상호를 변경하였다. 영풍상사(1949)에 의해 설립된 종합비철금속 제련회사인 고려아연은 1978년 온산국가산업단지 내에 아연제련공장(아연괴 5만 톤/년)인 온산제련소를 준공하였다. [표 7-5]는 1960~70년대 주요 비철금속 기업과 주요 사업 내용을 정리한 것이다.

### 4) 기계산업과 자동차산업

기계산업은 동력기계, 산업기계, 정밀기계, 부품 등을 설계·제작·조립하는 산업으로, 제조업 전반의 근간이 되는 핵심 산업이다. 자동차, 조선, 반도체, 에너지, 농업, 건설 등 다양한 산업에 장비, 부품, 시스템을 공급하며 산업의 모체 산업(mother industry)이라고 불린다.

한국의 기계산업은 국가 산업화의 핵심 기반으로, 1960년대 이후 눈부신 발전을 거듭해 왔다. 1960년대에는 정부주도의 경제개발 5개년 계획에 따라 산업 전반의 기반이 조성되었고, 농업용 기계, 선반, 절삭기 등 단순 공작기계 중심으로 기계산업이 태동하였다. 이 시기

동에 의하여 목표 연도를 늦추겠다는 발표를 하기도 하였다.

21 1999년 당시 알칸(66%), 대한전선(30%) 및 현대계열사(4%)의 지분으로 설립되었고, 2000년 현대가 부자했던 알칸 지분(4%)와 기존 가지고 있던 대한알루미늄 지분을 알칸이 인수하였다.

에는 대부분의 기계를 수입에 의존하였으며, 국내 생산은 초기 단계였다. 기계산업 육성을 위하여 정부는 공업단지 조성, 외자 유치, 국산화 장려, 기술인력 양성 등의 정책을 통하여 기계산업의 기초를 마련하였다. 특히 1967년 제정된 「기계공업진흥법」은 기계공업의 합리적 육성을 통하여 기계산업 진흥과 발전을 목적으로 제정되었다. 국가 주도 기계공업 육성의 법적 근거이며, 기계공업 육성의 방법에 대한 구체적인 내용을 담았다. 상공부를 주관 기관으로 하여 육성을 위한 기본계획을 작성하고, 필요 자금의 조달 방안, 기술 도입과 인력양성, 제품 국산화 등을 명문화하였다. 1970년대 이후 본격화되는 정부 중화학 공업화 정책에서 기계공업 분야 발전의 기초적 틀로서 역할을 하였다.

1970년대에는 중화학공업 육성 정책에 힘입어 기계산업이 전략산업으로 선정되었고, 본격적인 성장 궤도에 올랐다. 조선·자동차·전기전자산업의 성장과 함께 기계 수요가 급증하면서 범용 공작기계, 산업기계, 건설기계 등의 생산 기반이 본격적으로 확립되었다. 1970년대 기계산업은 중화학공업 육성정책의 핵심 산업으로 자리를 잡으며 정부는 1973년 중화학공업화 선언을 통하여 기계산업을 전략적으로 지원하였고, 창원 기계공업단지 조성, 기계공업진흥법 제정, 공작기계 국산화, 기계부품의 기술 자립화 등을 통하여 산업구조를 고도화하였다. 이 시기는 기계산업이 내수 기반을 넘어 수출과 기술자립의 기틀을 마련한 결정적 전환점이었다.

1980년대 한국의 기계산업은 정밀기계, 자동화기계, 수치제어 공작기계 등 고도화된 품목 중심으로 전환되며, 본격적인 기술 자립과 수출 확대의 기반을 다졌다. 정부는 정밀기계 기술개발계획, 공동연구조합 설립 등으로 산업 전반의 질적 도약을 지원했고, 민간 기업들도 기술개발과 생산 자동화에 적극 투자하면서 기계산업은 선진국형 기계산업으로의 도약 기반을 마련하게 되었다. 1990년대 기계산업은 디지털화와 첨단기술 중심의 산업구조로 전환하며, 정밀기계·산업용 로봇·반도체 장비 등 고기술·고부가가치 기계 분야로 확장되었다. 컴퓨터지원설계(CAD)/컴퓨터지원제조(CAM), 컴퓨터수치제어(CNC) 등의 기술 도입으로 자동화 수준이 높아졌고, 수출시장도 다변화되었다. 특히 외환위기를 계기로 기계기업의 구조조정과 기술경쟁력 강화가 동시에 이루어지며, 이후 2000년대의 지능형·친환경 기계산업 발전의 기초를 마련한 시기였다.

2000년대 이후 한국의 기계산업은 첨단기계, 자동화 기술, 스마트제조를 중심으로 빠르게 고도화되었으며, 반도체·디스플레이 장비, 산업용 로봇, 친환경 설비 등 고부가가치 분야에서 경쟁력을 확보해 왔다. ICT 융합기술의 도입과 정부의 스마트공장 보급 정책은 지능형 기계산업으로의 전환을 가속했고, 중소기업의 기술혁신과 부품국산화도 활발히 이루어지며 기계산업의 지속가능성과 국제화 기반이 한층 강화되었다.

오늘날 한국의 기계산업은 기초 부품에서부터 정밀기계, 로봇, 첨단 제조 장비에 이르기까지 수직적 통합 구조와 국제경쟁력을 갖춘 핵심 제조업으로 발전하였으며, 4차 산업혁명 시대의 주력 기반 산업으로 계속 진화하고 있다. 현재 한국의 대표적인 기계산업 기업으로는 현대로보틱스, 두산에너빌리티, 현대로템, DN솔루션즈(구 두산공작기계), 세메스 등이 있으며, 이들은 산업용 로봇, 발전설비, 공작기계, 반도체 장비 등 고부가가치 분야에서 국내는 물론 글로벌시장에서도 경쟁력을 갖춘 기업들이다. 이외에도 다양한 중소·중견 강소기업들이 정밀기계, 자동화기기, 로봇 분야에서 활발히 활동하고 있어, 한국 기계산업의 기술 다양성과 산업 생태계를 뒷받침하고 있다.

### 5) 자동차산업의 발달

기계산업은 자동차산업에 생산 장비, 공작기계, 자동화 설비, 정밀 부품 등을 공급하는 핵심 기반 산업이며, 자동차산업의 성장과 기술 고도화는 기계산업의 발전을 견인한다. 두 산업은 상호 보완적이며 구조적으로 긴밀하게 연결되어 있으며, 최근에는 스마트공장, 전기차, 자율주행 등 첨단기술을 중심으로 협력과 융합이 더욱 심화되고 있다.

자동차산업은 기계산업에서 대표적으로 육성하고자 한 산업이다. 1960년대 초까지 한국에서 생산되는 자동차는 미군 트럭이나 지프의 부품을 재활용하거나 일본자동차를 수입하여 만들었다. 미군 차량을 조립한 것으로 1955년 등장한 시발(shibal)자동차가 대표적이고, 1962년에는 일본의 닛산 블루버드를 조립·생산한 소형차인 새나라가 대표적인 자동차였다. 그런데도 당시 상당한 부품이 국산화가 되었다고 볼 수 있고, 시발자동차는 차체 및 엔진을 국산화한 것이어서 최초의 국산자동차로 보고 있다.[22]

1960년대에 자동차 수요가 늘어나면서 자동차 생산은 늘었지만, 부품 수입도 같이 늘어나게 되면서 자동차 생산과 부품국산화의 필요성이 대두되었다. 이후 정부는 중화학공업육성 정책의 하나로 최종 완성차, 부품, 소비 측면에서 국내 자동차산업의 발전을 위한 다양한 정책을 시행하였다(조철 외, 2014).

22 시발자동차는 새나라자동차가 등장하면서 1964년 도산하였다.

첫째, 자동차 국내 생산을 증가시키기 위한 정책으로 자동차산업 5개년 계획(1962), 자동차산업 육성 계획(1973), 장기 자동차산업 육성 계획(1974) 등이 발표되었다. 이러한 정책의 성과로 1974년 기아산업은 국산 엔진을 장착한 1,000cc 승용차 브리사를 생산하였다. 현대는 1974년 이탈리아의 디자인과 일본 미쓰비시의 엔진과 변속기를 장착한 코티나 승용차를 생산하였다. 그리고 1976년 현대자동차가 독자 모델인 포니(Pony) 자동차를 생산하였다.[23]

둘째, 자동차 부품국산화 정책도 대표적인 수입대체 전략 중 하나였다. 정부는 1965년 자동차 국산화 3개년 계획을 발표하며, 1967년까지 국산화율 90%를 목표로 설정했지만, 목표를 완전히 달성하지는 못하였다. 이후 1969년 자동차공업육성 기본계획을 발표하여 모델 단일화를 통한 대량 생산 체제 구축과 국산화율 향상을 추진하였다. 그러나 정부의 강력한 지원정책에도 불구하고 1970년대 초까지 자동차산업의 계열화 및 국산화 성과는 뚜렷하게 나타나지 않았다.

셋째, 1980년대부터 자동차 국내수요 증대를 위한 정책들이 발표되었는데 대표적인 정책으로 특별소비세 인하였다.[24] 그리고 외국 자동차 수입을 제한하여 국내 자동차산업의 경쟁력을 높일 수 있도록 하였다. 그러나 1987년에 들어서 2,000cc 이하 자동차를 제외하고는 전면적인 수입자유화를 채택하였다. 그 이후 점진적으로 관세를 인하하여 1988년 20%에서 1994년 10%가 되었다.

현재 한국의 대표적인 자동차기업으로는 현대차그룹(현대자동차, 기아, 제네시스), KG모빌리티(구 쌍용), 르노코리아, 한국GM 등이 있다. 이들은 내연기관차뿐만 아니라 전기차, 수소차, 자율주행 기술 등 미래차 산업에서도 적극적으로 기술을 개발하고 있으며, 한국을 세계적인 자동차 생산·수출국으로 성장시키는 핵심 기업들이다.

### 6) 전자산업

전자산업은 1959년 금성사가 국내 최초로 진공관식 라디오를 생산하면서 시작되었다. 1960년대에는 전기공업이라고 불렸고, 1960년대 중반에 이르러 본격적인 전기·전자산업에 대한 정책 지원이 시작되었다. 전기산업에서는 1961년 「전기통신법」과 「전파관리법」이 제정

---

23 1981년 자동차산업 합리화 조치를 통하여 과잉투자 대응책을 마련하였다. 2000년대에는 2003년 미래 자동차 정책과 2010년 그린카 발전 로드맵이 발표되었다.

24 정부는 1987년 1,500cc 이하 승용차의 특별소비세를 15%에서 10%로, 1988년에는 1,500~2,000cc 차량의 세율을 20%에서 10%로 인하하였다.

되었고, 통신사업 5개년 계획이 수립되어 1981년까지 시행되었다.[25] 그리고 전자공업진흥 5개년 계획(1966)과 「전자공업진흥법」이 제정(1969)되면서 전자산업이 수출전략산업으로 지정되었다.

1960년대에는 전자산업에서 외국에서 부품을 수입하여 단순조립하는 수준의 제품들이 생산되기 시작하였다. 국내 최초로 전자산업의 발전을 주도한 기업은 1958년 설립된 금성사(현 LG전자)였다. 금성사는 1960년에 트랜지스터라디오와 1961년 자동전화기를 생산하고, 1962년에 미국으로 라디오를 수출하였으며, 1966년에는 흑백 TV(19인치)를 생산하기 시작하였다.[26] 그리고 이 시기에는 전화와 같은 기간통신서비스가 본격적으로 보급되기 시작하였다.[27] 그리고 방송부문에서는 한국방송공사(KBS)가 1961년부터 TV 방송서비스를 시작하였다.[28]

1970년대에는 전자산업에 대한 기업 투자가 확대하면서 금성사가 카세트 녹음기를 생산(1973)하고, 1977년에 19인치 컬러 TV 양산을 시작하는 등 지속적인 발전이 이루어졌다. 1980년대에 들어서 기업들의 전자산업에 본격적인 투자가 이루어지면서 전자부품 및 산업용 기기의 생산이 본격화되기 시작하였다. 특히 메모리 반도체산업에 대한 투자 확대는 반도체산업이 현재 세계 최고의 국제경쟁력을 갖추게 된 시발점이 되었다. 1984년 한국전기통신연구소(현재 ETRI)는 전전자식 교환기(electronic switching system)인 TDX-1(time-division digital switching system)을 개발하였다.[29] 이는 디지털 전자 기술을 이용하여 전화통화를 할

25 처음에는 5개년 계획으로 수립되었다가 제3차 경제개발 5개년 계획 기간과의 일치를 위하여 8개년계획으로 조정되었다.

26 금성사가 포함된 럭키그룹은 1947년 락희화학공업사(현 LG화학)에서 시작되었으며, 럭키그룹을 1983년 럭키금성그룹으로 명칭을 변경한 이후, 1995년 LG그룹으로 명칭을 바꾸었다.

27 한국의 통신사업은 기간통신사업, 별정통신사업, 부가통신사업으로 나뉜다. 기간통신사업은 전기통신회선설비를 설치하고 이를 이용하여 전화와 같은 기간통신역무를 제공하는 사업을 말한다. 별정통신사업은 기간통신사업자의 전기통신회선설비를 이용하여 기간통신역무를 제공하거나, 일정 지역 내에 통신설비를 설치하여 통신 역무를 수행하는 사업이다. 부가통신사업은 기간통신사업자의 전기통신회선설비를 이용하여 네트워크 서비스, 포털, 전자상거래 등 기간통신역무 이외의 전기통신역무를 제공하는 사업을 일컫는다.

28 한국방송공사(KBS)는 1927년 경성방송국으로 창립되어 라디오 방송을 시작하였다. 1935년에는 경성중앙방송국으로 개칭하고, 1936년부터 전국에 지역방송국 체제를 갖추었다. 1947년에 서울중앙방송으로 이름을 바꾸었으며 약칭을 KBS로 정하였다. 1961년 12월 시험 방송을 시작으로 TV 방송을 송출하기 시작하였고, 1973년에는 국영방송에서 공영방송으로 전환되었다.

29 전전자식교환기는 전화 통신망에서 전화 연결을 전자적으로 자동 처리하는 장치로, 기존의 기계식 또는 반전

수 있게 하는 것으로 신속한 정보교환이 가능해지면서 전자산업이 획기적으로 발전하는 계기가 되었다.

이러한 전자산업의 발전은 1980년대에는 반도체산업 및 정보통신산업에 대한 정부의 적극적인 지원과 대기업(삼성, 현대, LG)의 대규모 투자로 인하여 또 다른 성장동력 산업이 되었다. 1990년대 이후 전자산업은 이전까지의 가전 및 산업용 제품 중심의 생산에서 더 나아가 고부가가치 품목을 생산하는 구조고도화가 이루어지지 시작하였다. 예를 들면 반도체, 컴퓨터, 이동통신단말기, 고성능 PC 등이 생산되었다. 그리고 소프트웨어 산업 발전의 중요성이 대두되기 시작했는데, 당시 인터넷서비스, 전자상거래 등 서비스산업 분야의 빠른 성장이 주요 동기가 되었다.

1980년대 이후 본격적으로 발달하기 시작한 반도체, 휴대폰, 디스플레이, 가전제품(TV, 냉장고, 세탁기 등) 등은 전자산업은 현재 세계시장을 주도하고 있다. 또한, 전자산업을 기반으로 발전한 정보통신산업도 역시 경제성장 주력산업이 되었다. 제10장에서 1980년대 이후의 전자·정보통신산업의 발전 과정을 자세히 다룬다.

### 7) 석유화학산업

석유화학산업은 원유에서 정제된 석유(나프타, 액화석유가스(LPG), 에탄 등)를 원료로 하여 에틸렌(ethylene), 프로필렌(propylene) 등 기초 유분을 만들고, 최종적으로 폴리염화 비닐(polyvinyl chloride, PVC), 폴리에스터(polyester), 아크릴(acrylic) 등을 뽑아내는 산업이다. 이 산업은 플라스틱, 합성고무, 합성섬유, 세제, 비료, 페인트 등 수많은 생활·산업재의 기초 소재를 생산한다. 철강, 기계와 함께 3대 소재산업으로 분류되며, 국가 제조업의 기반을 형성한다.

한국의 석유화학산업기반은 농업생산 증가를 위해 국내에 설립한 비료공장의 경험에서 찾을 수 있다. 1959년에 충주비료공장 건설을 시작으로 1977년 남해화학에 이르기까지 총 7개의 비료공장이 건설되었는데 이들 산업의 발달은 기술, 자동화 설비나 인력 확보 면에서 석유화학산업 발달의 기반이 되었다. 특히 국내 석유화학공업의 중요한 출발점은 1962년에

---

자식 교환기보다 훨씬 빠르고 효율적인 통신을 가능하게 한다. TDX는 국내에서 개발한 한국형 전전자교환기를 말한다. 1983년 12월 국산교환기 1호가 경기도 용인군 송전우체국에서 500회선 규모의 전자교환기를 대상으로 시험 운용에 들어갔다. 최초의 국산교환기(TDX-1X) 이후에는 다양한 교환기가 개발되다가 1998년 HANBit ATM을 마지막으로 교환기 개발은 중단되었다.

국내 최초로 울산에 설립된 정유공장(대한석유공사)이다.[30] 이로써 원유정제 과정에서 나프타(naphtha) 공급이 가능해지고, 이는 곧 석유화학공업의 기초원료 공급이 가능해졌다.

1960년대 말에 정부는 본격적으로 화학섬유 국산화를 추진하기 위하여 경공업의 기초소재를 만드는 석유화학공업 건설계획을 추진하기 시작하였다. 이를 위하여 정부는 울산에 100만 평 규모의 석유화학단지 건설을 계획하면서 1972년에 울산 석유화학단지가 준공되었다. 이를 통하여 석유화학산업이 기초 원자재에서 최종제품이 한 지역에서 모두 생산되는 일관생산체제를 갖추게 되었다. 또한 1963년 국토균형발전을 위하여 전라남도 여천군(현 여수시)에 산업단지 조성계획을 수립하여 1967년 여천공업단지 조성을 시작하였다. 1973년 불어닥친 제1차 석유파동으로 계획에 차질이 있었지만 1979년 완공되었는데 동양 최대 규모의 종합석유화학단지였다. 설립 당시 명칭은 여천국가산업단지였으나 1998년 삼여 통합(여수시·여천시·여천군 3개 행정구역이 여수시로 통합)이 되면서 2001년에 여수국가산업단지로 개칭되었다. 이 단지에는 남해화학의 제7비료공장이 1977년에 건설되었고, 호남에틸렌, 호남석유, 한양화학, 한국다우케미컬 등 공장들이 건설되었다.

1980년대 이후 한국의 석유화학산업은 급격한 산업화와 함께 괄목할 만한 성장을 이루었다. 1980년대에는 정부주도의 중화학공업 육성 정책에 따라 정유 및 석유화학 산업이 본격적으로 확장되었고, 나프타 분해 공정(NCC) 설비가 본격 도입되면서 기초 유분인 에틸렌과 프로필렌의 국내 자급 체계가 갖추어졌다. 이 시기에는 삼천리석유화학, 호남석유화학(현 롯데케미칼) 등 민간기업들이 경쟁적으로 생산능력을 확대하며 산업기반을 구축하였다. 1990년대에는 수출 중심의 성장전략에 힘입어 석유화학제품의 수출이 급증했고, 생산 공정의 자동화 및 품질 고도화가 이루어졌다. 또한 대기업 중심 구조로 재편되면서 LG화학, 한화, SK, 롯데 등 대형 기업들이 업계를 주도하기 시작하였다.

2000년대 이후에는 중국 등 아시아 시장의 급성장과 함께 수요가 증가하면서 대규모 증설 투자가 이어졌고, 고부가가치 제품과 첨단소재 분야로의 다각화가 이루어졌다. 이와 함께 환경 규제 강화와 글로벌 경쟁 심화에 대응하기 위해 효율성 개선과 친환경 기술 도입이 가속화되었다. 2010년대 이후에는 친환경·지속가능 경영이 주요 화두로 떠오르면서, 재활

---

30 1963년에 미국 걸프석유회사와 25% 지분투자를 포함한 제휴를 맺었으며, 1970년에 대한석유공사가 상법상의 주식회사로 전환되면서 지분을 50%로 상향 조정하였다. 1980년 걸프가 철수하면서 선경이 경영권과 함께 인수하였고, 1982년 유공 그리고 1998년 SK로 사명이 변경되었다.

용 기술, 바이오 기반 원료, 수소에너지 등 새로운 분야로 사업을 확장하는 추세이다. 특히 SK지오센트릭, 한화솔루션 등은 기존 석유화학 중심에서 벗어나 친환경 소재 기업으로의 전환을 추진하고 있다.

이처럼 한국의 석유화학산업은 단순 기초화학제품 생산에서 시작해서 고부가가치화·수출산업화·친환경화를 거쳐 국제경쟁력을 갖춘 종합소재 산업으로 발전해 왔다. 현재 한국에서 석유화학산업을 대표하는 기업으로는 LG화학, 롯데케미칼, 한화솔루션, SK지오센트릭, 금호석유화학, 그리고 여천NCC 등이 있다. 이들 기업은 주로 NCC를 통하여 에틸렌, 프로필렌과 같은 기초 유분을 생산한 후, 이를 바탕으로 합성수지, 합성고무, 섬유 원료 등 다양한 석유화학 제품을 제조한다. 특히 LG화학과 롯데케미칼은 국내외 다수의 생산기지를 보유한 종합화학기업으로, 글로벌시장에서도 높은 경쟁력을 갖추고 있다. 한화솔루션과 SK지오센트릭은 최근 친환경 소재와 탄소중립 기술에 집중하며 사업 구조를 다변화하고 있으며, 금호석유화학은 합성고무와 ABS 수지 부문에서 세계적인 경쟁력을 보유하고 있다.[31] 또한, 여천NCC는 한화솔루션과 DL케미칼의 합작사로, 석유화학 기초원료 생산의 핵심적 역할을 수행하고 있다. 이처럼 한국의 석유화학산업은 소수의 대형 기업을 중심으로 고도화되어 있으며, 에너지·소재 산업의 중추적인 역할을 하고 있다.

## 4 중화학공업 발전 정책과 경제안정화종합시책

1960~70년대 한국이 달성한 고도 경제성장은 풍부한 노동력, 성공적 외자도입, 정부주도의 중화학공업육성 정책과 수출 증대 등이 주요 요인으로 작용하였다. 그리고 1960년대 광부 및 간호사의 독일파견과 베트남 특수 및 1970년대 중동 특수에 의한 건설경기 호황도 경제성장에 중요한 역할을 하였다. 그렇다고 경제성장이 어려움 없이 진행된 것만은 아니었다. 1970년대 전 세계에 불어닥친 두 번의 석유파동으로 그동안 경험하지 못한 스태그플레이션에 직면하게 되었다. 한국경제도 예외 없이 높은 유가에 의한 물가상승과 경기 위축이

31 ABS는 아크릴로나이트릴(Acrylonitrile), 뷰타다이엔(Butadiene), 스타이렌(Styrene)의 약자이며, ABS 수지는 폴리스티렌과 HIPS(High Impact Poly-Styrene, 스타이렌에 뷰타다이엔 첨가)의 단점을 보완하기 위해 만들어졌다.

라는 위기에 직면하였다. 설상가상으로 1979년 10월 26일 밤 박정희 대통령의 갑작스러운 사망과 이에 따른 정치적 혼란은 경제위기를 더욱 심화시켜 1980년에는 마이너스 성장을 기록하였다. 이는 1960년대 경제개발계획을 세워 본격적인 경제성장을 한 이후 처음으로 겪는 것이었다.

이러한 경제위기에 직면하자 1970년대 빠른 경제성장에도 불구하고 중화학공업 정책에 의한 여러 문제점이 나타나기 시작하였다. 세계 경기가 위축되면서 대량생산에 의한 규모의 경제의 이득을 기대한 중화학공업 정책의 한계가 드러나기 시작한 것이다. 예를 들면 과잉 생산설비, 자원배분의 비효율성, 기업 채무 증가, 만성적 인플레이션, 금융시장 중개 기능의 비효율성 등이 나타나기 시작하였다. 그리고 중화학공업 중심의 경제성장 정책에는 부정적인 측면도 있었다. 자본, 기술, 시장의 대외의존도 심화, 외채 누적, 지역별·산업별(농업과 공업, 대기업과 중소기업, 도시와 지방) 불균형 심화, 계층 간 소득격차 확대, 만성적인 무역적자, 노동부문에 대한 강력한 통제, 특정 산업에 대한 편중 지원에 의한 산업 간 구조적 불균형, 재벌이라고 불리는 대기업 중심 지원으로 나타난 경제력집중과 정경유착 심화 등 다양한 문제가 나타났다.

정부는 이러한 문제점을 인식하고 경제성장 위주의 경제정책에서 탈피하여 경제안정을 동시에 추구하고 민간 중심의 경제발전 패러다임으로 전환하고자 1979년 4월 경제안정화종합시책을 발표하였다. 당시 박정희 대통령의 사망에 의한 정치적 혼란으로 당장 시행은 되지 못했지만, 1980년대 들어 다양한 경제안정화 대책으로 경제위기는 성공적으로 극복해 나갔다. 다행스럽게도 1980년대 중반에 3저 현상(저금리, 저유가, 저환율)과 정부의 산업합리화 정책으로 경기회복과 함께 높은 경제성장을 기록하기 시작하였다. 그렇다고 의도했던 민간주도형 경제발전 정책으로 전환하지 못하고 정부주도 경제발전 전략은 지속되었다.

# 참고

### 참고 7 비교우위이론과 유치산업보호론

한국이 1960년대부터 산업화전략으로 중화학공업을 중심으로 출발하였다는 것은 국제무역이론상으로 매우 중요한 시사점을 제시한다. 전통적 비교우위이론에 의하면 당시 한국경제 상황에서는 농업이나 경공업이 비교우위에 있는 산업으로 경제정책이 이들 산업을 육성해야 하는 것이다. 그렇지만 한국 정부는 비교열위에 있는 중화학공업을 선택하고 정부의 직접적인 지원을 통하여 경제성장동력산업으로 전환시켜 유치산업보호이론이 더욱 설득력 있게 되었다.

비교우위이론은 영국의 경제학자 데이비드 리카도(D. Ricardo)가 19세기 초에 제시한 국제무역이론으로, 한 국가가 다른 국가보다 어떤 상품을 더 효율적으로 생산하지 못하더라도, 상대적으로 더 적은 기회비용으로 생산할 수 있는 상품에 특화하면 양국 모두에게 이익이 발생한다고 설명한다. 이 이론은 자유무역의 정당성을 강조하며, 각국이 자원 이용에 있어서 비교우위를 가지는 상품에 집중하고 무역을 통하여 나머지 상품을 교환함으로써 전 세계적인 효율성과 부의 증대를 이룰 수 있다고 본다.

반면 유치산업이론(infant industry argument)은 주로 개발도상국이 자국의 산업을 보호하고 육성하기 위한 이론으로, 19세기 후반 독일 경제학자 프리드리히 리스트(F. List)에 의해 체계화되었다. 이 이론은 초기 산업이 성숙한 외국 산업과 경쟁하기에는 기술력과 자본, 규모 면에서 불리하므로, 일정 기간 관세나 보조금 등 정부의 보호 정책을 통하여 국내 산업을 보호해야 한다고 주장한다. 유치산업이 일정 수준의 경쟁력을 갖출 때까지 외국과의 자유무역을 제한함으로써, 장기적으로는 자립적이고 경쟁력 있는 산업 구조를 갖추는 것이 목적이다.

두 이론은 무역정책에 대한 시각에서 뚜렷한 차이를 보인다. 비교우위이론은 자유무역을 통하여 자원의 효율적 배분과 경제 전체의 이익을 추구하는 반면, 유치산업이론은 단기적인 보호주의를 통하여 장기적인 산업 발전과 자립을 도모한다. 비교우위이론은 주로 선진국의 시각에서, 유치산업이론은 개발도상국이나 산업화 초기 국가의 시각에서 형성된 점도 큰 차이이다.

# 연습문제

7.1 중화학공업 중심의 산업화를 각국이 전략적으로 추진한 이유와 그 방식의 차이와 그 성과를 비교하여 설명하시오.

7.2. 해방 이후 한국 정부는 산업화 추진을 어떤 방식으로 산업화를 추진하였으며, 이 과정에서 주요 중화학공업 분야의 구체적인 발전 사례를 설명하시오. 특히, 미국 정부와의 산업화 전략에 대하여 이승만 정부와의 차이점에 대하여 논하시오.

7.3. 1960~70년대 한국의 안보 위기와 국제정세 변화 속에서 정부가 추진한 방위산업 및 중화학공업 정책의 배경과 주요 내용을 설명하시오. 특히, 초기 4대 핵심전략은 실패한 것으로 판단했는데 그 이유를 설명하시오.

7.4. 한국 철강산업의 발전 과정을 일제강점기부터 1970년대까지의 흐름 속에서 설명하고, 포항종합제철소 건설의 배경과 의의를 서술하시오.

7.5. 한국 조선산업의 발전 과정을 일제강점기부터 현대에 이르기까지 서술하고, 조선산업이 한국경제 및 산업에 미친 영향과 그 의미를 설명하시오.

7.6. 비철금속산업의 개념과 한국에서의 발전 과정을 설명하고, 중화학공업화 선언 이후 정부의 비철금속 산업 육성 전략과 그 의미를 서술하시오.

7.7. 한국 자동차산업의 발전 과정에서 기계산업과의 관계를 설명하고, 정부의 자동차산업 육성정책과 그 효과를 시기별로 서술하시오.

7.8. 한국 전자산업의 초기 발전 과정을 설명하고, 1960년대부터 1990년대까지 정부 정책 및 민간기업의 투자가 전자산업에 미친 영향을 구체적인 사례를 들어 서술하시오.

7.9. 한국 석유화학산업의 발전 과정을 주요 시기별로 서술하고, 이 산업이 국가 경제와 산업구조에 미친 영향과 최근 변화 양상까지 설명하시오. 이 산업의 앞으로 발전 전망에 대하여 논의하시오.

7.10. 1960~70년대 한국의 고도 경제성장의 주요 요인을 설명하고, 중화학공업 중심의 경제성장 정책이 초래한 부작용과 이에 대한 대응 과정을 서술하시오.

CHAPTER

# 08

# 재정체계 변화와 공기업 민영화

1. 들어가며
2. 재정체계와 정부 재정지출 현황
3. 재정정책의 역사
4. 공기업 민영화와 국영기업
5. 재정체계와 재정정책의 평가

Chapter 08

# 재정체계 변화와 공기업 민영화

1929년 세계 대공황의 발발은 자본주의에 대한 근본적인 의문을 제기하게 하였다. 존 메이너드 케인스(J.M. Keynes)는 고전학파의 시장 자동조절 기능을 비판하며, 경제 불황의 원인을 유효수요(가계, 기업, 정부)의 부족으로 보았다. 즉, 민간부문에서의 소비와 투자가 위축되면 총수요가 감소하여 실업과 경기침체가 지속된다는 것이다. 즉, 무한히 생산물 공급은 가능하지만 유효수요가 부족해서 경기침체가 일어나는 경우 생산과 고용 수준이 총수요에 의해 결정된다는 이론이다.

케인스는 이러한 문제를 해결하기 위해 소비여력이 적은 민간(가계, 기업)을 대신하여 정부의 적극적인 개입을 강조하였다. 그는 재정정책과 통화정책을 조합한 총수요관리정책을 통하여 경기활성화를 달성해야 한다고 주장하였다. 특히 정부지출을 통한 경기부양 효과를 재정승수(fiscal multiplier) 개념으로 설명하였다. 이러한 케인스주의적 정책은 대공황 이후 미국과 유럽 국가들이 경제 회복을 도모하는 데 중요한 역할을 하였다. 그 결과 시장의 자율에만 맡기던 전통적 자본주의에서 벗어나, 국가가 시장에 개입하여 안정성과 형평성을 함께 추구하는 수정자본주의(modified capitalism)로의 전환이 이루어졌다. 이 이론은 복지국가 개념과 결합되면서 현대 경제정책의 주류로 자리 잡았다.

## 1 들어가며

국가 경제는 가계, 기업, 정부, 외국이라는 네 가지 주요 경제주체에 의해 구성된다. 이 중 정부는 국민 삶의 질 향상과 국가의 안정적 운영을 위해 다양한 경제적 활동을 수행하며, 이러한 활동 전반을 재정(public finance)이라 한다. 재정은 조세를 비롯한 정부의 수입과 공공재 및 공공서비스 제공을 위한 지출을 포함하는 포괄적 개념으로, 국가 경제 내에서 정부의 경제적 존재와 그 기능을 구체화한다.

정부의 주요 역할은 크게 세 가지로 구분할 수 있다. 첫째, 자원배분의 효율성 제고이다. 시장이 제대로 공급하지 못하는 공공재(국방, 치안, 도로 등)를 정부가 제공함으로써 사회 전체의 효용을 극대화한다. 둘째, 소득재분배 기능이다. 누진세 제도, 사회복지지출, 교육 기회 확대 등을 통하여 불평등을 완화하고 경제적 형평성을 추구한다. 셋째, 경제안정화 기능이다. 이는 케인스 경제학의 논리를 따르는 것으로, 경기가 과열되거나 침체될 때 정부가 재정정책을 활용하여 경기를 조절함으로써 전체 경제의 안정성과 지속가능한 성장을 도모한다.

재정의 기능도 이와 밀접하게 연관된다. 정부는 조세(국세와 지방세), 부담금, 기여금, 자산 매각, 국공채 발행 등을 통하여 재원을 조달한다. 이러한 재원은 다시 국방, 외교, 치안, 사회간접자본 투자, R&D, 교육, 사회복지 등에 지출된다. 이 과정을 통하여 재정은 국가 운영의 기반을 제공할 뿐만 아니라, 경제성장을 지원하고 사회적 불균형을 조정하는 핵심적인 도구로 작용한다. 특히 현대 사회에서는 정부의 적극적인 재정 운영이 필수적이다. 단순한 국가 유지 차원을 넘어, 기후변화 대응, 디지털 인프라 구축, 고령화 사회 대비 등 새로운 사회적 수요에 대응하기 위한 전략적 투자 역시 재정을 통하여 이뤄진다. 따라서 재정은 단지 수입과 지출의 균형을 맞추는 회계적 개념이 아니라, 미래지향적 국가전략을 실현하는 데 있어 핵심적 수단이라 할 수 있다. 따라서 재정은 정부의 존재와 역할을 경제적으로 실현하는 통로이며, 경제 안정, 성장, 형평성을 조화시키는 데 있어 그 중요성은 갈수록 커지고 있다.

본 장에서는 한국의 재정체계와 재정지출 현황 및 재정정책의 변화를 알아보고, 특히 공기업 민영화 정책과 실적을 알아본다.

## 2 재정체계와 정부 재정지출 현황

### (1) 재정기능과 분류

재정의 3대 기능으로 미국 경제학자 리처드 머스그래이브(R. Musgrave, 1959)의 제안이 가장 많이 인용된다. 즉, 자원배분의 효율성, 소득분배의 형평성, 경제성장동력 확충이다.

첫째, 정부는 세금을 걷어 공공재를 제공하거나 부담금을 부과해 자원이 효율적으로 쓰이도록 한다. 이는 시장만으로는 제대로 공급되지 않는 분야에서 정부가 개입해 자원을 적절히 배분하는 역할을 한다는 뜻이다. 즉, 시장실패(market failure)가 발생하거나 발생 우려가 있는 경우 정부가 나서서 문제를 보완하는 것이다. 예를 들어, 국방, 외교, 치안 같은 공공서비스나 도로, 철도, 항만 같은 사회기반시설은 민간이 충분히 공급하기 어려워 정부가 책임지고 제공해야 한다.[1]

둘째, 정부는 조세와 복지제도를 통하여 소득격차를 줄이고, 공정한 분배를 추구한다. 예를 들어, 고소득자는 더 많은 세금을 내고, 이렇게 걷은 세금은 저소득층을 지원하는 데 사용된다. 누진세 구조와 사회보장제도를 통하여 실질적인 소득재분배가 이루어지도록 한다.

셋째, 정부는 재정을 통하여 경기침체나 불황을 완화하고, 경제가 안정적으로 성장할 수 있도록 돕는다. 예를 들어, 경기가 나쁠 때는 세금을 줄이거나 정부지출을 늘려 소비와 투자를 촉진한다. 또한, 누진세 구조는 소득이 높을 때 세금을 더 걷고, 낮을 때는 덜 걷게 되어 자동으로 경기를 조절하는 기능도 한다.

### (2) 정부 집행 예산 방식

정부가 집행하는 재정은 크게 세 가지 방식으로 분류되며, [표 8-1]은 이를 요약한 것이다.

첫째, 재정은 그 운용 주체에 따라 중앙재정, 지방재정, 지방교육재정으로 구분할 수 있다. 중앙재정은 중앙정부가 운용하며, 지방재정은 광역자치단체와 기초자치단체가 각각의 관할 영역에서 운용한다. 지방교육재정은 시·도교육청이라는 교육자치단체가 교육이라는 특별한 목적을 위해 운용하는 재정이다. 지방교육재정은 지방자치단체의 일반회계와는 분

1 공공재의 비배제성(nonexcludability)과 비경합성(nonrivalry)의 특성으로 부임승차문제(free-rider problem)가 나타나기 때문이다.

리되어 교육비특별회계라는 독립된 회계 체계로 운영되며, 시·도 교육감이 이를 책임지고 관리한다.[2] 이러한 지방교육재정은 지방자치단체가 설치하고 운영하는 공립 및 사립 유치원, 초등학교, 중학교, 고등학교, 특수학교의 운영과 교육 활동에 사용된다.

둘째, 재정은 그 운용 수단에 따라 예산과 기금으로 구분할 수 있다. 중앙정부의 재정도 이와 같이 예산과 기금으로 나뉜다. 예산은 다시 일반회계와 특별회계로 구분된다. 일반회계는 정부의 기본적인 행정 활동을 위한 재정으로, 중앙정부의 대부분 조세수입이 여기에 포함된다. 반면, 특별회계는 특정한 목적을 수행하기 위한 사업에 필요한 자금을 일반회계와는 별도로 운영하는 재정이다. 특별회계는 일반회계에서 다루기 어려운 특정 사업의 효율적인 집행을 위해 마련된 것이다. 예산은 매년 계획을 수립한 후 국회의 심의와 의결을 거쳐야 집행할 수 있다. 기금은 특정 분야의 사업이 지속적이고 안정적인 지원을 필요로 하거나, 사업 추진에 있어서 보다 탄력적인 집행이 요구되는 경우에 설치된다. 기금은 개별 법률에 근거하여 운영되며, 국회의 심의·의결을 거치지만 예산에 비해 계획 변경이나 집행 절차에서 더 넓은 재량권이 인정된다.

**표 8-1** 중앙정부와 지방정부의 재정 분류

<table>
<tr><th>주체</th><th colspan="2">수단</th><th>내용</th></tr>
<tr><td rowspan="3">중앙 정부</td><td rowspan="2">예산</td><td>일반회계</td><td>중앙정부의 활동과 관련된 조세수입 대부분이 해당</td></tr>
<tr><td>특별회계</td><td>중앙정부의 특정 목적을 위해 사용되는 예산</td></tr>
<tr><td colspan="2">기금</td><td>중앙정부의 특정분야 사업의 안정적 집행을 위한 예산</td></tr>
<tr><td rowspan="3">지방 정부</td><td rowspan="2">예산</td><td>일반회계</td><td>지방정부의 활동과 관련된 조세수입 대부분이 해당</td></tr>
<tr><td>특별회계</td><td>지방정부의 특정 목적을 위해 사용되는 예산</td></tr>
<tr><td colspan="2">기금</td><td>지방정부의 특정분야 사업의 안정적 집행을 위한 예산</td></tr>
<tr><td rowspan="2">교육 자치 단체</td><td colspan="2">교육비 특별회계</td><td>시·도 교육청의 교육이라는 특별한 목적을 위해 집행되는 예산</td></tr>
<tr><td colspan="2">기금</td><td>시·도 교육청의 특정분야 사업의 안정적 집행을 위한 예산</td></tr>
</table>

출처: 국회예산정책처(2024), 기획재정부 열린재정 재정정보공개시스템.

2 지방교육재정의 재원은 국가와 일반 자치단체로부터 지원받는다. 국가로부터는 지방교육재정교부금과 국고보조금이 지원되며, 일반 자치단체로부터는 법정전입금과 비법정전입금이 제공된다.

셋째, 재정은 그 성격에 따라 정부의 수입과 지출 활동으로 분류할 수 있다. 이는 예산과 기금을 포함한 모든 재정 운용 수단을 수입과 지출이라는 두 가지 범주로 나누는 방식이다. [표 8-1]에서 볼 수 있듯이, 일반회계와 특별회계를 포함한 예산, 그리고 기금을 모두 합한 재정 전체가 수입과 지출로 구분된다. 이때 세입과 세출이라는 용어는 「국가재정법」에서 정의된 개념으로, 일반회계와 특별회계에 의한 수입과 지출을 의미하며, 기금은 여기에 포함되지 않는다.

## (3) 주요 재정지표

정부의 재정 규모를 파악하기 위한 주요 개념으로 총수입과 총지출이 있다. 총수입은 중앙정부와 지방정부의 모든 수입을 포함한 수입 규모를 의미하며, 총지출은 이에 대응하는 지출의 총합을 뜻한다. 총수입과 총지출은 일반회계, 특별회계, 기금의 수입과 지출을 모두 포함하되, 기금 간의 내부거래와 보전거래에서 발생하는 수입과 지출은 중복 계산을 피하기 위해서 제외된다.

일반회계는 국가의 일반적인 행정 활동에 필요한 세입과 세출을 포괄하는 회계로, 가장 기본적인 재정 운용 수단이다. 일반회계의 세입은 국세(예: 소득세, 법인세, 부가가치세), 공기업 주식 매각 등에서 발생하는 세외수입, 그리고 국채 발행을 통한 수입 등으로 구성된다. 세출은 중앙행정기관의 운영비와 각종 사업비가 포함되며, 기능별로는 경제개발비, 교육비, 방위비, 사회개발비, 지방재정교부금, 일반 행정경비, 채무상환, 예비비 등이 있다. 특별회계는 특정한 목적의 사업을 수행하기 위해 독립된 재원으로 운영되는 회계이다. 일반회계와는 달리 특정 사업에 한정된 자금을 활용하므로 사업이나 자금 운용 실적이 명확히 구분되는 장점이 있다.

[표 8-2]는 중앙정부 일반회계에서 국세 및 그 외의 수입 현황을 결산기준으로 보여준다. 총수입은 국세(일반회계, 특별회계)와 국세 이외(일반회계, 특별회계, 기금) 수입의 합으로 구성된다. 2007년에서 2025년을 보면 총수입은 267.9조 원에서 651.6조 원으로 2.4배가 증가하였고, 국세는 같은 기간에 161.5조 원에서 382.4조 원으로 증가하였고, 국세 이외는 106.4조 원에서 269.2조 원으로 증가하였다. 국세 중에서 내국세는 2007년 130.2조 원에서 2025년 338.1조 원으로 2.6배가 증가하였다.

**표 8-2** 중앙정부 총수입 현황

단위: 조 원

| | | 2007 | 2010 | 2015 | 2020 | 2025 |
|---|---|---|---|---|---|---|
| 총수입 (I+II) | | 267.9 | 299.4 | 371.9 | 478.6 | 651.6 |
| I. 국세 | | 161.5 | 177.6 | 217.9 | 285.5 | 382.4 |
| 1) 일반회계 | | 155.4 | 170.9 | 210.8 | 276.3 | 371.8 |
| 내국세 | 계 | 130.2 | 140.6 | 182.0 | 247.0 | 338.1 |
| | 소득세 | 38.9 | 37.5 | 60.7 | 93.1 | 126.8 |
| | 법인세 | 35.4 | 37.3 | 45.0 | 55.5 | 88.3 |
| | 부가가치세 | 40.9 | 49.1 | 54.2 | 64.9 | 87.6 |
| | 기타 | 15.0 | 16.7 | 22.1 | 33.5 | 35.4 |
| 교통·에너지·환경세 | | 11.5 | 14.0 | 14.1 | 13.9 | 15.1 |
| 교육세 | | 3.9 | 4.6 | 4.9 | 4.7 | 6.0 |
| 관세 | | 7.4 | 10.7 | 8.5 | 7.1 | 8.4 |
| 종합부동산세 | | 2.4 | 1.0 | 1.4 | 3.6 | 4.1 |
| 2) 특별회계 | | 6.1 | 6.7 | 7.1 | 9.3 | 10.6 |
| | | | | | | |
| II. 국세 이외 | | 106.4 | 121.8 | 154.0 | 193.1 | 269.2 |

주: 1) 결산기준이나 2025년은 예산 기준임. 2) 국세 이외 수입은 일반회계, 특별회계, 기금으로 구성됨.
출처: 기획재정부 열린재정 재정정보공개시스템.

현행 조세체계는 국세(14개) 및 지방세(11개)로 분류된다. 국세는 국가가 직접 부과·징수하여 중앙정부의 재정에 사용하는 세금이고, 지방세는 지방자치단체가 부과·징수하여 지역 주민의 복지와 행정 서비스를 위해 사용하는 세금이다. 국세는 국가 전체의 균형발전과 대규모 정책 수행에 활용되며, 지방세는 지역 특성에 맞는 행정과 주민 생활과 밀접한 서비스를 제공하는 데 쓰인다. 현행 국세와 지방세 분류는 [표 8-3]에 정리되어 있다.

**표 8-3** 현행 국세와 지방세 종류

| 조세 | 세목 |
|---|---|
| 국세 | 소득세, 법인세, 상속세·증여세, 종합부동산세, 부가가치세, 개별소비세, 교통·에너지·환경세, 주세, 인지세, 증권거래세, 교육세, 농어촌특별세, 관세 |
| 지방세 | 취득세, 등록면허세, 레저세, 담배소비세, 지방소비세, 주민세, 지방소득세, 재산세, 자동차세, 지역자원시설세, 지방교육세 |

출처: 기획재정부(2023).

[그림 8-1]은 1970년 이후 국세와 지방세의 GDP 대비 비중의 추이를 보여준다. 1970년에 국세와 지방세는 GDP에 비해 각각 91.3%와 8.3%였으나 2022년에는 국세 비중은 하락하여 77.0%였고, 지방세 비중은 증가하여 23.0%였다. 국세 수입 중에서 상당 부분이 지방교부금 등을 통하여 지방으로 이전되기 때문에 지방정부가 사용할 수 있는 금액은 그만큼 증가하게 된다.

**그림 8-1** 국세와 지방세의 GDP 비중

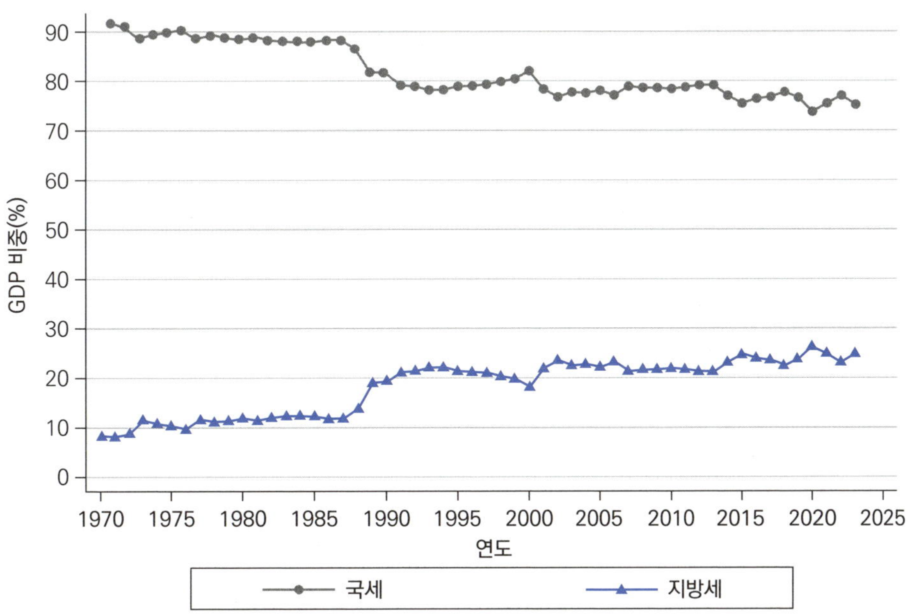


출처: 지표누리 e-나라지표.

[표 8-4]는 중앙정부의 16대 분야별 총지출 현황을 보여준다. 2007년과 2025년을 보면 총지출이 각각 237.1조 원에서 673.5조 원으로 2.8배가 증가하였다. 분야별로 보면 사회복지지출은 같은 기간 56.1조 원에서 229.1조 원으로 4.1배가 증가하여 가장 빠르게 증가한 부문이다.

**표 8-4** 중앙정부 분야별 총지출 현황

단위: 조 원

| | 2007 | 2010 | 2015 | 2020 | 2025 |
|---|---|---|---|---|---|
| 총지출 | 237.1 | 292.8 | 375.3 | 512.0 | 673.5 |
| 사회복지 | 56.1 | 73.9 | 105.3 | 167.0 | 229.1 |
| 일반·지방행정 | 42.3 | 48.7 | 58.0 | 79.0 | 110.7 |
| 교육 | 30.7 | 38.3 | 52.9 | 72.6 | 98.5 |
| 국방 | 23.9 | 29.0 | 36.7 | 48.7 | 59.0 |
| 산업·중소기업 및 에너지 | 12.6 | 15.1 | 16.4 | 23.7 | 28.2 |
| 농림수산 | 15.9 | 17.3 | 19.3 | 21.5 | 25.9 |
| 공공질서 및 안전 | 10.9 | 12.9 | 16.9 | 20.8 | 25.0 |
| 교통 및 물류 | 15.8 | 17.5 | 20.3 | 19.2 | 21.0 |
| 보건 | 5.3 | 7.3 | 10.4 | 13.5 | 19.7 |
| 환경 | 4.0 | 5.4 | 6.8 | 9.0 | 13.0 |
| 통신 | 6.2 | 6.2 | 7.6 | 7.9 | 9.2 |
| 과학기술 | 3.1 | 4.3 | 6.6 | 8.2 | 10.8 |
| 문화 및 관광 | 2.9 | 3.9 | 6.1 | 8.0 | 8.8 |
| 통일·외교 | 2.4 | 3.3 | 4.5 | 5.5 | 7.7 |
| 국토 및 지역개발 | 2.7 | 7.6 | 4.5 | 4.0 | 4.5 |
| 예비비 | 2.3 | 2.1 | 3.0 | 3.4 | 2.4 |

주: 1) 결산기준이나 2025년은 예산기준임. 2) 2007년 이후 기획재정부의 세출 통계자료 기준이 변경됨.

출처: 기획재정부 열린재정 재정정보공개시스템.

정부재정의 현황이나 경제에 미치는 영향을 알아보기 위한 재정수지는 통합재정수지와 관리재정수지로 나눌 수 있다. 통합재정수지는 예산, 기금 등을 포함한 재정 전체의 수입에서 세출 및 순융자를 차감한 것이다.[3] 이는 재정이 경제에 미치는 영향을 분석하기 위하여 사용된다. 관리재정수지는 통합재정수지에서 사회보장성기금수지 및 이미 발생한 채무의 행태 변화인 공적자금 국채전환분(보증채에서 국채로 전환)을 뺀 것으로 재정건전성 여부를 명확히 판단하기 위해 사용된다.

[그림 8-2]는 통합재정수지와 관리재정수지의 추이를 보여준다. 1990년 이전의 통합재정수지는 전반적으로 1조 원 내외의 적자를 보여주며 큰 변동은 없었다. 심지어는 1987년과 1988년에는 각각 0.3조 원과 1.6조 원의 흑자를 기록하였다. 1997년 외환위기에 직면하면서 재정을 통한 적극적 경기 대응으로 일시적으로 재정 수지 적자 폭이 확대되었다, 그 이후 2008년 이전까지는 관리재정수지의 안정적 유지가 이루어졌다. 반면에 2008년 글로벌 금융위기에 직면하여 추경을 편성하는 등 적극적 재정 확대로 재정수지는 다시 악화되었다. 그러나 2010년 이후 경기가 회복되면서 재정수지는 개선되었다. 그러나 2019년 이후 코로나19에 대응하기 위한 재정 확대 정책의 지속으로 2024년까지 재정수지가 심각하게 확대되었음을 알 수 있다. 전체적으로 보면 통합재정수지는 2019년 이후 지속적으로 적자를 기록하고 있음을 알 수 있다. 여기서 사회보장성 수지를 제외한 관리재정수지는 1990년 이후 세 개 연도(2002, 2003, 2007)를 제외하고는 계속해서 적자를 기록하고 있고 특히 2019년 이후 대폭으로 적자폭이 커지고 있음을 알 수 있다.

구체적으로 보면 1990년 이후 관리재정수지가 흑자를 보인 연도는 2002년(5.1조 원), 2003년(1.0조 원), 2007년(6.7조 원)에 불과하고, 적자폭은 더욱 커져서 2019년 54.4조원에서 2020년 117.0조 원을 넘었고, 2022년과 2024년에도 각각 117.0조 원 및 104.8조 원 적자를 보여 주었다.

---

3 당해연도의 일반회계, 특별회계, 기금을 모두 포괄한 수지로서 회계-기금 간 내부거래 및 차입, 채무상환 등 보전거래를 제외한 순수한 재정수입에서 순수한 재정지출을 차감한 수치이다.

**그림 8-2** 통합재정수지와 관리재정수지의 추이

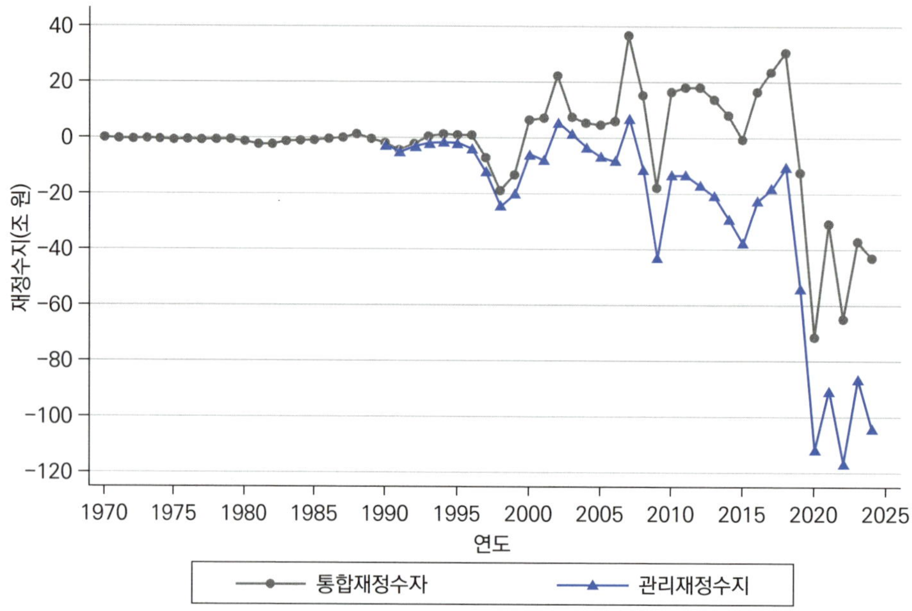


출처: 지표누리 e-나라지표.

[그림 8-3]은 국민부담률과 조세부담률의 추이를 보여주고 있다. 국민부담률은 GDP 대비 조세(국세 및 지방세)와 사회보장기여금이 차지하는 비율로, 조세부담률보다 더 포괄적으로 국민의 부담 수준을 나타내는 지표이다. 반면, 조세부담률은 GDP에서 조세만이 차지하는 비율이다. 전체적인 추이를 보면, 2015년을 전후로 두 부담률 모두 꾸준히 상승하는 경향을 보이고 있다. 특히 2020년 이후에는 상승 폭이 더욱 가팔라졌으며, 이는 국민이 부담하는 조세와 사회보장기여금이 빠르게 증가했음을 의미한다. 2022년 기준으로 조세부담률은 23.8%, 국민부담률은 32.0%로 나타나, 조세 이외에도 사회보장 관련 기여금의 부담이 국민경제에서 큰 비중을 차지하고 있음을 알 수 있다.[4]

4 2022년 기준으로 OECD 회원국 38개국의 GDP 대비 총 조세수입 비중을 살펴보면, 한국은 28.9%로 OECD 평균 (33.9%)에 비해 낮은 수준이다(OECD, 2024).

그림 8-3 국민부담률과 조세부담률 추이

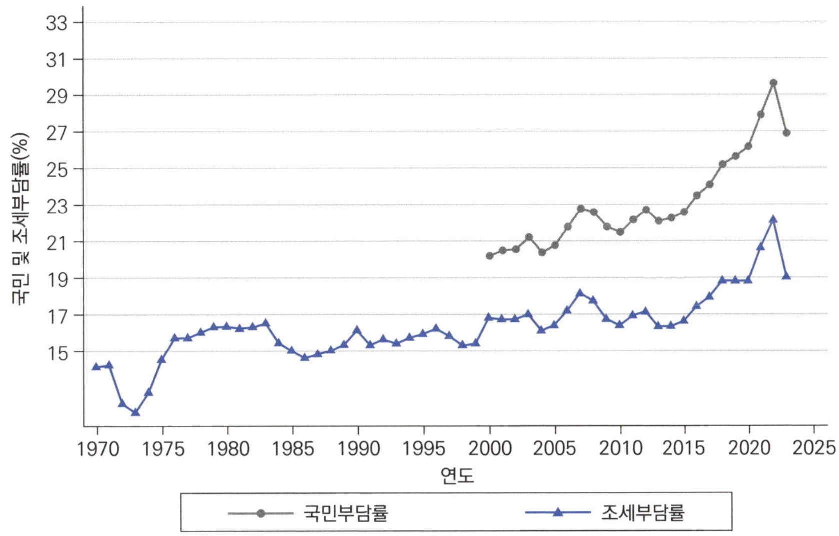


출처: 지표누리 e-나라지표.

정부의 재정적자가 누적되고 그 증가 속도가 경제성장률을 초과하게 되면, GDP 대비 국가부채의 비중은 점차 높아지게 된다. 국가부채는 그 범위에 따라 일반적으로 세 가지로 구분된다. 국가채무(D1)는 중앙정부와 지방정부가 보유한 회계 및 기금의 부채를 포함한다. 일반정부 부채(D2)는 국가채무에 더해 비영리 공공기관의 부채를 포함한 것으로, 국제기구에서는 국가 간 재정 상황 비교를 위해 주로 이 지표를 사용한다. 공공부문 부채(D3)는 일반정부 부채에 비금융공기업의 부채까지 더한 개념으로, 국가 전체의 포괄적인 부채 규모를 파악하는 데 활용된다.

[그림 8-4]는 이 세 가지 국가부채(D1, D2, D3)의 GDP 대비 비중 변화를 나타낸 것이다. 전체적인 흐름을 보면, 현재까지는 GDP 대비 부채 비중이 비교적 양호한 수준을 유지하고 있다. 그러나 최근 들어 부채 증가 속도가 매우 빠르게 나타나고 있으며, 이는 장기적으로 재정건전성에 부담이 될 수 있다. 특히 한국의 국가채무 비율은 아직 유사한 경제발전 단계를 가진 국가들에 비해 낮은 수준이지만, 저출산과 고령화 등 구조적 문제로 인해 향후 빠르게 증가할 가능성이 크다.

먼저, 국가채무(D1)를 보면 1997년 60.3조 원에서 2023년 1,126.7조 원으로 증가하여,

그림 8-4 GDP 대비 국가부채 추이

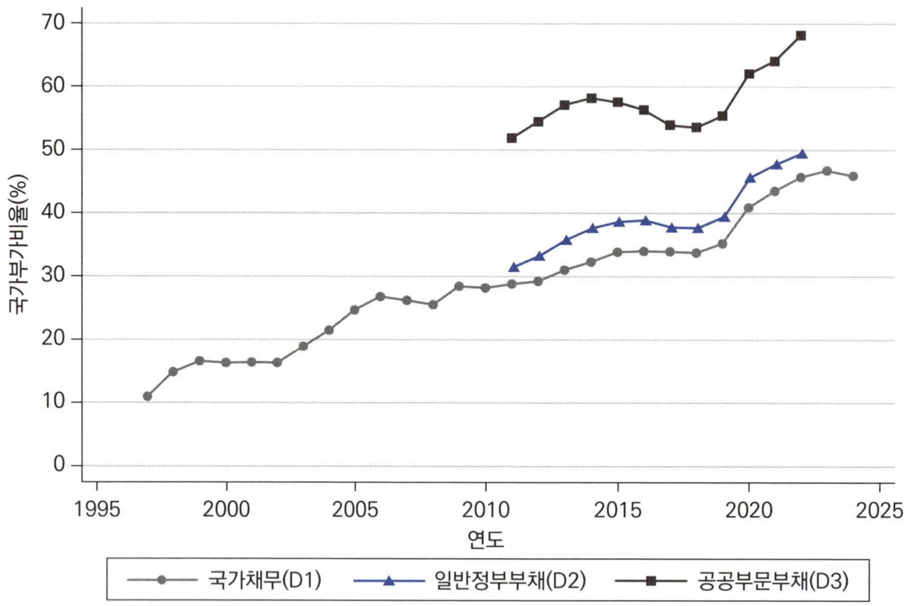


출처: 국회예산정책처 재정경제통계시스템.

18.7배가 증가하여 GDP 대비 비중이 11.1%에서 46.9%로 증가하였였다. 특히 2017년 660.2조 원에서 급격히 증가하여 2023년에 465.8조 원이 증가하여 연평균 67조 원이 증가하였다. 다만, 2024년에 국가채무는 1,175.2조 원으로 증가했으나 GDP 대비 비중은 약간 하락하여 46.1%였다. 국제기구에서 많이 이용되는 국가부채 중에서 일반정부부채(D2)는 2011년 459.2조 원에서 2023년 1,217.3조 원으로 증가하여 GDP 대비 비중은 31.7%에서 50.7%로 증가하였다. 공공부문부채는 2011년과 2023년에 753.3조 원에서 1,673.3조 원으로 증가하여 GDP 대비 비중이 52%에서 69.7%로 증가하였다.

### (4) 공공기관과 공무원 현황

공공기관은 개인의 이익이 아니라 공공의 이익을 목적으로 조직된 단체나 기관을 의미한다. 본 절에서는 그중에서도 정부와 관련된 단체 또는 기관을 중심으로 설명한다. 공공기관은 대부분 독립된 법인 형태를 가지고 있지만, 일부는 법인이 아닌 다른 공공기관 내부의 기구로 존재하기도 한다. 공공기관은 관련 법률에 따라 구분된다. 첫째, 중앙정부의 관리 아래 있는 공공기관은 2007년 제정된 「공공기관의 운영에 관한 법률」(약칭: 「공공기관 운영법」)에 따라 지정된다. 둘째, 지방자치단체가 운영하는 공공기관은 「지방공기업법」에 따라 지방공기업으로 분류된다.[5] [표 8-5]는 중앙부처의 관리 하에 있는 공공기관과 지방자치단체가 운영하는 지방공기업의 주요 유형과 현황을 정리한 것이다. [표 8-6]은 이 정의에 따른 공공기관 현황을 정리한 것이다.

중앙정부 관리에 있는 공공기관은 공기업, 준정부기관 및 기타 공공기관으로 분류되고 있다. 공기업은 시장형과 준시장형으로 나누고, 준정부기관은 기금관리형과 위탁집행형으로 분류되고, 기타공공기관은 연구개발목적기관을 말한다. 지방공기업은 지방자치단체가 직접 설치·경영하거나, 법인을 설립하여 경영하는 기업을 말하며, 지방직영기업, 지방공사 및 지방공단으로 분류된다.

「공공기관 운영법」에 의하면 공기업과 준정부기관(제7조)은 직원 정원이 300명 이상, 총수입액이 200억 원 이상, 자산규모 30억 원 이상인 공공기관이다. 이 중에서 자산규모가 2조 원 이상이거나 총수입액 중 자체수입액이 차지하는 비중이 85% 이상인 공공기관을 시장형 공기업으로 분류한다. 준정부기관은 기금관리 또는 위탁관리하는 공공기관을 기금관리형 준정부기관으로 분류하고, 정부업무를 위탁 집행하는 공공기관은 위탁집행형 준정부기관으로 분류한다. 기타공공기관은 다른 법률에 따라 책임경영체계가 구축되어 있는 공공기관으로 시행령 제7조의 2에 분류 기준을 제시하고 있다. 지방공기업은 지방직영기업, 지방공사, 지방공단으로 분류되는데, 구체적인 형태는 지방자치단체의 조례로 분류하도록 하고 있다.

5 「공공기관의 운영에 관한 법률」은 2007년 제정되었고, 「지방공기업법」은 1969년 제정되었다.

**표 8-5** 공공기관의 분류

| | 분류 | | | 분류기준 |
|---|---|---|---|---|
| 중앙 | 공기업 | 시장형 | 직원 정원 300명 이상, 총수입액 200억 원 이상, 자산규모 30억 원 이상 | 자산규모 2조 원 이상, 총수입액 중 자체수입 비중이 85% 이상 |
| | | 준시장형 | | 시장형 공기업이 아닌 공기업 |
| | 준정부기관 | 기금관리형 | | 「국가재정법」에 따라 기금 관리 또는 위탁관리 |
| | | 위탁집행형 | | 정부업무의 위탁 집행 |
| | 기타 공공기관 | 「국립대학병원설치법」 등 다른 법률에 따라 책임경영체계가 구축된 기관, 공공기관이 출연하여 설립한 교육 기관 등 | | |
| 지방 | 지방공기업 | 지방직영기업 | 지방자치단체가 조례로 지정 | |
| | | 지방공사 | | |
| | | 지방공단 | | |

출처: 「공공기관의 운영에 관한 법률」(2024.3.26., 일부개정) 및 동법 시행령(2022.12.20., 일부개정), 「지방공기업법」(2025.1.7., 일부개정), 국회예산정책처(2024).

**표 8-6** 공공기관 현황

| | 분류 | | 기업수 | 인원 |
|---|---|---|---|---|
| 중앙 | | 계 | 327 | 394,262 |
| | 공기업 | 시장형 | 14 | 73,002 |
| | | 준시장형 | 18 | 70,233 |
| | 준정부기관 | 기금관리형 | 12 | 29,596 |
| | | 위탁집행형 | 43 | 81,473 |
| | 기타 공공기관 | | 240 | 139,957 |
| 지방 | 지방공기업 | 계 | 416 | 86,192 |
| | | 지방직영기업 | 252 | 14,841 |
| | | 지방공사 | 78 | 46,837 |
| | | 지방공단 | 86 | 24,514 |

주: 1) 중앙공공기관 수는 2024년 1월 지정된 수. 2) 인원과 지방공기업 수는 2024년 9월 말 기준. 2) 지방공기업 인원수는 2023년 말 기준임.

출처: 기획재정부(2024), 기획재정부 공공기관 경영정보 공개시스템(ALIO), 행정안전부 지방공공기관통합공시.

## 3 재정정책의 역사

### (1) 해방 이후 1950년대

미군정이 종료되고 1948년 대한민국 정부가 들어섰으나 자체적인 조세수입이 없는 상황에서 정부 예산의 상당 부분이 미국의 원조자금에 의존하는 재정운영이 되고 있었다. 1948년 미국과 맺은 「한미 간의 재정 및 재산에 관한 협정」을 체결하여 미군정청이 보유한 모든 재산을 이양받고 원조물자 판매수입도 우리가 사용할 수 있게 되었다. [표 8-7]은 일제강점기, 미군정 및 정부수립 이후 6·25전쟁 직전까지 국세 체제를 정리한 것이다. 직접세는 세금을 내는 사람(납세의무자)과 실제로 세금을 부담하는 사람이 같은 세금으로, 주로 소득이나 재산에 부과된다. 반면에 간접세는 세금을 내는 사람과 실제로 부담하는 사람이 다른 세금으로, 주로 재화나 서비스의 소비 과정에서 간접적으로 부담하는 세금이다.

(1) 6·25전쟁이 발발하면서 재정의 어려움을 극복하기 위한 조세체계로 개편되었는데, 1950년대 대표적인 법률은 전시 중인 1951년 제정된 「재정법」과 「임시토지수득세법」이다. 「재정법」은 제헌헌법 제9장에 제시된 재정 관련 사항을 구체적으로 실행하기 위한 법률로 실질적으로 정부 차원의 재정 운영이 법률적으로 체계화되었다고 할 수 있다. 이 법은 총 10장 85조로 구성되어 제1조에 밝혔듯이 국가재정과 회계의 기본에 관한 사항을 정하고 있다. 토지수득세는 당시 전쟁으로 인한 국민경제 불안과 막대한 양의 군량미 등 양곡의 수급체계를 원활하게 하기 위하여 현금납부 대신에 현물

**표 8-7** 6·25전쟁 직전까지의 국세 체계

| 조세분류 | 조세 종류 |
|---|---|
| 직접세 | 소득세(일반소득세, 법인세), 수익세(지세, 영업세, 광세(鑛稅)), 특별소비세(이익배당세), 재산세(상속세) |
| 간접세 | 주세, 청량음료세, 물품세, 유흥음식세, 직물세, 통행세, 입장세, 전기가스세, 마권세, 면허세, 관세 |
| 유통세 | 인지세, 등록세 |

출처: 한국개발연구원(1995).

로 조세를 징수하고자 한 농지세 제도이다.[6]

(2) 해방 이후 정부예산의 상당 부분을 차지하였던 것이 미국으로 받는 대충자금(counterpart fund)이다. 해방 이후 정부는 미국으로 받는 무상원조를 국내시장에 판매하고 그 대금은 대충자금으로 적립하도록 하였다. 1948년 미국과 맺은 「한미경제원조협정」에 의하여 1951년 정부는 「대충자금운용특별회계법」을 제정하여 대충자금의 계정과 운용 방식을 결정하였다. 이 법의 제6조(적립금계정의 용도)에 의하면 적립금 총액에서 한국 내 경비를 위한 5%를 제외하고 부흥건설을 위한 투자 재정적자의 보전과 구호물자의 무상 배급 경비에 사용하도록 하였다.

## (2) 정부주도 고도성장기

해방 이후 1950년대까지는 미국을 비롯한 해외로부터의 원조자금에 의존하는 경제구조에서 재정의 자립화를 위한 재정정책 수립기라고 볼 수 있다. 반면에 1960년대 들어서는 경제개발 5개년 계획이 수입됨에 따라 경제개발계획을 수행하기 위하여 원활한 자금조달을 위한 재정계획을 수립하고자 하였다.

(1) 1961년에 기존의 「재정법」을 폐지하고 「예산회계법」을 제정하여 수출지향적 고도 경제성장 정책을 뒷받침하도록 재정구조의 전환이 이루어지기 시작하였다. 이 법은 국가의 예산 및 회계와 관련된 사항의 기본에 관해 제정된 법률로 11장 97조 및 부칙으로 되어 있다. 내용은 기존의 「재정법」과 유사하나 지출예산에 관한 기능별·성질별의 업무 단위별 예산제도(성과주의 예산제도)와 기업회계제도를 채택한 점에 큰 차이가 있다.

(2) 1967년 「부동산 투기억제에 관한 특별조치세법」을 제정하여 부동산투기억제세를 도입하였다.[7] 1960년대 후반에 부동산 투기가 증가함으로 인하여 금융자원의 비생산적 투자를 막기 위하여 부동산을 양도한 사람에게는 누구나 양도소득의 50%를 일률

6 토지수득세의 비중은 1950년대 초기 1951년 21.5%에서 1952년(21.5%)과 1953년(22.4%)에 이르러 정부 세수입에 가장 큰 비중을 차지하였다, 그 비중은 1957년 23.9%를 제외하고는 계속 하락하여 1960년에는 6.1%였다. 그렇지만 당시 같은 기간에 소득세가 14.3%(1951, 1952년)와 13.9%(1953년)에 비교하면 굉장히 높았던 것을 알 수 있다(한국경제 60년사 편찬위원회, 2010a).

7 부동산 양도소득세는 1951년 6·25전쟁 중에 재정수입을 조달하기 위하여 도입되었다가 1960년 말 폐지되었다(한국개발연구원, 1995).

적으로 납부하게 하였다. 그러나 1974년에 종합소득세 제도를 도입하면서 부동산투기억제세는 양도소득세로 전환되었다. 종합소득세 제도는 기존에 소득 종류별로 분리 과세하는 방식에서 이자, 배당, 사업소득, 근로소득, 기타소득 등을 합산해 종합적으로 과세하는 방식을 도입한 것이다.

(3) 「부당이득세법」을 1974년에 제정하였다. 제1조(납세의무자)의 1항에 의하면 "물가안정에 관한 법률이나 기타 법률에 의하여 정부가 결정·지정·승인·인가 또는 허가하는 물품의 가격, 부동산이나 기타의 물건의 임대료 또는 요금의 최고액을 기준으로 거래단계별 · 지역별 기타의 구분에 따라 국세청장이 따로 정하는 가액을 초과하여 거래함으로써 부당한 이득을 얻은 자는 부당이득세를 납부할 의무를 진다."라고 되어 있다. 이 법은 2007년 폐지되었다.

(4) 조세체계의 혁신적인 변화는 1977년부터 시행되기 시작한 「부가가치세법」과 「특별소비세법」이다. 기존의 8개 세제를 폐지하여 복잡한 소비세 체계를 정비하여 일반소비세는 부가가치세로, 개별소비세는 특별소비세로 통합하여 단순화하고자 하였다.[8]

부가가치세는 전체 거래금액을 과세대상으로 하는 영업세(business tax)와 달리 영업활동에 의해 창출된 부가가치를 과세표준으로 한다. 따라서 각 거래단계에서 발생하는 부가가치마다 세금을 부과한다. 당시 13%의 부가세율을 명시한 「부가가치세법」은 이후 수차례 개정을 거쳐 1988년 개정 이후 10%의 세율로 통일되었으나 과세방법이나 세율 등이 거의 변화 없이 현재까지 시행되고 있다.[9]

특별소비세는 매우 복잡하게 되어 있었던 개별소비세 체계를 흡수 통합하여 세율체계를 간소화하고 과세대상 간에 세율체계의 일관성을 유지하고자 하였다. 당시 과세대상은 보석, 진주, 모피, 당구 및 골프용품, 전기세탁기, TV, 투전기, 냉장고, 세탁기, 승용자동차, 커피, 코코아 등이었다. 이 법은 세수확보라는 목표 이외에 단일세율로 부과되는 부가가치세의 역진성 보완, 소비억제, 국내유치산업 보호를 통한 국제경쟁력 확보 등의 목적도 있었다.

8 부가가치세법의 도입으로 기존의 8개 법률은 폐지되었는데 「영업세법」, 「물품세법」, 「직물류세법」, 「석유류세법」, 「전기까스세법」, 「통행세법」, 「입장세법」, 「유흥음식세법」이다.

9 당시 세율은 13%의 단일세율을 기본세율로 하여 3%를 범위내에서 조정할 수 있는 탄력세율세도였다. 그러나 1988년부터 탄력세율이 폐지되고 기본세율이 10%로 확정되어 현재에 이르고 있다.

(5) 1978년에는 부동산 투기 억제 및 지가안정을 위한 종합대책(8·8조치)을 통하여 양도소득세 및 공한지세의 범위를 확대하였다. 이 정책은 1970년대 말에 이르면서 부동산 투기가 성행하고 지가가 상승하자 부동산 안정대책으로 발표되었다. 양도소득세를 토지 및 건물에 동일하게 50%를 부과하였는데, 이전에는 토지는 50%였지만 건물에 대해서는 30%였다. 그리고 공한지세의 과세범위를 확대하여 기존이 택지 및 잡종지에 추가로 법인의 비업무용 토지도 포함하였다(한국개발연구원, 1995).[10]

(6) 1960년대 경제개발 5개년 계획이 본격적으로 시작하면서 정부는 계획을 지원하기 위한 자본공급을 원활히 하기 위하여 다양한 형태의 금융기관과 연구기관을 포함한 공기업을 신설하거나 민영화하였다. 정부는 이 시기에 이미 1952년 설립된 국정교과서를 포함하여 한국전력(1961), 중소기업은행(1961) 등 공기업을 신설하였다. 동시에 공기업 민영화를 통하여 국가가 직접 경영을 하는데 비효율적인 기업은 민영화하는 정책을 시행하였다. 공기업 민영화에 대해서는 4절에서 자세히 다룬다.

### (3) 민간주도 경제발전 이행기

1980~90년대 한국의 재정 및 부동산 정책은 정부주도에서 민간주도와 형평성, 안정성 중심으로 전환되며 여러 제도적 변화가 이루어졌다. 전두환 정부는 예산제도를 개선하고, 정부투자기관의 자율성을 확대하였다. 이어 노태우 정부는 부동산 가격 급등에 대응하여 토지공개념이 본격적으로 도입되며 등 토지공개념 3법이 제정되었다.

(1) 전두환 정부에서 중기재정계획과 영점기준예산(zero-based budgeting) 제도가 도입되었다. 1980년대는 그동안 정부주도의 경제성장 정책에서 경제안정과 형평에 관한 관심이 증가하고 민간주도에 의한 경제발전 전략으로의 전환이 강조되는 시기였다. 이러한 흐름에 맞추어 정부의 재정제도도 변화하기 시작하였는데 대표적으로 1982년부터 중기재정계획이 도입되었다. 이어서 1983년에는 영점기준예산 제도에 의한 예산편성이 도입되었고, 정부투자기관의 예산운용이 대폭 자율화되었다. 영점기준예산제도는 예산을 편성할 때 전년도 예산과 상관없이 새롭게 원점에서 재검토한 뒤 예산을 편성하는 방법이다.

10 그 외에도 투기규제지역에서의 거래허가제와 기타 지역에서는 거래신고제도 도입, 기준지가 고시대상지역 확대, 토지개발공사 설립 등이 포함되어 있었다(한국개발연구원, 1995).

(2) 노태우 정부에서 1989년 종합토지세가 도입되었는데, 고가 토지를 다수 보유한 사람에게 누진적으로 과세하던 제도였다.[11] 기존의 토지에 대한 재산세는 토지별로 부과하였으나, 종합토지세는 소유자별로 보유 토지를 합해서 과세하는 것이다. 기존 재산세에 추가로 개인이나 법인이 보유하고 있는 전국의 토지와 법인의 비업무용 토지를 하나의 과세대상으로 삼고자 하였다. 2005년부터 종합토지세 대신에 재산세(지방세)와 종합부동산세(국세)로 이원화하여 보다 정교한 과세 체계로 운영하고 있다.

(3) 제5장에서 자세히 논의하였듯이 노태우 정부 들어서 토지공개념 3법을 공포하면서 토지공개념이 본격적으로 도입되기 시작하였다. 그러나 3법 중에서 「택지소유상한에 관한 법률」은 헌법불일치 결정 그리고 토지초과이득세제는 미실현이득에 대한 과세라는 비판으로 1998년 폐지되었다. 반면에 「개발이익환수에 관한 법」은 현재까지 시행 중이다.

## (4) 지속가능발전 준비기

2000년대 이후 한국의 조세 및 재정제도는 현대적 기준에 맞춰 통합·개편되고, 부동산 과세 정책 또한 정권별로 변화해 왔다. 먼저, 2007년 「개별소비세법」으로 사치품 소비억제뿐만 아니라 사회적 비용이 큰 물품에 대한 규제를 강화하고자 하였다. 2006년에는 「국가재정법」을 제정하여 예산, 기금, 결산을 아우르는 통합적 재정관리와 성과관리, 총액배분자율편성 같은 현대적 기법을 도입하게 되었다. 한편, 부동산 가격 급등에 대응하여 노무현 정부는 2005년 국세인 종합부동산세를 도입한 이후 정부에 따라 강화와 약화를 반복하고 있다.

(1) 1976년에 제정된 「특별소비세법」은 2007년에 「개별소비세법」으로 이름이 바뀌었다. 이 법의 제1조(과세대상과 세율)의 1항을 보면 "개별소비세는 특정한 물품, 특정한 장소에의 입장 행위 및 특정한 장소에서의 유흥음식행위에 대하여 부과한다."라고 되어 있다. 1977년 특별소비세로 이름이 된 것은 당시 부가가치세법의 시행에 따른 조세

11 1989년 토지과다보유세를 신설하면서 재산세와 이원화된 조세제도를 폐지하고 종합토지세로 일원화하게 되었다. 토지과다보유세와 토지초과이득세(1990년 시행)는 모두 토지 투기 억제와 불로소득 환수를 목적으로 도입된 세금으로, 부동산시장 안정화라는 공통점을 가진다. 토지과다보유세는 일정 기준 이상 토지를 보유한 상태에서 매년 과세하는 보유세 성격이며, 토지초과이득세는 토지 양도 시 발생한 초과이득에 대해 일회성으로 과세하는 양도세 성격을 띤다. 두 제도는 모두 토지 가격 급등기에 시행되었으나, 경기 위축과 시장 반발 등의 이유로 1998년 12월 폐지되었다.

부담의 역진성을 해소하고 사치품에 대한 소비억제를 위한 목적이 컸다. 그러나 개별소비세라는 명칭으로 바뀐 것은 사치품(보석, 귀금속제품, 고급시계 등)에 대한 소비억제라는 목표와 함께 사회적 비용이 높은 제품(투전기·오락용 사행기구 기타 오락용품 등)에 대한 소비억제를 위한 목적으로 바뀌었기 때문이다.

(2) 2006년에 「국가재정법」을 제정하고 기존의 「예산회계법」(1961년 제정)과 「기금관리기본법」(1991년 제정)을 폐지하여 통합하였다. 즉, 예산, 기금, 결산 등 재정 전반을 통합적으로 관리하려는 목적이 있었다. 그리고 정부는 새로운 법을 통하여 재정 운용의 효율성, 투명성, 책임성 강화를 위해 성과관리, 중기재정계획, 총액배분자율편성 등 현대적 기법을 도입하고자 하였다.

(3) 노무현 정부에서 2005년 종합부동산세가 도입되었는데, 일정 기준을 초과하는 고액의 주택이나 토지를 보유한 개인 또는 법인에게 부과되는 국세로, 부동산 보유에 따른 조세 형평성과 부동산시장 안정화를 달성하려는 목적이다. 과세는 공시가격을 기준으로 하며, 일반 보유세인 재산세와는 별도로 부과되며, 일정 기준 초과분에 대해 누진세율을 적용한다.

정부는 강남지역의 부동산 폭등에 대한 대응으로 종합부동산세를 도입하였다. 중앙정부에서 지방세인 재산세를 올리려고 하면 해당 지역에서 세율을 인하하면서 의도한 효과를 거두지 못하자 국세로 종합부동산세를 새롭게 채택하였다. 도입 당시에는 개인별로 합산해서 부과하였다가 2006년에는 세대별 합산으로 바꾸었다. 이는 부부 공동명의로 바꾸면 증여에 대한 공제가 커서 오히려 부부공동명의로 전환하는 부작용이 나타났기 때문이다. 그리고 1가구 1주택자에 대하여 주택 공시가격 기준을 9억에서 6억으로 낮추었다. 이명박 정부에서는 종합부동산세가 완화되었다. 먼저 2008년 헌법재판소에서 세대별 부과는 위헌판결을 받으면서 기존의 세대별 합산에서 개인별 합산으로 바뀌었다. 그리고 1주택자 대상 공시가격 기준을 9억으로 인상하고, 과세표준을 공시가격의 80%로 기준을 정하였다.

문재인 정부는 부동산 가격이 다시 폭등하자 2018년 9·13 부동산종합대책을 발표하여 종합부동산세의 과세 기준을 3~6억 구간을 신설하였다. 그리고 3주택 이상 보유자와 조정지역의 2주택 및 고가 1주택자에 대하여 최고세율 2.7%까지 인상하였고, 세금부담 상한도 기존 150%에서 300%로 인상하였다. 그럼에도 2019년에 들어서도 부동산 가격이 안정되지 않자 다시 12·16 부동산 대책을 발표하여, 1주택자와 조정대상지역 외 2주택자의 세율을 1.0%에서 1.2%로 인상하고, 다주택자와 조정지역 2주택자는 1.3%에서 1.6%로 인상하였다. 그리고 2020년에 들어서도 7·10 부동산 대책으로 개인의 경우 3주택 이상 및 조정대상지역 2주택에 대해 과세표준 구간별로 1.2~6%의 세율을 적용하며, 법인은 다주택 보유 법인에 대해 중과 최고세율인 6%를 적용한다. 2021년에는 법인에 대해서 종부세 기본공제 6억 원 및 세부담 상한제를 폐지하였다. 윤석열 정부 들어서는 2023년부터 기본 공제금액이 6억 원에서 9억 원, 1가구 주택 공제금액이 11억 원에서 12억 원으로 상향하고, 1세대 1주택이 아닌 자는 6억 원에서 9억 원으로 상향하였다.

## 4 공기업 민영화와 국영기업

한국은 해방 이후 일제 재산의 불하를 시작으로 민영화 정책을 꾸준히 시행하였다. 이러한 과정을 거치면서 경제성장의 동력이 민간기업이 주도적 역할을 하였으며 이 과정에서 정경유착이라는 부정적인 측면이 수반된 것도 사실이다.

### (1) 이승만 정부 귀속재산불하

한국에서 국영기업의 민영화 출발은 일제강점기 일본인 소유 기업이 미군정을 거쳐 한국 정부에 인계된 이후 1945~50년대 민간에게 불하되면서 시작되었다.[12] 주요 대기업의 모태는 일제강점기에 자신들이 설립된 기업도 있고, 일본인 소유 기업들이 민간에 불하되면서 모태를 이룬 경우도 있다. 실질적인 민영화는 일제강점기 기업을 미군정이 한국 정부에게 넘긴 이후 민간에게 불하된 것에서 시작하였다.[13]

1950년대 공기업 민영화 정책은 6·25전쟁 이후 경제 재건 과정에서 국가가 보유한 기업 및 자산을 민간에 이양하는 과정에서 중요한 역할을 하였다. 전쟁으로 인해 한국의 경제는

12 정부 소유의 재산을 민간에게 불하하는 민영화 혹은 사유화 정책은 공산주의 체제가 붕괴된 1990년 이후 국가별로 다양한 방식으로 진행되었다. 이에 대한 자세한 논의는 강성진·정태용(2017) 참조.

13 일제강점기에 만들어진 기업을 정부가 국영화하였다가 민간에게 불하하였다. 실제가격보다 낮은 가격으로 불하하여 특혜성 불하가 되고 후에 정경유착의 근거가 되었다.

극심한 피해를 입었고, 이를 복구하기 위해 정부는 공기업 및 국유 자산을 활용하여 자금을 확보하여 경제를 재건하려 하였다. 귀속농지와 미군정 기간에 처분된 것 이외의 모든 귀속재산은 1948년에 체결된 '대한민국정부와 미국정부 간의 재정 및 재산에 관한 최초 협정'에 의하여 한국 정부로 이관되었다. 이후 1949년에 「귀속재산처리법」을 제정·공포하고, 불하사업을 추진하게 되었다. 그러나 곧이어 6·25전쟁으로 불하사업은 제대로 진행되지 못하다가, 1954년 휴전 이후 본격적으로 불하가 이루어졌다. [표 8-8]은 귀속재산불하 현황을 요약한 것이다. 미군정기에는 기업체 불하가 513건에 8백만 환(hwan)을 포함하여 총 2,258건에 1천 7백만 환이 불하되었다.[14] 한국 정부로 모든 귀속재산이 이관된 이후 1958년 5월까지 불하를 보면 기업체가 2,542건에 약 225억 환에 이르고 부동산과 기타재산을 포함해서 총 26

**표 8-8** 귀속재산불하 실적(1958년 5월 현재)

단위: 건수(백만 환)

| | 기업체 | 부동산 | 기타 | 계 |
|---|---|---|---|---|
| 미군정기 | 513(8) | 839(5) | 916(3) | 2,258(17) |
| 미군정기 이후 | 2,029<br>(22,454) | 259,639<br>(21,760) | 2,106<br>(161) | 263,774<br>(44,375) |
| 1948~52 | 1,426<br>(1,542) | 18,292<br>(1,062) | 1,237<br>(28) | 20,955<br>(2,632) |
| 1953~58 | 603<br>(20,912) | 241,347<br>(20,697) | 869<br>(133) | 242,819<br>(41,743) |
| 총계 | 2,542<br>(22,463) | 260,478<br>(21,765) | 3,022<br>(164) | 266,032<br>(44,392) |

주: ( )는 체결액임.
출처: 이대근(2015).

14 '환'은 극심한 물가상승과 화폐가치 하락에 대응하기 위해 1953년 화폐개혁을 통해 도입된 통화 단위로, 이전의 원(圓)을 1환 = 100원 비율로 대체하였다. 6·24전쟁으로 인한 경제 혼란과 물가급등으로 정부는 새로운 화폐체계를 통해 경제안정을 도모하고자 했으나 목적을 달성하지 못하자 1962년 또 다른 화폐개혁을 통해 다시 '원'으로 전환되었다.

**표 8-9** 불하하지 않은 공기업

| 분야 | 기업명 |
|---|---|
| 전기업(3) | 조선전업(발전업), 경성전기(배전·전차), 남선전기(배전·전차) |
| 광공업(10) | 대한중석(광업), 대한철광(광업), 대한중공업(철강), 삼성광업(광업), 조선석유(석유정제), 조선알루미늄(제련), 대한석공(광업), 삼화정공(기계), 조선경합금(금속), 조선기계(기계) |
| 운수·창고업(4) | 한국운수(운수업), 한국미창(운수·보관), 충북여객자동차(운수업), 한국화물자동차(운수업) |
| 기타(4) | 서울신문사(신문발행), 대한상회서울공장(농림부 소속), 달성제사(섬유), 제일방직 영등포공장(섬유) |

출처: 이대근(2015).

만 6,032건에 약 444억 환에 이른다.[15]

[표 8-9]은 귀속재산 중에서 불하대상에서 제외하여 국가가 직접 경영하기로 한 기업 목록이다. 전기업에서 3개 업체, 광공업에 10개, 운수·창고업에 4개 및 기타 4개 업체를 포함해서 총 21개 업체는 불하 대상에서 제외하여 국가가 직접 경영하기로 하였다.

1950년대 한국의 민영화 정책은 이후 1960~70년대 경제개발 5개년 계획을 추진하는 데 중요한 기반을 마련하였다. 민간기업이 성장할 수 있는 환경이 조성되었으며, 이는 한국경제의 고도성장과 재벌 체제 형성의 기초가 되었다. 즉, 반면에 특혜 논란과 경제력집중이라는 부작용도 함께 발생한 정책이었다. 불귀속재산 및 국영기업 불하 과정에서 불투명한 기업 불하 과정으로 특혜 논란과 부정 거래가 발생하기도 하였다. 그리고 일부 기업이 정부의 지원을 받아 거대 기업으로 성장하면서 경제력집중 문제가 발생할 가능성이 있었다.

15 불하된 대표적인 사례인 SK그룹은 1953년 정부로부터 선경직물을 불하받아 시작되었다. 선경직물은 1939년 조선의 선만주단과 일본의 경도직물이 합작으로 설립되었다. 한화그룹은 1952년 김종희가 부산에서 조선화약공판을 인수하여 한국화약을 설립하면서 시작되었다. 조선화약공판은 1941년 일본인들이 세운 회사로 1942년 김종희가 일반 사원으로 입사하였다가 해방 이후 적산기업을 불하받았다.

### (2) 박정희 정부 공기업 민영화

1961년 5·16군사정변 이후, 박정희 정부는 경제개발을 최우선 목표로 설정하였다. 1962년 제1차 경제개발 5개년 계획이 시작되면서, 정부는 주요 산업을 국영기업을 통하여 직접 운영하였다. 동시에 민간경제를 육성하기 위해서 일부 국영기업과 국유 재산을 민간에 불하(매각)하는 정책을 병행하였다. 정부는 1968년에서 1973년까지 제조, 운수, 항공, 철강 등 분야 11개 공기업에 대한 민영화를 시행하였다. 민영화 방식은 주식매각과 시중은행에 대한 현물출자를 혼합하거나, 다른 공기업에 대한 현물출자방식을 채택하였다. 민영화 현황을 보면 1968년 신진그룹에 매각된 한국기계공업을 포함해서 1973년까지 11개 공기업이 민영화되었다. 한국기계, 대한통운, 대한해운, 대한조선, 인천중공업, 대한철광, 대한항공, 한국광업제련(70년), 대한염업(71년), 상업은행, 한국수산개발(73년) 등 11개 공기업의 민영화를 추진하였다.[16] 그 이후 1978년에 추가로 대한재보험공사가 민영화되었다.

### (3) 전두환 정부 공기업 민영화

1980년대 공기업 민영화 정책은 경제의 효율성 증대, 재정건전성 확보, 민간부문의 활성화를 목표로 추진되었다. 먼저 경제구조 변화와 정부 개입 축소이다. 1960~70년대까지 한국경제는 정부주도의 수출 중심 산업화 전략과 재벌 중심 성장전략이 주요한 특징이었다. 하지만 1980년대 들어 정부의 과도한 개입으로 인한 비효율성, 공기업의 경영 비효율 문제, 그리고 재정 부담 증가가 민영화 필요성을 높였다. 둘째, 경제안정화 정책과 재정 부담 완화이다. 1970년대 후반 석유파동과 경제 불황으로 인해 정부의 재정 부담이 증가하였다. 1980년대 들어 정부는 경제안정화 정책을 추진하면서 공기업의 방만한 운영을 개선하고 민간주도의 경제활성화를 유도하려 하였다. 특히, 공기업 운영에 대한 적자가 누적되면서 정부는 이를 개선하기 위해 일부 기업을 민영화하려는 정책을 추진하였다.

16 1948년, 미국산 여객기 3대를 도입하며 대한민국항공사(KNA)가 설립되었다. 1950년대 후반, 국내 항공산업의 발전과 국가적 항공 운송 체계의 정비 필요성이 대두되었다. 이에 정부는 여러 민간 및 소규모 항공사들로 분산되어 있던 항공 운송 기능을 효율적으로 통합하고자 하였다. 이후 1962년에 기존의 KNA를 비롯한 민간 항공사들을 하나로 통합하여 국영기업으로 대한항공공사(KALC)가 출범하였고, 1969년에는 공기업 민영화 정책에 따라 한진그룹이 이를 인수하면서 대한항공(KAL)으로 새롭게 출범하였다. 이는 한국 최초의 대규모 공기업 민영화 사례로 평가받고 있다.

**표 8-10** 전두환 정부 공기업 민영화 실적

| 연도 | 기관 수 | 기관명 |
|---|---|---|
| 1979 | 10 | 한국종합식품, 동신화학, 삼영하드보드, 조일, 칠일, 한국마방, 한국시멘트제조, 풍산금속, 동성철강, 대선조선 |
| 1980 | 3 | 한국매일우유, 한국생사, 경주보문호텔 |
| 1981 | 4 | 대한준설공사, 대한석유공사, 한일은행, KAP |
| 1982 | 11 | 제일은행, 서울신탁은행, 온산동제련, 한국중공업, 대우조선, 한서식품, 부여유스호텔, 경주조선호텔, 해운대개발, 한성, 한국주택개발 |
| 1983 | 4 | 조흥은행, 대한관광, 대보증권, 조선호텔 |

주: 온성동제련은 대한광업제련에 합병.
출처: 남일총(2013).

정부는 1983년 공기업 민영화 추진계획을 발표하여 본격적으로 공기업 민영화를 추진하였다. 이 계획은 경쟁력 강화, 민간경제 활성화, 정부의 재정 부담 감소를 목표로 하였다. 당시에는 일반공개입찰방식의 주식매각을 통한 민영화가 추진되었는데 [표 8-10]은 1979년 이후 전두환 정부에서 시행된 민영화 실적을 요약한 것이다. 특히 1960년대 국유화되었던 은행들이 민영화되었다. 1973년에 민영화된 상업은행을 제외한 나머지 4개 시중은행이 민영화되었다. 1981년 한일은행을 시작으로 제일은행 및 서울신탁은행(1982)과 조흥은행(1983)이 민영화되었다.

추가로 정부 부처 중심의 관료적 운영보다는 자율적 경영을 도모하기 위해 1983년에는 「정부투자기관관리기본법」을 제정하여 정부투자기관에 자율적 책임경영제도를 실시하였다.[17] 그리고 1984년 정부투자기관 경영평가제도를 도입하여 사전적 통제방식을 지양하고 경영평가에 의한 사후적 성과관리체제로 전환하고자 하였다.

### (4) 노태우 정부 공기업 민영화

민영화는 1980년대 하반기에 다시 본격적으로 추진되었다. 이를 위해 민영화를 실질적으로 추진하는 기구로서 대통령 훈령으로 공기업민영화추진위원회가 구성되었다. 정부는 7

17 기존의 「정부투자 기관 예산회계법」 및 「정부투자기관관리법」은 폐지되었다.

**표 8-11** 노태우 정부 공기업 민영화 실적

| 방식 | 기관명 | 연도 | 비고 |
|---|---|---|---|
| 국민주방식<br>(일부) | 포항제철 | 1988 | 정부보유지분 중 34.1% 매각 |
| | 한국전력공사 | 1989 | 정부보유지분 중 21.0% 매각 |
| | 국민은행 | 1994 | 정부보유지분 중 10.0%% 매각 |
| | 외환은행 | 1989 | 정부보유지분 중 49% 매각 |
| 기타 | 증권거래소 | 1987 | 25개 증권사에 매각 |
| | 한국감정원 | 1988 | 시중은행에 매각 |
| | 한국기술개발주식회사 | 1989 | 기존 민간주주에 매각 |

출처: 남일총(2013)을 수정·보완.

개 공기업의 완전 민영화, 3개 공기업의 부분 민영화, 7개 공기업에 대한 기능 조정을 추진하였다. 그러나 이러한 계획은 실현되지 못하고 한전과 포철의 주식을 국민주 방식으로 부분 매각하는 데 그쳤다. [표 8-11]은 민영화 실적을 정리한 것이다. 예를 들어 1988년에는 포항제철에서 정부와 산업은행이 보유한 주식 69.1% 중 34.1%를 국민주로 매각한 후 같은 해 6월 상장되었다.[18] 1982년 정부가 한국전력을 통합한 후 한전은 1989년 정부 지분 중 21%를 국민주로 매각하면서 1990년대 본격적인 민영화가 이루어졌다.

### (5) 김영삼 정부 공기업 민영화

김영삼 정부 때인 1993~97년에는 한국중공업, 가스공사, 국민은행 등 58개 공기업의 매각을 목표로 추진되었다. 그러나 경제력집중에 대한 우려와 이해관계자 반발 등으로 초기 목표와 달리 대한중석 등 7개 회사 매각, 22개 기업 지분 일부 매각 등의 결과를 얻는 데 그쳤다. [표 8-12]은 김영삼 정부 민영화 실적을 정리한 것이다.

1997년 「공기업의 경영구조개선 및 민영화에 관한 법률」 (약칭: 「공기업민영화법」) 을 제정하여, 한국담배인삼공사, 한국전기통신공사, 한국가스공사, 한국중공업주식회사를 동법의 대상으로 지정하였다. 동시에 이들 공기업의 개별 설립법을 폐지하고 이들을 「정부투

18 포스코는 2000년 10월 산업은행의 잔여 지분 6.84%를 매각하면서 정부출자기관에서 민영기업으로 바뀌었다.

표 8-12 김영삼 정부 공기업 민영화 실적

| 방식 | 완료(21개사) | 부분완료(7개사) |
|---|---|---|
| 경영권 이양 | 대한중석, 종합기술개발, 토지개발공사시설공단, 한국비료, 공영기업, 기업은행전산개발, 고속도로시설공단 등(7개) | 국민은행, 국정교과서, 남해화학, 한국주택은행 등(4개) |
| 지분 일부 매각 | 이양탄좌, 연합TV뉴스, 매경TV뉴스, 한성생명보험, 한국경제신문, 한외종합금융, 럭키금속, 동부화학, 내장산관광호텔 등(9개) | 한국이동통신, 한국외환은행 등(2개) |
| 통폐합 기타 | 주택경제연구원, 한국석유시추, 인삼수출공사, 서남관광개발, 원진레이온 등(5개) | 종합화학 등(1개) |

출처: 남일총(2013).

자기관관리기본법」의 적용 대상에서 제외하였다. 「공기업민영화법」의 목적은 4개의 대상 공기업을 상법상의 주식회사로 전환하고 책임경영체제를 확립함으로써 언제든지 민영화될 준비를 갖추는 것이었다. 이 법의 도입 이후 공기업 경영평가대상 기관은 1992년 23개에서 1997년 13개로 줄어들었다.

### (6) 김대중 정부 공기업 민영화

1997년 동아시아 외환위기 이후 김대중 정부는 공기업의 효율성을 높이고, 국가 재정을 안정화하기 위해 구조조정과 민영화를 추진해야 하였다. 공기업의 비효율적 운영으로 인한 재정적자 문제를 해결하고자 민영화를 통한 재정 부담 완화가 필요하였다. 또한 민간부문의 참여를 확대하여 경쟁을 유도하고 서비스의 질을 개선하려는 목표도 있었다. 정부는 공공부문 축소, 재정수입 확충, 산업·경영 효율화 등을 목표로 망산업 등 공익성 기업까지 포함한 전면적인 민영화 계획을 수립하였다. 정부는 금융관련 공기업을 제외한 26개의 공기업 중에서 11개 공기업을 민영화 대상으로 선정하였고, 8개 공기업을 민영화하고 67개 자회사를 매각하는 데 성공하였다.

민영화가 완료된 기업은 1998년 국정교과서(당시 대한교과서, 현 미래엔), 1999년 한국종합기술금융(당시 미래와 사람), 2000년 포항제철(현 POSCO), 한국중공업(현 두산에너빌리티)과 대한송유관공사(5대 정유사에 지분 매각), 2001년 한국종합화학공업(현 케이시(KC)), 2002년 한국통신(현 KT)과 담배인삼공사(현 KT&G)이다.[19] 2001년 한국전력(한전)의 발전부문을 6개 발전자회사(남동, 중부, 서부, 남부, 동서, 수력원자력)로 분리하였다. 하지만 한국전력 자체와 한국가스공사, 지역난방공사는 완전 민영화가 이루어지지 않았다.

### (7) 이명박 정부 공공기관 선진화 정책

이명박 정부는 공공기관의 효율성 제고 및 재정건전성 강화를 목표로 공공기관 선진화 정책을 추진하였다. 정부는 모두 6차례에 걸친 공공기관 선진화 계획을 발표하였다. 당시 정책은 단순히 공공기관의 민영화 단계에만 있는 것이 아니라 이들을 통폐합해서 효율화를 추진하고자 하였다.

2012년 11월 말 기준으로 공공기관 선진화 계획에 대한 추진 실적을 점검한 결과 민영화 일부 과제를 제외하고는 대부분의 과제가 완료되었다. 주요 성과는 [표 8-13]에 요약되어 있다. 2.2만 명 정원감축과 41개 공공기관을 16개로 통폐합을 완료하였다. 그 외에 민영화 17개 중에서 11개를 완료하였고, 출자회사 정리 131개 계획 중에서 84개 완료 및 22개 기능조정·경쟁도입 계획에서 15개를 완료하였다. 그 외에 간부직 대상 성과연봉제를 도입하여 성과 중심의 합리적 보수 체계로 개편하고, 노사관계 개선 실적에 대한 경영평가 및 경영공시를 강화하는 등의 노력이 제도적 기반이 되어 노사관계 선진화 성과를 거두었다.

표 8-13 공공기관 선진화 계획과 실적(2012년 11월 기준)

| 구분 | 정원감축 | 통폐합 | 민영화 | 출자회사 정리 | 기능조정·경쟁도입 |
|---|---|---|---|---|---|
| 계획 | 2.2만 명 | 41→16 | 17 | 131 | 22 |
| 완료 | 완료 | 완료 | 11 | 84 | 15 |
| 추진 | - | - | 4 | 25 | 7 |
| 위탁 | - | - | 2 | 22 | - |

출처: 기획재정부(2012).

19 한국중공업은 1962년 설립된 민영기업 현대양행이 1980년 한국중공업이 되었다가 다시 민영화된 경우이다.

완전한 민영화는 거의 없었고, 대부분은 부분적 민영화 또는 민영화 추진 시도에 그쳤다. 실제 민영화가 이루어진 건 KDB생명, KDB자회사 일부, 그리고 한전 발전자회사 지분 일부 매각 정도이다. 대부분의 주요 공공기관은 정치적·사회적 반대와 금융위기 여파로 인해 민영화가 계획되었으나 실행되지 못하고 중단되었다.

## 5 재정체계와 재정정책의 평가

해방 이후 한국의 재정기관과 재정정책은 국가 재건과 경제개발의 필요에 따라 단계적으로 발전해 왔다. 1945년 해방 직후 미군정 하에서 세무청과 회계국이 설치되었고, 1948년 대한민국 정부수립 이후에는 재무부가 중심이 되어 세제 정비와 예산제도 확립을 주도하였다. 1960~70년대에는 경제개발 5개년 계획에 맞춰 재정이 산업화와 인프라 투자 중심으로 운용되었으며, 재정지출은 국책은행 및 공기업을 통한 간접 금융 방식으로 기업을 지원하는 방향으로 집중되었다.

1980년대 이후에는 경제의 고도화와 함께 재정의 역할이 복지, 교육, 지역균형 등으로 확대되었으며, 1994년에는 기획원과 재무부를 통합하여 재정 및 경제정책의 일관성을 위한 재정경제원이 출범하였다. 이후 2008년 기획재정부로 재편되면서 거시경제, 재정운용, 세제 등 포괄적 기능을 수행하게 되었고, 중장기 재정운용계획, 국가재정법 제정 등 제도적 정비가 이루어졌다. 동아시아 외환위기를 계기로 재정건전성의 중요성이 강조되었고, 이후 지속가능한 복지 재정과 사회안전망 확충을 위한 재정정책이 본격화되었다.

# 연습문제

8.1. 1929년 세계 대공황 이후 등장한 케인스의 경제이론이 기존 고전학파와 어떤 점에서 차별화되었는지 설명하고, 이 이론이 당시 자본주의 경제 체제에 어떤 변화를 불러왔는지 서술하시오.

8.2. 리처드 머스그레이브가 제시한 재정의 3대 기능을 각각 설명하고, 그 기능이 실현되는 구체적 사례를 들어 서술하시오.

8.3. 통합재정수지와 관리재정수지의 개념을 비교하여 설명하고, 1990년 이후 한국의 재정수지 변동 추이를 시기별로 정리하며 그 경제적 의미를 서술하시오.

8.4. 국가부채의 개념을 D1, D2, D3로 구분하여 설명하고, 최근 한국의 국가부채 추이와 그에 따른 재정건전성 문제에 대한 우려를 서술하시오.

8.5. 한국의 공공기관은 어떤 법률에 따라 어떻게 구분되며, 각각의 유형에 해당하는 주요 특징을 설명하시오.

8.6. 1948년 대한민국 정부 수립 이후 미군정기에서 정부 수립 초기까지의 재정 운영 방식과 당시 조세 체제의 주요 특징을 직접세와 간접세 개념을 중심으로 설명하시오.

8.7. 1960~70년대 한국 정부가 경제개발 5개년 계획을 지원하고 재정 자립을 이루기 위해 시행한 주요 재정정책과 조세제도의 변화 내용을 설명하시오.

8.8. 1980~90년대 한국의 재정 및 부동산 정책 변화의 주요 내용과 그 배경을 설명하고, 이 시기 도입된 제도 중 대표적인 사례를 중심으로 그 의의와 한계를 서술하시오.

8.9. 2005년부터 시행된 종합부동산세 제도의 도입 배경과 목적을 설명하고, 이후 역대 정부(노무현, 이명박, 문재인, 윤석열)의 정책 변화를 비교하여 주요 특징과 그 의미를 서술하시오.

8.10. 1980년대 한국에서 공기업 민영화가 추진된 배경을 설명하고, 당시 민영화 정책의 주요 목적과 추진 방식, 대표적인 사례를 들어 그 의미를 서술하시오.

CHAPTER

# 09

# 금융기관과 금융정책의 변화

1. 들어가며
2. 금융기관과 금융시장 현황
3. 금융정책 역사
4. 금융산업 발전 정책 성과와 전망

Chapter 09

# 금융기관과 금융정책의 변화

금융의 근본적인 역할은 자금이 필요한 주체와 자금이 남는 주체 간에 자금을 효율적으로 이동시키는 중개 활동이다. 이는 자금의 배분과 자금의 흐름을 조절하며, 가계, 기업, 정부 등의 경제주체가 자금을 조달하고 운용할 수 있도록 하는 것이다. 금융은 예·적금, 보험, 증권 등 다양한 형태로 실물경제의 기반을 이룬다. 그리고 산업으로서 금융은 자본의 흐름을 중개하고 다양한 금융서비스를 제공하여 수익을 창출하는 경제부문의 역할도 한다. 금융기관은 은행, 보험사, 증권사, 자산운용사 등으로 구성되어 있으며, 고객 자산의 관리, 투자기회 제공, 기업 자금조달 및 리스크 관리를 지원한다. 기술 발전과 규제 변화에 민감하게 반응하며, 고부가가치 서비스산업으로 국가 경제의 핵심 역할을 한다.

금융은 저축과 투자를 연결해 경제성장을 촉진하고, 자금의 효율적 배분과 위험 관리 기능을 수행한다. 안정적인 금융 시스템은 경기변동을 완화하고 일자리 창출에 기여하지만, 불안정한 시스템은 경제위기를 유발할 수 있다. 따라서 금융은 단순한 거래를 넘어 경제발전을 이끄는 핵심산업으로 인식될 수 있다.

## 1 들어가며

한국의 금융기관과 금융정책은 경제발전과 외부 경제 환경의 변화에 따라 지속적으로 변천해 왔다. 시대별로 금융정책의 특징을 보면 먼저 6·25전쟁 이후, 경제는 크게 파탄에 빠졌으며, 금융시스템도 거의 붕괴된 상태였다. 이에 정부는 금융기관을 국유화하고, 산업 개발을 위한 정책금융을 중심으로 금융시스템을 재건하였다. 이 시기의 금융정책은 경제개발을 위한 자금조달에 집중되었다. 정부는 주요 금융기관을 통하여 산업자금과 대규모 개발 프로젝트에 필요한 자금을 배분하였다. 이러한 정책은 1970년대까지 지속되었고, 민간 금융시장의 기능을 제한하는 결과를 낳았다. 금융 자율성은 부족했지만, 국가의 경제발전을 위한 기초적인 금융시스템을 구축하는 데 중요한 역할을 하였다. 즉, 정부는 정책금융을 통하여 산업화에 필요한 자금을 공급하였다. 정부는 기업에 저금리로 자금을 지원하며, 이를 통하여 대규모 산업화와 경제성장의 기반을 마련하였다.

1980년대 중반부터는 금융자율화와 개방화가 본격적으로 추진되었다. 금리자유화, 외환자유화, 민간 금융기관의 확대 등 금융시장의 개방이 이루어졌다. 이 시기에 정부는 금융기관의 기능을 민간에 일부 개방하고, 경쟁력을 높이기 위한 정책들을 시행하였다. 1997년 동아시아 외환위기는 한국경제에 큰 충격을 주었으며, 금융정책에도 중요한 전환점을 가져왔다. 외환위기는 금융기관들의 부실과 불안정한 자금 관리에서 비롯되었고, 정부는 이를 극복하기 위해 IMF와 협력하여 금융 구조조정을 단행하였다. 이 과정에서 부실 금융기관을 정리하고, 국제금융시장에서 인정받을 수 있는 금융규제와 감독체계를 도입하였다. 또한, 외환위기 이후 금융시장 개방이 더욱 가속화되었고, 외국자본이 국내 금융시장에 진입하기 시작하였다.

2000년대 이후금융정책은 금융 안정성 강화와 금융산업 경쟁력 향상에 집중되었다. 금융지주회사 도입, 금융감독체계 개편 등 금융시장의 건전성과 효율성을 높이는 방향으로 정책이 전환되었다. 이를 통하여 금융시장은 안정적인 성장을 이루어갔다. 또한, 2000년대 중반부터는 디지털 금융과 핀테크 산업의 발전이 이루어졌다. 정부는 이를 지원하기 위해 금융혁신 정책을 적극적으로 추진하여 이는 핀테크 기업들이 혁신적인 서비스를 출시할 수 있도록 하는 제도로, 금융시장에 큰 변화를 일으켰다. 최근에는 금융소비자 보호와 포용금융 강화, 그리고 ESG(환경, 사회, 지배구조) 투자 확대와 같은 새로운 금융 이슈가 떠오르고 있다. 정부는 금융소비자 보호를 위한 법률을 강화하고, 금융산업의 사회적 책임을 다할 수 있도록 지원하고 있다. 특히 ESG 투자에 관한 관심이 높아짐에 따라, 정부와 금융기관은 환경과 사회적 가치를 중시하는 투자 문화를 확산시키기 위한 정책을 펼치고 있다.

금융정책은 경제발전 단계에 맞춰 변화해 왔다. 초기에는 정부주도의 금융통제 정책이 필요했지만, 이후 금융 자유화와 개방이 필수적인 과정으로 이어졌다. 그러나 금융자율화와 시장개방이 부실 금융기관 문제와 금융위기의 원인이 되기도 하였다. 앞으로도 금융혁신과 규제의 균형을 유지하면서 지속가능한 금융정책을 추진하는 것이 중요할 것이다.

## 2 금융기관과 금융시장 현황

### (1) 금융기관 현황

현재의 금융기관, 금융시장 및 이를 지원감독하는 금융조직을 보면 다음과 같다. [표 9-1]을 보면 한국은행은 한국의 금융기관을 제공하는 금융서비스의 성격에 따라 은행(일반은행과 특수은행), 비은행취급기관, 보험회사, 금융투자회사, 기타 금융기관 및 공적금융기관으로 분류하고 있다.[1]

은행은 일반은행과 특수은행으로 나뉘며, 주요 업무는 예금, 대출, 지급결제와 같은 기본적인 금융서비스를 제공하는 것이다. 일반은행은 시중은행(인터넷전문은행 포함), 지방은행, 외국은행 국내지점이 포함된다. 이들은 개인과 기업을 대상으로 다양한 금융서비스를 제공한다. 특수은행으로는 일반은행이 자금 공급이 어려운 특정 부문에 자금을 공급하기 위해 설립된 은행이다. 한국산업은행, 한국수출입은행, 중소기업은행, 농협은행, 수협은행 등이 여기에 속한다. 비은행 예금 취급 기관들은 은행과 유사한 예금 및 대출 기능을 수행하지만, 은행으로 분류되지 않는다. 주요 기관으로는 상호저축은행, 신용협동기구, 우체국예금, 종합금융회사가 있다.

보험회사는 사망, 질병, 노후, 화재 등 다양한 사고나 위험에 대비한 보험을 제공하는 금융기관이다. 이에는 생명보험회사, 손해보험회사, 우체국보험, 공제기관 등이 포함된다. 금융투자회사는 주식, 채권 등 유가증권과 장내·장외파생상품 등 금융투자상품의 거래를 담당한다. 이들은 자본시장에서 투자자들에게 다양한 투자 기회를 제공하는 역할을 한다. 기타 금융기관은 금융지주회사와 리스, 신용카드, 할부금융, 신기술 사업금융을 취급하는 기

1 다른 분류로 은행을 상업은행(commercial bank)과 비은행금융기관(non-bank financial institution)으로 구분하기도 한다. 비은행금융기관은 종합금융회사, 단사회사, 상호신용금고, 신탁회사, 보험회사, 체신 판서 등 전형적인 상업은행이 아닌 금융기관을 말한다.

**표 9-1** 한국의 금융기관 현황

| 분류 | 주요 소속 기관 | |
|---|---|---|
| 은행 | 일반은행 | 시중은행, 지방은행, 외국은행 국내 지점 |
| | 특수은행 | 한국산업은행, 한국수출입은행, 중소기업은행, 농협은행, 수협은행 |
| 비은행예금취급기관 | 상호저축은행, 신용협동기구, 우체국예금, 종합금융회사 | |
| 보험회사 | 생명보험회사, 손해보험회사, 우체국보험, 공제기관 | |
| 금융투자회사 | 투자매매·중개업자, 집합투자업자, 투자자문·일임업자, 신탁업자 | |
| 기타 금융기관 | 여신전문금융회사, 벤처캐피탈회사, 대부업자, 증권금융회사 | |
| 공적금융기관 | 한국무역보험공사, 한국주택금융공사, 한국자산관리공사, 한국투자공사 | |

출처: 한국은행 홈페이지(www.bok.or.kr), 한국은행(2018).

관들을 포함한다. 이들은 특정 금융서비스나 비은행 금융 활동에 초점을 맞춘다. 공적금융기관은 정책적 목적에 따라 설립된 기관으로, 직접 금융거래에 참여하기보다는 특정 경제부문이나 정책 목표를 지원하기 위해 활동한다.

이와 같은 금융기관들은 상호 보완적으로 작동하며, 한국의 금융시장과 경제 활동을 뒷받침하는 중요한 역할을 하고 있다.

## (2) 금융시장 분류

금융시장은 크게 직접금융시장과 간접금융시장으로 나눌 수 있다. 직접금융시장은 자금이 필요한 수요자가 주식이나 채권을 직접 발행하여 자금을 조달하는 시장이다. 간접금융시장은 직접적으로 필요한 자금을 조달하지 않고 예금으로 자금을 가지고 있는 은행과 같은 금융기관을 이용하여 자금수요자에게 자금을 공급하는 시장이다(한국은행, 2021).

### 1) 직접금융시장

직접금융시장에는 자금시장(단기금융시장), 자본시장(채권시장, 주식시장), 외환시장, 파생금융상품시장이 있다.

자금시장(money market)은 만기가 1년 이내인 금융상품이 거래되는 단기금융시장으로, 콜(call)시장, 환매조건부증권매매(RP)시장, 양도성예금증서(CD)시장, 기업어음(CP)시장 등이 대표적이다. 이 시장은 주로 단기 자금을 조달하거나 운용하는 수단으로 활용된다. 한편, 자본시장(capital market)은 만기 1년 이상의 장기자금을 조달하는 시장으로, 주식시장과 채권시장(국채, 회사채, 금융채) 및 통화안정증권시장 등이 포함된다. 이를 통하여 기업과 정부는 장기적인 투자 자금을 조달할 수 있다.

외환시장은 외환의 수요와 공급에 따라 외화자산이 거래되는 시장이다. 이 시장은 거래당사자에 따라 은행 간 외환매매가 이루어지는 은행 간 시장(inter-bank market)과 은행과 비은행 고객 간 거래가 이루어지는 대고객시장(customer market)으로 나뉜다. 은행 간 시장은 금융기관, 외국환중개기관, 한국은행 등이 참여하여 대량의 외환거래가 이루어지며 기준환율이 결정되는 도매시장이다. 일반적으로 외환시장이라 하면 이 은행 간 시장을 지칭한다. 파생금융상품시장은 금융상품 및 외환의 가격 변동 위험과 신용위험 등 다양한 위험을 관리하기 위해 설계된 파생금융상품이 거래되는 시장이다. 한국에서는 외환파생상품이 중심이 되었으나, 1990년대 중반 이후 주가지수선물과 옵션, 채권선물 등이 도입되면서 거래 수단이 다양화되었고, 거래 규모도 크게 확대되었다. 이러한 시장은 리스크 관리와 투자 전략을 다양화하는 중요한 역할을 수행한다.

### 2) 간접금융시장

간접금융시장은 금융기관이 자금 중개자 역할을 수행하여 자금 공급자와 수요자를 연결하는 시장으로, 예금은행의 예금 및 대출시장, 집합투자시장(펀드시장), 신탁업시장, 보험시장 등이 포함된다. 대출시장은 예금취급금융기관(은행, 저축은행, 상호금융, 신용협동조합 등)이 다수의 예금자로부터 자금을 조달하여 이를 최종 자금수요자에게 대출 형태로 공급하는 시장이다. 이 시장에는 신용카드회사와 같은 여신전문금융회사가 제공하는 현금서비스나 판매신용도 포함된다. 대출시장은 대출 대상에 따라 기업대출시장과 가계대출시장으로 구분되며, 각각 기업의 자금 조달과 가계의 소비 또는 주택 구입 등의 목적을 지원한다. 이와 같은 간접금융시장은 금융기관의 자금 중개 기능을 통하여 자금흐름을 원활하게 하고, 경제 전반의 효율적인 자금 배분을 가능하게 한다.

## (3) 금융하부구조

금융하부구조는 금융시장과 금융기관이 본연의 기능을 원활히 수행할 수 있도록 도와주는 토대가 되는 것으로 금융규제 및 감독제도, 금융안전망, 지급결제시스템 등을 모두 포괄하는 개념이다(한국은행, 2018).

### 1) 금융규제 및 감독제도

금융시장의 공정성과 투명성을 유지하고 효율적인 운영을 보장하기 위한 금융규제 및 감독제도가 있다. 금융위원회는 금융관계 법령의 제정 및 개정을 관장하고, 금융감독원과 함께 금융규제와 감독의 주요 업무를 수행한다. 이들은 금융기관의 설립 및 합병에 대한 인허가, 관련 규정의 제정·개정, 그리고 금융기관에 대한 검사 및 제재 등의 활동을 통하여 금융시장의 안정성을 확보한다. 또한, 한국은행과 예금보험공사도 제한적인 금융감독기능을 수행한다. 한국은행은 통화신용정책의 수행과 관련하여 금융감독원과 공동으로 금융기관을 검사하거나 필요한 자료를 요청할 수 있다. 예금보험공사는 예금자 보호를 목적으로 예금보험에 가입한 금융기관을 대상으로 검사를 수행하며, 이를 통하여 예금자의 신뢰를 확보하고 금융시스템의 안정성을 지원한다.

### 2) 금융안전망

금융시스템의 불안을 방지하기 위한 금융안전망으로 예금보험제도와 중앙은행의 긴급유동성 지원제도가 있다. 예금보험공사가 운영하는 예금보험제도는 예금보호 대상 금융기관으로부터 일정한 예금보험료를 받아두었다가 금융기관이 예금 등을 지급할 수 없게 되는 경우 이를 대신 지급해 주는 제도이다. 예금보험제도는 보호대상 금융기관과 금융상품 및 금액의 한도를 정하여 운영하는 부분지급보장 방식으로 운영되고 있다. 한편, 금융시장의 불안이나 특정 금융기관의 일시적인 유동성 위기가 금융시스템 전반의 불안으로 확산되는 것을 방지하기 위해 필요한 경우 한국은행은 긴급유동성을 지원하게 된다. 예를 들면 외환위기가 발생하였던 1997년과 신용카드회사 영업부실 등으로 금융시장이 불안해졌던 2003년에 한국은행은 금융시스템 안정을 도모할 목적으로 금융기관에 긴급자금을 지원하기도 하였다.

### 3) 지급결제시스템

지급결제시스템은 거액결제시스템, 소액결제시스템, 그리고 증권결제시스템으로 구성되어 있다. 거액결제시스템에는 한국은행이 운영하는 신한은금융망(BOK-Wire+)이 있으며, 이는 주로 은행과 금융투자업자 등 참가 금융기관이 한국은행에 개설된 당좌예금 계정을 통하여 자금을 이체하고 결제하는 방식으로 운영된다. 이 시스템은 대규모 자금 거래를 안전하고 신속하게 처리하기 위한 필수적인 인프라로 기능한다.

소액결제시스템은 경제주체 간의 자금 이체를 처리하고 금융기관 간 자금 대차 금액을 정산하는 시스템이다. 이는 금융결제원이 운영하며, 주요 구성요소로는 어음교환시스템, 지로시스템, 현금자동인출기(ATM) 공동망 등이 포함된다. 이 시스템은 개인과 기업 간의 일상적인 거래를 원활히 처리하는 데 기여한다. 증권 결제시스템은 주식과 채권 등 유가증권 거래 시 소유권 이전과 매매 대금 결제를 처리하는 시스템이다. 이는 한국거래소와 한국예탁결제원이 운영하며, 유가증권시장 결제시스템을 통하여 거래의 안정성과 신속성을 보장한다. 한편, 한국은행은 중앙은행으로서 지급결제제도를 총괄 감시(oversight)하는 역할을 수행한다. 이는 지급결제시스템이 금융 불안의 확산 경로로 작용하지 않도록 관리·감독하는 업무를 포함한다. 필요시 한국은행은 자금 지원을 통하여 시스템 안정성을 유지하며, 금융시장 전반의 신뢰성을 확보한다.

## 3 금융정책 역사

### (1) 해방 이후 1950년대

1950년 중앙은행으로서 「한국은행법」과 일반은행을 대상으로 하는 「은행법」이 제정되었다. 조선은행(1911년 설립)이 1950년 중앙은행으로서 한국은행으로 개칭해 창립되었다. 「한국은행법」이 제정되었으나 중앙은행으로서 완전한 독립성은 유지하지 못하여 중앙은행의 독립성을 갖지 못하였다. 1954년에 국책은행으로 한국산업은행 설립되면서 전후 복구 및 주요 전략산업에 대한 장기개발금융을 제공하고자 하였고, 한국식산은행은 한국산업은행으로 재편되었다. 「은행법」에 의해 5개 일반은행과 금융조합 및 동 연합회가 적용을 받기 시작

**표 9-2** 1950년대 5대 시중은행

<table>
<tr><th colspan="2"></th><th>설립연도</th><th colspan="2">주요 사업 변화 내용</th></tr>
<tr><td colspan="2">한국상업은행</td><td>1950</td><td colspan="2">- 대한제국 황실은행인 대한천일은행(1899)을 개편하여 조선총독부가 설립한 조선상업은행(1911)의 후신<br>- 합동증권이 인수(1956)</td></tr>
<tr><td rowspan="2">한국흥업은행</td><td>한국신탁은행</td><td>1950</td><td>- 조선신탁주식회사(1932)에서 조선신탁은행(1946)으로 변경</td><td rowspan="2">- 두 은행은 합병하여 한국흥업은행(1954)이 됨<br>- 삼성물산이 인수(1958) 후 한일은행(1960)으로 바뀜</td></tr>
<tr><td>한국상공은행</td><td>1950</td><td>- 조선중앙무진(1937)에서 해방 후 상호은행으로 변경</td></tr>
<tr><td colspan="2">조흥은행</td><td>1943</td><td colspan="2">- 한성은행(1897)으로 운영되다가 1943년 동일은행과 합병하여 조흥은행이 됨<br>- 조선맥주가 인수(1957)하였다가 삼성물산에게 넘어감</td></tr>
<tr><td colspan="2">한국저축은행</td><td>1950</td><td colspan="2">- 조선저축은행(1929)의 후신<br>- 1958년 삼호방직이 정부 지분을 불하받아 제일은행으로 다시 재개명</td></tr>
</table>

출처: 저자 작성.

하였다.[2] 이후 은행경영이 악화하자 정부는 보유지분을 민간에 매각하여 1956년에 4개 은행(상업은행, 조흥은행, 흥업은행, 저축은행)으로 민영화되었다.[3] 그리고 1956년 대한증권거래소가 개장되면서 두 개 은행(한국상업은행, 한국흥업은행)이 처음으로 상장되었다. [표 9-2]는 1950년대 설립된 시중은행 현황을 정리한 것이다.[4]

2 조선식산은행은 조선총독부가 1918년에 대한제국에서 설립된 6개의 농공은행(한호, 함경, 평안, 경상, 전주, 광주)을 합병하여 설립한 은행이다. 1950년에 한국식산은행으로 바뀌었다가, 1954년 설립된 산업은행으로 모든 업무가 이관되면서 해산되었다.

3 삼성이 조선맥주와 합동증권의 자본을 공급하고 있어서 실질적으로 삼성이 3개 은행을 소유하게 되었다.

4 1954년 은행 귀속주 불허 요강에 의한 은행민영화 정책으로 여섯 차례에 걸친 경쟁입찰은 모두 실패하였다. 이는 1인당 입찰 한도와 주식의 양도제한으로 자금이 있는 사람들이 지원하지 않았기 때문이다. 이후 1956년 이를 폐지하고 경쟁입찰로 민영화되었다.

### (2) 정부주도 고도성장기

1961년 5.16 군사정변 이후 박정희 정부는 경제개발과 금융개혁을 명분으로 금융산업에 대한 강한 통제 정책을 시행하였다. 이 시기는 경제개발을 촉진시키기 위한 필요 자본을 공급하는 역할로 금융이 활용되었으며, 금융산업은 정부의 통제하에 있었다. 이후 1970년대까지는 금융산업은 산업이 아닌 정부 정책을 수행하기 위한 중개기관의 역할을 하여 경제개발을 위한 정책금융이 핵심적인 역할을 하였다.

(1) 1950년대 말 은행 민영화로 인하여 삼성을 비롯한 소수 재벌에 의해 은행이 사금고화의 우려가 시작되었다. 5·16 군사정변 이후 「부정축재자 처리법」(1961)에 의해 이들 소유의 은행 지분이 국가로 귀속되면서 은행은 정부의 통제하에 있었다. 그리고 「금융기관에 대한 임시조치법」(1961)을 제정하여 정부는 금융권을 강력하게 통제하고, 경제개발계획을 효과적으로 추진하기 위한 기반을 마련하였다. 이 법은 정부가 금융기관을 직접 통제하여 산업자금 조달을 원활히 하고, 금융부문의 부패를 척결하는 것을 목표로 하였다.

(2) 1962년에 「한국은행법」 제정과 세 번에 걸친 「은행법」 개정(1962, 1966, 1969)을 거치면서 금융기관에 대한 정부 통제력이 강화되었다. 이승만 정부 말기 민영화되었던 4개 시중은행은 소유주식을 정부에 귀속시키면서 사실상 국유화되었다. 그리고 1960년대 이후 새로 설립되는 특수은행들이 모두 국유은행이어서 1970년대까지 대부분의 금융기관은 사실상 정부의 통제하에 있었다. 이들은 1980년에 일반은행 경영자율화 방안 등의 규제완화 조치로 1981년 2차례에 걸쳐 정부 소유주식을 매각하면서 은행의 민영화가 다시 시작되었다.

[표 9-3]은 1960~70년대 주요 국책은행의 변천 과정을 정리한 것으로 다양한 특수금융회사들이 설립되었다.[5] 지역금융 활성화를 위해 지방은행도 1967년에서 1971년 사이에 설립되었다. 1967년에 대구은행과 부산은행 이후 충청은행(1968), 광주은행(1968), 제주은행(1969), 인천은행(1969), 전북은행(1969), 강원은행(1970), 경남은행

5 1958년 농업협동조합(경제사업 전담)과 농업은행(신용사업 전담)의 이원화된 체제로 출범했지만, 1961년 두 기관을 통합하여 종합농업협동조합체제로 전환하였다. 당시에 정부 및 대한금융조합연합회와 금융조합 청산인이 각각 1억 원씩 자본금을 납입해서 설립되었다.

**표 9-3** 주요 국책금융기관의 설립 및 변동

| 은행명 | 설립 연도 | 주요 사항 |
|---|---|---|
| 한국국민은행 | 1962 | - 국책은행으로 설립된 이후 1963년 2월 한국국민은행의 자산 및 업무를 인수하여 국민은행이 새로 출범함 |
| 농업협동조합 | 1961 | - 1958년 설립된 농업은행과 농업협동조합을 통합 |
| 수산업협동조합 | 1962 | - 조선어업조합(1937), 조선수산업협회(1944), 한국수산협회(1949)를 이어서 설립 |
| 중소기업은행 | 1961 | - 1961년 농업은행 정리 과정에서 일부 도시지역 지점들을 모체로 설립됨 |
| 한국주택은행 | 1969 | - 1967년 한국주택금고가 설립된 이후 1969년 한국주택은행으로 변경해 은행으로 전환 |
| 서울은행 | 1962 | - 1959년 이정림이 지방은행으로 조상제한서 창립하였다 1962년 시중은행<br>- 1976년 한국신탁은행(1971년 설립)과 합병하여 서울신탁은행으로 변경<br>- 1982년 정부 소유 지분을 매각해 민영화 |
| 한국개발금융 | 1967 | - 한국개발금융은 1999년 민영화되었고, 한국산업은행으로 합병됨 |
| 한국외환은행 | 1967 | - 한국은행 외환부 조직이 독립해서 국책은행으로 설립 |
| 한국수출입은행 | 1976 | - 수출입 회사들에 대한 저금리로 장기 자금을 빌려 주기 위한 국책은행 |

출처: 저자 작성.

(1970), 충북은행(1971) 등이 설립되었다.[6]

(3) 정부는 막대한 산업자금 조달을 위한 방안으로 주식시장을 이용하고자 하였다. 이를 위하여 1962년에 「증권거래법」을 제정하면서 증권사의 수가 증가하는 효과를 거두었다. 그럼에도 1962년 증권파동이 일어나면서 장기간 증권시장은 침체기를 맞았다. 1962년에 보험 관련 3대 법령(「보험업법」, 「보험모집 단속법」, 「외국보험사업자에 관한 법률」)이 제정되면서 보험회사도 양적인 성장을 하게 되었다.

(4) 차명 금융거래 허가로 불법자금거래와 부패가 만연하는 계기가 되었다. 음성적인 자

6 인천은행은 1972년 경기은행으로 개칭되었다.

금을 양성화한다는 명분으로 정부는 1961년에 「예·적금 등 비밀보장에 관한 법률」(약칭 「비밀보장법」)을 제정하여 예금이나 적금만 아니라 주식이나 채권 등 금융자산에 대한 거래를 차명, 가명이나 무기명거래가 가능하도록 제도적으로 보장하였다. 이러한 제도로 불법자금이 제도권에서 공공연히 거래될 수 있으면서 돈세탁이 가능하게 되고 부정부패와 탈법이 성행하게 되는 문제점이 나타났다.

(5) 1972년 8월 3일에 박정희 정부는 기업의 과도한 사채문제를 해결하고 경제구조 개편을 통한 경제위기 탈출을 위하여 긴급금융조치를 발표하였다.[7] 고도 경제성장 과정에서 정부 차원의 당시에 파격적인 반시장적 경제조치였다. 그리고 1972년에 사금융 양성화조치가 발표되었고, 사금융 양성화 3법이 제정되었다. 첫째, 「단기금융업법」은 단기금융회사의 설립을 유도하여 음성적인 사채자금을 제도 금융시장으로 흡수하여 기업의 단기 자금 유통을 원활하게 하도록 유도하기 위한 것이었다. 이를 통하여 기업은 상업어음, 기업어음(CP) 등의 단기 금융수단을 활용할 수 있게 되었다.[8] 이후 단기금융회사들은 증권회사나 종합금융회사로 발전하였다. 둘째, 「상호신용금고법」은 당시 난립했던 사설무진, 서민금고 및 계 등을 정비하여 개선하여 영세기업과 서민에 대한 자금 유통을 원활하게 유도하도록 하기 위한 것이었다.[9] 이를 통하여 지역단위 소규모의 상호신용금고로 육성하고자 한 정책이었다.[10] 셋째, 「신용협동조합법」은 비효율적인 신용조합을 근대적이고 체계적인 조합으로 발전시켜서 농·어민의 신용협동조합 및 마을금고를 조직하여 발달시키기 위한 것이었다. 이는 지역경제 활성화를 위한 것으로 서민과 소규모 사업자들이 소액 자금을 예치하거나 대출할 수 있도록 하는 금융기관이다.

7 8·3 긴급금융조치에 대한 자세한 논의는 제13장 참조.

8 CP는 기업이 금융기관을 거치지 않고 직접 자금을 조달하는 방법으로 보통 만기가 1년 이내의 단기 채권이다.

9 무진은 일본 금융의 한 형태로, 여러 개인이나 법인이 특정 조직에 가입하여, 일정한 금액을 정기적 또는 부정기적으로 이 조직에 지불하고 이자액은 경쟁이나 추천 등에 의하여 지급받는다.

10 2001년 「상호저축은행법」으로 바뀌면서 상호신용금고는 상호저축은행으로 명칭이 변경되었다.

### (3) 민간주도 경제발전 이행기

1980년대에는 당시 세계적인 경제정책의 변화를 반영하여 경제운용 방식을 정부주도에서 민간주도로 전환하면서 금융부문에서도 민간주도 정책을 추진하였다. 이러한 정책은 1970년대와 다르게 시장원리에 의한 금융정책의 운용을 의미하는 것으로 금융의 효율성을 높이기 위하여 금융기관 간에 경쟁을 촉진하고, 이를 위하여 시중은행의 민영화, 금융업 진입규제 완화 등 정책들이 추진되고, 금융기관 감독체계를 개편하였다.

#### 1) 전두환 정부

전두환 정부의 금융정책은 경제의 안정적 성장을 목표로 하였으며, 금융자율화와 금융시장 개방을 추진하였다. 이를 위해 금리자유화와 은행민영화가 이루어졌고, 금융기관의 경쟁을 촉진하여 자본시장의 효율성을 높였다. 또한, 기업금융 지원을 강화하고, 대출 규제완화를 통하여 산업 발전을 위한 자금을 공급하며, 금융시장의 현대화를 도모하였다.

첫째, 1982년에 들어서면서 1970년대 2차에 걸친 석유파동과 박정희 대통령 시해사건으로 어려워진 경제 상황이 어느 정도 해소되었다고 판단되자 경제활성화 조치와 금융제도 개혁 정책이 본격적으로 시행되기 시작하였다. 먼저, 1982년 경제성장 촉진을 위한 투자 촉진을 통한 경제활성화대책(6·28조치)이 발표되었다. 이 정책의 주요 내용은 금리인하, 세율의 개정 및 조정, 우량 중소기업 집중 육성, 금융제도의 개혁, 통화와 여신 신축적 운용 등 정책이 포함되었다(한국개발연구원, 1995). 특히, 금융제도의 개혁을 보면 은행민영화, 민영화된 시중은행에 대하여 경영의 자율성을 보장하는 경영 전반에 관한 위원회 구성, 전문적인 금융감독위원 확보 및 전체 금융기관을 포괄하는 감독체계 구축, 주거래은행의 기업대출에 관한 심사분석기능 강화 및 부실 대출 정리 등이 포함되었다.

둘째, 금융자율화와 금융업무 확대이다. 정부는 1980년에는 은행경영 자율화 방안을 발표하고, 1982년 「금융기관에 대한 임시조치법」을 폐지하여 금융기관의 자율성을 강화하는 금융자율화 정책을 시행하기 시작하였다.[11] 5개 시중은행이 모두 민영화되었고, 1982년부터는 금융기관의 신규 설립이 허용되면서 신한은행(1982)과 한미은행(1983)이 설립되었다.

금융자율화가 진행되면서 금융기관의 업무영역도 확대되었다. 은행은 1983년부터 신

11 한일은행(1981)을 시작으로 서울신탁은행(1982), 제일은행(1982), 조흥은행(1983), 외환은행(1991), 국민은행(1995), 주택은행(1997)이 차례로 민영화되었다.

용카드, 환매조건부채권(RP) 매매, 양도성 예금증서(CD) 업무 등을 취급할 수 있게 되었다. 신용카드 업무는 1982년에 5개 은행(상업, 한일, 조흥, 제일, 서울)이 연합하여 은행신용카드협회(현재 비씨카드)를 설립하면서 본격적으로 시작하였다.[12] 그리고 1983~84년부터는 투자금융회사 및 증권회사가 새로운 금융상품을 개발하기 시작하였는데 대표적인 것이 팩토링(factoring), 기업어음(CP), 어음관리계좌(CMA) 등이다. 현재와 같은 신용카드 업무가 시작한 것은 1987년에 「신용카드업법」이 제정되고 삼성카드, LG카드(현재 신한카드)가 참여하면서 본격적으로 활성화되었다.[13]

셋째, 금융실명제에 대한 논의를 시작하였으나 시행은 유보되었다. 1980년대에 들어서 금융실명제에 대한 논의가 본격적으로 시작하였다. 그 이전에는 관심이 없는 것이 아니라 1970년대까지는 대부분의 금융기관이 정부 영향하에 있어서 큰 필요성이 없었다고 할 수 있다. 그러나 예상치 못한 3대 금융사건이 발생했는데 이철희·장영자 금융사기사건(1982), 명성그룹사건(1983), 그리고 영동개발진흥사건(1983)으로 금융실명제의 필요성이 논의되는 계기가 되었다. 1980년대 들어서 본격화된 은행민영화가 금융사건의 원인이라고 인식하기에 이르렀다. 금융사건은 1960년대 이후 고도 경제성장 과정에서 기업의 과도한 차입에 의존하는 경영 관행에 따른 자금의 초과수요와 차명과 가명에 의한 금융거래가 가능한 금융제도가 원인이라는 시각이었다.

1982년에 사채 양성화와 관련한 실명거래제 실시와 종합소득세제 개편방안(약칭: 7·3 사채양성화 조치) 등 당시에는 파격적인 경제개혁조치가 실시되면서 금융실명제가 처음으로 논의되기 시작하였다. 이를 실행하기 위하여 1982년 「금융실명거래에 관한 법률」이 제정되고, 1983년에는 시행령과 시행규칙이 마련되었다. 그러나 행정 준비 미흡과 당시 어려운 경제여건에 시기상조라는 정치권 및 경제계의 반발이 커지면서 1986년 1월 1일 이후 대통령이 정하는 날로부터 시행하기로 하면서 실질적으로는 시행되지는 못하였다.

넷째, 은산분리제도가 처음으로 제도적으로 도입되기 시작하였다. 1980년대 초반에 정부는 주요 시중은행의 민영화를 추진하는 과정에서 산업자본이 은행을 지배하지 못하도록

12 국내 최초의 신용카드는 1969년 시작한 신세계백화점카드로 알려져 있다. 그렇지만 신세계백화점 직원에게만 발급되고 사용도 신세계백화점으로만 한정되었다. 일반에게 발급은 1978년 외환은행(현재 하나카드)에서 비자카드 발급 업무를 개시하면서 시작되었다. 그 이후 KB국민카드가 1980년 업무를 시작하였다.

13 「여신전문금융업법」(1997)이 제정되면서 여신 관련 법인 「신용카드업법」과 「시설대여업법」 등은 폐지되어 통합되었다.

제도적 장치를 마련할 필요성을 인식하였다. 이를 위해 1982년「은행법」개정을 통하여 은행자본과 산업자본(비금융회사)과의 분리(은산분리) 제도가 본격적으로 도입되었다.[14] 개정된 법에서는 동일인이 은행의 주식을 일정 비율(8%) 이상 보유하거나 사실상 지배하는 것을 제한하였으며, 은행 주식을 대량 보유하려는 자에 대한 자격 요건도 명문화되었다.[15] 이는 산업자본이 직접 또는 간접적으로 은행을 지배하는 것을 막고, 금융기관의 독립적이고 중립적인 운영을 보장하려는 목적이었다. 이후 은산분리는 자금이 특정 기업집단에 집중되는 것을 방지하고, 금융시장의 공정성과 건전성을 유지하기 위한 핵심적인 제도적 기반이 되었다.

다섯째, 자본시장 국제화 장기계획(1981)을 발표하여 자본시장을 단계적·점진적으로 개방하고자 하였다.[16] 1980년대에는 외국 자금이 주식시장이나 채권시장에 직접적 투자는 불가능하고, 외국인 투자전용 수익증권 및 컨트리 펀드(국내주식투자 전용 외국인 펀드)를 통한 간접투자 개방이 우선적으로 이루어졌다. 1981년에 한국투자신탁이 외국인을 대상으로 판매하는 외국인전용 수익증권이 국내 투자신탁회사에 의해 발매되기 시작하였다. 1984년에 최초의 컨트리 펀드로 코리아펀드(Korea Fund)가 설립된 이후, 1987년에 KEF(Korea Europe Fund)와 1990년에 KAF(Korea Asia Fund)도 설립되었다.

여섯째, 1980년대 들어서 보험시장 개방이 본격화되기 시작하였다. 소득수준이 향상되면서 보험에 대한 수요가 증대되고 보험회사의 신설 필요성이 점증하였다. 이에 대하여 정부는 1986년에 외국 생명보험회사 설립 기준을 제정하고, 외국 생명보험회사의 국내지점 설치 허가 기준(1987)과 합작 생명보험회사 설립 허가 기준(1988)을 각각 마련하였다.[17] 당시 진

---

14 금산분리는 산업자본이 은행뿐만 아니라 보험, 증권 등 금융사를 소유하거나 통제하는 것을 막는 규제이며, 은산분리는 특히 은행에 초점을 맞춰 산업자본의 은행 지배를 제한하는 더 엄격한 형태이다. 금산분리 관련법은「금산법」이 있으나 현재 보험사, 증권사, 카드사, 저축은행 등 비은행 금융기관(제2금융권)에 대해서는 제한이 없으므로 금산분리보다는 은산분리 문제가 논쟁의 핵심이다. 은산분리에 대한 규정은「은행법」,「금융지주회사법」및「공정거래법」에 규정되어 있다.

15 동일인이란「공정거래법」에서 사용하는 용어로 해당 기업을 실질적으로 지배하는 법인이나 자연인을 말한다.

16 증권시장 국제화 장기계획의 주요 내용은 다음과 같다. 1981~1984년에는 증권기관의 수용태세를 정비, 외국 증권회사의 국내진출을 상호주의 원칙으로 허용, 1987년까지는 외국인의 직접투자를 제한적으로 허용, 1988년까지 해외증권 발행 허용 및 확대, 그리고 1992년까지 국내 주식시장 전면개방이다(행정안전부 국가기록원 금융시장개방(자본시장 국제화 장기계획발표), 1981).

17 외환위기 이후에는 대형 외국계 보험사의 국내 단독 진출이 증가하면서 합작회사는 줄고 현지법인 설립은 늘어났다. 2000년대에 접어들어서는 손해보험사에 대한 자동차보험사업에 대한 규제가 철폐되면서 국내보험사 2개사(교보자동차보험, 리젠트화재)가 신설되었으며, 재보험사를 중심으로 하는 8개 외국계 보험사가 국

출한 보험회사를 보면 1980년대 초에 미국계 AFLAC(American Family Life Assurance Company, 1992년 철수), 1987년 AIA생명, 1989년 메트라이프 생명(MetLife Korea)과 프루덴셜 생명(Prudential Life Insurance Korea) 등이 있다.

### 2) 노태우 정부

노태우 정부의 금융정책은 금융시장 개방과 자율화를 지속적으로 추진한 시기였다. 주요 정책은 금리자유화, 환율자율화, 금융기관의 민영화와 외환거래의 자유화를 추진했으며, 금융시장의 경쟁을 증대시키기 위해 다양한 금융상품과 서비스를 도입하였다.

첫째, 1989년 하반기 이후 공급물량 확대와 경기침체로 주식시장이 급속히 침체되기 시작하였다.[18] 이에 따라 증권시장 활성화 정책으로 외국인 투자자들의 국내 주식시장 참여를 점진적으로 허용하면서 국내 자본시장에 대한 개방이 시작되었다. 주식시장의 급격한 변동성을 완화하기 위해 1990년 5월에 4조 원 규모의 증권시장안정기금을 조성하고, 정부 차원에서 시장개입을 통하여 과도한 폭락을 방지하였다. 증권사의 신용공여 한도를 조정하고, 주식거래 규제를 강화하는 등의 조치를 병행하였다. 1992년부터 외국인 투자자의 국내 상장주식에 대한 일정 한도(외국인 전체로는 개별종목 발행주식 총수의 10%, 외국인 1인당으로는 3%) 범위에서 직접투자가 처음으로 허용되었고, 채권시장에 대한 투자도 부분적이지만 허용되었다. 1992년에 두 차례(1월과 3월)에 걸쳐 기존에 외국인 투자자의 범위를 외국 국적의 개인, 외국법인 등으로 제한하던 것을 외국정부, 연기금 등으로 확대하였다.

둘째, 금리자유화계획(1988, 1991)을 시행하여 은행과 비은행 금융기관에 대한 금리 규제를 단계적으로 철폐함으로써 금융시장의 경쟁과 자율성을 강화하고자 하였다. 1980년대 중반에는 높은 경제성장률을 달성하고 경상수지가 흑자로 전환되고 금융부문의 국제화를 적극적으로 추진하였다. 1988년 12월에는 광범위한 금리자유화 계획을 발표하고, 자본시장, 은행업무, 보험시장, 외환시장 등을 단계적이고 점진적으로 개방하기 시작하였다. 그렇지만 당시 금리자유화 계획은 1989년 초반 물가 불안과 부동산 가격 상승으로 금리가 급격히 상승함에 따라 금리에 대한 정부의 창구지도를 통하여 다시 규제하면서 실효를 거두지 못하였다.

---

내 지점을 설치하였다

18 당시 주가를 보면 1989년 4월 1,000포인트를 넘은 이후 1990년 9월 500 포인트까지 하락하였다.

**표 9-4** 금리자유화 4단계 계획

| 단계 | 주요 내용 |
|---|---|
| 제1단계<br>(1991.11) | 상품 특성상 자유화 필요성이 크고 규제 실효성이 적은 일부 단기여·수신 및 3년 이상 장기 거치식 수신금리를 자유화<br>- 여신: 은행당좌대출, 은행상업어음할인(한은 재할인 대상 제외), 단자 등 기업어음·무역어음 할인, 연체대출<br>- 수신: 단기·거액 시장성 수신상품(은행 CD), 단자 등 기업거액어음·무역어음매출, 은행 거액상업어음 매출, 증권 등 거액 RP, 1·2금융권 3년 이상 장기 거치식 수신 |
| 제2단계<br>(1992 하반기 ~ 93년 중) | 1988년 12월 금리자유화 조치의 실질적 자유화 완료<br>- 여신: 1·2금융권 여신(재정지원 및 한은 재할인 대상 대출 제외)<br>- 수신: 1·2금융권 2년 이상 장기수신<br>- 채권: 2년 미만 회사채, 2년 이상 금융채 |
| 제3단계<br>(1994~96년 중) | 금리자유화의 사실상 완료 단계<br>- 여신: 재정지원 및 한은 재할인 대상 대출<br>- 수신: 요구불예금을 제외한 1·2금융권 2년 미만 수신, 단기 시장성 제품 금리자유화 폭 확대, 은행에 시장금리 연동부 상품(예: MMC) 도입<br>- 채권: 2년 미만 금융채, 통화채 |
| 제4단계<br>(1997년 이후) | 장기적 과제로 추진<br>- 수신: 전단계에서 자유화가 완료되지 않은 단기수신 및 요구불예금<br>- 채권: 모든 국공채 |

출처: 한국개발연구원(1995).

본격적인 금리자유화 정책이 시행된 것은 1991년 발표된 4단계 금리자유화 추진계획이다. 특히 제3단계(1994~96년 중)에 가면 요구불예금 등 일부 단기수신금리를 제외한 모든 금리를 완전자유화를 하고자 하였다. [표 9-4]는 이 계획의 주요 내용을 정리한 것이다.

### 3) 김영삼 정부

김영삼 정부는 금융 선진화를 목표로 다양한 개혁 정책을 추진하였다. 정부는 금융시장을 개방하고 국제 금융 환경과의 조화를 이루기 위해 금융 자유화 정책을 추진하였다. 대표적으로 금리자유화, 외환시장, 은행자율성 확대 등이 있다. 금융시장개방을 통하여 금융기관의 자율성을 확대하고, 외국인 투자자들에게 시장을 점진적으로 개방하였다.

첫째, 정부는 금융 선진화를 목표로 1993년에 제3단계 금융자율화 및 시장개방계획을 발표하였다. 이는 1980년대부터 진행된 금융자율화 정책의 연장선에서 금융시장의 개방과 자유화를 본격적으로 추진하는 내용이었다. 1996년 OECD 가입을 앞두고 미국과 유럽 등 선진국들의 금융시장 개방 요구도 이 정책이 발표된 이유가 되기도 하였다.

개방계획안으로 1997년까지의 자본시장 개방계획이 제시되었다. 주요 내용은 금리자유화, 통화관리방식개선, 여신관리제도개편, 단기금융시장 발전, 외환 및 자본자유화, 기타 자율화 및 개방 등 모두 6개 항목으로 되어 있다(재무부. 1993). 이 계획안은 한국 금융시장의 자유화와 개방을 가속화 한 중요한 정책이었다. 이 계획을 통하여 한국 금융시장은 국제 기준에 맞추어 개혁되었고, OECD 가입(1996년)과 글로벌 금융시장과의 연계를 촉진하였다. 금융자율화의 핵심은 금리자유화 정책이었다. 단기 자금시장의 금리를 시장원리에 따라 결정하도록 유도하고, 1994년부터 은행 및 비은행 금융기관의 예금과 대출 금리를 단계적으로 자유화하고자 하였다, 그리고 정책금융(특정 산업 지원을 위한 정부주도 대출) 비중을 축소하여 금융기관의 자율적인 대출 결정을 확대하고자 하였다(재무부, 1993).

둘째, 금융산업 구조조정 법안이 마련되었다. 정부는 1997년에 「금융기관의 합병 및 전환에 관한 법률」(1991년 제정)을 「금융산업의 구조개선에 관한 법률」로 전면 개정하여. 외환위기에 대응하여 부실 금융회사 정리와 금융 구조조정을 신속하게 추진하고자 하였다. 1997년 개정안은 IMF 외환위기 당시 금융부문의 구조조정을 촉진하고, 금융시장 안정을 위해 마련되었다. 특히, 부실 금융회사에 대한 신속한 정리 및 공적자금 투입을 위한 법적 근거를 마련하여, 이후 대규모 금융 구조조정의 기반이 되었다.

주요 내용은 부실 금융회사 강제 정리 절차 도입, 공적자금 투입 근거 마련 및 관리 체계 구축, 금융지주회사 설립 허용 및 금융회사 합병 촉진, 대주주 및 경영진의 책임 강화, 금융당국의 감독 권한 확대 및 규제 강화 등이다. 이 개정안을 통하여 1998년 이후 금융권에서는 강도 높은 구조조정이 진행되었으며, 다수의 은행이 퇴출되거나 합병되었다. 또한, 공적자금이 대규모로 투입되어 금융시스템이 안정화되는 계기가 되었다. 이 개정안은 한국 금융시장의 구조개혁과 금융안정에 중요한 전환점이 되었으며, 이후 금융산업 구조조정의 주요 근거로 활용되었다.

셋째, 1992년 외국인 주식 투자 한도를 10%로 확대한 데 이어, 1993년 이후에는 제3단계 금융자율화 및 시장개방계획과 OECD 가입시 제시한 자본자유화 계획에 따라 외국인의 주식투자한도를 더욱 확대하였다. 1997년부터 외국인 투자 제한을 더욱 완화하였다. 정부는 FDI 유치를 위해 투자 제한을 완화하고 관련 절차를 간소화하였다. 1997년 외국인 투자 유치 촉진을 위해 기존의 「외자도입법」을 폐지하고 「외국인투자 및 외자도입에 관한 법률」로 명칭을 변경하여 개정하였다. 외환위기에 직면하면서 1997년 종목별 전체 한도를 55%, 1인당 한도를 50%까지 대폭 확대한 데 이어 1998년 공공법인에 대한 투자를 제외하고는 한도 규제를 완전히 폐지하였다.

넷째, 채권시장의 경우 선진국에 비해 발달 정도가 미흡한 데다 국내외 금리차도 높은 수준을 지속함에 따라 주식시장에 비해 개방이 늦어졌다. 채권시장 개방은 1994년 중소기업 전환사채에 대한 외국인 직접투자를 허용하면서 시작되었다. 1997년에는 외국인 투자전용 중소기업 무보증회사채 발행(1월)과 중소기업의 무보증 중장기 회사채 및 대기업의 무보증 전환사채에 대한 투자(6월)를 허용하였다. 외환위기 직후인 1997년 12월에는 모든 상장채권에 대한 외국인 투자 한도 규제를 완전히 폐지하여 국내 채권시장 개방을 완료하였다.

다섯째, 1990년대 초반까지는 국내 보험사의 보호가 우선시되었고, 외국 보험사들은 독립적으로 영업하기보다는 제한된 역할을 하였다. 다만, 1986년에 일부 외국 보험사들이 한국 시장에서 특정 분야(예: 재보험)에 제한적으로 진출할 수 있는 허가를 받으면서 외국 보험사 진입이 시작되었다. 1990년대 초에는 외국 보험사의 국내 사무소 설치허용(1991), 외국 보험사의 지점 설치허용 확대(1992), 생명보험사의 외국계 진출 허용 확대(손해보험 중심) 그리고 외국 보험사의 국내 영업지점 설립 추가 허용(손해·생명보험) 등이 이루어졌다. WTO 출범과 OECD 가입으로 외국 보험사의 현지법인 설립이 전면적으로 허용되면서 본격적인 보험시장 개방이 시작되었다. 그 이후 1997년 동아시아 외환위기에 직면하면서 보험시장 내 구조조정 본격화되었다. 부실 보험사 퇴출, 인수·합병 활성화되었고 외국 보험사 인수 참여 확대가 허용되었다.

여섯째, 금융실명제 도입과 은산분리 강화이다. 1993년 금융실명제를 도입하여 재벌과 금융기관 간의 불투명한 거래를 차단하고, 부실 대출을 근절하고자 하였다. 금융실명제는 차명거래를 금지하고, 금융거래의 투명성을 높이는 효과를 가져왔다. 1994년에는 「은행법」을 개정하여 은산분리가 강화되었다. 대규모기업집단을 동일인으로 정의하고, 동일인의 은행주식 보유한도를 8%에서 4%로 하향하였다. 금융실명제 도입은 은산분리 강화와 맞물려 재벌이 금융기관을 이용해 비자금을 조성하거나 편법적으로 자금을 운용하는 행위를 차단하는 역할을 하였다.

일곱째, 금융소득종합과세는 이자와 배당 등 금융소득에 과세하고 일정 기준을 넘으면 다른 소득과 합산해서 소득세를 부과하는 제도이다. 고소득자에 대한 과세 형평성을 제고하여 소득불균형을 완화하고, 금융소득이 자산가들에게 편중되는 문제를 완화하기 위해 도입된 제도이다. 금융소득종합과세는 1996년에 금융실명제의 후속 제도로 도입되었지만, 아시아 외환위기에 직면하면서 1997년 말 유보되었다가 2001년부터 다시 시행되었다.[19]

한국의 금융시장 개방은 동아시아 외환위기의 원인이 되기도 하였다. 정부의 금융 자유화 및 개방 정책은 WTO 출범, OECD 가입과 중진국 수준의 경제발전 단계를 넘어서면서 국제적 흐름에 맞춘 개혁이었다. 그러나 충분한 감독체계를 갖추지 못한 상태에서 과도한 외채 증가와 금융기관의 부실을 누적시키는 원인이 되기도 하였다.

## (4) 지속가능발전 준비기

### 1) 김대중 정부

1997년 11월 한국은 동아시아 외환위기를 맞이하면서 IMF에 구제금융을 신청하게 되었다. IMF의 지원을 받는 조건으로 한국 정부는 금융 및 산업구조 개혁을 추진해야 하였다. 1998년 이후 김대중 정부의 주요 정책을 보면 다음과 같다.

첫째, 「금융지주회사법」이 2000년에 제정되면서 금융지주회사(Financial Holding Company, FHC)가 설립되었다. 금융지주회사는 주식 지분을 통하여 금융업을 하는 자회사, 즉 금융기관을 관리·지배하는 회사이다. 주로 은행, 증권, 카드, 저축은행, 자산운용, 생명보험, 손해보험, 캐피탈 등을 자회사로 운영한다. 금융지주회사는 외환위기를 겪으면서 금융산업 발전의 필요성이 대두되면서 추진되었다. 금융지주회사는 금융회사의 대형화를 통하여 금융산업의 경쟁력을 강화하고, 감독기관이 관리하기 용이하다는 장점이 있다. 하지만 금융회사가 대형화됨에 따라 금융시장에 대한 지배력이 커지고, 금산분리 원칙이 약화될 수 있다는 우려도 있다.[20]

---

19 금융투자소득세는 주식, 채권, 파생상품 등 금융투자상품 거래를 통하여 발생한 자본이득(시세차익)에 대해 과세하는 세금이다. 이는 기존의 금융소득(이자소득, 배당소득)에 대한 과세 체계와는 별도로 투자소득에 대해 부과하는 세금이다. 한국은 시행하려다 2024년에 전면 취소를 결정하였다.

20 2025년 1월 기준, 금융지주는 시중은행 금융지주(KB금융지주, NH농협금융, 우리금융지주, DGB금융지주,

둘째, 부동산과 금융의 연계 규제로 부동산시장 과열과 가계부채의 급격한 증가를 막기 위해 대출 규제를 시행하였다. 이를 통하여 부동산 금융 리스크를 억제하고, 가계부채의 과도한 증가를 방지하고자 하였다. 대표적인 정책이 주택담보대출비율(LTV)과 총부채상환비율(DTI)이다.

셋째, 은산분리제도의 강화이다. 2002년에 「은행법」 개정(16조2)으로 금융조력자(금융자본)와 비금융조력자(산업자본)를 구분하여 비금융조력자의 주식보유한도를 4%(지방금융기관의 15%)를 초과하여 보유할 수 없도록 하였다.[21] 물론 10%까지는 보유할 수 있지만 4%를 초과한 지분에 대해서는 의결권을 제한하여 기존 은산분리의 정책기조를 그대로 유지하려 하였다.

넷째, 금융소득종합과세 재시행이다. 1997년 말 유보되었다가 2001년부터 다시 시행되었다. 2001년 개정을 통하여 부부의 금융소득을 합산하여 연간 4,000만 원이 넘을 때 적용하는 것이었으나 2002년 헌법재판소의 위헌결정으로 부부합산은 폐지되고 인별 과세로 변경되었다. 2013년 개정에는 금융소득 과세 기준금액이 2,000만 원으로 대폭 하향 조정되었다. 이는 금융소득 과세를 더욱 확대하고, 고소득층의 세부담을 높이려는 조치였다. 또한, 금융소득에 대한 누진세율 적용 범위를 확장하여 부유층의 부담을 강화하였다.

다섯째, 정부는 금융산업을 선진화하기 위해 금융기관의 건전성을 강화하고 경쟁력을 높이는 구조조정 정책을 추진하였다. 부실 금융기관을 정리하고, 금융기관의 건전성을 높이기 위해 BIS 자기자본비율(Basel 규제)을 도입하였다. 그리고 1997년 「금융감독기구의 설치 등에 관한 법률」(약칭: 「금융위원회법」)을 제정하여 금융감독 체계를 정비하였다. 주요 내용은 금융감독위원회(FSC) 및 금융감독원(FSS) 신설, 부실 금융기관의 퇴출 및 구조조정 절차 도입, 공적자금 투입 근거 마련, 금융산업의 진입장벽 완화 및 경쟁 촉진, 대주주 책임 강화 및 지배구조 개선, 은행의 독립성 강화 및 정부 개입 축소, 금융시장 개방 확대 및 외국계 금융기관 진출 허용 등이 포함되어 있다.

특히, 금융감독체계 개편에서는 기존의 산업은행, 금융감독원, 은행감독원, 증권감독원,

하나금융지주, 신한금융지주회사), 지방은행 금융지주(BNK금융지주, JB금융지주) 및 비은행 금융지주(한국투자 금융지주, 메리츠 금융지주)가 있다.

21 비금융주력자는 계열회사 중 비금융회사의 자본총액이 전체 자본총액의 25% 이상이거나 비금융회사의 자산총액 합계액이 2조 원 이상인 자를 말한다. 이들을 보통 산업자본, 금융조력자는 금융자본이라고 부른다.

보험감독원 등의 금융감독기관을 일원화하여 1998년 금융감독위원회(현 금융위원회)를 신설하였다. 이를 통하여 금융감독 기능을 통합하여 감독의 효율성을 제고하고자 하였다. 그리고 1999년에는 은행·증권·보험 등 개별 감독기관을 하나의 금융감독원으로 통합하였다. 이 정책은 한국 금융산업의 근본적인 개혁을 촉진하고, IMF 체제 이후 금융시장 안정화의 기틀을 마련하는 중요한 역할을 하였다.

### 2) 노무현 정부

노무현 정부의 금융정책은 당시 국내외 경제 환경 변화에 대응하고, 금융시장 선진화 및 건전성을 강화하며, 금융산업의 경쟁력을 높이는 데 중점을 두었다. 대표적으로 IT 및 핀테크를 활용한 금융혁신을 주도하였다. 2006년 제정된 「전자금융거래법」은 전자적 방식의 금융거래를 규율하는 법으로, 인터넷뱅킹, 모바일뱅킹, 전자화폐, 전자결제 시스템 등을 포함한 전자금융 서비스를 이용하는 데 중요한 역할을 한다. 금융서비스의 디지털화를 촉진하고, IT기술과 결합한 금융상품 개발을 지원하였다. 전자금융 서비스와 인터넷뱅킹을 활성화하여 금융 이용의 편리성을 증대하였다.

### 3) 이명박 정부

이명박 정부는 글로벌 금융위기를 성공적으로 극복한 이후 지속적인 경제성장을 촉진하기 위하여 다양한 금융산업 선진화 정책을 추진하고, 서민금융 지원을 확대하였다.

첫째, 노무현 정부인 2007년 제정되어 2009년부터 시행된 「자본시장과 금융투자업에 관한 법률」(약칭: 「자본시장법」)은 기존의 개별 금융업법(「증권거래법」, 「선물거래법」 등)을 통합·일원화하여 금융투자업을 하나의 법체계로 관리하고자 하였다. 이 법을 통하여 금융시장 구조를 선진화하고 금융투자업 간의 경계를 허물어 금융산업의 경쟁력을 강화하고자 하였다. 이 법은 금융업 간 장벽을 허물고 자본시장의 혁신과 경쟁력을 강화하는 데 기여하였다. 이를 통하여 한국의 금융산업은 국제적 표준에 가까워졌으며, 다양한 금융상품과 서비스가 활성화될 수 있었다. 즉, 기존의 증권업, 자산운용업, 선물업, 투자자문업 등 개별적인 금융업의 경계를 제거하고 금융투자업으로 통합하였다. 금융투자업(investment bank)은 투자매매업, 투자중개업, 집합투자업, 신탁업, 투자일임업, 투자자문업의 6가지 기능으로 분류하였다. 그리고 금융기관이 여러 금융투자 업무를 동시에 영위할 수 있도록 허용하고, 증권사와 자산운용사의 통합, 선물사와 증권사의 통합 등 종합 금융투자 사업자로의 전환을 촉진하고자 하였다.

둘째, 2008년에「은행법」을 개정하여 은산분리 기준을 완화하여 산업자본의 은행 지분 한계를 기존의 4%에서 10%로 증가시켰다. 셋째, 서민금융전담기구로 미소금융재단을 설립(2009)하였다. 정부는 글로벌 금융위기 대응과 서민층 보호를 위해 미소금융, 새희망홀씨, 바꿔드림론 등 맞춤형 서민금융 상품을 도입하고, 서민금융기관과 인프라를 체계화하는 데 주력하였다. 이러한 정책들은 이후 박근혜·문재인 정부에서도 계승·확대되어 서민금융의 기반을 이루는 데 중요한 역할을 하였다.

### 4) 박근혜 정부

박근혜 정부는 경제민주화와 창조경제를 주요 경제정책 기조로 내세웠으며, 금융정책도 이러한 방향에 맞춰 추진되었다.

첫째, 정부는 2013년 「은행법」 개정으로 이명박 정부 시기 10%로 늘렸던 산업자본의 은행지분 보유 제한에서 4%가 넘으면 금융위원회에 보고하도록 하여 은산분리제도를 다시 강화하였다. 2014년 「금융지주회사법」이 개정되었는데 주요 내용은 금융지주회사의 자회사 및 손자회사 지배구조를 개선하고, 금융지주회사 간 인수·합병(M&A) 활성화, 대주주 적격성 심사 강화 등이다.[22] 이 개정안은 금융산업의 경쟁력을 높이고, 건전성을 강화하기 위한 목적이 있다.

둘째, 정부는 서민금융진흥원을 설립(2016)하여 서민·중소기업 금융 지원을 체계화하였다. 햇살론, 미소금융, 새희망홀씨 등 정책금융 확대 운영하고, 중소기업 및 창업기업에 대한 대출지원 및 보증을 확대하였다. 서민금융진흥원은 단기적 금융지원을 넘어서 장기적으로 경제적 자립과 신용회복을 지원하고자 하였다.

### 5) 문재인 정부

문재인 정부는 소득주도성장, 혁신성장, 그리고 공정경제라는 세 가지 축을 중심으로 경제정책을 추진하였으며, 금융정책 역시 이러한 기조에 따라 진행되었다. 특히 가계부채 관리, 혁신금융 활성화, 금융소비자 보호 강화에 중점을 두었다. 주요 내용을 아래와 같이 요약한다.

22 지주회사는 비금융업을 수행하는 일반지주회사와 금융업을 수행하는 금융지주회사가 있다. 금융지주회사는 자회사에 은행이 있으면 은행지주회사이고, 은행이 없이 보험사나 증권사가 있으면 비은행지주회사가 된다.

첫째, 부동산시장 과열과 가계부채 관리 강화이다. 부동산시장이 과열되고 가계부채가 급증하자 대출 규제를 강화하여 부동산시장 과열을 막기 위해 대출한도를 제한하고 투기지역과 조정대상지역에서 더욱 강한 규제를 적용하였다. 예를 들어 2019년 12월 발표한 주택시장 안정화 방안에 의하면 부동산 규제지역에서 시가 15억 이상의 고가 주택에 대해서는 주택담보대출이 금지되었다. 그리고 투기지역에서 LTV 40% 상한에서 9억 원 이하는 40%로 유지하지만 9억 원 초과분은 20%로 축소하였다. 그리고 2018년 총부채 원리금 상환비율(DSR)을 도입하였다. DSR은 기존의 DTI보다 더 포괄적으로 차주의 실제 상환 능력을 평가하기 위한 기준이다. 이는 가계부채 관리를 강화하기 위해 차주의 모든 금융권 부채(주택담보대출, 신용대출, 카드론 등)를 합산하여 연간 소득 대비 원리금 상환 비율을 산출한다.[23] 이들은 2025년 현재까지 부동산 가격과 가계부채 대응을 위한 주요 금융정책 수단으로 사용되고 있다.

둘째, 정부는 혁신 금융과 디지털 금융 강화를 통하여 핀테크와 디지털 금융 산업 활성화를 중요한 정책 목표로 삼았다. 이를 통하여 기술혁신과 금융서비스의 디지털화를 가속화하고, 금융 접근성을 높이며, 핀테크 산업의 국제경쟁력을 강화하고자 하였다. 먼저, 2018년에 제정된 「금융혁신지원특별법」에 근거해 규제 샌드박스 제도를 시행하였다. 이는 새로운 기술이나 혁신적인 서비스가 기존 법규나 규제로 인해 시장에 진입하지 못하는 문제를 해결하기 위한 제도로, 일정 조건 아래 규제를 면제하거나 유예하여 실험할 기회를 제공하는 방식이다.

초기에는 총 19개의 혁신 금융서비스가 선정되었으며, 이후 대기업, 스타트업, 핀테크 기업 간 협력을 통하여 참여 기업과 서비스 영역이 꾸준히 확대되었다. 특히, 핀테크 규제 샌드박스는 금융산업의 디지털화와 글로벌 핀테크 경쟁력 강화를 위한 중요한 제도로 평가받고 있다. 당시 핀테크 분야에서 대표적인 성과는 카카오페이·토스의 금융서비스를 확장하여 기존 금융권의 강한 규제로 인해 어려웠던 핀테크 스타트업의 사업 확장이다. 그리고 비대면 보험 가입 서비스를 허용하여 AI를 활용한 보험 심사 및 판매가 가능하도록 하였다.

또한, 2019년에는 오픈뱅킹(open banking)을 도입하여 은행 API(Application Programming

23 DSR은 초기에는 은행권에 자율적으로 도입되었으나, 2021년 이후 단계적으로 강화되어 대출 심사의 필수적인 규제로 자리 잡았다. 특히 2022년부터는 차주 단위의 DSR 규제가 본격적으로 시행되며, 고액 대출자나 다중채무자에 대한 대출 규제가 더욱 강화되었다.

Interface)를 개방하고, 핀테크 기업이 송금 및 계좌 조회와 같은 은행 서비스를 활용할 수 있도록 허용하였다. 이를 통하여 핀테크 기업과 기존 금융기관 간의 협업을 촉진하고, 소비자들이 다양한 플랫폼에서 더욱 편리하게 금융서비스를 이용할 수 있는 기반을 마련하였다. 2021년부터는 개인의 금융 데이터를 통합 관리하고 활용할 수 있는 권한을 소비자에게 부여하는 마이데이터 사업을 시작하였다. 이를 통하여 맞춤형 금융상품 추천과 통합 자산 관리 등 데이터 기반 서비스를 활성화하고, 금융의 디지털 전환과 소비자 주권을 강화하였다. 또한, 디지털 금융 보안을 강화하기 위해 생체인증, 블록체인 기술을 도입하고, 부정 거래 탐지 시스템(FDS)을 의무화하는 등 소비자 보호 조치도 함께 추진하였다.

셋째, 금융소비자 보호 강화이다. 문재인 정부는 금융소비자의 권리 보호를 강화하기 위해 2020년「금융소비자보호에 관한 법률」(약칭「금소법」)을 제정하고, 이를 2021년 1월부터 시행하였다. 이 법은 금융상품 판매 관행을 개선하고 금융소비자의 피해를 구제할 수 있는 법적 근거를 마련하는 데 중점을 두었다. 주요 내용을 보면 (i) 불완전판매 방지로 금융회사가 상품을 판매할 때 6대 판매 원칙(적합성 원칙, 적정성 원칙, 설명 의무, 불공정 영업행위 금지, 부당 권유 금지, 허위·과장 광고 금지)을 준수하도록 의무화하였다. 이를 통하여 소비자가 금융상품에 대한 충분한 정보를 제공받고, 자신의 상황에 맞는 상품을 선택할 수 있도록 지원하였다. (ii) 금융소비자 권리 확대이다. 금융소비자가 계약을 철회할 수 있는 청약철회권과 부당한 판매에 대해 위법 계약 해지권을 도입하여 소비자 권리를 강화하였다. 판매 과정에서 문제가 발생했을 경우, 금융회사가 소비자 피해를 신속히 구제하도록 조치하였다. (iii) 금융상품 판매자 책임 강화이다. 금융상품 판매자가 불완전판매로 인한 손실에 대해 더 큰 책임을 지도록 했으며, 이를 위반할 경우 과태료나 영업정지 등 강력한 제재를 부과할 수 있는 법적 근거를 마련하였다.

넷째, 금융 규제완화와 혁신으로 인터넷전문은행 도입과 은산분리 원칙의 일부 완화이다. 인터넷전문은행은 지점을 두지 않고 온라인·모바일을 중심으로 금융서비스를 제공하는 비대면 은행을 의미한다. 2017년 카카오뱅크와 케이뱅크와 2021년 토스뱅크가 대표적인 인터넷전문은행으로 출범하면서 본격적인 디지털 금융 시대가 열렸다. 특히, 2018년「인터넷전문은행 특례법」이 제정되면서 산업자본도 최대 34%까지 지분을 보유하고 의결권도 행사할 수 있게 되어, ICT 기업들의 은행 진출이 가능해졌다. 이는 기존 은산분리 원칙의 일부 완화로 평가된다. 인터넷전문은행은 간편한 계좌 개설, 수수료 절감, 빠른 대출 등의 편리한 서비스로 큰 호응을 얻었고, 이후 핀테크 산업과 디지털 금융 생태계의 확대에 중요한 역할을 하게 된다.

## 4 금융산업 발전 정책 성과와 전망

한국의 금융정책은 1960년대부터 본격적인 산업화를 추진하면서 국가 주도의 경제개발 전략에 따라 형성되었다. 1970년대까지는 정부는 금융기관을 직접 통제하며 자금을 전략산업에 집중적으로 배분했고, 금리를 인위적으로 조정하여 기업의 투자를 유도하였다. 이 시기에는 한국은행의 독립성이 제한되었고, 금융시장은 정부의 성장 목표를 뒷받침하는 수단으로 활용되었다. 특히 당시에는 중화학공업 육성을 위한 정책금융이 활발히 이루어졌다.

1980년대 금융자유화 정책이 시행되기 시작하였지만, 본격적인 금융시장 자유화는 1990년대 WTO 출범(1995)과 OECD 가입(1996)이 이루어지면서이다. 1997년 외환위기를 계기로 대대적인 금융개혁이 본격화되었다. IMF 구제금융 체제하에서 금융기관의 구조조정, 외국인 투자 확대, 금융감독체계 개편 등이 이루어졌으며, 금융의 자율성과 건전성이 강조되기 시작하였다. 이와 함께 정부는 시장 기능을 강화하고 금융기관의 부실을 정리하는 데 집중했으며, 금융시장 개방과 국제 규범 도입도 활발히 추진되었다.

2000년대 이후 한국의 금융정책은 금융 안정, 소비자 보호, 그리고 지속가능한 성장이라는 목표를 지향하게 되었다. 특히 2008년 글로벌 금융위기 이후에는 시스템 리스크 관리와 금융소비자 보호가 강조되었고, 최근에는 디지털 전환에 따른 핀테크 육성, 금융 포용성 제고, ESG 금융 도입 등 새로운 과제가 정책 의제로 부상하고 있다. 동시에 중앙은행의 역할도 물가 안정뿐 아니라 금융안정까지 확대되며 보다 정교한 정책 조합이 요구되고 있다.

# 참고

### 참고 9-1 금산분리와 은산분리 정책의 의미와 변화 과정

금산분리와 은산분리는 산업자본이 금융자본을 지배하는 것을 제한하여 재벌의 경제력집중을 방지하고 금융시스템의 건전성과 공정경쟁 질서를 유지하기 위한 제도적 원칙이다. 은산분리는 1982년 「은행법」 개정에 처음으로 도입되었고, 금산분리는 1991년 제정된 「금융산업구조개선법」을 통하여 처음으로 제도화되었다.

1997년 외환위기 당시 재벌의 계열 금융사 남용 문제가 드러나며 규제가 강화되었다. 2000년대 이후 ICT 산업 성장과 금융혁신 흐름 속에서 이 원칙들의 유연화 논의가 시작되었다. 특히 2015년 인터넷전문은행 도입이 공식화되면서 은산분리 완화 필요성이 제기되었고, 2018년 「인터넷전문은행 특례법」이 제정되어 산업자본이 인터넷은행 지분을 최대 34%까지 보유할 수 있게 되었다. 다만, 재벌 계열사는 예외로 하여 은산분리 원칙의 핵심은 유지되었다. 현재 금산분리는 기본적으로 유지되고 있으며, 금융당국은 산업자본의 금융지배가 순환출자 및 내부거래를 통하여 지배력 확대로 이어질 수 있다고 판단해 규제를 지속하고 있다. 그러나 마이데이터, 빅테크 금융 등 신산업 등장으로 인해 기존 원칙이 현실과 부합하지 않는다는 비판도 증가하고 있다.

금산분리와 은산분리 원칙은 재벌의 경제력집중 억제, 금융시스템의 건전성 유지, 공정경쟁 기반 마련이라는 중요한 목적 아래 제도화되었으며, 시대 흐름에 따라 점진적으로 변화해 왔다. 현재까지 금산분리는 원칙적으로 유지되고 있으나, 은산분리는 인터넷전문은행과 같은 새로운 금융모델에 대응하기 위해 특례를 통하여 일부 완화되었다. 결론적으로, 금산분리와 은산분리 정책은 과거 재벌 중심의 산업구조에 대응하는 규제였으나, 앞으로는 산업 변화와 기술 발전, 리스크 요인에 따라 보다 유연하고 차등적인 방식으로 조정될 필요가 있다는 점에서 정책의 균형과 재정비가 중요한 과제로 남아 있다.

## 참고 9-2 대규모 금융사고 사례와 금융소비자 보호 제도의 발전

대기업이나 금융회사가 부실한 재무 상태를 숨긴 채 자금을 조달·판매해 대규모 손실을 초래한 대표적 사례로는 2011년 저축은행 사태, 2013년 동양그룹 사태, 2019년 라임자산운용 사태, 2020년 옵티머스자산운용 사태가 있다. 저축은행 사태에서는 부산·삼화 등의 저축은행들이 부실 프로젝트파이낸싱(PF) 자산을 은폐하고 고금리 예금을 대거 끌어들이다가 연쇄 부도로 약 2조 원대의 피해가 발생하였다. 동양그룹 사태는 그룹의 부도 위험을 감춘 채 동양증권을 통하여 회사채와 기업어음을 '안전자산'처럼 판매하여 약 4만 명의 개인투자자에게 1조 3천억 원가량의 손실을 안긴 사건으로, 모집 자금은 다른 계열사 부채를 막는 데 사용돼 위기를 더욱 키웠다.

라임자산운용 사태에서는 부실 펀드를 돌려막으며 수익률을 조작하고 환매를 중단해 약 1조 6천억 원 이상의 피해가 확정되었다. 이어진 옵티머스자산운용 사태는 공공기관 매출채권에 투자한다는 거짓 설명으로 펀드를 판매한 뒤 실제로는 비상장사 대출과 돌려막기에 자금을 쓰면서 약 5천억 원의 손실을 낳았다.

이들 사건은 발행·판매 주체가 핵심 위험 정보를 은폐하거나 과장했고, 내부통제와 감독이 미흡해 개인투자자들이 가장 큰 피해를 본다는 공통점을 지닌다. 특히 동양그룹 사태를 계기로 금융상품 판매 과정의 투명성과 금융소비자 보호의 필요성이 부각되었고, 그 결과 2021년 「금융소비자보호법」이 시행되어 적합성·적정성 원칙과 설명의무 등이 법제화되었다. 또한 금산분리와 사모펀드·저축은행 감독 강화가 논의·추진되며, 불완전판매 징벌적 배상 등의 제도도 마련되고 있다. 결국 이 연속된 사태들은 투자자 보호는 사후 구제보다 사전 예방이 우선이라는 교훈을 남겼으며, 위험 정보의 투명한 공개, 이해상충 관리, 개인투자자들의 금융 이해력 제고가 금융시장의 신뢰 회복을 위해 필수적임을 확인시켜 주었다.

# 연습문제

9.1. 금융의 본질적 역할과 기능에 대해 설명하시오. 또한 금융산업이 실물경제에 미치는 긍정적·부정적 영향을 사례를 들어 논하시오.

9.2. 직접금융시장과 간접금융시장은 자금 흐름에서 어떤 구조적 차이를 가지며, 각각의 금융시장이 경제 전반에 미치는 주요 효과는 무엇인가? 한국 금융시장의 발전 과정에서 두 시장의 역할 변화도 설명하시오.

9.3. 1950년대 한국은행과 시중은행의 설립 및 민영화 과정을 설명하고, 당시 은행제도의 변화가 한국 금융산업 발전에 끼친 영향을 논하시오.

9.4. 1960~70년대 한국 금융기관에 대한 정부 통제 강화와 지방은행 설립의 배경과 그 영향을 설명하시오.

9.5. 1972년 8·3 긴급금융조치 이후 정부가 추진한 사금융 양성화 정책과 그 주요 법령들의 목적과 효과를 설명하시오.

9.6. 1982년 시행된 경제활성화대책(6·28조치)의 주요 내용 중 금융제도 개혁의 구체적 목표와 효과를 설명하시오.

9.7. 1982년 「은행법」 개정을 통하여 도입된 은산분리 제도의 도입 배경과 주요 내용, 그리고 그 정책적 목적을 설명하시오.

9.8. 1997년 개정된 「금융산업의 구조개선에 관한 법률」의 제정 배경과 주요 내용, 그리고 한국 금융시장의 변화에 미친 영향을 설명하시오.

9.9. 문재인 정부 시기의 금융정책 주요 특징을 설명하고, 해당 정책들이 금융산업과 가계에 미친 긍정적 효과와 한계를 논하시오.

9.10. 한국 금융정책의 변화 과정을 1960년대 산업화 시기부터 1997년 외환위기 이후까지 설명하고, 이러한 변화가 금융시장과 경제발전에 미친 영향을 논하시오.

CHAPTER

# 10

# 과학기술정책과 전자·정보통신산업

1. 들어가며
2. 전자 및 정보통신산업의 현황
3. 과학기술정책의 역사
4. 전자·정보통신산업의 발전 과정
5. 정보통신산업 정책의 발전 성과

Chapter 10

# 과학기술정책과 전자·정보통신산업

전자산업은 글로벌 공급망 구조 중 조립부문에서 노동집약적 산업으로 출발할 수 있는 특성을 가지고 있다. 이러한 특성 덕분에 개발도상국들은 경제개발 초기 단계에서 전자산업을 비교적 쉽게 진입 가능한 산업으로 인식하고 있으며, 이를 통하여 빠른 산업화를 시도하고 있다. 1900년대 초반 진공관 기술에서 시작하여 라디오, 초기 컴퓨터 등에서 시작하였다가 1947년 트랜지스터의 발명(벨 연구소)을 전환점으로 다양한 전자기기 개발이 가능해졌다. 본격적인 전자산업의 발달은 1950~60년대 미국에서 반도체 칩이 상용화되고, 집적회로(IC)면서 컴퓨터, 가전제품, 통신기기 등으로 다양한 산업이 발달하고, 일본, 한국, 대만 등이 참여하면서 글로벌 산업화되었다.

현재 전자산업은 공급망 전반에 걸쳐 높은 부가가치를 창출할 수 있기 때문에, 국가 발전 전략의 핵심 산업으로도 자리매김해 왔다. 최근에는 디지털 기술의 확산을 바탕으로 인공지능(AI), 사물인터넷(IoT), 지능형 로봇 등 첨단 기술과 결합하면서 전자산업은 제4차 산업혁명을 주도하는 핵심 산업으로 부상하고 있다. 이러한 지능화 산업의 발전은 단순한 제조를 넘어 데이터 기반의 서비스 및 플랫폼 산업으로의 전환을 이끌고 있으며, 전자산업의 전략적 가치 또한 점점 더 높아지고 있다.

# 1 들어가며

전자산업은 초기 발전단계에서 조립부문이 노동집약적이어서 인건비가 저렴한 개발도상국이 진출하기에 유리한 산업으로 여겨졌다. 특히 전자산업은 의류·섬유·신발 등 전형적인 노동집약 산업과 달리, 수요의 소득탄력성이 높고 타 산업과의 연관관계도 커서 많은 국가들이 전략산업으로 채택하고 적극적으로 육성하고자 하였다.

한국도 예외는 아니었다. 1950년대부터 조립을 통한 전자제품 생산이 시작되었고, 금성사의 진공관 라디오가 1959년 생산되었으며, 1962년에는 라디오가 최초로 수출되었다. 이어 1966년에는 진공관 흑백 TV 생산도 시작되었다. 이러한 초기 생산 기반 위에서, 박정희 정부는 1960년대 경제개발 5개년 계획을 수립하면서 전자산업을 본격적인 육성 대상으로 삼기 시작하였다. 특히 1966년 전자공업진흥 5개년 계획을 수립하면서 전자산업을 수출전략산업으로 지정하였고, 같은 해 한국과학기술연구소(KIST)를 설립하였다. 이어서 「전자공업진흥법」 제정(1969), 마산수출자유지역 조성(1970), 전자공업진흥회 설립(1976) 등 정부의 체계적인 육성 정책이 이어졌다.

1970년대 중반 이후에는 국산 TV의 전국적 보급이 이루어지며 전자제품의 대중화가 본격화되었고, 1980년대에는 민간기업의 투자 확대와 함께 전자산업이 비약적인 발전을 이루기 시작하였다. 특히 삼성과 금성(현 LG)의 반도체산업 진출이 대표적인 사례이며, 1983년에는 세계에서 세 번째로 64K D램 개발에 성공하고, 1988년에는 국내 최초의 휴대폰이 개발되었다. 이로써 한국 전자산업은 정보통신산업과 디지털산업으로 확대되며 국가 경제성장의 핵심 동력으로 자리매김하게 되었다.

현재 한국의 전자산업은 반도체(특히 메모리 반도체), 휴대폰, 디스플레이, 가전제품(TV, 냉장고, 세탁기 등) 분야에서 세계시장을 선도하고 있으며, 여전히 한국경제를 견인하는 주요 전략산업으로 기능하고 있다.

## 2 전자 및 정보통신산업의 현황

### (1) 전자 및 정보통신산업 정의

전자산업과 정보통신산업(information and communication industry)은 시대에 따라 다양하게 정의된다. 전자산업은 1956년 제정된 1981년 개정된「전자공업진흥법」에 정의되어 있다. 이 정의에 따라 최근 많이 사용되는 전자산업 분류는 제11차 KSIC의 중분류인 C26으로

**표 10-1** 한국표준산업분류와 전자산업

| 구분 | KSIC | 품목 |
|---|---|---|
| 반도체 (C261) | C2611 | 메모리용 전자집적회로(26111); 비메모리용 및 기타 전자집적회로(26112) |
| | C2612 | 빌광 아니오드(26121), 기타 빈도세소자(26129) |
| 전자부품 (C262) | C2621 | 액정 표시장치(26211); 유기발광 표시장치(26212); 기타 표시장치(26219) |
| | C2622 | 인쇄회로기판용 적층판(26221); 경성 인쇄회로기판(26222); 연성 및 기타 인쇄회로 기판(26223); 전자부품 실장기판(26224) |
| | C2629 | 전자축전기(26291); 전자저항기(26292); 전자카드(26293); 전자코일, 변성기 및 기타 전자유도자(26294); 전자감지장치(26295); 그 외 기타 전자부품(26299) |
| 컴퓨터 및 주변장치 (C263) | C2631 | 컴퓨터(26310) |
| | C2632 | 기억장치(26321); 컴퓨터 모니터(26322); 컴퓨터 프린트(26323); 기타 주변기기(26329) |
| 통신 및 방송 장비(C264) | C2641 | 유선 통신장비(26410) |
| | C2642 | 방송장비(26421); 이동전화기(26422); 기타 무선 통신장비(26429) |
| 영상기기 및 음향기기(C265) | C2651 | 텔레비전(26511); 비디오 및 기타 영상 기기(26519) |
| | C2652 | 라디오, 녹음 및 재생기기(26521); 기타 음향기기(26529) |
| 마그네틱 및 광학매체(C266) | C2660 | 마그네틱 및 광학 매체(26600) |

주: 한국표준산업분류(11차) 기준이며 ( )는 KSIC 코드임.
출처: 통계청(2024).

되어 있고, 그 이하 세분류는 [표 10-1]에 정리되어 있다.[1] C26에는 반도체(C261), 전자부품(C262), 컴퓨터 및 주변장치(C263), 통신 및 방송장치(C264), 영상기기 및 음향기기(C265), 마그네틱 및 광학매체(C266)가 포함되어 있다.[2]

정보통신산업 정의는 시대에 따라 다양하게 변해왔는데, 정보통신산업이라는 용어는 1983년에 제정된 「공중전기통신사업법」에서 처음 사용되었다. 정보통신산업은 2차산업만 아니라 3차산업과도 광범위한 연관성을 가지고 있다. 과학기술정보통신부 외(2024)는 정보통신산업을 정보통신방송기기업, 정보통신방송서비스업, 소프트웨어업으로 구분하고 있다. 자세한 분류는 [표 10-2]에 설명되어 있다. 최근에는 정보통신산업 정의에서 더 나아가 디지털산업이라는 이름으로 정의되기도 한다.

한국은행은 경제활동별 GDP 항목에서 정보통신업을 통신업과 출판, 방송, 영상, 정보서비스의 합으로 정의하고 있다. 물론 이 정의는 OECD와 같은 국제기구들이 정의하는 정보통신산업의 정의와 다르다.[3] 그리고 과학기술정보통신부 ICT 실태조사에 의해 발표되는 부가가치, 수출 및 수입자료는 한국은행이 발표하는 GDP나 수출입 통계에서 추출된 자료와

**표 10-2** 정보통신업의 정의

| 분류 | 포함 품목 |
|---|---|
| 정보통신방송기기업 | 전자부품업, 컴퓨터 및 주변기기업, 통신 및 방송기기업, 영상 및 음향기기업, 정보통신응용기반기기업 |
| 정보통신방송서비스업 | 통신서비스업, 방송서비스업, 정보서비스업 |
| 소프트웨어 및 디지털콘텐츠 개발·제작업 | 패키지 소프트웨어 개발 및 공급업, 게임 소프트웨어 개발 및 공급업, IT서비스 제공업, 디지털콘텐츠 개발 및 제작업 |

출처: 과학기술정보통신부 외(2024).

1 OECD(2019)에서 ISIC 수정본 4.0 기준으로 전자산업을 다음의 4단계로 정의하고 있다. 제1단계로 웨이퍼(wafer) 생산, 제2단계 반도체산업, 제3단계는 중간재 전자산업, 그리고 마지막 제4단계는 최종 전자제품이다. 이 정의는 위에서 정의한 KSIC C26과 동일하다.

2 넓은 의미로 전자산업을 정의할 수도 있다. 예를 들면 의료, 정밀, 광학기기 및 시계 제조업(27)과 전기장비 제조업(28)의 일부 및 시스템·응용 소프트웨어 개발 및 공급업(5822) 등이 포함될 수 있다.

3 OECD(2019)는 ISIC 기준으로 정의하고 있다. 국제표준산업분류 4차 개정 기준에 의하면 중분류 코드 26 전자산업(전자부품, 컴퓨터, 음향 및 통신장비 제조업)과 대분류 J에서 중분류 코드 58-60(출판, 영상, 방송통신서비스업), 61(통신업) 그리고 62-63(컴퓨터 프로그래밍과 정보서비스)에 해당된다.

다르다. 각 산업에 속하는 기업들을 대상으로 서베이를 통해 조사한 자료에 기반한 것이기 때문이다.

### (2) 전자 및 정보통신산업 발전 현황

[그림 10-1]과 [그림 10-2]는 앞에서 정의한 전자산업(C26)의 GDP 대비 부가가치 비중과 제조업 수출(수입) 대비 수출(수입) 비중을 나타낸 것이다. 먼저 [그림 10-1]의 부가가치 비중을 보면 1970~97년에는 전자산업의 비중이 5% 이하로 크지 않았다. 그러나 이 시기 이후에 전자산업의 비중이 증가율이 급증하기 시작하여 2023년에는 35%에 이르렀다. [그림 10-2]는 유엔이 발표하는 1977년 이후 산업별 무역자료를 이용한 것이다. 이를 보면 전반적으로 볼 때 제조업 전체 수출 대비 전자산업 수출보다 전체 수입 대비 전자산업 수입 비중이 높게 나타난다. 비중을 보면 2007~08년을 기점으로 하여 전자산업의 수출 및 수입 비중이 정체되다가, 2020년 이후에는 급격히 하락하고 있다. 물론 2019년부터 시작된 코로나19에 의한 글로벌 복합위기에 의한 무역의 감소도 있었지만, 상대적으로 전자산업의 수출과 수입 비중이 더욱 크게 하락하고 있음을 알 수 있다.

**그림 10-1** GDP 대비 전자산업 부가가치 비중

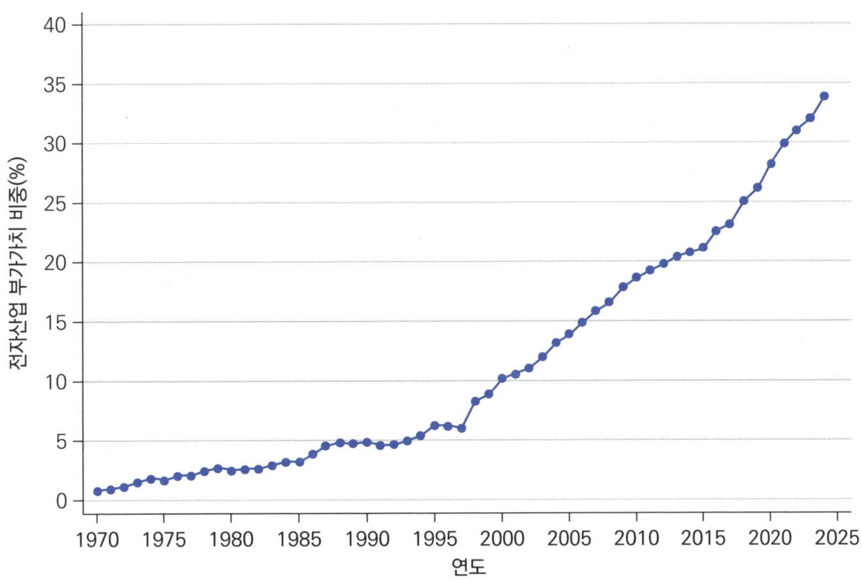


출처: 한국은행 경제통계시스템(ECOS).

**그림 10-2** 제조업 대비 전자산업 수출입 비중

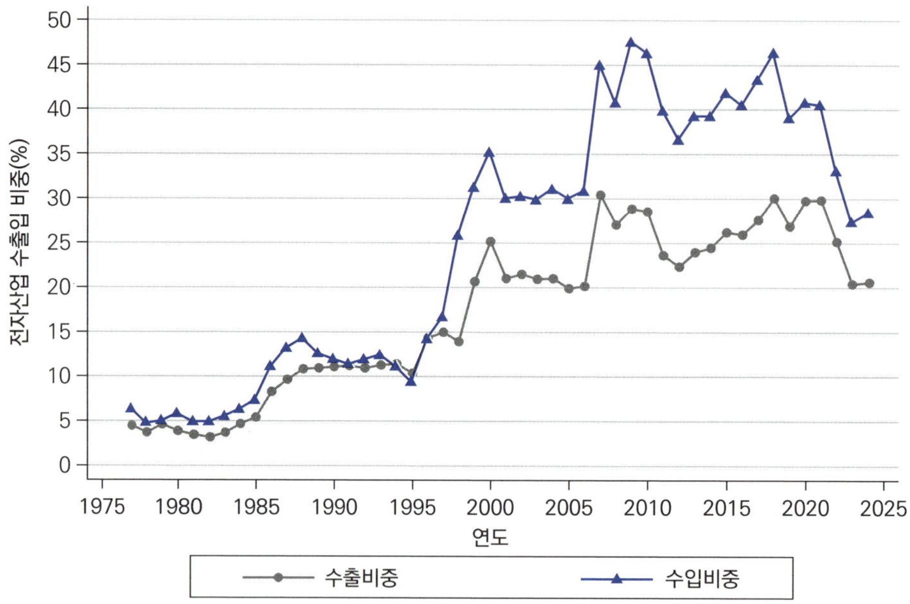


출처: 한국무역협회 K-stat.

[그림 10-3]과 [그림 10-4]는 정부에서 정의한 해당 부문 기업들을 대상으로 조사한 자료를 기반으로 정보통신산업의 부가가치 및 수출·수입 현황을 그림으로 보여준다.[4] 2000년대 이후 정보통신산업의 부가가치와 수출·수입이 비약적으로 증가하고 있음을 알 수 있다.

[그림 10-3]은 한국은행과 과학기술정보통신부에서 정의하는 정보통신산업의 부가가치를 비교한 것이다. 한국은행의 자료에 의하면 1953년의 부가가치는 131억 원으로 GDP의 0.6%에 불과하였다. 정보통신업 부가가치가 급격히 증가하기 시작한 것은 2000년대 들어서이다. 2001년에 약 27조 원으로 GDP의 2.7%였고, 2023년에는 100조 원이 넘었고, 2024년에는 약 104조 원으로 GDP 비중이 4.6%로 증가하였다. 더 광범위하게 정의된 과학기술정보통신부 정의에 따르면 1999년 약 63조 원에서 2004년에 약 112조 원으로 100조 원을 넘었고, 2022년에 약 328조 원을 달성하여, 약 5.2배가 증가하였고, 이를 GDP 비중으로 보면 약 14%에 이른다.

4 한국은행이 발표한 부가가치는 2020년 기준 실질값이다.

그림 10-3 정보통신산업의 부가가치 추이

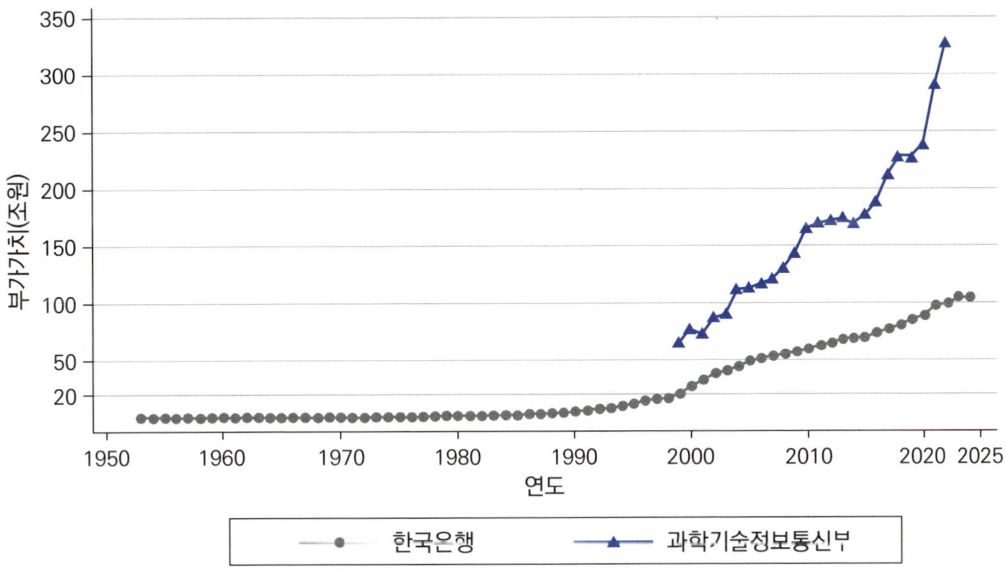


출처: 과학기술정보통신부 ICT 통계포털, 한국은행 경제통계시스템(ECOS).

그림 10-4 정보통신산업의 수출과 수입 추이

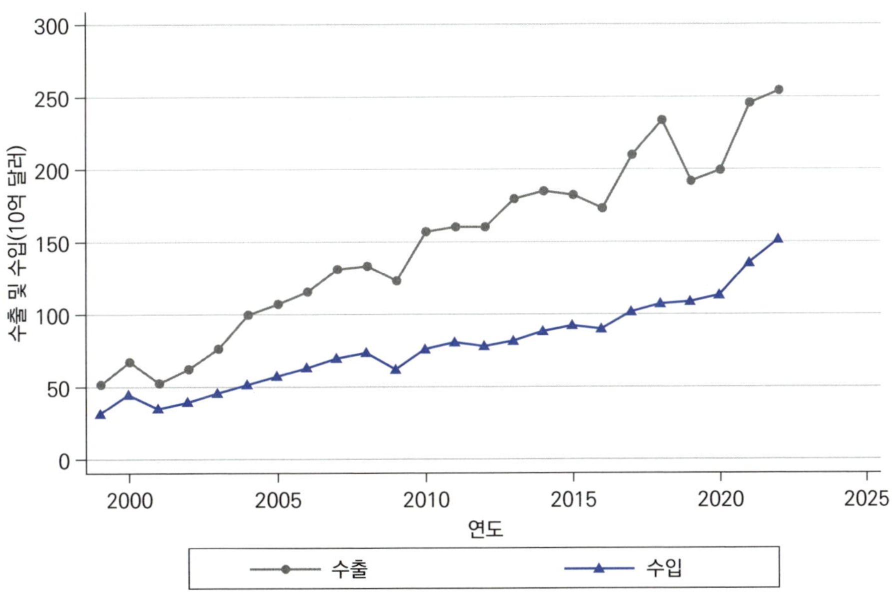


출처: 과학기술정보통신부 ICT 통계포털.

[그림 10-4]의 과학기술정보통신부의 정의에 의한 수출과 수입을 보면 수출은 1999년 약 519억 달러에서 2022년 2,547억 달러로 4.9배가 증가하였고, 같은 기간에 수입은 약 324억 달러에서 약 1,526억 달러로 증가하여 약 4.7배가 증가하였다.

### (3) 연구개발비 추이

정부의 적극적인 과학기술정책 지원과 민간부문의 기술역량 강화로 연구개발비는 지속적으로 증가하였다. [표 10-3]은 연구개발비 자료가 수록된 1976~2022년 기간 중 주요 연도에 대한 연구개발비 규모와 비중을 정리한 것이다. 2021년에 연구개발비 총규모는 100조 원을 넘었다. 2023년 기준으로 총연구개발비는 119.1조 원으로 GDP 대비 비중이 4.96%에 이른다. 이 중에서 정부·공공재원은 28.1조 원으로 전체 연구개발비의 24%에 해당하며, 민간비중은 76%에 이른다. 이러한 총연구개발비는 자료가 있는 1976년 609억 원보다 무려 1,984배가 증가한 것이다.

연구개발비의 특징을 보면 총규모는 급격히 증가하여 총연구개발비 규모나 GDP 대비 비중은 세계 최상위권을 유지하고 있다. 반면에 다른 선진국에 비해 70~80%에 이르는 민간

**표 10-3** 연구개발비 추이

단위: 10억 원(%)

| 연도 | 총연구개발비 | GDP 대비 비중(%) | 정부·공공재원 | 민간·외국재원 |
|---|---|---|---|---|
| 1976 | 60.9 | 0.42 | 39.5(65) | 21.4(35) |
| 1980 | 211.7 | 0.53 | 109.3(52) | 102.4(48) |
| 1990 | 3,210.5 | 1.80 | 856.9(17) | 4,132.1(83) |
| 2000 | 13,848.5 | 2.13 | 3,816.9(28) | 10,031.7(72) |
| 2010 | 43,854.8 | 3.32 | 12,270.2(28) | 31,584.6(72) |
| 2020 | 93,071.7 | 4.80 | 21,581.2(23) | 71,490.5(77) |
| 2023 | 119,074.0 | 4.96 | 28,127.6(24) | 90,946.4(76) |

주: ( )는 총연구개발비 대비 비중임.
출처: 통계청 국가통계포털(KOSIS).

연구개발비 비중이 상대적으로 높다. 이러한 경향은 민간부문의 입장에서는 즉각적인 수익을 얻을 수 있는 응용기술 개발에 더 많은 투자를 한다는 것을 의미한다. 즉, 정부는 장기적인 시각에서 기초기술에 대한 투자를 늘릴 수 있지만 민간부문은 그러한 여력이 상대적으로 떨어지기 때문이다.

## 3 과학기술정책의 역사

해방 이후 한국의 과학기술정책은 초기에는 국가 재건과 산업기반 확립을 위한 기초적인 수준에 머물렀다. 1950~60년대에는 과학기술 인프라가 매우 열악했으며, 정부는 외국 원조와 기술 도입을 통하여 산업화를 추진하였다. 1967년에는 과학기술처가 신설되며 본격적인 과학기술 정책이 시작되었고, 기술인력 양성과 연구기관 설립이 국가 주도로 이뤄졌다. 이 시기는 기술개발보다는 외국 기술 도입과 모방 중심이었다. 1970년대 이후부터는 중화학공업 육성과 함께 자체 기술개발의 중요성이 부각되었고, 정부는 과학기술 연구개발 투자와 정책을 강화하였다. 특히 1980년대에는 경제성장과 함께 기술 자립을 목표로 한 정책들이 추진되었고, 1990년대에는 정보화 사회로의 전환과 더불어 민간주도의 기술혁신이 강조되었다. 2000년대 이후에는 창의적 연구, 융합기술, 그리고 4차 산업혁명 대응 등 국제경쟁력 강화를 위한 전략 중심으로 정책이 변화해 왔다.

### (1) 해방 이후 1950년대

해방 이후 1950년대까지의 과학기술정책은 외국 기술을 배워오는 차원이었다. 전쟁 이후 대부분의 정부지출이 미국을 비롯한 국제기구의 무상원조 지원에 의존하는 상황에서 자체적인 과학기술정책 시행이 어려웠다.

첫째, 유학생 파견을 통한 지식획득 정책이 있었다. 철강산업을 배우기 위하여 서독, 그리고 원자력산업을 위해서는 미국에 유학생을 보냈다. 그리고 1955~62년 7년간 시행되었던 미네소타 프로젝트(Minnesota Project)가 있었다. 이 프로젝트는 미국 국무부와 국제개발처(USAID) 지원으로 서울대학교 공학·의학·농학분야 교수들을 초청하거나 현지 교수들이 한국을 직접 방문하여 가르쳤던 프로그램이다. 둘째, 원자력산업에 대한 투자이다. 1955년 미국과 원자력 협정을 맺어 원자력에 대한 정보와 기술, 연구용 원자로와 농축 우라늄을 제공받을 수 있었다. 1956년 정부는 문교부 내에 원자력과를 설치하여 원자력 업무를 전담하고, 1959년에 원자력연구소를 설립하면서 원자력만 아니라 과학기술정책이 실질적으로 시행되기 시작하였다.

### (2) 정부주도 고도성장기

박정희 정부의 과학기술정책은 국가 주도의 산업화와 경제성장을 위한 기술 기반 마련에 중점을 두었다. 본격적인 정부 차원의 과학기술정책이 시행되기 시작한 것은 1962년 제1차 경제개발 5개년 계획에 과학기술 관련 계획이 수립되면서부터이다.

첫째, 한국 정부 최초의 과학기술종합계획은 제1차 기술진흥 5개년 계획(1962~1966년)이다. 이는 제1차 경제개발 5개년 계획을 뒷받침하기 위한 것으로서 기술수준의 낙후성을 타개하기 위해 수립되었다.[5] 둘째, 1967년에 과학기술을 전담하는 행정기구로서 과학기술처를 발족하였고, 과학기술 관련 주요 법률들이 제정되어 제도적인 지원도 활발하게 이루어졌다. 예를 들면 「과학기술진흥법」(1967), 「기술개발촉진법」(1972), 「기술용역특별법」(1973), 「특정연구기관육성법」(1973) 등이다. 「기술개발촉진법」은 민간부문의 기술개발 활동에 대한 지원이 제도화되었다. 즉, 정부는 조세와 금융제도를 통하여 기술개발 활동을 지원하고, 기술개발준비금 제도가 정착되었다.

셋째, 정부출연연구소가 설립이 활발하게 이루어져서 정부는 한국과학기술연구소(1967)가 설립된 이후 1970년 국방과학연구소(ADD)를 자주국방을 위한 국방기술 개발을 목표로 설립하였다. 1971년에 전문적인 과학기술분야 교육기관으로 한국과학원(KAIS)이 설립되었다. 이어, 1973년에 한국원자력연구소와 한국선박해양연구소가 설립되고,[6] 국립천문대(1974), 한국표준연구소(1975)가 설립되었다. 1976년에는 한국전자기기시험연구소, 한국전자기술연구소(KIET), 한국기계금속시험연구소, 한국화학연구소, 한국자원개발연구소가 설립되었다. 그 외에 1978년 한국통신기술연구소(KTRI) 등 다양한 과학기술 분야 정부출연연

5 이후 여러 차례의 중·장기 계획이 수립되었으며, 2001년 「과학기술기본법」 제정 이후부터는 법정계획으로 5년마다 과학기술기본계획이 수립되고 있다.

6 한국원자력연구소는 기존의 원자력연구소, 방사선의학연구소, 방사선농학연구소를 통합한 것이다. 1980년 정부출연 연구기관이 되었고, 2007년에는 한국원자력연구원(KAERI)으로 개칭되었다.

구기관이 설립되었다.

넷째, 1970년대에는 과학기술 분야 연구 중심도시로 대덕연구단지 건설을 착수하여 1992년에 완공하였다. 또한, 공업계 전문대학의 확대가 이루어지고 1975년에는 국가 단위로 통일된 국가기술자격도 시행되었다. 이러한 조치에도 불구하고 1970년대까지는 자체적인 연구개발 활동을 지원한다고 보기보다는 외국 기술을 도입·모방하면서도 점차 기술 자립을 모색하는 과학기술 활동에 필요한 기반을 마련한 시기였다.

### (3) 민간주도 경제발전 이행기

1980~90년대는 한국의 과학기술정책이 본격적으로 체계화되고 국가 발전 전략의 핵심으로 자리 잡기 시작한 시기이다. 1980년대 초반에는 국가 주도의 경제개발 5개년 계획과 연계하여 과학기술을 산업 발전의 기반으로 삼는 정책들이 추진되었다. 1990년대에는 국제 경쟁력 확보를 위해 과학기술의 선진화와 민간주도의 기술개발이 강조되었다.

#### 1) 전두환 정부

전두환 정부의 과학기술정책은 기술 자립과 연구개발 체계 강화에 초점을 맞췄다. 이 시기에는 경제성장과 산업고도화를 뒷받침하기 위해 과학기술 기반 확충과 민간 R&D 활성화가 강조되었다.

첫째, 1982년 정부 차원에서 대통령이 주재하는 기술진흥확대회의를 신설하여 기술개발을 위한 당면과제들을 검토하고 지원하였다. 1987년까지 총 12회가 개최되었다. 이러한 정책으로 각 부처에서 과학기술정책에 대한 비중과 관심이 확산하는 계기가 되었다.

둘째, 정부는 과학기술투자의 효율적 확대 방안(1984)을 발표하여, R&D 투자를 1986년까지 GNP의 2% 수준으로 확대하여 신기술개발을 촉진시키고자 하였다. 그리고 「산업기술연구조합육성법」(1986년 제정)을 발표하여 연구개발과 선진기술 도입에 어려움을 겪는 중소기업들이 산업기술연구조합을 설립하여 협동적으로 참여할 수 있도록 지원하고자 하였다. 1986년은 세계 10위권 기술선진국 진입을 목적으로 한 2000년을 향한 과학기술발전장기계획이 발표되었다. 같은 해 12월에는 중소기업의 창업을 지원하기 위한 「중소기업창업지원법」과 「신기술사업금융지원에 관한 법률」이 제정되었다.[7] 이 법을 통하여 기술신용보증기금

7 「신기술사업금융지원에 관한 법률」은 2002년 8월 「기술신용보증기금법」으로 변경되었다.

을 설립하여 신기술 사업에 대한 자금 공급을 원활하게 지원하고자 하였다. 특히 1980년대는 중장기적 시각에서 과학기술정책이 수립되기 시작하였다.

셋째, 1970년대 설립되었던 정부출연 연구소들은 1980년에 연구개발체계 정비와 운영 개선 방안이 발표되면서 유사 기관 통폐합이 이루어진다. 당시 각 부처에서 관리하던 16개 연구소가 8개의 연구소로 축소되고 이들을 과학기술처에서 관리하도록 하였다. 넷째, 정부 차원의 지원정책으로 민간부문의 R&D 투자도 활발하게 이루어지기 시작하였다. 대표적인 것이 삼성과 금성의 반도체산업에 대한 과감한 투자와 기업부설연구소의 급격한 증가이다. 그리고 전문교육기관도 설립되어 1983년 처음으로 과학고등학교를 설립하고, 1984년 대덕연구단지에 과학기술대학(KIT)이 설립되었다. 또한, 포항제철이 1986년 포항공과대학(POSTECH)을 설립하였다.

### 2) 노태우 정부

노태우 정부의 과학기술정책은 지식기반 사회로의 전환을 준비하고, 과학기술의 자율성과 경쟁력 강화에 중점을 두었다. 이 시기에는 민주화와 세계화 흐름 속에서 과학기술 분야도 점차 정부주도에서 민간 중심으로 전환되기 시작하였다.

첫째, 1991년 발표된 과학기술진흥종합계획을 통하여 장기적인 과학기술개발 전략을 수립하고, 과학기술투자 확대(GDP의 5%), 과학기술인력 양성 등 정책을 적극 추진하였다. 또한, 1992년에 21세기를 위한 국가과학기술 발전 장기계획이 수립되었고, 정보통신, 생명공학 등 첨단기술 분야에 대한 투자도 확대되었다. 둘째, 제도적으로 1987년에는 물질특허제도를 도입하여 무역마찰을 최소화하려고 하였고, 1989년에는 「기초과학연구진흥법」을 제정하여 기초과학 분야에 대한 체계적인 정책을 추진하고자 하였다.[8] 셋째, 과학기술 정책의 효율적인 추진을 위해 1987년 대통령 직속의 국가과학기술자문회의를 설치하였다. 이와 별도로 1989년 대통령이 주재하는 과학기술진흥회의를 설치하여 정부의 과학기술 진흥 정책을 강화하였다.

8 물질특허제도는 의약품이나 화학물질 등에서 특정한 화학물질 그 자체를 발명으로 인정하여 특허를 부여하는 제도로, 신약의 유효성분에 대한 특허를 인정하는 제도가 이런 예이다. 한국은 1987년 이전에는 물질특허 대신 제조방법 특허만 인정했으나, 1987년부터 국제 규범에 맞춰 물질특허를 도입하였다.

### 3) 김영삼 정부

김영삼 정부의 과학기술정책은 세계화(globalization)와 정보화 흐름에 맞춰, 기술경쟁력 강화와 과학기술 기반 고도화에 초점을 맞췄다. 특히 민간주도의 기술혁신과 산학연 협력체제 강화, 기초과학 및 IT 투자 확대가 주요 특징이다. 정부는 마지막 공식적인 경제개발계획인 신경제계획을 수립하면서 선진국 대열에 진입하기 위한 기술개발 계획으로 1991년 선도기술개발사업(G7 프로젝트)(1992-2001)을 발표하였다. 발표 배경은 동·서 냉전 체제의 붕괴 이후 경제 중심으로 세계질서가 개편되고 있으며, 한국도 이러한 환경 변화에 선제적으로 대응할 필요가 있다고 제시하고 있다. G7 프로젝트는 한국의 과학기술 수준을 2000년대 세계 7대 과학기술 선진국 진입을 목표로 하고, 1997~2001년까지 범국가적으로 추진하여 집중적으로 개발할 선도기술개발사업 계획이다(한국개발연구원, 1995).

그리고 1998년 전후로 경제위기를 겪으면서 「과학기술혁신을 위한 특별법」 제정(1997)과 함께 다양한 형태의 특정 연구 개발사업이 수립·실시되었다. 그 대표적인 것으로는 창의적 연구진흥 사업(1997), 중점 국가연구개발사업(1998), 민군겸용기술사업(1999), 21세기 프런티어 연구개발사업(1999) 등이 있다.

## (4) 지속가능발전 준비기

1998년 김대중 정부부터 윤석열 정부까지의 과학기술정책은 시대적 과제와 기술 변화에 따라 발전해 왔다. 김대중 정부는 IT와 벤처를 전략산업으로 육성하고 과학기술부 승격 및 국가과학기술위원회를 신설하여 체계적 정책을 추진했으며, 노무현 정부는 기초과학 투자 확대와 과학기술혁신 시스템 고도화에 중점을 두고 과기부 부총리제와 과기관계장관회의를 도입하였다. 이명박 정부는 실용주의와 경제성장을 목표로 교육과학기술부를 출범시키고 '577 전략'을 수립했으며, 박근혜 정부는 창조경제를 기치로 미래창조과학부를 설립하고 과학기술 기반 융합산업을 육성하였다. 문재인 정부는 사람 중심의 과학기술 혁신과 4차 산업혁명 대응을 위해 국가 인공지능 전략을 수립했고, 윤석열 정부는 초격차 전략기술 육성과 디지털 경제 패권국가 실현을 목표로 과학기술 시스템을 재설계하고 미래 핵심 기술에 대한 투자를 강화하고자 하였다.

### 1) 김대중 정부

김대중 정부의 과학기술정책은 지식기반사회 구축과 IT 중심의 국가경쟁력 강화에 초점을 맞췄다. 외환위기 이후 경제 회복과 구조 개혁을 위해 IT와 벤처 산업을 전략적으로 육성했으며, 과학기술을 창조적 성장동력으로 적극 활용하였다. 1998년에는 과학기술처를 과학기술부로 승격시켜서 과학기술 관련 정책들을 체계적이고 종합적으로 추진할 수 있도록 하였다. 또한, 정부는 1999년에는 대통령 직속으로 정책 자문을 하는 국가과학기술위원회를 발족시켜 과학기술정책 최고 심의 기구를 탄생시켰다.[9] 그리고 정부는 2001년 6대 분야 77개 기술을 중점개발기술로 선정하여 집중적인 투자 확대를 하고자 하였다. 6대 분야는 IT(정보기술), NT(나노기술), BT(생명공학기술), ST(항공우주기술), ET(환경공학기술), CT(문화콘텐츠기술)이다.

### 2) 노무현 정부

노무현 정부의 과학기술정책은 지속가능한 성장과 미래 경쟁력 확보를 위해 창의적 R&D와 과학기술 혁신 시스템 고도화에 중점을 두었다. 과학기술을 국가 발전의 핵심 축으로 삼고, 국가혁신체제(NIS) 강화와 기초과학·원천기술 투자 확대를 적극 추진하였다. 정부는 2002년에 과학기술부 장관을 부총리 겸 국가과학기술위원회 부위원장으로 격상하는 행정구조를 개편하였다. 그리고 정부는 2002년부터 5개년 단위의 과학기술 기본계획을 수립하여 체계적이고 종합적인 과학기술정책을 추진하려고 하였다. 2004년에 과기관계장관회의를 신설하여 부처 간 연구개발정책을 조율하였다. 이 회의는 노무현 정부 이후 사라졌다가 11년 후인 2018년에 문재인 정부에서 국무총리 주재로 다시 개최되었다. 그리고 전문교육기관도 계속 설립되어 1993년에 광주과학기술원(GIST)이 대학원으로 설립되었고, 2004년 대구경북과학기술원(DGIST)과 2007년 울산과학기술원(UNIST)이 설립되었다. 이들 학교는 대학원 과정으로 설립되었다가 이후에 학부 과정을 신설하였다.

### 3) 이명박 정부

이명박 정부의 과학기술정책은 실용주의와 경제성장을 위한 과학기술 활용에 중점을 두었다. 과학기술을 국가 성장 동력으로 활용하고, 산업화·상용화 중심의 R&D 투자 확대가

9 이 위원회는 기존의 종합과학기술심의회(1973~96) 및 과학기술장관회의(1996~98)를 대통령 직속으로 격상되어 개편된 것이다. 2010년에 중앙행정기관으로 국가과학기술위원회로 격상되었다.

핵심 방향이었다. 2008년 정부는 과학기술부와 교육인적자원부를 교육과학기술부로 통합하고 과학기술 부총리제를 폐지하였다. 기존 과학기술부 업무는 행정안전부, 문화체육관광부, 방송통신위원회와 지식경제부로 분산하였다.

정부는 과학기술 기본계획으로 이른바 577 전략을 수립하였다. 이 전략은 2012년까지 국가 총연구개발 투자를 GDP 대비 5%까지 확대하고, 7대 연구개발 분야를 중점적으로 육성하며, 7대 시스템의 선진화·효율화를 위한 50개 중점 추진 과제를 통하여 2012년 7대 과학기술강국 달성을 목표로 하는 것이다. 당시 제시된 7대 연구개발 분야는 주력 기간산업, 신산업 창출, 지식기반서비스, 국가주도기술, 현안관련 분야, 글로벌 이슈 대응, 기초·기반·융합이었다. 그리고 7대 시스템은 세계적 과학기술 인재, 기초원천 연구진흥, 중소·벤처 기술혁신, 과학기술 국제화, 지역기술 혁신, 과학기술 하부구조, 과학기술 문화 분야였다.

### 4) 박근혜 정부

박근혜 정부의 과학기술정책은 창조경제를 핵심 비전으로 삼아, 과학기술과 ICT를 융합하여 새로운 산업과 일자리를 창출하는 데 중점을 두었다. 먼저, 2013년에 박근혜 정부는 교육과학기술부를 교육부와 과학기술부를 분리하여 미래창조과학부를 설립하였다. 이후 2017년 출범한 문재인 정부는 과학기술과 정보통신 부분을 결합하여 과학기술정보통신부를 출범시켰다.

### 5) 문재인 정부

문재인 정부의 과학기술정책은 사람 중심의 과학기술 혁신과 4차 산업혁명 대응에 중점을 두었다. 인공지능(AI) 분야에서 2019년 국가 인공지능 전략을 수립하여 AI 기술개발과 산업 적용을 촉진하였다. 이 전략은 세계 최고의 ICT 인프라를 활용하여 AI 분야에서의 글로벌 리더십을 확보하는 것을 목표로 하였다.

### 6) 윤석열 정부

윤석열 정부의 과학기술정책은 초격차 전략기술 육성, 과학기술 시스템 재설계, 디지털 경제 패권국가 실현 등을 핵심 목표로 설정하여, 대한민국을 과학기술 강국으로 도약시키는 데 중점을 두고 있다. 주요 정책 방향을 보면 초격차 전략기술 육성으로 반도체, 디스플레이, 이차전지, 차세대 원전, 수소, 5G·6G, 바이오, 우주·항공, 양자, AI·로봇, 사이버보안 등 국가 안보와 경제성장에 필수적인 전략기술을 지정하여 집중적으로 육성하고자 하였다. 그리고 디지털 경제 패권국가 실현을 위하여 인공지능(AI), 데이터, 클라우드 등 핵심 기반을 강화하고, 메타버스, 디지털플랫폼 등 신산업을 육성하여 디지털 경제 패권국가로의 도약을 추진하고자 하였다.

## 4 전자·정보통신산업의 발전 과정

한국에서 전자산업은 정부가 중점적으로 추진한 중화학공업의 핵심 산업이었다. 수입으로부터 보호, 재정·금융지원, 산업공단 조성, 연구인력 확보를 포함한 교육·연구개발 체계 구축 등 정부의 적극적인 육성정책과 1980년대 이후 민간의 적극적인 투자 참여로 현재 중요한 경제성장동력 산업으로 발전하였다. 1950년대 이후 초기 경제개발 과정에서 노동집약적인 조립 부분이나 가전제품 중심의 전자산업은 정부의 육성정책과 기업의 역동적 연구개발 노력으로 고부가가치 산업으로 발전하였다. 전자산업에 비해 상대적으로 산업 간 연쇄효과가 작은 의류·신발산업 중심에서 더 나아가 전자산업에 대한 적극적인 육성이 현재의 경제성장 동력의 원천이 되었다는 점에서 경제개발전략의 성공적인 교훈이 되었다고 할 수 있다. 현재는 전자산업이라는 범위에서 더 확장되어 정보통신산업과 디지털산업(digital industry)으로 불리고 있다.

### (1) 해방 이후 1950년대

해방 이후 1950년대까지 한국의 전자 및 정보통신산업은 제도적 기반이 거의 없는 태동기로, 산업정책보다는 기초 인프라 복구와 외국 원조에 의존하는 상황이었다. 6.25 전쟁 이후 통신시설은 대부분 파괴되었고, 정부는 미국을 비롯한 국제 원조에 힘입어 기초 통신망 복구와 전화 설비 재건에 주력하였다. 이 시기 정보통신은 군사 및 공공 목적 중심의 최소 수준에 머물렀으며, 민간 산업 차원의 정책은 사실상 전무하였다. 전자산업 또한 산업화 이전 단계로, 민간 소규모 조립 중심의 초기 형태만 존재하였다. 라디오 조립이나 간단한 전자부품 수입·판매가 중심이었고, 대부분 외국 기술과 부품에 의존하였다. 정부 차원의 전자산업 진흥정책은 아직 부재했으며, 관련 기술 인력도 극히 부족하였다. 결과적으로 이 시기는 한국 전자 및 정보통신산업의 형성과 기반 구축 이전의 준비기로 볼 수 있다.

### (2) 정부주도 고도성장기

박정희 정부는 전자 및 정보통신산업을 수출 중심 전략산업으로 육성하기 시작하였다. 한국에서 전자산업의 본격적인 출발은 1959년 금성사 설립에서 시작되었다. 이후 전자산업은 1960년대 중화학공업 육성정책의 전략산업 중 하나로 채택되면서 현재까지 경제성장의 주력산업으로 성장하였다.

첫째, 1960년대 전자산업은 외국에서 부품을 수입하고 조립하여 수출하는 단순 가공 수준이었다. 정부는 전자산업을 단순 가공산업에서 경제성장 산업으로 육성하기 위하여 전략산업으로 지정하고, 부품국산화를 육성 정책의 주요 방향으로 삼았다. 이를 위하여 1966년 전자산업을 수출전략산업으로 지정하고, 한국과학기술연구소(KIST)(1966)와 구미전자공업단지(1967) 설립 및 「전자공업진흥법」(1969) 제정이 이루어졌다.

둘째, 반도체산업은 1965년 미국계 기업인 고미(Kommy)가 반도체를 조립하기 위한 합작회사를 설립하면서 시작되었다. 이어서 페어차일드 반도체(Fairchild semiconductor, 1967), 모토롤라(Motorola, 1968), 도시바(Toshiba, 1969) 등이 투자하였고, 1970년에 국내기업인 금성사와 아남산업이 반도체산업에 진출하였다. 당시는 자재를 수입하여 수출하는 단순 조립 수준이었으나 1974년에 설립된 한국반도체는 단순 조립을 넘어 웨이퍼(wafer)를 가공하는 데 도전하였다. 1974년에 삼성이 자금난에 직면한 한국반도체를 인수하면서 처음으로 반도체산업에 진출하였다.

셋째, 한국의 정보통신산업은 1960년대부터 통신 또는 방송 분야로 기반이 구축되기 시작하였다. 1961년 「전기통신법」과 「전파관리법」이 제정되었고, 제1차 경제개발 5개년 계획이 발표된 1962년에 통신사업 5개년 계획이 추진되어 통신망 구축이 시작되었고, 1981년까지 총 4차에 걸쳐 시행되었다. 통신서비스 분야는 1961년 차량 전화 개통을 시작으로 텔렉스 서비스가 개시(1965)되었고, 한국방송공사가 개국(1961)하면서 방송서비스도 본격적으로 시작하였다.

## (3) 민간주도 경제발전 이행기

1980~90년대의 전자 및 정보통신산업 정책은 기술 자립과 산업고도화를 목표로 정부주도의 체계적인 육성이 이루어지고, 한국이 전자·정보통신산업에서 선진국을 추격하고 새로운 경제성장동력으로 자리매김하는 시기였다.

### 1) 전두환 정부

전두환 정부는 전자 및 정보통신산업을 산업고도화와 기술 자립을 위한 핵심 분야로 인식하고, 정부주도의 전략적 육성 정책을 추진하였다. 이 시기는 전자 및 정보통신산업의 자립 기반 조성과 기술 국산화를 위한 토대가 마련된 시기로 평가된다. 정부는 1983년을 정보산업의 해로 선포하여 컴퓨터 보급을 확대하는 등 정보산업을 육성하기 위한 적극적인 정책을 마련하기 시작하였다.[10]

첫째, 반도체산업의 본격적인 육성정책과 민간기업의 투자가 본격적으로 이루어진다. 1981년에 정부와 기업을 중심으로 반도체공업육성추진위원회를 발족시키고, 1982년에는 반도체공업육성 세부계획(1982~86)을 추진하면서 반도체산업 육성 정책이 본격적으로 시행되기 시작하였다. 한국기업들도 1983년 삼성, 현대, 금성(현재 LG)이 대규모 투자를 하기 시작하였다.[11] 1990년대에는 본격적으로 D램을 수출하기 시작하였다.

둘째, 1980년대 초단거리 시내전화사업은 체신부가 독점체제를 유지했지만 장거리 전화 및 정보통신사업은 경쟁체제를 구축하기 시작하였다. 경제성장 과정에서 폭발적인 전화수요 증가로 극심한 전화 부족을 해결하기 위하여 1981년 한국전기통신공사(KTA)가 설립되었다.[12] 한국전기통신공사는 한국전기통신연구소(현재 ETRI)와 1984년 국내기술에 의하여 세계 10번째로 전전자교환기(TDX-1)를 개발하였다. 그 이후 전화기 보급은 폭발적으로 늘었고, 1987년에 전국 자동화를 달성하였고, 1993년에는 1가구 1전화 시대를 열었다.[13] 그리고

---

10 한국의 첫 컴퓨터는 1980년 삼보컴퓨터에서 만든 SE-8001로 알려져 있다.

11 삼성 이병철 회장은 1983년 2월 8일 소위 도쿄 구상을 통하여 첨단 반도체 사업에 대한 대대적인 투자를 공표하였다. 집중적인 투자 분야는 메모리 반도체 D램(DRAM) 분야였다. 당시 후발주자였던 삼성은 32K D램을 뛰어넘어 64K D램 개발에 도전하여 6개월 만인 1983년에 미국과 일본 다음으로 세계 세 번째로 성공한다. 그 이후 256K D램(1984)을 개발하는 데 성공하였다.

12 한국전기통신공사는 체신부에서 통신부문을 분리하여 설립한 회사로 2002년에 민영화되면서 KT가 되었다.

13 1990년대에는 한국에서 위성시대가 열렸다. 1995년에 무궁화위성 1호를 발사를 시작으로 무궁화위성 2호

1982년에 한국데이터통신(현재 LG유플러스)이 설립되었는데 1982년부터 한국 최초의 부가가치 통신사업자로서 서비스를 시작하였다. 기간통신서비스도 무선호출서비스(1982), 데이터통신(1984), 휴대용 전화(1988)가 시작되었다. 부가통신서비스도 개시하여 1987년 부가통신망(VAN)이 본격적으로 도입되었다.

셋째, 한국전기통신공사는 1982년 당시에 '삐삐'로 알려진 무선호출서비스를 시작하였다. 1984년에는 한국전기통신공사의 자회사로 한국이동통신서비스(KMT)를 설립하여 제1이동통신사업자가 되었다. 이 회사는 1994년 선경그룹이 인수하여 SK텔레콤이 되었다.

1980년대 전자산업의 발달이 본격적으로 이루어지기 시작한 이후 현재까지 경제성장을 이끄는 주력산업으로 발전하였다. 1990년대에 들어서면서 정보통신산업 혹은 ICT와 같은 새로운 용어가 생겨났다.[14] 최근에는 이 정의에서 더 나아가 디지털산업으로 불리고 있다.

### 2) 노태우 정부

노태우 정부는 전자 및 정보통신산업을 미래 국가경쟁력의 핵심 산업으로 인식하고, 이를 체계적으로 육성하기 위한 정책을 추진하였다. 특히 IT의 중요성이 커지면서, 통신망 확충, 통신장비 국산화, 소프트웨어 산업기반 조성 등이 주요 과제로 설정되었다.

첫째, 1987년에 체신부가 종합정보통신망(ISDN) 구축 기본계획을 수립으며, 1989년부터 본격적으로 추진되기 시작하였다. 1995년 이후 전국도시로 확대되었으나, 1990년대 후반부터는 비대칭 디지털 가입자 회선(ADSL), 초고속 디지털 가입자 회선(VDSL), 광통신망 등 더 빠른 접속 기술이 등장하면서 ISDN은 점차 한계에 봉착했고, 2000년대 초반 이후에는 점진적으로 사양화되었다.

둘째, 정부는 통신산업의 개방화와 민영화를 통하여 경쟁을 촉진하였다. 통신산업 개방화 정책은 통신산업을 공공 독점체제에서 경쟁과 민간 참여 중심 구조로 전환하는 데 중요한 전환점이 되었다. 당시 통신사업은 대부분 한국전기통신공사가 독점하고 있었지만, 정부는 1989년부터 부가통신사업(VAS)을 민간에 개방하였다. 그리고 민간 기업들이 팩시밀리 전송, 데이터 전송, 메시지 서비스 등 특정 통신서비스를 제공할 수 있게 되었다. 이는 세계적인 통신 자유화 흐름과 국내 산업구조 고도화 전략의 일환으로 추진된 것이며, 나중에 한국

(1996)를 발사하였고, 1996년에 국내 최초로 위성이동 데이터서비스를 시작하였다.

14 정보통신산업은 정보기술산업, 전자·정보기기산업, 정보통신기술, 정보산업이 혼용되어 사용되고 있다.

ICT 산업 발전의 밑바탕이 되었다. 이는 한국전기통신공사의 KT로 민영화(2002), 이동통신 시장 형성, IT 강국 도약의 제도적 기틀 마련되었고, 국제적으로도 GATT(후일 WTO) 통신시장 개방 압력에 대응한 중요한 조치의 출발점이 되었다.

셋째, 한국데이터통신은 1991년 데이콤으로 변경하였고 같은 해 미국, 홍콩, 일본으로의 국제전화가 시작되었다. 2000년에 민영화되었고, 2006년 LG데이콤으로 사명을 변경하였다. 2010년 1월 LG파워콤과 함께 통합하여 LG텔레콤으로 합병되었다가 같은 해 7월 LG유플러스(LG U+)로 변경되었다.

### 3) 김영삼 정부

김영삼 정부는 세계화와 정보화를 핵심 국정 기조로 삼고, 전자 및 정보통신산업을 국가경쟁력의 핵심 동력으로 적극 육성하였다. 그리고 한국이 정보통신 강국으로 도약하기 위한 기틀을 마련한 시기로 평가된다. 이 시기 이후에는 다양한 신성장동력 산업정책의 추진을 통하여 기존 주력산업의 성장한계를 극복하고, 새로운 미래주력산업을 발굴해 적극적으로 지원함으로써 지속성장을 달성하고자 하였다.

첫째, 정보통신산업이 세계적 수준으로 발전하기 시작하였는데 그 계기는 음성·데이터·영상 등 정보를 실시간으로 전송할 수 있도록 하는 망을 의미하는 1995년 초고속정보통신기반구축 종합추진계획이 발표되었다.[15] 계획의 추진 목표는 2010년까지 국가·지방자치단체 등 공공기관을 광케이블 중심으로 연결하는 초고속국가정보통신망을 구축·운영하는 데 있었다. 이를 통하여 1998년부터는 초고속인터넷 서비스가 상용화되었고, 2003년부터는 IMT-2000에 대한 상용 서비스를 제공하면서 차세대 이동통신이 현실화되었다.

둘째, 1995년에 정보화 통신산업을 체계적으로 지원하기 위하여 정보통신부가 정부조직으로 출범하였다. 신경제 5개년 계획을 수립하고 전국에 정보고속도로(information superhighway)를 구축하겠다는 야심 찬 계획에 따라 다양한 정보통신망 구축계획을 수립·시행하였다. 방송과 통신을 상호 결합한 정보고속도로는 첨단 광케이블망으로 모든 경제주체를 연결하여 음성자료, 영상 등 다양한 정보를 초고속으로 주고받는 최첨단 통신시스템이다.

셋째, 정부는 정보화 분야의 최상위 법으로 1995년 「정보화촉진기본법」을 제정하고,

---

15 이 계획은 1990년대 종합정보통신망(ISDN). 비대칭디지털가입자회선(ADSL), 광대역통신망(BcN) 등의 보급과 인터넷 강국으로 발전하는 데 결정적 계기가 되었다.

1996년에 정보화추진위원회가 출범하였다.[16] 이 법에 근거하여 범정부 차원의 다양한 정보화 정책이 수립되고 발표되었다. 이 사업을 효율적으로 추진하기 위하여 정부는 초고속국가정보통신망 구축, 초고속공중정보통신망 구축, 선도시험망 구축, 초고속국가정보통신망 구축 관련 기술개발, 초고속정보통신 시범 사업 추진으로 구분하여 시행하였다(정보통신부, 1995).

넷째, 1996년 정보화추진위원회는 정보화 촉진 기본계획을 확정하였다. [표 10-4]를 보면 제1단계(1996~2000)에서 정보화 촉진을 위해 초고속망을 기반으로 하는 10대 중심 과제를 선정하고, 정보통신산업을 G7 국가 수준으로 육성하고자 하였다.[17] 이후 초고속정보통신기반구축 종합추진계획을 비롯해 그동안 수립됐던 주요 계획들이 정보화 촉진 기본계획으로 통합되면서 정보화 분야의 최상위 계획의 역할을 하였다. 제2단계(2001~05)는 정보 활용 확산 단계로 추진하고, 제3단계(2006~10)는 정보 활용 고도화 단계를 목표로 정하였다.

**표 10-4** 정보화 촉진 기본계획의 주요 내용

| 단계 | 기간 | 주요 내용 |
|---|---|---|
| 제1단계 | 1996<br>~2000 | - 정보화 촉진을 위한 기틀 마련<br>- 정부·기업의 생산성 향상과 산업경쟁력 제고 및 학술·연구 활동 활성화 부문 등에 10조 원 투입 |
| 제2단계 | 2001<br>~2005 | - 정보 활용의 확산<br>- 사생활의 정보화·산업정보화를 중점으로 추진, 정보 활용을 확산시키며 사생활의 정보화·산업정보화를 중점으로 추진 |
| 제3단계 | 2006<br>~2010 | 사회 전 분야에 정보화와 세계 정보유통의 거점화를 통하여 정보 활용 확대 |

출처: 정보통신부(1996).

16 「정보화촉진기본법」은 2009년 「국가정보화기본법」으로 개정되고, 국가정보화전략위원회가 출범하였다.

17 10대 중심 과제는 전자정부 구현, 교육정보화기반 구축, 학술·연구 정보 이용 환경 조성, 기업의 경쟁력 강화, 사회간접자본의 활용도 제고, 지역정보화 지원, 의료서비스 고도화, 환경관리의 정보화, 국가안전관리정보시스템 구축, 외교·국방 정보체계 확립이다.

다섯째, 정보통신부가 1995년 통신산업 경쟁력 강화를 위한 기본정책 방향을 발표하면서 정보통신산업의 발전은 독점이 아닌 민간사업자 간 경쟁체제를 통하여 이루어졌다. 1996년에는 시내전화를 제외한 총 7개 분야 27개 사업자를 선정하면서 본격적인 경쟁시장 구조를 형성하기 시작하였다. 그리고 1997년 5개 분야(시내전화, 시외전화, 통신회선 임대, 주파수 공용통신, 무선 호출)에 대한 신규 사업자를 허용하면서 경쟁체제를 더욱 강화하였다.[18]

여섯째, 1994년에 신세기이동통신이 설립되면서 제2이동통신사업자가 탄생하였다.[19] 그리고 이동통신시장의 민간경쟁을 강화하기 위하여 1996년 정보통신부는 3개의 개인휴대통신사업(PCS)을 위한 이동통신사업자를 선정하였는데 LG텔레콤(LGT), 한국통신프리텔, 한솔PCS이었다. 이렇게 1990년대 5개에 달했던 이동통신사업자들은 인수합병을 통하여 SK텔레콤, KT(한국통신프리텔과 한솔PCS를 흡수 합병), LG유플러스 3개 사가 남아 현재에 이르고 있다.

### (4) 지속가능발전 준비기

2000년대 이후 한국의 전자 및 정보통신산업 정책은 디지털경제 기반 구축과 국제경쟁력 확보를 중심으로 전개되었다. IT를 국가성장동력으로 삼아 집중적으로 지원한 김대중 정부 이후 현재까지 전자·정보통신산업을 국가 미래 성장의 핵심 동력의 하나로 자리매김하였다.

#### 1) 김대중 정부

김대중 정부는 외환위기 극복과 지식기반경제 전환을 위해 정보통신산업을 경제성장의 핵심 동력으로 적극 육성하였다. 정부는 초고속정보통신망 구축을 가속화하고, 전 국민의 인터넷 접근성을 높여 세계 최고 수준의 IT 인프라를 구축하는 데 집중하였다.

첫째, 전자산업 측면에서는 벤처기업 육성과 디지털 기술 중심의 산업 재편이 본격화되었다. 정부는 IT 기반 창업을 장려하며 벤처 붐을 조성했고, 전자상거래, 전자정부, 디지털

---

18 방송서비스 분야의 발전도 지속되었다. 1992년부터 서울을 포함한 5개 도시에서 위성방송과 1995년부터 케이블TV 방송이 시작되었다. 2001년부터 지상파방송이 디지털방송을 시작하였고, 2005년부터 이동 중인 단말기에서 영상과 음성을 전송받을 수 있도록 하는 DMB(digital multimedia broadcasting) 서비스도 시작되었다.

19 신세기통신으로 사명을 변경(1994)하였고, 1997년 외환위기를 거치면서 경영상의 어려움을 겪었고, 2002년 SK텔레콤(SKT)에 합병되었다.

방송 등 새로운 정보통신서비스 산업이 빠르게 성장하였다. 특히 이 시기는 IT산업의 황금기로 불리며, 한국이 세계적인 인터넷 강국·IT 수출 강국으로 도약하는 데 결정적 역할을 한 시기로 평가된다.

둘째, 정부는 제2차 정보화 촉진 기본계획으로 1999년에 사이버 코리아(CYBER KOREA) 21 추진계획을 발표하였다. 이 계획은 2002년까지 전국을 광케이블로 연결하여 세계 10위권의 지식정보 선진국으로 진입을 목표하였다. 이 목적을 달성하기 위하여 인프라 정비, 벤처기업 육성, 개인용 컴퓨터 보급 확대 등을 적극적으로 추진하였다. 이에 따라 전국의 학교에 컴퓨터가 도입되기 시작하였고, 정부 기관의 전산화 추진 및 기업에게 인터넷 접속 서비스 제공이 본격적으로 시작되었다(정보통신부, 1999).

셋째, 정부는 2002년에 제3차 정보화 촉진 기본계획으로 e-코리아 비전 2006(2002~2006)을 확정하였다. 본 계획의 추진 목표로 정보화로 G7 수준의 생산성 달성, 세계 최고의 차세대 정보인프라 구축, IT산업 5대 강국 진입과 글로벌 정보사회를 주도하는 IT 허브국가로의 부상을 계획하였다.

넷째, 정보통신기술의 급속한 발전과 선진국의 빠른 정보화 전략에 대응하기 위하여 정부는 1997년에 초고속국가정보통신망 2단계 사업 계획과 1998년에 초고속정보통신망 2단계 사업 추진계획을 수립하였다. 그리고 2000년에 김대중 대통령은 신년사를 통하여 초고속정보통신망 구축 목표를 2010년에서 2005년으로 단축하였다. 그리고 정부는 초고속정보통신망 구축 제1, 2단계를 2년 앞당겨 2000년 말에 완성하였다. 이 통신망은 전국의 107개 지역을 고속·대용량(155Mbps~5Gbps) 광케이블망을 이용하여 연결하고, ATM 교환기 118대를 설치하여 전국적인 초고속 교환망을 구축하도록 하였다. 한국은 제1, 2단계의 초고속정보통신기반구축 종합 추진계획이 성공적으로 추진되어 세계 최고 수준의 인터넷 강국이 되었다. 이에 따라 정부는 2001년에 초고속정보통신망 고도화 기본계획(2001~2005)을 발표하였다.

### 2) 노무현 정부

노무현 정부는 지식정보사회 정착과 IT 기반 국가경쟁력 강화를 목표로 전자 및 정보통신산업 정책을 추진하였다.

정부는 2004년 IT839 전략을 통하여 8대 신규서비스, 3대 인프라, 9대 신성장동력 산업을 연계하여 정보통신산업의 고도화와 신시장 창출을 시도하였다. 2006년에는 IT839전략

표 10-5 u-IT839 전략 내용

| 분류 | 포함 품목 |
|---|---|
| 8대 신규서비스 | 비동기식 3G 이동통신서비스(HSDPA/W-CDMA), 휴대인터넷 서비스(WBro), 광대역 융합서비스, 이동형 및 고화질(HD) 디지털 방송서비스(DMB/DTV), 홈네트워크 기반 주거·지역형 정보활용 서비스(u-home 서비스), 교통 및 위치정보 기반 이동형 정보활용 서비스(텔레매트릭스/LBS), SCM/유통/재고 혁신을 위한 RFID/USN 활용서비스 |
| 3대 인프라 | 광대역통합망(BcN), 유비쿼터스센서망(USN), 최적 IT이용 환경 구축을 위한 공통 SW 기반(소프트 인프라 웨어) |
| 9대 신성장동력 산업 | 이동통신/댈레매트릭스 기기, 광대역/홈 네트워크 기기, 디지털TV 방송 기기, 차세대 컴퓨팅/주변 기기, 지능형 로봇, IT SoC/융합/부품, RFID/USN기기, 임베디드 SW, 디지털콘텐츠/SW솔루션 |

출처: 정보통신부(2006).

을 대폭 수정하여 u-IT839 전략으로 바꿔 추진키로 하였다. 주요 변화는 기존의 IT839 전략 중 이미 상용화된 인터넷 전화를 제외하고 광대역 융합서비스와 IT서비스가 새로 추가되었다. 이 전략은 정부는 IT산업을 국가 성장 동력으로 삼기 위한 중장기 계획이다. [표 10-5]는 u-IT839 전략의 주요 내용을 정리한 것이다.

정부는 전자정부 고도화, 디지털 디바이드(digital divide) 해소, SW 산업 경쟁력 강화, IT 인력 양성 등에 힘썼다. 정보보안, 콘텐츠 산업, 유비쿼터스 기술 등 ICT 융합산업을 전략적으로 육성했고, 민간주도의 기술혁신을 유도하면서도 공공부문의 디지털 전환을 병행하였다. 이 시기는 한국이 IT 선도국으로서의 입지를 다지고, 정보통신산업의 지속가능한 성장 기반을 확립한 시기로 평가된다.

### 3) 이명박 정부

이명박 정부는 실용주의와 경제 중심의 정책기조 아래 전자 및 정보통신산업을 녹색성장과 국가 신성장동력 산업의 핵심 축으로 삼았다.

첫째, IT산업을 산업 전반과 융합시키고, IT 기반의 녹색기술(스마트그리드, 그린IT) 등을 육성하는 정책을 추진하였다. 이와 함께 U-IT(Ubiquitous+IT) 전략을 통하여 유비쿼터스 인프라 확대, 스마트 서비스 기반 조성 등 생활 속 ICT 구현을 강조하였다.[20] 둘째, 정보통신산업에서는 방송통신융합 촉진, 인터넷망 고도화, 스마트폰 확산 기반 조성, 콘텐츠 산업 육성 등이 주요 정책으로 추진되었다. 특히 방송통신위원회 출범(2008)과 함께 관련 규제 체계를 정비하고, 통신시장의 경쟁을 촉진하여 민간 중심의 혁신을 유도하였다. 이 시기는 ICT를 경제성장의 실질적 수단으로 적극 활용하며, IT와 타 산업의 융합을 통한 신산업 창출에 주력한 시기로 평가된다. 셋째, 2009년에 정부는 1995년에 제정된 「정보화촉진기본법」을 전면 개정하여 「국가정보화기본법」으로 개정하고, 국가정보화 전략위원회가 출범하였다.

### 4) 박근혜 정부

박근혜 정부는 창조경제를 핵심 비전으로 삼아 전자 및 정보통신산업의 혁신과 성장을 도모하였다.

미래창조과학부를 신설하여 과학기술과 ICT 분야의 정책을 총괄하도록 했으며, 정부 3.0 정책을 통하여 공공정보의 개방과 부처 간 협업을 촉진하여 국민 맞춤형 서비스 제공과 소통을 강화하고자 하였다. 또한, 스타트업 창업 지원과 규제완화를 통하여 ICT 산업의 생태계를 활성화하려는 노력이 있었다. 둘째, 미래창조과학부는 2015년에 ICT 경쟁력을 강화하기 위한 K-ICT 전략을 수립·발표하였다. 중점 추진할 4대 분야로 ICT 산업 체질의 근본적 개선, ICT 융합서비스 확산을 위한 대규모 투자로 새로운 수요를 창출하고, 중국·개도국 등으로 수출다변화를 통한 판로 개척과 SW·신산업 분야 9대 전략산업 육성이었다. 정부가 집중적으로 투자할 9대 전략산업으로 소프트웨어, 사물인터넷, 클라우드, 정보보안, 5G, UHD(ultra HD), 스마트 디바이스, 디지털콘텐츠, 빅데이터를 선정하였다.

### 5) 문재인 정부

문재인 정부는 4차 산업혁명 대응과 디지털경제 활성화를 위해 전자 및 정보통신산업의 혁신을 적극 추진하였다.

첫째, 2020년에 정부는 「국가정보화기본법」을 「지능정보화기본법」으로 전면 개정되었다. 이 법은 다가오는 제4차 산업혁명의 시대에 대응하는 지능정보사회(intelligence information society)를 실현하는 데 도움을 주기 위하여 시행된 것이다. 이 법에 따르면 정부

20 이 전략은 이후 이명박 정부의 IT융합전략, 박근혜 정부의 사물인터넷(IoT) 신업육성전략, 문재인 정부의 디지털 뉴딜, 그리고 최근의 초연결·초지능 AI 시대 정책으로 계승·발전되었다.

는 과학기술정보통신부 주관으로 3년마다 지능정보사회 종합계획을 수립하고, 4차산업혁명위원회의 심의·의결을 거쳐 확정한다. 모든 정부 부처와 지방자치단체는 지능정보화 실행 계획을 매년 수립하고 관련 업무를 총괄하는 지능정보화 책임관을 신설하도록 하였다.

둘째, 정부는 2018년에 제6차 국가정보화 기본계획(2018~22)을 확정하고 국가정보화사업의 정책 방향을 그동안 추구해 온 전산화·정보화전략에서 지능화(intelligentization)로 전환하겠다는 기본 방향을 제시하였다. 기본 방향의 전환은 전 세계가 과거 인터넷과 컴퓨터를 기반으로 하는 정보화 사회에서 초연결 지능화 사회(hyper-connected intelligent society)로 빠르게 진입하고 있는 현실 상황을 반영한 것이다. 다가오는 디지털 전환에 기반한 제4차 산업혁명 시대에 대비하여 국가정보화 전략도 전환할 필요성이 제기되고 있었다.

셋째, 2019년에는 DNA(Data, Network, AI) 생태계 강화를 핵심 전략으로 설정하여, 데이터 경제 활성화, 5G 네트워크 구축, 인공지능 기술개발을 촉진하였다. 특히 5G 상용화를 세계 최초로 달성하여 관련 산업의 경쟁력을 높였으며, 인공지능 국가전략을 수립하여 AI 산업의 체계적인 발전을 도모하였다. 또한, 소프트웨어 산업 육성과 ICT 규제 샌드박스 도입을 통하여 신기술과 신산업의 성장을 지원하였다. 스마트공장 보급 확대, 스마트 시티 구축 등 다양한 분야에서 ICT 융합을 촉진하여 산업 전반의 디지털 전환을 가속화하였다. 이러한 정책들을 통하여 대한민국은 디지털 혁신 국가로의 도약을 위한 기반을 강화하였다.

### 6) 윤석열 정부

윤석열 정부는 디지털경제 패권국가 실현을 목표로 전자 및 정보통신산업 분야에서 다양한 정책을 추진하였다. 2022년에 대한민국 디지털 전략을 발표하여, 디지털 혁신을 통하여 경제 전반의 경쟁력을 강화하고자 하였다. 이 전략은 디지털 인프라 고도화, 디지털 인재 양성, 디지털 신산업 육성 등을 포함하며, 특히 6G 이동통신, AI, 사이버 보안 등 핵심 기술 분야에서의 선도적 지위를 확보하는 것을 목표로 하였다.

## 5 정보통신산업 정책의 발전 성과

본 장에서는 해방 이후 한국에서 전자 및 정보통신산업의 발전 과정을 정부의 육성정책과 민간부문의 투자 및 기술개발 현황을 중심으로 요약하였다. 이들의 결과에서 알 수 있듯이 초기 노동집약적인 산업으로 출발한 이후 정부의 지속적인 육성정책과 민간의 기술개발에 힘입어 현재는 한국의 경제성장을 주도하면서 국제시장에서 선도적인 역할을 하는 산업으로 발전하였다.

한국의 전자산업 육성 정책은 경제학에서 논의되는 비교우위이론에 대한 동학적 해석을 할 수 있다. 정태적 분석에 의하면 당시 전자산업에 대한 투자나 육성 정책은 경제 현실에 적합하지 않았을 것이다. 1970년대부터 본격적으로 추진되었던 중화학공업도 마찬가지이다. 비록 경제발전 초기에 국제경쟁력이 높지 않았지만, 정부와 민간의 적극적인 노력으로 국제경쟁력을 얻고 경제성장 주력산업으로 발전할 수 있었다. 이러한 발전 과정은 동학적 비교우위이론적 해석이나 경제발전이론의 전통적 이론 중의 하나인 유치산업보호론(infant industry argument)의 성공적인 발전 정책의 사례라고 할 수 있다.

# 연습문제

10.1. 전자산업은 개발도상국들이 경제개발 초기 단계에서 전략적으로 진출하는 산업으로 평가된다. 이러한 산업 특성과 발전 과정에서 전자산업이 국가 발전 전략에서 중요한 이유와, 전자산업이 다른 노동집약적 산업과 구별되는 특징을 설명하시오.

10.2. 1999년 이후 정보통신산업의 부가가치 및 수출·수입 규모가 비약적으로 증가한 배경과, 이러한 통계자료 해석 시 주의해야 할 점을 설명하시오.

10.3. 한국의 연구개발비 추이와 민간·공공부문 비중의 변화가 시사하는 바를 설명하시오.

10.4. 1950년대 한국의 과학기술정책의 주요 특징과 그 배경을 설명하시오.

10.5. 박정희 정부 시기의 과학기술정책 추진 방향과 주요 성과를 설명하시오.

10.6. 노태우 정부 시기의 과학기술정책의 주요 방향과 제도적 성과를 설명하시오.

10.7. 김영삼 정부의 과학기술정책 추진 배경과 주요 사업들을 설명하시오.

10.8. 1998년 김대중 정부부터 윤석열 정부까지 과학기술정책의 발전 흐름과 각 정부별 주요 특징을 설명하시오.

10.9. 한국 전자산업 발전 과정에서 정부와 민간의 역할, 그리고 현재 전자산업이 갖는 경제적 의미를 설명하시오.

10.10. 문재인 정부 시기의 전자 및 정보통신산업 육성 정책의 주요 특징과 그 정책적 의미를 설명하시오.

CHAPTER

# 11

# 공정거래와 중소기업정책

1. 들어가며
2. 중소기업과 대기업집단의 분류와 성과
3. 대기업과 중소기업의 경제성과
4. 공정거래제도의 변화와 대기업 정책
5. 시대별 중소기업정책
6. 공정거래와 중소기업 정책의 성과

Chapter 11

# 공정거래와 중소기업정책

기업은 투자활동을 통하여 단순한 이윤 창출 주체를 넘어 경제성장의 촉진자로서 중요한 역할을 한다. 기업의 투자는 승수효과에 의해 총수요를 증가시켜 소득창출효과와 자본스톡을 증가시켜 총생산을 증가시키는 이중효과를 가지고 있다. 동시에 생산과정을 통하여 고용 창출과 기술혁신에 대한 투자를 증가시킨다. 그럼에도 불구하고 공정한 시장경쟁이 이루어지지 못한다면 특정 기업의 시장지배력을 강화하고, 정경유착 및 노동자에 비해 높은 잉여를 취득하고 노동자와의 협상력 불균형 등의 문제가 발생하기도 한다.

이러한 문제를 극복하고 효율성의 극대화를 통한 지속가능한 경제성장을 달성하기 위하여 정부는 중소기업에 대한 다양한 지원을 통하여 대기업과의 힘의 균형을 유지할 수 있도록 제도적 장치를 마련하고 있다. 이는 자본력과 시장 지배력이 상대적으로 큰 대기업과 중소기업 간의 구조적 불균형을 완화하고, 건전한 경쟁 환경을 조성함으로써 전체 경제의 활력을 높이기 위한 조치이다. 물론 이러한 조치는 공정한 시장경제의 장점을 저해하지 않는 범위에서 이루어져야 한다.

## 1 들어가며

한국의 기업은 산업화, 기술혁신, 글로벌 시장 진출, 일자리 창출, 중소기업 육성, 사회적 책임 등을 통하여 경제성장의 핵심 동력 역할을 수행해 왔다. 그럼에도 불구하고 국민의 중분한 존중을 받지 못하는 것이 현실이다. 특히, 많은 민간기업이 일제강점기에 설립되었다가 해방 이후 정부로부터 불하받은 자산을 기반으로 성장하면서, 그들이 축적한 부의 정당성에 대한 의문이 제기되곤 한다. 또한, 현재의 대기업 중 일부는 1950년대 수입대체화 전략을 통하여 설탕, 밀가루, 면직업의 삼백산업 중심으로 부를 축적하며 성장해 왔다. 1960년대 이후에는 중화학공업 중심의 경제성장 전략이 추진되면서, 정부의 지원이 대기업에 집중되었고, 그 결과 대기업의 시장지배력이 강해지는 문제가 발생하기도 하였다. 특히, 한국의 경제성장 정책이 국영기업이 아닌 민간 대기업 중심으로 이루어지면서, 정경유착이 심화되는 배경이 되기도 하였다.

더 나아가, 현대에 이르러 대기업의 후계 구도가 형성되는 과정에서 불법적이거나 편법적인 증여가 이루어지면서, 2세·3세들이 축적한 부의 정당성에 대한 논란이 커졌다. 이로 인해 기업에 대한 국민의 부정적 인식이 더욱 확산되었다. 대표적인 사례로는 삼성의 에버랜드 전환사채 발행 사건과 현대글로비스를 이용한 후계 구도 형성이 있다. 결국, 한국의 경제성장에서 중요한 역할을 했음에도 불구하고, 대기업에 대한 국민의 인식은 여전히 긍정적이지만은 않다.

이러한 배경에서 정부는 대기업에 대한 다양한 규제를 시행해 왔다. 예를 들어, 1950년대 민영화되었던 시중은행들은 1960년대 초 박정희 정부 시기에 강제적으로 정부에 헌납되었고, 1980년대까지 사실상 정부의 지배 아래 있었다. 이후 1980년대 금융기관의 민영화가 이루어졌으나, 여전히 산업자본과 은행자본의 분리를 규정하는 은산법을 통하여 산업자본이 은행을 소유하는 것을 엄격히 제한하고 있다. 또한, 재벌로 불리는 대기업집단에 대해서도 공시대상 혹은 출자제한을 포함한 다양한 형태의 규제가 지속적으로 이루어지고 있다. 반면, 중소기업에 대해서는 여러 가지 지원과 혜택이 제공된다. 대표적으로, 중소기업 적합업종 정책을 통하여 특정 산업 분야에서는 대기업의 진출이 제한되며, 이 외에도 재정 및 금융 지원 정책 등을 통하여 중소기업을 적극적으로 보호하고 있다. 이와 같은 환경에서, 일부 중소기업과 자영업자들은 오히려 정부 지원에 의존하여 성장을 멈추는 피터팬 중후군 현상을 보이기도 한다.[1]

1 피터팬 중후군은 성인이 되어서도 자기 자신이 어른이라는 현실을 인정하지 않고 타인에게 의존하고 싶어 하는 심리로 주로 타인에게 지나치게 의존하려는 경향을 일컫는다. 한국에서는 이를 중소기업에 적용하여 지나친 중소기업 우대정책으로 인하여 대기업으로 성장하지 않고 중소기업으로 남아 있으려는 현상을 일컫는다. 이는 현재의 중소기업정책이 중소기업이 중견기업이나 대기업으로 성장하는 경우 기존의 다양한 혜택을 줄

본 장에서는 해방 이후 한국 기업들의 경제적 성과를 살펴보고, 이에 대한 정부 정책의 변천 과정을 분석하고자 한다.

## 2 중소기업과 대기업집단의 분류와 성과

### (1) 중소기업, 중견기업 및 대기업의 정의

한국에서는 전체 기업을 대규모기업집단·준대기업·중견기업·중소기업으로 구분하고 있다.[2] 중소기업은 「중소기업기본법」, 중견기업은 「중견기업성장촉진에 관한 법률」에 의해 범위가 규정되어 있다. 준대기업과 대기업은 공정거래위원회가 발표하는 공시대상 기업집단과 상호출자제한 기업집단의 지정에 의하여 결정된다.

(1) 중소기업의 기준은 「중소기업기본법」 제2조 및 같은 법 시행령 제3조에 상세하게 규정되어 있다. 이 법에 의하면 중소기업은 영리기업 또는 비영리 사회적기업을 대상으로 적용하며, 규모기준과 독립성기준을 모두 충족해야 한다(중소벤처기업부, 2022). 규모기준은 연평균 매출액으로 정의되어, 업종별로 800억 원, 1,000억 원 및 1,555억 원 이하로 구분되어 있다. 독립성 기준은 다음 3가지 중 어느 하나에도 해당하지 아니해야 한다. 즉, ① 상호출자 제한기업 집단 및 채무보증 제한기업 집단에 속하는 회사, ② 자산총액 5,000억 원 이상인 법인(외국법인 포함)이 주식 등 30% 이상을 직접적 또는 간접적으로 소유하면서 최다출자자인 기업, ③ 관계기업에 속하는 기업의 경우에는 출자비율에 해당하는 평균매출액 등을 합산하여 업종별 규모 기준을 충족하지 못하는 기업이다.[3]

(2) 대기업은 국내법으로 대기업의 범위를 명확히 정의하고 있지 않다. 그래서 대규모기

어들고 규제는 강화한다고 믿기 때문이다.

2 일반적으로 대기업집단과 준대기업을 묶어서 대기업으로 부르고 있다.

3 관계기업은 외부감사 대상이 되는 기업이 기업 간의 주식 등 출자로 지배·종속 관계에 있는 기업의 집단이다. 단, 비영리 사회적기업 및 협동조합(연합회), 사회적 협동조합(연합회), 이종(異種)협동조합연합회(이 법 제2조 제1항 각 호에 따른 중소기업을 회원으로 하는 경우로 한정한다), 소비자생활협동조합(전국연합회), 중소기업(사업)협동조합(연합회)은 관계기업제도(평균매출액등 합산) 적용하지 않는다(중소벤처기업부, 2022).

업집단, 대기업, 준대기업, 재벌 등으로 다양하게 불리고 있다. 다만, 공식적으로 많이 사용되는 정의는 「공정거래법」에 의하여 발표되는 대규모기업집단이다. 2025년 2월 현재 대기업으로 정의되는 대규모기업집단(대기업집단)은 공시대상 기업집단으로 보아서 직전 사업연도의 자산총액이 5조 원 이상인 기업집단을 말한다.[4] 공시대상 기업집단은 자산규모가 5조 원 이상인 기업이며, 상호출자제한 기업집단은 공시대상 기업집단 중에서 자산을 합하여 명목 GDP의 0.5% 이상(2024년 기준 10.4조 원)인 기업집단을 의미한다. 일반적으로 이들 모두를 대기업으로 부르지만, 공시대상 기업집단을 준대기업으로 보고, 상호출자제한 기업집단을 대기업집단으로 정의하기도 한다. 이 경우 준대기업은 자산총액이 5~10.4조 원의 규모인 기업집단이다.

(3) 중견기업은 중소기업과 대기업의 중간 규모에 해당하는 기업으로 2014년 제정된 「중견기업 성장촉진 및 경쟁력 강화에 관한 특별법」(약칭: 「중견기업법」)」에 따라 기준이 정해져 있다. 이 법에 따르면, 중견기업은 「중소기업기본법」에 따른 중소기업이 아니면서, 상호출자제한 기업집단(대기업집단)이나 공공기관이나 금융·보험 및 연금업에 속하지 않고 비영리법인이 아닌 기업이다.[5]

### (2) 자영업자와 소상공인

중소기업과 유사한 개념으로 소상공인, 개인사업자(자영업자)가 있다. 먼저 소상공인은 「소상공인기본법」에 따라 광업·제조업·건설업 및 운수업에서 상시 근로자 수가 10명 미만이고, 그 외의 업종에서는 5명 미만인 기업으로 기업의 규모에 의하여 분류된다.

사업자는 사업운영방식에 따라 크게 법인사업자와 개인사업자로 구분된다. 법인사업자는 법인으로 등록된 사업체로 독립적인 법적 존재로 주식회사나 유한회사 형태를 갖는다. 따라서 법인이 파산하더라도 주주 개인의 재산은 보호받을 수 있다. 반면에 개인사업자는 개인이 자신의 이름으로 사업을 운영하는 형태로, 사업에 대해 개인이 무한책임을 지는 사

4 다만, 금융·보험회사는 자본금과 자본총액 중에서 큰 금액을 기준으로 한다. 기업집단이란 '동일인이 사실상 사업내용을 지배하는 회사의 집단'으로 최소 2개 이상의 회사로 구성된다. 동일인이란 기업집단을 사실상 지배하는 자로서 자연인 혹은 법인을 말한다.

5 「중소기업기본법」에 의해 중소기업 범위에 속하지 않는 금융업과 보험업은 상호출자제한기업집단으로 지정되지 않아도 「중견기업성장촉진에 관한 법률」의 적용을 받지 않으므로 대기업으로 포함된다.

업자이다. 즉, 개인이 사업주체가 되어 그 소득을 모두 가져가서 소득세를 납부하지만, 부채 또한 모두 개인 스스로 책임을 져야 한다.[6] 따라서 개인사업자가 파산할 경우 개인의 재산도 위험에 처할 수 있다.

보통 자영업자라고 하면 개인사업자를 의미한다. 자영업자는 스스로 자본을 조달하여 투자하는 자본가이면서 노동도 하는 노동자이기도 한 계층이다. 물론 이들은 노동자를 고용하는 고용주 혹은 사장일 수도 있다. 한국의 통계청은 자영업자를 비임금근로자 중에서 고용원 없는 자영업자(1인 기업)와 고용원 있는 자영업자를 포함한다. 반면에 OECD는 통계청의 정의에 무급가족종사자를 추가해서 자영업자를 정의하고 있다.[7] 무급가족종사자는 농업이나 소매업에 많이 종사하는 직업이다. 자영업자는 상당한 소득을 올릴 수도 있으므로 이들이 바로 소상공인이라 볼 수 없으나 영세자영업자를 소상공인으로 볼 수 있다.

세 그룹(소상공인, 개인사업자, 자영업자)은 사실 유사한 개념이지만 차이점도 있다. 소상공인은 개인사업자와 법인사업자 모두 포함될 수 있다. 이들이 개인사업자로 등록이 되면 자영업자고, 법인사업자나 유한회사로 등록이 되어 있으면 기업인이 된다. 그리고 개인사업자 중에서 자신이 직접 회사에서 일하지 않고 다른 직장에 있으면서 사업을 하고 있으면 개인사업자이지만 자영업자는 아니다.

## 3 대기업과 중소기업의 경제성과

### (1) 대기업과 중소기업

[표 11-1]은 대기업과 중소기업의 기업수, 종사자 수 및 매출액 추이를 비교한 것이다. 2015년 기준으로 대기업 수는 4,191개에서 2022년에는 10,437개로 증가하였고, 같은 기간

6 영업사원은 근로자는 아니지만 사업소득이 발생하는 경우에도 개인사업자로 분류된다. 이들은 법인처럼 등기소에 설립등기를 하고 세무서에 법인사업자등록을 할 필요 없이 세무서 혹은 홈택스 홈페이지에 사업자등록 신청만 하면 사업을 시작할 수 있다.

7 한국의 통계청은 고용동향을 발표할 때 전체 취업자를 임금근로자와 비임금근로자로 나누어 발표하고 있다. 임금근로자는 상용근로자, 비상용근로자, 일용근로자로 나누고 있다. 비임금근로자는 다시 고용원 없는 자영업자, 고용원 있는 자영업자 및 무급가족종사자로 나누어 발표한다.

**표 11-1** 대기업과 중소기업 주요 지표

단위: 개, 천 명, 조 원

| | | 2015 | 2017 | 2019 | 2021 | 2022 |
|---|---|---|---|---|---|---|
| 기업 수 | 전체 | 5,893,802 | 6,301,013 | 6,898,748 | 7,723,867 | 8,053,163 |
| | 대기업 | 4,191 | 4,803 | 8,754 | 9,972 | 10,437 |
| | 중소기업<br>[소상공인] | 5,889,611<br>(5,482,802) | 6,296,210<br>(5,875,091) | 6,889,994<br>(6,532,222) | 7,713,896<br>(7,335,397) | 8,042,726<br>(7,656,718) |
| 종사자 수 | 전체 | 19,260 | 20,095 | 21,544 | 22,865 | 23,411 |
| | 대기업 | 3,227 | 3,405 | 4,083 | 4,373 | 4,455 |
| | 중소기업<br>[소상공인] | 16,032<br>(8,108) | 16,890<br>(8,536) | 17,461<br>(9,763) | 18,493<br>(10,462) | 18,956<br>(10,741) |
| 매출액 | 전체 | 47,987 | 53,233 | 56,299 | 64,501 | 74,944 |
| | 대기업 | 24,558 | 27,359 | 29,756 | 34,330 | 41,854 |
| | 중소기업<br>[소상공인] | 23,429<br>(8,055) | 25,875<br>(8,864) | 26,542<br>(10,304) | 30,171<br>(11,659) | 33,090<br>(12,729) |

주: 1) 소상공인은 상시근로자가 10인 미만(광업, 제조업, 건설업, 운수업) 또는 5인 미만(기타 업종)인 기업을 의미함. 2) 원자료에서 2019년부터는 대기업이 '중소기업 외'라고 되어 있음.

출처: 통계청 국가통계포털(KOSIS).

종사자 수는 320만 명에서 450만 명으로 증가하였다. 중소기업은 2015년 약 589만 개에서 2022년 약 805만 개로 증가하였고, 종사자 수는 같은 기간에 약 1천 6백만 명에서 약 1천 9백만 명으로 증가하였다.

## [2] 대기업과 대기업집단

1987~2001년은 출자총액제한과 상호출자제한 기업집단에 대한 구분 없이 자산 총액 4,000억 원 기준 30위까지 지정했고, 그 이후 시기를 정리한 [표 11-2]를 보면 2002년부터 분리하여 지정하기 시작하였다. 출자총액제한 기업집단을 보면 2002년 19개 기업에서 시작하여 2008년 14개 기업이었다. 상호출자제한 기업집단은 2002년 43개 기업에서 출발하여 2008년 79개 기업 그 이후 2017년에 자산 기준이 강화되면서 31개로 감소했고, 2020년과

**표 11-2** 대기업집단 지정현황과 자산 총액

단위: 개, 조 원

| | | 2002 | 2005 | 2008 | 2017 | 2020 | 2024 |
|---|---|---|---|---|---|---|---|
| 출자 총액 제한 | 기업집단 | 19 | 11 | 14 | - | - | - |
| | 소속회사 | 356 | 283 | 543 | - | - | - |
| | 자산총액 | 498.0 | 263.2 | 574.7 | - | - | - |
| 상호 출자 제한 | 기업집단 | 43 | 55 | 79 | 31 | 34 | 48 |
| | 소속회사 | 704 | 968 | 1,680 | 1,266 | 1,473 | 2,213 |
| | 자산 총액 | 611.0 | 778.5 | 1,161.5 | 1,653.0 | 1,945.7 | 2,794.3 |
| 공시 대상 | 기업집단 | - | - | - | 57 | 64 | 88 |
| | 소속회사 | - | - | - | 1,980 | 2,284 | 3,318 |
| | 자산총액 | - | - | - | 1,842.0 | 2,176.1 | 3,074.3 |

주: 1) 1987년~2001년은 출자총액제한 및 상호출자제한 기업집단이 동일하게 자산총액합계액 순위 기준으로 30위까지 지정함, 2) 출자총액제한 기업집단은 2008년까지만 지정되었고, 공시대상 기업집단은 2017년부터 지정되기 시작함.
출처: 지표누리 e-나라지표.

2024년에 34개와 48개로 다시 소폭 증가하였다. 2017년부터 시작된 공시대상 기업집단은 2017년 57개에서 2020년 64개와 2024년 88개가 지정되었다. 추이가 지속적으로 증가 혹은 감소 경향을 보여주는데 이는 지정 기준이 시기에 따라 변화하고 있기 때문이다.

### (3) 자영업자

[그림 11-1]은 1963~2023년 사이에 자영업자의 비중을 통계청 및 OECD 기준을 가지고 비교한 것이다.[8] 1964년 자영업자 비중이 OECD 기준으로 69.3%로 가장 높았다. 같은 해 통계청 기준으로 37.0%였고, 1963년은 37.2%로 가장 높았다. 그 이후 자영업자 비중은 지속적으로 하락하는 추이를 보여 주었다. 2023년에는 OECD와 통계청 기준으로 각각 23.2%와

8 이는 취업자를 기준으로 분류한 것으로 사업자를 기준으로 분류한 중소기업, 개인사업자, 중소상공인 등의 분류와 직접 비교하기 어렵다.

**그림 11-1** 한국과 OECD 기준 자영업자 비중 비교

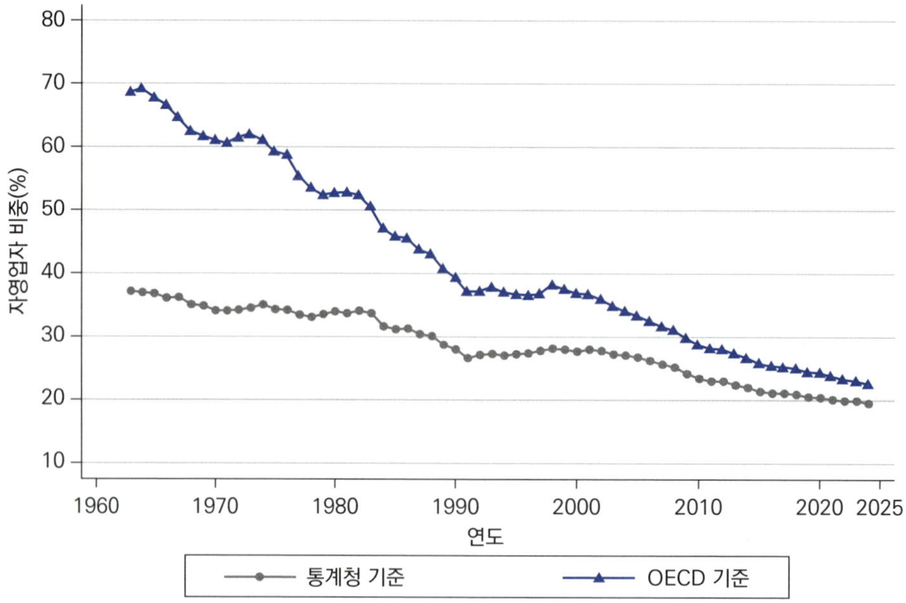


출처: 통계청 국가통계포털(KOSIS).

20.0%로 하락하였다. 그렇지만 아직도 이 비중은 OECD 기준으로 높은 편에 속한다.[9]

## 4 공정거래제도의 변화와 대기업 정책

해방 이후 대기업 정책은 물가안정과 불공정거래 방지를 위한 규제로 시작되었다. 경제 발전 과정에서 일부 대기업의 시장독점과 정경유착 문제가 대두됨에 따라 정부는 공정거래 촉진과 자유 경쟁을 강화하는 정책을 지속적으로 추진해 왔다.

9 2023년 OECD 기준으로 한국보다 자영업자 비중이 높은 국가는 2023년에 콜롬비아(47.1), 멕시코(31.8), 그리스(30.3), 튀르키예(29.3), 코스타리카(26.5), 칠레(24.5)이다.

## (1) 해방 이후 1950년대

1950년대 정부의 대기업 정책은 전쟁 이후 경제 복구와 산업기반 마련에 중점을 두었으며, 정부주도의 원조 경제와 특혜를 통하여 일부 기업을 성장시키는 방향으로 전개되었다.

정부는 미국의 경제원조(원조물자 배분)를 기반으로 기업들에게 특혜를 제공하여 성장할 기회를 부여하였다. 특히 삼성, LG(당시 락희화학), 현대 등 일부 기업이 정부와의 협력을 통하여 자본을 축적하고 기반을 다지는 계기가 되었다. 또한, 정부는 1950년대 초반 귀속재산 불하 정책으로 일본이 남긴 기업과 재산을 민간기업에 매각함으로써 일부 기업들이 급성장할 기회를 얻었다. 그러나 이 과정에서 정부와 특정 기업 간의 유착, 독과점 형성 등의 문제도 발생하였으며, 이후 재벌 구조 형성의 기초가 마련되었다.

한국 정부가 시행한 최초의 가격 통제 대책은 1946년 제정된 약종·의약·제약품 및 관계물품에 관한 규칙이다. 해방 후 혼란한 경제 상황 속에서 의약품 가격이 급등하고, 일부 업자들이 의약품을 매점매석하는 문제가 발생하였다. 이에 대응하기 위하여 정부가 가격 통제를 시행하였다. 주요 내용은 의약품의 가격 책정 및 유통 관리 권한을 보건후생국장에게 부여하여 의약품의 생산량 및 유통량을 직접 조정할 수 있도록 하고, 의약품을 일정한 가격 이하로만 판매하도록 규정하여 폭리를 방지하고자 하였다. 이 정책은 정부가 가격 조정을 통하여 필수재의 시장 질서를 바로잡으려 했던 초기 사례로, 이후 다른 필수재(쌀, 연료 등) 가격 통제 정책의 기초가 되었다.

## (2) 정부주도형 고도성장기

1960~70년대 한국 정부는 정부주도의 경제개발을 추진하면서 대기업을 적극적으로 육성하는 정책을 시행하였다. 1960년대에는 제1차 및 제2차 경제개발 5개년 계획을 통하여 대기업이 산업화의 핵심 역할을 하도록 지원하였으며, 이를 위해 정부주도의 금융지원, 수출확대 정책, 공업화 추진이 이루어졌다. 1970년대에는 중화학공업 육성 정책을 통하여 철강, 비철금속, 조선, 전자, 기계, 화학산업을 중심으로 대기업이 성장할 수 있도록 지원하였다. 이를 위해 정부는 대기업에 정책자금을 제공하고, 세제 혜택과 기술개발 지원을 강화하였다. 그러나 이 과정에서 재벌 중심의 경제구조가 형성되었고, 특정 대기업에 대한 특혜 논란과 경제력집중 문제가 대두되었다.

(1) 1961년 제정된 「물가조절에 관한 임시조치법」은 쌀·보리쌀·석탄·연탄·비료 가격을

통제하도록 하였다. 그 이후 1963년 터진 삼분폭리사건은 일부 대기업들이 시장에 대한 우월적 독과점적 위치를 이용하여 삼분(밀가루, 설탕, 시멘트) 가격 상승으로 폭리를 취한 사건이다.[10] 이 사건은 1966년 삼성그룹 계열사인 한국비료공업(현재 롯데정밀화학)의 사카린 밀수사건과 함께 1960년대 대표적인 기업 비리사건이었다. 삼분파동을 계기로 기업의 시장에서 불공정거래행위를 규제하여 경쟁촉진과 물가안정을 달성하기 위한 정책의 필요성이 대두되었다.

(2) 정부는 1973년 「물가안정에 관한 법률」(약칭: 「물가안정법」)을 제정하여 주요 물품만 아니라 부동산 임대료와 요금(수수료와 사용료)까지 최고가격을 지정할 수 있게 되었다(제2조). 1975년에는 「물가안정 및 공정거래에 관한 법률」(약칭: 「물가안정법」)을 물가안정만 아니라 공정거래에 관한 문제까지 고려할 필요성이 생겨서 제정하였다.[11] 이 법은 정부가 국민생활과 국민경제의 안정을 위하여 필요하다고 인정할 때는 특히 긴요한 물품의 가격·부동산 등의 임대료 또는 용역 대가에 대한 최고가액을 생산단계·도매단계·소매단계 등 거래단계별 및 지역별로 지정(제2조)할 수 있도록 하였다.

### (3) 민간주도 경제발전 이행기

1970년대까지 정부주도의 중화학공업 중심의 경제성장 정책은 중복투자와 이에 따른 투자의 비효율성이 증가하고 경상수지 적자가 지속되면서 1980년대에는 민간주도 경제정책으로의 전환이 요구되고 있었다. 당시 전 세계적으로도 민간주도의 공정하고 자유로운 경쟁체제를 통한 창의적이고 효율적인 경제체제로 전환으로 경제성장을 추진하려는 움직임과도 일치하는 것이다.

(1) 1980년에는 「독점규제 및 공정거래에 관한 법률」(약칭: 「공정거래법」)이 제정되었다. 이 법은 1975년에 제정된 「물가안정법」에서 공정거래정책에 관한 규정을 별도로 제정된 것이다. 이 법률의 제정을 통하여 공정한 시장경쟁을 촉진하고 독과점을 방지하고,

10 삼분폭리사건에 대한 정부의 국정감사보고서는 1963년 상반기에 삼분제조업자에 대한 세무사찰 결과를 보면 제일제당 외 17개사에 대해 추징세액 3,880만 원과 벌과금 390만 원을 부과하였다(매일경제, 1995.5.10.).

11 이 법은 1961년 제정된 「물가조절에 관한 임시조치법」을 폐지하고, 「공공요금 심사위원회 설치법」과 「물가안정에 관한 법률」을 통합한 법률이다.

시장경제원리에 의하여 자원을 효율적으로 배분하도록 하는 공정거래가 제도화되었다. 이 법의 제1조의 목적을 보면 '이 법은 사업자의 시장지배적 지위의 남용과 과도한 경제력의 집중을 방지하고, 부당한 공동행위 및 불공정거래행위를 규제하여 공정하고 자유로운 경쟁을 촉진함으로써 창의적인 기업활동을 조장하고 소비자를 보호함과 아울러 국민경제의 균형있는 발전을 도모함을 목적으로 한다.'라고 되어 있다.

(2) 전두환 정부는 1986년 「공정거래법」을 개정하여 대규모기업의 경제력집중을 억제하고자 하였다. 당시 도입된 대표적인 정책은 상호출자 금지와 출자총액제한제도 도입이다.

첫째, 공정거래법상 대규모 기업집단 지정제도와 공시대상기업집단 지정제도를 도입하였다. 지정의 최초 기준으로 자산총액 4,000억 원이 설정되었다. 이 제도로 기업집단의 계열회사 현황, 출자 구조 등을 공시 의무화하였다. 이는 1980년대 재벌의 문어발식 확장과 계열사 난립에 따라 경제력집중 억제를 위한 제도적 장치 필요성이 증대하면서 도입되었다. 이때부터 대기업의 경제력집중을 감시하기 위해 지배구조 및 내부거래 정보를 공시하도록 하는 의무가 부과되었다. 당시에는 자산총액 4,000억 원 이상 기업집단을 대상으로 공시의무를 부과한 이후 경제 환경 변화에 따라 지정 기준과 범위가 여러 차례 조정되었다.

둘째, 대규모 기업집단의 계열회사 간 상호출자 금지이다.[12] 셋째, 출자총액제한제도가 법률에 처음으로 포함되었으나 실제적으로 집행되지는 않았다. 실질적인 시행과 규제강화는 1994년 김영삼 정부에서 본격화되었다. 당시에는 자산총액 4,000억 원 이상의 대규모 기업집단은 다른 기업(계열사 포함)에 출자할 수 있는 금액을 자기자본의 일정 비율(25%)로 제한하는 출자총액 제한제도가 도입되었다.[13]

(3) 1991년부터 국내 대기업 그룹들이 경쟁력이 있다고 판단되는 2~3개 주력업체를 선

12 계열사간 지분출자는 크게 상호출자(cross-shareholding)과 순환출자(circular shareholding)로 구분된다. 상호출자는 두 개 이상의 계열사가 서로의 지분을 보유(A↔B)하는 형태이며, 순환출자는 세 개 이상의 기업들이 지분을 서로 보유하며 출자 고리를 형성하는 구조(A→B→C→A)로 대기업 집단이 적은 자본으로도 계열사를 지배할 수 있게 한다. 이러한 방식은 경제력의 과도한 집중과 지배구조의 왜곡을 초래할 수 있다는 점에서 문제가 된다. 두 방식 모두 경제력 집중을 억제하기 위해 규제 대상이 되었으며, 상호출자 규제는 1998년 그리고 순환출자 규제는 2014년에 본격적으로 시행되었다.

13 출자총액은 취득 또는 소유하고 있는 다른 국내회사주식 장부가격의 합계액을 의미한다.

정하여 비효율적 중복투자를 줄이겠다는 주력업체제도가 시행되었다. 1994년 김영삼 정부에서는 주력업종·주력기업제도로 확대·개편하였다.[14] 이 제도는 공정거래법상의 30대 그룹(매출액 기준)이 대상이며 10대 그룹은 3개 그리고 그 외 그룹은 2개까지 주력업종을 선정하도록 하고 해당 업종 내에서 매출액 비중이 10%가 넘는 기업은 주력기업으로 인정하였다. 주력기업으로 선정되면 총액출자제한 완화, 여신한도 관리규제 완화, 공장과 부대 시설용 부동산 취득 시 자구의무(자신이 스스로 보호해야 할 의무) 일부를 면제받았다(한국개발연구원, 1995).

(4) 1975년에 제정된 「물가안정법」이 1995년에 「물가안정에 관한 법률」(약칭: 「물가안정법」)로 개정하여 1980년 법에서 공정거래 부분을 제외한 것으로 물가안정에 관한 법이 되었다.

## (4) 지속가능발전 준비기

2000년대 이후 한국 정부는 대기업의 경제력집중을 완화하고, 공정한 시장 경쟁을 유도하며, 중소기업과의 상생을 촉진하기 위한 다양한 정책을 추진해 왔다. 주요 정책 내용을 보면 공정거래 강화, 대·중소기업 상생협력 강화, 지배구조 개혁 그리고 신산업 투자 유도로 구분할 수 있다.

(1) 정부는 대기업의 독과점 문제를 해소하고, 공정한 시장 질서를 확립하기 위해 다양한 규제를 도입하였다.

첫째, 김대중 정부에서 동아시아 외환위기 이후 기업 구조조정과 투자 활성화를 이유로 1999년에 일시 완화(25%→40%)되었던 출자총액제한제도가 2001년에 25%로 다시 강화되었다. 1998년 외환위기 당시에 기업의 구조조정과 M&A 활성화를 위하여 완화하였으나 오히려 기업들의 내부지분율이 늘어나 동일인이 적은 지분으로 많은 계열사를 지배하는 구조가 심화되고, 계열사 간 출자가 증가하는 등 부작용이 증가하면서 다시 강화되었다. 즉, 대규모기업집단에 속하는 회사(금융 또는 보험회사는 제외)는 같은 연도 보유하고 있는 순자산액의 25%(출자한도액)를 초과해서 다른 국내회사의 주식을 취득 혹은 소유할 수 없도록 제한하였다. 그러나 이명박 정부인 2009년

14 이 제도는 1997년에 폐지되어 기업들이 자율적으로 주력업종을 선정할 수 있도록 하였다.

**표 11-3** 출자총액제한제도와 대규모기업집단 지정의 변천 과정

| 연도 | 변천 내용 |
|---|---|
| 1987 | 자산총액 4,000억 원 이상 기업 |
| 1993~2001 | 자산총액 기준에서 자산 순위 기준 30대 그룹으로 변경 |
| 2002~2008 | 자산총액 기준으로 변경하여, 출자총액제한 기업집단(5조 원 이상)과 상호출자제한 기업집단(2조 원 이상)으로 구분하여 지정 |
| 2009~2016 | 출자총액 제한제도가 폐지되고, 상호출자제한 기업집단의 자산총액 기준을 5조 원 이상으로 상향조정 |
| 2016 | 상호출자제한 기업집단 지정 기준을 5조 원에서 10조 원으로 상향하고, 공기업집단을 제외 |
| 2017 | 공시대상 기업집단(자산총액 5조 원 이상)과 상호출자제한 기업집단(자산총액 10조 원 이상)으로 분리 지정 시작 |
| 2020 | 상호출자제한 기업집단의 지정 기준이 자산총액 10조 원에서 국내총생산의 0.5% 금액으로 변경 |

출처: 「공정거래법」 각 년도.

출자총액제한제도는 완전히 폐지되었는데, 기업 자율성 보장과 국제경쟁력 강화 필요성이 주요 이유였다. 대신에 대기업의 순환출자 및 상호출자 제한, 공시강화 그리고 지배구조 개선을 위해 일감몰아주기 규제강화 등 정책은 지속되었다.

[표 11-3]은 공정거래위원회가 발표하는 대규모기업집단의 변천사를 시기별로 정리한 것이다.

둘째, 2009년부터 공시대상 기업집단과 공시의무 기업집단이 분리하여 지정하기 시작하였다. 자산총액 5조 원 이상 기업집단을 공시대상 기업집단으로 지정하였다.[15] 2021년에는 기존 제조업 중심의 재벌 대기업뿐만 아니라, 플랫폼·서비스업 기반의 대기업도 규제 대상으로 편입하였고, 2023년에는 기존 지정 기준 유지(자산총액 5조 원 이상)했지만, 내부거래, 소속회사 변동 현황 등 공시의무를 강화하였다.

15 공시의무 기업집단은 공시대상 기업집단(자산 5조 원 이상) 중에서 상호출자제한 기업집단(자산 10조 원 이상)에 해당하지 않는 기업집단이다. 이들은 상호출자제한 기업집단처럼 출자 제한 등의 강한 규제는 없지만, 주요 공시의무를 부담한다.

공시대상 기업집단은 공시의무와 특수관계인에 대한 부당한 이익 제공 금지 등을 적용받는다. 공시의무는 기업집단 현황공시(계열사 및 지배구조 관련 사항), 비상장사 주요사항 공시, 대규모 내부거래 공시(일감몰아주기 등 계열사 간 내부거래 내역), 기업집단 소속 금융회사의 의결권 제한, 그리고 총수 일가 사익 편취 규제 등이다. 상호출자제한 기업집단은 공시대상 기업집단의 의무 이외에 상호 순환출자금지, 채무보증금지, 금융·보험사 의결권 제한 등을 적용받는다.

셋째, 2013년 박근혜 정부는 신규 순환출자(circular shareholding) 금지제도를 도입하였다. 이 제도는 대기업의 복잡한 지배구조를 개선하고, 경제력집중을 억제하기 위해 단계적으로 강화되어 온 정책으로, 기존의 순환출자는 허용되었으나, 기존 상호출자는 금지되었다.

넷째, 1987년 도입된 상호출자제한 기업집단제도가 2002년에는 출자총액제한 기업집단과 상호출자제한 기업집단으로 구분하여 지정하였으며, 2009년 출자총액제한제도의 폐지로 상호출자제한 기업집단만 지정하게 되었다.

다섯째, 2012년 이명박 정부는 「공정거래법」에 사익편취 규제 조항을 신설하여 일감몰아주기 규제를 제도화하였다. 이는 대기업 총수 일가가 지분을 보유한 계열사에 일감을 집중시켜 부당한 이익을 얻는 것을 방지하기 위해 단계적으로 강화된 정책이다. 당시에는 규제대상 기업은 자산 5조 원 이상 공시대상 기업집단에 속하고, 내부거래 비중이 일정 수준(30% 이상) 이상일 경우 규제 대상이 되었다.

2014년 박근혜 정부는 규제 대상을 1조 원 이상 기업집단으로 확대하고, 내부거래 비중 기준을 총수 일가 지분율이 상장사(30%) 및 비상장사(20%) 이상으로 강화하였다. 2018년 문재인 정부는 처벌을 강화하고 규제 적용도 확대하였다. 특히, 내부거래 비율이 낮아도 거래 규모가 크면 규제 대상이 될 수 있도록 법적 기준을 보완하였다. 2021년에는 규제를 추가로 확대하여 총수 일가 지분율 기준을 20% 이상(상장·비상장사 동일)으로 일원화하고, 총수 일가의 간접 지분 보유 계열사까지 규제 대상에 포함하였다.

(2) 대·중소기업 상생협력 정책 강화이다. 대기업과 중소기업 간의 공정한 거래 환경을 조성하고, 상생협력을 강화하기 위한 정책이 추진되었다.

첫째, 2023년부터 일부 대기업과 공공기관에서 납품단가 연동제를 시범 운영하고 있다. 이는 원자재 가격 변동에 따라 중소기업의 납품단가를 자동으로 조정할 수 있도록 하는 제도이다. 대기업이 중소기업의 협상력을 약화시켜 불공정한 단가를 강요하는 문제를 개선하기 위해 도입되었지만, 현재는 강제 규정이 아닌 자율 도입 방식이다.

둘째, 대기업과 중소기업 간의 공정한 거래와 상생협력을 평가하기 위해 2011년 동반성장지수가 도입되었다. 공정거래위원회와 동반성장위원회가 공동으로 대기업의 상생 노력을 평가하여 점수를 매기고, 우수 기업에는 인센티브를, 미흡한 기업에는 제재를 부과하는 제도이다. 이를 통하여 대기업이 협력사와의 공정한 거래를 유지하도록 유도하였다.

셋째, 2011년 중소기업적합업종 지정제도 도입이다. 이미 앞에서 논의되었지만 이 제도는 중소기업 보호를 위해 특정 산업을 중소기업 전용으로 지정하고, 대기업의 진출을 제한하는 정책이다.

(3) 대기업의 투명성을 높이고, 총수 일가의 지배력을 제한하기 위한 지배구조 개혁 정책이 지속적으로 추진되었다. 2021년 상법 개정으로 다중대표소송제(multiple derivative suit) 도입이다.[16] 소액주주의 권한을 강화하고, 대기업의 경영 투명성을 높이기 위한 법 개정이 이루어졌다. 다중대표소송제는 모기업의 주주가 자회사의 이사에 대해 소송을 제기할 수 있도록 하는 제도이다. 2021년 「공정거래법」을 개정하여 기업집단 지정 기준을 강화하여 총수 일가의 사익편취 및 편법 상속을 방지하고, 대기업의 내부거래 규제를 강화하였다.

## 5 시대별 중소기업정책

정부는 중소기업을 지원하기 위해 세제 혜택, 금융 지원, R&D 지원, 판로 개척, 인력양성 등의 다양한 정책을 운영하고 있다. 그러나 중소기업이 중견기업이나 대기업으로 성장할 경우 기존의 혜택이 줄어들고 규제가 강화된다는 인식이 확산되면서, 기업들이 성장을 기피하는 피터팬 증후군 현상이 나타나고 있다. 실제로 중소기업으로 남으면 각종 세제 혜택과 정

16 다중대표소송제는 모회사의 주주가 자회사의 이사 등을 상대로 소송을 제기할 수 있는 제도이다.

부 지원을 받을 수 있지만, 중견기업으로 성장하면 이러한 지원이 줄어들고 규제가 강화되어 기업들이 현상 유지를 선택하는 경우가 많다.

### (1) 해방 이후 1950년대

1950년대 한국의 중소기업 정책은 전쟁 복구와 생필품 생산 중심의 보호 정책이었으며, 금융 및 법적 지원이 미약한 초기 단계였다. 이 시기의 정책들은 1960년대 이후 경제개발과 중소기업 발전의 초석이 되었다. 주요 정책 방향은 다음과 같다.

(1) 생필품 생산을 위한 중소기업 지원이다. 6·25전쟁 이후 대규모 산업시설이 파괴되면서 생필품 공급이 절대적으로 부족한 상황이었다. 이에 따라 정부는 섬유, 의류, 신발, 식품 등 기초 소비재를 생산하는 중소기업을 지원하기 위해 원자재와 기초설비 확보를 지원하였다. 특히, 미국을 비롯한 외국 원조 물자를 활용하여 중소기업에 원자재를 공급하는 것이 주요한 지원 방식이었다.

(2) 중소기업 금융 지원정책이 시작되었다. 당시 중소기업들은 자본 부족으로 인해 운영에 어려움을 겪었으며, 이를 해결하기 위해 정부는 일부 금융 지원을 도입하였다. 1953년 「중소기업은행법」이 제정되면서 1961년 중소기업은행(현 IBK기업은행)의 설립 기반이 마련되었으며, 중소기업 대출을 위한 정부 기금이 조성되었다. 그러나 당시의 금융 지원 규모는 매우 제한적이었고, 중소기업의 자금난을 근본적으로 해결하기에는 부족한 수준이었다.

1950년대 후반부터 정부는 본격적인 경제개발을 위한 장기 계획을 수립하기 시작하였으며, 중소기업보다는 대규모 공업화를 위한 기반 조성에 더 큰 비중을 두었다. 이러한 기조는 1960년대 경제개발 5개년 계획의 추진으로 더욱 명확해졌으며, 이후 중소기업은 대기업의 하청업체로 성장하는 구조가 형성되었다.

### (2) 정부주도 고도성장기

1960~70년대는 한국경제가 본격적인 산업화와 경제성장 전략을 추진한 시기로, 정부는 경제개발 5개년 계획을 수립하여 대기업 중심의 중화학공업 발전을 우선적으로 추진하였다. 이에 따라 중소기업은 대기업의 협력업체로 기능하는 구조가 형성되었으며, 정부의 중소기업 정책은 산업 발전을 지원하는 보조적 역할에 초점을 맞추었다.

(1) 정부는 1961년 중소기업 육성을 위한 종합대책을 수립하였다. 이 대책에는 중소기업 금융지원, 조직 강화, 판로 확대 등의 정책과 함께 중소기업에 대한 진단 및 지도 사업이 포함되었다. 이를 위해 정부는 상공부 내에 중소기업과를 신설하고, 각 시·도에 1개소씩 중소기업지원센터를 설치하여 중소기업에 대한 진단 및 지도 사업을 본격적으로 시행하였다.

(2) 정부는 1966년 「중소기업기본법」을 제정하였는데 중소기업 발전의 기반이 되는 법률이다. 이 법은 중소기업의 정의를 명확히 하고, 중소기업에 대한 전반적인 정책 방향을 제시하는 기본법이다. 그리고 1978년 「중소기업진흥법」이 제정하여 중소기업의 발전을 촉진하고 경쟁력을 강화하기 위한 다양한 지원책을 포함하고 있다.[17]

(3) 1960년대 초반까지 중소기업의 자금조달이 어려웠으나, 정부는 금융지원을 확대하기 위한 정책을 점진적으로 도입하였다. 먼저, 1961년에 중소기업은행(현 IBK기업은행)이 중소기업의 금융지원을 강화하기 위해 정부주도로 설립되었다. 둘째, 1960년대 중반부터 중소기업 대출 확대를 위한 신용보증제도가 도입되었다. 그리고 1979년에 중소기업진흥공단이 중소기업에 대한 정책적 지원을 체계적으로 추진하기 위해 설립되었다.

(4) 1970년대 후반 들어 대기업이 다양한 산업에 진출하면서 중소기업과의 경쟁이 심화되었고, 이에 따라 중소기업을 보호하기 위한 제도적 장치 마련이 필요해졌다. 당시 경제는 급속한 산업화와 수출 중심의 성장 전략을 추진하고 있었으며, 중소기업의 역할이 점점 더 중요해졌다. 그러나 중소기업들은 담보 부족으로 인해 은행 대출을 받기 어려운 상황에 놓여 있었다.

이러한 문제를 해결하기 위해 정부는 중소기업의 원활한 자금 조달을 지원하고자 공적 신용보증제도를 도입하였다. 이에 따라 1976년 「신용보증기금법」에 근거하여 신용보증기금(신보)이 설립되었다. 이 기관은 중소기업의 자금 조달을 지원하고, 신용보증을 통하여 금융기관의 대출을 활성화하며, 기업 신용평가 및 보증을 통한 금융 리스크를 완화하는 역할을 수행하였다. 또한 창업 및 혁신기업을 지원함으로써 경제 성장에도 기여하였다. 이러한 역할을 바탕으로 신용보증기금은 중소기업 금융지원

17 1994년 「중소기업진흥 및 제품구매촉진에 관한 법률」 그리고 2009년 「중소기업진흥에 관한 법률」로 개정되었다. 법률의 약칭은 「중소기업진흥법」으로 동일하다.

의 핵심 기관으로 자리 잡았으며, 현재도 경제 상황에 맞춰 다양한 보증 및 금융지원 정책을 수행하고 있다.

(5) 1979년 정부는 「중소기업 사업조정법」을 근거로 중소기업 특화업종 제도를 도입하고, 23개 업종을 중소기업 전용으로 지정하여 대기업의 진입을 제한하였다. 이 제도는 대기업과 중소기업 간의 시장 점유 불균형을 해소하고, 중소기업의 안정적인 성장을 보장하기 위해 도입된 정책이다. 그러나 시장 환경이 변화하고 글로벌 경쟁이 심화됨에 따라 여러 차례 개정과 폐지를 거치면서 변화해 왔다.

### (3) 민간주도 경제발전 이행기

1980년대에는 중소기업의 독자적인 경쟁력 강화를 위해 기술개발 지원이 확대되었고, 대기업과의 협력체계 구축이 적극적으로 추진되었다. 1980년대 중소기업 정책은 중소기업 보호 및 육성을 중심으로 법과 제도를 정비하는 데 중점을 두었다. 1980년 중소기업진흥공단이 설립되면서 중소기업에 대한 금융 지원과 기술개발 지원이 본격적으로 확대되었다. 또한, 저리 대출과 보증제도를 도입하여 중소기업의 자금 조달을 용이하게 하고, R&D 지원과 대기업과의 협력체계를 강화하여 기술 경쟁력을 높이는 데 주력하였다. 동시에, 정부 조달 시장에서의 중소기업 참여를 확대하고, 협동조합 및 공동 마케팅을 활성화하여 판로 개척을 지원하였다.

(1) 1982년에 중소기업특화업종이 중소기업고유업종으로 명칭이 변경되고, 1989년 237개 업종까지 확대되었다. 그 이후에는 점차 해제되다가 2006년 노무현 정부에 의해 폐지되었다. 이 제도는 중소기업을 보호하는 효과를 발휘했지만, 일부 업종에서 기술혁신과 시장경쟁이 저해되는 부작용도 발생하였다.

(2) 1980년대 후반에 한국경제는 제조업 중심에서 기술혁신과 고부가가치 산업으로 전환이 필요하였다. 하지만 기술력은 뛰어나지만, 담보가 부족한 기업들이 자금조달에 어려움을 겪고 있었다. 이에 대한 대응으로 1989년 기존의 신용보기금에서 독립하여 기술보증기금이 설립되었다.[18] 이 기관은 기술력 중심의 보증 지원을 통하여 담보 없이도 혁신기업이 자금을 조달할 수 있도록 하기 위한 것이다. 이는 기술평가 및 기술

18 2016년 기술보증기금으로 명칭이 변경되었다.

금융 활성화로 기업 성장 촉진, 벤처기업과 스타트업 지원을 통하여 신산업 육성, 기술혁신형 중소기업의 성장 촉진으로 국가 경제발전에 기여하였다. 기술보증기금은 현재도 기술 기반 창업, 벤처기업 육성, 기술혁신 기업 지원 등의 핵심 역할을 수행하며, 기술금융 중심 기관으로 자리 잡고 있다.

(3) 1990년대 들어 세계화와 시장 개방이 가속화되면서 중소기업의 경쟁력 강화를 위한 정책이 강조되었다. 1986년에 제정된 「중소기업창업지원법」(약칭: 「중소기업창업법」)과 1997년 제정된 「벤처기업육성에 관한 특별조치법」(약칭: 「벤처기업법」)이 창업 및 벤처기업 지원이 활성화되었고, R&D 지원과 기술혁신 지원이 확대되었다.[19] 동아시아 외환위기 이후에는 중소기업의 구조조정과 자금 지원이 강화되었다.

(4) 1960년 상공부 공업국 중소기업과로 출범하여 1968년 중소기업국으로 확장된 뒤 기존 통상산업부 산하 공업진흥청의 기능을 흡수하여 1996년 중소기업청으로 독립하였다. 이는 2017년 중소벤처기업부로 격상하여 각 부처로 흩어져 있는 소상공인·자영업자·중소기업 관련 기능을 일원화하였다. 중견기업과 대기업에 대한 정책은 산업통상자원부에서 맡도록 하였다.

### (4) 지속가능발전 준비기

2000년 이후 대한민국의 주요 중소벤처기업 정책은 기술혁신 및 창업 활성화, 금융지원 확대, 중소기업 경쟁력 강화, 전통시장 및 소상공인 지원, 대기업과의 상생협력 등을 중심으로 추진되었다.

(1) 2006년 중소기업고유업종 제도가 폐지되자 일부 업종에서 대기업의 시장 잠식 현상이 발생하면서 중소기업 보호 필요성이 다시 부각되었다. 이에 따라 이명박 정부인 2011년 중소기업적합업종 제도가 도입되었으며, 동반성장위원회를 중심으로 대기업과 중소기업 간 협력을 유도하는 방식으로 운영되었다. 기존의 강제적인 규제 방식이 아니라, 대·중소기업 간 협의를 통하여 적합 업종을 지정하고 대기업의 신규 진출을 제한하는 방식으로 변화하였다. 주요 지정 업종으로는 제과점, 두부·콩나물 제조업, 빵·떡 제조업, 서점, 농산물 도매업 등이 포함되었으며, 대기업의 시장 진입을 제

19 2024년에 「벤처기업육성에 관한 특별법」(약칭: 「벤처기업법」)으로 개정되었다.

한하는 효과를 가져왔다. 2013년부터 동반성장위원회를 통하여 중소기업적합업종 지정이 확대되었으며, 중소기업의 보호 범위가 강화되었다.

(2) 중소기업적합업종 제도가 법적 구속력이 약하다는 한계가 드러나면서 정부는 보다 강력한 보호 장치를 마련할 필요성을 느꼈다. 2018년 「소상공인 생계형 적합업종 지정에 관한 특별법」(약칭: 「생계형적합업종법」)이 제정되었다. 동반성장위원회가 운영하던 기존의 중소기업적합업종 제도와 달리, 중소벤처기업부가 직접 대기업의 진입을 제한할 수 있는 생계형 적합업종을 지정할 수 있도록 하였고, 위반 시 제재조치가 가능해졌다. 주요 지정 업종으로는 서적·문구 소매업, 식용 얼음 제조업, 가정용 섬유제품 소매업 등이 포함되었다.

(3) 소상공인 및 자영업자 지원 강화를 위해 정부는 다양한 정책을 추진하였다. 먼저, 2015년 개정된 「소상공인 보호 및 지원에 관한 법률」(약칭: 「소상공인법」)을 통하여 소상공인의 경영 안정과 성장을 체계적으로 지원하였다.[20] 이 법은 소상공인의 창업, 경영개선, 폐업 후 재도전 등을 종합적으로 지원하는 내용을 포함하고 있다. 또한, 최저임금 인상으로 인한 자영업자의 부담을 완화하기 위해 여러 지원 정책이 도입되었다. 정부는 인건비 부담을 줄이기 위해 일자리안정자금을 지원하고, 카드 수수료 인하 및 정책자금 지원 등을 통하여 소상공인의 경영 환경을 개선하고자 하였다. 이외에도 소상공인 전용 대출 확대, 세제 혜택, 공공구매 확대 등의 정책이 함께 추진되었다.

(4) 정부는 스타트업과 혁신기업을 활성화하기 위해 다양한 정책을 추진해 왔다. 먼저, 2013년에 창조경제혁신센터를 설립하여 창업 생태계를 조성하고, 혁신적인 아이디어를 가진 기업이 성장할 수 있도록 지원하는 기반을 마련하였다. 창조경제혁신센터는 전국 주요 도시에 설립되었으며, 각 지역의 특성에 맞는 창업지원 및 기술개발 지원을 수행하였다. 이를 통하여 스타트업이 사업화 단계로 나아가는 데 필요한 멘토링, 네트워킹, 투자유치 등을 지원하였다.

또한, 정부는 창업지원 프로그램을 확대하여 창업 활성화를 적극적으로 추진하였다. 대표적인 지원 프로그램으로는 2013년부터 시행된 TIPS(Tech Incubator Program for Startup)가 있다. TIPS는 민간 투자사(액셀러레이터)와 협력하여 유망한 기술창업 기업

20 1997년 「소기업 지원을 위한 특별조치법」(약칭: 「소상공인법」)이 제정된 이후 2015년 현재 법명으로 개정되었다.

을 선발하고, 정부가 R&D 자금을 지원하는 프로그램이다. 이를 통하여 스타트업이 시장에서 성공할 수 있도록 기술개발과 사업화를 동시에 지원하였다.[21] 이와 함께, 창업진흥원을 비롯한 여러 기관이 정부주도의 창업지원을 담당하였다. 창업진흥원은 창업 교육, 자금 지원, 글로벌 진출 지원 등의 다양한 프로그램을 운영하며 창업기업이 초기 단계를 넘어 지속적으로 성장할 수 있도록 돕고 있다.

(5) 중소기업 전용 금융 및 투자 활성화정책이 추진되었다. 정부는 중소기업의 자금조달과 성장 지원을 위해 금융 및 투자 환경을 개선하는 다양한 정책을 추진해 왔다. 이러한 정책들은 모두 초기 창업기업의 자금조달을 돕기 위한 생태계 조성 노력의 일환이었다.

첫째, 문재인 정부는 2020년 「벤처투자 촉진에 관한 법률」(약칭: 「벤처투자법」)을 제정하여 벤처기업 및 스타트업에 대한 투자 활성화를 위한 제도적 기반을 마련하였다. 주요 내용은 첫째, 벤처캐피털(VC) 투자 확대이다. 이는 기존의 개별적인 법규에 산재되어 있던 벤처투자 관련 규정을 통합하여 벤처캐피털 투자가 보다 원활하게 이루어질 수 있도록 개선하였다.[22] 이 법을 통하여 벤처투자 전문기관이 보다 자유롭게 투자할 수 있도록 규제를 완화하였으며, 민간투자 유입을 촉진하기 위한 제도를 마련하였다. 1990년대 말부터는 창투사 설립 요건 완화, 투자 방식 자율화 등 규제를 완화하고, 코스닥 활성화와 연계해 벤처투자 지원을 확대하는 정책을 시행하였다.

둘째, 2000년대 중반 이후 정부는 모태펀드(matching fund)를 중심으로 벤처펀드를 조성하고, 이를 기반으로 초기 단계 스타트업과 중소기업에 대한 투자를 확대해 왔다.[23] 노무현 정부는 2005년에 민간 벤처캐피탈이 출자하는 펀드에 정부가 매칭 자금을 지원하는 한국벤처투자를 설립하면서, 정부 출자 모태펀드의 본격적인 운용이 시작되었다. 이후 2013년 박근혜 정부의 창조경제 정책과 맞물리며 관련 투자가 대폭 확대되었고, 이에 따라 초기 창업과 창조경제혁신센터와 연계된 다양한 펀드가

21 TIPS 프로그램을 통하여 스타트업은 R&D 자금 지원, 창업 사업화 지원, 해외 마케팅 및 글로벌 진출 지원, 추가 투자 유치 기회 지원 등을 받을 수 있다.

22 기존 법률은 「중소기업창업지원법」(1986년 제정), 「벤처기업육성에 관한 특별조치법」(1997년 제정) 등이다.

23 벤처펀드는 유망한 스타트업이나 중소기업에 투자해 수익을 창출하려는 목적의 자금을 모은 펀드이며, 모태펀드는 정부가 출자해 만든 대표적인 공공 벤처펀드로, 민간 벤처캐피탈이 운용하는 여러 하위펀드에 투자함으로써 벤처투자 활성화를 유도하는 모(母)펀드 역할을 한다.

조성되었다. 대표적으로 스마트 벤처펀드, 청년창업펀드, 4차 산업혁명 특화펀드 등이 있다.

셋째, 엔젤투자 활성화를 위해 정부는 다양한 제도적 기반을 마련해 왔다. 2011년에는 엔젤투자지원센터를 설립하고, 엔젤매칭펀드 운영을 시작하며 본격적인 지원에 나섰다.[24] 이어 2012년에는 「벤처기업법」을 개정해 엔젤 투자에 대한 세제 혜택을 강화하였다. 2014년에는 일정 수준 이상의 투자금액과 경험을 갖춘 투자자에게 인증을 부여하는 전문 엔젤투자자 제도를 도입해 투자자 기반을 확대하였다. 이후 2020년부터는 민간 투자 네트워크와의 연계를 강화하며, 지속적으로 엔젤투자 활성화 정책을 추진하고 있다.

넷째, 2016년에는 「자본시장법」 개정을 통하여 증권형 크라우드펀딩 제도가 도입되었다. 이를 통하여 스타트업은 온라인 플랫폼을 활용해 소액 투자를 합법적으로 유치할 수 있게 되었으며, 개인투자자도 일정 한도 내에서 스타트업에 대한 지분 투자가 가능해졌다. 이후 정부는 관련 규제를 지속적으로 완화하며 제도의 활성화를 위해 꾸준히 노력하고 있다.

(6) 중소기업과 벤처기업의 역할이 점점 중요해지는 경제 환경에서 보다 독립적이고 강력한 정책 추진이 필요하다는 요구가 증가하였다. 그리고 4차 산업혁명과 혁신 창업 생태계 조성을 위해 기존 중소기업청의 권한과 역할을 확장할 필요성이 대두되었다. 중소기업, 벤처기업, 소상공인을 지원하는 주무 부처로서 기능을 강화하고, 정책 집행의 효율성을 높이기 위해 중소기업청을 장관급 부처로 승격하여 2017년 중소벤처기업부가 출범하였다.

중소벤처기업부는 중소기업, 벤처기업, 소상공인의 성장을 지원하는 핵심 부처로서 다양한 정책을 수행하고 있다. 중소벤처기업부의 출범은 중소기업, 벤처기업, 소상공인을 보다 체계적으로 지원하고, 혁신적인 창업 생태계를 조성하기 위한 중요한 정책 변화였다. 부처 승격 이후 벤처투자 증가, 창업지원 확대, 대·중소기업 상생협력 강화, 중소기업 수출지원 확대 등의 성과를 이루었으며, 앞으로도 혁신과 성장을

24 엔젤투자(angel investment)는 개인 투자자가 스타트업이나 초기 창업기업에 자금을 투자하는 것을 의미한다. 이때 투자자는 보통 창업자의 가족, 친구, 지인 또는 자산 여유가 있는 개인이며, 기관투자자가 투자 주체인 벤처캐피털과 구분된다.

지원하는 핵심 부처로서 역할을 지속적으로 확대해 나가고 있다.

(7) 정부는 중소기업의 지속적인 성장과 국제경쟁력 강화를 위해 수출 지원 및 해외 판로 개척 지원 정책 확대이다. 중소기업의 해외 진출을 활성화하고 국제경쟁력을 강화하기 위해 수출 지원 및 해외 판로 개척을 위한 다양한 정책이 시행되었다. 수출 바우처 제도는 2017년 중소기업이 해외 마케팅, 해외 전시회 참가, 홍보 및 컨설팅 등을 자유롭게 선택하여 활용할 수 있도록 정부가 바우처(지원금)를 지급하여 수출을 지원하는 제도이다. 그리고 수출 스타트업 육성 프로그램이 있다. 대표적으로 K-스타트업 그랜드 챌린지(2016), K-스타트업 센터(2020), 초격차 스타트업 1000+ 프로젝트(2024) 등이 있다. 이들은 글로벌 시장 진출을 목표로 하는 혁신 스타트업을 발굴하여 수출 역량 강화 교육, 해외 시장 분석, 해외 바이어 연결을 지원한다.

(8) 대기업과 중소기업 간의 상생협력을 촉진하기 위해 정부는 다양한 정책을 추진하여 중소기업의 성장 기회를 확대하고 불공정한 거래 관행을 개선하는 데 주력하고 있다.

첫째, 대기업과 중소기업 간의 협력 강화를 위해 2011년 대기업이나 공공기관이 대·중소기업·농어업협력재단에 자금을 출연하고, 이를 통하여 중소기업에 저리 대출 및 R&D 자금 지원을 제공하는 상생협력펀드를 조성하였다. 2017년에는 상생협력기금의 안정적 운영을 위해 2006년에 제정된 「대·중소기업 상생협력 촉진에 관한 법률」(약칭: 「상생협력법」)에 출연 근거를 마련하여 민간기업이 상생협력을 추진하면 정부가 예산을 매칭 지원하거나 세제 지원 등의 인센티브를 제공하는 방식으로 정책이 개편되었다.

둘째, 대·중소기업 간 불공정 거래 개선 및 공정거래를 유도하기 위해 2009년 「하도급법」 개정으로 납품단가 조정 협의제도를 도입하였다. 원자재 가격 상승 등으로 납품대금 조정이 불가피한 경우 수탁기업이 원사업자에게 납품대금 조정을 요청할 수 있도록 하는 제도이다. 그러나 협의 요건이 까다롭고, 납품업체가 거래 단절 등 보복을 우려하여 신청을 기피하면서 정책의 실효성에 대한 우려가 나타나자, 2023년 「상생협력법」 및 「하도급법」 개정을 통하여 원자재 가격 변동에 따라 납품단가를 자동으로 조정하는 '납품단가 연동제'를 제도화하였다.

셋째, 대기업과의 공동 기술개발 시 중소기업의 기술 유출을 방지하기 위한 법적 보호 장치를 강화하고, 기술 보호 컨설팅 및 법률 지원 서비스를 제공하고 있다. 대표적으로 「중소기업 기술보호 지원에 관한 법률」(약칭: 「중소기업기술보호법」)(2012년 제정)은 중소기업의 기술자료를 부당하게 요구하거나 유출하는 행위를 방지하도록 하였다. 2020년 개정한 「하도급법」은 원사업자가 정당한 사유 없이 수탁기업(하청)의 기술자료를 요구하거나 유용하는 것을 금지하였다. 그리고 중소벤처기업부·중소기업중앙회에 기술탈취 신고센터 및 기술분쟁조정·중재제도를 두어 중소기업이 피해를 입었을 경우 법적 조치 이전에 분쟁조정 또는 중재 신청 가능하도록 하였다.

(9) 2012년 「유통산업발전법」 개정으로 공휴일 의무휴업제도가 도입되었다. 이 제도는 전통시장과 소상공인을 보호하고, 대형마트 근로자의 휴식권을 보장하기 위해 마련되었다. 이에 따라 대형마트는 매달 두 차례 공휴일 중 의무적으로 휴업해야 하며, 자정부터 오전 10시까지는 영업이 제한된다.

2000년대 이후 한국의 중소기업 정책은 창업 및 벤처기업 육성, 기술혁신 및 디지털 전환, 공정경제 및 상생협력, ESG 경영 및 지속가능한 성장, 글로벌 시장 진출 등의 방향으로 발전해 왔다. 특히, 4차 산업혁명, 코로나19 팬데믹, 기후변화 등 새로운 경제·사회적 변화에 대응하기 위해 중소기업의 기술혁신과 지속가능한 성장을 위한 정책이 지속적으로 강화되고 있다.

## 6 공정거래와 중소기업 정책의 성과

해방 이후부터 1970년대까지 한국은 정부주도의 경제개발계획하에 대기업 위주의 성장전략을 채택하였다. 이 시기에는 경제성장을 우선시하며 공정거래나 중소기업 육성보다는 대기업의 집중적인 지원으로 산업화를 추진하는 데 집중하였다. 이에 따라 중소기업은 대기업의 하청기지 역할에 머무는 경우가 많았고, 공정거래 관련 제도는 거의 부재하였다. 그러나 경제 규모가 커지고 재벌의 경제력집중이 심화되자 경쟁 질서 확립에 대한 사회적 요구가 커지기 시작하였다.

1980년대에 접어들며 본격적인 공정거래 정책이 등장하게 되었다. 1980년 「공정거래법」 제정과 함께 1982년 공정거래위원회가 설치되면서, 시장의 독과점 행위 규제, 담합 금지, 불공정거래행위 제재, 기업결합 제한 등 공정경쟁 기반 구축이 시작되었다. 특히 1990년대 이후에는 대기업의 경제력집중을 억제하기 위한 제도로 출자총액제한제도, 순환출자 금지, 일감몰아주기 규제 등이 시행되었다. 국제화 및 디지털 경제의 확산과 함께 최근에는 소비자 보호, 플랫폼 시장 규율, ESG 기반의 공정거래 이슈 등으로 정책 대상이 확대되고 있다.

중소기업 정책은 경제발전 초기에는 관심 밖이었으나, 고용 창출과 지역 균형 발전의 수단으로서 그 중요성이 점차 부각되었다. 1970년대 중반 이후 중소기업 근대화 자금 지원과 기술개발 지원이 시작되었고, 1996년에는 중소기업청이 설치되어 전담 행정체계가 구축되었다. 이후 금융지원, 세제 혜택, 창업지원, 판로 확보, R&D 지원 등 다각적인 정책이 추진되었고, 2017년에는 중소벤처기업부로 격상되며 벤처 및 스타트업 육성 정책이 본격화되었다. 최근에는 스마트 공장, 디지털 전환, 탄소중립 대응 등 4차 산업혁명 및 지속가능성에 대응하는 혁신 정책으로 확장되고 있다.

# 참고

## 참고 11 편법 승계의 '공정성' 딜레마: 세제·거버넌스 개선 방향

한국에서 반기업 정서가 강한 이유 중 하나는 대기업들의 불법·편법적인 경영권 승계 문제와 전 세계적으로 매우 높은 상속·증여세율이 작용하기 때문이다. 2025년 현재 한국의 상속·증여세율은 최고 세율이 기본적으로 50%로, 일본의 55%에 이어 OECD 국가 중 두 번째로 높다. 특히, 가업 승계 시 상속 자산이 비상장 주식 등일 경우에는 최대 60%까지 부과될 수 있다. 과세방식도 사망자의 전체 재산을 기준으로 과세하는 유산세(estate tax) 방식을 채택하고 있다. 이러한 제도는 기업들의 편법증여가 증대하고 이는 곧 반기업가 정서의 원인이 되기도 한다. 대표적인 사례로 삼성의 에버랜드 전환사채(CB) 사건과 현대자동차그룹의 현대글로비스를 활용한 일감몰아주기가 있다.

삼성의 에버랜드 CB 사건은 1996년 에버랜드가 발행한 전환사채를 삼성 계열사들이 인수하지 않고 이재용, 이부진, 이서현 등 총수 일가가 헐값에 배정받은 사건이다. 이후 에버랜드는 삼성생명 주식을 집중적으로 매입하며 삼성그룹의 핵심 지배구조를 형성하는 역할을 하였다. 검찰은 이를 편법 승계로 보고 기소했으나, 대법원에서 무죄 판결(무죄 6, 유죄 5)이 내려졌다. 법적으로는 무죄였지만, 사회적으로는 재벌의 편법 증여라는 인식을 심어주었다.

현대자동차그룹의 승계 과정에서 현대글로비스는 핵심적인 역할을 하였다. 현대글로비스는 현대차그룹의 물류를 독점하며 성장했고, 정몽구·정의선 부자가 대량의 지분을 보유하고 있었다. 공정거래위원회는 현대글로비스가 계열사로부터 일감을 집중적으로 받아 성장하였다고 보고 조사에 착수하였다. 2021년 「공정거래법*」 개정으로 내부거래 규제가 강화되자, 정의선 회장은 지분 일부를 사모펀드(칼라일 그룹)에 매각하여 지분율을 19.99%로 낮추며 규제를 회피하였다.

이러한 사례들은 한국 사회에서 대기업의 승계 과정이 불투명하게 이루어졌다는 인식을 심어주며 반기업가 정서를 강화시키는 요인이 되었다. 법적으로 문제가 되지 않더라도, 내부거래나 특혜 논란을 통하여 총수 일가가 승계하는 과정이 반복되면서 부의 공정성에 대한 사회적 불신의 원인이 되고 있다.

# 연습문제

11.1. 기업의 투자활동이 경제성장에 미치는 긍정적 효과와 그로 인해 발생할 수 있는 부작용, 그리고 이를 해결하기 위한 정부의 역할에 대해 설명하시오.

11.2. 소상공인, 개인사업자(자영업자), 자영업자의 개념과 이들 간의 차이점을 설명하시오.

11.3. 1963~2023년 사이 한국 자영업자 비중의 변화 추이와 그 의미를 설명하시오.

11.4. 1963~2023년 한국 자영업자 비중의 경향을 OECD 평균과 비교하여 설명하고, 이로 인해 문재인 정부가 '소득주도성장론'을 강조하게 된 이유를 기술하시오.

11.5. 전두환 정부 시기에 「공정거래법」 개정으로 도입된 대규모 기업집단 규제 정책의 주요 내용과 그 도입 배경 및 의미를 설명하시오.

11.6. 출자총액제한제도의 변화 과정을 김대중 정부와 이명박 정부 시기를 중심으로 설명하고, 그 변화가 기업 구조와 시장에 어떤 영향을 주었는지 논하시오.

11.7. 최근 추진되고 있는 대·중소기업 상생협력 정책의 주요 내용을 설명하고, 이러한 정책이 가지는 의미와 한계에 대해 논하시오.

11.8. 1960~70년대 한국 정부의 중소기업 육성 정책의 주요 내용과 그 역사적 의미를 설명하시오.

11.9. 1980년대 이후 한국 중소기업 정책의 발전 과정과 그 특징을 설명하시오.

11.10. 중소기업 보호를 위한 중소기업적합업종 제도와 생계형적합업종법의 도입 배경과 주요 특징을 설명하시오.

CHAPTER

# 12

# 서비스산업 발전과 과제

1. 들어가며
2. 서비스산업 현황
3. 시대별 서비스산업 발전 정책
5. 서비스산업 발전 방안
6. 서비스산업 발전 정책과 전망

Chapter 12

# 서비스산업 발전과 과제

경제발전 단계설은 한 국가의 경제가 일정한 발전 단계를 거치면서 산업 구조가 변화한다는 이론으로, 대표적으로 로스토우(W.W. Rostow)의 경제성장 단계설과 피셔(A.G.B. Fisher)·클라크(C. Clark)의 산업구조 변화 이론이 있다. 이들 이론은 공통으로 경제가 발전함에 따라 산업의 중심이 농업(1차산업)에서 제조업(2차산업), 그리고 서비스업(3차산업)으로 이동한다고 설명한다. 특히, 로스토우는 경제를 다섯 단계로 구분하며, 마지막 단계에서 서비스산업이 경제의 중심이 된다고 보았고, 피셔와 클라크는 경제발전이 성숙해질수록 서비스산업이 핵심 역할을 한다고 강조하였다.

경제가 발전할수록 서비스산업 비중이 증가하는 이유는 국민 소득이 높아지면서 소비 패턴이 변화하고, 기술 발전과 생산성 향상으로 인해 제조업에서 필요로 하는 노동력이 감소하기 때문이다. 또한, 생활 수준이 향상되면서 교육, 의료, 금융, 문화 등 다양한 서비스에 대한 수요가 증가하고, 고부가가치 산업으로서 서비스업이 국가 경제에서 중요한 위치를 차지하게 된다. 이러한 변화는 특히 선진국에서 두드러지며, 서비스산업이 경제성장을 지속시키는 핵심 요소로 작용한다.

## 1 들어가며

한국경제는 1960~80년대에 제조업 중심으로 빠르게 성장하였다. 그러나 1997년 동아시아 외환위기를 계기로 서비스산업의 중요성이 두드러졌고, 이후 김대중 정부를 시작으로 본격적인 서비스산업 육성 정책이 추진되었다. 하지만 정책 실행 과정에서 이해관계자의 반발과 공공성 유지 문제로 인해 어려움을 겪고 있다. 현재 한국경제는 서비스산업이 GDP에서 차지하는 비중이 증가하며 선진국형 경제구조로 전환하고 있다. 하지만 여전히 제조업 중심의 구조가 강하며, 서비스산업의 생산성과 경쟁력 향상이 중요한 과제로 남아 있다.

서비스산업은 단순한 소비 산업을 넘어, 경제성장의 새로운 동력으로 인식되고 있다. 이에 따라 정부는 2000년대 이후 지속적으로 관련 육성 정책을 발표해 왔지만, 일부 정책은 실질적인 시행으로 이어지지 못하는 한계도 드러나고 있다. 서비스산업은 제조업에 비해 노동집약적이며 고용 창출 효과가 크다는 장점이 있지만, 상대적으로 낮은 노동생산성으로 인해 경쟁력 저하 위험이 존재한다. 최근에는 경제성장에도 불구하고 고용 창출이 둔화되는 현상이 문제로 지적되면서, 이에 대한 대응 방안으로 서비스산업 활성화가 주목받고 있다. 특히 금융, 정보통신 등 고부가가치 서비스업은 직접적인 고용 효과는 크지 않지만, 높은 부가가치를 창출할 수 있어 경제 전반에 중요한 역할을 한다. 또한 서비스산업은 단독 성장뿐 아니라 제조업과의 시너지 효과를 통하여 산업 전반의 경쟁력을 높이는 데 기여한다.

한국은 전통적으로 중화학공업을 중심으로 한 제조업 성장전략을 채택해 왔으며, 이에 따라 서비스산업에 대한 정책적 관심과 지원은 상대적으로 부족하였다. 그러나 1997년 외환위기를 계기로 제조업 중심 성장의 한계를 인식하게 되었고, 이에 따라 서비스산업 육성의 필요성이 대두되면서 정부 차원의 정책 추진이 본격화되었다. 그런데도 서비스산업은 여전히 낮은 노동생산성으로 인해 국제경쟁력이 미흡하고, 이에 따라 서비스수지는 지속적인 적자를 기록하며 경상수지에도 부정적인 영향을 미치고 있다. 따라서 서비스산업의 경쟁력 저하가 산업 구조적인 문제에서 비롯된 것인지, 아니면 정부의 제조업 중심 정책에 따른 결과인지에 대한 심층적인 분석이 요구된다.

그런데도 경제발전 단계에 따라 제조업 중심의 경제구조에서 점차 서비스산업 중심으로 전환하는 과정을 거치고 있다. 그러나 서비스산업의 생산성과 경쟁력은 여전히 개선해야 할 과제가 많으며, 이를 효과적으로 육성하기 위한 정책적 노력이 필요하다. 서비스산업 발전

은 고용 창출과 경제성장을 지속하는 데 중요한 역할을 할 것이므로, 정부와 기업이 협력하여 경쟁력을 강화하는 전략이 요구된다.

본 장에서는 한국 서비스산업의 현황과 문제점을 살펴보고, 이를 미래 성장 동력으로 활성화할 방안을 모색하고자 한다.

## 2 서비스산업 현황

### (1) 서비스산업의 정의

산업구조와 경제발전의 관계에 대한 분석에 있어서 산업을 크게 1차산업(농림어업), 2차산업(제조업과 광업) 그리고 3차산업(서비스업)으로 분류한다.[1] 서비스산업은 다양한 산업을 포함하고 있으므로 크게 [표 12-1]은 산업연구원의 분류를 참고하여 다섯 개 산업군으로 분류한 것이다. 즉, 유통서비스, 생산자서비스, 사회서비스, 개인서비스(기타 서비스 포함)이다.

유통서비스는 제품이나 서비스가 필요한 소비자나 생산자에게 공급하는 서비스로 도소매(G) 및 운수·창고업(H)이다. 생산자서비스는 기업지원서비스라고도 불리는 분야로 다른 재화나 서비스를 생산하거나 유통하는 과정에서 투입되는 서비스로 정의된다. 표준산업분류에 의하면 정보·통신(J), 금융·보험(K), 부동산(L), 전문·과학·기술(M) 그리고 사업 시설관리·사업지원·임대(N)가 포함된다. 사회서비스(social service)는 공공행정(O), 교육(P) 및 보건·복지 분야(Q)가 해당된다. 물론 여기서 얘기하는 사회서비스는 사회보장법에 정의되는 사회서비스의 정의와는 범위가 다르다.[2] 개인서비스는 숙박·음식업(I), 예술·스포츠·여가(R), 가구내 고용활동·자가소비 생산활동(T)이다. 마지막으로 국제 및 외국기관(U)을 기타서비스로 분류한다.

1 KSIC로 분류하면 1차산업은 농업·임업·어업(A)을 포함한다. 제2차산업으로 분류되는 산업(industry)은 광업(B), 제조업(C), 전기·가스(D), 수도업(E) 및 건설업(F)을 포함한다. 나머지 산업(G~U)은 제3차산업인 서비스산업으로 정의된다.

2 사회보장기본법(제3조 제4항)에서의 사회서비스는 더 광범위하게 정의되어 있다. 이 법에 의하면 사회서비스는 "국가·지방자치단체 및 민간부문의 도움이 필요한 모든 국민에게 복지·보건의료·교육·고용·주거·문화·환경 등 분야에서 인간다운 생활을 보장하고 상담, 재활, 돌봄, 정보의 제공, 관련 시설의 이용, 역량 개발, 사회참여 지원 등을 통하여 국민의 삶이 향상되도록 지원하는 제도"로 정의되어 있다.

**표 12-1** 서비스산업의 재분류

| 산업군 | 산업 | KSIC | 주요 사업 내용 |
|---|---|---|---|
| 유통 서비스 | 도·소매 | G | 도소매 서비스 |
| | 운수·창고 | H | 철도·도로·항공운송, 보관 및 창고, 기타 운송 |
| 생산자 서비스 | 정보·통신 | J | 우편, 전기통신서비스, 방송서비스, 정보서비스, 컴퓨터관리서비스 |
| | 금융·보험 | K | 중앙은행 및 금융기관, 보험, 금융서비스 등 |
| | 부동산 | L | 부동산 임대 및 공급 |
| | 전문·과학·기술 | M | 연구개발, 법무 및 경영지원서비스, 광고, 건축·토목관련서비스, 기타 과학기술서비스 |
| | 사업 시설관리·사업지원·임대 | N | 청소소독 및 시설유지서비스, 인력공급 및 알선, 기타 사업지원 서비스 |
| 사회 서비스 | 공공행정 | O | 공공행정 및 국방 |
| | 교육 | P | 교육서비스 |
| | 보건·사회복지 | Q | 의료 및 보건, 사회보험 및 복지 서비스 |
| 개인 서비스 | 숙박·음식업 | I | 음식점 및 숙박서비스 |
| | 예술·스포츠·여가 | R | 문화서비스, 스포츠 및 오락서비스 |
| | 협회 및 단체, 수리 및 기타 개인 서비스업 | S | 사회단체, 수리서비스, 개인서비스 |
| | 가구내 고용활동·자기소비 생산활동 | T | |
| | 국제 및 외국기관 | U | |

주: 기타서비스(국제 및 외국기관)는 개인서비스에 통합함.
출처: 산업연구원 산업통계분석시스템(ISTANS).

## (2) 서비스산업 현황과 과제

### 1) 서비스산업 현황

[그림 12-1]은 1960년부터 2023년까지 제조업과 서비스업의 부가가치 비중을 경제발전 단계별로 비교한 것으로, 선은 한국의 비중을, 점은 세계 각국의 비중을 나타낸다. 한국은

1980년과 2022년을 제외하고 대부분의 해에 경제성장률이 플러스(+)를 기록했기 때문에, 한국의 산업별 비중은 연도별 변화 추이를 잘 반영한다고 볼 수 있다. 제조업 비중을 보면, 한국은 다른 국가에 비해 제조업 중심의 경제구조를 유지해 왔으며, 제조업 비중이 가장 높은 국가 중 하나로 나타난다. 한국보다 제조업 비중이 높은 국가는 아르헨티나, 아일랜드, 리히텐슈타인, 푸에르토리코, 카타르, 산마리노 등 일부 국가에 한정된다. 반면에 서비스산업 비중을 보면, 한국은 경제발전 단계에 비해 상대적으로 낮은 수준을 보인다. 이는 제조업 중심의 성장 전략이 유지되어 온 결과로 해석할 수 있으며, 향후 서비스산업의 경쟁력을 강화하는 것이 중요한 과제가 될 것이다.

**그림 12-1** 1인당 GDP 대비 제조업과 서비스업 부가가치 비중

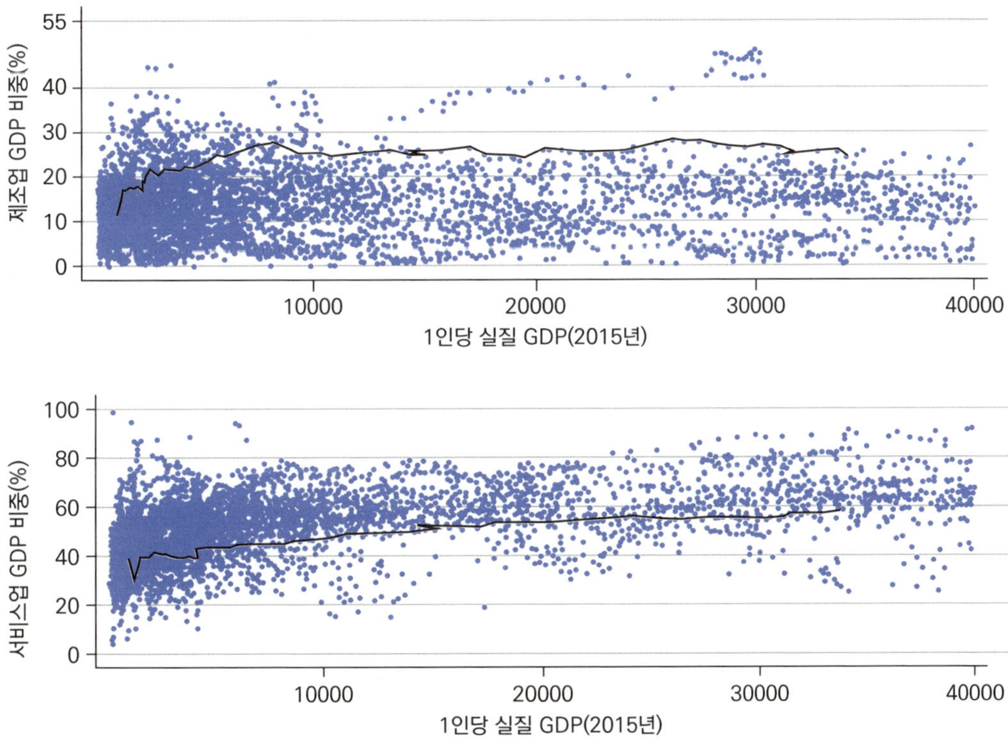


출처: World Bank WDI.

그림 12-2 서비스산업의 GDP 비중

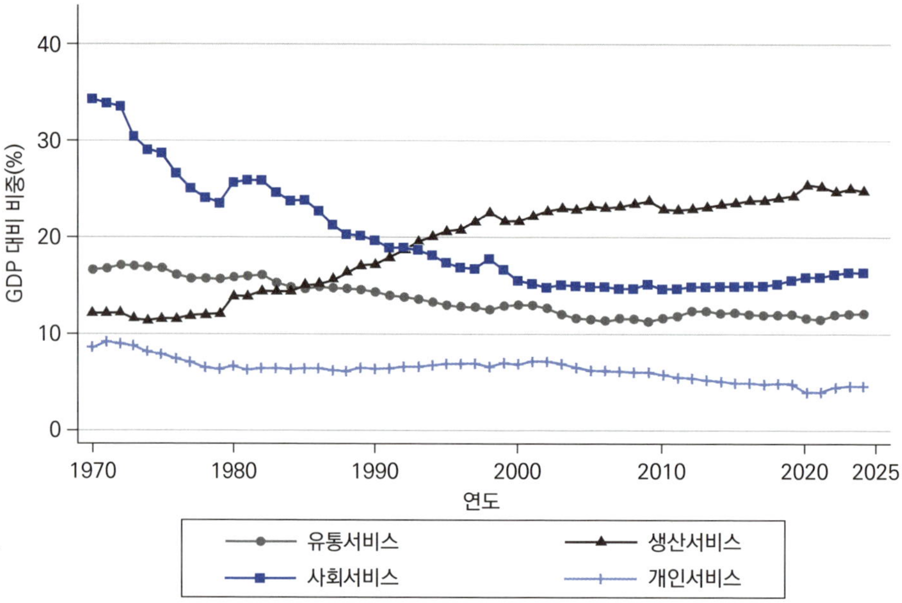


출처: 한국은행 경제통계시스템(ECOS).

[그림 12-2]는 한국은행이 1970년 이후 발표한 서비스산업 분류별 GDP 대비 비중의 변화를 보여 준다. 전반적으로 보면, 생산서비스 부문은 지속적으로 증가하는 추세를 보이지만, 다른 서비스 부문의 비중은 감소하고 있다. 다만, 사회서비스 부문은 2000년대 이전까지 감소했지만 이후 다시 증가하는 경향을 나타낸다. 이러한 변화는 1997년 동아시아 외환위기 이후 교육부문 지원과 사회복지 정책이 강화된 영향으로 해석할 수 있다. 특히 정부의 사회복지 확대 정책이 사회서비스 부문의 성장에 기여한 것으로 보인다.

### 2) 만성적인 서비스 수지 적자

서비스산업이 직면한 주요 문제 중 하나는 만성적인 서비스수지 적자이다. 1980년대 이후 한국의 국제수지는 경제성장과 외부 환경 변화에 따라 적자와 흑자를 반복하는 흐름을 보였다. 1980년대 중반 이후 수출 중심의 성장전략으로 인해 상품수지가 흑자로 전환되었고, 이후 한국경제는 경상수지 흑자를 지속적으로 기록하는 구조로 변화하였다. 다만, 지속적인 서비스수지는 해외여행 증가, 특허·로열티 지급 확대 등의 영향으로 인해 현재까지 적자 폭이 커지는 경향을 보인다.

[그림 12-3]은 한국은행이 발표하는 서비스수지와 가장 큰 적자를 보이는 여행수지를 같이 나타낸 것이다.[3] 한국은 1970년대까지 만성적인 경상수지 적자를 기록했으나, 1980년대 3저 현상에 의해 흑자로 전환되었다. 이후 무역 규모가 확대되면서 경상수지 및 상품수지 흑자 폭은 2015년까지 꾸준히 증가하였다. 그러나 서비스수지는 1997년 동아시아 금융위기 전후를 제외하고는 지속적인 적자를 기록해 왔다.

2017년 이후 서비스수지 적자 규모가 감소하는 경향을 보였으나, 이는 코로나19로 인해 서비스 부문이 위축된 영향으로 분석된다. 2020~22년에는 운송수지(해운 등)가 흑자로 전환되었으며, 여행 규모가 축소되면서 여행수지 적자도 감소하였다. 하지만 2022년 이후 서비스수지 적자 폭이 다시 확대되는 추세를 보인다. 서비스수지 적자는 주로 여행, 사업서비스, 가공서비스, 지식재산권 사용료 등에서 발생하고 있다. 2024년 기준으로 237억 달러 적자였는데, 특히, 여행수지가 적자를 주도하며 125억 달러 적자를 기록하였다. 이러한 상황은 한국의 서비스산업 경쟁력이 여전히 부족함을 보이며, 서비스산업의 경쟁력 강화를 위한 정책적 대응이 필수적임을 시사한다.

**그림 12-3** 서비스수지와 여행수지 추이

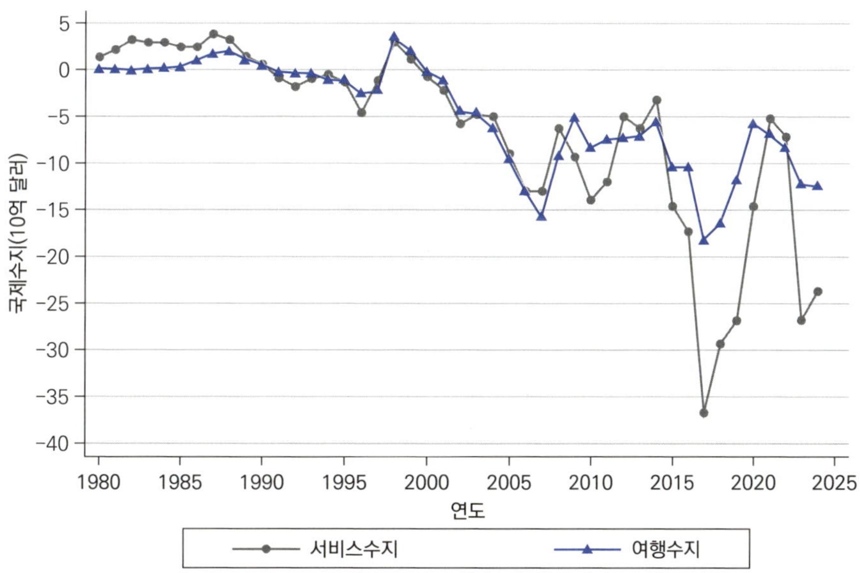


출처: 한국은행 경제통계시스템(ECOS).

3 현재 한국은행 경제통계시스템은 1980년 이후 자료만 발표하고 있다.

### 3) 낮은 노동생산성

만성적인 서비스수지 적자는 노동생산성 저하로 인해 발생한 결과로 볼 수 있다. 이는 그동안 정부의 경제성장 정책이 지나치게 제조업 중심으로 이루어진 영향도 고려할 필요가 있다. 이에 따라 서비스산업의 노동생산성과 국제경쟁력이 제조업 수준까지 충분히 향상되지 못한 것일 수도 있다. 향후 서비스산업의 경쟁력을 강화하기 위해서는 서비스산업의 노동생산성 제고 및 국제경쟁력 향상을 위한 정책 지원이 필수적이다.

## 3 시대별 서비스산업 발전 정책

한국에서 서비스산업의 중요성이 본격적으로 부각된 계기는 1997년 동아시아 외환위기였다. 그 이전까지 경제는 중화학공업이나 반도체 등 제조업 중심의 성장전략을 고수해 왔다. 그러나 외환위기를 겪으면서 제조업만으로는 지속적인 경제성장과 충분한 일자리 창출이 어렵다는 인식이 확산되었다. 이러한 문제의식 속에서 정부는 서비스산업의 경쟁력을 높이기 위한 다양한 정책을 추진하기 시작하였다. 특히 제조업에 비해 상대적으로 낮은 서비스산업의 노동생산성을 개선하고, 전반적인 산업 경쟁력을 강화하는 데 정책의 초점이 맞춰졌다. 또한, 서비스산업이 발전하면 제조업의 국제경쟁력 향상은 물론이고, 장기적인 경제성장에도 긍정적인 영향을 줄 것이라는 기대가 컸다. 이에 따라 역대 정부는 각기 다른 방식으로 서비스산업 육성 정책을 시행해 왔으며, 이러한 정책들을 시기별로 정리해 살펴볼 필요가 있다.

### (1) 해방 이후 1950년대

1950년대 서비스산업은 6·25전쟁 이후 전반적인 경제 복구와 생존이 우선되던 상황에서 본격적인 발전보다는 기초적인 수준에 머물렀다. 정부는 산업 육성보다는 인프라 복구와 기본 생계 보장에 주력했으며, 서비스업은 대부분 자영업, 상점, 노점상 등 비공식 부문 중심으로 운영되었다. 이 시기 미국의 원조경제를 통하여 금융, 유통, 운송 등 일부 기초 서비스업이 작동하기 시작했고, 전쟁으로 붕괴된 교육과 의료분야도 공공서비스 차원에서 서서히 재정비되었다. 한편, 금융기관과 보험업 등은 일제강점기의 잔재를 기반으로 제한적인 기능을 수행했고, 외국 원조단체 및 외교사절 방문에 따른 관광·숙박 관련 수요도 나타나기 시작하였다. 예를 들면 제9장에서 설명하였듯이 5대 국책은행의 민영화가 이 시기에 이루어졌다. 그러나 이 모든 흐름은 체계적인 정책이나 산업적 기반보다는 전후 복구와 국제 지원에 따른 결과였으며, 본격적인 서비스산업 육성은 1960년대 경제개발계획 이후에야 본격화되었다.

### (2) 정부주도 고도성장기

박정희 정부의 서비스산업 정책은 경제발전을 위한 중요한 부분으로, 그 당시 한국경제의 근본적인 구조적 변화와 관련이 깊다. 박정희 정부는 주로 산업화와 공업화를 중점적으로 추진했지만, 서비스산업도 일정 부분 중요성을 띠었다.

첫째, 1962년 국제관광공사를 설립하여 관광 인프라 개발을 지원하며 관광산업을 경제성장의 한 축으로 삼았다.[4] 이러한 노력으로 1968년에는 외국관광객이 10만 3천명으로 증가하였다. 정부는 1970년대에 관광산업을 서비스산업의 중요한 분야로 육성하기 시작하였다. 1975년 「관광사업법」을 제정하고, 국내외 관광객을 유치하기 위한 여러 정책을 추진하였다.[5] 둘째, 정부는 교통, 통신, 전력 등 사회기반시설 구축을 통하여 서비스산업의 발전을 촉진하였다. 이런 인프라는 물류와 통신 서비스 등의 산업 발전을 지원하며, 서비스산업의 성장 기반이 되었다. 셋째, 교육과 연구개발도 서비스산업의 성장에 중요한 요소로 작용하였다. 특히 고등교육과 직업훈련 프로그램을 통하여 전문 인력을 양성하고, 이는 금융, 관리, 기술 서비스 등 다양한 분야에서 서비스산업의 질적 향상에 기여하였다. 결국, 박정희 정부의 서비스산업 정책은 한국의 경제발전을 위한 중요한 역할을 했지만, 다른 산업에 비해 상대적으로 늦게 시작되었고, 주로 산업화와 공업화의 보조적 역할에 그쳤다고 볼 수 있다.

### (3) 민간주도 경제발전 이행기

1980~90년대 한국은 제조업 중심 성장전략을 유지하면서도 서비스산업의 기반을 다지기 위한 초기 정책을 추진하였다. 특히 금융, 통신, 운송 등 생산자 서비스업의 구조개선과

4 1983년 한국관광공사로 명칭을 변경하였다.

5 이 법은 1986년 「관광진흥법」으로 전부개정되었다.

효율화를 위해 정부주도의 제도 정비와 민영화를 추진했으며, 1980년대 후반부터는 경제의 고도화와 함께 서비스업의 중요성이 인식되어 교육, 의료, 관광 등 다양한 분야에서 제도적 지원이 강화되었다. 1990년대에는 세계화 흐름에 맞춰 서비스 시장개방과 경쟁 촉진을 추진하면서, 동시에 서비스업 생산성과 질 향상을 위한 정책적 관심이 점차 확대되었다.

### 1) 전두환 정부

전두환 정부는 경제발전을 위해 다양한 산업정책을 추진했으며, 그 중 서비스산업은 중요한 역할을 차지하기 시작하였다. 전두환 정부의 서비스산업 정책은 주로 산업구조의 다변화와 경제의 안정적인 성장을 목표로 하였다.

첫째, 정부는 금융산업의 경쟁력을 강화하기 위한 여러 정책을 추진하였다. 정부는 자본시장 개방을 위해 외환거래 및 외국인 투자에 대한 규제를 완화하였고, 이를 통하여 금융산업의 국제화 및 경쟁력을 강화하려 하였다. 한국은행과 주요 상업은행들의 역할이 확대되었고, 금융서비스가 국가 경제의 중요한 축으로 자리 잡게 되었다.

둘째, 정부는 정보통신 분야의 발전을 중요한 국가 정책으로 삼았다. 한국통신(KT)을 중심으로 통신인프라를 확장하고, 정보기술을 활용한 서비스산업의 성장을 도모하였다. 컴퓨터 산업과 전자상거래의 초기 단계가 발전하기 시작했으며, 이를 통하여 전자 서비스, 데이터 관리, 인터넷서비스 등 새로운 산업이 등장할 수 있는 기반을 마련하였다.

셋째, 정부는 관광산업을 중요한 서비스산업으로 육성하고자 하였다. 1980년대 초반에는 외국인 관광객 유치를 위한 정책을 강화했으며, 「관광진흥법」을 통하여 관광 인프라 개발과 정책적 지원을 강화하였다.[6] 특히, 서울올림픽(1988)을 앞두고 관광 인프라가 급격히 발전했으며, 이는 한국의 국제적인 이미지 상승과 더불어 관광산업의 성장에 기여하였다.

넷째, 정부는 공공부문에서의 서비스산업 발전을 위해 사회복지, 보건의료 등의 분야에서 정책적 지원을 강화하였다. 이는 노동력의 생산성과 국민 삶의 질을 향상시키기 위한 노력으로 나타났다.

결국, 전두환 정부는 서비스산업의 발전을 위해 금융, 정보통신, 관광, 사회서비스 등 다양한 분야에서 정책을 추진하였다. 특히, 서울올림픽과 같은 국제 행사를 계기로 서비스산업의 중요성이 더욱 부각되었으며, 이는 이후 한국경제에서 서비스산업의 성장을 위한 기반

6 「관광사업법」(1975년 제정)은 1988년 「관광진흥법」으로 개정되었다.

을 마련하는 데 기여하였다.

### 2) 노태우 정부

노태우 정부는 경제발전을 지속하고, 산업구조의 고도화 및 다변화를 추진하면서 서비스산업의 중요성을 더욱 강조한 시기이다. 노태우 정부의 서비스산업 정책은 주로 국제화와 정보화, 사회적 복지 향상을 목표로 하였다.

첫째, 정부는 정보화 사회로의 전환을 주요 국정 목표로 삼았다. 이를 위해 정보통신 인프라를 확장하고, 컴퓨터 산업과 인터넷을 포함한 정보산업의 발전을 지원하였다. 정보화 사회를 위한 기반으로 전자상거래, 디지털 서비스 등 새로운 형태의 서비스산업을 발전시키기 위한 정책을 펼쳤다. 또한, ICT의 발전을 통하여 정보서비스 산업을 국가 경제의 중요한 산업으로 자리 잡도록 유도하였다.

둘째, 정부는 금융시장의 개방과 국제화를 적극 추진하여 금융 서비스산업이 국내외에서 경쟁력을 갖출 수 있도록 하였다. 외환시장 개방과 외국인 투자 유치를 확대하며, 금융 자유화를 추진하여 한국의 금융시장 개방을 촉진하였다. 또한, 보험산업도 확장되었으며, 금융업의 발전은 서비스산업의 핵심적인 부분으로 자리잡게 되었다.

셋째, 서울올림픽을 계기로 관광산업을 집중 육성하였다. 노태우 정부는 이를 통하여 한국의 국제적인 이미지를 개선하고, 외국인 관광객 유치를 위해 다양한 정책을 추진하였다. 관광 인프라의 확장과 관광 진흥을 위한 정책이 적극적으로 시행되었으며, 올림픽을 기점으로 한국은 해외 관광지로서의 위상을 높였다.

넷째, 문화산업이 서비스산업의 중요한 분야로 자리 잡기 시작하였다. 정부는 영화, 음악, 방송 등 문화 콘텐츠 산업을 지원하기 위한 정책을 추진하였다. 한국의 문화산업이 국제적인 경쟁력을 갖추도록 지원하며, 특히 한류의 기초가 되는 한국영화와 음악산업이 발전하기 시작하였다. 다섯째, 정부는 사회복지와 보건 서비스의 중요성을 인식하고, 복지 국가의 역할을 강화하기 위해 다양한 정책을 펼쳤다. 특히, 노인 복지와 보건 의료 서비스의 발전을 위한 제도적 기반을 마련하였다. 이는 서비스산업의 공공부문 발전을 의미하며, 국민의 생활 수준 향상과 복지 향상을 목표로 하였다.

결론적으로, 노태우 정부는 서비스산업을 고부가가치 산업으로 육성하고, 정보화, 금융화, 문화 산업 등의 발전을 통하여 경제의 고도화를 이루려고 하였다. 또한, 서울올림픽을 비롯한 국제 행사를 계기로 관광 산업과 문화 산업의 성장 기반을 마련하고, 사회복지와 보건 서비스 등의 분야에서도 발전을 도모하였다.

### 3) 김영삼 정부

김영삼 정부는 한국경제의 국제화와 정보화 사회 구축을 중요한 목표로 삼았으며, 서비스산업의 발전을 국가 경제의 핵심적인 부분으로 자리잡게 하는 데 많은 노력을 기울였다. 특히, 금융 및 정보통신 서비스산업의 확장과 국제화를 강조한 정책을 펼쳤다. 주요 서비스산업 정책은 다음과 같다.

첫째, 정부는 금융시장 개방을 적극적으로 추진하여, 금융자유화와 국제화를 도모하였다. 이를 위해 외환은행, 증권시장 등의 개방을 확대하고, 외국인 투자와의 교류를 촉진하였다. 금융실명제 도입(1993)은 금융거래의 투명성을 제고하고, 금융시스템의 신뢰성을 강화하는 중요한 정책이었다. 또한, 금융산업 구조 개편을 통하여 은행과 보험 산업의 경쟁력을 강화하고, 국제경쟁력을 높였다. 동아시아 외환위기 이전에는 국제적 금융시장으로의 진출을 위해 적극적인 외환시장 개방과 금융시장의 규제완화가 추진되었다.

둘째, 정보통신산업을 발전시키기 위한 다양한 정책을 추진하였다. 인터넷과 통신 인프라의 구축에 집중하면서, KT를 포함한 주요 통신 기업들의 민영화 및 경쟁 촉진을 통하여 통신시장의 효율성을 높였다. 디지털 경제로의 전환을 위해 IT산업, 정보서비스 분야의 성장 기반을 마련하였다. 「정보화촉진기본법」을 제정(1995)하여 정보서비스 산업의 육성 및 발전을 도왔다.[7] 이를 통하여 인터넷 상거래와 온라인 서비스 산업이 빠르게 성장할 수 있는 토대를 마련한 시기였다.

김영삼 정부는 서비스산업을 경제의 중요한 축으로 삼고, 금융, 정보통신, 문화콘텐츠, 관광 등 다양한 분야에서 국제경쟁력을 강화하려는 노력을 기울였다. 특히, 정보화 사회로의 전환과 금융개혁을 주요 정책으로 삼았으며, 문화산업과 관광산업은 새로운 성장동력으로 육성되었다.

## (4) 지속가능발전 준비기

2000년대 이후 한국은 서비스산업을 국가 성장동력으로 삼기 위해 다양한 정책을 추진하였다. 정부는 특히 금융, 의료, 관광, 교육, 콘텐츠 등 고부가가치 서비스 분야를 육성하

7 이 법은 「국가정보화 기본법」(2009 제정)으로 이어지며 대한민국 정보화 정책의 근간을 형성하였다.

고자 규제완화, 투자 확대, 전문인력 양성 정책을 펼쳤으며, 「서비스산업발전기본법」 제정 추진, 서비스 R&D 지원, 외국인 투자 촉진 등을 통하여 경쟁력을 강화하고자 하였다. 또한 2010년대에는 4차 산업혁명에 대응해 디지털 전환과 융복합 서비스를 활성화하는 방향으로 정책이 전환되었으며, 최근에는 서비스산업의 질적 고도화와 글로벌 시장 진출을 적극 지원하고 있다.

### 1) 김대중 정부

김대중 정부는 정보통신 산업을 국가 경제의 중요한 성장동력으로 삼고, 디지털 경제 및 인터넷 산업의 발전을 적극적으로 지원하였다. 그리고 금융산업 적극적인 개방과 일본문화 개방 등을 통하여 서비스산업의 질적 향상과 국제화가 이루어졌으며, 경제의 구조적 개혁과 함께 서비스산업의 역할이 강화되었다. 김대중 정부 시기부터 서비스산업 경쟁력 강화를 위한 정책이 본격적으로 추진되었으며, 이후 다양한 대책이 발표되었다.

첫째, 2001년 발표한 내수진작 종합대책은 10개 서비스 업종에 대한 발전 방안을 마련하였다.[8] 이 정책에서는 서비스업에 대한 세제지원 확대가 중요한 내용으로 포함되었다. 정부는 임시투자세액공제 대상에 과학 및 기술서비스, 공연산업, 컴퓨터학원, 비디오 제작 및 배급업, 뉴스제공업 등 서비스 업종을 추가하고, 자동화 및 정보화 투자세액공제 적용 대상을 기존의 중소 제조업에서 모든 중소기업으로 확대하였다. 또한, 창업 중소기업 세액 감면 대상에 전문디자인업과 과학 및 기술서비스업을 추가하고, 중소기업 범위를 기존 상시근로자 30인 미만에서 50인 미만으로 확대하여 정책 지원 폭을 넓혔다.

둘째, 2002년에는 도하개발어젠더(DDA) 협상 대비 및 경제활력 제고를 위한 서비스산업 경쟁력 강화 대책이 발표되었다. 정부는 디자인, 종자·종묘, 직업훈련, 산재보험, 해운, 환전 등의 분야를 중점 육성 대상으로 선정하고 이에 대한 발전 방안을 마련하였다. 2003년에는 관광·스포츠·문화 분야를 중심으로 한 서비스산업 육성 방안이 수립되었으며, 골프장 토지 이용 규제완화 등 조치가 이루어졌다.

셋째, 정부는 문화산업을 서비스산업의 중요한 부분으로 육성하며, 문화 콘텐츠 산업에 대한 지원을 강화하였다. 1999년에는 「문화산업진흥 기본법」(약칭: 「문화산업법」)을 제정하여

8 이는 해당 업종에는 문화 엔터테인먼트, 관광, 레포츠, 사업서비스, 유통, 물류, 외식·숙박업, 사설학원, 디자인, 실버산업이다.

문화산업의 법적 근거를 마련하고, 문화콘텐츠에 대한 정부 지원과 민간 투자 유치를 촉진하였다. 이를 기반으로 정부는 한류의 기초가 된 영화, 음악, 방송 등 문화 콘텐츠 산업이 세계적으로 경쟁력을 갖추도록 정책을 지원하였다. 특히, 한국 영화와 K-pop은 이 시기에 세계시장에서 큰 인기를 끌기 시작하였다. 일본 대중문화 개방 정책도 중요한 서비스산업 개방 정책의 하나였다. 제6장에서 자세히 설명하였듯이 1998~2004년 사이 김대중 및 노무현 정부에서 네 차례에 걸쳐 일본 대중문화 개방이 이루어졌다.

넷째, 동아시아 외환위기 극복을 위한 정책 중 하나로 금융시장 개방으로 국제경쟁력을 높이고자 하였다. 동시에 사회복지 및 공공서비스의 확대를 통하여 국민의 생활 수준 향상과 사회적 안정성을 강화하는 데 주력하였다. 제13장에서 이에 대해 자세한 논의를 한다.

김대중 정부의 서비스산업 발전 정책은 제조업 중심의 경제구조에서 벗어나 서비스산업의 경쟁력을 강화하고자 한 점에서 중요한 의미를 갖는다. 특히 서비스 업종에 대한 차별 철폐, 세제지원 확대, 규제완화 등의 정책을 통하여 서비스업이 독립적인 경제성장 동력으로 자리 잡을 수 있도록 기반을 마련하였다. 이러한 정책들은 이후 노무현 정부를 거쳐 지속적으로 발전하며, 한국 서비스산업의 경쟁력 강화와 국제화에 중요한 영향을 미쳤다.

### 2) 노무현 정부

노무현 정부는 서비스산업의 구조적 혁신과 산업 다변화를 촉진하기 위해 다양한 정책을 추진하였다.

첫째, 2004년 발표된 서비스산업 경쟁력 강화 추진 방안은 처음으로 제시된 종합적 서비스산업 발전정책이다. 이는 한국 서비스산업의 체계적인 성장과 경쟁력 강화를 위한 중요한 전환점이었다. 당시에 발표된 정책의 주요 내용은 다음과 같다(재정경제부, 2004).

i) 서비스산업에 대한 정책적 차별 철폐 및 지원 효율화이다. 정부는 제조업에 비해 상대적으로 차별받던 서비스업의 제도적 불평등을 개선하고, 국제 기준에 미달하는 각종 제도와 관행을 정비하기로 하였다. 또한 인력양성, 기술개발, 시장 정보 확산 등 서비스산업 인프라 구축을 적극 지원하며, 산업별 특성을 고려한 차별화된 정책을 추진하였다.

ii) 규제완화를 통한 공정경쟁 환경 조성이다. 서비스산업의 발전을 저해하는 진입규제(인허가, 가격 규제 등) 및 업무 영역 제한을 철폐·완화하는 것이 핵심 목표였다. 또한 지역특화발전특구 제도를 적극 활용하여 지역별 특색을 반영한 서비스산업 육성을 유도하였다. 특히 관광, 스포츠, 레저 산업 발전을 위해 토지 공급 확대 방안을 마련하는 등의 지원책도 포함되었다.

iii) 지식기반 서비스 및 사회서비스 분야의 개방과 외국인 투자유치 강화이다. 정부는 서비스산업 개방을 통하여 선진 경영 노하우를 도입하고, 소비자의 선택권을 확대하는 방향으로 정책을 추진하였다. 또한 개방과 경쟁을 통하여 서비스 품질을 개선하는 효과를 극대화하고, 이를 기반으로 이해관계자 간의 사회적 합의를 증진하는 것을 목표로 삼았다. 특히 보육과 같은 사회서비스 분야는 공공성을 유지하면서도 민간부문의 적극적인 참여를 유도하여 서비스 품질을 향상시키고, 고부가가치 산업으로 발전할 수 있도록 하였다. 이에 따라 가격규제 완화, 개방 확대, 경쟁 촉진 등의 정책이 추진되었다.

이러한 정책들은 서비스산업을 제조업과 동등한 경제성장 동력으로 발전시키기 위한 초석이 되었으며, 이후 한국경제의 서비스산업 중심 구조 전환에 중요한 영향을 미쳤다.

둘째, 2006~07년에는 3차례에 걸쳐 서비스산업 경쟁력 강화 종합대책을 발표하였다(재정경제부 외, 2007). 2006년 정부는 제1단계 서비스산업 경쟁력 강화 종합대책을 발표하며 경영 환경 개선, 관광·레저 산업 활성화, 교육·의료 서비스의 제도적 기반 구축을 목표로 삼았다. [표 12-2]는 제1단계 종합대책의 주요 내용이다.

**표 12-2** 제1단계 서비스산업 경쟁력 강화 종합대책의 주요 내용

| 구분 | 주요 내용 |
|---|---|
| 경영개선 | - 유통단지 내 물류시설·관광호텔에 대한 산업용 전력요금 적용<br>- 문화접대비 도입, 외국인 관광객의 호텔 숙박요금 부가가치 영세율 적용 등 |
| 관광·레저 | - 한국형 중저가 관광호텔 체인화 사업<br>- 중국인 복수사증 발급 확대<br>- 박물관 등 문화시설 개장 시간 연장 등 |
| 교육·의료 | - 병원경영지원회사 활성화<br>- 의료법인 수익사업 허용 등 의료제도 개선<br>- 제주도 영어타운 건설 등 |

출처: 재정경제부·교육인적자원부 외(2007).

**표 12-3** 제2단계 서비스산업 경쟁력 강화 종합대책의 주요 내용

| 구분 | 주요 내용 |
|---|---|
| 관광·레저 | - 반값 수준에 이용 가능한 대중 골프장을 공급<br>- 요트·크루즈 등 고급 해양레저산업 육성 기반 마련 |
| 서비스산업 생산성 제고 지원 | - RFID/USN 등 첨단 IT 기술의 산업활용도 제고<br>- R&D 세액공제 위탁 대상 확대 등을 통하여 R&D 투자 촉진 유도<br>- R&D 투자에 대한 재정지원 확대<br>- 수요자 맞춤형 전문인력양성 등 직업능력개발 확대 |
| 서비스산업 경영환경개선 | - 관광단지 내 전력공급설비 공사비 보조<br>- 문화콘텐츠에 대한 무역금융지원 등 불합리한 제도개선 |

출처: 재정경제부·교육인적자원부 외(2007).

셋째, 2007년 7월 발표된 제2단계 서비스산업 경쟁력 강화 종합대책에서는 관광·레저 산업 활성화 및 서비스산업의 생산성 제고를 위한 정책적 지원 방안이 포함되었다. [표 12-3]은 제2단계 종합대책을 요약한 것이다.

넷째, 2007년 12월 발표된 제3단계 서비스산업 경쟁력 강화 대책은 문화콘텐츠 산업과 디지털콘텐츠 산업의 발전 전략을 중심으로 마련되었으며, 관광산업의 활성화 방안도 포함되었다. [표 12-4]는 제3단계 정책을 요약한 것이다.

**표 12-4** 제3단계 서비스산업 경쟁력 강화 종합대책의 주요 내용

| 구분 | 주요 내용 |
|---|---|
| 문화콘텐츠산업 | - 창작 R&D 활동 및 사업화를 집중지원, 문화클러스터 육성<br>- M&A활성화 등 생태환경 조성<br>- 국내창작공연 활성화 지원강화 및 인프라 확충 및 공연예술시장 저변 확대 |
| 디지털콘텐츠산업 | - IPTV 서비스 관련법 등 법·제도를 정비<br>- R&D 지원강화, 대·중소기업 동반 해외시장 진출지원<br>- 해외기업과 전략적 제휴지원 등 |
| 관광분야 | - 콘도를 자연공원 내 제한적으로 허용<br>- 의료관광 클러스터 조성으로 해외환자 유치 기반을 확충 |

출처: 재정경제부·교육인적자원부 외(2007).

### 3) 이명박 정부

이명박 정부는 녹색성장과 디지털 경제를 중심으로 한 서비스산업의 발전을 추진하였다. 이러한 정책들은 서비스산업의 지속가능한 성장과 국제경쟁력 강화를 위한 기반을 마련하는 데 기여하였다.

첫째, 정부는 서비스산업 선진화의 비전과 추진 전략(Service PROGRESS)을 수립하고, 이를 3단계에 걸쳐서 발표하였다.[9] 2008년 4월에 1단계 계획을 발표한 이후 2단계(2008년 9월), 3

**표 12-5 이명박 정부 서비스산업 발전 정책**

| 단계 | 구분 | 주요 내용 |
|---|---|---|
| 제1단계 (2008.4) | 관광·의료관광 | 외국 관광객의 국내 유치 확대를 위하여 주민·사업자·지자체가 주도적 역할 및 수요자·고객 입장에서 여행 전 과정을 세밀하게 개선 |
| | 교육 | 조기 유학 수요를 국내 전환하기 위해 외국교육기관 등 설립·운영 지원, 영어 공교육 내실화 등 |
| | 지식기반서비스 | 국내외 시장 개척 및 창출을 위해 제조업에 비해 미흡한 금융 등 수출지원 시스템 강화 |
| 제2단계 (2008.9) | 규제합리화 | 서비스산업에 대한 투자 활성화를 위해 방송·통신 등 경쟁을 원천 봉쇄하는 규제를 혁신 |
| | 제도선진화 | 서비스 기업의 창업을 촉진하기 위한 새로운 제도 도입 |
| 제3단계 (2009.1) | 맞춤형 인재 양성 | - 맞춤형 교육시스템 활성화: 산학연계 교육 강화<br>- 중소기업 맞춤형 인력양성 확대 |
| | 직업훈련 확대 | - 서비스산업 직업훈련 인프라 확충<br>- 서비스업 직무역량 평가체계 마련 |
| | R&D 활성화 | - 서비스 R&D를 위한 법·제도적 기반 구축<br>- 정부·민간의 서비스 R&D 투자 확대 |

출처: 기획재정부·교육과학기술부 외(2009).

9 Service PROGRESS는 P(Productivity) 서비스산업의 고부가가치화 달성, R(Regulatory reform) 경쟁 제한적 규제 발굴 및 개선, O(Openness) 해외 선진 기법의 도입·발전, G(Global standard) 선진국 수준의 서비스산업 기반 마련, R(Rivalry) 서비스산업의 체질 강화, E(Environment improvement) 제조업과의 차별 해소 및 서비스 친화적인 경영 환경, S(Specialization) 서비스산업의 효율성 제고, S(Scale economy) 서비스산업 수익향상과 비용절감을 의미한다(기획재정부·교육과학기술부 외, 2009).

단계(2009년 1월) 계획이 발표되었다. 제1단계는 서비스수지 개선을 위한 관광·교육 등 경쟁력 제고, 제2단계는 서비스산업의 규제 합리화 및 제도 선진화 방안이었고, 제3단계는 서비스산업 일자리 창출과 성장 기반 확충 방안이었다. 이들의 주요 내용은 [표 12-5]에 요약되어 있다.

둘째, 2011년 정부는 서비스산업 육성에 대한 종합대책으로「서비스산업 발전법」제정을 추진하였다. 모두 5장 27조로 구성된「서비스산업 발전법」법안의 주요 내용은 [표 12-6]에 정리되어 있다. 주요 내용을 보면 정부는 서비스산업 선진화 위원회를 만들고 5년마다 서비스산업 발전 기본계획을 위원회의 심의를 거쳐 수립·시행하고 위원회가 점검하도록 한다. 그리고 R&D 성과에 대한 정부 인증, 자금지원, 세제지원을 제공하고, 서비스산업 특성화 교육기관 및 서비스산업 전문연구센터를 지정한다.

**표 12-6** 서비스산업 발전법의 주요 내용

| 추진 방향 | 주요 내용 |
|---|---|
| 서비스산업발전 기본계획과 연도별 시행계획의 수립 | 정부는 5년마다 서비스산업발전 기본계획을 서비스산업선진화위원회의 심의를 거쳐 수립·시행하며, 추진상황을 위원회에서 점검하도록 함. |
| 서비스산업선진화위원회의 설치 및 운영 | 서비스산업 발전에 관한 주요 정책과 계획을 심의하기 위하여 서비스산업선진화위원회를 둠. |
| 서비스산업 연구개발 활성화 및 투자 확대 | 연구개발 투자의 확대를 유도하기 위하여 연구개발 성과를 정부가 인증하고 자금지원, 세제지원 등을 할 수 있도록 함. |
| 서비스산업 분야의 정보통신 관련 기술 및 서비스 활용 촉진 | 정보통신 관련 기술 및 서비스를 서비스산업 분야에 적극 활용하도록 필요한 시책을 수립·시행하고, 우수 활용 사례를 발굴·지원할 수 있도록 함. |
| 서비스산업 발전에 필요한 지원제도의 근거 마련 | - 경쟁력 있는 서비스기업의 창업 및 국외진출을 체계적으로 지원하기 위하여 중점 육성 서비스산업을 선정하여 지원<br>- 창업에 필요한 자금·인력 지원 및 조세감면 등의 지원 근거를 마련<br>- 제조업에 비하여 서비스산업에 불리한 지원제도를 지속적으로 발굴하여 개선해 나가도록 함. |
| 서비스산업 특성화 교육기관의 지정 | 서비스산업 분야의 전문인력 양성에 필요한 정책을 수립·추진하고, 서비스산업 특성화 기관·단체, 고등학교·대학 등 교육기관을 서비스산업 특성화 교육기관으로 지정하여 지원할 수 있도록 함. |
| 서비스산업 전문연구센터의 지정 | 서비스산업 발전을 추진에 필요한 기초 조사, 연구 및 정책적 제언 등의 업무를 수행하는 전문연구센터를 지정하여 지원할 수 있도록 함. |

출처: 서비스산업 발전 기본법안(2012)(2012년 7월 제안, 의안번호 784).

이후 「서비스산업 발전법」은 여러 차례 수정되어 국회에 제출되었지만, 2025년 현재까지도 법률로 제정되지 못하고 있다. 첫 번째 이유는 이 법이 서비스업을 산업으로 간주하고 이를 국가의 성장동력으로 삼으려는 관점에 대한 반발이다. 서비스업을 산업이 아니라 공공성을 지닌 부문으로 바라보아야 한다는 시각이다. 두 번째 이유는 공공성 인식을 바탕으로 보건·의료 분야에서 이해관계자 간 갈등이 여전히 해결되지 않고 있기 때문이다.

### 4) 박근혜 정부

박근혜 정부는 창조경제를 중심으로 서비스산업의 혁신과 고도화를 추진하였다. 정부는 2016년에 서비스경제 발전전략을 발표하였다. 주요 내용을 보면 다음과 같다.

첫째, 서비스업과 제조업의 융합 발전이다. ① 서비스업과 제조업 간 차별 해소를 위하여 제조업 중심의 세제·금융·조달 등의 정부 지원제도를 개편한다. ② 서비스업을 통한 제조업의 고부가가치화를 위하여 제조지원 서비스(디자인·광고 등)와 제조융합 서비스 육성을 통하여 제조업의 경쟁력을 높인다. ③ 산업 간 융복합을 촉진하여 새로운 서비스산업을 창출한다. 둘째, 서비스경제 인프라 혁신이다. 정부·민간의 서비스 R&D 투자 확대, 서비스산업 활성화를 저해하는 진입 규제 개선 그리고 서비스산업 전문인력 양성 및 서비스 기업의 해외진출 지원이 포함되어 있다. 셋째, 7대 유망서비스별 맞춤형 육성 전략 마련이다.[10] 신성장 서비스에 대한 세제·금융·인력양성 등을 집중적으로 지원하고 다양화·차별화를 통한 고부가가치 서비스산업을 창출한다.

### 5) 문재인 정부

문재인 정부는 서비스산업의 디지털화와 고부가가치 산업으로의 전환을 중점적으로 추진하였다.

첫째, 정부는 서비스 R&D 추진 전략(2018.2)을 통하여 서비스 R&D 투자 활성화를 위한 세제 혜택, 서비스 R&D 전문기관 육성 등을 발표하였다. 서비스산업 혁신 정책을 부문별·구체적 실행 정책도 발표되었다. 서비스 R&D 투자 활성화를 위하여 기업부설 창작연구소 전문인력의 학력기준 폐지 등 세제 혜택을 강화하고, 기업부설연구소 설립 가능 업종을

10 7대 유망서비스 부문으로 ① 의료서비스 선진화, ② 문화관광국의 기틀 마련, ③ 융복합 콘텐츠 개발, ④ 디지털화·글로벌화를 통한 교육산업 도약, ⑤ 혁신적 금융서비스 창출, ⑥ 4차 산업혁명을 이끌어 갈 SW 개발, 그리고 ⑦ 물류선진국의 초석 마련이다.

네거티브 방식으로 변경하였다. 그리고 서비스 R&D 효과성을 제고하여 상용화·사업화를 촉진하기 위한 서비스 R&D 혁신추진 네트워크를 구성하도록 하였다.

둘째, 공유경제활성화 방안(2019)을 통하여 도시지역 내국인 숙박공유 허용, 과세·보험 분야 제도 기반 등을 마련하였다. 먼저 숙박·교통·공간·금융·지식 등 분야별 지원책을 마련하였다. 예를 들어 숙박업에 대해 연 180일 이내에서 내국인 대상 도시민박업 허용, 품질 인증을 받은 숙박업소에 대한 융자지원, 우수 농어촌 민박업 홍보, 숙박업 관련 세제지원 확대 등이다. 공유경제 기반 강화를 위해 공유경제 활동에 적합한 과세기준 정비, 공유경제 종사자 보호를 위한 산재보험 적용 대상 확대, 플랫폼 기업 혁신을 위한 연구·인력개발 세제 지원 강화 등이 포함되었다.

셋째, 2019년에 서비스산업 혁신 전략을 발표하여 내수 확대, 일자리 창출, 성장동력 확충을 위해 서비스산업 전반의 혁신과 활력 제고의 목표를 가지고 4대 추진 전략과 1개 성과 창출 전략을 추진하고자 하였다(관계부처 합동, 2019).

4대 전략을 보면 i) 재정·세제·금융 등에서의 차별 해소이다. 창업시 부담금 면제·조세 감면 혜택, 정책금융 지원 등과 서비스산업 수출 및 해외 진출 지원이다. ii) 기초 인프라 구축이다. 정보화, 표준화, R&D, 규제혁신 및 인력양성, 정부 서비스 R&D 규모 및 R&D 세제지원을 확대하고, 서비스산업 전반의 규제혁신을 꾀한다. iii) 서비스업과 제조업 융합 촉진전략이다. 이를 위하여 사업서비스업 육성, 제조전문 서비스, 연구개발 서비스 지원 등과 ICT 접목을 통한 생산성 제고 및 스마트 서비스 사업 신설이다. iv) 거버넌스 체계화로 서비스산업 발전기본법 제정 및 후속 조치 추진으로  특성화 교육기관 및 전문연구센터 지정 등이다. 그리고 서비스산업 발전위원회를 구성하고 중장기 기본·시행계획을 마련한다는 내용이다.

성과 창출전략으로 유망 4개 서비스 부문(보건·의료, 관광, 물류, 콘텐츠)과 온라인 기반 오프라인 서비스(O2O)·공유경제 분야 제도개선을 발표하였다. 주요 내용을 보면 의료관광 활성화, 사후면세점 제도개선, 물류 투자 활성화 등과 복합 테마파크 조성·산림 휴양특구 도입 등 성공 사례 창출 등이 포함되어 있다.

### 6) 윤석열 정부

윤석열 정부는 서비스산업의 경쟁력 강화를 위한 규제 혁신과 산업 융합을 핵심 정책으로 내세우고 있다. 정부는 2023년 서비스 수출정책·지원체계 혁신방안을 발표하여 서비스

**표 12-7** 윤석열 정부 서비스업 수출지원 방안

| 추진 방향 | 주요 내용 |
|---|---|
| 제조업과의 격차 해소 및 서비스 친화적 제도 구축 | - 수출지원사업의 서비스업 지원 규모 대폭 확대<br>- 역대 최대 수준의 서비스 수출금융 공급<br>- 서비스 특성에 맞는 맞춤형 세제지원 체계 구축 추진<br>- 서비스 무역통계 고도화 등 수출지원 관련 제도개선 |
| 현장 맞춤형 서비스 수출지원 강화 | - 해외 판로 지원체계 다양화·고도화<br>- 제조-서비스 연계 및 서비스 컨소시엄을 통한 해외진출 지원<br>- 트랙레코드 축적 및 서비스 수출 전문인력 양성 |
| 경제외교 등을 통한 서비스 신시장 개척 | - 경제외교 후속 조치 구체화 등 성과 활용 촉진<br>- 서비스 분야 FTA 활용도 제고<br>- ODA, 국제기구 협력과 연계한 해외진출 기회 창출 |
| 범국가적 서비스 수출 거버넌스 구축 | - 서비스 수출 정책 컨트롤타워 구축 등 '원팀 코리아' 구축<br>- 현지 기관 간 협력 거버넌스 구축 등 현지 지원체계 고도화 |

출처: 관계부처합동(2023a).

산업의 수출경쟁력 확보를 위한 전략을 발표하였다(관계부처합동, 2023a). [표 12-7]은 주요 정책내용을 정리한 것이다.

## 4 서비스산업 발전 방안

국가의 경제발전이 선진국 단계로 진전되기 위해서는 왈트 로스토우(W.W. Rostow)가 제시한 경제발전 5단계의 마지막 단계인 대량소비단계로 넘어가야 한다. 그럼에도 불구하고 한국은 아직 제조업 중심의 경제성장을 이룩한 국가라는 강한 인식 때문에 상대적으로 서비스산업의 발달은 이루어지지 못하였다. 이는 만성적인 서비스수지 적자와 낮은 노동생산성 등으로 알 수 있다. 이유는 제조업이 강한 국가라서라고 볼 수도 있고 아니면 제조업에 비해 차별적인 대우로 상대적으로 발전하기 어려운 환경이기 때문에 나타난 결과라고도 볼 수 있다.

### (1) 서비스산업에 대한 공공성 인식

지금까지 서비스산업 선진화 방안에 대한 구체적인 정책 실행이 어려운 것은 사회서비스 특히 의료분야의 공공성 및 민영화 논란 때문이다. 의료나 교육분야에 대한 공공성을 강화하지 않고, 대기업과 같은 대자본이나 법인의료기관의 영리사업을 확대하는 정책이라며 반대하고 있다. 물론 국회 차원에서는 의료분야의 민영화 논란을 피하기 위한 다양한 법안들이 제시되고 있다. 이들은 「의료법」, 「약사법」, 「국민건강보험법」 혹은 「국민건강증진법」에 규정된 내용을 제외한 법안을 제출하고 있지만, 2025년 8월 현재까지 제대로 논의조차 제대로 이루어지지 못하고 있다. 이처럼 서비스산업 경쟁력 강화를 통한 경제발전 동력확보 및 선진국형 경제구조로의 전환은 20년 이상 한국경제의 해묵은 과제이다.

또한, 서비스산업에 경쟁이 도입되면 서비스의 질이 약화되고 사회적으로 부정적인 영향을 미칠 것이라는 고정관념에서 벗어나야 한다. 경쟁이 도입되면 오히려 경쟁력이 강화될 수 있으며, 그 대표적인 사례가 영화 스크린쿼터제 확대, 항공산업 및 이동통신산업의 경쟁력 강화 등이다. 예를 들어 1987년 이후 외국인 및 외국 법인에도 영화업이 허용되면서 국내 영화시장이 개방되었고, 초기에는 국내 영화계의 반발이 있었다. 그러나 시장개방을 통한 경쟁력 강화 덕분에 한국 영화는 세계적으로 인정받는 수준으로 성장하였다.

한국의 서비스산업은 인식의 변화만 이루어진다면 높은 국제경쟁력을 확보할 수 있는 잠재력이 충분하다. 최근 세계적으로 인기를 얻고 있는 한류(K-Culture)와 같은 강력한 소프트파워, 그리고 높은 수준의 정보통신 산업 및 제조업 경쟁력이 그 가능성을 입증하고 있다. 따라서 지금까지 축적된 제조업 경쟁력을 생산적으로 활용하여 서비스산업의 수출 확대를 위한 본격적인 정책과 지원이 필요하다. 이를 통하여 한국의 서비스산업은 지속가능한 성장의 원동력이 될 수 있다.

### (2) 제조업에 대한 서비스산업의 차별화

한국의 고도 경제성장은 1960년대 이후 중화학공업을 중심으로 한 제조업 산업정책에 의해 달성하였다. 이러한 배경으로 한국경제를 제조업 중심 국가라는 시각이 있다. 이는 제조업에 비해 서비스산업에 대한 차별적 정책에 기인한 점도 있다. 정부 정책에서 서비스산업이 상대적으로 차별을 받아온 사례는 여러 부문에서 발견된다. 대표적으로 수출금융지원 정책에서 상품 수출에 대한 지원 비중이 높아 서비스산업 수출지원이 상대적으로 부족한 점이 있다. 또한, 제조업에 비해 불리한 진입·퇴출 규제, 정책 자금의 제조업 편중 경향 등도 서비스산업의 성장에 제약을 주는 요인으로 작용해 왔다.

특히, 서비스산업에 대한 연구개발비 투자가 저조한 점도 경쟁력 약화의 주요 원인 중 하나로 지적될 수 있다. 현재 서비스산업 부문에 대한 연구개발비 투자는 제조업에 비해 현저히 낮을 뿐만 아니라, 다른 국가들의 서비스산업 연구개발비 투자 비중과 비교해도 적은 수준이다. [표 12-8]의 2018~22년 산업별 기업의 연구개발비 투자 규모 및 비중 추이를 살펴보면, 2022년 기준 총연구개발비는 약 113조 원(약 872억 달러)으로 세계 6위에 해당하며, 매우 높은 수준을 기록하였다. 또한, 경제발전 단계를 고려하면 GDP 대비 연구개발비 비중은 5.21%로 세계 2위 수준에 해당한다(한국과학기술기획평가원, 2024). 그러나 산업별 연구개발비 투자 비중을 살펴보면, 제조업과 서비스산업 간의 격차가 여전히 크다. 제조업 부문의 연구개발비는 2022년에 77조 원(전체의 86.0%)이고, 서비스산업 부문의 연구개발비는 2022년에 11조 원(전체의 12.5%)이었다. 다만, 서비스산업에 대한 연구개발비 투자 비중은 2018년의 9.1%에서 2022년 12.5%로 증가하는 추세이다.

서비스산업에 대한 연구개발비 투자 비중이 증가하고는 있으나 주요국과 비교해 보면 여전히 낮은 수준이다(한국과학기술기획평가원, 2024). 2022년 기준으로 한국의 서비스산업 연구개발비 비중은 12.5%인데 이는 일본(2020)의 8.5%를 제외한 주요국 대비 낮은 수준을 보

**표 12-8** 산업별 연구개발비 투자 규모 및 비중

단위: 억 원(%)

| | 2018 | 2019 | 2020 | 2021 | 2022 |
|---|---|---|---|---|---|
| 제조업 | 611,572<br>(88.8) | 625,550<br>(87.5) | 638,163<br>(86.7) | 695,560<br>(86.1) | 768,956<br>(86.0) |
| 서비스산업 | 62,349<br>(9.1) | 75,823<br>(10.6) | 84,130<br>(11.4) | 99,188<br>(12.3) | 111,953<br>(12.5) |
| 기타 | 14,424<br>(2.1) | 13,694<br>(1.9) | 13,704<br>(1.9) | 13,328<br>(1.6) | 13,305<br>(1.5) |
| 계 | 688,345 | 715,067 | 735,997 | 808,076 | 894,217 |

주: ( )는 전체 연구개발비 대비 비중임.

출처: 한국과학기술기획평가원(2024).

여준다. 예를 들어 미국(2019)은 36.9%, 독일(2019)은 14.4%. 프랑스(2017)는 48.2%, 영국(2019)은 60.5%였다. 따라서 서비스산업에 대한 차별적인 정책을 개선하고, 서비스산업이 제조업과 함께 균형적으로 발전할 수 있도록 지원하는 것이 필요하다. 이를 통하여 경제 전반의 성장동력을 다변화하고, 제조업과 서비스산업이 상호 보완적으로 발전하는 산업구조를 구축해야 한다.

### (3) 서비스산업과 제조업의 융합

최근에는 차량 공유 서비스나 스마트공장과 같이 데이터 처리 기술을 기반으로 제조업과 서비스업이 융합하는 흐름이 나타나고 있다. 이러한 변화 속에서 서비스산업의 혁신 없이는 기존 제조업의 경쟁력도 유지하기 어려운 상황이 되었다. 이 같은 이유로 정부는 서비스업에 대한 대규모 투자 정책을 추진하고 있다.

규제개혁이 이루어진다면 제4차 산업혁명의 핵심 산업이라 할 수 있는 에어비앤비(Airbnb), 자율주행차, 공유자동차, 원격의료, 원격교육 등의 발전을 가속화할 수 있다. 현재 국내 의료시장에서는 원격의료가 불법으로 규정되어 있어, 심전도 장치 등 다양한 의료기술을 탑재한 웨어러블 기기의 활용이 제한되고 있다. 이러한 규제가 완화된다면, 국내에서도 더 많은 혁신적인 스타트업이 탄생할 가능성이 높다. 규제완화와 혁신적인 산업생태계를 조성하여 제조업과 서비스업이 균형적으로 성장하고 국제경쟁력을 확보할 수 있다.

## 5 서비스산업 발전 정책과 전망

해방 이후 한국의 서비스산업 정책은 시대별 경제 여건과 국가 발전 전략에 따라 다양한 방향으로 전개되었다. 해방 직후부터 1960년대까지는 농업과 제조업 중심의 경제구조 속에서 서비스산업은 상대적으로 저평가되었으며, 정부 정책 역시 산업화와 수출 주도형 제조업 육성에 집중되었다. 이 시기 서비스업은 주로 생계형 자영업에 머물렀고, 정책적인 지원보다는 규제가 중심이었다.

1970~80년대를 거치면서 도시화와 소득 증가에 따라 서비스산업 수요가 늘어나면서 점차 그 중요성이 부각되기 시작하였다. 특히 1980년대 후반부터는 금융, 통신, 운송 등 생산

자 서비스산업을 중심으로 산업구조 고도화가 이루어졌고, 정부는 금융자유화, 통신산업 민영화 등 시장 중심의 개혁 정책을 추진하였다. 이러한 조치는 서비스산업의 경쟁력 제고와 함께 국내외 자본의 유입을 촉진시켰다. 1990년대 이후에는 세계화와 정보화 시대에 대응하기 위한 서비스산업의 전략적 육성이 강조되었다. 정부는 관광, 교육, 의료, 콘텐츠 등 고부가가치 서비스업을 미래 성장동력으로 보고 다양한 육성 정책을 펼쳤다. 2000년대 들어서는 서비스산업 선진화 전략, 규제완화, 민간 투자 활성화를 중심으로 한 정책이 추진되었으며, 최근에는 디지털 전환과 연계한 스마트 서비스 산업 육성에도 집중하고 있다.

그럼에도 불구하고 한국경제의 지속가능발전을 달성하기 위해서는 서비스산업에 대한 공공적 접근 시각을 탈피하고, 만성적 서비스수지 적자와 낮은 노동생산성 등 문제를 극복할 수 있는 서비스산업 경쟁력 강화 정책이 필수적이라 하겠다.

# 참고

### 참고 12 서비스산업 개방과 민영화: 효과와 쟁점

서비스산업을 대외적으로 개방하고 공공부문을 민영화하면 외국의 자본·기술과 경영 노하우가 국내시장에 유입되어 경쟁 강도가 높아진다. 기업은 비용 절감과 혁신을 통하여 생산성을 높이고 서비스 품질을 개선하며, 가격 인하가 뒤따라 소비자 잉여가 증가하고 경제 효율성도 향상된다. 그러나 이러한 과정은 규모가 작은 내국 기업과 취약 근로자에게 구조조정 압력을 가중시켜 일시적인 고용 불안과 소득격차 확대를 초래할 수 있다. 한국에서 시장개방 논란이 가장 치열한 분야는 교육·의료처럼 문화적·사회적 가치가 큰 영역이며, 영화와 항공 분야는 이미 경쟁정책이 적용된 대표적 사례로 꼽힌다.

스크린쿼터(screen quota) 제도는 1966년 「영화법」을 개정하여 1967년부터 영화관에 연간 최소 90일에서 1985년부터는 146일 동안 한국 영화를 상영하도록 의무화해 할리우드 블록버스터의 독점을 막고 국내 영화 생태계를 보호해 왔다. 1990년대 말 미국은 한미 투자협정과 자유무역협정 협상 과정에서 이 제도의 폐지를 요구했고, 1999년 6월 18일 서울 광화문에서 영화인 111명이 집단 삭발을 단행한 사건은 문화 산업 개방에 대한 강력한 사회적 저항을 분출시켰다. 정부는 2006년 한미 FTA 본협상을 앞두고 상영 의무일수를 146일에서 73일로 절반 축소했지만, 『괴물』(2006), 『베테랑』(2015), 『기생충』(2019) 등 국내 영화는 오히려 세계적 성공을 거두며 성장세를 유지하였다.

이 경험은 서비스산업 개방이 반드시 산업의 쇠퇴로 이어지지 않음을 보여준다. 소비자 후생을 확대하려면 경쟁 촉진이 필요하지만, 문화적 다양성과 사회적 형평성을 확보하려면 일정 기간 보호 장치를 유지하거나 단계적으로 완화하는 세심한 설계가 요구된다. 또한 구조조정 과정에서 발생할 수 있는 고용불안과 소득격차를 완충하기 위해 직업 재교육과 고용 안전망을 병행해야 한다. 궁극적으로 서비스산업의 지속가능성은 보호와 개방, 경제 효율성과 문화 주권 사이의 균형에 달려 있다.

# 연습문제

12.1. 경제발전 단계설에 따른 산업 구조 변화의 주요 내용과 서비스산업 비중이 증가하는 이유를 설명하시오.

12.2. 서비스수지 적자의 원인과 최근 추이, 그리고 이를 개선하기 위한 필요성을 설명하시오.

12.3. 박정희 정부 시기의 서비스산업 정책의 주요 내용과 그 경제적 의미를 설명하시오.

12.4. 전두환 정부의 서비스산업 정책의 주요 내용과 그 경제적 의미를 설명하시오.

12.5. 김영삼 정부 시기의 서비스산업 정책 중 금융산업 개방 및 금융자유화 정책의 주요 내용과 그 경제적 의미를 설명하시오.

12.6. 김대중 정부 시기의 문화산업 정책과 일본 대중문화 개방 정책의 주요 내용과 그 경제적 의미를 설명하시오.

12.7. 2004년 발표된 서비스산업 경쟁력 강화 추진 방안의 주요 내용과 그 경제적 의미를 설명하시오.

12.8. 2011년 추진된 「서비스산업 발전법」의 주요 내용과 그 정책적 의미를 설명하시오.

12.9. 한국 서비스산업에 대한 정책적 차별의 사례와 서비스산업 R&D 투자 현황을 설명하고, 앞으로의 정책 방향을 논하시오.

12.10. 해방 이후 한국 서비스산업 정책의 변화 과정을 설명하고, 현재 서비스산업이 직면한 과제를 논하시오.

CHAPTER

# 13

# 경제위기 극복과 대응 정책

1. 들어가며
2. 고도성장기 스태그플레이션과 경제안정화종합시책
3. 1980년대 경제위기와 대응 정책
4. 동아시아 외환위기와 대응 정책
5. 카드사태와 대응 정책
6. 글로벌 금융위기와 대응 정책
7. 글로벌 복합위기
8. 경제위기 대응의 교훈

Chapter 13

# 경제위기 극복과 대응 정책

1920년대 말, 전 세계를 강타한 대공황(Great Depression)은 각국 경제에 심각한 충격을 주었고, 이를 계기로 다양한 형태의 경제위기가 발생하게 되었다. 이러한 상황에서 영국의 경제학자 존 메이너드 케인스(J.M. Keynes)는 정부의 적극적인 시장 개입의 필요성을 주장하며, 재정 및 금융정책을 활용한 총수요 관리정책을 제안하였다. 케인스의 이론은 당시 위기에 직면한 자본주의 체제가 경쟁력을 회복하는 데 중요한 역할을 하였다. 한편, 시장 기능을 전면적으로 부정하고 정부가 경제 전반을 계획·통제하는 사회주의 체제도 대안으로 부상하였다. 그러나 이 체제는 1991년 소련의 해체를 계기로 자본주의와의 체제 경쟁에서 우위를 점하지 못하고 쇠퇴하게 되었다.

그럼에도 불구하고 자본주의 역시 완전한 해결책을 제시하지는 못하였다. 특히 1970년대에 발생한 석유파동과 같은 외부 충격은 경기침체와 물가상승이 동시에 나타나는 스태그플레이션 현상을 초래하였고, 이러한 상황에서는 케인스식 총수요관리정책만으로는 효과적인 대응이 어려웠다. 최근 코로나19 팬데믹 이후 나타난 유사한 경제 상황에서도 마찬가지였다. 이에 따라 총공급을 증가시키고자 하는 공급중시 경제학(supply-side economics)이 새로운 대안으로 부상하게 되었다. 이러한 접근은 정부의 역할을 축소하고, 민간 시장의 자율성과 효율성을 강조하며 제도 개혁과 혁신(innovation)을 통하여 공급 비용을 줄이는 데 초점을 둔다. 공급중시 경제학은 밀턴 프리드먼(M. Friedman)과 조셉 슘페터(J. Schumpeter) 등의 경제학자들에 의해 이론적으로 정립되었다.

## 1 들어가며

한국경제는 1960년대 이후 고도성장 궤도에 진입하면서 국내외적으로 다양한 위기에 직면하였다. 1960년대는 정부주도로 경제개발계획을 수립하고, 이를 지원하기 위한 투자 확대 정책을 시행하면서 국내 물가는 급격히 상승하였다. 그리고 1970년대 두 차례에 걸쳐 발생한 석유파동에 의한 원유 가격 상승은 물가상승과 경제성장률 하락이라는 스태그플레이션을 야기하였다. 당시 정부는 에너지 효율화와 중화학공업 육성, 금리인상 등 다양한 정책을 시행하였고, 결과적으로 한국경제는 장기적 관점의 산업구조 전환 계기를 마련하게 되었다.

1997년에 불어닥친 동아시아 외환위기는 한국경제의 구조적 취약성이 국제금융시장에서 여실히 드러난 사례로 꼽힌다. 외환보유액 부족과 기업 및 금융권의 과도한 차입, 부실채권 누적이 맞물려 외환시장이 급격히 불안정해졌고, 결국 IMF의 구제금융 프로그램을 수용해야 하였다. 이를 계기로 정부는 대기업 구조조정과 금융기관 정리, 환율자율화 등 대대적인 제도개선에 나섰으며, 경제 전반의 투명성과 효율성을 향상시키는 데 성공하였다. 그러나 급격한 긴축재정과 금리인상, 노동시장 유연화 등은 동시에 실업률 상승과 가계부채 부담 증가를 초래하기도 하였다. 그리고 2000년대 초반의 카드사태는 내수 활성화를 목표로 카드 발급이 무분별하게 증가하고, 소비자들의 과도한 카드 대출이 누적되면서 연체율이 크게 높아지면서 일부 금융기관의 건전성을 위협하는 상황으로 번졌다. 정부는 부실채권 정리와 신용평가 체계 강화 및 금융 소비자 보호에 대한 제도적 장치를 한층 강화하는 계기가 되었다.

2008년 글로벌 금융위기는 미국의 서브프라임 모기지 사태로부터 시작된 금융 불안이 전 세계로 확산된 사건이었다. 한국도 수출 둔화와 외국자본 이탈, 환율 급등 등을 겪으며 심각한 경제적 충격에 노출되었다. 이에 대비해 정부와 중앙은행은 대규모 경기부양책과 금리인하, 외환보유액 확충 등을 통하여 금융·외환시장을 안정화시켰다. 이 시기에는 확장적 재정 및 통화정책을 적극적으로 활용하여 국내 소비와 투자를 뒷받침하여 비교적 빠르게 회복하였다. 2019년에는 코로나19 팬데믹과 러시아-우크라이나 전쟁 및 하마스의 이스라엘 침공 등으로 전 세계적으로 공급망 혼란과 에너지 가격 폭등, 물가상승, 금리인상 압박이 동시에 나타나는 글로벌 복합위기가 발생하였다. 한국 역시 디지털·비대면 산업 육성과 적극적인 재정정책을 통하여 경기회복정책 등 정책을 통하여 성공적으로 위기를 극복하였다.

본 장에서는 위와 같이 한국경제가 겪어 온 주요 위기의 원인과 전개 과정을 살펴보고, 이에 대응해 정부가 추진했던 정책들을 평가함으로써 한국경제가 어떻게 지속성장의 기반을 다져 왔는지를 고찰하고자 한다.

### (1) 1960년대 말 부실기업 정리

1960년대는 미국원조가 감소함에 따라 자체적인 투자재원 조달을 통한 경제개발의 필요성이 한층 강조되었던 시기이다. 정부주도로 경제개발계획을 수립하고, 이를 지원하기 위한 투자 확대 정책을 실행하면서 국내 물가는 상당히 상승하였다.

### (2) 경제 현황

1960년대 제1, 2차 경제개발 5개년 계획에 의한 정부주도의 경제개발정책은 한국경제 도약의 출발이라고 할 수 있다. 1950년대 말 이후 미국의 무상원조가 급감하고 국내자본이 충분치 않은 상태에서 외국자본 유입에 의한 자금조달에 의존하게 되었다. 국내적으로 정부의 막대한 재정투자와 민간신용 증가, 1962년과 1964년 대흉작에 의한 농산물 시장 악화와 원조 규모 축소에 의한 수입물기 상승 등으로 국내 물가가 급격히 높아졌다. 제4장에서 이미 살펴보았듯이 1960년대 초 10% 내외였던 소비자물가상승률이 1963년 20.7%로 올랐고, 1964년에는 29.5%까지 상승하였다. 이에 대응으로 정부는 1964년 일시 중지하였던 재정안정화 정책을 다시 시작하여 긴축정책을 시행하고, 종합물가대책을 시행하면서 소비자물가는 안정되었다. 1965~69년 소비자물가상승률은 10%대 초반이었고, 1973년에는 3.2%까지 하락하였다.

문제는 1965년 9월 30일 금리현실화 정책 발표였다.[1] 원래 의도는 국내저축을 유도하여 국내 투자자본을 확보하는 것이 목표였다. 그러나 예금은 증가하였으나 기업의 대출부담이 증가하게 되면서 기업들은 오히려 해외자금 유치를 늘리는 현상이 나타났다. 또한 높은 경제성장률에 따라 늘어난 투자 자금을 대출받지 못한 기업들은 사채시장에서 높은 이자율에 대출을 증가시키는 현상도 나타났다. 이러한 투자자금 조달의 왜곡은 1960년대 말에 이

1 금융기관의 수신금리를 정기예금의 경우 연 3%(3개월 이상)와 12~15%(6개월 이상)에서 연 30%로 인상하고, 여신금리에서 어음대출 금리는 연 15%에서 연 26%로 대폭 인상하였다(한국개발연구원, 1995).

르면서 부실기업 도산을 초래하였다.

### (3) 주요 대응 정책

정부는 1960년대 중반 높은 물가상승, 부실기업에 의한 부도 증가에 대응하기 위하여 부실기업 정리, 물가안정종합대책, 환율인상 및 금리인하를 단행하였다.

(1) 1960년대 초반 정부는 물가급등이 심각해지자 가격억제와 물품수급의 원활화를 위해 「물가조절에 관한 임시조치법」을 1961년에 제정하였다. 이에 근거하여 1963년부터 주요 상품에 대해 최고가격제를 시행하였고, 대상품목의 변동은 있었지만 1971년까지 계속되었다. 당시 정부는 '행정지도'라는 명목으로 물가를 단속하고, 가격을 통제하였는데 1971년 '물가안정종합대책'이 대표적이다.

(2) 1969년 8차에 걸친 부실기업 합리화 정책을 시행하였다. 83개 지급보증업체 중 자본완전잠식 28개, 자본금 비중 10% 미만 17개 회사 중에서 청와대 부실기업정리조사반이 30개 부실기업을 정리하는 것이었다. 주요 합리화 정책은 전문화 및 계열화, 기업간 합병, 기술개발 및 재무구조 개선 등을 하는 업종에 조세 및 금융지원 등이다(국가기록원, 부실기업정리(1969)).

(3) 1965년 9월 금리현실화 조치로 국내 예금은 증가하였으나 국내대출 대신 해외차입이 증가하고 사채가 증가하는 문제가 나타났다. 당시 정기예금(1년) 금리는 30%였고, 일반대출 금리는 16%였다. 이에 대하여 정부는 1968년 4월부터 1972년 8·3조치까지 6차례의 이자율 인하가 이루어졌다. 금리도 인하하여 정기예금(1년) 금리를 1969년 22.8%에서 1971년 20.4%로, 일반대출 금리도 24%에서 22%로 인하하였다(한국개발연구원, 1995, p.281).

(4) 금리인하조치에도 상황이 나아지지 않자 정부는 당시에 파격적인 기업지원정책으로 1972년 8월에 '8·3 긴급경제조치'를 발표하였다.[2] 이 조치의 핵심 방향은 기업들의 사채부담을 완화하고 특별금융을 지원하기 위한 것이었다. 주요 내용을 정리한 것이 [표 13-1]이다. 전체 3장 73조로 구성된 이 조치는 사채조정, 신용보증제도 확충, 산업의 합리화, 금리인하, 물가와 환율의 안정 등 종합적 정책이 포함되어 있으나

2 정확한 명칭은 '경제의 안정과 성장에 관한 대통령의 긴급명령 15호'이다.

가장 파격적인 것은 기업의 사채동결 조치이다. 8월 9일까지 신고한 사채의 경우 월 1.35%(연 16.2%)로 3년이 지난 후 5년 동안에 6개월마다 갚도록 하였다. 당시 사채 평균이자가 월 3.5%(연 42.0%) 정도였는데 이 조치가 얼마나 파격적이었는지 알 수 있다(한국경제 60년사 편찬위원회, 2010a).

(5) 1960년대 환율정책은 경제개발과 수출 촉진을 위한 중요한 정책 수단이었다. 당시 한국경제는 산업화 초기 단계에 있었으며, 외환부족과 국제수지 악화 문제를 해결하기 위해 환율제도를 점진적으로 변화시켰다. 1964년 5월 3일, 정부는 환율을 1달러당 130원에서 255원으로 원화를 평가절하한 이후부터 1달러당 255~285원 수준에서

**표 13-1** 8·3 긴급경제조치의 주요 내용

| 조치 | 내용 |
|---|---|
| 사채조정 | 1972년 8월 2일 현재 기업보유 사채를 9일까지 모두 신고하도록 하고 신고사채의 채권·채무관계를 월 이자율 1.35%(연 이자율 16.2%), 3년 거치 5년 분할상환조건으로 조정 |
| 특별금융조치 | 금융기관이 발행한 낮은 이자율(연 5.5%)의 특별 금융채권 2천억 원을 한국은행이 인수하고, 금융기관은 이 자금으로 기업 단기대출금 잔액의 30% 해당액을 연 8%의 이자율, 3년 거치 5년 분할 상환의 장기대출로 전환 |
| 금융기관 금리인하 | 금융기관의 여수신 최고금리와 한은 여신금리를 인하하고, 특수은행의 여신금리와 재정자금의 대출금리를 조정, 이에 따른 금융기관의 수지적자는 한은의 금융기관 지준금에 대한 이자지급과 특별융자로 보전 |
| 신용보증제도 확충 | 담보력이 취약한 기업에 대한 금융기관의 여신을 원활하게 하도록 중소기업신용보증기금과 농림수산업신용보증기금에 정부가 각각 출연, 각 금융기관에도 신용보증기금을 설치 |
| 산업합리화와 투자 촉진 | 국무총리 직속으로 설치된 '산업합리화심의회'를 통하여 합리화 대상 산업 및 기준을 정하고, 산업은행은 장기저리의 산업합리화 자금을 기업에 공급, 합리화 대상으로 지정된 산업의 고정설비투자에 대한 특별감가상각률과 법인세 및 소득세의 투자공제율을 인상 |
| 재정운용의 합리화 | 재정의 경직성을 완화하기 위하여 지방교부세와 지방교육재정교부금 등의 법정교부율 방식을 폐지, 매년 예산에서 이를 정하도록 함으로써 정부예산 중 교부금의 비중을 축소 |

출처: 한국경제 60년사 편찬위원회(2010a).

환율이 안정적으로 운영되었다. 그 이후 수출확대를 위한 환율인상이 이루어지면서 차관을 도입한 기업에는 부채상환 부담이 증가하는 문제도 나타났다. 차관기업의 원리금 상환 부담이 증가하고 기업들의 사채 의존이 높아지면서 기업의 연쇄적인 도산 우려가 커지고 경제의 안정에 대한 불안이 높아지게 되었다.

(6) 1972년에 2·15 당면경제시책이 발표되었는데 주요 내용은 경기대책으로 기업 부담 경감(재정금융 부담 완화, 기업 재무구조 개선), 경기활성화 정책(공공사업 조기 집행, 건축활동 제한 완화, 농촌투자사업 조기 집행 등), 기업에 대한 요구(합병, 대기업·중소기업 계열화 촉진, 경영합리화와 기업 내부 자금 충실화 등)이다. 국제수지개선책으로 수출금융제도 개선과 관세감면제도 개선이 있다. 물가대책으로 세율조정, 정기저리 산업자금 공급 및 금리인하 등으로 원가 부담 경감, 통화량의 물가 및 생산활동과 연계해서 탄력적 운용, 국민소비생활 건전화를 통하여 소비와 수입의 절약을 유도함 등이다(한국개발연구원, 1995).

(7) 사금융 양성화조치를 위한 사금융 양성화 3법이 제정되었다. 자본이 부족하던 시기 기업의 유동성을 공급하는 기관의 역할을 하였으나 정책 통제를 벗어난 운용과 자원의 비효율적 배분 등으로 신용질서의 혼란을 일으키는 부작용도 있었다. 1960년대 후반부터 사금융 양성화를 하기 시작하여 1972년에 사금융 양성화 3법인 「단기금융업법」, 「상호신용금고법」과 「신용협동조합법」을 제정하였다.

## 2 고도성장기 스태그플레이션과 경제안정화종합시책

1973년과 1979년 두 차례의 석유파동으로 인해 전 세계적으로 스태그플레이션이 나타났다. 또한, 중화학공업에 대한 집중 투자로 산업 간 불균형이 심화되었으며, 1970년대 말에는 외채 증가, 부동산 투기와 과잉·중복 투자 문제가 심각해졌다. 이에 따라 기존의 고속 성장 중심 경제정책에서 물가안정과 경제안정을 고려해야 한다는 목소리가 커졌고, 1980년대에는 정부주도 성장에서 민간주도 경제발전 전략으로 전환 필요성이 제기되었다.

### (1) 경제 현황

1973년 10월 배럴당 3달러 수준이었던 국제원유가격은 1974년 1월 12달러로 거의 4배가 증가하였다. 이후 1979년 석유수출국기구(OPEC) 총회에서 원유의 공식 가격을 14.55달러로 인상할 것을 결의한 이후 1980년 7월까지 석유가격은 31.5달러까지 급등하였다. 이로 인해 물가상승과 경기침체가 동시에 발생하는 스태그플레이션이 나타났고, 에너지 자급률이 낮았던 한국은 석유 수입 비용 증가와 수출 부진이라는 이중고를 겪었다. 중동 건설 붐과 수출 증가로 경제성장률은 높았으나, 유가 상승과 투자 확대가 맞물려 물가도 급등하였다. 또한, 중화학공업에 대한 집중 투자로 산업 간 불균형이 심화되었으며, 1977~78년에는 부동산 투기와 과잉·중복 투자가 증가하였다.

제4장에서 살펴본 바와 같이, 1973년 한국은 14.9%의 높은 경제성장률을 기록했으나, 그 이듬해 석유파동의 여파로 인해 성장률은 1974년 9.5%, 1975년 7.8%로 급락하였다. 결국 1980년에는 경제개발계획이 시작된 이후 처음으로 마이너스 성장(-1.6%)을 기록하게 되었다. 소비자물가상승률 역시 1973년의 3.2%를 제외하면 1970년대 전반에 높게 지속되었다. 특히 1974년과 1975년에는 각각 24.3%, 25.3%를 기록했으며, 1980년에는 무려 28.7%까지 상승하였다. 이러한 경제 지표들을 종합해 볼 때, 한국은 1978년부터 전형적인 스태그플레이션 양상을 보였다고 할 수 있다.

이에 따라 기존의 고속 성장 중심 경제정책에서 경제안정도 고려해야 한다는 목소리가 커졌고, 정부는 1979년 4월 경제안정화종합시책을 발표하며 정책 기조 변화를 추진하고자 하였다. 이러한 경험을 바탕으로 1980년대에는 정부주도 성장에서 민간주도 경제발전 전략으로 전환할 필요성이 제기되었으나, 정책의 효과성과 실행력에 대한 논란은 지속되었다.

### (2) 주요 대응 정책

(1) 박정희 정부는 1974년 국민생활안정을 위한 대통령 긴급조치(긴급조치 3호)를 발표하였다.[3] 주요 내용을 보면 소득세(근로소득세, 사업소득세, 주민세의 1년간 면제 또는 대폭 경감), 주민세 및 통행세 감면, 「국민복지연금법」 및 「사립학교교원연금법」을 1974년 12

3 긴급조치는 1972년 개헌된 유신 헌법(제53조)에 규정된 특별조치를 말한다. 박정희 대통령은 1974년 1월 8일 긴급조치 제1호를 시작으로 총 9차례 공포했고, 1980년 10월 27일 헌법 개정으로 폐지되었다.

월 31일까지 효력 정지, 근로조건 개선(임금채권 우선변제, 근로조건 위반자에 대한 처벌 강화, 부당노동행위에 대한 처벌 강화 등) 등이 포함되어 있었다.

(2) 정부는 높은 경제성장률에 의해 나타난 높은 물가상승을 안정시키기 위해 「물가안정에 관한 법률」(약칭: 「물가안정법」)(1973)을 제정하였다. 이 법에 근거하여 쌀값 등 21개 품목에 대해 최고가격 및 기준가격을 지정하였다. 그러나 여전히 독과점 기업들이 가격인상을 일삼자 1975년 「물가안정 및 공정거래에 관한 법률」(약칭: 「물가안정법」)을 제정하여 직접적인 가격규제가 광범위하게 실시되었다. 그 밖에도 서민생활의 안정을 위한 목적으로 서비스요금 등 가격표시제가 시행되었으며, 유통단계별 가격지도 등 행정조처도 취해진 바 있다. 그리고 1972년에 「기업공개촉진법」을 제정하여 기업의 자본시장 참여를 활성화하고 주식시장을 통하여 자금을 조달할 수 있도록 장려하고자 하였다.[4] 구체적으로는 철강, 조선, 전자공업 등 부문에서 대기업 간의 중복투자를 조정하고 중소기업 전문화를 유도하고자 하였다. 그리고 비효율적인 생산시설을 폐쇄 조치하고 한계사업부문 매각 명령권을 부여하였다.

(3) 기존의 행정지도만으로 물가를 안정시키는 데 한계가 있었다. 이에 정부는 공산품과 유류가격을 조정하는 등 가격 사전승인제를 활용하고, 1974년 1월 긴급조치 2호('국민생활안정을 위한 대통령 긴급조치')를 발동하여 직접적인 가격 규제를 시행하였다. 이 대책에서는 가격안정과 부당이득세 신설, 쌀 보리쌀 연탄 가격안정과 그 수급원활책 등을 강구하고 총수요를 억제하여 물가행정을 강화하는 종합물가대책을 수립하기로 하였다. 1974년 2월에 발표된 종합물가안정대책은 1·14 조치의 후속대책으로 물가대책을 종합한 계획이다. 주요 내용을 보면 다음과 같다(한국개발연구원, 1995).

i) 최고가격 및 기준가격제도의 신축적 운용, 관계법령의 유기적 운용 및 물가행정 책임 강화 등으로 물가 관계 법령의 활용과 물가 행정을 보강한다. ii) 총수요에 대한 규제강화이다, 총통화량을 연간 30% 이내 억제 등 유동성 증가 억제, 투자 수요 조정(불요불급한 건축투자규제 강화 및 민간투자 선별 규제)이다. iii) 물자공급 증대 대책이다. 주요 원자재를 안정적으로 확보(주요 원자재 확보를 위한 지원 시한 연장, 대상 물품 재검토)하고, 주요 물자의 생산과 출고 업무를 할당하여 책임 생산제도를 강화하고, 수출입 계획을 탄력적으로 운용하여 내수공급 부족 품목(철근, 타일, 시멘트)의 수출 제한 혹은

4 이 법은 1987년 폐지되었다.

내수공급을 의무화하였다.

iv) 유통을 정상화하여 소비자의 실질 부담을 덜어 준다. 이를 위하여 연쇄점, 슈퍼마켓 등 근대적 유통시설을 확충하여 유통구조를 근대화하고, 유통마진(생필품 및 주요 물자에 대한 유통 단계별 기준가 고시, 생필품 직판장 설치 운용 등)을 축소한다. v) 근로자 소득의 안정이다. 이를 위하여 임금 조정은 기업의 경영합리화로 자체 흡수하고 소비자의 부담으로 전가하지 않도록 하며, 고용기회를 확대하기 위하여 중소기업의 취약 산업에 대한 특별지원을 강화하고, 영세민 취로사업(employment program)을 확대해 시행한다. 그럼에도 경기침체는 회복되지 않아서 1974년 국제수지개선과 경기회복을 위한 특별조치(12·7 특별경제조치)를 통하여 중소기업지원, 국제수지 개선, 물가상승 압력 최소화 및 환율 현실화와 경기회복을 시도하였다.

(4) 정부는 1979년 4월 경제안정화종합시책을 발표하였다. 이 시책은 경제성장 중심의 정책에서 민간주도 및 안전과 형평을 동시에 추구하는 경제정책의 전환을 주목적으로 하였다. 물론 이 정책은 그해 10월 박정희 대통령이 시해되면서 구체적인 정책실행은 1980년대 전두환 정부로 넘어갔다. 이 시책에 포함된 주요 내용을 보면 생활필수품의 수급원활화 및 가격안정, 재정긴축, 중화학공업 투자조정, 정책자금 등 금융운용 개선, 부동산 투기억제 제도 정비, 영세민 생활안정대책 등이다(한국개발연구원, 1995).

## 3 1980년대 경제위기와 대응 정책

### (1) 경제 현황

1980년대는 1970년대 두 번에 걸친 석유파동의 여파로 스태그플레이션 상황은 지속되고 있었다. 이러한 상황에서 1970년대 경제개발계획에 의한 중화학공업 부문에 대한 전략적 투자는 과잉투자 문제에 직면하게 되었다. 이에 대한 대응책으로 정부는 1980년대 초부터 이들 기업에 대한 구조조정 정책을 시행하기 시작하였다. 당시 자세한 경제현황은 제5장에서 자세히 논의하였다.

## (2) 주요 대응 정책

1979년 2차 석유파동을 거치면서 경제성장 하락, 물가상승 및 경상수지 적자 확대라는 전형적인 스태그플레이션 문제를 극복하기 위한 정책들이 시행되었다. 1980년대 들어서 경제안정화 조치로 시작하여 중화학분야 구조조정과 산업합리화(industrial rationalization) 정책이 시행되었다.

### 1) 경제안정화 대책

1980년대 한국경제는 물가상승, 경기침체, 국제수지 적자라는 복합적인 경제 위기에 직면했으며, 이에 대응하기 위해 다양한 경제안정화 조치가 시행되었다. 주요 발표정책으로는 환율 및 금리인상(1·21조치), 당면경제운용 대책(6·5조치), 경제안정화 대책(9·16대책), 외국인투자 유치 확대 방안(9·25), 기업체질 강화 대책(9·27) 등이 있었다. 주요 대책은 금리인하, 환율인상, 세출예산 집행 연기, 총통화증가율도 25%에서 20%로 이내 억제 등인데 [표 13-2]에 요약되어 있다.

1·21조치에서는 환율을 달러당 484원에서 580원으로 인상하였다. 그리고 정기예금(1년) 금리를 18.6%에서 24.0%로 인상하고, 일반대출 금리도 18.5~19.0%에서 24.5~25.0%로 인상하였다. 6·5조치에서는 기존의 안정화정책을 유지하되 정책을 탄력적으로 시행하여 고용, 수출 및 생산증대를 지원하도록 기업 의욕을 고취시키고자 하였다.

9·16조치에서는 일부 경제지표가 개선되고는 있었으나 여전히 경제성장률, 물가 및 국제수지는 어려움에 직면해 있어서 이에 대한 대응이 요구되고 있었다. 대표적으로 수출촉진을 위해 수출금융을 달러당 융자액을 평균 525원에서 540원으로 늘리고, 해외건설 지급보증의 원활화 및 연불수출을 지원하였다. 그리고 여수신금리를 2%포인트 인하하고, 정부양곡방출을 확대하여 식료품 공급을 원활하게 하고자 하였다. 9월 25일에는 외국인직접투자 유치 확대 방안을 발표하여 외국인투자 적격사업이나 비율을 확대하였다. 9월 27일에는 기업 체질 강화를 위한 정책들을 발표하였다. 주요 내용으로 기업 및 기업인 소유 비업무용 부동산 처분 방안과 재벌그룹 소유 계열기업 정리 방안이 포함되었다.

1980년 경제안정화 대책들은 고금리·고환율 정책을 통하여 국제수지를 개선하고, 기업활동을 지원하는 탄력적인 정책운영을 목표로 하였다. 또한, 외국인직접투자 유치 확대와 기업 구조조정을 병행하여 경제체질 개선을 유도하였다. 이러한 조치들은 이후 경제의 안정화와 구조적 개혁에 중요한 역할을 하였다.

**표 13-2** 1980년 주요 경제안정화 조치

| 정책 명 | 주요 내용 |
|---|---|
| 1·12조치 | 환율 및 금리인상, 물가안정조치(통화량증가 20%이내 유지, 정부소비 억제 등), 국민기준생활안정 확보, 국제수지 방어, 고용 안정 |
| 6·5조치 | 고용 및 서민생활 안정, 국제수지 방어, 기업지원과 성장잠재력 육성, 기업의 경영합리화 |
| 9·16조치 | 택지 및 주택공급 원활화, 수출촉진, 금리인하, 식료품 공급 원활화, 서민생활 안정대책 |
| 외국인투자유치 확대방안(9.25) | 외국인투자 적격사업 확대, 외국인투자 50% 이상인 투자비율확대 사업 선정, 영업개시 2년 후에 원금회수하도록 하는 조항 삭제 등 |
| 기업체질강화대책(9.27) | 기업 및 기업인 소유 비업무용부동산 처분 방안, 재벌그룹 소유계열기업 정리 |

출처: 한국개발연구원(1995).

### 2) 경제활성화 정책

1981년 하반기에 들어 물가가 안정되기 시작하고, 1982년에 들어 경제안정은 이루어졌으나 경제성장동력 확보의 필요성이 대두되면서 1982년에 경제활성화 정책이 발표되었다. [표 13-3]은 정책의 주요 내용을 정리한 것이다.

당면경제정책방향(1·14조치)은 안정 기조의 정착을 위하여 총통화를 20~22% 내에서 탄력적으로 공급하고 물가의 사전 지도를 지양하고 사후 점검 품목을 최소화(97개에서 67개)하고자 하였다. 그리고 수출촉진을 위하여 달러당 융자단가를 540원에서 580원으로 인상하고 중소수출기업을 육성하고자 하였다. 그 외에 주택경기 활성화를 위하여 1가구 2주택 양도소득세 면제기간을 연장(1년에서 1년 6개월), 주택자금 융자조건을 개선하는 등 정책이 포함되었다.

당면경제대책(5·18조치)의 주요 내용은 농어촌기반 소득을 확충하기 위하여 지방도로 포장사업 추진, 중소기업 지원 강화(2,000억 원 특별 지원 등) 그리고 주택경기 활성화, 수출 및 투자 지원을 강화하였다. 투자촉진을 통한 경제활성화대책(6·28조치)의 주요 내용은 금리인하, 세율의 개정 및 조정, 우량중소기업의 집중 육성, 금융제도의 개혁, 통화와 여신운용 등 정책이 포함되었다.

**표 13-3** 1982년 주요 경제활성화 조치

| 정책 명 | 주요 내용 |
| --- | --- |
| 1·14조치 | 안정기조 정착(총통화증가율 20~22% 유지, 재정운용 합리화 등), 수출 촉진(수출금융 융자 단가 인상), 투자 촉진, 기업의 수익성 제고와 산업합리화, 주택경기 활성화, 영농 지원 |
| 5·18조치 | 농촌소득기반 강화, 중소기업 지원 강화, 주택경기 활성화, 수출 및 투자촉진 |
| 6·28조치 | 금리인하, 세율의 개정 및 조정, 우량 중소기업의 집중 육성, 금융제도 개혁, 통화와 여신운용 |

출처: 한국개발연구원(1995).

### 3) 중화학공업 투자조정

1979년 4월에 발표된 경제안정화시책의 후속으로 1979년 5월 1차 투자조정을 시도하였으나 투자재원의 한계와 박정희 대통령 시해로 실질적인 정책은 시행되지 못하였다. 그 이

**표 13-4** 자동차·디젤엔진·중전기기 부문의 투자조정

| 업종 | 조치 일자 | 주요 내용 |
| --- | --- | --- |
| 발전설비 및 자동차 | 1980.8. | - 승용차 생산 일원화, 1~5톤 트럭은 기아가 독점 생산<br>- 발전설비는 대우그룹으로 일원화하고 보완 대책으로 한국중공업회사 설립 |
| | 1981.2. | 승용차 생산 이원화(현대와 대우 경쟁체제로 환원), 승용차 부문 이외는 기아산업과 동아자동차를 합병 |
| 전자교환기 | 1980.9. | 한국전자통신(KTC)이 동양정밀 흡수, 금성반도체가 대한통신 흡수 |
| 디젤엔진 | 1980.10. | - 대형(6,000마력 이상)은 현대엔진, 중형(400~6,000마력)은 쌍용중기, 소형(400마력 이하)은 대우중공업이 전문화<br>- 대우의 선박용엔진사업은 쌍용중기에 통합하고, 대우는 버스, 트럭 등 육상용 엔진만 생산 |
| | 1983.8. | 한국중공업이 6,000마력 이상 디젤엔진 생산을 허용 |
| 중전기기 | 1981.10. | - 효성중공업이 쌍용전기와 코오롱 종합기계를 흡수하여 154kW급 이상 초고압 변압기 생산<br>- 현대중전기는 수출과 선박용 등 자체 수요에 한정<br>- 다른 업체는 기존 생산 품목 중심으로 전문화하여 154kW급 이하만 생산 |
| 동제련 | 1980.9. | 한국광업제련이 온산동제련을 흡수통합 |

출처: 한국개발연구원(1995), 한국경제 60년사 편찬위원회(2010a).

후 1980년 8월 발전설비, 자동차, 건설중장비 부문의 1차 중화학공업 투자조정을 단행하였다. 여기서 발전설비는 대우그룹으로 승용차 분야는 현대그룹(현대자동차와 새한자동차를 합병)으로 일원화하였다.[5] 1980년 9월 중전기기, 디젤엔진, 전자교환기, 동제련 등 4개 부문 17개 업체에 대한 2차 조정을 단행하였다(한국개발연구원, 1995). [표 13-4]는 구조조정의 주요 내용을 정리한 것이다.

### 4) 산업합리화 정책

1980년대에는 산업합리화라는 정부가 주도하는 산업구조 조정 정책이 시행되었다. 당시 산업합리화는 정부주도로 산업별 구조조정이 강력하게 이루어지면서 대기업의 합종연횡이 이루어졌다. 1980년대 산업합리화 정책은 비료공업합리화(1981), 해운산업 합리화(1982), 석탄산업합리화(1988)와 조선산업합리화(1989) 정책이 시행되었다. 산업합리화업종은 경쟁력 보완 분야와 경쟁력 상실 분야로 나누었다. 경쟁력 보완 분야는 자동차, 건설중장비, 디젤엔진, 중전기기 부문으로 1986년 7월부터 1989년 6월까지 시장진입을 제한하였다. 경쟁력 보완 분야에서 1980년대 산업합리화의 주요 내용을 정리하면 [표 13-5]와 같다. 경쟁력 상실 분야는 직물, 합금철, 염색가공업, 무기질 화학비료를 지정하였다.[6]

**표 13-5** 경쟁력 보완 부문의 산업합리화

| 업종 | 조치 일자 | 주요 내용 |
|---|---|---|
| 자동차 | 1986.7. ~ 1989.6 | 신규 진입 금지 및 기존 4사 생산 체제 유지 |
| 디젤엔진 | 1986.7 ~ 1989.6 | 신규 진입 금지 및 기종별 생산 전문화<br>• 대형은 한국중공업과 현대엔진, 소형은 쌍용중공업이 생산 |
| 중전기기 | 1986.7 ~ 1989.6 | 신규 진입 금지 및 설비 신·증설 제한<br>• 효성중공업·현대중전기 등 6개사만 가동<br>• 효성의 경영정상화를 위해 한전 우선 구매 |

출처: 한국경제60년사 편찬위원회(2010a).

5 1972년 신진자동차와 미국 제너럴모터스(GM)의 합작사인 GM코리아로 설립되었다가, 1976년 한국산업은행이 GM 지분을 넘겨받아 새한자동차로 회사명을 변경하였다. 1983년에는 대우자동차로 다시 출범하였다.

6 합금철은 규소철, 망간철, 규소망간철을 합리화 대상으로 하고 한국합금철, 동부산업 등 4개 업체에서 생산하도록 하였다. 그리고 국제경쟁력이 약한 규소철은 연차적으로 생산을 감축하여 인천제철에서만 생산하도록 하고 나중에는 인천제철에서도 생산을 중단하도록 하였다.

1980년대 정부주도에 의한 산업합리화 조치는 흡수·합병을 통한 기업의 대형화를 촉진하는 효과로 나타나 재벌의 경제력집중을 가속화하고, 업종별로 신규진입을 억제하여 특정기업의 독점적 지위를 부여하여 독과점적 시장구조가 심화되는 등의 부작용을 낳았다는 부정적 효과도 있었다.

### 5) 공업발전법과 산업정책 전환

1970년대 말부터 경제성장 위주의 정책에서 민간 중심의 정책으로 전환할 필요성이 제기되었다. 이에 따라 정부는 경제안정화 시책과 중화학공업 투자조정 정책을 발표하고 시행하였다. 이러한 변화 속에서 산업정책도 점진적으로 전환되기 시작하였다. 그 대표적인 사례가 기존의 7개의 개별산업육성법을 통합하여 1986년 제정된 「공업발전법」이다. 이를 통하여 정부는 산업정책을 보다 효율적으로 운영하고, 민간주도의 산업 발전을 촉진하는 방향으로 전환하려 하였다.

## 4 동아시아 외환위기와 대응 정책

1997년 동아시아 외환위기는 태국이 고정환율제를 포기하면서 시작된 통화위기가 동북아시아로 확산되며 발생하였다. 같은 해 11월, 국제 채권 금융기관들이 한국에서 대규모 자금을 회수하면서 외환보유고가 급격히 감소하였고, 이에 따라 한국 정부는 1997년 12월 3일 IMF에 구제금융을 요청하게 되었다. 금융위기의 주요 원인은 한국경제의 구조적 취약성에도 있었다. 1996년 OECD 가입과 김영삼 정부의 금융 자유화 및 개방 정책은 국제 금융시장과의 연계를 강화했으나, 미흡한 금융감독 체계로 인해 과도한 외채 증가와 금융기관 부실이 누적되었다. 여기에 대기업들의 무리한 차입 경영과 금융권의 부실 운영이 더해지면서 경제위기가 심화되었다.

당시 IMF는 구제금융 제공의 대가로 자본시장 개방, 환율 변동폭 확대, 고환율·고금리 정책, 금융기관 및 기업 구조조정을 요구하였다. 이로 인해 한국 경제구조 전반에 걸쳐 변화가 일어났으며, 대기업과 금융기관의 부실 정리 및 대규모 구조조정이 시행되었다. 1997년 외환위기는 한국경제가 세계 금융시장과 밀접하게 연결되어 있음을 보여준 사례로, 이후 금융 시스템 개선과 경제개혁의 필요성을 절감하는 계기가 되었다.

### (1) 경제현황

경제상황이 악화되고 있었다는 근거는 당시 금융기관과 기업의 건전성 지표들을 보면 알 수 있다. 먼저 [표 13-6]에서 1996년까지를 보면 이들 기관의 수익성 지표의 심각한 악화 경향은 보이지 않는다. 예를 들어 BIS 자기자본비율을 보면 1996년 9.14%로 1992년에 비해 낮아지기는 했지만, 국제기준인 8%를 상회하고 있었다. 1997년에 들어서 7.04%로 하락하였다. 자기자본비율도 1992년 이후 하락하는 추이를 보여 주지만 1996년 4.26%였다가 1997년에는 2.99%로 크게 하락하였다.

기업의 재무건전성을 보면 은행을 비롯한 금융기관의 건전성을 파악할 수 있다. [표 13-7]을 보면 30대 재벌의 1997년 건전성 지표가 악화되고 있었음을 알 수 있다. 먼저 1~5위 재벌의 수익성을 보면 1996년에 1.41이었다가 1997년에 0.43으로 하락하였다. 특히 유의하게 볼 수 있는 것은 11~30위 재벌기업들의 평균수익률이 1992년부터 지속적으로 음(-)의 수익률을 보이고 있었다는 점이다. 1~5위 기업들의 양(+)의 수익률에 비해 이들 하위 재벌의 수익률이 더욱 떨어져 있는 것으로 보아 경기호황기 시절인 1990년대 초반에도 기업들은 이미 상당한 정도의 어려움에 직면해 있던 것으로 보인다.

**표 13-6** 은행의 건전성 지표 추이

| | 1993 | 1994 | 1995 | 1996 | 1997 | 1998 |
|---|---|---|---|---|---|---|
| 자기자본비율 | 6.13 | 5.68 | 4.78 | 4.26 | 2.99 | 2.82 |
| BIS 자기자본비율 | 11.00 | 10.62 | 9.33 | 9.14 | 7.04 | 8.23 |
| 무수익 자산비율 | 7.4 | 5.8 | 5.2 | 4.1 | 6.0 | 7.4 |
| ROA | 0.45 | 0.42 | 0.32 | 0.26 | -0.93 | -3.25 |
| ROE | 5.90 | 6.09 | 4.19 | 3.80 | -14.18 | -52.53 |

출처: 고영선 외(2007).

**표 13-7** 30대 재벌의 수익성(ROA) 추이

| | 1993 | 1994 | 1994 | 1996 | 1997 |
|---|---|---|---|---|---|
| 1~5위 재벌 | 1.86 | 3.54 | 4.86 | 1.41 | 0.43 |
| 6~10위 재벌 | 0.87 | 1.17 | 1.10 | -0.49 | -2.15 |
| 11~30위 재벌 | -0.40 | -0.06 | -0.08 | 0.08 | -3.00 |
| 총평균 | 1.11 | 2.19 | 3.15 | 0.23 | -2.13 |

출처: 고영선 외(2007).

### (2) 주요 정책 대응

한국은 1997년 동아시아 외환위기 당시 심각한 경제적 어려움에 직면하였으며, 이를 극복하기 위해 다양한 정책을 시행하였다. 특히, 정부는 IMF으로부터 약 580억 달러 규모의 구제금융을 지원받았다. 여기에는 IMF의 211억달러를 비롯하여 아시아개발은행(ADB)과 세계은행이 142억 달러 그리고 지원 231억 달러가 포함되어 있었다.[7] IMF 구제금융을 받게 되면서 정부는 경제개혁과 구조조정을 단행할 수밖에 없었다. 1997년 12월 3일 발표된 한국과 IMF간의 양해각서에는 외환위기 대응에 필요한 정책기조, 거시경제정책, 재정정책, 금융부문 구조조정, 기타 구조개혁(무역자유화, 자본자유화, 기업지배구조 및 기업구조) 방안이 상세히 명시되어 있다(IMF. 1997). 당시 정부가 취한 주요 경제안정화 정책을 요약하면 다음과 같다.

#### 1) 재정 및 금융정책의 변화

정부는 IMF의 요구에 따라 긴축재정과 긴축 통화 정책을 시행하였다. 1998년 3월 보충예산 개정을 통하여 정부지출을 8.1조 원을 축소하고, 세수는 4.3조 원 증대하는 등 재정건전성 확보에 집중하였다. 또한, 외국자본 유입과 통화 안정성을 확보하기 위해 금리를 대폭 인상하였다. 그러나 이러한 긴축정책은 금융 경색과 경기침체를 초래하였다. 이에 따라 1998년 4월부터 정부는 보다 유연한 재정·통화 정책을 도입하였다. 공개시장조작을 통하여 금리를 단계적으로 인하하여 시장 불안을 해소하고, 저금리 기조를 정착시키는 방향으로 전환하였다(재정경제부 외, 2001).

7 당시 외환위기를 겪었던 인도네시아에 361억 달러와 태국에 172억 달러가 지원되기로 되어 있었다(Lane et al., 1999, p.21).

### 2) 환율제도 개혁 및 외환시장 안정화

외환위기 이후에 한국은 환율제도를 관리변동환율제(또는 시장평균환율제)에서 시장 변동환율제로 전환하여 환율의 유연성을 확보하였다. 이를 통하여 시장원리에 따라 환율이 조정될 수 있도록 하여 외환시장의 안정성을 높이고, 급격한 외환위기 재발가능성을 줄이는 데 초점을 맞췄다. 또한, IMF 구제금융을 포함한 국제 협력을 통하여 외환보유고를 대폭 확충하였다. 이를 통하여 외환 유동성을 강화하고 국제 금융시장에서 한국경제의 신뢰도를 회복하는 데 주력하였다. 이러한 조치는 향후 외환위기 가능성을 줄이고 금융시스템의 안정성을 강화하는 중요한 기반이 되었다.

### 3) 금융기관 구조조정과 금융시장 안정화

금융기관에 대한 구조조정은 두 방향으로 시행되었다. 첫 번째는 제도 정비를 통하여 금융감독체계를 일원화하고, 부실금융기관의 퇴출 기준에 대한 명확한 법률적 근거를 마련하였다. 금융행정체계를 1998년 재정경제부·금융감독위원회·한국은행으로 역할 분담을 하는 체계로 정비되었다. 재정경제부는 금융산업, 금융시장, 금융시스템 구축 및 운영과 금융정책에 대한 총괄조정 업무를 수행한다. 그리고 은행, 증권 및 보험 분야를 감독하는 통합금융기구로 금융감독위원회(FSC)와 금융감독원(FSS)을 설지하였다. 금융감독위원회는 금융기관 감독업무(건전성 기준 제정, 검사 및 제재)와 금융시장 불공정 거래를 감시하고 제재하는 역할을 담당하는 기관으로 국무총리 산하 정부기구였다.[8] 1999년 금융감독위원회 산하기관으로 금융감독원이 특수법인으로 설립되었는데, 은행감독원, 증권감독원, 보험감독원, 신용관리기금 4개 감독기관을 통합한 기관이었다.

두 번째는 부실금융기관에 구조조정인데 종금사, 은행, 증권사, 여신전문금융기관의 순으로 진행되었다. 이는 금융시장과 경제상황이 미치는 효과를 최소화하기 위한 목적이 있었다. [표 13-8]은 금융기관 구조조정 성과를 보여 준다. 전체 금융기관을 보면 1997년 12월 말에 2,102개였던 금융기관이 2년 후인 1999년 11월 말에는 327개가 청산되어 1,775개의 금융기관이 남게 되었다. 이 과정에서 당시에 조성된 총 64조 원 규모의 공적자금 중에서 1999년 10월 말 기준 55.5조 원이 지원되었다(재정경제부, 1999).

8 2008년 2월 금융위원회로 개편되면서 폐지되었다.

**표 13-8** 부실금융기관의 정리

| 금융기관 | 1997.12말(A) | 청산(B) | A-B |
|---|---|---|---|
| 은행 | 33 | 10 | 23 |
| 종합금융 | 30 | 20 | 10 |
| 리스 | 25 | 5 | 20 |
| 증권 | 36 | 6 | 30 |
| 보험 | 50 | 5 | 45 |
| 투자신탁 | 31 | 6 | 25 |
| 상호신용금고 | 231 | 54 | 177 |
| 신용협동조합 | 1,666 | 221 | 1,445 |
| 계 | 2,102 | 327 | 1,775 |

출처: 재정경제부(1999).

### 4) 기업 구조조정

기업구조조정은 5대 대기업, 중견기업(6~64위) 및 중소기업으로 나누어 시행되었다. 대기업은 대규모 사업교환(빅딜)과 부채비율을 낮추도록 강제하였다. 중견기업은 워크아웃 프로그램 그리고 중소기업은 다양한 지원정책을 통하여 구조조정을 시행하였다.

첫째, 5대계열 대기업 구조조정은 1998년 1월 대통령과 5대 기업집단 대표 간에 기업구조조정 5대 개혁 과제에 합의하면서 시작되었다.[9] 이를 통하여 계열기업 간 상호채무보증 해소와 재무구조개선, 핵심 사업부문 설정과 비핵심사업 기업매각 등의 기업구조조정 프로그램이 추진되었다.[10] 5대계열의 기업 구조조정은 1998년 주 채권금융기관과 재무구조개선 약정을 체결하여 구조조정을 진행하였다. 주요 내용은 재무구조 개선(부채비율 감축, 상호지급보증 해소)과 대규모 사업교환(빅딜, big deal) 등으로 이루어졌는데, 주요 실적을 요약하면 다음과 같다(재정경제부, 1999).

9 5대 개혁 과제는 ① 기업경영의 투명성 제고, ② 상호채무보증의 해소, ③ 재무구조의 획기적 개선, ④ 핵심부문의 설정, ⑤ 지배주주와 경영자의 책임 강화였다.

10 동아시아 외환위기에서 벗어난 2001년에는 「기업구조조정촉진법」(이하 기촉법) 및 「기업신용 상시평가 시스템」(채권은행협약)이 시행되면서 상시적 구조조정(워크아웃) 체제가 마련되었다.

표 13-9 빅딜 대상 9대 부문 성과

| 업종 | 내용 | 완료시기 |
|---|---|---|
| 정유 | 현대정유가 한화에너지 정유 부문 인수 | 99.06 |
| 석유화학 | 삼성종합화학과 현대석유화학이 합병하여 통합법인 설립 | 99.04 |
| 반도체·전자 | 현대전자가 LG반도체 인수 | 99.07 |
| 철도차량 | 현대정공·대우중공업·한진중공업의 통합법인 설립 | 99.07 |
| 항공기 | 현대우주항공·대우중공업·삼성항공 간 항공기 사업부문 통합법인 설립 | 99.10 |
| 발전설비 | 두산중공업·삼성중공업 발전 부문을 한국중공업에 이관 | 99.12 |
| 선박용 엔진 | 삼성중공업의 선박용 엔진 부문을 한국중공업으로 이관하여 통합 법인 설립 | 99.12 |
| 자동차·전자 | 삼성자동차와 대우전자 맞교환 | 무산됨 |

출처: 재정경제부(1999).

(i) 대규모 사업교환에 의한 구조조정이다. 정부는 기업들의 과잉·중복투자에 따른 경영의 비효율성을 해소하고 핵심사업 위주로 개편하기 위하여 9개 사업 분야에서 구조조정을 추진하도록 하였다. 이에 따라 1999년 9월 해당기업의 자율 논의를 통하여 자동차와 전자를 제외한 9개 사업에 대한 구조조정을 결정하였다.[11] [표 13-9]는 빅딜 대상 사업 부문의 성과를 정리한 것이다.

(ii) 비주력 계열사 및 사업부문 매각 등의 자구노력과 증자를 통하여 1999년 말까지 부채비율을 200% 이하로 개선을 추진한다는 것이다. 이에 대한 실적을 보면 삼성과 LG가 각각 5.4조 원 및 1.2조 원을 감축하여 같은 기간 부채비율이 삼성은 275.7%에서 192.5%, LG는 341.0%에서 246.5%로 하락하였다. 반면에 대우는 부채가 오히려 증가하여 59.9조 원에서 61.8조 원이 되었고, 따라서 부채비율도 526.5%에서 588.2%로 증가하였다. [표 13-10]은 5대 계열기업의 부채비율 추이를 정리한 것이다.

11 현대전자는 2001년 경영악화로 채권단에 매각되어 워크아웃에 돌입하였고, 하이닉스로 사명도 바뀌었다. 그 후 2012년 SK에 인수되어 SK하이닉스가 되었다.

표 13-10 5대 계열 부채비율 추이(1999년 6월 말)

| 구분 | | 현대 | 대우 | 삼성 | LG | SK |
|---|---|---|---|---|---|---|
| 부채 (조 원) | 1998년 말 | 61.5 | 59.9 | 44.7 | 36.4 | 22.5 |
| | 1999년 6월 말 | 64.9 | 61.8 | 39.3 | 35.2 | 21.4 |
| 부채비율 | 1998년 말(%) | 449.3 | 526.5 | 275.7 | 341.0 | 354.9 |
| | 1999년 6월 말(%) | 340.8 | 588.2 | 192.5 | 246.5 | 227.3 |

출처: 재정경제부(1999).

(iii) 계열사 간 상호지급보증을 적극 해소한다고 약속하였다. 1998년 9월 말 기준 5대 계열의 계열사 간 상호지급보증 21.4조 원에서 같은 해 4/4분기 중 15.1조 원과 1999년 상반기 중에 3.4조 원이 해소되었다.

둘째, 1998년 2월에는 64대 중견기업과 채권은행 간에 2000년까지 부채비율을 200% 이하로 감축하도록 하는 약정을 체결하여 해당기업과 채권금융기관의 자율적 협약에 의한 기업개선작업(워크아웃) 자율 추진을 시행하였다. 5대 계열사와 다르게 6~64대 계열 및 중견기업의 구조조정은 기업개선작업이 주요한 구조조정 추진 수단이었다.[12] 이들은 5대 계열기업과 달리 자체적인 구조조정능력이 약하고, 관계되는 채권금융기관이 다수라는 점이 기업개선작업을 채택한 이유이기도 하였다(재정경제부, 1999).

셋째, 중소기업의 구조조정은 정부가 1998년 5월 9일 개별 은행에 중소기업 기업개선작업을 위해 중소기업특별대책반을 설치하도록 하였다. 그리고 중소기업에 대한 다양한 지원정책을 수립하였는데, 만기연장, 신규지원 및 금리우대 등이 포함되었다. [표 13-11]은 1999년 6월까지의 중소기업에 대한 지원자금 현황을 정리한 것이다. 주요 지원 방법은 우선지원과 조건부 지원으로 구분하고, 자금지원 실적은 만기연장, 신규지원, 금리우대 등으로 구분되었다. 총 대상업체는 35,921개였고 총지원 총액은 65.7조 원에 달하였다.

12 기업개선작업은 1980년대 시행되었던 정부의 직접적인 개입에 의한 산업합리화 정책과는 차별화된다. 물론 당시에도 당시 경험 부족으로 금융당국은 은행장 산하에 구조조정을 위한 특별팀, 금융기관 간의 자율 협약 체결 및 외국의 경험이 많은 기관들이 컨소시엄 형태로 외부자문단을 구성하여 기업의 구조조정을 지원하는 체계를 구축하였다.

**표 13-11** 중소기업에 대한 자금지원 실적(1998.7~1999.6)

| 구분 | 대상업체 수(개) | 지원자금 실적 | | | |
|---|---|---|---|---|---|
| | | 만기연장 | 신규지원 | 금리우대 등 | 계 |
| 우선지원(조 원) | 14,811 | 7.8 | 10.4 | 12.2 | 30.4 |
| 조건부 지원(조 원) | 21.110 | 11.5 | 11.3 | 12.5 | 35.3 |
| 계(조 원) | 35,921 | 19.3 | 21.7 | 24.7 | 65.7 |

출처: 재정경제부(1999).

### 5) 노동시장 개혁

외환위기 이전에는 고용이 비교적 안정적이었으나, 기업 도산이 증가하면서 고용불안이 심화되었고, 이에 따라 정부는 노동시장 구조조정을 추진할 수밖에 없었다.

첫째, 1998년 노사정위원회가 출범하여 노동자, 사용자, 정부 간 협의를 통하여 노동시장 문제를 해결하고 대통령에게 자문하는 역할을 하였다.[13] 출범 후 20일 만에 경제위기 극복을 위한 사회협약이 체결되었으며, 이 협약에는 노동시장 유연성 확대, 실업 대책, 사회안전망 확충 등이 포함되었다.[14]

둘째, 노동시장 유연성 제고를 위해 1997년 「노동법」 개정으로 정리해고 규정이 명확하게 입법화되었고, 재량근로제 및 선택근로시간제 등 다양한 근로시간 제도가 도입되었다. 이후 1998년 「근로기준법」 개정을 통하여 경영상 이유로 해고가 가능해졌으며, 기업이 필요한 인력을 외부에서 조달할 수 있도록 근로자파견제가 법제화되었다.

셋째, 노동시장 유연성 강화에 따른 노동자들의 부담을 완화하기 위해 노동기본권 확대 조치도 함께 이루어졌다. 노동조합의 정치활동이 보장되었으며, 교원노동조합 결성이 허용되었다. 또한, 공무원 직장협의회 설립이 가능해졌고, 5인 미만 영세사업장 근로자들도 일부 근로기준법 보호를 받을 수 있도록 법이 개정되었다.[15]

13 2018년 4월에는 경제사회발전노사정위원회로 이름을 바꾸고 현재에 이르고 있다.

14 10대 주제는 기업의 경영투명성 확보 및 구조조정 촉진, 물가안정, 고용안정 및 실업 대책, 사회보장제도 확충, 임금안정과 노사협력 증진, 노동기본권 보장, 노동시장의 유연성 제고, 수출증대 및 국제수지 개선, 경제위기 극복을 위한 기타 사항, 국민대통합을 위한 건의사항이다(노사정위원회, 1998).

15 근로기준 일반 원칙, 근로계약, 임금지급, 휴게·휴일, 재해보상, 벌칙 규정 등은 적용 대상으로 포함되었다. 반면에 퇴직금, 해고, 근로시간, 연·월차 유급휴가, 생리 휴가 등은 적용 대상에서 제외되었다(재정경제부, 1999).

### 6) 사회안전망 강화

정부는 1999년 정부의 국정지표로 민주주의와 시장경제 외에 생산적 복지를 도입하였다. 중산층 육성과 서민생활향상을 위한 경제정책으로 광범위한 사회안전망 구축하고자 하였다. 생산적 복지(workfare)란 일(work)과 복지(welfare)의 합성어로 일과 복지가 양립하도록 하는 복지정책 방향이다. 핵심 내용은 국민연금 대상을 전 국민으로 확대하고, 전국민 국민건강보험 편입, 1999년 공공부조제도인 국민기초생활보장제도 시행으로 사회보험을 확대 개편하였다. 자세한 내용은 제14장에서 논의된다.

### 7) 공공부문 구조개혁

김대중 정부는 작지만 효율적으로 봉사하는 정부를 목표로 삼고, 중앙정부와 지방정부, 그리고 공공기관에 대한 대대적인 개혁을 진행하였다. 이러한 개혁을 통하여 김대중 정부는 정부 조직을 보다 효율적으로 운영하고, 경제 구조를 개선하려 하였다. 주요 개혁 내용은 다음과 같다(재정경제부, 1999).

첫째, 정부는 공기업을 민영화하고 경영혁신을 추진하였다. 1999년 10월까지 총 12개 공기업을 민영화하여 6.6조 원(외화 수입 46억 달러 포함)의 매각 수입을 올렸다. 또한, 2000년까지 공기업 인력을 4만 1천 명(전체의 25%) 줄이기로 계획하고, 1999년까지 3만 2천 명을 감축하였다. 아울러, 경영책임과 성과 중심의 시스템을 만들기 위해 경영공시제, 연봉제, 사장경영계약제 등을 도입하였다.

둘째, 정부는 산하기관의 운영 방식도 개선하여 출연연구기관을 5개 연합이사회로 묶어 부처와의 소속 관계를 정리하고, 성과급과 연봉제를 도입하였다. 또한, 정부 지원을 받는 연구기관과 위탁기관을 개편하여, 폐지·통합 대상 19개 기관 중 13개 기관을 정리하고, 민영화 또는 민간 위탁 대상 28건 중 8건을 완료하였다.

셋째, 재정 개혁으로 공공부문의 생산성과 투명성을 높이기 위해 중기재정계획(1999)을 수립하고, 예산 절감에 대한 인센티브 제도를 도입하였다. 또한, 정부 기금의 효율성을 높이기 위해 기존 75개 기금을 55개로 대폭 정리하는 등 재정 개혁을 추진하였다.

### 8) 외국인직접투자 확대

한국은 국제경제 변화에 적극적으로 대응하기 위해 대외 개방을 확대하고, 외환시장의 안정을 유지하며, 외국인직접투자를 활성화하는 정책을 시행하였다. 이러한 정책은 자본시장의 국제화를 촉진하는 데 중요한 역할을 하였다. 특히, 정부는 외국인직접투자와 관련된 법률을 개정하고 규제를 완화하여 외국기업이 한국기업의 경영에 참여할 수 있도록 허용하였다. 이를 통하여 외국자본의 유입을 적극적으로 유도하고, 경제성장을 촉진하고자 하였다.

이러한 정책적 노력 덕분에 한국은 1999년경 경제위기를 극복하고 회복 단계에 접어들었다. 이후 금융시장의 안정성과 투명성을 높이는 한편, 외환위기의 재발을 방지하기 위한 제도적 기반을 마련하였다. 동아시아 외환위기는 한국 경제구조 개혁의 중요한 계기가 되었으며, 이를 통하여 한국은 이후 글로벌 금융 위기와 같은 새로운 도전에 대비할 수 있는 경험을 쌓을 수 있었다.

## 5 카드사태와 대응 정책

2000년대 초반에 발생한 카드 사태는 거시경제 정책운영에서 부채 관리의 중요성을 강조한 사례였다. 정부는 1999년 이후 단기적 소비촉진을 통한 경제활성화 정책으로 신용카드 사용을 활성화하는 정책을 추진하였다. 그러나 개인이 과도한 부채와 이에 따른 개인파산과 연체율 급증이라는 부작용이 나타나며 정부는 카드 발급 규제를 강화하고 신용평가 제도를 개선하는 등 금융시장 질서를 정비하였다.

### (1) 경제 현황

2000년대 들어 한국경제는 소비 위축과 노동생산성 저하로 인해 성장률이 급격히 하락하였다. 이에 정부는 소비를 촉진하기 위해 신용카드 사용을 장려하는 정책을 시행하였다. 1997년 카드사의 대출 업무 허용을 시작으로, 1999년 신용카드 현금서비스 한도 폐지, 신용카드 소득공제제도 도입, 2000년 신용카드 매출전표 발행 사업자에 대한 세액공제 확대 등의 정책이 추진되었다. 이로 인해 신용카드 사용이 급증하며 소비가 증가하는 효과를 보였으나, 카드사 간 경쟁이 심화되고 무분별한 신용카드 발급과 현금서비스 중심 영업이 확대되면서 부작용이 나타나기 시작하였다. 2002년에 들어서면서 카드사들의 경영 실적이 악화되었고, 신용카드 대출이 급증하면서 많은 사람들이 카드 돌려막기를 하는 상황이 발생하였다. 결국 카드사들은 부실 위험을 줄이기 위해 현금서비스 인출 한도를 축소했으나, 빚을 갚

**표 13-12** 신용카드 이용 금액 및 발급장 수 추이

| | 2000 | 2001 | 2002 | 2003 | 2004 |
|---|---|---|---|---|---|
| 이용 금액(조 원) | - | - | 619.2 | 481.5 | 352.5 |
| 은행(조 원) | 135.9 | 230.0 | 329.5 | 286.3 | 236.9 |
| 비은행(조 원) | - | - | 289.6 | 195.2 | 115.6 |
| 발급장 수(백만) | - | - | 104.9 | 93.9 | 86.0 |
| 은행계(백만) | 36.3 | 48.9 | 58.6 | 51.8 | 50.0 |
| 비은행계(백만) | - | - | 46.3 | 42.1 | 36.0 |

출처: 통계청 국가통계포털(KOSIS).

지 못한 신용불량자가 급증하였다. 이후 2003년 SK글로벌의 분식회계 사건과 LG카드의 현금서비스 중단 사태가 발생하며 카드채 부실 문제가 본격화되었고, 카드사들은 심각한 채무불이행 위기에 직면하였다.

[표 13-12]는 2000~2004년 신용카드 이용 금액과 발급장 수의 추이를 보여준다. 총이용금액을 보면 2002년에 619.2조 원에 이르렀다가 2003년에 481.5조 원으로 감소하였다. 1999년도 이후와 비교하기 위하여 은행부문만 보면 이용 금액이 2000년과 2001년에 각각 135.9 및 230.0조 원에서 2002년에 329.5조 원으로 증가하였음을 알 수 있다. 신용카드 발급장 수도 보면 2002년에만 1억 장을 넘고 있다. 은행부문만 보면 2001년에 4,890만 장이 발급되었으나 2002년에는 5,860만 장이 발급되었다.

[표 13-13]은 1998년 말 193만 명이었던 신용불량자는 2000년까지 208만 명으로 유지되다가 그 이후 급격히 증가하여 2003년 372만 명까지 증가하였음을 보여준다.[16] 2003년에만 108만 명이 증가한 것이다. 가계신용도 1998년 183.6조 원에서 2003년 말 447.6조 원이었다.

16 2002년 7월에는 그 이전과 달리 금융업별 구분 없이 동일한 기준을 적용하여 신용불량자를 정의하고 있다. 대출금, 카드 등에 상관없이 3개월 이상, 30만 원 초과 연체할 때(3개월, 30만 원 이하 연체 3건 이상도 포함) 신용불량자로 등록하고 있다(재정경제부, 2004).

**표 13-13** 신용불량자 추이(12월 말 기준)

| | 1998 | 1999 | 2000 | 2001 | 2002 | 2003 |
|---|---|---|---|---|---|---|
| 신용불량자<br>(증감) 만 명 | 193.0<br>(50.1) | 199.6<br>(6.6) | 208.4<br>(8.8) | 245.0<br>(36.6) | 263.6<br>(18.6) | 372.0<br>(108.4) |
| 가계신용<br>(증감) 조 원 | 183.6<br>(-27.9) | 214.0<br>(30.4) | 266.9<br>(52.9) | 341.7<br>(74.8) | 439.1<br>(97.4) | 447.6<br>(8.5) |
| 카드사 여신<br>(증감) 조 원 | -<br>(-) | 18.1<br>(-) | 32.3<br>(14.2) | 72.0<br>(39.7) | 100.3<br>(28.3) | 68.6<br>(-31.7) |

출처: 재정경제부(2004.3.10.).

## (2) 주요 대응 정책

### 1) 금융시장 안정화 정책

외환위기 이후 금융시장 안정을 위해 부실 카드사에 대한 구조조정과 부실채권(NPL) 정리 등이 추진되었다. 이는 금융권의 부담을 완화하고, 전반적인 금융시장의 건전성을 확보하기 위한 조치였다. 부실 카드사 구조조정은 채권단 주도로 이루어졌으며, 재정 상태가 심각한 카드사들은 인수·합병(M&A)이나 정리 절차를 통하여 구조 개편이 진행되었다. 대표적인 사례로는 LG카드가 있으며, 심각한 부실 위기에 직면했지만 채권단의 지원과 경영 정상화 방안으로 회생할 수 있었다. 한국자산관리공사(KAMCO)는 카드사들이 보유한 부실채권을 매입하고 이를 구조화하거나 회수하는 역할을 맡아, 금융권의 부담을 줄이는 동시에 부실채권 시장의 활성화를 도모하였다.

또한 정부는 2003년 4월 「신용카드사 및 투신사 유동성 문제 해소 관련 금융시장 안정대책」을 발표하고, 다음과 같은 조치를 시행하였다(재정경제부 외, 2003b). 주요 내용은 다음과 같다. 첫째, 신용카드사의 건전한 경영 기반을 강화하기 위해 증자 규모를 기존 2조 원에서 4.6조 원으로 확대하였다. 둘째, 카드사들이 보유 자산을 매각하여 유동성을 확보하도록 유도하였다. 셋째, 카드채의 만기 연장을 지원함으로써 카드사들의 유동성 위기를 완화하고자 하였다. 넷째, 투자신탁회사(투신사)의 환매자금 지원을 위해 5조 원 규모의 자금을 조성하였다. 이러한 조치는 금융시장 안정과 신용카드 및 투자신탁 업계의 회복을 도모하기 위한 것이었다.

### 2) 신용불량자 문제 해결

정부는 개인 채무자들을 지원하기 위해 개인워크아웃 프로그램 및 개인회생제도 정책을 도입하였다. 신용불량자로 전락한 개인 채무자들을 돕기 위해 신용회복위원회를 통하여 개인워크아웃 프로그램을 운영하였다. 이 프로그램을 통하여 채무 상환 기간 연장, 이자 감면 및 조정, 원금 일부 탕감 등의 지원을 제공하여 개인 채무자의 부담을 완화하고 신용 회복을 돕는 역할을 하였다. 정부는 보다 체계적인 신용불량자 구제 방안을 마련하기 위해 2004년 개인회생제도를 도입하였다. 이는 일정한 소득이 있는 채무자가 법원의 승인을 받아 장기적으로 부채를 상환할 수 있도록 지원하거나 무분별한 신용불량자 양산을 방지하고 재기할 수 있는 기회를 제공하였다.

### 3) 금융감독 강화 및 신용카드사 종합대책

카드사들의 과도한 영업 활동과 리스크관리 실패를 방지하기 위해 금융감독원의 감독 권한이 강화되었다. 이에 따라 카드사의 건전성 비율(BIS 비율)과 자본 적정성을 더욱 철저히 관리할 수 있도록 제도가 개선되었다. 또한, 신용카드사의 무분별한 마케팅 행위를 제한하기 위해 과도한 리워드 제공 및 무분별한 카드 발급 등을 규제하는 조치도 시행되었다. [표 13-14]는 카드사태 대응을 위한 주요 정책을 정리한 것이다.

**표 13-14** 카드사태 대응을 위한 주요 정책과 내용

| 정책 명 | 내용 |
|---|---|
| 금융시장 안정을 위한 신용카드사 종합대책(2003.3.17) | - 강도 높은 자구노력 및 수지 개선 대책 강구<br>- 정부 정책의 탄력적 운용으로 유동성 개선<br>- 연체율 증가 억제를 위한 업계의 공동 노력 유도 |
| 금융·외환시장 안정대책(2003.3.20) | - 유동성 공급 확대 방안 마련<br>- 중소기업에 대한 금융지원 확대 유도<br>- 외환시장 안정 도모<br>- '금융시장 안정 비상대책반' 설치·운영 |
| 신용카드사 및 투신사 유동성 문제 해소를 위한 금융시장 안정대책(2003.4.3) | - 신용카드사 자구노력<br>- 신용카드사의 카드채 만기 연장<br>- 투신사 환매자금 지원을 위한 5조 원 조성 |

출처: 재정경제부 외(2003a, 2003b), 한국은행(2003).

2003년 3월에 정부는 금융시장 안정을 위한 신용카드사 종합대책을 발표하였다. 주요 내용으로는 먼저, 신용카드사들이 자체적으로 경영을 정상화할 수 있도록 증자 계획을 점검하고, 과도한 할인 서비스 및 장기 무이자 할부 등 출혈 경쟁을 시정하도록 하는 방안이 포함되었다. 또한, 정부 차원의 지원책으로 2002년 7월부터 시행된 신용카드사의 현금대출비율 제한 규정의 준수 시한을 2004년 말까지 1년 연장하였다. 아울러, 카드사의 채권 회수 노력을 지원하고, 부실채권의 조기 상각 및 매각을 유도하는 정책도 함께 추진되었다. 마지막으로, 업계 차원에서도 신용카드 이용 한도를 단계적으로 축소하도록 유도하여 연체율 증가를 억제하고, 카드사들의 공동 노력을 강화하도록 하였다(재정경제부 등, 2003a).

### 4) 공적자금 투입과 금융시장 안정대책

정부는 카드사의 부실 문제가 금융시스템 전반으로 확산되는 것을 막기 위해 공적자금을 투입하여 주요 카드사에 유동성을 지원하였다. 이를 통하여 대규모 카드사 파산을 방지하고 금융시장 불안을 완화하는 데 기여하였다. 또한, 한국은행은 2003년 3월 20일 미국·이라크 전쟁 발발에 대응한 금융·외환시장 안정대책을 발표하였다. 주요 조치로는 RP 매입을 통한 단기 유동성 공급 확대, 통화안정증권 발행 조정, 은행 유동성 조절 대출 및 일시 부족자금 내출 지원 등이 포함되었다. 아울러, 중소기업 금융지원 확대와 외환시장 수급 조절을 통하여 금융 안정성을 높이는 조치도 함께 추진되었다(한국은행, 2003).

다양한 안정화정책이 시행되면서 카드사의 부실 문제가 점차 해결되었고, 금융시스템도 안정성을 되찾았다. 또한, 개인 채무 관리가 개선되고 신용카드 산업의 건전성이 강화되었다. 금융위기 이후 한국은 신용평가 체계를 강화하고 금융감독 체제를 개선하는 데 주력하게 되었다. 이처럼 카드 사태는 한국경제에 중요한 교훈을 남겼으며, 과도한 부채와 신용 확장이 초래할 수 있는 위험을 경고하는 사례로 기억되고 있다.

## 6 글로벌 금융위기와 대응 정책

2008년 글로벌 금융위기는 미국 서브프라임 모기지(subprime mortgage) 사태에서 비롯된 세계적 충격으로, 한국 역시 수출시장 둔화와 외국인 투자자금 이탈, 환율 급등 등을 겪으며 금융·실물 부문 모두 큰 타격을 입었다. 이에 대응하기 위해 정부는 외환보유고 확충과 미국과의 통화 스와프 협정을 체결하는 등 외환시장을 안정화하는 동시에, 재정지출을 확대하는 경기부양책을 실시하였다. 또한 중앙은행은 기준금리를 인하함으로써 시장에 유동성을 공급하고, 부실 우려가 있는 금융기관을 점검·재편함으로써 금융시스템의 안정성을 확보하고자 하였다.

### (1) 경제 현황

2008년 미국발 글로벌 금융위기는 단순한 경제위기를 넘어 자본주의 체제의 안정성 자체에 대한 의문을 제기할 정도로 심각한 충격을 초래한 사건이었다. 다른 경제위기와 달리, 자본주의가 발전한 선진국에서 발생했으며, 시장 규제완화와 정부 정책의 실패가 주요 원인으로 지목되었다.

1997~98년 동아시아 금융위기는 글로벌 금융위기의 전조로 볼 수 있으며, 당시 위기는 아시아뿐만 아니라 러시아, 브라질, 아르헨티나까지 영향을 미쳤다. 이를 극복하기 위해 미국은 1998년부터 금리를 인하하며 닷컴버블이 형성되었으나, 이후 붕괴와 경제 침체가 이어졌다.[17] 9.11 테러 이후 미국은 초저금리 정책을 유지하며 유동성을 확대했으며, 이로 인해 2001~2004년 부동산 버블이 촉진되었다. 그러나 2004년부터 금리를 인상하면서 2006년부터 주택가격이 하락하였고, 2007년 주택시장 붕괴로 금융기관 도산과 주가 폭락이 발생하며 금융위기가 본격화되었다. 2008년 리먼브러더스(Lehman Brothers) 파산을 계기로 위기가 심화되었으며, 미국 정부의 주택시장 개입과 Fannie Mae·Freddie Mac을 통한 자금 공급이 주택 가격 폭등을 유발한 주요 요인으로 작용하였다. 결국, 미국발 서브프라임 모기지 사태가 전 세계 금융시장으로 확산되며 글로벌 금융위기로 이어졌다. 이 위기는 한국경제에도 영향을 미쳐 외환시장 불안, 수출 감소, 주식시장 급락 등 심각한 충격을 주었다.

한국 정부는 글로벌 금융위기에 대응하기 위해 확장적 재정정책을 적극적으로 시행하였

17 닷컴버블(Dot-com Bubble)은 1990년대 후반 미국에서 인터넷 기반 기업들(특히 '.com' 기업들)에 대한 과도한 기대와 투자가 몰리면서 주가가 비정상적으로 급등했다가 2000년경 급락하며 붕괴된 거품 현상을 말한다. 이 여파는 한국에도 영향을 미쳐서 1999~2000년 사이 정부의 벤처 활성화 정책과 IT 붐에 힘입어 코스닥 시장이 급등하고 수많은 벤처기업이 등장했으나, 수익성과 실체가 부족한 기업들의 연이은 실패와 미국발 거품 붕괴 충격으로 인해 코스닥이 급락하고 벤처 붐이 빠르게 꺼지는 결과를 낳았다. 하지만 이 과정에서 네이버, 카카오, 엔씨소프트 등 일부 기업은 생존과 성장을 통해 한국 IT 산업의 기반을 이루는 계기가 되었다.

다. 수출 의존도가 높고 개방 경제 구조를 가진 한국은 위기에 취약했지만, 정부의 적극적인 경기 부양 정책을 통하여 경제 회복을 도모하였다. 주요 대응책으로는 재정지출 확대, 금융시장 안정화 조치, 경기부양책 시행 등이 있었다. 이러한 정책을 통하여 한국은 비교적 빠르게 경제 회복을 이루었으며, 글로벌 금융위기 속에서도 성장동력을 유지할 수 있었다.

### (2) 주요 정책 대응

한국 정부의 글로벌 금융위기 대응은 1997년 아시아 외환위기 때와는 다르게 충분한 외화를 보유하고 있어서 전면적 경제정책보다는 어려움을 겪고 있는 부문에 대한 대응 정책을 시행하였다. 한국은 경제 안정과 회복을 도모하기 위해 다음과 같은 주요 정책들을 추진하였다.

#### 1) 금리인하와 확장적 금융정책

한국은행은 글로벌 금융위기 이후 경기 둔화를 막기 위해 적극적인 통화정책을 시행하였다. 먼저, 2008년 9월 글로벌 금융위기가 심화되자, 한국은행은 2008년에만 네 차례에 걸쳐 기준금리를 5.25%에서 2.75%로 대폭 인하하였다.[18] 이를 통하여 유동성을 확대하고 경기 둔화를 방지하고자 하였다. 그리고 한국은행은 외환보유고를 활용하고, 한미 통화 스와프(300억 달러 규모)를 체결하여 금융시장 안정을 도모하였다. 이러한 조치는 원화 가치 급락을 방지하고, 외환시장의 불안을 완화하는 데 기여하였다.

#### 2) 금융시장 안정화 조치

한국은행은 금융시장의 유동성 부족을 해결하기 위해 환매조건부채권(RP) 거래를 늘리고, 금융기관에 자금을 공급하는 등 다양한 유동성 지원 조치를 시행하였다. 그리고 정부, 한국은행, 금융권(은행, 증권사, 보험사 등)이 공동으로 자금을 출자하여 은행과 금융기관의 부실자산 정리 지원을 위해 채권시장안정펀드(Bond Market Stabilization Fund)를 설립하였다.[19]

---

18 구체적으로 2007년 이후 유지되던 5.25%에서 2008년 10월 9일(4.75%), 10월 27일(4.00%), 11월 7일(3.75%) 그리고 12월 11일(2.75%)로 낮췄다.

19 채권시장안정펀드는 금융시장 불안으로 인해 채권시장이 위축되거나 신용 경색이 발생했을 때, 시장의 안정성을 회복하고 채권 유동성을 확보하기 위해 설립되는 펀드이다. 주로 채권 매입으로 시장에 자금을 공급하고 시장 불안으로 확대된 신용스프레드를 줄여 금리안정에 기여하여 투자심리를 안정시키는 역할을 한다.

이는 기업들이 채권 발행을 통하여 자금을 조달할 수 있도록 지원하는 펀드이다. 당시에는 금융위기로 회사채 시장이 경색되면서 한국 정부는 2009년 2월 약 10조 원 규모의 채권시장안정펀드를 조성하여 국채와 회사채 매입으로 유동성을 공급하며 시장 안정에 기여하였다. 이후 2020년 코로나19 팬데믹에 의한 금융시장 충격으로 2020년 3월, 약 20조 원 규모의 채권시장안정펀드 조성을 발표하여 국채뿐만 아니라 회사채와 금융채까지 매입 대상에 포함하였다. 기업들의 자금조달을 지원하여 한국은행의 유동성 지원과 함께 금융시장 안정화를 도모하였다. 채권시장안정펀드는 경제위기 시 채권시장의 충격을 완화하고 기업들의 자금조달을 돕기 위한 중요한 정책 수단으로 활용되고 있다.

### 3) 확장적 재정정책

정부는 2008년 말부터 2009년까지 약 67조 원 규모의 경기부양책을 발표하였다. 먼저, 사회기반시설 투자를 확대하여 도로, 철도, 항만 등 인프라를 확충하고, 중소기업과 자영업자를 지원하기 위해 금융지원을 늘렸다. 또한, 소득세와 법인세를 감면하여 소비와 투자를 촉진하고, 부가가치세 감면을 통하여 기업과 소비자의 부담을 줄였다. 정부는 실업률 상승을 억제하기 위해 공공부문 일자리 창출 정책을 추진하고, 청년과 취약계층을 중심으로 일자리를 제공하였다. 아울러, 기업이 인력 감축을 하지 않도록 고용유지 지원 정책도 시행하였다. 금융시장의 안정을 위해서는 금융기관에 유동성을 공급하고, 중소기업과 수출기업을 대상으로 보증 및 대출 프로그램을 확대하는 등의 조치를 취하였다.

### 4) 예금보장 확대와 외환시장 안정화

2008년 글로벌 금융위기 당시, 한국 정부는 외환보유고를 활용하여 시장에 달러를 공급하고 환율 급등을 방지하는 조치를 시행하였다. 또한, 외환시장 불안을 완화하기 위해 미국과 3개월 단기 300억 달러 규모의 통화스와프를 체결하여 외화 유동성을 확보하고 금융시장 안정을 도모하였다. 금융시스템의 안정성을 확보하고 예금자의 신뢰를 회복하기 위해 정부는 예금 전액 보장 정책을 시행하였다. 2008년 10월 13일, 금융권의 모든 원리금 보장성 채무에 대해 전액 보장 조치를 발표하였으며, 기존 예금보험공사의 1인당 최대 5천만 원 보장한도를 일시적으로 확대하였다. 이 조치는 은행, 저축은행, 증권사 등의 예금 및 채무를 포함하였으며, 금융시장 안정성을 높이기 위해 2010년 6월 30일까지 한시적으로 시행되었다.

### 5) 금융 규제 개선 및 감독 강화

정부는 2009년 글로벌 금융위기로 인한 기업들의 자금난을 해소하기 위해 다양한 금융 지원 정책을 시행하였다.

첫째, 2009년 10월 건설업체의 유동성 위기 해결을 위해 대주단협의회 운영협약(대주단협약)을 시행하였다. 이를 통하여 건설업체와 프로젝트 파이낸싱(PF) 대출 채권에 대해 채무상환 유예나 만기연장 등 지원을 제공하였다. 둘째, 2009년 10월 키코(Kiko) 거래로 인한 유동성 위기에 직면한 중소기업들을 신속하게 지원하기 위한 제도로 패스트트랙(fast track) 프로그램이 시행되었다.[20] 패스트트랙은 일시적 자금난을 겪는 중소기업을 위한 유동성 지원프로그램으로 2010년 6월 말까지 한시적으로 운영되었다. 셋째, 2009년 4월 프리워크아웃(pre workout) 제도가 시행되었다. 부실화가 실질적으로 나타나기 이전에 사전에 부실화 징후가 있는 기업을 찾아내어 선제적으로 구체적인 경영개선대책을 제시하는 정책이다. 이에 비협조적인 기업에게는 실질적으로 부실화가 나다나면 워크아웃 절치를 거치지 않고 바로 퇴출시켰다.

## 7 글로벌 복합위기

2019~22년에는 코로나19 팬데믹과 러시아·우크라이나 전쟁으로 인한 공급망 교란, 원자재 가격 폭등, 금리인상 등이 맞물리며 글로벌 복합위기가 발생하였다. 팬데믹 극복을 위해 각국 정부와 중앙은행이 대규모 유동성을 공급했지만, 이후 급격한 인플레이션을 억제하기 위해 긴축적 통화정책으로 전환하였다. 이에 따라 한국도 기준금리를 인상하며 유동성을 점진적으로 회수하는 정책을 추진하였다.

20 키코(KIKO)란 Knock-in, Knock-out의 약자로 파생상품의 하나이다. 키코사태란 환율변동 리스크가 담긴 상품을 은행이 중소기업에 대량 판매하였다가 2007년 글로벌 금융위기에 직면하면서 환율이 급등하자 Knock-in 옵션이 발동되면서 중소기업 투자자들에게 큰 손실을 안긴 사건이다.

### (1) 글로벌 복합위기의 배경과 특징

2019년 12월 발생한 이후 전 세계를 공포에 몰아놓은 코로나19 팬데믹과 2022년 러시아의 우크라이나 침공 그리고 2023년 하마스의 이스라엘 공격으로 확산된 전쟁으로 유발된 글로벌 복합 위기로 전 세계는 다시 스태그플레이션을 경험하게 되었다. 이는 글로벌 공급망 교란에 의한 물류비용 증가, 전쟁으로 인한 에너지 가격 상승과 원자재(곡물, 비료, 금속 등) 가격 상승에 의한 물가상승과 경기 둔화가 동시에 나타나며 경제 전반에 큰 혼란을 초래한 결과이다. 복합적인 요인으로 인한 글로벌 복합위기는 글로벌 경제의 구조적 문제와 정책 대응의 한계를 드러냈다. 동시에 각국은 물가안정, 공급망 회복, 에너지 전환 등의 장기적 해결책을 모색해야 하는 과제를 안게 되었다.

### (2) 주요 정책 대응

글로벌 복합위기에 의한 스태그플레이션의 경제위기에 직면하면서 정부는 물가상승 억제를 우선시하는 정책을 시행하였다. 주요 정책 대응을 정리하면 다음과 같다.

첫째, 한국은행은 물가상승을 억제하기 위해 기준금리를 인상하였다. 금리인상으로 차입 비용이 상승하며 소비와 투자가 위축되었다. 2021~23년까지는 물가상승 압력과 경기 회복세에 대응하여 기준금리를 지속적으로 인상하였으며, 2024년에 들어서는 물가가 안정 기조에 들어가면서 경제성장을 촉진하기 위하여 금리인하로 전환하였다.[21] 코로나19 팬데믹 동안 증가한 유동성을 회수하고, 재정건전성을 강화하기 위해 기준금리 인상과 재정지출 구조조정을 추진하였다. 이를 통하여 자산 가격의 급격한 변동을 방지하고, 경제 안정을 유지하며 시장 신뢰를 확보하고자 하였다.

둘째, 정부는 코로나19 팬데믹으로 인한 경제적 충격을 완화하기 위해 여러 차례에 걸쳐 국민에게 재난지원금을 지급하였다. 2020년 5월 전국민을 대상으로 긴급재난지원금으로 약 14.3조 원을 가구원 수에 따라 차등 지급하였다. 2021년 9월부터는 약 11조 원 예산으로 소득 하위 80% 가구에 1인당 25만 원을 지급하였다.

셋째, 공급망 안정화 및 경제안보 강화 정책을 시행하였다. 글로벌 공급망 교란 문제에

21 한국은행은 2021년 8월 26일 기준금리를 0.50%에서 0.75%로 인상한 이후 2023년 1월 13일 3.50%까지 인상하였다. 그 이후 2023년 10월 11일 3.25% 그리고 11월 28일 3.00%로 인하하고 2025년 5월 현재까지 2.50%를 유지하고 있다.

대응하기 위해 특정 국가에 대한 의존도를 줄이고, 디지털 기술과 저탄소 기술개발에 집중하여 경제안보를 강화하고 있다. 이를 통하여 글로벌 경제 변화 속에서 미래의 기회를 포착하고, 지속가능한 성장을 위한 기반을 마련하고 있다.

넷째, 글로벌 복합위기에 효과적으로 대응하기 위해 국제사회와의 협력을 강화하고 있다. 특히, 동아시아 국가들과의 협력을 통하여 경제적 문제를 해결하고, 미래 세대를 위한 공동 위기 대응 방안을 모색하며 국제적 역할을 확대하고 있다.

다섯째, 중소기업을 위한 정책금융 지원을 강화하였다. 중소벤처기업부는 복합위기에 대응하여 중소기업의 고환율(원화가치 하락)·고유가·고금리 위기 극복과 혁신성장 촉진을 위해 21조 1,310억 원의 융자·보증을 지원하였다(2023년 11월 기준).

여섯째, 2023년 2월 저축은행 79곳 전체가 자율협약을 맺어 부동산 프로젝트 파이낸싱(PF) 대주단 협의체를 출범시켰다. 4월 들어선 여신전문금융업권과 상호금융업권도 대주단 협의체를 출범시킨 이후 은행·보험·여신전문금융회사·저축은행·증권사·상호금융조합(새마을금고 포함) 등 전 금융권이 참여하는 PF 대주단 협의체를 본격적으로 가동한다. 이는 지난 2009년 글로벌 금융 위기 이후 14년 만이다.

## 8 경제위기 대응의 교훈

한국은 지난 수십 년간 고도의 경제성장을 이루는 과정에서 다양한 경제위기를 경험해 왔다. 1960년대 과도한 대외부채 문제, 1970년대 두 차례의 석유파동으로 인한 스태그플레이션, 1997~98년 동아시아 금융위기, 2000년대 카드사태와 글로벌 금융위기, 그리고 최근의 글로벌 복합 위기까지 위기의 양상은 매우 다양하였다. 그럼에도 한국은 총수요 혹은 총공급 정책을 적절히 활용하여 경제위기를 극복하고, 경제체제를 지속적으로 개선해 왔다. 이를 통하여 보다 견고한 경제구조를 구축하는 데 성공하며, 불확실성이 높은 글로벌 경제 환경에서도 지속가능한 성장을 이어가고 있다.

# 참고

### 참고 13 경제위기와 주요 금융사태

경제위기에 직면하는 과정에서는 다양한 금융사태가 발생하였는데, 대표적인 사례로는 한보사태(1997), SK글로벌 분식회계 사태(2003), LG 신용카드 사태(2003) 등이 있다.

(1) 1997년 재계 14위였던 한보그룹은 한보철강 당진제철소 건설자금을 마련하기 위해 정계 유력 인사들에게 뇌물을 제공하고 약 5조 원의 불법 대출을 받은 사건이다. 한보그룹은 이미 수서비리 사건으로 경영 위기에 처해 있었으며, 결국 부도 처리되면서 금융기관의 대출 부실을 가속화하고, 다른 기업들의 연쇄 부도로 이어져 1997년 외환위기의 도화선이 되었다는 평가를 받는다. 본 사건은 기업과 정계 간의 부패, 금융권의 도덕적 해이, 부실한 리스크관리 체계가 얼마나 큰 경제적 혼란을 초래할 수 있는지를 보여준 대표적 사례로 기록된다.

(2) 2003년 3월 발생한 SK글로벌 분식회계 사건은 2001년 회계연도에 1조 5,587억 원의 이익을 과대계상하고, 당기순손실 1,226억 원을 과소계상한 대규모 회계 부정 사건이다. 사건 이후, SK 계열사에 자금을 대출한 은행들의 주가와 종합주가지수가 급락하고, SK 계열사가 발행한 머니마켓펀드(MMF)에서 환매 사태가 발생하고, 채권 및 외환시장 등 금융시장 전반이 경색되는 등 심각한 경제적 여파를 초래하였다. 이 사건은 단순히 SK글로벌의 문제가 아니라 회계감사기관과 금융권의 도덕적 해이가 얼마나 심각한 결과를 초래할 수 있는지 보여 주는 사례이다.

(3) LG 신용카드 현금서비스 중단 사태인데 LG카드는 삼성카드와 함께 1990년대 한국을 대표하는 기업계 신용카드사였다. 2002년 정부의 신용카드 활성화 정책으로 인해 가맹점 수와 현금서비스 대출 규모가 급격히 증가하면서 심각한 부실 문제에 직면하게 되었다. 2002년 중반부터 개인파산과 부실채권이 누적되면서 LG카드는 재무 위기에 빠졌고, 결국 2003년 워크아웃(채권단 관리 체제)에 들어가 공적자금 지원을 받았다. LG카드 사태는 과도한 신용 확대 정책과 무분별한 현금서비스 대출이 얼마나 큰 금융 리스크를 초래할 수 있는지를 보여준 사례로, 이후 신용카드사의 리스크관리 강화와 금융당국의 감독 필요성을 부각시키는 계기가 되었다.

# 연습문제

13.1. 1920년대 말 대공황 이후 등장한 케인스 경제학과 1970년대 이후 공급중시 경제학의 배경과 주요 특징을 설명하시오.

13.2. 1972년 '8·3 긴급경제조치'의 주요 내용과 경제적 의미를 설명하시오.

13.3. 1970년대 석유파동이 한국경제에 미친 영향과 1980년대 경제정책의 변화 방향을 설명하시오.

13.4. 1970년대 한국 정부가 추진한 물가안정과 기업구조 조정 정책의 주요 내용과 그 경제적 의미를 설명하시오.

13.5. 1982년 한국 정부가 추진한 경제활성화 정책의 주요 내용과 그 경제적 의미를 설명하시오.

13.6. 1980년대 한국 산업합리화 정책의 주요 내용과 그 긍정적·부정적 효과를 설명하시오.

13.7. 1998년 이후 한국의 기업구조조정 정책의 주요 내용과 경제적 의미를 설명하시오.

13.8. 김대중 정부 시기의 공공부문 구조개혁 정책의 주요 내용과 그 경제적 의미를 설명하시오.

13.9. 2000년대 초반 발생한 카드사태에 대해 한국 정부가 추진한 금융시장 안정화 정책의 주요 내용과 그 경제적 의미를 설명하시오.

13.10. 2008년 글로벌 금융위기 당시 한국 정부의 주요 대응 정책과 그 경제적 의미를 설명하시오.

CHAPTER

# 14

# 사회보장제도와 과제


1. 들어가며
2. 소득분배 현황
3. 사회보장제도 현황
4. 시대별 사회보장제도의 변화
5. 사회보장제도의 한계와 과제

Chapter 14

# 사회보장제도와 과제

자본주의 시장경제는 개인의 자유와 능력을 바탕으로 성장하지만, 빈곤층 형성, 양극화 심화, 소득분배 악화 등의 문제를 동반할 수 있는 문제점을 가지고 있다. 이는 독과점이나 시장지배력 강화라는 시장실패(market failure) 문제에서 더 나아가 완전경쟁 시장경제가 형성되더라도 나타나는 자본주의 체제의 문제점이다. 이를 해결하기 위해 정부는 사회보장정책(사회복지정책)을 통하여 이러한 문제점을 보완하고자 하고 있다. 1920년대 말 대공황을 계기로 자유방임주의에 기반한 자본주의 체제의 위기가 드러났고, 이에 대한 대응으로 케인스주의를 기반으로 한 수정자본주의가 등장했고, 동시에 시장경제를 부정하는 사회주의 체제도 부상하게 되기도 하였다.

현재 극단적인 사회주의 체제는 존재하지 않지만, 국가마다 시장과 정부의 역할 분담 방식은 다르게 나타난다. 1960~70년대에는 정부의 과다한 시장개입은 각종 비효율성이 나타났고, 반면에 1980년대에는 시장경제를 강화하는 움직임이 있었지만, 이에 따른 양극화와 소득 불평등 문제가 다시 대두되었다. 결국, 시장경제의 효율적인 성장과 공정한 소득분배를 조화롭게 이루는 것이 핵심 과제이며, 각국은 이 목표를 달성하기 위해 다양한 사회보장정책을 모색하고 있다.

## 1 들어가며

한국은 경제적으로 어려웠던 시기부터 사회보험과 공적부조 제도를 도입하며 다양한 복지정책을 시행해 왔다. 물론 해방 이후 1950년대까지는 일제강점기에 도입된 사회보험과 국제기구의 원조를 활용한 제한적인 복지가 이루어졌는데, 당시 재정 여력이 부족해 본격적인 사회보장제도 운용은 어려웠기 때문이다. 1960년대 박정희 정부 시기부터 사회보장제도가 불완전하지만 본격적으로 시행되었으며, 1970년대에는 국민연금과 전국민 의료보험이 도입되면서 복지제도가 확대되었다. 1997년 동아시아 외환위기 이후 복지 대상이 본격적으로 확대되었고, 김대중 정부에서는 국민기초생활보장제도가 도입되었다. 이후 노무현 정부를 거치면서 복지제도가 점진적으로 발전해 현재까지 지속적으로 확대되고 있다.

현재 한국은 5대 사회보험 체계를 갖추고 있으며, 기초연금 등 공적부조 제도도 운용하고 있다. 하지만 OECD 국가들을 비교하면 한국은 시장소득 기준으로 보면 비교적 양호한 소득분배 구조를 보이지만, 조세 및 복지정책이 적용된 후(처분가능소득 기준)에는 소득재분배 효과가 최하위 수준이다. 이는 한국의 조세·복지 정책이 소득 불평등을 개선하는 효과는 다른 OECD 국가들보다 미흡한 수준임을 의미한다.

한국의 사회보장제도를 지속가능하게 하기 위해서는 복지지출 확대, 연금 개혁, 저출산 문제 해결, 소득재분배 강화 등 정책 대응이 필요하다. 또한, 재정 부담 증가에 대비하기 위해 조세 개혁과 효율적인 재정 운영이 필수적이며, 고령화 및 노동시장 변화에 대응하는 제도적 개편도 요구된다. 이를 통하여 보다 균형 잡힌 사회보장체계를 구축하고 지속가능한 복지국가로 발전해야 한다.

이 장에서는 한국의 소득분배 및 빈곤 현황, 사회보장제도의 변화 과정을 살펴보고, 향후 정책 대응 방안을 논의한다.

## 2 소득분배 현황

### (1) 소득분배 추이

자본주의 체제에서 지적되는 문제점 중 하나는 경제성장이 이루어지는 과정에서 소득격차가 확대될 수 있다는 점이다. 이러한 문제점을 완화하기 위해 정부는 조세정책이나 사회보장정책을 시행한다. 소득분배는 일반적으로 개인별 소득분배와 기능별 소득분배로 구분된다. 개인별 소득분배는 소득의 종류나 생산요소와 관계없이, 각 개인의 소득이 어떻게 분포되어 있는지를 보여주는 개념이다. 반면, 기능별 소득분배는 생산과정에 투입된 생산요소를 기준으로 한 분배를 의미하며, 이는 다시 요소소득별 분배와 제도부문별 분배로 나뉜다. 요소소득별 분배는 노동과 자본처럼 생산에 기여하는 요소 간의 소득분배를 나타내며, 제도부문별 분배는 가계, 기업, 정부 등 제도적 부문 간의 소득분배를 의미한다.

[그림 14-1]은 1965~93년 기간의 소득분배 추이를 보여주는데, 한국은 고도 경제성장기에 다른 나라에 비해 상대적으로 양호한 소득분배 상태를 유지하였음을 알 수 있다.[1] 한국의 소득분배에 대한 일관된 통계 자료는 경제발전 초기부터 1980년대까지는 부족한 편이지만, 여러 연구 결과를 비교하여 추세를 추론할 수 있다. 연구자마다 분석 대상 시기, 분석 대상과 추정 방법에 차이가 있어 수치에는 다소 차이가 있으나, 대체로 1970년대까지는 소득분배가 악화되는 경향을 보이며, 이후에는 분배 상태가 일정한 수준을 유지하면서 1980년대 말까지 지속되었음을 보여준다. 다만, 주학중(1993)에 따르면 1980년대에는 오히려 소득분배가 점차 개선되는 추세를 나타낸다.[2]

1 1960~80년대 한국의 소득분배에 대한 연구와 성과에 대한 자세한 논의는 안국신(1995)을 참조할 수 있다.

2 주학중 팀의 자료는 1965~93년까지의 기간 중 10개 연도에 대해서만 지니계수가 추정되었으며, 주학중(1993)의 지니계수는 1970년대의 주학중(1979), 주학중·윤주현(1984), Choo(1993)의 추정값에 더해, 통계청이 추정한 1980년대(1980, 1985, 1988) 수치를 포함한 것이다. 주학중(1993)의 결과와 김·안(1992), 안국신(1992, 1995)의 지니계수 값이 서로 다른 이유는, 추정 방식에서 도시근로자 가구와 사업자 가구 외에 농어가구를 포함시켰는지 여부와, 농가의 소득계층별 가구 분포 및 경지규모별 농가 분포를 어떻게 처리했는지 등의 기준이나 방법 차이에 기인한다(안국신, 1995).

그림 14-1 한국의 소득분배 추이(1965-1995)

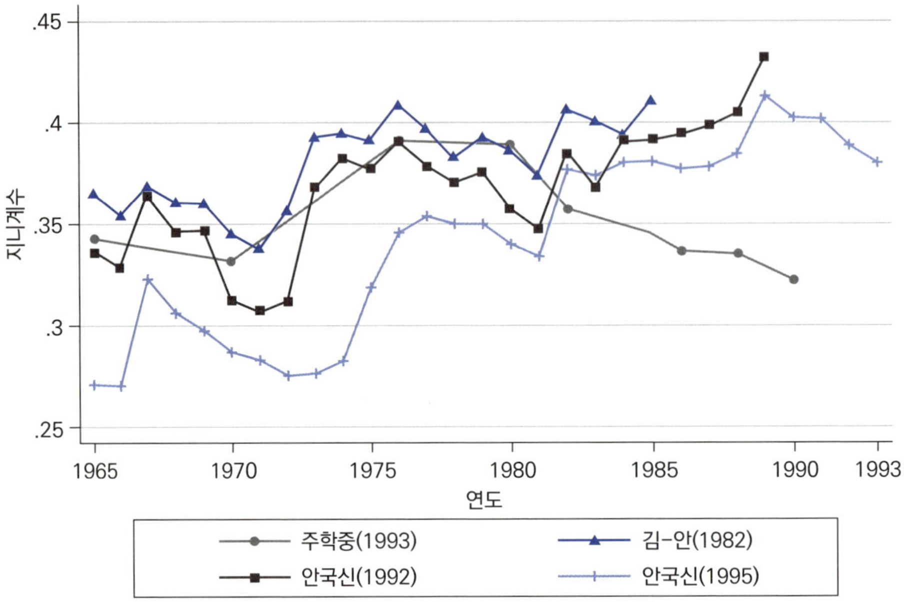


[그림 14-2]는 1990년대 이후 명목 처분가능소득을 기준으로 소득분배 지표의 변화를 보여준다. 이 시기에도 분석 대상 가구나 분석 방법에 변화가 있었기 때문에 지표 간의 완전히 일관된 비교는 어려우나, 다양한 자료를 종합적으로 살펴보면 소득분배의 전반적인 추이를 파악할 수 있다. 한편, 통계청은 1960년대부터 시행해 오던 가계동향조사를 중단하고, 2011년부터는 가계금융복지조사를 통하여 소득분배 지표를 산출·공표하고 있다.[3]

먼저, 2인 이상 도시가구의 처분가능소득을 기준으로 한 지니계수를 살펴보면, 1990년 0.256에서 시작하여 약간의 변동은 있었지만, 전반적으로 상승세를 보이며 2009년에는 0.320까지 상승하였다. 이후 하락세로 전환되어 2015년 0.305와 2016년 0.317로 낮아졌다. 이러한 추세는 2006년부터 추정된 전 가구를 대상으로 한 지니계수에서도 유사하게 나타난

3 가계동향조사는 통계청이 1963년 처음으로 매월 가계부 방식으로 시작한 조사이다. 2002년까지는 도시지역의 2인 이상 가구를 대상으로 했으나, 2003년부터는 2인 이상 비농가가구로, 2006년부터는 1인 가구를 포함한 전체 가구로 조사 대상을 확대하였다. 이에 따라 본문의 그림에서 가계동향(2인 이상 도시)은 1990~2016년 그리고 가계동향(전가구)은 2003~16년 기간이다. 2011년부터는 고용보험 및 산재보험 급여소득 등 행정자료를 보완하여 보다 정교하게 작성한 가계금융복지조사에 의한 소득분배(금융복지) 지표를 추계하기 시작하여 현재에 이르고 있다.

그림 14-2 한국의 소득분배 추이(1990-2022)

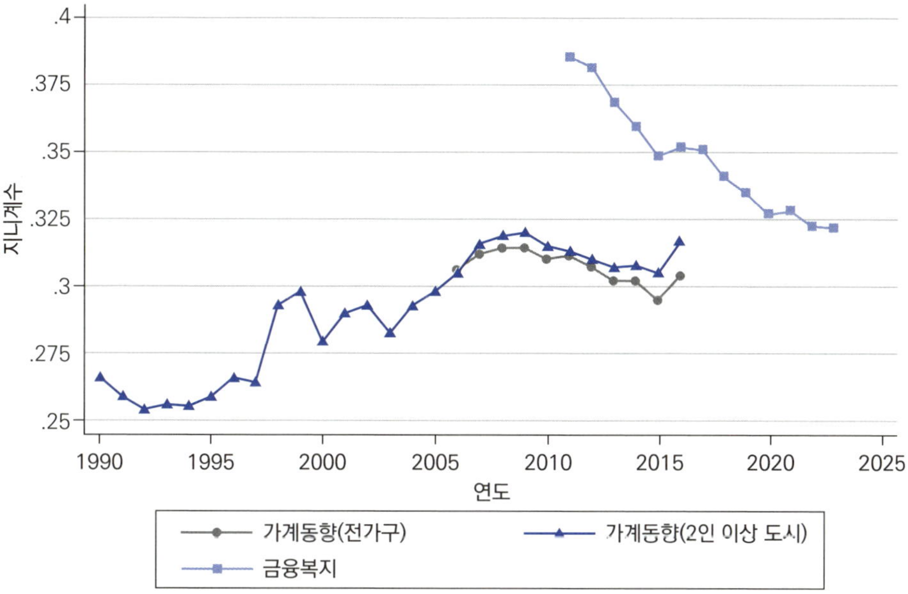


자료: 통계청 국가통계포털(KOSIS).

다. 전 가구 기준 지니계수는 2006년 0.306이었고, 2016년에는 0.304를 기록하였다. 전반적으로 보면, 전 가구를 기준으로 한 지니계수는 2인 이상 도시가구에 비해 다소 낮은 수준을 유지하고 있다. 2011년부터는 행정자료를 활용하여 작성한 가계금융복지조사를 통하여 소득분배 지표가 새롭게 발표되기 시작하였다. 작성하기 시작한 첫 해인 2011년 지니계수는 0.387로 같은 해 가계동향조사를 기준으로 한 전 가구 지니계수(0.311)보다 높은 수준을 보였다. 그러나 이후 지니계수는 지속적으로 하락하는 추세를 보여 전반적으로 소득분배가 점차 개선되고 있음을 나타낸다. 실제로 2020년에는 지니계수가 0.328로 낮아졌고 2021년 약간 올라 0.329였지만 2023년에 0.323으로 하락하여 전반적으로 소득분배가 개선되는 추이를 보여 준다.

[그림 14-3]은 총본원소득(GNI)의 요소소득별 분배 추이를 보여준다. 요소소득은 생산과정에 투입되는 주요 생산요소인 노동과 자본의 소득으로 구분된다. 이들을 GNI로 나누어서 각각 노동소득분배율과 자본소득분배율로 정의된다. 그러나 현실적으로 자영업자의 소득은 노동과 자본의 결합된 성격을 지니고 있어, 노동소득과 자본소득으로 명확히 구분하기 어렵다는 문제가 있다. 이러한 이유로 한국은행은 자영업자의 소득을 제외하고, 피용자보수

그림 14-3 총본원소득(GNI)의 분배(피용자보수 및 기업·재산소득)

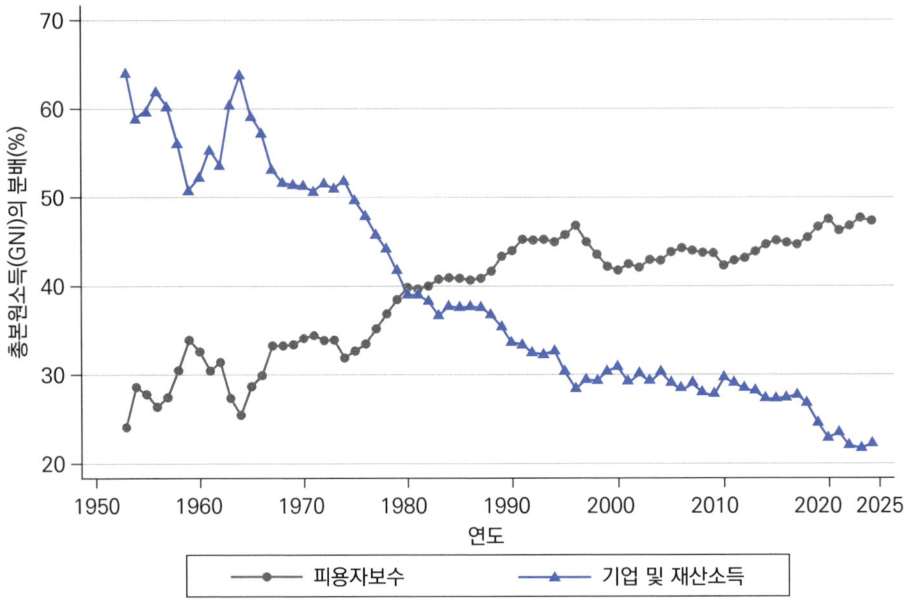


출처: 한국은행 경제통계시스템(ECOS).

만을 기준으로 소득분배율을 산출하며, 이 지표를 노동소득분배율이 아닌 피용자보수 비율로 명시하고 있다.[4]

자료가 존재하는 1953년 이후의 추이를 살펴보면, 피용자소득 비중은 전반적으로 증가하는 경향을 보이는 반면, 기업 및 재산소득 비중은 점차 감소하는 모습을 나타낸다. 다만, 한국은행이 발표하는 피용자보수에는 일반적인 노동자 소득뿐만 아니라 자영업자의 일부 소득도 포함되어 있어, 노동자소득 비중의 증가 추세를 해석할 때 이러한 점을 유의할 필요가 있다. 예를 들어 1953년 피용자보수 비중은 24.1%에서 2024년에 47.4%로 증가하였다. 반면에 기업 및 재산소득은 같은 기간에 64.2%에서 22.4%로 감소하였다.

4 한국은행은 요소소득별 분배를 피용자보수, 기업 및 재산소득, 고정자본소모, 생산 및 수입세(공제)의 네 부문으로 구분하여 발표하고 있다. 과거에는 피용자보수에 자영업자의 소득을 포함하여 계산하고, 자영업자 소득을 혼합소득이라는 항목으로 구분하여 제시했으나, 2022년부터는 자영업자 소득을 별도로 발표하지 않고, 피용자보수만을 기준으로 피용자보수비율을 산출하고 있다. 반면, OECD는 자영업자 소득을 기업 및 재산소득에 포함하여 집계하고 있기 때문에, 피용자보수의 정의와 범위가 한국은행과는 다르다는 점에 유의해야 한다. 이와 관련한 보다 자세한 논의는 강성진(2022)을 참조할 수 있다.

그림 14-4 총본원소득(GNI)의 분배(가계, 기업, 정부)

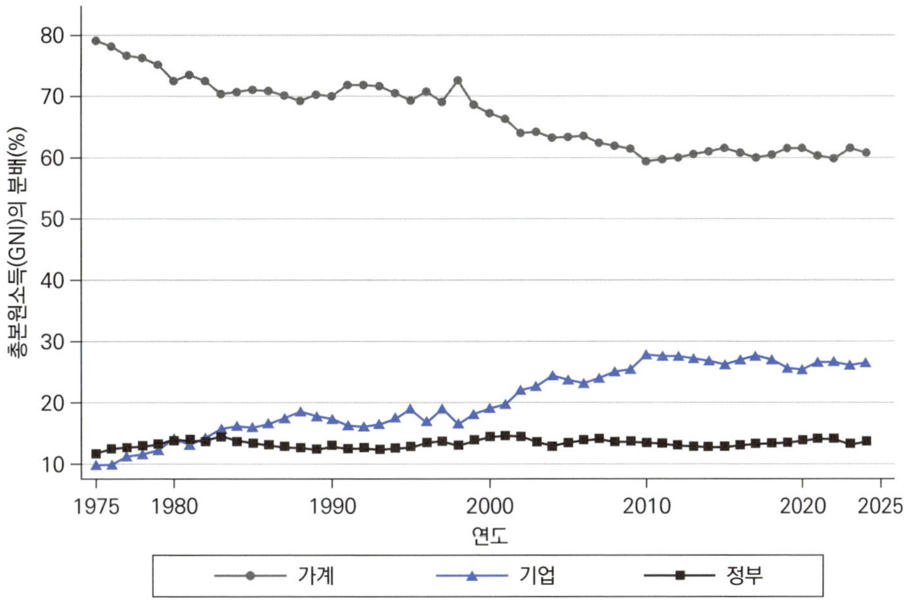


출처: 한국은행 경제통계시스템(ECOS).

[그림 14-4]는 GNI의 제도부문별 소득분배 추이를 보여준다. 가계의 소득 비중은 지속적으로 하락해 온 반면, 기업의 소득 비중은 꾸준히 증가하는 추세를 보인다. 통계가 처음으로 집계된 1975년 당시 가계의 소득 비중은 78.8%였으나, 이후 감소세를 이어가며 2024년에는 61.0%까지 하락하였다. 반면, 기업의 소득 비중은 1975년 10.1%에서 2024년에는 26.6%로 크게 증가하였다.[5] 한편, 정부부문의 소득 비중은 1975년 11.1%에서 약간 증가하여 2024년에는 12.4%를 기록하여, 가계소득 비중의 하락은 기업소득 및 정부부문 비중 증가로 반영되었다.

5 가계소득 비중 하락의 주요 원인으로는 노동소득 증가율 둔화, 비정규직 및 플랫폼노동 확대, 고용 불안정 심화 등이 지적된다. 반면, 기업은 고정비 절감과 자동화·디지털화 등을 통하여 수익성을 제고하고 있으며, 이로 인한 이익은 임금 상승보다는 사내 유보금 축적이나 자본시장으로의 환류로 이어지는 경우가 많다. 이러한 분배 구조의 변화는 소비 위축, 내수 부진, 자산 불평등 심화 등으로 이어질 수 있으며, 장기적으로는 경제의 지속가능성을 저해할 수 있다. 따라서 정책적 측면에서는 노동소득 확대, 고용 안정성 제고, 공정한 조세·재정 구조 구축 등을 통하여 분배 구조의 개선을 도모할 필요가 있다. 이러한 현상은 경제성장에 따라 많은 국가에 나타나는 현상이지만 그 속도나 격차 정도에 따라 성장잠재력에 부정적인 영향을 미칠 수 있음을 시사한다.

### (2) 상대적 빈곤

사회보장정책의 중요한 목적 중 또 다른 측면은 빈곤층의 감소이다. 빈곤은 절대적 빈곤과 상대적 빈곤으로 나뉘는데, 절대적 빈곤은 일정 기준의 최저생계비(빈곤선)를 설정하고, 그보다 낮은 수준의 소득이나 소비를 가진 사람을 가리킨다. 반면, 상대적 빈곤은 전체 인구의 소득이나 소비 분포에서 일정 비율 이하에 속하는 사람을 의미한다. 한국은 2014년까지는 최저생계비를 중심으로 한 절대적 빈곤 기준을 적용해 왔으나 2015년부터는 중위소득의 50% 이하를 기준으로 하는 상대적 빈곤 개념을 도입하여 사회보장정책을 시행하고 있다.

[그림 14-5]는 1990년부터 2023년까지의 처분가능소득의 상대빈곤율 추이를 보여준다. 상대빈곤율 추이는 기간에 따라 가계동향조사와 가계금융복지조사를 통하여 확인할 수 있다. 1990~2016년은 가계동향조사로 확인되는데 2인 이상 도시가구를 대상으로 한다.[6] 가

그림 14-5 상대적 빈곤 추이

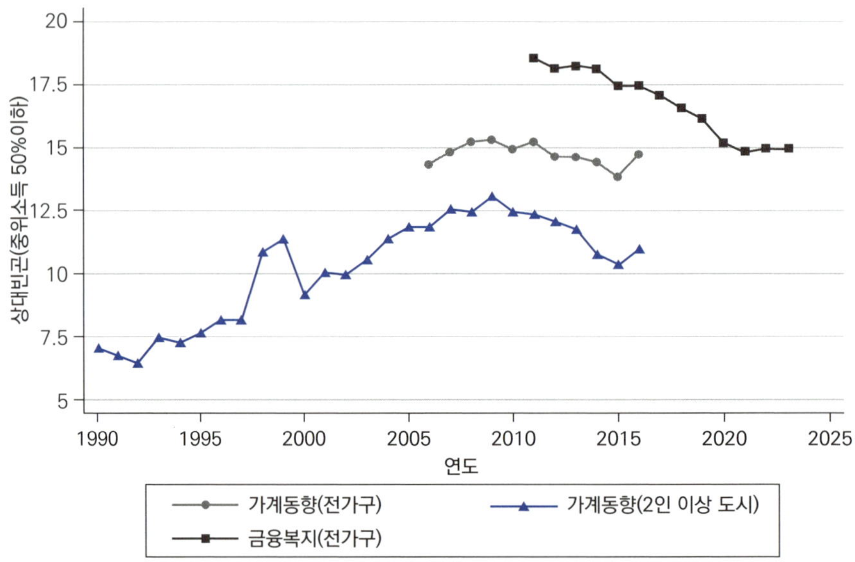


출처: 통계청 국가통계포털(KOSIS).

6 통계청은 조사된 월별 소득을 물가변동을 고려하지 않고 가구별 연간소득으로 환산한 뒤, 다시 이를 월평균 소득으로 환산하여 사용한다. 또한, 개인별 소득수준을 계산하기 위해 OECD 기준의 등가소득 방식(가구원 수의 제곱근으로 가구소득을 나눈 성인 등가 가구원 1인당 등가소득)으로 산출한다. 자세한 내용은 통계청 국가통계포털(KOSIS)의 가계동향조사 자료(검색일: 2025.05.20.)를 참조할 수 있다.

계동향조사에 따르면, 1990년에는 처분가능소득 기준 상대빈곤율이 7.1%에서 상승과 하락을 거쳐 2016년 11.0%였다. 같은 자료로 2006~16년은 전체 가구대상 상대빈곤율을 발표하는데 2006년 14.3%에서 거의 변동이 없이 2016년에는 14.7%였다. 반면, 2011~23년은 전체 가구를 대상으로 가계금융복지조사가 사용되었는데 2011년 18.5%에서 2023년에 14.9%로 하락하였다.

### (3) 사회보장제도와 소득재분배

정부는 시장경제에서 나타나는 소득격차를 완화하고 형평성을 높이고자 다양한 조세정책과 사회보장정책을 시행한다. 따라서 정부 정책이 시행되기 이전의 시장소득에 의한 소득분배를 정책이 시행된 이후의 소득분배와 비교하면 정부정책의 소득재분배 효과의 크기를 알 수 있다. [표 14-1]은 OECD 38개국을 대상으로 시장소득과 처분가능소득을 기준으로 지니계수를 비교한 것이다. 2023년 한국을 보면 시장소득 기준 지니계수는 0.396으로, 자료가 없는 콜롬비아를 제외한 37개국 중에서는 아이슬란드(0.369)와 슬로바키아(0.386) 다음으로 양호한 수준의 소득분배 상태를 보인다. 이는 한국의 시장경제 자체는 상당히 형평적이라는 점을 시사한다. 그러나 문제는 처분가능소득 기준 지니계수가 0.324로 0.072만큼 감소하였다. 지니계수 감소효과를 다른 OECD 국가들과 비교하면 매우 낮은 수준이어서 한국의 조세 및 사회보장정책을 통한 정부의 소득재분배 효과가 크지 않음을 의미한다.

정부의 조세정책이나 사회보장정책을 통한 소득분배 개선 효과가 다른 선진국에 비해 상대적으로 낮은 이유는 다음과 같이 설명할 수 있다(강성진, 2022).

첫째, 조세 및 사회보장정책 자체가 소득분배 개선에 효과적으로 작동하지 않았기 때문이다. 사회보장정책에는 일반적으로 선별적 정책과 보편적 정책이 존재하는데, 보편적 정책은 선별적 정책에 비해 소득재분배 효과가 낮은 경향이 있다. 한국의 사회보장제도는 상대적으로 보편적 복지 중심의 접근이 많아 소득 하위계층에 대한 집중적 지원이 부족할 수 있다. 또한, 조세정책 측면에서도 세율 구조나 과세 기준(세원)이 소득분배 개선에 충분히 기여하지 못하는 구조를 가지고 있어, 고소득층에 대한 실질적인 조세 부담이 상대적으로 낮고, 저소득층에 대한 재분배 효과도 제한적인 경우이다.

둘째, 정부 예산에서 사회보장지출의 비중이 낮다. [표 14-2]는 OECD 38개국의 일반정부지출 및 GDP 대비 사회보장지출의 비중을 비교한 것이다. 한국은 2019년 기준으로 사회

**표 14-1** OECD 사회적 안전망 정책의 소득재분배 효과(지니계수)

| 국가 | 시장 | 가처분 | 효과 | 국가 | 시장 | 가처분 | 효과 |
|---|---|---|---|---|---|---|---|
| 호주 | 0.441 | 0.318 | −0.123 | 한국 | 0.396 | 0.324 | −0.072 |
| 오스트리아 | 0.493 | 0.281 | −0.212 | 라트비아 | 0.474 | 0.343 | −0.131 |
| 벨기에 | 0.482 | 0.256 | −0.226 | 리투아니아 | 0.514 | 0.366 | −0.148 |
| 캐나다 | 0.436 | 0.292 | −0.144 | 룩셈부르크 | 0.435 | 0.284 | −0.151 |
| 칠레 | 0.491 | 0.448 | −0.043 | 멕시코 | 0.416 | 0.400 | −0.016 |
| 코스타리카 | 0.535 | 0.470 | −0.065 | 네덜란드 | 0.438 | 0.288 | −0.150 |
| 체코 | 0.438 | 0.255 | −0.183 | 뉴질랜드 | 0.454 | 0.320 | −0.134 |
| 덴마크 | 0.445 | 0.268 | −0.177 | 노르웨이 | 0.434 | 0.262 | −0.172 |
| 에스토니아 | 0.465 | 0.321 | −0.144 | 폴란드 | 0.426 | 0.261 | −0.165 |
| 핀란드 | 0.512 | 0.274 | −0.238 | 포르투갈 | 0.507 | 0.313 | −0.194 |
| 프랑스 | 0.526 | 0.298 | −0.228 | 슬로바키아 | 0.384 | 0.217 | −0.167 |
| 독일 | 0.496 | 0.303 | −0.193 | 슬로베니아 | 0.435 | 0.242 | −0.193 |
| 그리스 | 0.503 | 0.312 | −0.191 | 스페인 | 0.496 | 0.320 | −0.176 |
| 헝가리 | 0.443 | 0.278 | −0.165 | 스웨덴 | 0.439 | 0.290 | −0.179 |
| 아이슬란드 | 0.369 | 0.250 | −0.119 | 스위스 | 0.410 | 0.320 | −0.090 |
| 아일랜드 | 0.512 | 0.291 | −0.221 | 튀르키예 | 0.530 | 0.433 | −0.097 |
| 이스라엘 | 0.474 | 0.348 | −0.126 | 영국 | 0.510 | 0.354 | −0.156 |
| 이탈리아 | 0.525 | 0.330 | −0.195 | 미국 | 0.512 | 0.396 | −0.116 |
| 일본 | 0.513 | 0.338 | −0.165 | | | | |

주: 1) 전체 38개국 중 콜롬비아는 자료가 없음. 2) 가장 최근 자료 중심으로 대부분 자료는 2021년 기준이고, 그 외는 2017년(아이슬란드), 2019년(덴마크), 2022년(칠레, 핀란드, 멕시코, 네덜란드, 노르웨이, 폴란드, 스웨덴, 미국), 2023년(한국, 라트비아)임.

출처: OECD Income and Wealth Distribution Database.

보장지출이 정부지출에서 차지하는 비중이 38.5%로 OECD 평균인 47.7%에 크게 미치지 못하는 수준이다. 이보다 낮은 국가는 콜롬비아(34.1%), 코스타리카(31.4%), 헝가리(38.4%), 멕시코(27.2%), 튀르키예(35.1%) 등 소수에 불과하다. 또한, GDP 대비 사회보장지출 비중도

**표 14-2** OECD 국가의 사회복지지출 비중(%)

| 국가 | 정부지출 | GDP | 국가 | 정부지출 | GDP |
|---|---|---|---|---|---|
| 호주 | 49.0 | 20.5 | 일본 | 72.4 | 24.9 |
| 오스트리아 | 57.0 | 29.4 | 한국 | 38.5 | 14.8 |
| 벨기에 | 54.4 | 29.0 | 라트비아 | 43.3 | 19.7 |
| 캐나다 | 48.0 | 24.9 | 리투아니아 | 48.9 | 19.8 |
| 칠레 | 49.4 | 19.6 | 룩셈부르크 | 50.2 | 21.9 |
| 콜롬비아 | 34.1 | 15.2 | 멕시코 | 27.2 | 7.4 |
| 코스타리카 | 31.4 | 14.5 | 네덜란드 | 38.7 | 17.6 |
| 체코 | 47.4 | 22.0 | 뉴질랜드 | 58.2 | 20.8 |
| 덴마크 | 57.3 | 26.2 | 노르웨이 | 49.0 | 20.7 |
| 에스토니아 | 45.5 | 17.2 | 폴란드 | 50.7 | 22.7 |
| 핀란드 | 55.2 | 29.0 | 포르투갈 | 52.6 | 24.6 |
| 프랑스 | 56.8 | 31.6 | 슬로바키아 | 42.9 | 19.1 |
| 독일 | 56.9 | 26.7 | 슬로베니아 | 49.7 | 22.8 |
| 그리스 | 52.4 | 24.1 | 스페인 | 58.2 | 28.1 |
| 헝가리 | 38.4 | 17.2 | 스웨덴 | 51.0 | 23.7 |
| 아이슬란드 | 43.1 | 20.8 | 스위스 | 49.3 | 17.0 |
| 아일랜드 | 53.0 | 12.8 | 튀르키예 | 35.1 | 12.4 |
| 이스라엘 | 44.3 | 18.3 | 영국 | 44.9 | 22.1 |
| 이탈리아 | 57.2 | 30.1 | 미국 | 52.8 | 22.7 |
| | | | 평균 | 47.7 | 21.1 |

주: 1) 정부지출 대비 비중은 주로 2019년 기준이나 캐나다, 칠레, 콜롬비아, 코스타리카, 프랑스, 이스라엘, 일본, 한국, 뉴질랜드, 영국, 미국은 2020년 기준임. 2) GDP 대비 비중은 대부분이 2022년 기준이나 2019년(호주, 멕시코, 튀르키예), 2020년(캐나다, 코스타리카, 일본), 2021년(칠레, 콜롬비아, 이스라엘, 뉴질랜드, 영국, 미국) 기준임.

출처: OECD Income and Wealth Distribution Database.

한국은 14.8%로, OECD 평균에 비해 낮은 편이다. 이 수치는 코스타리카(14.5%), 아일랜드(12.8%), 멕시코(7.4%), 튀르키예(12.4%) 등 국가들 보다는 높은 수준이지만, 여전히 대부분의 국가에 비해서는 낮은 수준이다.[7]

## 3 사회보장제도 현황

### (1) 사회보장의 의미

인간은 삶의 과정에서 다양한 위험에 직면하거나 직면할 가능성이 있으며, 이에 대응하기 위한 수단으로 사적 안전망과 공적 안전망이 존재한다. 사적 안전망은 개인이 자발적으로 마련하는 위험 대비 수단으로, 주로 각종 민간보험 가입 등으로 사전적 또는 사후적으로 위험에 대응하는 방식이다. 반면, 공적 안전망은 국가가 제도적으로 마련한 보호 체계로, 대표적인 것이 사회보장제도이다. 이 제도는 1963년 제정된 「사회보장에 관한 법률」을 통하여 포괄적으로 규정되었으며, 해당 법은 1995년 폐지되고 「사회보장기본법」으로 대체되어 오늘에 이르고 있다. 현행 사회보장기본법 제3조 제1호에서는 '사회보장'을 다음과 같이 정의하고 있다. 즉, 출산, 양육, 실업, 노령, 장애, 질병, 빈곤, 사망 등 국민이 직면할 수 있는 사회적 위험으로부터 보호하고 삶의 질을 향상시키기 위해 필요한 소득과 서비스를 제공하는 것으로, 크게 사회보험, 공공부조, 사회서비스로 구분된다. 이처럼 사회보장은 단순한 복지 차원을 넘어, 국민의 기본적인 생활을 보장하고 사회적 위험을 제도적으로 관리하는 공공 시스템이다.

### (2) 사회보장제도 현황

#### 1) 사회보험

사회보험(social insurance)이란 전 국민을 대상으로 개인이 처할 수 있는 다양한 사회적 위험에 대하여 정부재정으로 보호하고자 하는 제도이다. 국민에게 발생하는 사회적 위험을

7 그럼에도 한국의 전 세계적으로 가장 빠른 저출산·고령화는 정부의 사회복지지출 증가를 가속화시키고 있어 정부지출에 대한 사회복지지출 비중도 빠르게 증가하고 있다.

보험의 방식으로 대처함으로써 국민의 건강과 소득을 보장하는 제도를 말한다(사회보장기본법 제3조 제2호). 현재까지 시행되고 있는 사회보험제도는 5대 사회보험으로 구분된다. 도입 순서대로 보면 산업재해보상보험(산재보험, 1964), 의료보험(1977), 국민연금(1988), 고용보험(1995), 노인장기요양보험(2008)이다. 5대 보험제도의 보험료는 개인과 정부(혹은 기업)가 공동으로 부담하고, 보험료 산정은 개인소득을 고려하여 분담하도록 함으로써 소득재분배 기능까지 고려한다.

### 2) 공공부조

공공부조란 국가와 지방자치단체의 책임하에 생활 유지 능력이 없거나 생활이 어려운 국민의 최저생활을 보장하고 자립을 지원하는 제도를 말한다(사회보장기본법 제3조 제3호). 대표적인 공공부조에는 국민기초생활보장제도와 기초연금제도 있다. 생활 유지 능력이 없거나 사회보험료를 낼 수 없을 정도로 생활이 어려운 국민의 최저생활을 보장하고 자립을 도와주기 위하여 국가 및 지방자치단체가 보험료를 전액 부담하여 지원하는 제도이다.

### 3) 사회서비스

사회서비스는 개인이나 사회 전체가 삶의 질 향상이나 복지 증진을 위하여 필요한 서비스이지만 저수익으로 민간이 제공하지 못하고 국가·지방자치단체·비영리기관 등이 제공하는 복지서비스이다. 사회서비스는 국가·지방자치단체 및 민간부문의 도움이 필요한 모든 국민에게 복지, 보건의료, 교육, 고용, 주거, 문화, 환경 등의 분야로 나누어져 있다(「사회보장기본법」 제3조 제4호).[8]

위에서 설명한 안전망은 정부나 지방자치단체라는 공적기관이 공급하는 것으로 공적 혹은 사회적 안전망이라고 부른다. 반면에 일반 국민 중에는 이러한 사회적 안전망이 충분하지 않다고 판단되는 경우 민간기관을 통하여 자신들이 스스로 안전망을 구축하게 되는데 이를 사적안전망(private safety nets)이라고 부른다. 사적안전망은 민간부문에서 개인이 납부한 보험료에 비례해서 혜택을 받는 것으로 사회보험에 대비하여 민간보험(private insurance)이라

8 '사회서비스'란 사회복지서비스, 보건의료서비스를 말한다(사회서비스 이용 및 이용권 관리에 관한 법률 제2조 제1호). 사회복지서비스는 국가·지방자치단체 및 민간부문의 도움을 필요로 하는 모든 국민에게 상담, 재활, 직업 소개 및 지도, 사회복지시설의 이용 등을 제공하여 정상적인 사회생활이 가능하도록 제도적으로 지원하는 것을 말한다(사회복지사업법 제2조 제6호). 보건의료서비스는 국민의 건강을 보호·증진하기 위하여 보건의료인이 행하는 모든 활동을 말한다(보건의료기본법 제3조 제2호).

고 불린다. 대표적인 것이 사망보험, 퇴직·개인연금, 자동차보험 등이 있다. 그 이외에 개인 간 혹은 가족 간 주고받는 사적 이전소득도 사적안전망에 포함된다.

## 4 시대별 사회보장제도의 변화

본격적으로 근대적인 사회보장제도가 시행된 시기는 1960년대 박정희 정부가 들어서면서부터이다. 수출주도형 경제발전 전략을 강력하게 시행하고 있는 과정에서 소득분배나 빈곤과 같은 사회적 위험에 대한 국가나 지방정부의 책임을 강조하기 위한 것이었다.

### (1) 해방 이후 1950년대

해방 이후 1960년 이전까지는 일제강점기 시행되기 시작했던 「조선구호령」(1944년 제정)과 전쟁 이후 외국 원조를 중심으로 한 빈곤지원정책이 시행되었으나 당시의 경제발전 단계, 6·25전쟁의 후유증에 의한 복지 수요 폭증을 고려할 때 체계적인 사회보장제도가 시행될 환경은 아니었다.

### (2) 정부주도 고도성장기

박정희 정부는 경제성장과 함께 현재 사회보장제도의 근간이 되는 다양한 복지제도를 시행하기 시작하여 사회보험과 공적부조의 기틀을 마련하였다.

(1) 한국 최초의 사회보험으로 산재보험은 1963년 제정된 「산업재해보상법」에 의해 1964년부터 시행되었다. 산업화가 진행되는 과정에서 발생하는 산업재해 근로자를 보호하기 위한 제도로 당시에는 300인 이상 제조업 사업장에만 적용되어 근로자 업무상의 재해에 대한 보상을 시작하였다. 재원은 국가가 사업주로부터 보험료를 징수하여 사업주를 대신하여 재해 근로자에게 치료와 생계, 사회복귀를 지원한다.[9]

(2) 「의료보험법」이 제정(1963)되었으나 의무가입이 아니어서 유명무실하였다가 본격적

9 국민연금이 아닌 각종 특수직역연금(공무원연금, 군인연금, 사학연금, 별정우체국연금) 가입자는 산재보험 적용 대상이 아니며 각 직역연금에서 재해보상금을 지급한다.

으로 시행된 것은 1977년부터이다.[10] 당시에는 500인 이상 사업장 근로자를 대상으로 의무화되어 질병이나 부상으로 인해 발생한 의료비에 대하여 개인이 부담하는 보험료를 제공하였다. 그리고 1979년부터는 공무원과 사립학교 교직원에 대한 강제가입이 시행되었고, 1989년 7월부터 전 국민을 대상으로 확대되었다.

(3) 공적연금제도는 일반 국민보다는 특수 직업군(공무원, 군인, 사립학교 교직원)을 대상으로 한 공적연금은 1960년대 이후부터 단계적으로 시행되었다. 1960년 공무원(군인 포함)을 대상으로 한 「공무원연금법」의 제정으로 시작되었으며, 이후 1963년에는 군인을 「공무원연금법」에서 분리하여 별도의 「군인연금법」이 제정되었다.[11] 1975년에는 「사학연금법」이 제정되어 사립학교 교직원을 대상으로 하는 연금이 마련되었다.

(2) 「생활보호법」(1961년 제정)으로 일제강점기 시작한 조선구호령(1944)을 대체한 생활보호제도가 시행되었다. 당시에는 재정 사정으로 생계보호에만 부분적으로 실시한 한계가 있었다. 이 법에 따른 지원 대상자는 근로무능력자만 아니라 근로능력자도 해당되었다. 여기서 근로 능력이 있는 근로자에 대해서는 자조 근로구호의 원칙을 적용하여 근로 행위에 대하여 미국 정부에서 받은 대정부 원조 잉여농산물을 지급하였다.[12] 1979년에는 대상자가 더 확대되어 생활보호대상자 중에서 중학생 자녀에게 수업료가 지원되었다. 그리고 「의료보호법」이 제정(1976)된 이후 1977년부터 생활보호대상자를 대상으로 의료보호(의료부조)가 시행되기 시작하였다. 이는 의료보험처럼 사용자와 근로자가 부담하는 방식이 아니라 국가가 예산을 직접적으로 지원하는 것으로 저개발국의 경제발전 단계에서 매우 고무적인 정책이다. 의료보호제도는 생활보호제도의 하위 개념으로 출발하였으나 두 제도 모두 저소득층 보호를 위한 국가책임 강화의 흐름 속에서 발전하였다.

1960년대 세계 최빈곤국 단계의 국가에서 위와 같은 초기 단계이기는 하지만 사회보장제도로 사회보험이나 공적부조정책을 시행하기 시작한 것은 획기적인 정책이라고 볼 수 있다. 물론 당시 재정 여건 때문에 현재 제도 수준의 사회보장을 해주지 못했

10 「의료보호법」은 2001년 전면개정되어 「의료급여법」으로 바뀌었다.

11 그 외에 「원호법」(1961), 「아동복리법」(1961), 「재해구호법」(1962), 「사회보장에 관한 법」(1963) 등이 있다.

12 자조 근로구호는 경제적 어려움을 겪는 사람들에게 단순한 현금 지원이 아닌, 근로 기회를 제공함으로써 자립과 자활을 유도하는 복지 방식이다.

던 한계는 있었다.

### (3) 민간주도 경제발전 이행기

#### 1) 전두환 정부

전두환 정부는 복지 확대보다는 경제 안정과 국가 재정 건전성을 우선시하면서도, 일부 사회복지제도를 정비하고 확충하였다. 생활보호제도의 지원 대상을 확대하여 1981년부터는 생활보호대상자 중에서 기술이 없어 취업하지 못하는 경우 취업에 필요한 기능을 습득시켜 자활할 수 있도록 지원하는 직업훈련지원사업이 시작되었다.

먼저 1986년 「최저임금법」을 제정하고 1988년부터 최저임금제도가 시행되기 시작하였다. 당시 최저임금은 시간당 462.5(1그룹)와 487.5(2그룹)원으로 결정되었다.[13] 그리고 공적연금이 특수직 대상에서 시작되었으나 1986년 「국민연금법」이 제정되면서 일반 국민에게 확대 적용되기 시작하였다.[14] 1988년부터 10인 이상 근로자 사업장을 대상으로 3% 보험료율과 70% 소득대체율로 60세부터 수령되는 제도로 시행되기 시작하였고, 2006년부터 전국민이 가입 대상이 되었다. 국민연금제도의 출범 당시에 노령연금, 장애연금, 유족연금의 3대 급여체계가 함께 마련되었다. 노령연금은 국민연금에 10년 이상 가입하고 보험료를 납부한 사람 중에서 일정소득 이하의 만 60세 이상인 사람에게 지급되었다.[15] 장애연금은 가입 중에 발생한 질병이나 부상으로 완치 후에도 장애가 남았을 경우, 장애 정도에 따라 지급된다. 유족연금은 국민연금에 가입하고 있거나 노령연금 및 장애연금을 받고 있던 사람이 사망하면 유족에게 지급된다.

#### 2) 노태우 정부

노태우 정부에서는 사회보장제도를 본격적으로 확대하고, 복지 체계를 정비하는 계기를 마련하였다. 농어촌지역(1988)과 도시지역(1989)이 의료보험에 의무적으로 가입하도록 하였

13 1953년 「최저임금법」을 제정하면서 최저임금제도의 근거를 두었으나 경제 여건이 성숙되지 않았다는 판단으로 시행되지 못하고 있었다.

14 국민연금은 사업장 가입자와 비사업장 가입자로 나누어져 있으며, 비사업장 가입자는 국민연금 지역가입자로 분류된다. 보험 재원은 사업장 가입자는 본인과 사업장 사용자가 분담하고, 지역가입자는 가입자 본인이 전액 납입하는 보험료이다.

15 2033년부터는 모든 세대가 수급연령이 65세부터가 된다.

고, 1989년부터는 전국민 건강보험 시대가 열리게 되었다. 다만 문제는 3개 보험 가입자가 별도의 조합(직장가입자 조합, 공무원 사립학교 조합, 지역가입자 조합)으로 운영되고 있었다.

### 3) 김영삼 정부

김영삼 정부는 사회보험 중심의 복지제도를 강화하고, 경제위기 속에서도 복지 체계를 정비하는 계기를 마련하였다. 그러나 동아시아 외환위기로 인해 복지정책이 충분히 확대되지 못하고 한계를 보였다.

고용보험은 「고용보험법」이 제정(1993)되어 1995년부터 시행되기 시작하였고, 실업급여제도가 1996년부터 시행되었다. 이는 고용주의 사정이나 근로자(피보험자)의 불가피한 사유로 실직하는 경우 피보험자의 구직활동 및 재교육을 지원하는 사회보험이다. 단순 실업 단계가 아니라 새로운 직장을 찾으려고 노력하는 조건으로 가입 기간에 따라 일정 기간 실업급여를 지원받을 수 있다. 당시에는 실업급여는 30인 이상, 고용안정·직업능력개발사업은 70인 이상 사업장에서 적용되었다.

## (4) 지속가능발전 준비기

### 1) 김대중 정부

김대중 정부에 들어서는 동아시아 외환위기를 거치면서 경제위기 극복과 사회안전망 강화를 위해 복지정책을 대폭 확대하였다. 이를 통하여 저소득층과 실업자 보호를 강화하고, 복지국가의 기틀을 마련하였다.

첫째, 1999년부터 국민연금이 자영업자에게 확대되면서 1988년 처음 시행되기 시작한 이후 11년 만에 전국민 대상으로 국민연금제도가 완성되었다. 그리고 2000년 7월부터는 산재보험도 1인 이상 사업장으로 대폭 확대되었다. 1998년에는 고용보험의 실업급여는 10인 이상 사업장(1월)에서 1인 이상 사업장(10월)으로 확대되었다. 이로써 시행된 지 4년 만에 전 사업장으로 대상이 확대되었다. 고용안정·능력개발사업은 50인 이상 사업장으로 확대하였다. 2001년에 고용보험을 통하여 모성보호급여(육아 휴직, 산전후 휴가 급여)를 지급하기 시작하였다. 2002년에 일용근로자도 고용보험을 적용하도록 하였고, 2003년에는 5인 미만 농업·어업·수렵업 중 법인에 대하여 확대하였다.

둘째, 「국민기초생활보장법」이 제정(1999)되어 2000년부터 국민기초생활보장제도를 시행하기 시작하였다. 이 제도는 기초생활대상자로 선정되면 생계·의료·주거·교육급여를 지급해 최저생활을 보장하고 자립을 지원하는 제도이다. 기초생활대상자 선정 기준은 가구의 소득평가액, 부양의무자 등 조건에 의하여 결정된다. 이는 1961년 제정된 「생활보호법」 이후 2000년 국민기초생활보장제도로 개편된 것이다.

셋째, 「의료보험법」을 폐지하고 「국민건강보험법」이 제정(1999)되면서 전국민 대상 국민건강보험제도가 시행(2000)되었다. 1998년에 공무원·교원 의료보험조합과 지역의료보험조합이 1차 재정통합되고, 2000년에 직장의료보험조합이 2차로 재정통합되면서 전국민을 대상으로 하는 본격적인 국민건강보험제도가 시행되기 시작하였다.

넷째, 국민연금 재정의 지속가능성을 위하여 소득대체율은 70%에서 60%로 인하하고, 보험료율을 6%(1993년 6%로 상향 조정됨)에서 9%로 상향조정하였다. 연금개시 연령을 2013년부터 단계적으로 최종 65세부터 받도록 하였다.

### 2) 노무현 정부

노무현 정부는 복지 확대와 사회적 형평성 강화를 목표로 사회복지정책을 시행하였고, 저출산·고령화 대응을 위한 정책을 강화하고, 사회적 대화 기구를 통하여 복지국가 기반을 마련하는 데 주력하였다.

첫째, 2003년에는 국민건강보험의 재정 통합이 완성되었다. 건강보험이 시행된 이후 보험 조합은 3개로 분리되어 있다가 1차 통합(1998), 2차 통합(2000) 이후 2003년 3차 통합으로 직장가입자와 지역가입자의 재정까지도 통합되었다. 또한, 2005년에는 「저출산고령화기본법」을 제정하여 저출산고령화위원회를 출범시켰고, 2005년 제정된 「긴급복지지원법」에 따라 2006년부터 긴급복지지원제도가 시행되었다.

둘째, 고용보험의 적용 범위도 확대되어 2004년부터 일용근로자와 주 15시간 이상 시간제근로자 등 비정규직 근로자에게까지 확대되었다. 건설공사에서 총공사 금액이 2천만 원 이상인 경우에도 고용보험이 적용되었다. 또한 60세 이후에 신규로 고용되는 자, 국가·지방자치단체가 직접 시행하는 공공근로 종사자와 선원에 대해서도 고용보험이 적용되었다. 2006년부터는 65세 이상도 고용안정·직업능력개발사업(실업급여 제외)을 적용하기 시작하였다.

셋째, 2005년 제정된 「긴급복지지원법」에 따라 2006년부터 시행된 긴급복지지원제도가 있다. 이 제도는 본인과 가구구성원이 갑작스러운 위기 상황에 직면했을 때 생계·의료·주거지원 등 복지서비스를 제공한다. 이 법에 따르면 위기 사유는 ① 주 소득자의 사망, 가출,

행방불명, 구금시설 수용 등, ② 중한 질병 또는 부상, ③ 가구구성원으로부터 방임, 유기 혹은 학대, ④ 가정폭력 혹은 가구구성원으로부터 성폭력, ⑤ 화재 또는 자연재해 등으로 생활곤란, ⑥ 휴·폐업, 출소, 사업장 화재 등으로 영업이 어려움, ⑦ 실직에 의한 소득 상실 등이 있다(「긴급복지지원법」 제2조).

넷째, 국민연금제도의 개혁이 이루어졌다. 2003년 실시된 재정 추계에 따르면, 당시의 보험료율인 9%와 소득대체율 60%를 유지할 경우, 국민연금 기금은 2047년에 고갈될 것으로 예상되었다. 이러한 재정적 문제를 해결하기 위해 정부는 제도 개편을 단행하였다. 개편의 주요 내용은 보험료율을 9%로 유지하는 대신, 급여 수준을 단계적으로 인하하는 것이었다. 이에 따라 소득대체율은 2018년까지 50%로 낮추고, 2028년까지는 40%로 추가 인하하도록 하였다. 아울러 2008년부터는 기초노령연금이 도입되어, 저소득층 노인의 소득을 지원하는 기능이 강화되었다. 이후에도 국민연금의 재정 안정성을 확보하기 위한 논의는 지속적으로 이루어지고 있다.

### 3) 이명박 정부

이명박 정부는 복지지출 증가를 경계하며 보편적 복지보다는 선택적 복지를 강조했고, 일자리창출과 경제성장 중심의 정책을 우선시하였다.

첫째, 사회보험 중 하나인 노인장기요양보험이 「노인장기요양보험법」(2007년 제정)에 근거하여 2008년부터 시행되었다. 노인성 질환자를 대상으로 현물급여와 현금급여, 그리고 재가급여를 제공하고 있다. 재가급여는 집에 거주하는 노인에게 노인 장기 요양 보험에서 방문하여 요양, 목욕, 간호 등과 주야간 보호 서비스를 제공한다. 시설급여는 요양 시설에서 간호, 목욕, 일상생활 지원 등의 서비스를 제공한다. 특별현금급여는 가족요양비, 특례요양비, 요양병원간병비 등을 지급하는 제도이다.

둘째, 장애인연금제도가 「장애인연금법」 제정(2010)으로 18~64세의 국민연금 가입자 중에서 근로 능력이 현저히 제한된 중증장애인의 최소한 소득을 보장하고 생활 안정을 지원하기 시작하였다. 만 18세 이상의 중증장애인 중 소득인정액이 일정 기준 이하인 사람을 대상으로 하며, 매월 기초급여와 부가급여를 현금으로 지급한다. 기초급여는 모든 수급자에게 공통 지급되며, 부가급여는 기초생활수급자 등 저소득층에 한해 추가로 지급된다. 이 제도는 장애인의 복지 향상과 자립을 지원하는 데 목적이 있으며, 국민기초생활보장제도 및 국민연금과 병행하여 운영된다.

셋째, 2008년부터 기초노령연금제도를 도입하여 국내에 거주하는 만 70세 이상이며 소득 하위 60%에 해당하는 노령층에게 월 최대 9만 원을 지급하도록 하였다.

넷째, 근로장려세제(EITC)가 2009년부터 아시아에서 처음으로 시행되었다. 이는 저소득 근로자를 대상으로 사회보장제도의 사각지대를 해소하기 위한 목적이 있다. 사회보험이나 국민기초생활보장제도의 지원을 받지 못하는 저소득층 근로자에게 근로소득에 따라 근로장려금을 지급하는 제도이다. 세금을 부과하는 것이 아니라 정부가 지원한다는 의미에서 음의 소득세(negative income tax)라고도 불린다.

다섯째, 2011년에 4대 사회보험료 징수를 국민건강보험공단이 통합 징수하고, 고용보험료 징수 기준이 근로기준법상 임금에서 소득세법에 따른 보수(과세대상소득)로 전환하였다. 국민기초생활보장제도에서 기초생활수급자의 선정 기준을 완화하여 부양의무자 기준을 1촌 직계혈족 및 그 배우자로 축소하고, 부양의무자의 소득기준도 최저생계비의 120%에서 130%로 인상하였다. 그리고 2012년부터는 자영업자도 고용보험에 가입할 수 있도록 하였다. 가입대상은 근로자를 고용하지 않거나, 50인 미만 근로자를 고용하는 자영업자이며 임의가입조건이며 실업급여(2019년부터 구직급여로 바뀜)와 고용안정 직업능력개발 사업에 동시 가입 조건이다.

### 4) 박근혜 정부

박근혜 정부에서는 보편적 복지를 확대하면서도 재정건전성을 고려한 맞춤형 복지를 추진하였다. 주요 정책으로는 기초연금 도입, 무상보육 및 무상급식 확대, 4대 중증질환 의료비 부담 완화, 맞춤형 기초생활보장제도 시행 등이 있다.

첫째, 2012년에는 65세 이후 새로 고용되거나 자영업을 개시한 자로 고용보험의 적용 대상을 확대하였다. 그리고, 2015년부터 국민기초생활보장제도가 시행되기 시작하였다. 그동안 최저생계비 이하 소득자에게 통일된 급여를 지급하던 정책에서 전환하여 급여를 다양화하여 급여별 선정 기준을 다르게 하였다. 급여별 선정 기준이 최저생계비 기준의 절대적 빈곤선에서 중위소득을 기준으로 하는 상대적 빈곤선을 기준으로 하는 방식으로 바뀌었다. 기준중위소득에 따라 생계급여(중위 30% 이하), 의료급여(중위 40% 이하), 주거급여(중위 43% 이하), 교육급여(중위 50% 이하) 등으로 급여를 차등 지급하였다.

둘째, 2014년부터 기초노령연금을 대체하여 기초연금(basic pension)을 도입하였다. 기존 제도와 같게 소득 하위 70%를 대상자로 정하고 현금급여를 2배 증액한 20만 원을 지급하였다. 기초연금은 만 65세 이상 국민 중에서 소득하위 70% 노인에게 최대 20만 원을 지급하였다.[16] 기존의 노령수당제도(1991~98), 경로연금제도(1998~2007)와 기초노령연금제도(2008~14)를 폐지하고 나온 제도이다.[17]

셋째, 무상보육 정책은 2012년부터 시행되어, 0~5세까지 보육과 교육에 관한 국가책임을 강화하였다. 주요 내용을 보면 만 0~2세 이하는 소득과 관계없이 보육료 전액을 지원하고, 만 3~4세의 영유아는 가구소득 하위 70% 이하 가구에 대한 보육료를 전액 지원하고, 만 5세 이하는 소득과 관계없이 보육료·육아학비 월 20만 원을 지원한다.

넷째, 2015년부터는 근로장려세제(EITC)를 개편하여 기초생활보장 대상자도 적용 대상에 포함하였다. 이는 저소득층에게도 일을 통한 자립을 촉진하기 위한 것이었다.

### 5) 문재인 정부

문재인 정부는 기초연금 인상, 아동수당 도입, 건강보험 보장성 강화(문재인 케어), 국민취업지원제도 도입, 최저임금 인상, 공공일자리 확대 등을 추진하였다. 또한, 고령화 대응 및 저출산 문제 해결을 위한 복지정책을 강화하고, 전 국민 고용보험 확대를 통하여 사회안전망을 강화하는 데 주력하였다.

첫째, 2017년 제1차 기초생활보장 종합계획(2018~20)과 2020년 제2차 기초생활보장 종합계획(2021~23)을 수립하였다. 부양의무자 기준 폐지(2015년 교육급여, 2018년 주거급여), 주거급여의 선정기준을 기준중위소득의 43%에서 47%로 상향, 재산기준(지역구분인 4급지 개편 및 기본재산 공제액 등)을 완화하였다. 수급권자가 중증장애인, 노인·한부모(2017, 2020)와 비노인·장애인(2019, 2021)에 대해서도 생계급여 부양의무자 기준이 완화되었다.[18] 소득하위 70%인 기초연금 수급노인이 포함된 부양의무자 가구에 부양의무자 기준 적용을 제외(2022)하였다. 그리고 주거급여 선정기준을 2021년 기준중위소득 45%, 2022년 46%에서 2023년 47%로 상향 조정하였다(보건복지부, 2023).

---

16 기초연금은 재원이 국가 및 지자체의 조세수입이지만 국민연금 급여 중 하나인 노령연금은 기금을 통하여 지급된다는 점에서 차이가 있다. 기초연금은 국민연금과 동시에 받을 수 있지만 국민연금 수령액이 커질수록 기초연금 수령액이 적어지도록 설계되어 있다. 이는 제도가 국민연금에 가입하지 못했거나 가입했더라도 충분한 연금을 받지 못하는 계층에 대하여 정부지원으로 연금혜택을 주고자 하는 목적이 있었기 때문이다.

17 장애인연금도 국민연금공단에서 장애 심사를 하여 지급하기 때문에 기초연금의 일종이다.

18 단, 부양의무자가 연 소득 1억 원(월 소득 834만 원) 및 재산 9억 원을 초과하는 경우 생계급여 대상에서 제외하였다.

둘째, 문재인 케어라고 불리는 국민 의료비 부담을 줄이기 위한 건강보험 보장성 강화 정책이다. 대표적으로 국민부담이 컸던 비급여 항목(MRI, 초음파 검사, 선택진료비, 상급병실료 등)을 건강보험 적용 대상으로 확대 적용하였다. 그 외에 재난적 의료비를 저소득층뿐만 아니라 중산층까지 지원 대상을 확대하고, 연간 본인 부담금 상한액을 소득수준별로 낮춰 의료비 부담을 낮추었다.

셋째, 정부는 고용보험 확대를 적극 추진하여 기존에 임금근로자 중심의 고용보험을 2020년 12월부터 예술인에게 적용하고 자영업자는 임의가입 형식으로 참여할 수 있게 하고, 2021년부터 13개 특수고용직(특고), 프리랜서에게 적용하기 시작하였다. 그리고 2021년 국민취업지원제도를 도입하여 저소득층, 청년 구직자, 경력단절 여성 등 취약계층을 대상으로 구직촉진수당(월 50만 원, 최대 6개월) 및 맞춤형 취업 지원을 제공하였다. 이는 고용보험 사각지대를 보완하는 한국형 실업부조 제도라고 볼 수 있다.

넷째, 기초연금 급여가 단계적으로 인상되고 확대되었다. 소득 하위 20% 대상 월 최대 25만 원(2018)에서 30만 원(2019) 그리고 2021년에는 소득 하위 70% 전체로 30만 원으로 확대 지급되었다. 2024년 이후에는 단독가구 기준으로 33만 4천 원이 지급되고 있다.

#### 6) 윤석열 정부

윤석열 정부에서도 사회보장 정책이 지속해서 확대되었다. 제2차 기초생활보장 종합계획에 의하여 재산기준 지역구분을 3급지에서 4급지로 개편하고, 수급자의 소득인정액 산정 때 적용되는 기본재산 공제액과 주거용 재산 한도액을 상향 조정(2023)하였다. 그리고 정부는 2023년 제3차 기초생활보장 종합계획(2024~26)을 발표하여 빈곤층의 감소를 위한 다양한 정책을 제안하였다(관계부처합동, 2023b). 2023년부터는 기초주거급여의 수급자 선정기준을 기존의 중위소득 46%에서 47%로 상향 조정하였다.

## 5 사회보장제도의 한계와 과제

한국의 사회보장제도는 점진적으로 확대됐으며, 특히 1997년 동아시아 외환위기 이후 사회안전망의 중요성이 부각되면서 국민기초생활보장제도가 도입되었다. 또한, 선별적 복지 위주에서 보편적 복지도 도입되면서 아동수당, 기초연금, 무상급식 및 무상교육 등이 시행되고 있다. 현재 국민연금, 건강보험, 고용보험, 산재보험 등 5대 사회보험이 복지체계의 중심을 이루고 있으며, 이를 통하여 국민 대부분이 일정 수준의 복지를 보장받고 있다.

사회보장제도의 주요 문제점으로는 복지 사각지대의 존재, 복지 재원의 부족, 복지혜택의 형평성 논란, 노동시장과의 연계 부족 등이 있다. 특히 OECD 국가 중에서도 정부 정책의 소득재분배 효과가 매우 낮은 국가에 속한다는 것은 선별적 복지와 보편적 복지 정책 선택의 중요성을 제시하기도 한다. 이에 따라 복지 사각지대를 해소하기 위한 정책 개선이 필요하며, 복지 재정의 지속가능성을 확보하기 위한 국민연금 개혁과 건강보험 재정안정화 방안이 마련되어야 한다. 또한, 복지서비스의 질적 향상을 통하여 단순한 현금 지원뿐만 아니라 보육, 노인 돌봄, 장애인 복지 등 서비스 중심의 복지를 확대해야 한다. 노동시장과 복지를 연계하여 실업자 및 비정규직 노동자들이 안정적인 일자리를 가질 수 있도록 지원하는 정책도 강화할 필요가 있다.

한국의 사회보장제도는 발전을 거듭해 왔지만, 여전히 해결해야 할 과제가 많다. 지속가능한 복지 체계를 구축하고, 국민이 모두 실질적으로 혜택을 받을 수 있는 정책이 마련되어야 한다. 복지의 확대와 효율성 증대가 균형을 이루는 방향으로 정책이 발전해야 할 것이다.

# 참고

## 참고 14 기본소득과 음의소득세

기본소득(basic income) 제도는 모든 국민에게 소득수준과 관계없이 정해진 금액을 지급하는 제도이다. 이 방식은 별도의 재산이나 소득 조사가 필요하지 않아 행정 비용을 절감할 수 있다는 장점이 있다. 하지만 기존 복지제도를 모두 폐지해야 하고, 막대한 재정이 필요하다는 단점이 있다. 이에 대한 대안이 음의소득세(negative income tax) 제도이다. 이 방식에서는 일정 수준의 면세소득을 정한 후, 그 이상의 소득에 대해서는 세금을 부과하고, 그 이하의 소득을 가진 사람에게는 부족한 만큼 보조금을 지급한다. 이 제도는 혜택을 받을 사람의 소득과 재산을 조사해야 하지만, 기본소득보다 재정 부담이 적고 기존 복지제도보다 운영 방식이 단순하다는 장점이 있다.

기존의 국민기초생활보장제도와 비교하면 몇 가지 차이점이 있다. 국민기초생활보장제도는 소득이 증가할수록 급여가 줄어드는 반면, 기본소득과 음의소득세는 개인소득과 상관없이 최소한의 생계를 보장한다. 하지만 국민기초생활보장제도는 소득뿐만 아니라 다양한 변수(재산, 생활환경 등)를 조사해야 하는 복잡한 절차가 필요하다. 이러한 문제를 보완하기 위해 도입된 것이 근로장려세제(EITC)이다. 이 제도는 저소득층이 일정 수준의 소득을 벌면 정부가 추가 지원금을 지급하여 근로 의욕을 높이고 빈곤층의 소득을 보장하는 방식이다. 국민기초생활보장제도보다 단순한 기준으로 운영되지만, 기존 복지제도와 함께 시행될 수 있다는 장점이 있다.

# 연습문제

14.1. 자본주의 시장경제가 가진 문제점과 이에 대한 정부의 대응 방안, 그리고 시대별로 변화해온 시장과 정부의 역할에 대해 서술하시오.

14.2. 자본주의 체제에서 발생할 수 있는 소득격차 문제와 이를 완화하기 위한 정부의 대응 방안에 대해 설명하고, 한국의 1965~93년 소득분배 추이와 관련 연구들의 차이점을 서술하시오.

14.3. 총본원소득(GNI)의 요소소득별 분배에서 노동소득과 자본소득의 구분과 관련된 현실적 한계와 한국은행 및 OECD의 집계 방식 차이를 설명하고, 1953년 이후 요소소득별 분배 추이의 특징을 서술하시오.

14.4. 절대적 빈곤과 상대적 빈곤의 개념을 비교하고, 한국 정부가 적용하는 빈곤 기준의 변화 과정을 설명하시오. 또한, 1990년부터 2019년까지 상대빈곤율 추이의 특징을 서술하시오.

14.5. 사회보장정책의 소득분배 개선 효과의 의미를 설명하고, 한국의 시장소득과 처분가능소득 기준 지니계수로 본 소득재분배 효과의 특징을 서술하시오.

14.6. 한국 사회보장제도의 구성 요소인 사회보험, 공공부조, 사회서비스의 개념과 기능을 설명하고, 공적 안전망과 사적 안전망의 차이점을 서술하시오.

14.7. 박정희 정부 시기에 도입된 사회보험과 공공부조 제도의 주요 내용과 특징을 설명하고, 당시 사회보장제도의 발전 의미와 한계를 서술하시오.

14.8. 국민기초생활보장제도의 도입 배경과 주요 내용, 그리고 기존 생활보호제도와의 차이점을 서술하시오.

14.9. 근로장려세제(EITC)의 도입 목적과 주요 내용, 그리고 음의소득세 개념과의 관련성을 설명하시오.

14.10. 한국 국민연금제도의 변화과정을 보험료율, 소득대체율, 개시연령을 기준으로 설명하고, 제도의 문제점 및 보완점을 설명하시오.

CHAPTER

# 15

# 에너지와 기후변화정책

1. 들어가며
2. 에너지 및 환경 지표 현황
3. 시대별 에너지정책
4. 시대별 환경 및 기후변화 정책
5. 에너지·환경정책과 과제

Chapter 15

# 에너지와 기후변화정책

자본주의 체제의 전통적인 가격기능에 기반한 시장경제로만 해결하기 어려운 것이 온실가스 감축을 통한 기후위기 문제 해결이다. 온실가스의 과다한 배출이 기후위기의 원인인데 이는 배출하는 주체와 영향을 받는 주체가 서로 달라서 이에 대한 온실가스 배출 책임을 명확하게 구분하기 어렵기 때문이다. 이러한 문제 때문에 전인류가 공동으로 대처해 나갈 수밖에 없다.

지구온난화 및 기후변화에 직면한 전 세계 국가는 이러한 문제를 해결하기 위하여 단순히 환경정책만으로 해결하기 어려운 시대에 살고 있다. 기후변화에 대응하기 위한 온실가스 감축을 통한 탄소중립을 달성하면서 지속가능한 발전을 후세대에 물려줘야 하기 때문이다. 문제는 미래의 경제성장은 디지털전환을 반영하는 제4차 산업혁명의 시기로 더 많은 전기(즉, 에너지)가 필요하다는 것이다. 따라서 미래 지속가능발전을 달성하기 위해서는 기후변화대응이라는 온실가스 감축과 디지털전환에 대비하기 위한 더 많은 전기 및 에너지 소비가 같이 가야 한다는 것이다. 따라서 미래시대는 에너지와 환경문제가 별도가 아닌 상호 융합적으로 해결되어야 하는 문제에 직면하게 되었다.

## 1 들어가며

산업혁명으로 고도 경제성장을 거치면서 인류는 어느 시기보다 높은 삶의 질을 누리게 되었다. 반면에 문제점도 나타나게 되었다. 화석연료 중심의 산업혁명은 너무 많은 온실가스를 배출하게 되었고, 이는 환경오염과 지구온난화 문제를 일으키게 되었다. 지구온난화는 최근 세계적으로 해결 방안을 논의하고 있는 기후변화 혹은 기후위기의 원인이 되었다.

화석연료 소비 증가는 지구온난화의 주요 원인이라는 차원을 넘어서, 개인의 건강에 대한 위협이라는 차원을 넘어 동식물의 멸종에 의한 생물다양성 문제, 해수면 상승에 의한 섬 국가들의 국가안보 위협과 같이 국가적 차원에 이르기까지 다양한 문제를 야기하고 있다. 이에 따라 기후위기의 문제에 대응하면서 지속가능한 경제성장을 달성하기 위한 에너지 및 기후변화 대책이 국가 차원만이 아닌 전 세계 차원의 공동 노력으로 지속되고 있다. 이와 별도로 에너지의 원천이 되었던 화석연료의 고갈 우려도 나타나게 되면서, 지속적인 경제성장이 가능한가에 대한 우려도 제기된다. 경제성장의 주요 생산요소 중 하나인 화석연료의 고갈은 온실가스 배출과 관계없이 경제성장 자체를 불가능하게 만들 수 있기 때문이다. 이러한 이유로 지속적 성장을 달성하기 위하여 화석연료를 대체할 다양한 신재생에너지를 확보함으로써 온실가스를 줄이고 지속가능한 경제성장을 도모하는 방안을 강구하고 있다.

경제성장과 온실가스 감축, 그리고 온실가스 감축과 에너지 수급 계획은 상호 긴밀하게 맞물려 있다. 따라서 정부가 공표한 2050 탄소중립선언에 의한 온실가스 감축 계획에 맞추어 에너지 수요-공급계획을 수립해야 한다. 따라서 에너지·환경정책은 경제성장과 상호 선순환적 관계를 갖도록 수립되고 시행되어야 한다. 본 장에서는 기후변화 및 기후위기에 대응하기 위한 에너지 및 기후변화 대책이 어떻게 이루어지고 있는가에 대하여 알아본다.

## 2 에너지 및 환경 지표 현황

### (1) 온실가스 배출 현황

경제성장 과정에서 에너지를 사용하면서 필연적으로 이산화탄소를 비롯한 온실가스가 배출된다.[1] 한국은 에너지집약적인 중화학공업을 중심으로 한 경제성장 전략을 채택하면서 이산화탄소를 비롯한 온실가스 배출이 많게 되었다. [표 15-1]를 보면 1990년 온실가스 총 배출량이 310.6백만 톤(t$CO_2$eq)에서 2022년에는 724.3백만 톤으로 증가하였다.[2] 2022년 기준으로 볼 때 에너지부문이 551.9백만 톤으로 가장 많고, 산업공정이 131.3백만 톤을 배출하였다. 산업에서도 화학산업이 31.8백만 톤을 배출하고, 이어서 광물산업(28.4), 금속산업(28.0)이 뒤를 잇고 있다.

**표 15-1** 온실가스 분야별 배출량 추이

단위: 백만 톤(t$CO_2$eq)

| 구분 | 1990 | 2000 | 2010 | 2020 | 2022 |
|---|---|---|---|---|---|
| 총배출량 | 310.6 | 533.5 | 689.8 | 713.0 | 724.3 |
| 순배출량 | 271.6 | 473.1 | 632.4 | 674.1 | 686.5 |
| 에너지 | 234.5 | 402.2 | 550.3 | 544.6 | 551.9 |
| 산업공정 | 37.8 | 83.1 | 95.0 | 126.8 | 131.3 |
| 광물산업 | 16.4 | 26.1 | 28.3 | 28.0 | 28.4 |
| 화학산업 | 7.8 | 30.1 | 25.1 | 29.1 | 31.8 |
| 금속산업 | 13.1 | 18.5 | 20.5 | 29.3 | 28.0 |
| 전자산업 | 0.0 | 3.3 | 8.9 | 9.0 | 7.0 |
| 기타 | 0.5 | 5.2 | 12.1 | 31.3 | 36.0 |
| 농업 | 24.9 | 24.7 | 24.7 | 23.1 | 23.0 |
| 토지이용 | −39.0 | −60.4 | −57.4 | −38.8 | −37.8 |
| 폐기물 | 13.4 | 23.4 | 19.7 | 18.5 | 18.2 |

출처: 통계청 국가통계포털(KOSIS).

1 제3차 기후변화협약 당사국총회(1997)에서 채택된 교토의정서는 감축대상으로 명시한 6대 온실가스로 이산화탄소($CO_2$), 메탄(CH4), 아산화질소(N2O), 수소불화탄소(HFCs), 과불화탄소(PFCs), 육불화황(SF6)을 지정하였다.

2 t$CO_2$eq는 ton of $CO_2$ equivalent의 약어로 다양한 온실가스 배출량을 하나의 공통 단위인 이산화탄소 기준으로 환산한 총량을 톤(t) 단위로 표현한 것이다. 이는 온실가스마다 지구온난화지수(GWP)가 다르기 때문에 서로 다른 가스들의 배출량을 통합적으로 평가하고 관리하기 위해 사용되며, 탄소발자국 계산, 기업 및 국가의 탄소중립 목표 설정, 환경정책 수립 등에 활용된다.

## (2) 에너지 수요와 에너지믹스

한국은 많은 에너지를 사용하는 산업을 중심으로 경제성장을 이룩한 국가임에도 불구하고 사용되는 에너지는 주로 수입에 의존하고 있다. 에너지 수입의존도는 경제성장과 함께 지속해서 증가하여 원자력발전을 제외한 에너지 수입의존도는 1981년 75.0%에서 지속적으로 증가하여 2023년 93.9%에 이른다. 그리고 [표 15-2]는 부문별 1차 에너지 공급(국내생산 및 수출의 합) 구조를 보여 준다. 1980년 약 4천4백만 톤(toe)에서 2000년 약 1억 8천만 톤 그리고 2023년 약 2억 9천 7백만 톤으로 연평균 5.9%가 증가하였다.[3]

**표 15-2** 한국의 1차 에너지 공급량 추이

단위: 백만 toe(%)

| | 1980 | 1990 | 2000 | 2010 | 2020 | 2023 |
|---|---|---|---|---|---|---|
| 석탄 | 13.2<br>(30.1) | 24.5<br>(27.3) | 43.1<br>(23.6) | 76.0<br>(29.9) | 76.0<br>(26.6) | 73.7<br>(24.8) |
| 석유 | 26.8<br>(61.1) | 47.4<br>(52.8) | 90.8<br>(49.6) | 100.2<br>(39.4) | 108.0<br>(37.8) | 111.0<br>(37.3) |
| 천연가스 | - | 3.0<br>(3.3) | 19.7<br>(10.8) | 41.7<br>(16.4) | 53.9<br>(18.9) | 56.6<br>(19.0) |
| 수력 | 0.5<br>(1.1) | 1.6<br>(1.8) | 1.0<br>(0.5) | 0.8<br>(0.3) | 0.8<br>(0.3) | 0.8<br>(0.3) |
| 원자력 | 0.9<br>(2.0) | 13.2<br>(14.7) | 27.2<br>(14.9) | 31.9<br>(12.6) | 34.1<br>(12.0) | 38.4<br>(12.9) |
| 기타 | 2.5<br>(5.7) | 0.0<br>(0.0) | 1.1<br>(0.6) | 3.8<br>(1.5) | 12.7<br>(4.4) | 17.0<br>(5.7) |
| 합계 | 43.9<br>(100) | 89.7<br>(100) | 183.1<br>(100.0) | 254.4<br>(100) | 285.5<br>(100) | 297.6<br>(100) |

주: 1) 공급량은 국내생산 및 수입을 합한 것임. 2) 신재생에너지는 기타에 포함됨.
출처: 통계청 국가통계포털(KOSIS).

3 toe는 석유환산톤(tonne of oil equivalent)의 약자로 서로 다른 에너지 발열량 단위를 석유의 발열량으로 환산한 것으로 다양한 에너지의 단위를 비교하기 위한 가상의 측정 단위이다. 예를 들어 석유의 단위는 배럴, 가스는 갤런 등으로 측정되는데 1toe는 약 307갤런이다.

에너지 공급구조에서 가장 높은 비중을 점유하고 있는 석유는 1980년 61.1%, 2000년 49.6%에서 2023년에는 37.3%로 하락하였다. 반면 같은 기간 석탄 비중은 30.1%, 23.6%에서 24.8%로 하락하였다.

## 3 시대별 에너지정책

에너지는 경제성장의 핵심적인 생산요소일 뿐만 아니라, 사회 전반에 걸쳐 매우 중요한 역할을 수행한다. 그럼에도 불구하고 지속적인 경제성장을 달성하기 위해서는 고갈 위험이 있는 화석연료에 대한 의존도를 줄이고, 재생가능한 에너지원으로의 전환을 통하여 지속가능한 에너지 시스템을 구축해야 한다. 이러한 전환은 경제성장을 지속하는 동시에 온실가스 배출을 줄이고 환경오염 문제를 완화하는 데 기여한다. 아울러, 국가 차원의 에너지 인보를 강화하고 지속가능한 발전을 실현하는 기반이 된다.

### (1) 해방 이후 1950년대

한국은 일본의 식민지에서 해방된 이후, 지속적인 공업화를 통한 경제발전 전략을 추진하고자 하였다. 6·25전쟁 이후 이승만 정부는 미국과 국제기구로부터 받은 대외원조 자금을 산업화에 활용하려 하였다. 이에 따라 전력공급과 농업 생산을 위한 비료공장을 세우고, 주택 및 건설에 필요한 시멘트와 철강재 생산을 위한 공장 건설계획을 추진하였다. 또한, 과학기술 기반 확보를 위하여 원자력연구소 설립 등 다양한 산업화 정책을 시행하였다.

해방 이후 부족한 전기를 확보하기 위하여 미군정은 일제강점기에 설치된 서울 당인리 및 강원도 영월의 화력발전소를 복구하여 발전을 지속하였다. 1948년 5월 14일 북한이 일방적으로 수풍발전소의 전력공급을 중단하자 미군정은 부산항에 설비용량 2만㎾의 발전함인 자코나(Jacona)호와 인천항에 6,900㎾의 일렉트라(Electra)호를 이용하여 전력수요를 충당하였다. 민간기업인 남산전기가 1949년에 목포 중유발전소를 가동하기 시작하면서 전력공급 문제는 상당히 해소되었다. 이 발전소는 정부 수립 후 최초로 가동된 발전소로 1,000kW 발전기 5대로 구성된 소규모 발전소였다.

6·25전쟁으로 목포 중유발전소와 엘렉트라호가 파괴되었으나 화천수력(5만 4천kW)이 복

구되면서 사정은 어느 정도 나아졌다.[4] 또한, 미국 원조로 1956년 서울 당인리 화력(3호기 2만 5천kW), 마산화력과 삼척화력발전소가 준공되면서 전력난은 상당히 나아졌다.[5] 이들은 준공 후 1년간 미국의 벡텔사(Pacific Bechtel Co.)가 운영하다가 1957년 조선전업에 인수되었다.[6] 전쟁 이후에는 1956년 당인리 화력발전소가 증설되고, 마산, 삼척 등 화력발전소 4기가 준공되면서 전력난을 점차적으로 해소해 나가기 시작하였다.

원자력의 중요성을 인식하고 있던 이승만 정부는 1956년 미국과 원자력의 평화적 이용 협정을 맺었고, 1959년 서울 홍릉에 원자력연구소를 설립하고, 국내 최초의 원자로인 연구용 원자로 트리가 마크-2(TRIGA Mark-Ⅱ) 기공식을 가졌다.[7] 그리고 원자력 인재를 육성하기 위하여 해외 유학을 보내면서 현재 원자력산업의 기반이 되었다. 특히 당면한 에너지 빈곤 문제를 타개하기 위하여 석탄개발정책을 본격적으로 착수하여 강원도 태백, 정선 지역의 무연탄을 개발하였다. 이를 통하여 수송을 위한 산업철도가 개설되고 가정용 연탄이 전국적으로 보급되어 전국적인 민간에 대한 연료공급이 가능해졌다.

### (2) 정부주도 고도성장기

박정희 정부 들어서 본격적으로 시작된 제1차 경제개발 5개년 계획을 계기로 산업화를 위한 석유산업 육성과 화력발전소 건립이 중점사업화되었다. 이를 통하여 석유기반형 에너지 구조로 전환되었으나 석유 의존도가 높아지는 문제점도 나타났다. 먼저, 1950년대 남한에 전기를 공급하던 민간 3사는 조선전업, 경성전기, 남선전기였다. 1961년 발전회사인 조선전업과 배전 회사인 경성전기, 남선전기의 전력 3사를 통합한 한국전력을 설립하였다. 한

4 1950년대에 수력발전소로 화천·청평·섬진강·보성강·괴산 등이 있었다.

5 마산화력발전소는 1982년 그리고 삼척화력발전소는 1985년 폐지되었다.

6 조선전업은 1943년 조선총독부가 설립한 전기회사로 1943년 북선수전(北鮮水電)을 합병하고, 4개 전기회사(강계수전, 한강수전, 남선수전, 조선전력)를 인수하였다. 경성전기로부터는 수색-부평 간의 송전선을 양도받았고, 1943년에는 전북지역 소규모 수력발전소(운암발전소)를 운영하던 남조선수력전기를 합병하였다.

7 트리가 마크-2는 미국 제너럴 아토믹(General Atomic)사로부터 도입한 열출력 100kW(250kW로 출력 증강)의 소형 연구용 원자로이다. 1959년 서울 공릉동에 짓기 시작했으며 1962년에 처음으로 정상작동의 시작이라 할 수 있는 임계(criticality)에 도달했고, 1995년에 사용 정지되었다. 한국 최초의 원자로로, 대한민국이 원자력 기술을 독자적으로 보유하고 발전시켜 나갈 수 있는 기초를 마련한 상징적인 시설이었다. 핵연료 취급, 방사선 관리, 안전 설계 등 원자력 시스템 운영 경험을 축적할 수 있는 실질적인 첫걸음이 되었다. 이후 트리가 마크-3, 하나로(HANARO) 등의 원자로 개발로 이어지는 기술 진보의 발판이 되었다.

국전력은 1981년 2월 해산되어 한국전력공사가 설립되었다.

1973년 제1차 석유파동으로 에너지 안보에 관한 관심이 일어나는 듯하였으나 경제위기가 조기에 극복되면서 정책 대부분이 실질적인 시행에 들어가지는 못하였다. 본격적인 에너지 문제에 대한 고민이 시작된 것은 1979년 제2차 석유파동에 직면하면서부터이다. 체계적인 에너지 안보정책으로 석유비축 능력 확대, 에너지원과 수입국이 다변화되고, 에너지절약정책이 추진되었다.

## (3) 민간주도 경제발전 이행기

1980년대 들어서 그동안 추진되었던 양적인 에너지 공급 중심이었던 에너지정책에 변화가 일어나기 시작한다. 지구온난화에 대한 우려와 환경보존 운동이 전 세계적으로 일어나면서 한국에서도 환경문제에 대한 정책대응 요구가 강하게 대두되기 시작하였다. 따라서 단순히 에너지 공급 차원이 아니라 청정에너지 공급을 확대함과 동시에 연료에 대한 각종 규제정책이 추진되기 시작하였다. 또한 석탄산업이 사양화되면서 석탄산업 합리화정책(1988)이 시행되었다. 그리고 1990년대 신경제정책의 일환으로 규제완화와 독점 공기업의 민영화가 추진되면서 에너지산업에 대한 정부의 개입이 폐지되거나 완화되었다. 물론 정부 의도와 달리 민영화에 대한 공공성 차원의 반대로 많은 민영화 정책이 시행되지 못하기도 하였다.

에너지정책을 종합적으로 검토하기 시작한 것은 1979년에 기존의 「열관리법」(1974년 제정)이 「에너지이용합리화법」으로 대체되고 에너지관리공단이 설립되면서부터이다.[8] 이 법은 에너지를 효율적이고 합리적으로 이용하도록 하고, 에너지 수요와 공급을 안정시키고, 에너지소비에 의한 환경피해를 줄이기 위한 노력을 통하여 국민경제 발전과 지구온난화에 대한 국제적 대응에 동참하고자 하는 데 목적이 있었다. 이 법이 제정됨에 따라 정부는 에너지 이용 합리화에 관한 기본계획을 수립하고, 에너지 수급에 중대한 문제가 생기는 경우 수급 안정을 위한 정책을 추진하도록 하였다. 그리고 정부는 에너지 이용 합리화를 위한 금융·세제상의 지원을 할 수 있도록 하였다. 이 법에 근거하여 1997년 제1차 국가에너지기본계획(1997~2006)과 제2차 국가에너지기본계획(2002~11)이 수립되었다. 이는 중장기적인 에너지정책의 방향과 비전 및 추진전략을 제시하는 계획으로 매 5년마다 10년 계획으로 수립하

8 2015년 7월에는 한국에너지공단으로 개칭되었다.

게 되어 있었다.

### (4) 지속가능발전 준비기

2000년대 들어서면서 국제사회에서 기후변화에 관한 관심이 급격히 증가하고 국제적 온실가스 감축을 위한 국제협약이 추진되면서 에너지 및 환경정책이 서로 결합하고 경제발전 정책의 중심으로 부상하였다. 이는 지속가능발전이나 친환경 경제성장 정책이 대두되면서 에너지와 환경이 경제성장에 중요한 결정요소로 인식되기 시작하였다고도 볼 수 있다.

#### 1) 노무현 정부의 에너지기본법

2006년에 「에너지기본법」을 제정하면서 에너지정책의 방향을 체계적으로 정리할 수 있는 기반을 마련하였다. 이와 함께 국가에너지위원회를 공식 출범시켰는데, 이 위원회는 대통령이 위원장을 맡고, 여러 정부 부처의 장관, 시민단체 대표, 민간 전문가 등 총 25명으로 구성되었다. 국가에너지위원회는 5년마다 앞으로 20년을 내다보는 국가에너지기본계획을 수립하며, 이는 에너지정책의 최상위 계획이다. 이와 같은 에너지정책 흐름에 맞춰, 「전기사업법」(1961년 제정)에 따라 전력수급기본계획도 수립된다. 이 계획은 2년마다 한 번씩 수립되며, 향후 15년간의 전력수요를 예측하고, 각 발전원이 어느 정도 비중을 차지할지를 결정한다. 전력수급기본계획은 2002년에 처음 발표된 제1차 계획(2002~2015)을 시작으로 꾸준히 이어져 왔으며, 2025년 현재는 제11차 계획(2024~2038)이 수립되어 시행 중이다.

#### 2) 이명박 정부 이후 에너지기본계획

2006년에 제정된 「에너지기본법」에 근거하여 제3차 국가에너지위원회에서 제1차 국가에너지기본계획(2008~2030)이 발표되었다. 이 계획은 20년을 계획기간으로 설정한 장기 에너지 종합계획으로, 향후 에너지정책의 방향성과 우선순위를 제시하였다. 이후 2010년부터 정부는 「저탄소 녹색성장 기본법」을 본격적으로 시행하면서, 국가에너지기본계획의 명칭을 에너지기본계획으로 변경하였다.[9] 2009년에는 대통령 직속 기구인 녹색성장위원회가 출범

---

9 2008년 8월 27일 제3차 국가에너지위원회에서 심의·확정된 당시의 계획은 제3차가 아닌 명칭상으로는 제1차 국가에너지기본계획(2008~2030)으로 발표되었다. 이후 발표된 계획들은 각각 제2차(2014), 제3차(2019) 에너지기본계획이라는 이름으로 발표되었다.

하면서, 기존의 국가에너지위원회는 에너지위원회로 개편되었다.[10]

정부별로 수립된 에너지기본계획은 각 시기의 정책 방향을 반영하고 있다. 제1차 국가에너지기본계획(2008~2030)은 에너지 공급, 수요, 기술, 환경 등을 아우르는 포괄적 종합계획으로, 에너지 분야 전체의 정책 원칙과 방향을 제시하였다. 박근혜 정부는 2014년에 제2차 에너지기본계획(2014~2035)을 발표하였으며, 문재인 정부는 2019년에 제3차 에너지기본계획(2019~2040)을 수립하였다. 제3차 계획에서는 신재생에너지 비중 확대와 원자력발전 비중 축소를 중점적으로 다루었으며, 이는 기후 변화 대응과 에너지전환이라는 시대적 요구를 반영한 결과였다. 그러나 2022년에는 「기후위기 대응을 위한 탄소중립·녹색성장 기본법」이 새로 시행되면서, 이전의 법적 근거였던 「저탄소 녹색성장 기본법」이 폐지되었고, 이로 인해 제3차 에너지기본계획의 법적 기반도 함께 사라지게 되었다. 이 계획은 에너지정책의 최상위에 위치하며, 원별·부문별 세부 실행계획을 포함하고 있다. 에너지기본계획에는 총 10개의 하위계획이 있으며, 이는 각각 세부적인 분야의 정책과 전략을 다루고 있다.[11]

한편, 「에너지기본법」에 따라 수립된 제1차 에너지기본계획(2008~2030) 이후 2014년 제2차 계획, 2019년 제3차 계획이 차례로 수립되었으며, 현재는 제3차 에너지기본계획이 시행 중이다. 에너지기본계획은 단순한 정책 문서가 아니라, 기후 변화 대응, 에너지 안보, 산업 경쟁력 강화 등 다양한 국가적 과제를 종합적으로 조율하는 핵심 전략 문서이다. [표 15-3]은 세 개의 에너지기본계획의 주요 내용을 정리한 것이다. 특징적인 것은 제3차 계획에서는 신재생에너지 비중을 늘리고 원자력발전의 비중은 낮춘 것이다.

10 이와 함께 위원장도 대통령에서 산업통상자원부 장관으로 변경되었고, 에너지기본계획은 에너지위원회와 녹색성장위원회의 심의를 거쳐 국무회의에서 최종 결정되는 구조로 운영되기 시작하였다.

11 에너지기본계획의 하부 계획으로 10개가 있다. 에너지이용합리화계획, 신재생에너지기본계획, 전력수급기본계획, 장기천연가스수급계획, 집단에너지공급기본계획, 지역에너지계획, 석유비축계획, 해외자원개발기본계획, 에너지기술개발계획, 석탄산업 장기계획 등이다.

**표 15-3** 에너지기본계획의 비교

| | | 제1차 기본계획 | 제2차 기본계획 | 제3차 기본계획 |
|---|---|---|---|---|
| 계획기간 | | 2008~30 | 2013~35 | 2019~40 |
| 중점과제 | | 1) 에너지자립사회구현<br>2) 에너지 저소비사회, 저탄소사회로 전환<br>3) 탈석유사회로 전환<br>4) 더불어 사는 에너지 사회 구축<br>5) 녹색기술과 그린에너지로 신성장동력과 일자리를 창출 | 1) 수요관리 중심의 정책전환<br>2) 분산형 발전시스템 구축<br>3) 환경, 안전과의 조화 모색<br>4) 에너지 안보의 강화와 안정적 공급<br>5) 원별 안정적 공급체계 구축<br>6) 국민과 함께하는 에너지 정책 추진 | 1) 에너지소비구조 혁신<br>2) 깨끗하고 안전한 에너지 믹스로 전환<br>3) 분산형 · 참여형 에너지 시스템 확대<br>4) 에너지산업의 글로벌 경쟁력 강화<br>5) 에너지전환을 위한 기반 구축 |
| 최종 에너지 수요전망 | | 연평균 1.4% 증가 | 연평균 0.8% 증가 | 연평균 0.8% 증가 |
| 1차 에너지 믹스 | 목표연도 | 2030 | 2035 | 2040 |
| | 석탄 | 47.2(15.7) | 112.4(29.7) | 85.3(30.5) |
| | 석유 | 99.1(33.0) | 101.5(26.9) | 57.8(20.7) |
| | LNG | 36.2(12.0) | 73.3(19.4) | 71.2(25.4) |
| | 수력 | 2.4(0.8) | 2.0(0.5) | 2.1(0.8) |
| | 원자력 | 83.4(27.8) | 70.0(18.5) | 24.0(8.6) |
| | 신재생 에너지 | 32.1(10.7) | 18.8(5.0) | 39.4(14.1) |
| | 계 | 300.4(100.0) | 377.9(100.0) | 279.9(100.0) |
| 에너지원단위 | | 0.211(2006)<br>→0.185(2030) | 0.255(2011)<br>→0.180(2035) | 0.113(2017)<br>→0.087(2040) |

주: 1) 에너지믹스에서 2차는 총에너지 원별 수요 전망임. 2) 에너지믹스에서 백만 TOE이고 ( )안의 수치는 비중임.
자료: 국무총리실 외(2008), 산업통상자원부(2014, 2019).

### (5) 온실가스 감축과 전력수급계획

현재 한국의 전력 생산은 주로 석탄과 천연가스에 의존하고 있다. 그러나 문재인 정부가 발표한 국가 온실가스 감축목표(NDC)를 달성하기 위하여 전력 생산 구조를 보다 친환경적

**표 15-4** 제11차 전력수급기본계획 발전량 및 발전 비중

단위: TWh(%)

| 연도 | 원전 | 석탄 | LNG | 신재생 | 수소·암모니아 | 기타 | 합계 |
|---|---|---|---|---|---|---|---|
| 2023 | 180.5 (30.7%) | 184.9 (31.4%) | 157.8 (26.8%) | 56.7 (9.6%) | – | 8.3 (1.4%) | 588.2 (100%) |
| 2030 | 204.2 (31.8%) | 111.9 (17.4%) | 160.8 (25.1%) | 138.4 (21.6%) | 15.5 (2.4%) | 10.6 (1.7%) | 641.4 (100%) |
| 2038 | 249.7 (35.6%) | 72.0 (10.3%) | 78.1 (11.1%) | 230.8 (32.9%) | 38.5 (5.5%) | 32.5 (4.6%) | 701.7 (100%) |

출처: 산업통상자원부(2024).

인 방향으로 전환하려는 노력이 본격화되고 있다. 이에 따라 원자력과 신재생에너지의 비중은 점차 확대되고, 화석연료 의존도는 점진적으로 낮추는 방향으로 정책이 추진되고 있다. 제11차 전력수급기본계획을 요약한 [표 15-4]에 따르면 원자력발전의 비중은 2023년 30.7%에서 2030년에는 31.8%, 2038년에는 35.6%까지 확대될 계획이다.[12] 신재생에너지 역시 2023년 9.6%에서 2030년에는 21.6%, 2038년에는 32.9%로 크게 늘어날 전망이다. 반면, 석탄과 액화천연가스(LNG)의 발전 비중은 과감히 줄이는 방향으로 조정되고 있다. 이는 온실가스 배출을 줄이고, 에너지전환을 가속화하려는 정부 정책의 일환이다.

## 4 시대별 환경 및 기후변화 정책

한국의 환경 및 기후변화 정책은 1970년대 산업화와 경제개발 과정에서 처음 모습을 드러냈다. 당시에는 환경문제를 개발에 따른 부수적 결과로 인식하였기 때문에, 관련 입법도 형식적인 수준에 머물렀다. 본격적인 환경 및 기후변화 대응은 이후 국내에서 환경오염대책에 대한 사회적 요구가 커지고, 국제적으로는 지속가능발전과 온실가스 감축 등 공동 대응이 강화되면서부터 시작되었다. 이러한 흐름 속에서 한국의 환경 및 기후 정책은 시대별로

12 전력수급계획의 에너지믹스는 전기 생산에 사용되는 에너지만을 의미하여 석유는 거의 사용되지 않는다.

점차 진화하였으며, 시기마다 대응 및 적응 전략이 구체화 되었다. 시대별 정책의 주요 특징은 다음과 같다.

### (1) 해방 이후 1950년대

1950년대는 6·25전쟁 직후의 전후 복구 시기로, 국가의 최우선 과제는 생존과 국가 재건이었다. 당시 한국은 극심한 경제난과 식량 부족, 사회 기반시설 붕괴 등으로 인해 환경문제를 고려할 여유조차 없었고, 환경보호에 대한 인식도 거의 없는 상태였다. 이 시기의 정부 정책은 주로 산업기반 마련, 치안 회복, 국민 기초생활 보장에 집중되었으며, 환경에 관한 법률이나 제도는 충분히 마련되지 않았고, 정책 차원에서도 환경은 논의되지 않았다. 특히 대기오염이나 수질오염 같은 현대적 환경문제는 당시에는 문제로 인식조차 되지 않았으며, 오히려 연료나 농지로 활용 가능한 자연 자원은 생존 수단으로 여겨졌다. 이로 인해 숲이 무분별하게 벌채되고, 하천이 오염되는 등 현상이 벌어졌지만, 이에 대한 관리 체계나 대응 정책은 사실상 부재한 상태였다. 즉, 1950년대는 환경정책의 공백기로 볼 수 있으며, 이후 1960년대 이후 산업화 과정에서야 비로소 환경문제가 제기되기 시작하였다.

그렇지만, 환경이나 기후변화 대응정책은 아니었지만 산림녹화사업이 있었다. 광복 직후 산림은 조선말기 이미 황폐화되었고, 일제강점기의 무분별한 벌채와 6·25전쟁으로 인한 피해로 인해 전국 대부분이 황폐화된 상태였다. 이는 당시 국민들은 연료와 생계를 위해 나무를 계속 베었고, 화전민의 산림 개간도 성행해 산림의 자생력 자체가 붕괴되어 있었다. 정부는 1951년 「산림법」, 1961년에 「치산치수 특별조치법」을 제정하고, 1967년에 산림청을 신설하며 산림관리체계의 기반을 마련했으나, 예산 부족, 기술력 미비, 국민 인식 부족 등으로 실질적인 성과를 내지 못하였다. 특히 당시에는 식량과 생계 문제가 우선이었기 때문에 산림복원은 정책적으로도 후순위에 머물렀다.

### (2) 정부주도 고도성장기

박정희 정부는 한국이 국가 발전의 핵심 목표로 산업화와 경제성장을 내세운 시기였다. 1962년 제1차 경제개발 5개년 계획을 시작으로 본격적인 공업화와 도시화가 추진되었으며, 중화학공업 육성 정책에 따라 공장과 산업시설이 전국적으로 급속히 확장되었다. 이러한 경제적 진전에 힘입어 도시 인구가 급격히 증가하고, 자동차 보급이 확대되며, 산업단지가 조성되는 등 사회 전반에 걸쳐 구조적 변화가 이루어졌다. 그러나 이러한 변화는 동시에 수질 오염, 대기오염, 폐기물 증가와 같은 다양한 환경문제를 야기하였다. 당시 정부와 사회는 이러한 환경오염을 산업화의 불가피한 부작용으로 인식하며, 환경보다는 경제적 성과와 인프라 확충에 정책의 무게를 두었기 때문에 환경문제는 상대적으로 정책적 우선순위에서 밀려나 있었다.

(1) 선언적 수준이지만 환경정책의 행정 체계가 갖추어지기 시작하였다. 그럼에도 불구하고 환경문제는 점차 사회적으로 무시할 수 없는 사안으로 부각되었다. 이에 대한 대응으로 정부는 「공해방지법」을 제정(1963)하여 환경문제에 대한 첫 번째 법적 대응을 시도했으나, 이는 선언적 성격이 강하고 집행력이나 제도적 기반이 미약해 실효성이 떨어졌다. 이후 「환경보전법」 제정(1977)과 보건사회부 산하에 환경청이 신설(1978)되면서 비로소 환경정책이 행정 체계 내에 자리 잡기 시작하였다. 이 시기에 도시지역 및 산업단지를 중심으로 환경영향평가 개념이 제한적으로나마 도입되었지만, 여전히 환경은 국가 발전 전략에서 부차적인 요소로 간주되었다. 환경 관련 전문인력과 기술의 부족, 대기 및 수질 등 눈에 보이는 오염 위주의 대응, 그리고 기후변화나 온실가스 등 지구 환경 차원의 이슈에 대한 인식 부족은 당시 정책의 한계를 보여 준다. 결국 이 시기는 대한민국 환경정책의 태동기로 본격적인 환경보호 체계가 갖추어지기 이전의 준비 단계로 평가된다.

(2) 1970년대 들어서 산림녹화사업이 본격적으로 성과를 보이기 시작하였다. 박정희 정부는 경제개발과 농촌 개발을 동시에 추진하는 과정에서 산림복원을 중요한 국가 과제로 인식하게 되었고, 1973년에 제1차 치산녹화 10개년 계획을 수립하여 전국적인 대규모 조림 사업을 시작하였다. 새마을운동과 연계하여 연료림, 방화림, 경제림 등을 집중적으로 조성했고, 식목일을 법정 기념일로 지정, 연료용 무연탄 보급, 화전 정리사업 등 산림파괴 요인을 동시에 제거하며 녹화사업의 효과를 극대화하였다.[13]

13 그 결과 1980년대에는 산림이 가시적으로 회복되었고, 이후 제2차(1979~1987), 제3차(1988~1997) 산림기본계획으로 산림의 질적 관리와 생태적 가치 회복에 초점을 맞췄다. 1990년대 이후에는 지속가능한 산림경영, 도시숲·산림휴양·산림복지 정책, 그리고 국제 산림 협력(ODA 등)으로까지 정책 영역이 확장되며, 한국은 전 세계적으로 유례없는 산림녹화가 성공적인 국가로 평가받고 있다.

## (3) 민간주도 경제발전 이행기

1980~90년대에는 중화학공업의 확대와 도시화에 따른 환경오염 문제가 심화되면서 정부는 환경부를 설치(1994)하고, 대기·수질·폐기물 등 개별 환경법 제정과 환경영향평가제도 정비 등 환경행정의 제도화를 본격 추진하였다. 그리고 국제적인 기후변화 대응 체제에 적극적으로 참여하기 시작하였다. 주요 정책을 정리하면 다음과 같다.

### 1) 전두환 정부

전두환 정부 시기는 산업화의 고도화와 함께 환경문제가 본격적으로 사회 전면에 드러나기 시작한 시기이기도 하였다. 특히 1980년대 중반부터는 대기오염, 수질오염, 쓰레기 문제 등이 점차 심각해지면서, 국민들의 환경에 대한 불만과 관심이 높아졌다.

1980년에 기존 보건사회부 산하의 조직에서 환경청이 총무처 소속의 독립 기구로 확대 개편되고, 중앙정부 차원의 환경 전담 기구가 본격적으로 운영되기 시작하였다. 이후 정부는 환경오염 실태 조사, 배출시설 관리 체계 도입, 환경기초시설(하수처리장 등) 확충 등을 추진하면서 환경행정의 제도화를 시도하였다. 특히 1983년에는 환경오염방지 종합대책이 수립되었고, 1986년에는 환경정책심의회가 설치되어 국가 차원의 환경정책 방향을 조율하는 기구도 마련되었다. 하지만, 이 시기의 환경정책은 여전히 산업개발 우선 논리에 종속되어 있었고, 환경은 경제성장을 방해하지 않는 범위 내에서만 고려되는 제한적 대상이었다. 그럼에도 불구하고, 전두환 정부 시기는 환경행정에 대한 초기 제도 기반을 정비한 시기라고 볼 수 있다.

### 2) 노태우 정부

1980년대 후반 이후 산업화에 따른 환경오염이 심각해지면서, 대기·수질 오염, 폐기물 문제 등이 사회적 이슈로 부상했고, 이에 따라 노태우 정부는 환경행정의 체계화에 속도를 내기 시작하였다.

첫째, 1990년에 기존 환경청이 환경처로 승격되며 환경정책 전담 조직의 위상이 크게 강화되었다. 그리고 정부는 다양한 환경 법률을 정비하며 제도 기반을 마련하였다. 1990년에는 「환경정책기본법」, 「대기환경보전법」, 「수질환경보전법」, 「소음·진동 규제법」 등을 제정하였다.[14] 그리고 환경오염물질 배출사업장에 대한 허가제 도입, 환경영향평가제도 강화, 환경기초시설 확충 등도 함께 추진되었다. 또, 국민의 생활환경에 밀접한 영향을 미치는 환경문제 해결을 위해 폐기물 처리 개선, 하천 정비, 상수원 보호구역 설정 등 실질적인 조치도 확대되었다.

둘째, 1992년 브라질 리우데자네이루에서 열린 유엔 환경개발회의(UNCED)에 참여하여 환경과 개발의 균형을 추구하는 지속가능발전(sustainable development)이라는 국제적 흐름에 동참하였다. 당시는 구체적인 온실가스 감축이나 에너지전환 정책까지는 나아가지 못했지만, 기후변화 대응을 위한 국제협력 참여와 제도적 기반 마련의 초석을 다진 시기로 평가된다.

### 3) 김영삼 정부

김영삼 정부는 환경정책의 법·제도 기반을 공고히 하고, 기후변화 대응의 출발점을 마련한 시기로 평가된다. 첫째, 1994년에는 기존 환경처를 환경부로 승격시켜 중앙행정기관으로서 독립적인 위상과 정책 추진력을 확보하였다. 이를 통하여 환경정책은 종속적·보조적 성격에서 벗어나 독자적인 국가 정책으로 인정받게 되었다. 그리고 환경영향평가제도의 실효성 세고, 환경오염물질 배출 규세강화, 지방정부의 환경관리 권한 확대 등 구체적 실행력을 높이기 위한 노력이 이어졌다. 또한 국민 생활환경과 밀접한 폐기물 처리 문제, 하천 및 상수원 보호, 자동차 배출가스 기준 강화 등이 주요 정책과제로 추진되었으며, 환경산업 육성과 친환경기술 개발 지원도 시작되었다.

둘째, 유엔 기후변화협약(UNFCCC)에 공식 가입(1993)하고, 정부간기후변화위원회(IPCC)에 세계 47번째 국가로 가입(1996)하면서 기후변화 대응을 위한 국제적 책임과 의무 이행이 시작되었다. 비록 온실가스 감축이나 재생에너지 확대 같은 실질적인 감축 정책은 아직 초기 수준에 머물렀지만, 기후변화 문제를 국가 정책 의제로 공식화하였다는 점에서 중요한 전환점이 되었다.

---

14 「환경정책기본법」은 환경보전법령의 최상위법으로 다음의 개별법들과 유기적으로 연계되는데 이들은 「폐기물관리법」(1986년 제정), 「대기환경보전법」, 「수질 및 수생태계 보전에 관한 법률」(약칭: 「수질환경보전법」, 「환경영향평가법」 (1993년 제정), 「토양환경보전법」(1995년 제정) 등이다.

### (4) 지속가능발전 준비기

2000년대 이후에는 기후변화가 주요 정책 이슈로 부상하면서, 정부는 온실가스 인벤토리 구축, 기후변화 기본계획 수립, 국제감축 참여 등을 통하여 기후 대응체계의 기초를 마련하였다. 이후 한국은 본격적으로 기후변화 대응을 위한 제도적 기반 구축에 나섰으며, 정부 차원에서 지속가능발전계획과 녹색성장전략을 수립하였다.

#### 1) 김대중 정부

김대중 정부는 기후변화가 가져올 사회·경제적 영향을 인식하고 온실가스 감축을 위한 제도적 기반 마련에 나섰다. 특히, 2001년에 IPCC의 제3차 평가보고서가 발표되면서, 국내에서도 기후위기에 대한 경각심이 커졌다. 첫째, 1998년에 범정부 대책기구인 기후변화협약 범정부대책기구를 설립하였으며, 2001년에 이 기구의 명칭을 기후변화협약 대책위원회로 변경하여 기후변화대응에 참여하였고, 2002년에는 교토의정서를 비준하였다. 둘째, 정부 차원의 4차에 걸친 기후변화대응 정책이 발표되었다. 제1, 2차 종합대책은 기후변화 완화를 위한 대책이 주로 포함되었으나, 제3차 계획부터는 기후변화 적응에 대한 대책도 고려되기 시작하였다. [표 15-5]는 기후변화 종합대책의 기간과 주요 내용을 정리한 것이다.

**표 15-5** 기후변화 종합대책의 주요 내용

| | 제1차 종합대책 | 제2차 종합대책 | 제3차 종합대책 | 제4차 종합대책 |
|---|---|---|---|---|
| 계획 기간 | 1999~2001 | 2002~04 | 2005~07 | 2008~12 |
| 주요 내용 | 1) 온실가스 저감 대책(24개 과제)<br>2) 신축성체제 활용 대책<br>3) 온실가스 저감 기반 조성 | 1) 협상 역량 강화<br>2) 감축기술 개발<br>3) 감축대책 강화<br>4) 통계기반 및 국민 참여 확대 | 1) 협약이행 기반구축<br>2) 부문별 온실가스 감축(45개 과제)<br>3) 기후변화 적응기반 구축 | 1) 부문별 단기 및 중장기 감축목표 설정<br>2) 기후변화 적응대책의 수립·시행<br>3) 선진국 수준의 온실가스 감축 기술 확보 |

출처: 국무조정실·기후변화대책기획단(2007).

### 2) 노무현 정부

노무현 정부는 지속가능발전과 환경 보전을 국가 발전 전략의 핵심으로 인식하고, 기후변화 대응과 환경정책 강화를 본격적으로 추진한 시기였다. 첫째, 정부는 2000년 대통령 자문 지속가능발전위원회를 출범시켰다. 2007년 「지속가능발전 기본법」을 제정하여 대통령 소속으로 국가지속가능발전위원회를 두었다가, 2010년에 「지속가능발전법」으로 바뀌면서 지속가능발전위원회로 바뀌면서 환경부 장관 소속이 되었다. 둘째, 2006년 제1차 지속가능발전 기본계획(2006~10)을 발표하였다. 제1차 계획이 수립된 이후 지속가능발전 관련 국제적 합의 이행과 국가 지속가능발전을 촉진하기 위하여 20년 계획기간으로 5년마다 수립하고 있다. [표 15-6]은 4차에 걸쳐 발표된 지속가능발전계획의 비전과 체계를 요약한 것이다.

셋째, 2005년에는 교토의정서가 발효됨에 따라 온실가스 감축을 위한 대응 노력이 강화되었고, 국가 온실가스 인벤토리 구축, 배출권 거래제 시범사업, 에너지 절약 및 신재생에너

**표 15-6** 지속가능발전 기본계획 주요 내용

| | 제1차 | 제2차 | 제3차 | 제4차 |
|---|---|---|---|---|
| 계획 기간 | 2006~10 | 2011~15 | 2016~35 | 2021~40 |
| 비전 | 경제·사회·환경 균형 발전<br>현세대·미래세대 공동번영 | 세계일류 선도국가 구현 | 환경·사회·경제의 조화로운 발전 | 포용과 혁신을 통한 지속가능 국가 실현 |
| 목표 및 전략 | 1) 자연자원의 지속가능한 관리<br>2) 사회통합과 국민 건강 증진<br>3) 지속가능한 경제 발전<br>4) 기후변화대응과 지구환경 보전 | 1) 환경 및 자원의 지속가능성 강화<br>2) 기후변화적응 및 대응체계 확립<br>3) 사회적 형평성 및 국민건강증진<br>4) 경제 및 산업구조 지속가능성 제고 | 1) 건강한 국토환경<br>2) 통합된 안심사회<br>3) 포용적 혁신경제<br>4) 글로벌 책임국가 | 1) 포용사회<br>2) 국민의 삶의 질 향상<br>3) 깨끗한 환경<br>4) 지구촌 평화와 협력 강화 |
| 체계 | 48개 이행과제 | 25개 이행과제 | 14개 전략 | K-SDGs 17개 목표 |

출처: 관계부처합동(2011, 2016a, 2020b).

지 확대 등의 조치가 추진되었다. 또한 환경친화적 국토 개발, 환경영향평가 제도 개선, 도시 생태 복원 사업 등 다양한 분야에서 환경정책이 다각적으로 전개되었으며, 환경을 경제성장의 제약이 아닌 새로운 기회로 인식하려는 담론이 확산되기 시작한 시기이다.

### 3) 이명박 정부

이명박 정부는 저탄소 녹색성장을 국가 비전으로 제시하며, 환경과 기후변화를 경제성장의 동력으로 전환하려는 정책 기조를 강조하였다.

첫째, 2008년에는 대통령 직속 녹색성장위원회가 출범하였고, 2010년에는 기존의 「지속가능발전기본법」은 「지속가능발전법」으로 명칭이 변경되고 지속가능발전위원회는 환경부장관 소속으로 변경되었다.[15]

둘째, 2009년 발표된 녹색성장 5개년 계획(2009~13)은 녹색성장 국가전략(2009~50)에 따른 3대 전략, 10대 정책 방향, 50대 실천 과제 및 387개의 세부과제를 포함하고 있다. 본 계획은 녹색성장 목표를 달성하기 위해 전통적인 규제 위주보다는 효율적인 시장원리를 적극적으로 활용하기 위해 경제주체의 적극적 참여와 협력을 유도하는 다양한 정책을 시행하였다(녹색성장위원회, 2009). 제2차 녹색성장 5개년 계획(2014~18)(2014)은 실질적 성과 달성에 집중함으로써 녹색성장 정착에 초점을 두었으며 시장·민간의 역할 강화, 경제·사회·환경의 조화로 정책 수용성을 확보하고자 하였다. 제3차 녹색성장 5개년 계획(2019~23)(2019)은 녹색성장의 포용성을 강화한 포용적 녹색국가 구현을 비전으로 세웠으며 매년 부처별·과제별 이행점검을 시행하고 점검 결과를 반영토록 하는 구체적 실천 계획 중심의 추진 방향을 수립하였다. [표 15-7]는 3번에 걸쳐 발표된 녹색성장 5개년 계획을 요약한 것이다.

셋째, 2008년에 기후변화대응 종합기본계획(2008~2012)과 국가 기후변화적응 종합계획(2009~2030)이 발표되었다. 2010년에는 「저탄소녹색성장기본법」에 따라 제1차 국가 기후변화적응대책(2011~2015)이 발표되었다. 이는 온실가스 배출을 줄이는 동시에 새로운 기후환경에 적절히 대응하며 취약계층을 보호하고 사회적 통합을 이루는 적응대책을 포함한 전략이다. 제1차 대책은 5년 단위 계획으로 기후변화적응을 통한 안전사회 구축 및 녹색성장 지원을 비전으로 설정하였다. 2015년 발표한 제2차 국가 기후변화적응대책(2016~2020)은 기후

15 이후 2022년 「지속가능발전기본법」이 다시 제정되고, 대통령 소속으로 지속가능발전 국가위원회로 다시 바뀌면서 「지속가능발전법」은 폐지되었다.

표 15-7 녹색성장 5개년 계획의 주요 내용

| | 제1차 계획 | 제2차 계획 | 제3차 계획 |
|---|---|---|---|
| 계획기간 | 2009~13 | 2014~18 | 2019~23 |
| 비전 | 2020년까지 세계 7대, 2050년까지 세계 5대 녹색 강국 진입 | 경제와 환경의 조화로운 발전을 통한 국민 행복 실현 | 포용적 녹색국가 구현 |
| 추진전략 및 목표 | 1. 기후변화대응 및 에너지 자립<br>2. 신성장 동력 창출<br>3. 삶의 질 개선과 국가 위상 강화 | 1. 저탄소 경제·사회구조의 정착<br>2. 녹색기술과 ICT의 융합을 통한 창조경제 구현<br>3. 기후변화에 안전하고 쾌적한 생활 기반 구축 | 1. 책임 있는 온실가스 감축과 지속가능한 에너지전환<br>2. 혁신적인 녹색기술·산업 육성과 공정한 녹색경제<br>3. 함께하는 녹색사회 구현과 글로벌 녹색 협력 강화 |

출처: 녹색성장위원회(2009), 관계부처합동(2014c, 2019a).

변화적응으로 국민이 행복하고 안전한 사회 구축을 비전으로 삼았다(관계부처합동, 2020c). 2020년에 수립된 제3차 적응계획으로는 심화되는 기후위기 피해 예방·저감에 한계가 있어 정부는 2023년에 제3차 국가 기후위기 적응 강화대책을 수립하였다. 이는 사회 전반의 적응 기반시설(인프라)을 강화하고 현장에 적용할 수 있는 실행계획으로 보강하기 위한 것이었다(관계부처합동, 2023c). [표 15-8]은 기후변화 종합계획에서 제3차 적응 대책까지 계획기간 및 목표 등을 요약 정리한 것이다.

넷째, 2009년에 2020년까지 배출전망치(BAU) 대비 30% 온실가스 감축이라는 자발적 감축목표가 수립되었다. 이는 한국에서 처음으로 수립된 공식적 온실가스 감축목표였다.

### 4) 박근혜 정부

박근혜 정부는 기후변화 대응을 위한 국제적 흐름에 발맞춰 정책적 노력을 지속하였다. 이 시기에는 정부 부처 간 협력을 통한 국가기후변화 적응대책과 신기후체제 대응 전략도 병행되었고, 산업계의 에너지 효율 개선, 재생에너지 확대 정책도 점차 강화되었다.

첫째, 2008년 기후변화대응 종합기본계획(2008~2012) 발표 이후 2016년 제1차 기후변화대응 기본계획(2017~2036)이 발표되었다. 이 계획은 기후변화 정책의 목표를 제시하는 기후변화 대응의 최상위 계획으로서 20년 계획기간으로 5년마다 수립하는 내용을 담고 있다. 제

**표 15-8** 국가 기후변화 적응 대책의 주요 내용

| | 국가 기후변화적응 종합계획 | 제1차 적응 대책 | 제2차 적응 대책 | 제3차 적응 대책 |
|---|---|---|---|---|
| 계획 기간 | 2009~30 | 2011~15 | 2016~20 | 2021~25 |
| 비전 | 기후변화적응을 통한 안전 사회 구축 및 녹색 성장 지원 | | 기후변화적응으로 국민이 행복하고 안전한 사회 구축 | 국민과 함께하는 기후 안심 국가 구현 |
| 목표 및 주요 내용 | - 단기( ~'12): 종합적이고 체계적인 기후변화 적응역량 강화<br>- 장기( ~'30): 기후변화 위험감소 및 기회의 현실화 | - 기후변화 영향 분석 체계 구축<br>- 부문별 적응 대책 수립(농업, 수자원, 해양, 보건, 산림 등 7개 분야)<br>- 지역 수준의 적응계획 유도(지자체의 기후변화 대응 역량 강화)<br>- 정보 생산 및 관리 체계화 | 기후변화로 인한 위험감소 및 기회의 현실화 | 1) 2°C 지구 온도상승에도 대비하는 사회 전 부문의 기후탄력성 제고<br>2) 기후감시·예측 인프라 구축으로 과학기반 적응 추진<br>3) 모든 적응 이행 주체가 참여하는 적응 주류화 실현 |

출처: 환경부 외(2008), 관계부처합동(2010, 2020c, 2023c).

1차 대응계획은 효율적 기후변화대응을 통한 저탄소 사회구현이라는 비전을 실현하기 위하여 총 7개의 중점과제를 제시하였다. 2019년에 수립된 제2차 기후변화대응 기본계획(2020~40)은 신기후체제 출범에 따른 기후변화 전반에 대한 대응체계 강화 및 2030 국가 온실가스 감축 로드맵의 이행점검·평가 체계 구축 마련을 위한 목적이었다. [표 15-9]는 종합기본계획과 제1, 2차 기본계획의 주요 내용을 요약한 것이다.

둘째, 2015년에 2030 NDC를 통하여 2030 BAU 대비 37% 감축을 제시하고, 이를 바탕으로 2016년에 2030 온실가스 감축 기본 로드맵을 수립하여 부문별 감축목표와 정책 수단을 구체화하였다. 셋째, 2012년에 「온실가스 배출권의 할당 및 거래에 관한 법률」(약칭: 「배출권거래법」)을 제정하여 한국형 배출권 거래제(K-ETS)를 본격 도입하고, 기후변화 적응대책 수립 및 온실가스·에너지 목표관리제를 운영하는 등 이행 체계를 정비하였다.

**표 15-9** 국가 단위 기후변화대응 기본계획의 주요 내용

| | 기후변화대응 종합기본계획 | 제1차 기본계획 | 제2차 기본계획 |
|---|---|---|---|
| 계획기간 | 2008~12 | 2017~36 | 2020~40 |
| 비전 | 범지구적 기후변화대응 노력에 동참하고 녹색성장을 통한 저탄소사회 구현 | 효율적 기후변화대응을 통한 저탄소 사회구현 | 지속가능한 저탄소 녹색사회 구현 |
| 목표 및 과제 | 1. 기후친화산업을 신성장 동력으로 육성<br>2. 국민의 삶의 질 제고와 환경 개선<br>3. 기후변화 대처를 위한 국제사회 노력을 선도 | 1. 저탄소 에너지정책으로의 전환<br>2. 탄소시장 활용을 통한 비용 효과적 감축<br>3. 기후변화대응 신산업 육성 및 신기술 연구 투자 확대<br>4. 이상기후에 안전한 사회 구현<br>5. 탄소 흡수·순환 기능 증진<br>6. 신기후체제 대응을 위한 국제협력 강화<br>7. 범국민 실천 및 참여 기반 마련 | 1. 저탄소사회로의 전환<br>2. 기후변화적응 체계 구축<br>3. 기후변화대응 기반 강화 |

출처: 국무총리실 기후변화대책기획단(2008), 관계부처합동(2016b, 2019b).

### 5) 문재인 정부

문재인 정부는 기후위기를 국가적 의제로 격상시키고, 환경과 에너지정책의 대전환을 추진한 시기로 평가된다.

첫째, 2020년에 정부는 2050 탄소중립을 공식 선언하고, 2021년에는 「기후위기 대응을 위한 탄소중립·녹색성장 기본법」(약칭 「탄소중립기본법」)을 제정하여 탄소중립 목표가 국가의 법적 책무로 규정하였다. 그리고 2021년 문재인 대통령은 영국 글래스고에서 열린 COP26 정상회의에서 NDC 감축목표를 2030년까지 2018년 대비 40% 감축하겠다고 발표하였다. [표 15-10]을 보면 2018년 순배출량(6억 8천 6백만 톤)에서 2030년에 4억 3천 7백만 톤을 배출하여 2억 9천 백만 톤(40%)을 감축하겠다는 내용이다. 부문별로 보면 2030년까지 에너지전

환에서 가장 많이 줄여서 2018년 대비 45.9%를 감축하고 산업부문에서 11.4%를 감축하겠다는 것이었고, 국제감축량을 37.5백만 톤을 계획하였다.

둘째, 정부는 2022년 탄소중립과 녹색성장 전략을 총괄하는 대통령 직속 2050 탄소중립 녹색성장위원회를 설치하여, 탄소중립 사회로의 이행과 녹색성장의 추진을 위한 주요 정책 및 계획과 그 시행에 관한 사항을 심의·의결하고자 하였다. 이 위원회는 2009년 이명박 정부에서 설립된 녹색성장위원회와 2019년 설치된 국가기후환경회의를 통합하여 2021년 설치된 2050 탄소중립위원회 이름을 바꾸어 새로이 설립된 것이다.[16]

**표 15-10** 한국의 온실가스 감축 시나리오

단위: 백만 톤(CO2eq)(%)

| 구분 | 부문 | 2018 | 2030 | 2050년 | |
|---|---|---|---|---|---|
| | | | | A안 | B안 |
| 순배출량[1)] | | 686.3 | 436.6(-40.0) | 0 | 0 |
| 배출 | 전환 | 269.6 | 145.9(-45.9) | 0(-100) | 20.7(-92.3) |
| | 산업 | 260.5 | 230.7(-11.4) | 51.1(-80.4) | |
| | 건물 | 52.1 | 35.0(-32.8) | 6.1(-88.1) | |
| | 수송 | 98.1 | 61.0(-37.8) | 2.8(-97.1) | 9.2(-90.6) |
| | 농축수산 | 24.7 | 18.0(-27.1) | 15.4(-37.7) | |
| | 폐기물 | 17.1 | 9.1(-46.8) | 4.4(-74.3) | |
| | 수소 | - | 8.4 | 0 | 9 |
| | 기타(탈루) | 5.6 | 3.9 | 0.5 | 1.3 |
| 흡수 및 제거 | 흡수원 | -41.3 | -26.7 | -25.3 (-37.7) | |
| | CCUS[2)] | - | -11.2 | -55.1 | -84.6 |
| | 국외 감축[3)] | - | -37.5 | - | - |
| | DAC[4)] | | - | - | -7.4 |

주: 1) 순배출량은 총배출량에서 흡수·제거량을 뺀 값이며, 2018년 총배출량은 727.6백만 톤임. 2) CCUS는 이산화탄소 포집 및 활용·저장. 3) 국내 추가감축 수단을 발굴하기 위해 최대한 노력하되, 목표 달성을 위해 보충적인 수단으로 국외 감축 활용. 4) DAC(direct air capture)는 직접공기포집을 의미함. 5) ( )의 값은 2018년 대비 변화율(%)임.

출처: 관계부처합동(2023d).

16 국가기후환경회의는 미세먼지문제 해결을 위한 국민 의견 수렴 및 정책 제안을 하도록 하는 목적이 있었다.

셋째, 2023년에는 「탄소중립기본법」에 근거하여 탄소중립·녹색성장 국가전략 및 제1차 국가 기본계획(중장기 온실가스 감축목표 포함)을 수립하였다. 이는 20년을 계획기간(2023~42)으로 5년마다 연동계획으로 수립·시행하도록 하였다. [표 15-11]은 기본계획의 비전과 4대 전략 및 12대 과제를 정리한 것이다.

넷째, 코로나19 팬데믹에 의한 경기침체 극복 및 구조적 대전환 대응을 위해 2020년에 발표한 한국판 뉴딜 종합계획이 있다. 이 계획은 디지털 뉴딜과 그린뉴딜, 안전망 강화 총 3가지의 정책 방향으로 구성되었다. 추진 전략으로 친환경·저탄소 등 녹색경제로의 전환을 가속하여 탄소중립을 지향하고 경제기반을 저탄소·친환경으로 전환하는 내용을 담고 있다(관계부처합동, 2020a).

**표 15-11** 탄소중립·녹색성장 국가전략 및 제1차 국가 기본계획

| 계획기간 | 2023~42 |
|---|---|
| 비전 | 2040년까지 탄소중립을 목표로 하여 탄소중립사회로 이행하고, 환경과 경제의 조화로운 발전을 도모 |
| 4대 전략 및 12대 과제 | 1. 구체적·효율적 방식으로 온실가스를 감축하는 책임감 있는 탄소중립<br>- 원전과 재생에너지 조화, 산업구조 전환, 국토의 저탄소화 |
| | 2. 민간이 이끌어가는 혁신적인 탄소중립·녹색성장<br>- 기술혁신·규제개선, 핵심산업 육성, 재정지원·투자확대 |
| | 3. 모든 사회구성원의 공감과 협력을 통하여 함께하는 탄소중립<br>- 에너지 소비절감, 지방 중심, 산업·일자리전환 |
| | 4. 기후위기 적응과 국제사회를 주도하는 능동적인 탄소중립<br>- 기후위기 적응기반 구축, 국제사회 선도, 이행관리(과제별 정량지표 등) |

출처: 2050 탄소중립녹색성장위원회(2023).

## 5 에너지·환경정책과 과제

해방 이후 대한민국은 국가 재건과 경제성장에 주력하면서 에너지와 환경정책을 산업화 전략에 종속시키는 경향을 보였다. 1960~70년대는 제1차 경제개발 5개년 계획을 시작으로 본격적인 공업화와 도시화가 추진되었고, 석탄 중심의 에너지 체계에서 1970년대 석유로 전환되며 에너지 수요가 급증하였다. 이 시기 환경문제는 경제개발의 부수적 피해로 인식되었고, 1963년「공해방지법」등 제도적 장치는 준비했지만 실효성은 제한적이었다.

본격적인 에너지·환경정책이 정부 차원에서 시행되기 시작한 것은 1990년대부터이다. 1992년 유엔환경개발회의(UNCED) 이후 지속가능발전과 기후변화가 주요 정책 의제로 부상하였다. 1993년 유엔기후변화협약(UNFCCC)을 비준했고, 2008년 이명박 정부의 저탄소 녹색성장을 국가 비전으로 내세우며 관련 법과 제도를 정비했고, 문재인 정부는 2020년에 2050 탄소중립을 선언하고, 2050 탄소중립녹색성장위원회를 설치해 거버넌스를 강화하였다. 이처럼 한국의 에너지·환경·기후변화 정책은 경제개발 중심에서 점차 지속가능성과 탄소중립을 지향하는 체계로 전환되었다.

그런데도 한국은 에너지 집약적 산업에 의존하여 경제성장을 달성하고 있는 상황에서 이들 산업을 희생시키지 않으면서 탄소를 줄이고 경제성장을 해야 하는 도전적인 과제에 직면해 있다. 따라서 지속가능발전을 위해서는 에너지 효율 향상과 저탄소 기술 도입을 동시에 추진하는 다층적인 전략이 요구된다. 특히, 정부는 산업계의 탄소중립 전환을 유도할 수 있는 정책적 지원과 인센티브를 강화하고, 민간부문은 R&D 투자와 공정 혁신을 통하여 에너지 집약도를 낮추는 노력이 필요하다. 나아가, 국제사회의 기후변화 대응 흐름에 능동적으로 참여하면서도 국내 산업 경쟁력을 유지하기 위한 균형 잡힌 정책 설계가 중요하다.

# 참고

### 참고 15 산업화와 환경정책의 변화

산업화 과정에서는 초기 단계에서 에너지 소비가 급증하고 환경오염 물질 배출이 확대되지만, 일정 소득수준에 도달하면 에너지 소비의 효율성이 높아지고, 환경오염은 오히려 감소하는 경향을 보인다. 이러한 소득수준과 환경오염 간의 역 U자형 관계를 환경 쿠즈네츠 곡선(Environmental Kuznets Curve, EKC) 가설이라 부른다.

한국 역시 경제성장 과정에서 심각한 환경오염 문제를 경험하였으며, 이후 정책적 대응과 사회적 노력으로 환경 개선이 이루어진 사례가 다수 존재한다. 대표적으로 낙동강 페놀 유출 사건(1991)과 태안 기름유출 사고(2007)를 들 수 있다. 낙동강 페놀 유출 사건은 경상북도 구미시 두산전자(현 DB하이텍)에서 유독 화학물질인 페놀이 낙동강으로 유출되어 대구 지역 수돗물에서 악취가 발생한 사건이다. 이는 국가 수질 관리 체계 정비와 기업의 환경 책임 강화를 촉진하는 계기가 되었다. 태안 기름유출 사고는 충청남도 태안군 해역에서 유조선 허베이 스피리트호가 해상 크레인과 충돌하여 약 1만 2천 킬로리터의 원유가 유출된 사고이다. 이 사고는 해양 생태계 파괴와 지역 어업·관광 산업에 심각한 피해를 초래하였으며, 해양오염 대응체계 개선의 전환점이 되었다.

또한 울산 태화강과 경기 시화호는 한국 산업화 과정에서 발생한 대표적 환경오염 사례로 꼽힌다. 태화강은 1960~70년대 급속한 공업화로 인한 폐수 유입으로 강 전체가 심각하게 오염되어 악취와 생태계 파괴가 극심하였다. 시화호 또한 1980~90년대 간척사업과 인근 공업단지에서 유입된 폐수로 인해 수질 오염과 적조 현상이 빈번히 발생하며 해양 생태계가 심각하게 훼손되었다. 그러나 정부주도의 환경정책과 지역 사회, 시민단체의 지속적인 노력으로 두 지역 모두 복원에 성공하였다. 태화강은 하수처리장 확충과 생태 복원 사업을 통하여 2000년대 이후 연어가 돌아오는 생태하천으로 변화하였고, 시화호는 오염원 관리, 인공습지 조성, 수질 개선 사업 등을 통하여 친환경 생태공원으로 탈바꿈하였다.

이러한 사례들은 경제성장 과정에서 발생하는 환경오염이 정부 정책, 기술 개발, 시민 사회의 노력 등을 통하여 충분히 개선될 수 있음을 보여주는 중요한 사례로 평가된다. 또한 이는 EKC 가설이 현실에서도 일정 부분 적용될 수 있음을 시사한다.

# 연습문제

15.1. 기후위기 문제 해결이 전통적인 시장경제 메커니즘으로만 해결되기 어려운 이유와 지속가능발전 달성을 위해 에너지·환경정책이 어떤 방향으로 나아가야 하는지 설명하시오.

15.2. 교토의정서에서 규정한 주요 온실가스와 $tCO_2eq$의 의미를 설명하고, 한국의 경제성장 과정에서 온실가스 배출 증가 원인과 2022년 기준 주요 배출부문의 특징을 서술하시오.

15.3. 해방 이후부터 1950년대까지 한국 정부의 전력 및 에너지정책 추진 배경과 주요 성과를 설명하고, 원자력 연구 및 석탄개발 정책의 의미를 서술하시오.

15.4. 1980년대 이후 한국 에너지정책의 변화 배경과 주요 내용, 「에너지이용합리화법」 제정의 목적과 국가에너지기본계획의 의의를 설명하시오.

15.5. 「에너지기본법」 제정 이후 에너지기본계획의 변화 과정과 차수별 주요 특징을 설명하고, 에너지기본계획이 국가 에너지정책에서 가지는 의미를 서술하시오.

15.6. 1970년대 이후 한국의 산림녹화 정책의 추진 배경과 주요 내용, 그리고 성과와 정책적 의미를 서술하시오.

15.7. 김대중 정부 시기의 기후변화 대응 정책 추진 배경과 주요 조치를 설명하고, 기후변화 종합대책의 발전 방향을 서술하시오.

15.8. 이명박 정부 시기의 녹색성장 정책 추진 배경과 주요 내용, 녹색성장 5개년 계획의 발전 방향과 특징을 서술하시오.

15.9. 기후변화대응 기본계획의 추진 배경과 계획 수립의 목적 및 주요 특징을 설명하고, 제1차와 제2차 기본계획의 발전 방향을 서술하시오.

15.10. 해방 이후 한국의 에너지·환경 정책 변화 과정을 설명하고, 현재 한국이 직면한 과제와 이를 해결하기 위한 정책적 방향을 서술하시오.

CHAPTER

# 16

# 대외경제정책의 성과와 과제

1. 들어가며
2. 대외개방 주요 지표
3. 대외경제정책의 변화
4. 대외경제정책의 현황과 전망

Chapter 16

# 대외경제정책의 성과와 과제

1920년대 말에 미국에서 발생한 대공황은 자유방임주의에 기반한 시장만능주의에 대한 의구심을 불러일으켰다. 즉, 시장이 모든 경제문제를 해결할 수 있다는 전제에 대한 의문이 제기된 것이다. 이에 따라 정부의 시장 개입을 정당화하는 케인스의 수정자본주의가 등장했지만, 시장경제 자체를 부정하는 사회주의 체제도 등장하였다.

대공황 이후 자본주의 체제 내에서의 대외 전략은 두 가지 방향으로 나아갔다. 첫 번째는 대공황 당시 관세전쟁으로 인해 무역이 위축되고 경제성장이 저해된 경험을 바탕으로, 대외 시장을 개방하고 수출을 중심으로 경제를 성장시키는 전략이다. 대표적인 사례로는 관세 및 무역에 관한 일반 협정(GATT)의 출범이다. 두 번째는 식민지에서 해방된 국가들이 경제적 어려움의 원인을 선진국과의 무역 구조에서 찾으며, 종속이론(중심부-주변부)에 따라 자국 내 산업 보호를 위한 수입 대체 전략을 채택한 경우다. 물론 시장 자체를 부정하는 사회주의(공산주의) 체제도 새로이 등장하였다.

한국은 1945년 해방 이후 1950년대까지 산업기반이 부족한 상황에서 수입 대체 전략을 시행했지만, 이후 일관되게 수출 주도형 발전 전략을 추진하였다. 1945년 이후 한국의 대외경제정책은 원조 경제를 기반으로 한 복구 단계에서 출발하여, 수출주도 성장, 산업구조의 고도화, 세계화, 그리고 디지털 및 지속가능한 경제로 점진적으로 변화해 왔다. 각 시대의 정책 방향은 국내외 환경 변화에 따라 조정되었으며, 한국은 이를 통하여 다양한 경제적 도전 과제를 극복하고 세계경제에서 중요한 위치를 차지하게 되었다.

## 1 들어가며

한국의 대외 경제정책은 1945년 광복 이후에는 경제 복구와 원조에 의존한 초기 수입대체전략에 기반한 경제발전 전략을 채택하였으나, 1960년대 이후는 중화학공업을 중심으로 한 수출주도형 산업화 전략을 채택하였다. 동시에 경제의 자유화와 세계화, 그리고 디지털 경제와 지속가능한 성장전략을 통하여 현재 선진국 수준으로 발전하였다.

1945~60년 기간에는 미국 등 외국 원조를 기반으로 경제를 복구하는 데 집중하였다. 당시 한국은 농업 중심의 경제구조에서 벗어나기 위한 기초 작업을 진행했으며, 미국의 원조물자에 의존해 식량과 소비재를 확보하였다. 1960~70년대는 경제개발 5개년 계획을 추진하며 본격적인 수출 중심 정책을 도입하였다. 1960년대는 섬유·의류 등 노동집약적 경공업 제품의 수출이 빠르게 증가했고, 1970년대에는 철강, 조선, 전자 등 중화학공업을 적극 육성하며 산업구조를 고도화하였다. 당시 두 차례의 석유파동에도 불구하고 성공적으로 위기를 극복하고, 1980년대에는 금융시장개방과 수입 규제완화를 통하여 경제의 자유화와 세계화를 본격적으로 추진하였다. 수출 품목도 전자, 자동차 등 기술집약적 산업으로 확대되었으며, 1988년 서울올림픽 개최를 계기로 한국의 국제적 위상이 크게 높아졌다.

1990년대에는 한국경제가 세계경제에 본격적으로 통합되는 시기였다. WTO 가입(1995)과 OECD 가입(1996)으로 글로벌 경제 규범에 적극적으로 참여하였다. 그러나 1997년 외환위기를 겪으며 금융개혁과 산업구조조정을 단행했고, FDI를 유치하며 경제 체질 개선에 힘썼다. 2000년대 이후에는 한·칠레 FTA(2004)를 시작으로 한·EU FTA(2011), 한·미 FTA(2012) 등 주요국과 자유무역협정을 체결하며 글로벌 무역 네트워크를 확장하였다. 동시에 중국 및 동남아시아와의 경제협력을 강화하며 반도체, 정보기술(IT), 바이오 등 첨단산업에서 세계적 경쟁력을 확보하였다. 2020년대에 들어서는 디지털 혁신과 지속가능한 성장에 초점을 맞췄다. 디지털 경제 및 탄소중립을 목표로 친환경 기술과 재생에너지 산업에 대한 투자를 확대하고 있으며, 글로벌 공급망 재편과 디지털 무역 규범을 선도하며 한국경제의 지속가능 발전을 도모하고 있다.

한국은 수출주도형 경제발전 전략을 바탕으로 세계 최빈국에서 세계 10위권 규모의 경제 강국으로 성장하였다. 원조에 의존하던 경제에서 수출 중심 경제로 전환했으며, 현재는 첨단기술과 지속가능성을 중심으로 한 글로벌 경제의 핵심 국가로 자리 잡고 있다.

## 2 대외개방 주요 지표

### (1) 상품수지 흑자와 만성적인 서비스수지 적자

1980년 이후 한국의 국제수지는 경제성장과 세계경제 환경의 변화에 따라 크게 변동하면서 점진적으로 개선되었다.[1] 1980년대 초반까지는 경상수지가 만성적인 적자를 기록했으나, 1986년 이후 국제수지는 흑자로 전환되었다. 1980~85년에는 상품수지가 적자였지만, 저유가, 저금리, 원화 절하 등의 유리한 경제 환경 속에서 수출이 증가하며 경상수지는 흑자로 전환되었고, 1989년까지는 흑자 기조가 유지되었다. 하지만 내수 소비 증가와 임금 상승 등으로 인해 다시 적자 기조로 돌아섰다. 1990년대에는 지속적인 경상수지 적자와 외채 누적은 외환위기의 원인 중 하나가 되었다. 특히, 1990~96년 동안 경상수지 적자는 지속되었고, 서비스수지 적자도 확대되었다. 1997년 외환위기 이후 한국은 긴축재정과 수입 감소, 원화 절하 등으로 1998년부터 경상수지 흑자로 전환되었고, 이후 수출 증가와 함께 흑자 기조가 유지되었다. 그러나 서비스수지는 해외여행과 로열티 지급 증가 등으로 인해 만성적인 적자를 기록하였다.

2000년대 이후 한국은 글로벌 공급망에서 중요한 역할을 하며 상품수지 흑자를 지속적으로 기록하였다. 하지만 서비스수지 적자는 심화되어 해외여행 지출, 로열티 지급 등이 그 원인으로 지적되었다. 2010년대 들어 한국은 반도체와 자동차, 석유화학 등의 산업 경쟁력 강화를 통하여 상품수지 흑자를 유지했지만, 서비스수지 적자는 여전히 지속되었다. 특히, 2016~17년 사드 사태로 중국 관광객이 급감하면서 서비스수지 적자 폭이 확대되었다. 최근까지도 한국은 상품수지 흑자 폭이 서비스수지 적자 폭보다 커서 경상수지는 흑자를 유지하고 있다.

[그림 16-1]은 1980년 이후 국제수지 추이를 보여준다. 경상수지를 보면 1985년까지 적자 기조가 이어져 1985년에는 22억 달러 적자를 기록하였으나 1986년에 25억 달러 흑자로 전환되어 1989년 38억 달러 흑자기조가 지속되었다. 그 이후 적자로 전환되어 17억 달러 흑자를 거둔 1993년을 제외하고 1997년까지 적자가 지속되었다. 1998년 이후 경상수지는 매해 흑자를 거두어 2024년에는 990억 달러 흑자를 거두었다. 이러한 경상수지 흑자는 상품수

1 한국은행은 1980년 이후 경상수지만 발표하고 있으므로, 그 이전의 경상수지 추이는 한국경제 60년사 편찬위원회(2010a) 자료를 이용하여 제5장에 설명되어 있다.

그림 16-1 국제수지 추이

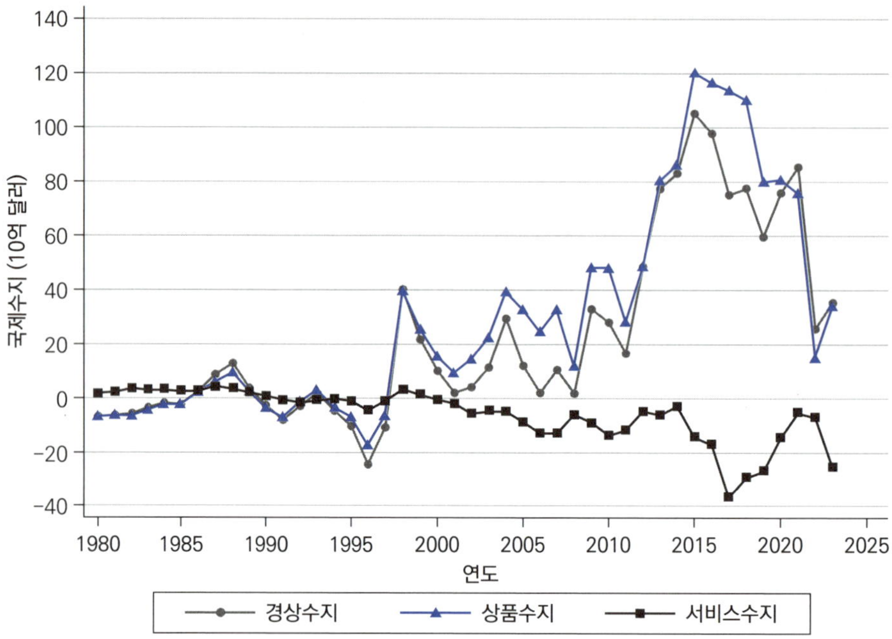


출처: 한국은행 경제통계시스템(ECOS).

지 흑자에 기인한 것이며 서비스수지는 2000년 58억 달러 적자 이후 2024년 237억 달러 적자까지 매년 적자를 면치 못하고 있다.

### (2) 높은 무역의존도

한국은 1950년대 이후 경제발전 단계를 거치며 GNI 대비 수출, 수입 및 무역 구조에서 중요한 변화를 경험하였다. 1950년대 초반 한국은 6·25전쟁으로 경제가 파괴되었고, 대외무역이 거의 없었으며 수출과 수입도 미미하였다. 6·25전쟁 이후 미국의 원조를 받으며 경제를 재건하고 기초 산업 중심의 경제구조를 마련하였다. 1960년대에는 수출 주도형 경제성장 전략을 채택하며 무역 활성화로 수출이 급증했으며, GNI 대비 수출 비율이 급격히 증가하여 한국 경제성장의 전환점을 맞았다.

1970년대에는 중화학공업을 육성하면서 수출 품목이 다양화되었고, 철강, 조선, 석유화학 제품이 주요 수출 품목으로 자리 잡았다. 이에 따라 한국은 무역 흑자를 기록하기 시작했으며, GNI 대비 수출 비율은 세계적으로 높은 수준에 도달하였다. 1980년대에는 전자, 자동차, 반도체 등 고부가가치 산업이 급성장하며 수출 품목이 고도화되었고, GNI 대비 수출 비율이 상승하였다. 이 시기 반도체산업은 한국경제에 큰 영향을 미쳤고, 한국은 글로벌 경쟁에서 두각을 나타냈다.

1990년대 이후 한국은 무역자유화를 추진하고 WTO에 가입하는 등 글로벌 경제체제에 본격적으로 통합되었으며, 수출을 지속적으로 확대하였다. 2000년대에는 반도체, 전자, 자동차 등 첨단산업 분야에서 세계적인 경쟁력을 갖추며, 디지털 경제 관련 제품들이 주요 수출 품목으로 떠오르면서 한국은 글로벌 공급망에서 중요한 역할을 하게 되었다. 최근에는 글로벌 공급망 변화와 팬데믹의 영향을 받으며 수출과 수입의 변동이 있었으나, 한국은 여전히 기술집약적 산업을 통하여 높은 GNI 대비 수출 비율을 유지하고 있으며, 세계경제에서 중요한 무역국으로 자리 잡고 있다.

[그림 16-2]에서 볼 수 있듯이 무역(수출+수입)의 GNI 대비 비중이 1953년(12.5%)에서 1961년(19%)까지는 10%대였으나 1960년대부터 빠르게 증가하기 시작하여 1973년(54%)에

그림 16-2 GNI 대비 대외의존도

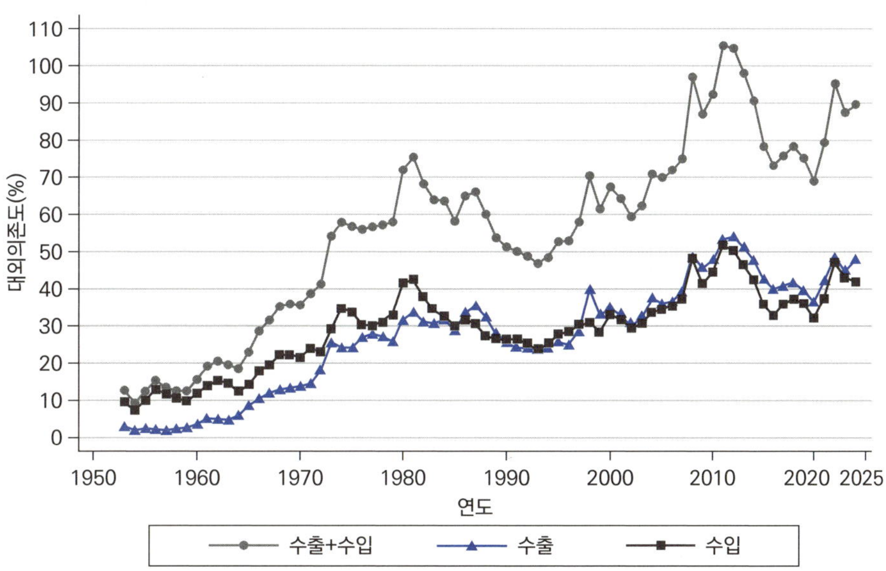


출처: 한국은행 경제통계시스템(ECOS).

50%를 넘어섰다. 그 이후 2007년 75.3%에 이르기까지는 증가와 감소를 반복하다가 2008년에 96.2%로 급격히 증가한 이후 2012년 104.2%로 최고 수준이었다가 다시 하락하여 2024년 89.6%에 이르렀는데 이는 2014년 수준(90%)이었다.

### (3) 내수와 순수출의 경제성장 기여도

대외무역의 경제성장 기여도를 알아보기 위하여 [그림 16-3]은 내수(국내 소비+투자) 및 순수출(수출-수입)의 경제성장 기여도를 표시한 것이다.[2] 1950년대 중반 이후 추세를 보면 순수출의 경제성장 기여도는 적게는 -4~4%의 범위에 있음을 알 수 있다. 전체 경제성장률이 높

**그림 16-3** 내수와 순수출의 국내총생산 기여도 추이

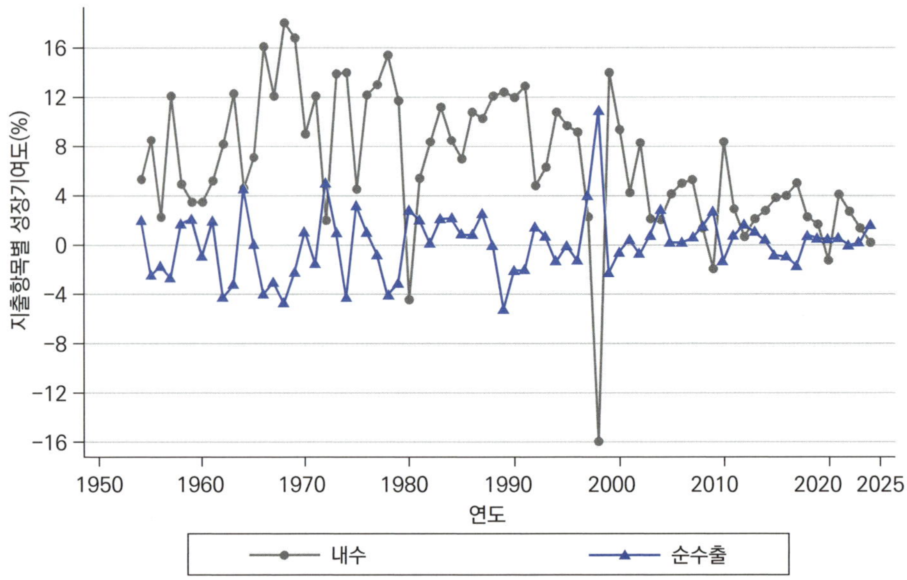


출처: 한국은행 경제통계시스템(ECOS).

2 내수와 수출의 경제성장 기여도란 국내총생산(GDP)의 실질 성장률을 항목별로 분해해서 각 구성 요소가 전체 성장률에 얼마만큼 기여했는지를 보여주는 지표이다. GDP 항등식(Y=C+I+G+(X-M))에서 내수는 민간소비(C)·설비·건설투자(I)·정부지출(G)을 합친 값이고, 수출기여도는 순수출(X-M) 항목으로 측정한다. 먼저 각 항목의 전년 대비 실질 증가율을 계산하고 해당 항목의 전년 절대 규모가 GDP에서 차지하는 비중(가중치)을 곱하면 기여율이 도출된다. 이처럼 기여도 분석은 경기 국면에서 성장의 동력이 소비·투자 같은 내수 요인인지, 세계 수요 변화에 따른 수출 요인인지, 또는 둘의 결합인지 구체적으로 진단할 수 있게 해준다.

더라도 순수출의 기여도는 이 범위를 벗어나지 않는다, 반면에 내수의 기여도는 변동이 매우 심하게 나타났다. 특히 2000년대 초반까지는 내수의 경제성장 기여도가 순수출의 기여도에 비해 상당히 높은 수준을 보여준다. 그러나 그 이후에는 낮아지는 추세를 보이면서 저성장 추세를 주도한다고 볼 수 있다. 전반적으로, 한국의 GDP는 내수와 순수출의 기여도 변화에 따라 민감하게 반응하며, 이는 경제정책 수립 시 두 부문의 균형 잡힌 성장이 중요함을 시사한다.

### (4) 외국인직접투자 및 해외직접투자 추이

한국은 1950년대 이후 대외경제 개방도를 반영하는 중요한 자금 흐름 변화를 겪었다. 1950년대 한국은 대외원조에 의존하여 경제를 재건했으나, 1960~70년대에는 원조가 감소하면서 외국자본을 차관으로 도입해 투자자금을 충당하였다. 특히, 1970년대에는 과잉투자와 외채 부담이 증가하여, 1980년대에는 외국인직접투자를 통한 자금조달 정책을 추진하게 되었다. 이후 한국에 대한 외국인직접투자는 경제성장과 국제화에 따라 꾸준히 증가했으며, 1990년대 이후 시장개방, 동아시아 외환위기, FTA 체결 등으로 큰 변화를 겪었다.

1960~70년대 정부는 자급자족적인 산업 육성 정책을 추진하여 외국인 투자를 제한적으로 허용했으나, 1980년대에는 경제 고도화와 함께 외국인 투자의 필요성이 커졌다. 1984년에는 외국인 투자 자유화 조치가 도입되어 500개 이상의 업종에서 외국인직접투자가 허용되었으나, 금융 및 서비스산업은 여전히 규제되었다. 1990년대에는 국제화와 무역자유화의 흐름 속에서 외국인직접투자가 점차 확대되었고, 1997년 외환위기 이후 한국 정부는 외국인 투자를 적극 유치하기 위해 기업 인수합병(M&A) 허용, 지분 제한 완화 등의 개혁을 단행하였다. 이를 통하여 외국인직접투자는 급증했고, 1998년부터는 연간 100억 달러 이상으로 증가하였다.

2000년대에는 FTA 체결과 시장개방 확대에 따라 외국인직접투자가 더욱 활발해졌다. 한국은 2003년 한·칠레 FTA를 시작으로 여러 나라와 FTA를 체결하며 시장개방을 확대했고, 외국인직접투자를 유치하기 위해 외국인 전용 경제특구와 경제자유구역을 조성하였다. 2000년대 중반부터 외국인직접투자는 급격히 증가해 2018년에는 사상 처음으로 325억 달러가 유입되었고, 최근에는 2022년 300억 달러를 돌파하며 회복세를 보였다. 현재 한국의 외국인직접투자는 반도체, 전기차 배터리, AI, 클라우드, 바이오 등 첨단산업 중심으로 변화하고 있으며, 글로벌 공급망 변화와 ESG 규제강화로 친환경 및 디지털 산업에 대한 투자가 확대될 것으로 예상된다.

[그림 16-4]는 1962년 이후 외국인직접투자 추이를 신고 및 도착 기준으로 보여준다. 도착기준으로 1970년대까지는 연도별로 변화가 심하다는 것을 알 수 있다. 1962년에는 17건에 2천 3백만 달러가 들어왔으나 1965년까지는 전혀 들어오지 않았다. 그 후 1966년 3건에 13만 달러가 들어오는 것에 그쳤다가 증가하기 시작하여 1967년 9천 8백만 달러가 들어왔고, 다시 감소하다가 1972년 약 5억 달러가 유입되기도 하였다. 본격적인 증가세를 보인 것은 1977년 1억 4천만 달러가 들어오면서인데 1991년 약 12억 달러로 10억 달러가 넘어섰고, 1999년에는 100억 달러를 넘어 110억 달러가 들어왔다. 그 이후 증가 및 감소의 변동을 보이기는 했으나 2014년 이후는 매해 100억 달러 이상이 국내로 유입되었다. 2024년에는 약 149억 달러였으나 이는 2023년 외국인직접투자 도착액 중 가장 큰 금액인 약 195억 달러보다 하락하였다.

**그림 16-4** 외국인직접투자 추이

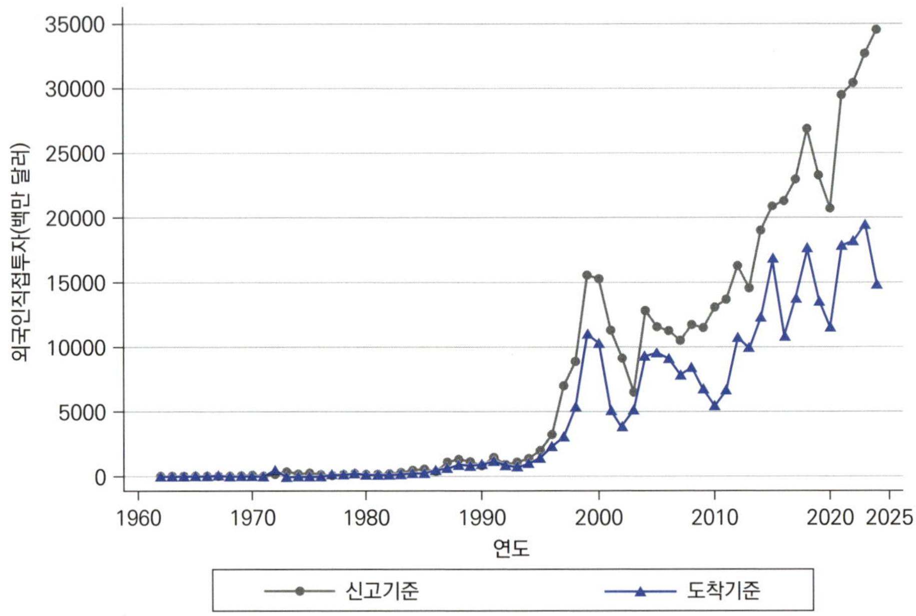


출처: 산업통상자원부 외국인직접투자 통계.

한국의 해외직접투자(ODI)는 경제발전과 함께 점진적으로 증가해 왔다. 1980년대 이전까지 한국은 자본 부족으로 해외투자가 매우 제한적이었지만, 1980년대 들어 정부는 해외시장 확대와 원자재 조달을 위해 해외직접투자의 필요성을 인식하고 점진적으로 이를 허용하였다. 1981년 해외투자 자유화 정책을 도입하고, 1983년에는 해외투자 관련 규제를 완화하여 자원 개발과 제조업 중심의 해외투자가 이루어졌다. 1990년대에는 OECD 가입과 세계화 정책을 통하여 본격적으로 해외투자가 확대되었으며, 특히 1997년 외환위기 이후에는 한국기업들이 해외시장 개척과 경쟁력 확보를 위해 더욱 적극적으로 해외 진출을 추진하였다. 특히 중국과의 국교 수립 이후 중국에 대한 해외직접투자가 급증하였다.

2000년대에는 대기업들이 글로벌 기업으로 성장하며 해외투자 다변화가 계속되었다. 중국에 대한 투자가 급증한 가운데, 저임금과 성장 가능성을 고려한 베트남, 인도, 동유럽에 대한 투자도 확대되었다. 2008년 글로벌 금융위기 이후, 미국과 유럽의 경제 불안정 속에서도 한국기업들은 해외투자를 확대하며, 2010년대 이후에는 첨단기술, 바이오, 신재생에너지, 플랫폼 산업으로 해외투자의 패턴이 변화하였다. 특히 제조업 중심에서 서비스업, IT, 콘텐츠, 금융 등 다양한 분야로의 해외투자가 확대되었으며, 신흥시장으로의 투자 다변화가 나타났다.

최근에는 반도체, 배터리, 친환경 자동차 관련 해외투자가 증가하고, 글로벌 IT 및 디지털 서비스 관련 투자가 활성화되고 있다. 또한 미·중 갈등과 공급망 재편의 영향을 받아 투자 지역이 다변화되고 있으며, 중국에 대한 투자는 감소하고 미국과 유럽으로의 해외투자가 확대되는 추세다. 한국의 해외직접투자는 1980년대 소규모 투자에서 시작해 1990년대 개방과 글로벌 확장을 경험했으며, 2000년대 이후 대규모 M&A 전략이 활발히 이루어졌다. 현재는 첨단산업과 친환경 기술, 서비스업 중심으로 투자 패턴이 변화하고 있다.

[그림 16-5]을 보면 1980년 3억 달러 투자를 한 이후 1985년까지는 그 이하 금액이 해외로 투자되었다. 1986년 들어 다시 약 3억 달러가 해외로 나가면서 증가하기 시작하여 1990년에 10억 달러가 넘은 약 11억 달러가 해외로 투자되었다. 그 이후 1994년에 약 24억 달러가 나가면서 매해 증가하기 시작하였다. 2000년대 들어서 해외직접투자가 본격적으로 증가하고 있음을 알 수 있다. 2006년에 120억 달러가 투자되면서 100억 달러를 넘은 이후 2018년 약 518억 달러가 투자되었고, 2022년에 총투자액 기준 817억 달러로, 전년(769억 달러) 대비 소폭 증가하여 역대 최대치를 기록하였다. 2023년에는 총투자액이 652억 달러로 전년

**그림 16-5** 해외직접투자 추이

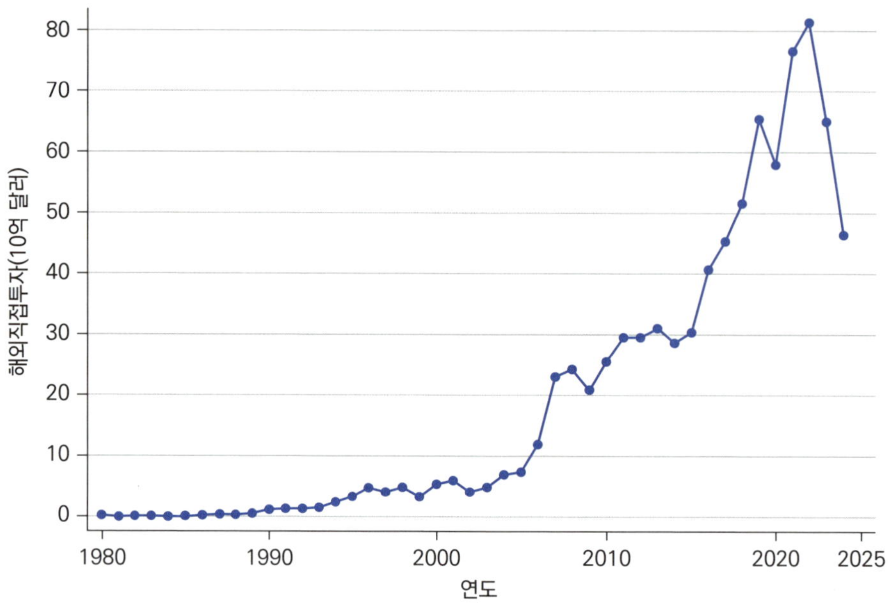


출처: 한국수출입은행 외국인직접투자 통계.

(817억 달러) 대비 22.2% 감소하였고, 이 추이는 계속되어 2024년에는 약 465억 달러로 감소하였다.

## 3 대외경제정책의 변화

해방 이후 한국의 대외경제정책은 초기에는 미국의 원조에 의존해 기초 산업을 구축하고, 1960년대부터는 수출주도형 전략을 채택하여 수출을 확대하였다. 1970년대에는 중화학공업을 육성하고 무역흑자 기조를 형성했으며, 1980년대부터는 전자, 자동차, 반도체산업을 발전시켜 고부가가치 산업을 중심으로 글로벌화와 경제 개방을 추진하였다. 1990년대에는 WTO 가입과 외환위기 극복을 통하여 글로벌경제에 통합되었고, 2000년대에는 FTA 체결과 함께 첨단산업 중심의 국제경쟁력을 확보하며 대외경제 관계를 더욱 확장하였다. 시대별 대외경제정책의 변화를 정리하면 다음과 같다.

### (1) 해방 이후 1950년대

1945년 광복 이후 한국은 일본의 식민 지배에서 벗어났지만, 6·25전쟁(1950~53) 이후 전후 복구와 경제 재건을 중심으로 이루어졌다. 6·25전쟁으로 인해 경제기반이 거의 붕괴된 상태였기 때문에, 정부는 대외원조에 의존하여 국가를 재건하고 산업을 회복하는 데 주력하였다. 이 시기의 대외경제협력은 주로 미국을 비롯한 서방 국가들의 원조에 의존하였으며, 특히 미국의 한미 경제원조 프로그램이 경제 회복의 핵심적인 역할을 하였다. 1953년 한미상호방위조약 체결로 미국은 경제 및 군사원조를 제공하였고, 이를 통하여 식량, 원자재, 기계 장비 등의 지원이 이루어졌다.[3] 미국의 원조는 1950년대 정부 예산의 상당 부분을 차지할 정도로 중요한 경제적 기반이 되었다.

또한, 한국은 1956년 국제부흥개발은행(IBRD, 현재 세계은행)에 가입하면서 국제금융 기구와의 협력을 시작하였고, 이를 통하여 장기적인 경제개발을 위한 대외 경제협력의 기초를 마련하였다. 1950년대 후반에는 정부가 점진적으로 경제 자립을 위한 노력을 시작하면서 경제개발 3개년 계획(1954~56)과 1958년에 경제개발 5개년 계획 초안 등을 수립하였으나 여전히 대외원조에 크게 의존하는 구조였다. 또한, 이 시기에는 수출보다는 주로 수입대체 산업을 육성하는 데 초점을 맞추었으며, 외국자본을 통한 산업기반 확충이 제한적이었던 것이 특징이다.

전반적으로 1950년대 한국의 대외경제협력은 전후 복구와 생존을 위한 국제 원조에 의존하는 단계였으며, 이후 1960년대에 들어서면서 본격적인 경제개발과 산업화를 위한 대외협력이 강화되는 기반을 마련한 시기였다.

### (2) 정부주도 고도성장기

1960년대 한국은 본격적인 산업화와 경제개발을 추진하는 과정에서 외국자본과 기술을 적극적으로 도입하며, 수출 주도형 성장전략을 확립하였다. 1961년 박정희 정부 출범 이후 1962년부터 경제개발 5개년 계획이 수립되었으며, 부족한 국내 재원을 보충하기 위해 외

3 한미상호방위조약은 1953년 6·25전쟁 정전 후 대한민국과 미국이 체결한 군사 동맹 조약으로, 양국이 외부의 무력 공격을 받으면 상호 방위를 위해 공동 대응할 것을 약속한 내용을 담고 있다. 이 조약은 미국이 한국의 안보를 보장하고, 한국은 미국의 전략적 이익을 지원함으로써 동북아시아 지역의 평화와 안정을 유지하는 데 목적이 있다. 특히 주한미군 주둔의 법적 근거가 되며, 양국 간 군사 협력의 핵심 축으로 기능하고 있다.

국자본 유치가 활발히 이루어졌다. 이를 기반으로 경공업 중심의 수출산업이 발전하였고, 1964년에는 수출 1억 달러를 달성하는 성과를 거두었다.[4] 정부는 수출진흥을 위해 환율 조정, 금융지원, 세제 혜택, 수출 촉진 정책 등을 도입하였으며, 이에 따라 섬유, 의류, 신발, 전자 등 경공업 제품의 수출이 증가하였다. 특히 1960년대 후반부터는 한국 제품이 미국과 일본 시장에서 경쟁력을 확보하기 시작하였다. 이 시기의 대외경제협력은 외국자본 유치, 수출산업 육성, 해외시장 개척 등을 통하여 한국이 개발도상국에서 산업 국가로 도약하기 위한 기반을 구축하는 과정이었다.

1960년대에는 수출 중심의 경공업 발전 정책이 추진되었으며, 1970년대에는 중화학공업 육성을 통한 산업구조 고도화 및 수출 다변화 정책이 강화되었다. 이를 바탕으로 한국경제는 1970년대 이후 본격적인 성장의 발판을 마련하였다. 이미 제5장에 자세히 설명되었지만 1960~70년대 대외경제정책의 주요 내용을 요약하면 다음과 같다.

첫째, 수출기업에 대한 파격적인 지원이다. 정부는 수출기업에 세제 혜택, 금융지원, 그리고 저금리 대출을 제공하며 성장을 도모하였다. 주요 지원 정책을 보면 i) 수출금융 지원으로 수출기업에 낮은 금리로 대출 제공, 무역금융을 확대하고 수출입은행(1967)을 설립하여 수출기업에 대한 금융지원을 강화하고자 하였다. ii) 정부는 수출기업에 대해 세제 혜택 및 다양한 인센티브를 제공하였다. 구체적으로는 법인세 감면, 관세 환급, 부가가치세 면제 등의 세제지원이 이루어졌으며, 1968년에는 수출진흥기금을 조성하여 수출업체에 대한 직접적인 재정지원도 병행하였다. iii) 1970년대 초에는 무역보험제도를 도입하여, 수출기업이 해외시장 진출에 따른 리스크를 줄일 수 있도록 지원하였다.

둘째, 수출지원을 위한 인프라 구축은 경제성장 과정에서 중요한 역할을 해왔다. 이를 위해 정부는 1962년 수출진흥공사(KOTRA의 전신)를 설립하여 해외시장 개척과 수출기업을 지원하였다.[5] 또한, 1964년 정부는 「수출산업공업단지개발 조성법」을 제정하며 서울 구로동 일대에 일명 구로공단이라고 불렸던 한국수출산업공업단지를 조성하였다. 수출산업공단 정책은 1960년대 이후 수출주도형 경제성장 전략의 일환으로 추진되었으며, 산업단지 개

4 1964년 11월 30일에 대한민국은 연간 수출액 1억 달러 달성을 기념하여 수출의 날을 제정하였다. 이후 1990년에 무역의 날로 명칭이 변경되고, 매년 12월 5일에 기념행사가 개최되고 있다.

5 1999년에 국제경쟁력을 강화하기 위해 기관 명칭을 대한무역투자진흥공사(KOTRA)로 변경하였다. 이를 통하여 수출지원뿐만 아니라 해외투자 유치, 글로벌 네트워크 구축, 국내기업의 해외 진출 지원 등의 기능이 추가되었다.

발과 제조업 육성을 통하여 국가 경제발전을 촉진하는 역할을 해왔다. 이러한 정책은 시대별 경제 환경과 산업구조 변화에 따라 점차 첨단산업 중심의 산업단지로 전환되며 발전해 왔다. 1973년 「산업기지개발촉진법」을 제정하여 중화학공업을 중심으로 한 산업기지와 수자원의 개발을 촉진하여 국민경제의 발전에 기여하고자 하였다.[6] 이는 대규모 산업기지를 조성하고, 항만·도로·철도·전력 등 사회기반시설 기반을 갖춘 임해지역 중심의 집중적인 개발을 위한 것이었다.

셋째, 정부는 공업화를 촉진하고 제조업에 필요한 외국인투자를 유치하기 위해 1970년 제정된 「수출자유지역설치법」을 기반으로 수출자유지역(EPZ)을 지정하였다. 이는 FDI를 유치하고 고용 창출 및 기술 발전을 촉진하기 위한 목적이었다. 이에 따라 1970년 마산 수출자유지역, 1973년 이리 수출자유지역이 순차적으로 설립되었다. 수출자유지역은 수출기업이 생산과 가공에 전념할 수 있도록 지원하는 단일 보세구역으로 운영되었으며, 국내시장으로의 반입은 금지되고, 외국 물품의 재수출 또한 제한되어 중계무역이 아닌 수출 중심의 산업단지로 기능하였다. 이들 지역은 외국자본과 한국의 저렴한 노동력을 결합하여 수출산업 경쟁력을 강화하는 데 중요한 역할을 수행하였으며, 초기 산업화에 크게 기여하였다. 그러나 국내 임금 상승과 함께 외국 기업 일부가 동남아시아 등 저임금 국가로 이전하는 현상이 나타났고, 이에 대응하기 위해 인건비 의존도가 낮고 기술집약적인 첨단산업을 중심으로 하는 산업구조 고도화 전략이 추진되었다.

넷째, 환율정책으로 수출기업의 국제경쟁력을 강화하고자 하였다. 1970년대까지는 고정환율제도에 의하여 환율정책은 경제개발 전략과 맞물려 조정되었으며 수출 경쟁력 확보를 위한 평가절하 기조가 유지되었다. 1960년대 초반까지 원/달러 환율은 1달러당 130원 수준이었지만, 경제개발과 수출 확대를 위해 점진적인 평가절하를 단행하였다. 1964년 5월 3일에 달러당 255원으로 대폭 평가절하하였다. 이는 1964년의 평가절하는 수출진흥 정책과 연계된 조치였으며, 이후에도 정부는 환율을 일정 수준에서 유지하는 관리변동환율제를 시행하였다. 환율은 1973년 1차 석유파동으로 무역수지가 악화되면서 원화 가치는 계속 하락하였다. 1974년 달러당 400원으로 올라간 이후 1970년대 말까지 480~485원 수준이었다. [표 16-1]

6 「산업기지개발촉진법」은 1990년에 「지방공업개발법」 및 「농어촌소득원개발촉진법」의 일부와 함께 통합·개편되어 「산업입지 및 개발에 관한 법률」(약칭 「산업입지법」)이 제정되었다. 이는 공업입지 관련 법률의 분산으로 인한 복잡성과 비효율을 해소하고, 공업입지의 원활한 공급과 국토의 균형개발을 도모의 목적이었다. 이 법에 근거해서 국가가 계획하고 조성하는 국가산업단지가 조성되기 시작했다.

**표 16-1** 한국 환율제도의 변천 과정

| 환율제도 | 내용 |
|---|---|
| 고정환율제도 (1945~64) | 시장환율과 공정환율에 의한 복수환율제도를 채택하였으나 정부에 의하여 결정되는 공정환율을 중심으로 한 고정환율제도 |
| 단일변동환율제도 (1964~80) | 고정환율제도로 한국은행에 의해 고시됨 |
| 복수통화바스켓제도 (1980~90) | 미 달러를 포함한 주요 교역상대국 통화가치 반영하여 변동 |
| 시장평균환율제도 (1990~97) | 외환시장의 수요와 공급에 의해 결정되지만 일일 환율 변동 범위를 지정함 |
| 자유변동환율제도 (1997~현재) | 외환의 수요 및 공급으로 자유로이 결정 |

출처: 저자 작성.

은 1945년 이후 환율제도의 변천 과정을 정리한 것이다. 1945년 이후 1980년까지는 사실상 공정환율제도를 택하였다가, 1990년까지는 주요 교역상대국과의 환율변동에 연동되는 복수통화바스켓제도를 택하였다. 이후 1997년 12월 동아시아 외환위기를 거치면서 외환위 수요와 공급에 의해 자유로이 환율이 결정되는 자유변동환율제도가 정착화되었다.

다섯째, 「외자도입법」을 제정(1966)하여 부족한 국내투자 재원을 외자도입으로 해소하려고 하였다. 한국은 1960~70년대 경제개발 5개년 계획을 추진하면서 수출주도형 경공업 중심의 산업화를 진행하였다. 당시 국내 투자 재원이 부족했기 때문에, 정부는 외국자본을 효과적으로 도입하고 활용할 수 있도록 법적 기반을 마련하고자 하였다. 정부는 이 법을 제정하여 기존 외자 관련 법률을 통합하고, 외국자본 유치를 효과적으로 관리하는 체계를 구축하였다.[7]

「외자도입법」은 외국인 투자자의 권리와 의무, 투자 절차, 세제 혜택 등을 규정함으로써 외국자본의 유입을 촉진하고자 제정되었다. 이 법은 외자로 인정되는 대상을 명확히 규정하였으며, 주식 또는 지분 인수를 위한 출자금, 기술도입계약을 통하여 도입된 기술, 현금 차

7 이에 따라 1960년 제정된 「외자도입촉진법」과 1962년 제정된 「차관에 대한 지불보증에 관한 법률」 및 「장기결제방식에 의한 자본재 도입에 관한 특별조치법」은 폐지되었다.

관계약에 따른 자금, 자본재 도입계약을 통한 자본재 등이 포함되었다. 외국인 투자자는 투자 이전에 경제기획원 장관의 승인을 받아야 했으며, 투자한 자본에 대한 배당금의 본국 송금도 법적으로 보장되었다. 외국자본 유치를 촉진하기 위해 정부는 외국인 투자자들에게 세금 감면과 같은 파격적인 혜택을 제공하였다. 소득세, 법인세, 재산세, 취득세 등을 5년간 면제하고, 이후 3년간은 50%를 감면하는 방식으로 외국자본을 유인하고자 하였다. 1960년대 초반까지 외국자본은 주로 공공차관(정부 차관) 형태로 도입되었으나, 경제개발이 본격화되면서 민간부문의 역할이 커지게 되었다. 1960년대 말에는 국내 금리인상 정책도 있었지만, 민간의 대규모 상업차관 도입으로 인해 원리금 상환 부담이 커지는 문제도 있었다.

### (3) 민간주도 경제발전 이행기

1980년대 이후 한국의 대외경제정책은 경제개방과 수출확대를 본격적으로 추진하며 국제경제 통합을 가속하는 방향으로 전개되었다. 정부는 수입규제를 완화하고 금융시장을 개방하며 시장 중심 경제로 전환하는 노력을 강화하였다. 또한, 무역 구조에서도 노동집약적 산업에서 전자, 자동차, 조선 등 기술집약적 산업으로의 다변화가 이루어졌다. 대외경제정책은 정부에 따라 구분 없이 꾸준히 개방화 정책을 진행하였다. 정부별 주요 정책 현황을 정리한다.

#### 1) 전두환 정부

전두환 정부의 대외경제정책은 1980년대 초 경제위기를 극복하고 안정적 성장을 도모하기 위해 수출 확대와 외자 유치에 핵심을 두었다.

첫째, 정부는 수출지향적 산업정책을 지속적으로 강화하며, 수출 확대로 외화를 확보하고 경제성장 동력으로 삼고자 하였다. 이를 위해 수출기업에 대한 금융·세제 혜택을 확대하고, 무역장벽을 점진적으로 완화하여 무역자유화를 유도하였다. 정부는 무역 다변화 정책도 추진하여 미국과 일본에 편중된 무역 구조에서 벗어나기 위해 동남아, 중동, 중남미 지역 등과의 경제협력을 확대하였다.

둘째, 외자도입정책의 변화로 1980년대에는 「외자도입법」을 개정하여 특정 산업군(특히 첨단기술 산업)에서 외국인투자를 장려하였다.[8] 외국인의 기업 지분 참여 한도를 일부 완화했

8 1983년에는 법 개정으로 「공공차관의 도입 및 관리에 관한 법률」과 「외자관리법」이 「외자도입법」에 흡수되었다.

지만, 여전히 전략산업에 대해서는 규제가 유지되었다. 1984년에는 외국인투자 자유화 조치가 시행되어 기존의 원칙적 규제, 예외적 허용에서 원칙적 자유, 예외적 규제로 전환하고, 외국인 투자 허용 업종을 대폭 확대 그리고 외국 기업이 국내시장에서 더 쉽게 진입할 수 있도록 허가 절차를 완화하였다.

### 2) 노태우 정부

노태우 정부의 대외경제정책은 세계화 흐름에 맞춰 시장개방과 국제협력 강화에 중점을 두었다. 국제화와 개방화 흐름에 맞춘, 대외경제 다변화와 국제경쟁력 강화 전략을 시행하였다.

첫째, 1991년 소련의 붕괴와 함께 동유럽 및 중앙아시아 국가들과 경제협력을 강화하였고, 1992년에는 중국과 수교를 맺으며 교역과 투자를 본격적으로 확대하였다.

둘째, 한국은 1987년 공적개발원조(ODA)를 본격적으로 시행하여 개발도상국 지원을 시작하였고, 이를 통하여 국제사회에서의 경제적 역할을 점진적으로 확대해 나갔다. 같은 해에 유상원조를 담당하는 대외경제협력기금(EDCF)이 설립되어 개발도상국에 대한 양허성 차관(loan) 지원을 시작하였다. 이후 1991년에는 무상원조(grants)를 전담하는 한국국제협력단(KOICA)이 설립되어 본격적인 무상자금협력과 기술협력을 추진하였다. 이 해에 한국은 처음으로 개발도상국에 대한 무상원조를 제공하면서 공여국(donor country)의 역할을 시작하였다. 또한, 한국은 2010년에 OECD DAC에 가입하면서 원조 수원국에서 공여국으로 전환한 국가가 되었다.

셋째, 1980~90년대에는 산업공단정책이 중화학공업 중심의 산업공단으로 확대되었다. 이전의 단순 노동집약적 산업에서 철강, 조선, 자동차, 석유화학 등 고부가가치 산업으로 전환하는 과정이었다. 1989년에는 수출산업공단을 국가산업단지 체계로 개편하여, 기존 공단의 역할을 확장하고 내수 및 글로벌시장 확대에 대응하고자 하였다. 1980년대 중반부터는 농공단지, 지방일반산업단지 등이 도입되었으며, 2005년에는 도시첨단산업단지가 추가되어 산업단지의 유형이 다양화되었다.[9] 이 시기에는 중화학공업과 첨단산업 중심의 산업구조 변화가 이루어졌으며, 단순 수출 중심에서 고부가가치 수출과 내수 산업 활성화로 정책

9 한국의 산업단지는 국가, 일반, 도시첨단, 농공단지 등으로 구분된다. 이 외에 산업단지형으로 운영되는 것이 경제자유구역, 외국인투자지역, 자유무역지역, 연구개발특구 등이 있다.

이 확대되었다.

### 3) 김영삼 정부

김영삼 정부의 대외경제정책은 본격적인 세계화를 국가비전으로 제시하고, 시장개방, 국제경쟁력 강화, OECD 가입 등을 중심으로 전개되었다. 정치·경제·사회 전반의 국제기준 맞춤형으로 개혁을 추진하고, 국제경쟁력을 높이기 위한 산업구조 조정과 제도 개혁을 추진하였다. 반면에 1997년 말 동아시아 외환위기에 직면하게 되는 원인이라는 비판에도 직면하였다.

첫째, 정부는 세계화를 국가 비전으로 천명하며, 전방위적인 개방과 국제화 정책을 본격 추진하였다. 특히, 시장개방과 무역자유화 정책을 중심으로 대외경제 정책의 방향을 설정하였다. 이러한 기조 아래, 한국은 우루과이라운드(UR) 협상 타결(1994)과 WTO 출범(1995)에 적극 참여하였으며, 1996년에는 OECD에 가입함으로써 본격적으로 선진국 경제 체제에 편입되었다. 특히 우루과이라운드 협상 타결로 농산물(특히 쌀)과 서비스 시장의 점진적인 개방을 추진하는 한편, 자본시장, 금융, 통신 등 다양한 분야의 개방을 가속하여 국제경제 질서에 부합하는 구조로의 전환을 꾀하게 되었다.

둘째, 정부는 외환 및 금융 사유화 정책을 적극적으로 추진하였다. 외국인 투자 확대를 위해 외국인투자 규제를 완화하고, 단기 자본 유입에 대한 규제도 점진적으로 해제하였다. 아울러, 외환시장의 자율화와 개방을 확대하면서 외환의 흐름을 보다 시장 친화적으로 운영하고자 하였다. 그러나 이러한 조치들은 충분한 제도적·시스템적 준비 없이 빠르게 추진되었고, 그 결과 단기 자본의 급격한 유입과 유출이 가능해지면서 한국경제의 대외 충격에 대한 취약성이 커지는 결과를 초래하였다. 실제로, 이러한 외환 및 자본 자유화 정책은 1997년 동아시아 외환위기의 간접적인 원인 중 하나로 지적되기도 한다.

셋째, 서비스산업 시장의 본격적인 개방이 시작되었다. 한국의 서비스산업 시장개방은 여러 단계에 걸쳐 진행되었다. 1980년대 이전까지 정부는 제조업 중심의 경제정책을 추진하며, 금융, 유통, 의료, 교육, 문화 등 주요 서비스업에 대해 보호정책을 시행하였다. 따라서 외국 기업의 국내 서비스업 진출은 엄격히 제한되었고, 국내기업들이 대부분 운영하도록 규제되었다.

1990년대 WTO 가입(1995), OECD 가입(1996)과 1997년 말 동아시아 외환위기를 겪으면서 서비스산업 개방의 필요성이 강하게 대두되었다. 특히, 1997년 외환위기에 직면하면서 IMF 구제금융 조건으로 금융·유통·법률 서비스 개방이 본격적으로 이루어졌다. 그 이후 한·EU FTA(2011), 한·미 FTA(2012) 체결과 서비스산업 개방이 더욱 확대되었다. 특히, 금융, 유통, 법률, 문화 서비스산업에서 개방이 급격하게 이루어졌다. 서비스산업 개방은 다양한 국제 협정과 위기 상황을 배경으로 점차 확대되었으며, 1990년대부터 본격적으로 개방정책이 추진되기 시작하였다.

i) 1980년대에 들어서면서 금융시장 개방 논의가 시작되었고, 일부 금융 규제가 완화되었다. 1980년대 초반에 산업은행, 외환은행의 해외지점 설립이 허용되었고, 1984년에는 외국 금융기관의 한국 지점 설립이 허용되었다. 2004년부터는 금융시장 자유화가 이루어졌고, 외국계 은행과 보험사, 증권사가 국내 진출을 확대하였다. 특히, 한·미 FTA 발효(2012) 이후 외국 금융회사의 투자가 더욱 확대되었다.

ii) 유통시장에서 1996년부터 외국계 유통기업이 한국에 진출하기 시작하였다. 1990년대 중반, 코스트코(Costco, 1994), 까르푸(Carrefour, 1996), 월마트(Walmart, 1998) 등이 한국 시장에 들어오면서 유통시장의 경쟁이 심화되었다.[10] 1999년 대형마트 시장이 완전히 개방되었고, 국내기업들과 외국 기업들이 본격적으로 경쟁하게 되었다.

iii) 문화·엔터테인먼트 시장개방이다. 1980년대 이전에 한국의 문화산업은 강력한 정부 검열과 보호정책하에 있었다. 1985년 한·미 영화협정 체결 이후에 외국 영화의 개봉이 증가하기 시작하였다. 이미 제12장에서 설명되었듯이 2006년에 외국영화 상영 일수가 73일로 축소되면서 할리우드 영화의 국내 개봉이 증가하였다. 넷플릭스, 디즈니+, 애플TV와 같은 해외 OTT(Over-The-Top) 플랫폼의 국내 진출이 확대되면서, 콘텐츠 시장에도 획기적인 변화가 일어났다. 그리고 김대중과 노무현 정부 시기에 일본 대중문화가 점진적으로 개방되었다.

iv) 법률시장은 1996년 OECD에 가입하면서 국제기준에 부합하게 법률시장 개방 요구가 증가하였다. 그러나 당시에는 외국 로펌이 한국에 지사 개설은 불가능했으며, 외국 변호사들이 한국 법에 대한 자문을 제공하는 것은 제한이 있었다. 한국의 법률시장 개방은 여러 단계에 걸쳐 이루어졌으며, 1990년대 후반부터 본격적인 개방이 시작되었다. 특히, 2007년 한·미 FTA 협정 서명을 계기로 외국 로펌 활동이 단계적이지

10 2006년에 카르푸와 월마트는 각각 홈플러스(당시 삼성-Tesco 합작사)와 신세계 이마트에 매각하고 한국 시장에서 철수하였다.

만 본격적으로 허용되기 시작하였다.[11] 2009년에는 외국 변호사들이 한국 법에 대한 자문을 제공할 수 있게 되었고, 2012년 외국 법률사무소의 한국 내 사무소 개설이 허용되었고, 2017년에는 외국 로펌과 한국 로펌의 공동 경영이 허용되었다. 2022년 이후에는 외국 로펌이 한국 로펌과 합병할 수 있도록 허용되었다. 다만, 외국 변호사는 한국 법에 대한 소송 대리 및 변호 업무를 수행할 수 없으며, 한국 변호사 자격을 취득해야 이를 수행할 수 있다. 현재는 한국 로펌과 외국 로펌 간의 협력과 공동 경영이 이루어지면서 글로벌 법률 서비스 경쟁이 심화되고 있다.

**표 16-2** 서비스산업 시장개방 과정

| 부문 | 내용 |
|---|---|
| 금융 | - 1980년대 초반 국내은행의 민영화 및 해외지점 설립 허용(산업은행, 외환은행 중심)<br>- 1981년 금리자유화 시작(기업어음(CP) 발행 허용)<br>- 1984년에 외국 금융기관의 한국 지점 설립이 허용(Citi, HSBC 등 글로벌 은행 진출)<br>- 1989년 원화 국제화를 추진하여 외국인 비거주자의 원화 예금 허용<br>- 1992년 주식시장을 개방하여 외국인 투자자에게 주식 투자가 한정적으로 허용(20% 한도)<br>- 2004년 금융시장 자유화 이후 외국계 은행, 보험사, 증권사의 국내 진출 증가<br>- 2012년 한·미 FTA 발효 이후 외국 금융회사의 투자 확대 |
| 유통 | - 1996년부터 외국계 유통기업이 본격적으로 한국에 진출하기 시작<br>- 1999년 대형마트(할인점) 시장이 완전히 개방 |
| 법률 | - 2012년 외국 로펌의 한국 내 사무소 개설 허용(단, 한국법 자문 및 소송 대리는 불가)<br>- 2017년 외국 로펌과 한국 로펌의 공동 경영과 수익 공유 허용<br>- 2022년 이후: 외국 로펌이 한국 로펌과 합병 가능하도록 허용 |
| 회계 | - 2012년 글로벌 회계법인의 한국 내 독립적인 법인 설립이 일부 허용 |
| 문화 | - 1985년 한·미 영화협정 체결로 외국 영화의 한국 시장 개봉이 증가 시작<br>- 1990년 영화 스크린쿼터가 146일로 강화 이후 2006년에는 73일로 축소<br>- 1998년 이후 일본문화 개방 시작 |

출처: 저자 작성.

11 한·미 FTA는 노무현 정부인 2007년 6월 30일에 공식 서명이 이루어졌지만, 이후 2010년 재협상(자동차·한우 등)과 비준 과정을 거쳐 이명박 정부인 2012년 3월 15일에 정식으로 발효되었다.

v) 회계서비스 시장개방으로 한·미 FTA 체결 이후, 글로벌 회계법인(PwC, KPMG, Deloitte, EY)이 한국에 독립적인 법인을 설립할 수 있게 되었으나, 외국 회계법인은 반드시 한국 CPA 자격을 취득해야 회계 감사 업무를 수행할 수 있게 하였다. [표 16-2]는 위에서 설명한 서비스산업 시장개방 과정을 정리한 것이다.

넷째, 「외국인투자 촉진법」에 근거하여 외국인투자지역(Foreign Investment Zone, FIZ)을 지정하였다. 모두 단지형(30), 개별형(76), 서비스형(3) 등 다양한 형태로 총 106개 지역이 운영되고 있다. 외국인 투자자에게 세제 혜택, 입지 지원, 규제완화 등을 제공하는 지역이다. 세제 혜택으로 지방세 감면(최대 15년 면제), 관세 혜택(5년), 개별소비세, 부가가치세 감면(자본재에 한함), 저렴한 임대료 그리고 행정 지원으로 투자 신고 및 설립 절차 간소화, 통역 등 서비스 제공 등이 있다.

다섯째, 1997년 설립된 한국산업단지공단(KICOX)은 산업단지의 비효율적 운영과 노후화 문제를 해결하고, 체계적인 개발과 관리를 통하여 산업 경쟁력을 높이기 위해 출범한 기관이다. 공단은 산업단지의 조성, 유지관리, 기업 지원, 스마트 산단 구축 등 다양한 역할을 수행하며, 국가산업기반의 효율적 운영과 지역균형 발전에 기여하고 있다.

## (4) 지속가능발전 준비기

### 1) 김대중 정부

김대중 정부는 출범 직후 동아시아 외환위기에 대응하기 위하여 IMF 프로그램을 전면 수용하고, 외환위기 극복을 위한 긴축재정과 구조조정 정책을 강도 높게 추진하였다. 정부는 경제 전반의 신뢰 회복을 위해 재벌 구조조정, 부실 금융기관 정리 및 퇴출, 공기업의 민영화 등 전방위적인 개혁 조치를 단행하였다. 이러한 조치들로 인하여 외환위기를 극복하고 지속가능한 성장 기반을 마련하는 데 핵심적인 전환점이 되었다.

첫째, 정부는 외환위기 극복 과정에서 수출 회복과 외환보유고 안정을 중요한 정책 목표로 삼았다. 외환위기 직후 원화 환율이 급등하면서 환율 상승 효과로 수출 경쟁력이 강화되었고, 이에 따라 수출이 빠르게 증가하면서 외화 수입이 늘어났다. 정부는 이를 기반으로 외환시장을 안정시키고, 외환보유고를 점진적으로 확충해 나갔으며, 구조개혁과 외자 유치, 재정 안정 노력과 맞물려 대외신인도를 회복하는 데 성공하였다. 그 결과, IMF로부터 받은 구제금융을 2001년에 조기 상환함으로써 위기 극복의 상징적 전환점을 마련할 수 있었다.

둘째, 정부는 외환위기 극복의 핵심 과제로 금융 및 기업 구조조정을 강력히 추진하였다. 먼저, 정부는 부실 금융기관을 정리하고 건전한 금융시스템을 확립하기 위해 공적자금을 투입하며 금융부문의 구조개혁에 착수하였다. 또한, 재벌 중심의 경제구조를 개혁하기 위해 재벌 개혁 5대 원칙을 제시하였으며, 이는 부채비율 축소, 문어발식 계열사 확장 억제, 지배구조 투명성 강화, 핵심 분야 중심의 사업 재편, 회계 투명성 확보 등을 포함하였다. 이러한 조치는 한국기업들의 경영 효율성과 책임성을 높이는 데 기여하며, 외환위기 이후의 경제 안정과 회복 기반을 다지는 중요한 계기가 되었다.

셋째, 1997년 동아시아 외환위기에 직면하면서 추가적인 투자재원이 필요하고 IMF 구제금융의 전제조건인 외국인직접투자에 대한 전면적 개방 압력으로 본격적인 외국인직접투자 허용이 이루어지기 시작하였다, 이에 대응하여 기존의 「외자도입법」을 폐지하고, 1997년 「외국인투자 및 외자도입에 관한 법률」로 명칭이 변경되어 개정되었다가, 1998년 「외국인투자촉진법」(약칭: 「외국인투자법」)이 새로이 제정되면서 본격적인 외국인직접투자에 대한 시장개방이 이루어진다. 이를 통하여 외국인투자 절차 간소화. 외국인 투자자의 소유권 및 지분제한 폐지, 세금 감면 확대, 토지 임대 혜택 제공 등 다양한 유인 정책이 시행되었다. 특히, 공기업 민영화 과정에서 외국인 투자가 대거 유입되었다.

넷째, 기업 인수합병(M&A) 허용과 외국인 주식 투자 제한이 완화되었다. 외환위기로 인하여 심각한 외화 부족에 직면하고, IMF 구제금융 조건으로 자본시장과 금융시장 개방을 급진적으로 확대하게 되었다. 주요 금융시장 개방 조치를 보면 1998년에 주식시장 외국인투자 전면 개방(투자 한도 폐지), 1999년에는 외환시장을 개방하여 기업과 개인의 외화 거래 자유화 조처하였다. 2000년에는 금리 완전 자유화로 금융기관이 시장금리를 자율적으로 결정할 수 있도록 하였다. 2001년에는 파생상품 시장 개방하여 외국인의 선물·옵션 시장 참여가 허용되었다. 따라서 외환위기 이후에 금융시장 개방이 급속도로 진행되면서 외국인 자본 유입이 많이 증가했지만, 단기 외국자본(핫머니) 유입으로 금융시장 변동성이 커지는 문제점도 발생하게 되었다.

다섯째, 기존의 수출자유지역이 자유무역지역(FTZ)으로 확대·개편되었다. 2000년 정부는 「수출자유지역법」(1970)을 「자유무역지역법」으로 개정하여 수출자유지역을 자유무역지역으로 신규 지정하였다.[12] 기존의 노동집약적 산업(섬유·전자 조립)에서 벗어나 반도체, 바이오, 자동차 부품 등 첨단산업 중심으로 개편되는 계기가 되었다. 2025년 5월 기준으로 자유무역지역은 산업단지형, 공항·항만형으로 구분하여 총 13개 지역이 지정되어 있다.[13] 자유무역지역에서는 지방세(취득세, 등록세) 감면, 관세 유보, 부가가치세 영세율 적용, 임대료 감면 등 혜택이 주어지고 있다.

### 2) 노무현 정부

노무현 정부는 다자간 무역체제(WTO)에서 더 나아가 양자 간 FTA 체결을 적극 추진하였다. 전반적으로 노무현 정부의 대외경제정책은 개방과 통합을 통한 경제 활력 제고를 목표로 하였다.

첫째, 정부는 WTO와 같은 다자간 무역체제를 존중하면서도, 양자 간 FTA 체결을 적극 추진하여 FTA 전략 국가로의 전환을 본격화하였다. 1997년 외환위기 극복 과정에서 외국인직접투자 확대를 비롯한 시장개방이 본격화된 이후 2000년대에는 본격적인 FTA 체결의 기반을 마련하기 위하여 2003년 FTA 추진 로드맵을 발표하였다. 그 이후 한국은 2004년 최초의 FTA인 한·칠레 FTA가 발효되었고, 그 이후 한·싱가포르 FTA(2006), 한·EFTA(2006), 한·아세안 FTA(2007) 등이 체결되었으며, 이는 한국경제의 무역 기반 다변화와 시장 확대에 크게 기여하였다.

둘째, 제조업·물류 중심의 자유무역지역과 차별화하여 첨단산업, 글로벌 비즈니스와 도시개발까지 포함하는 종합적인 특구로서 경제자유구역(FEZ)이 계획되었다. 이를 실행하기 위하여 정부는 2002년에 「경제자유구역법」을 제정하여 2003년 인천 경제자유구역(IFEZ)이 최초 지정된 이후 2025년 5월 현재 9개가 지정되어 있다.[14] 경제자유구역에 투자하면 다양

---

12 1970년 제정된 「수출자유지역법」은 2000년 「자유무역지역의 지정 등에 관한 법률」(약칭: 「자유무역지역법」)로 전부 개정되었고, 다시 2004년 「자유무역지역의 지정 및 운영에 관한 법률」(약칭 「자유무역지역법」)로 전부 개정되면서 수출자유지역은 폐지되고 자유무역지역으로 개편되었다.

13 산단형은 마산, 군산, 대불, 동해, 율촌, 김제 및 울산이 있고, 공항·항만형은 부산항, 광양항, 인천항, 포항항, 평택·당진항, 인천국제공항이 지정되어 있다.

14 2003년 인천 경제자유구역(IFEZ)이 지정된 이후, 2008년에 부산진해 경제자유구역(BJFEZ), 광양만권 경제자유구역(GFEZ), 대구경북 경제자유구역(DGFEZ)이 지정되었다. 그리고 2013년 충북 경제자유구역(CBFEZ), 동해안 경제자유구역(EFEZ), 울산 경제자유구역(UEZ), 경기 경제자유구역(GFEZ), 그리고 2024년에 세종 경제자유구역(SFEZ)이 지정되었다.

한 혜택이 주어진다. 첫째, 세제 및 금융 혜택으로 관세, 취득세 및 재산세 5년간 면제(수출입 원자재 및 설비)와 금융지원(현금 및 임대료)이다. 둘째, 행정 지원으로 투자·법인 설립 절차 간소화, 외국교육연구기관 및 기반시설 지원 등이다. 셋째, 각종 규제완화로 노동규제완화, 수도권정비계획법 적용 배제, 그리고 외환거래 자유 등이다.[15]

### 3) 이명박 정부

이명박 정부는 FTA 네트워크 확대와 글로벌 시장 진출 강화에 주력하였다. 전반적으로 이명박 정부의 대외경제정책은 FTA를 통한 통상 네트워크 확대, 글로벌 경제 리더십 강화, 외부 충격 대응력 제고에 초점을 맞추었다고 볼 수 있다.

첫째, FTA의 확대를 통한 글로벌 네트워크 확장이다. 한국·인도 포괄적경제동반자협정(CEPA)(2009), 한·EU FTA(2011), 한·미 FTA(2012) 등을 체결함으로써 한국은 세계 주요 경제권과의 자유무역 기반을 빠르게 확대하였다. 2025년 6월 현재 59개국 21건의 FTA가 체결되었다. 또한, 글로벌 금융위기(2008) 충격에 대응하기 위해 G20 정상회의 서울 개최(2010) 등을 통하여 국제 경제질서에서 위상을 높이고자 하였다.

둘째, 2000년대 이후는 글로벌 금융위기 이후 금융 개방정책이 조정되는 시기였다. 2008년 글로벌 금융위기가 발생하면서 한국도 외국인 자본 유출로 인해 금융시장 불안을 경험하게 되었다. 단기 자본의 급격한 유출입을 방지하기 위해 금융시장 개방을 조정하고, 자본시장 선진화 및 규제강화 정책을 시행하였다. 주요 정책 변화를 보면 2010년에 외국인의 외환거래 규제를 도입(은행의 선물환 포지션 제한)하고, 2012년에는 거시건전성부담금을 도입하여 외국계 은행의 단기 차입을 억제하였다. 이 시기에는 금융시장의 변동성을 줄이기 위해 개방 속도를 조절하는 정책이 시행되었다.

셋째, 2010년 OECD DAC의 회원국이 되면서 본격적으로 수원국에서 공여국으로의 역할 전환이다. 한국의 공적개발원조 규모는 지난 20여 년 동안 꾸준히 확대되었다. [표 16-3]은 1990년 이후 공적개발원조 추이를 보여준다. 초기에는 제한적인 규모였으나, 정부의 해외 개발 협력 의지가 반영되어 점차 투자 규모가 늘었다. 2010년대 들어 DAC의 국제기준에

15 경제자유구역 지정 초기에는 외국인 직접투자자에게 법인세(또는 소득세)를 최초 3년 또는 5년간 100% 감면하고, 이후 2년간 50% 감면하는 세제 혜택이 제공되었다. 그러나 이러한 혜택은 국내 투자자에게는 적용되지 않아, 외국인 투자자에게만 유리한 차별적 정책이라는 EU의 비판이 제기되었다. 이에 따라 정부는 2018년 해당 세제 혜택을 전면 폐지하였다.

부응하고자 공적개발원조 비율과 총액을 강화하는 정책들이 추진되었다. 이 시기에는 원조 규모가 연평균 약 5~10% 정도로 증가하였고, 지원 분야 역시 인프라, 보건, 교육 등 다방면으로 확산되었다.[16]

현재 한국의 GNI 대비 공적개발원조 비율은 DAC 권고 수준에 미치지 못하지만, 정부는 이를 확대하기 위한 정책적 노력을 지속하고 있다. 1990~99년 기간 총규모가 14.1억 달러 수준에서 2010~20년에는 약 18.9억 달러에 이른다. 2020~23년 4개년에 11.1억 달러로 그 이전의 10년 동안에 비해 상당한 수준으로 증가했음을 알 수 있다. 2023년을 보면 31.3억 달러로 한국을 제외한 DAC 30개 회원국과 비교하면 호주(32억 달러)에 이어 14위 수준이다. 그러나 총국민소득 대비 공적개발원조 비율(ODA/GNI)이 0.18%로 전체 DAC 회원국 평균 0.37%의 약 1/2 수준으로 28위를 기록하고 있다.[17] [표 16-3]은 1990년 이후 한국의 공적개발원조 추이를 정리한 것이다.

**표 16-3** 한국의 공적개발원조 추이

단위: 백만 달러

| | 1990~99 | 2000~09 | 2010~19 | 2020~23 |
|---|---|---|---|---|
| 공적개발원조(ODA) | 1,408 | 5,066 | 18,888 | 11,064 |
| (ODA/GNI,%) | (0.038) | (0.070) | (0.137) | (0.163) |
| 양자 ODA | 770 | 3,536 | 14,001 | 8,436 |
| (무상원조) | (364) | (2,196) | (8,781) | (5,638) |
| (유상원조) | (405) | (1,340) | (5,219) | (2,799) |
| 다자 ODA | 637 | 1,532 | 4,890 | 2,627 |

주: 2017년까지는 순지출기준, 2018년 이후는 증여등가액기준.

출처: 지표누리 e-나라지표.

16 무상원조(grant)는 증여율이 100%인 원조이고, 유상원조(loans)는 (순지출기준) 증여율 25% 이상이고, 100% 미만인 지원이며, 소득그룹별 최소 증여율 이상이어야 한다. 최소 증여율은 최빈국/저소득국(45%, 9% 할인율 적용), 중저소득국(15%, 7% 할인율 적용) 그리고 고중소득국(10%, 6% 할인율 적용)이다.

17 한국의 대외원조 통계에서 북한에 대한 민간·공적지원은 포함되지 않는다. 정부는 남북협협기금이라는 이름으로 적립하고 있다. 1991년 정부출연으로 250억 원을 조성한 이래 2024년 말까지 총조성액은 16조 8,715억 원이다(지표누리 e-나라지표).

### 4) 박근혜 정부

박근혜 정부는 FTA 전략 확대와 신흥시장 진출 강화에 주력하였다. 또한, 정부는 아세안, 중동, 중앙아시아 등 신흥시장과의 경제협력을 강화하고자 하였다. 정부의 대외경제정책은 FTA 기반 확대, 신흥시장 개척, 그리고 국제금융협력 강화를 통하여 한국경제의 활로를 대외에서 찾으려는 전략에 집중하였다고 평가할 수 있다.

첫째, FTA 확대를 통한 글로벌 국제협력의 확장이다. 대표적으로 한·중 FTA(2015)를 통하여 세계 2위 경제권과의 경제협력을 제도화했고, 한·호주 FTA(2014), 한·캐나다 FTA(2015), 한·베트남 FTA(2015) 등이다. 둘째, 외환시장 안정관리, 금융 건전성 확보, 글로벌 통상 환경 변화 대응에 초점을 맞추었으며, 중국과의 위안화 통화스와프 확대, 아시아인프라투자은행(AIIB) 창립 멤버 참여 등을 통하여 역내 금융협력에도 참여하였다.

### 5) 문재인 정부

문재인 정부는 포용적 성장과 지속가능발전, 그리고 경제협력의 균형을 대외경제정책의 핵심 기조로 삼았다. 이를 바탕으로 기존 FTA의 내실화와 함께, 신남방정책과 신북방정책을 중심으로 대외경제 협력의 지역적 범위를 확대하고자 하였다. 신남방정책으로 아세안(ASEAN) 및 인도와의 경제·인적 교류를 강화하고, 신북방정책으로 러시아, 중앙아시아, 몽골 등 북방지역 국가들과의 협력 기반을 구축하였다. 이는 한국의 대외경제 전략을 미·중·일 중심에서 다변화시키려는 시도였다. 또한, 정부는 한국의 역내포괄적경제동반자협정(RCEP) 참여(2022), 한·영 FTA(2021), 한·이스라엘 FTA(2022) 등 체결로 포스트 미국 중심주의 통상 질서에 적응하며, 글로벌 공급망 재편과 디지털 통상 등 신통상 이슈에도 적극 대응하였다.

### 6) 윤석열 정부

윤석열 정부의 대외경제정책은 자유무역 확대, 경제안보 강화, 공급망 안정화, 신흥시장 개척 등을 핵심 과제로 추진하고 있다. 특히, 글로벌 공급망 재편과 보호무역주의 강화에 대응하여 수출 경쟁력 제고와 해외시장 다변화를 위해 수출금융 지원 확대와 해외 수주 지원을 강화하고 있다.

대표적으로 경제안보(economic security)의 등장인데, 이는 국가가 경제적 자원과 핵심 산업을 보호하고, 외부의 경제적 위협이나 충격으로부터 자국의 경제적 주권과 지속가능한 성장을 유지하는 개념이다. 이는 공급망 안정성 확보, 핵심 기술 보호, 외국인 투자 및 무역 정책 관리, 금융시스템 안정, 식량·에너지 안보 등 다양한 요소를 포함한다. 최근 국제경제 질서가 급변하고 미·중 기술 패권 경쟁, 공급망 차질, 경제 제재 등이 심화됨에 따라 경제 안보의 중요성이 더욱 강조되고 있다. 따라서 각국은 자국의 경제적 이익을 보호하기 위해 법·제도 정비, 전략적 동맹 강화, 첨단기술 개발 및 보호정책 등을 적극 추진하고 있다.

자국 중심의 정책으로 대표적인 것이 미국을 중심으로 한 인도·태평양 경제 프레임워크(Indo-Pacific Economic Framework, IPEF)와 Chip4이다. IPEF는 경제연결성(connected economy), 경제회복력(resilient economy), 청정경제(clean economy), 공정경제(fair economy)를 축으로 한 다자간 경제협력체로 13개국 참여하고 있다. Chip4는 반도체 4국(미국, 대한민국, 일본, 대만)의 협력체제로 협력국 간 안정적 반도체 생산 및 공급을 목표로 삼고 있다.

## 4 대외경제정책의 현황과 전망

해방 이후 한국의 대외경제정책은 경제 재건과 산업화의 기반을 마련하기 위한 주요 전략으로, 초기에는 외부 원조에 의존하는 구조였다. 1950년대는 6·25전쟁 후 경제가 파괴된 상태에서 미국의 원조를 통하여 기초 산업 중심의 경제구조를 구축하였다. 1960년대부터는 수출주도형 경제성장 전략을 채택하면서 수출이 급증하며 GNI 대비 수출 비율이 크게 상승하였다. 또한, 1970년대에는 중화학공업을 육성하고 철강, 조선, 석유화학 제품을 주요 수출 품목으로 삼으며 무역 흑자 기조가 형성되었다. 1980년대 이후 한국은 전자, 자동차, 반도체와 같은 고부가가치 산업을 육성하면서 대외경제정책의 중심을 수출 확대와 국제화로 전환하였다.

특히, 1990년대에는 WTO 및 OECD 가입과 무역자유화 추진, 외환위기 극복 등으로 경제 개방을 강화하며 글로벌 경제에 통합되었다. 2000년대에는 FTA 체결과 함께 대외경제 관계가 더욱 확대되었으며, 첨단산업을 중심으로 국제경쟁력을 확보하였다. 이후 한국은 지속적으로 대외경제 개방을 확대하며, 글로벌 공급망에서 중요한 역할을 하게 되었다. 그럼에도 미·중 기술 패권 경쟁, 글로벌 공급망 위기, 경제 제재 등으로 자국의 이익을 극대화하는 경제안보 문제에 대응해야 하는 과제에 직면해 있다.

# 참고

### 참고 16 FTA의 무역확대효과

한-EU 및 한-미 FTA는 각각 2011년과 2012년에 발효되었다. 먼저 한-EU FTA 발효 전후를 보면 초기에는 한국의 대EU 수출이 증가하면서 무역수지 흑자가 확대되는 경향을 보였다. 특히 자동차, 전자제품, 화학제품 등 관세 인하 효과가 큰 품목에서 수출이 크게 증가했다. 그러나 이후 유럽 재정위기 등의 외부 요인으로 인해 무역수지 적자가 확대되다가 최근 회복되고 있다. 한-미 FTA는 발효 직후 미국과의 교역에서 한국의 수출은 자동차, 기계류, 석유화학 분야를 중심으로 증가했다. 하지만 미국산 농축산물과 에너지 자원의 수입도 동시에 확대되면서 무역수지 개선 효과는 제한적이었다. 특히 셰일가스 수입 증가와 환율 변동 등의 요인이 복합적으로 작용하면서, 일부 연도에는 무역수지가 악화되는 모습도 보였으나 2019년 이후 무역수지 흑자 규모는 확대되고 있다.

전반적으로 두 FTA 모두 수출입 구조 고도화와 시장 다변화에는 기여했지만, 무역수지 측면에서는 외부 경제 요인과 산업구조의 영향도 크게 작용해 일관된 흑자 확대 효과를 보이진 않았다. 아래 그림은 2000년 이후 한국의 EU와 미국과의 무역수지 추이를 보여 준다.

**FTA와 무역수지**

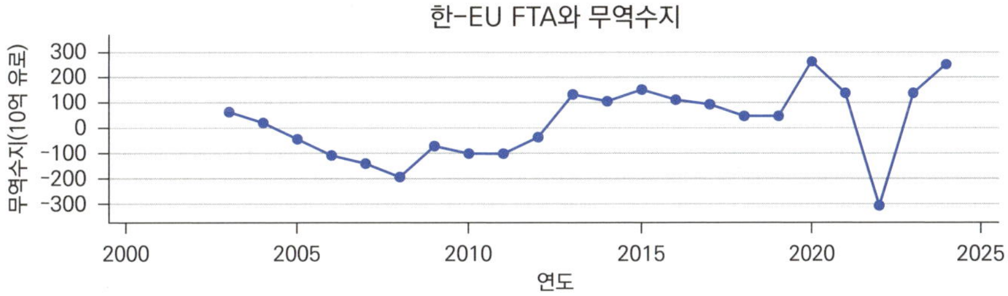


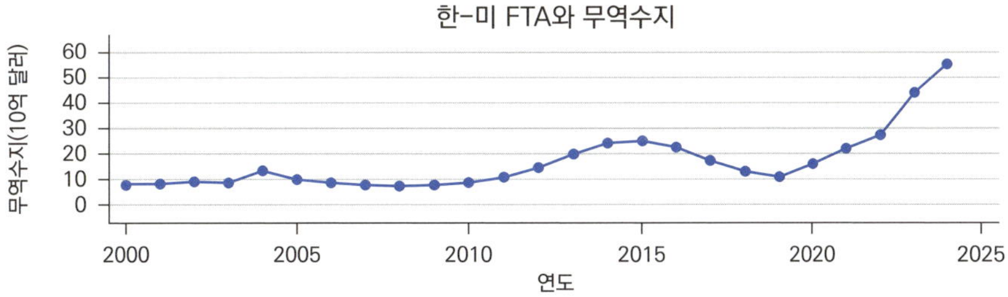


출처: 한국무역협회 K-stat 수출입 무역통계.

# 연습문제

16.1. 1920년대 대공황이 자본주의 경제 체제에 미친 영향을 설명하고, 이후 각국의 대외경제 전략의 변화와 한국의 대외경제정책 발전 과정을 서술하시오.

16.2. 1980년 이후 한국의 경상수지 변동 과정을 설명하고, 상품수지와 서비스수지의 특징 및 최근 경상수지 유지 요인을 서술하시오.

16.3. 1950년대 이후 한국의 경제발전 과정에서 수출·수입 및 무역 구조 변화의 특징을 설명하고, 현재 한국 무역의 위상을 서술하시오.

16.4. 1950년대 이후 한국의 FDI 정책 변화와 주요 특징을 설명하고, 최근 FDI의 산업구조 변화와 전망을 서술하시오.

16.5. 1950년대 한국의 대외경제협력의 배경과 주요 내용, 그리고 경제발전 과정에서 의미를 설명하시오.

16.6. 1960~70년대 한국의 대외경제정책 변화 과정과 수출 중심 경제성장 전략의 주요 내용 및 성과를 설명하시오.

16.7. 한국 법률·회계 서비스 시장개방의 변화 과정을 설명하고, 외국 로펌 및 회계법인의 한국 내 활동과 관련된 주요 규제를 서술하시오.

16.8. 노무현 정부 시기의 대외경제정책 변화와 FTA 추진 전략의 주요 내용 및 성과를 설명하시오.

16.9. 윤석열 정부의 대외경제정책에서 '경제안보(economic security)'가 핵심 과제로 등장한 배경과 그 주요 정책 내용을 설명하시오.

16.10. 해방 이후 한국 대외경제정책의 변화 과정을 설명하고, 현재 한국이 직면한 대외경제 정책상의 과제를 서술하시오.

CHAPTER

# 17

# 한국경제 발전의 시사점과 도전 과제


1. 들어가며
2. 경제발전의 성과와 시사점
3. 한국경제가 직면한 도전과 대응 방향
4. 한국 경제발전 정책 패러다임의 전환
5. 한국의 지속가능발전을 위한 방안

Chapter 17

# 한국경제 발전의 시사점과 도전 과제

자본주의 경제체제는 산업혁명을 계기로 인류 역사상 유례없는 빠른 경제성장과 발전을 이루었으며, 그 결과 인류는 어느 때보다 높은 삶의 질을 누릴 수 있게 되었다. 자본주의는 등장 이후 수많은 도전과 위기를 겪으면서도 지속적으로 성장하고 발전해 왔다. 매디슨 데이터에 따르면, 산업혁명 이후 지난 200여 년간의 연평균 GDP 성장률은 1.21%로 산업혁명 이전의 0.33%에 비해 약 4배나 높아졌다(Maddison, 1995). 그러나 이러한 발전에도 불구하고 자본주의는 지속적인 위기와 해결해야 할 과제들에 직면해 왔다. 소득분배의 악화, 빈곤 문제는 여전히 심각하며, 공정한 시장경쟁이 제대로 작동하지 않는 사례도 나타났다. 특히 1920년대 말 대공황은 시장경제의 불완전성을 드러내면서 케인스의 수정자본주의 이론이 등장하는 계기가 되었고, 사회주의 국가의 출현에도 영향을 미쳤다.

1991년 소련의 붕괴는 사회주의 체제에 대한 자본주의 체제의 우월성을 보여주었지만, 시장과 정부의 역할의 정도에 따라 국가마다 서로 다른 경제체제를 형성하게 되었다. 그런데도, 오늘날 세계는 자본주의의 구조적 문제를 해결하는 동시에 새로운 도전에 직면하고 있다. 탄소중립을 비롯한 환경문제, 제4차 산업혁명에 따른 인공지능과 디지털 전환, 그리고 자국 중심의 경제발전 전략 등은 자본주의 체제에 새로운 방향과 전략을 요구하고 있다.

## 1 들어가며

한국은 세계적으로 유례없는 고도성장을 이룬 대표적인 국가로, 6·25전쟁 이후의 폐허 속에서 국제사회의 지원과 정부주도의 경제개발 정책으로 산업화의 기틀을 마련하였다. 1960년대 이후에는 중화학공업을 중심으로 한 에너지 집약적 산업을 통하여 급속한 경제성장을 달성하였으며, 이른바 '한강의 기적'으로 불리는 압축성장을 실현하였다.

1970년대의 스태그플레이션, 1997년 동아시아 외환위기, 2008년 글로벌 금융위기 등 경제적 충격에도 불구하고 한국은 효과적으로 위기를 극복하였고, 현재는 선진국 수준의 경제력을 보유한 국가로 도약하였다. 세계은행(World Bank, 2024)은 한국을 '중진국 함정'을 극복하고 선진국 반열에 오른 대표 사례로 평가하고 있으며, 과거 '종이호랑이'로 불리던 한국은 오늘날 경제적 역량을 바탕으로 국제사회에서의 위상을 높이고 있다. 그러나 이러한 경제적 성취에도 불구하고, 한국은 사회·경제 전반에서 여전히 해결해야 할 다양한 과제에 직면해 있다. 특히 현재 한국경제는 저성장 기조와 인구절벽, 가계부채, 부동산시장 불안정, 양극화, 탄소중립 전환, 그리고 산업구조 재편이라는 복합적인 도전에 직면해 있다. 여기에 더해, AI, 반도체, 바이오헬스 등 첨단기술 분야에서의 글로벌 패권 경쟁, 디지털 전환, 에너지 전환 등 급변하는 경제질서에 능동적으로 대응해야 하는 과제도 안고 있다.

이러한 도전 속에서도, 한국은 과거 경제성장에서 축적한 경험과 역량을 바탕으로 새로운 성장 기회를 창출할 수 있는 충분한 잠재력을 갖추고 있다. 이를 실현하기 위해서는 기존 산업기반을 유지하면서도 디지털 혁신과 친환경 전환을 병행하는 지속가능한 성장 모델을 구축해야 한다. 결국, 한국경제의 미래 도약을 위해서는 정부, 기업, 국민이 협력하여 신산업 육성, 노동시장 개혁, 사회안전망 확충, 금융 안정, 부동산시장 안정화, 그리고 친환경 전환 등을 균형 있게 추진해야 한다. 이러한 종합적인 대응으로 지속가능한 선진 복지국가로의 전환을 이룰 수 있을 것이다.

## 2 경제발전의 성과와 시사점

### (1) 경제적 성과

한국은 1960년 이후 유례없는 고속 성장을 달성하여 세계적으로 유례없이 빠른 속도로 중진국을 벗어나 선진국에 진입한 국가이다. [표 17-1]은 1960년과 2023년의 주요 경제지표와 국가 순위를 정리한 것이다.

1인당 실질 GDP를 보면 2015년 실질 달러로 1960년 1,027달러에서 2023년 34,121달러로 약 33배가 증가하였고 국가 순위도 77위(106개국 중)에서 32위(196개국 중)로 올랐다. 1인당 경상 GDP를 보면 1960년 158달러(72위)에서 2023년 33,121달러(41위)로 증가하였다.[1] 실질 GDP는 같은 기간에 250억 달러에서 1조 7,640억 달러로 무려 71배가 증가하였고 세계 순위도 37위에서 11위로 상승하였다.

[그림 17-1]은 1960~2023년 기간 한국의 경제성장률을 전 세계 국가 평균과 비교한 것이다. 한국의 경제성장률은 전반적으로 하락하는 추이를 보여주고 있으나 2000년 중반 이전까지는 전 세계 국가의 평균 경제성장률보다 높게 나온 것을 알 수 있다. 반면 그 이후에는 전 세계 평균 경제성장률과 유사한 추이를 보여주고 있는데 이는 한국도 선진국 대열에 들어서면서 경제성장률도 하락한 것으로 이해할 수 있다.

**표 17-1** 주요 경제지표 변화와 국제 순위

| | 1960 | | 2023 | |
|---|---|---|---|---|
| | 값 | 순위(비교국가 수) | 값 | 순위(비교국가 수) |
| 1인당 실질 GDP(2015년 달러) | 1,027 | 77(106) | 34,121 | 32(196) |
| 1인당 경상 GDP | 158 | 72(110) | 33,121 | 41(195) |
| 실질 GDP(2015년 10억 달러) | 25 | 37(106) | 1,764 | 11(195) |

출처: World Bank WDI.

1 보통 1960년대 초 1인당 국민소득이 100달러 내외로 얘기할 때는 물가 변동을 고려하지 않은 경상 국민소득을 얘기하는 것이다.

그림 17-1 한국과 전 세계의 경제성장률 추이 비교

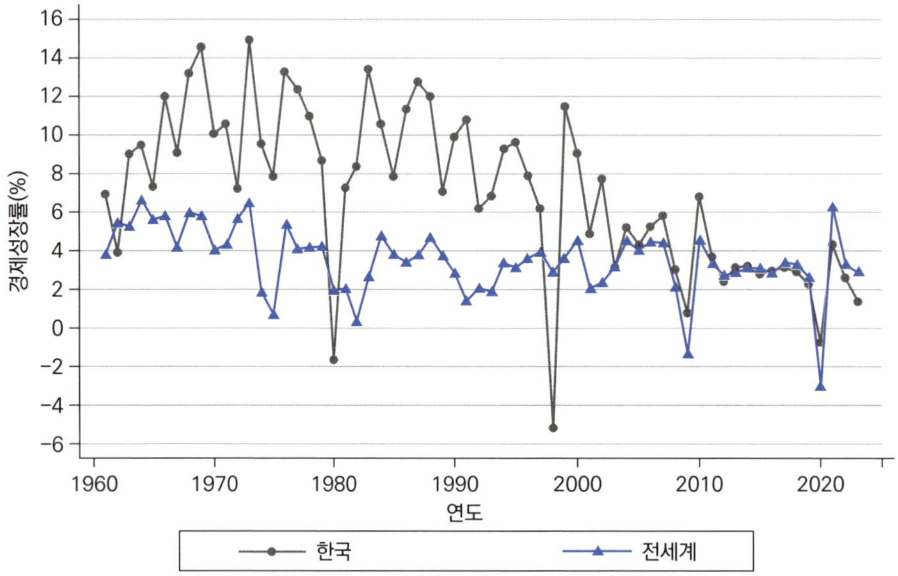


출처: World Bank WDI.

## (2) 비경제 지표의 성과

한국경제가 지속가능한 성장을 달성하기 위해서는 부가가치 창출이 이루어져야 한다. 경제학에서는 이를 생산함수를 가지고 설명하며, 노동, 자본 및 기술이 향상하면 경제성장이 지속된다. 그러나 최근에는 이러한 경제 변수 이외에 제도도 중요한 역할을 한다고 보고 있다. 즉, 노동, 자본과 기술 투입이 동일하더라도 해당 국가의 제도적 상황에 따라 경제성장은 다르게 나타날 수 있다는 것이다.

주요 기관에서 발표하는 다양한 제도 관련 지표들의 한국 순위를 알아보자. [표 17-2]의 세계경제포럼(WEF)이 2019년 발표한 국가경쟁력 지표를 보면 141개국 중에서 13위로 선진국 수준이다. 그러나 세부 지표를 보면 순위 변동이 매우 심하다. 기본 환경부문에서 ICT 보급과 거시경제 안정성은 세계 1위지만 제도는 26위에 불과하다. 인적자원에서 보건 분야는 8위지만 기술은 27위였다. 시장부문은 매우 심각해서 생산물시장과 노동시장은 각각 59위와 51위로 다른 부문에 비해 매우 뒤처져 있다. 혁신생태계 부문에서도 혁신역량은 6위로 매우 높았지만, 기업 활력은 25위에 불과하다.

**표 17-2** 세계경제포럼 국가경쟁력 지표

| 분야/부문 | | 순위 |
|---|---|---|
| 기본환경 | | |
| | 제도 | 26 |
| | 인프라 | 6 |
| | ICT보급 | 1 |
| | 거시경제안정성 | 1 |
| 인적자원 | | |
| | 보건 | 8 |
| | 기술 | 27 |

| 분야/부문 | | 순위 |
|---|---|---|
| 시장 | | |
| | 생산물시장 | 59 |
| | 노동시장 | 51 |
| | 금융시스템 | 18 |
| | 시장규모 | 14 |
| 혁신생태계 | | |
| | 기업활력 | 25 |
| | 혁신역량 | 6 |

출처: World Economic Forum(2019).

**표 17-3** 국제경영개발대학원 국가경쟁력 지표

| 분야/부문 | | 순위 |
|---|---|---|
| 경제 성과 | | 11 |
| | 국내경제 | 8 |
| | 국제무역 | 34 |
| | 국제투자 | 21 |
| | 고용 | 5 |
| | 물가 | 30 |
| 정부 효율성 | | 31 |
| | 재정 | 21 |
| | 조세정책 | 30 |
| | 제도여건 | 24 |
| | 기업여건 | 50 |
| | 사회여건 | 36 |

| 분야/부문 | | 순위 |
|---|---|---|
| 기업 효율성 | | 44 |
| | 생산성·효율성 | 45 |
| | 노동시장 | 53 |
| | 금융 | 33 |
| | 경영관행 | 55 |
| | 태도·가치관 | 33 |
| 인프라 | | 21 |
| | 기본인프라 | 35 |
| | 기술인프라 | 39 |
| | 과학인프라 | 2 |
| | 보건 | 32 |
| | 환경교육 | 27 |

출처: IMD World Competitiveness Center(2024).

[표 17-3]의 국제경영개발대학원(IMD)에서 발표한 2025년 국가경쟁력 지표를 보아도 유사하다. 종합 순위는 분석 대상 67개국 중에서 27위였다. 가장 높은 순위를 보이는 것은 경제성과 부문으로 11위였고, 국내경제(8위)와 고용(5위)이 높았다. 다음으로 높은 부문은 인프라(21위)와 정부효율성(31위)이었고, 기업효율성은 가장 떨어져서 44위에 그쳤다.

### (3) 한국 경제발전의 시사점

한국형 경제발전 전략은 정부주도형으로 기존 기득권층이 자신들의 기득권을 포기하지 않고도 시행할 수 있는 정책을 중심으로 이루어졌다. 이런 측면에서 한국형 경제발전 전략은 중앙집권적 지배구조를 가지고 있는 대부분의 개발도상국이 매우 매력적으로 느낄 수 있는 모형이다. 제2장에 정리하였듯이 경제개발 5개년 계획, 산업정책에 의한 중화학공업 지원 정책, 교육에 대한 투자, 민간 중심의 경제활동 등이 대표적인 정부주도형 정책수단이었다.

1980년대에도 그동안의 강력한 정부주도형 경제발전 전략에 한계가 드러나면서 민영화, 개방화, 사유화를 통한 민간주도형 경제발전 전략이 대두되었다. 소위 워싱턴 컨센서스(Washington Consensus)적 전략이라고 알려진 정책들을 시행하기 위해서는 정부의 중앙집권적 정책과, 기득권층 중심의 역할을 축소하거나 포기해야 한다. 한국의 정부도 1980년대 이후 민간주도형 경제로 전환하기 위한 지속적인 노력이 이루어지고 있으나 지금도 서구 선진국형 민간경제 수준에 이르지는 못하고 있다.

물론 워싱턴 컨센서스를 기반으로 하는 민간주도형의 정책 방향과 정책 수단이 초기부터 한국에 적용하였을 때 성공할 수 있었는지와는 다른 문제이다. 아나톨 칼레츠키(A. Kaletsky)의 저서에서도 알 수 있듯이 시장과 정부 모두 완전한 것이 아니기 때문이다. 워싱턴 컨센서스적인 정책을 기반으로 한 국가 중에는 성공한 국가들도 있지만, 실패한 국가들도 있기 때문이다. 물론 한국이 성공적인 경제성장을 달성하였다고 해서 강력한 중앙정부의 시장경제 개입이 정당화될 수는 없다. 그렇다면 현재 시점에서 한국이 지향해야 할 발전 전략은 무엇인가? 한국은 1인당 실질 GDP가 3만 달러를 넘어서 선진국 대열에 진입하고 있다. 그리고 민간부문 경쟁력이 공공부문 경쟁력보다 높아지고, 경제규모가 확대되어 중앙집권적인 정보를 확보하기도 어렵고, 따라서 이러한 정보 획득 수준을 가지고 정책을 시행하는 데는 한계가 있다. 앞으로 한국의 경제발전 전략은 과거 정부주도라는 타성에서 벗어나 민간을 중심으로 하는 경제발전 패러다임으로 전환해야 한다.

## 3 한국경제가 직면한 도전과 대응 방향

한국은 경제적으로 선진국이나 국민은 경제수준에 부응하는 행복감을 느끼지 못하고 있다. 또한, 한국경제는 저성장, 인구 감소, 글로벌 경쟁 심화, 금융 리스크, 그리고 국내 구조적 문제 등 다양한 국내외적 도전에 직면해 있다. 따라서 현재 직면한 국내외적 도전 과제를 극복하고 모두가 행복함을 누리기 위해서 미래지향적인 경제발전 패러다임 전환이 필요하다. 본 절에서는 정책 전환 방향에 대해 알아본다.

### (1) 대내적 도전과 대응 방향

#### 1) 경제성장과 주관적 행복 간의 괴리

인간 삶의 궁극적 목표가 행복 추구에 있다는 전제하에, 소득수준을 비롯한 경제적 요인은 행복을 구성하는 핵심 요소 중 하나로 고려된다.[2] 이는 단순한 경제성장만으로는 개인의 주관적 삶의 질이 향상되지 않을 수 있음을 시사한다. 유엔(UN) 역시 "행복 추구는 기본적인 인간의 목적"임을 천명하며, 2013년부터 매년 3월 20일을 '국제 행복의 날(International Day of Happiness)'로 지정하고 있다. 한국의 헌법 제10조 역시 "모든 국민은 인간으로서의 존엄과 가치를 가지며, 행복을 추구할 권리를 가진다."라고 명시하고 있어, 행복은 개인의 권리이자 국가의 정책 목표로 인정받고 있다. 그러나 한국은 1인당 소득이라는 경제적 수준에 비해 국민이 체감하는 행복 수준은 상대적으로 낮은 편이다.

영국 옥스퍼드 대학교 웰빙연구센터, 갤럽, UN 지속가능발전해법네트워크(SDSN)가 공동 발표한 『2025 세계 행복보고서(World Happiness Report)』에 따르면 한국의 행복도는 147개국 중 58위였다.[3] 보고서에서는 행복도를 결정짓는 6가지 주요 요인을 제시하며, 한국의 순위는 다음과 같다. 1인당 GDP(26위), 사회적 지원(84위), 건강한 기대수명(4위), 삶의 선택의 자유(101위), 관대함(82위), 그리고 부패에 대한 인식(청렴성, 56위)이다. 이러한 결과는 한국이 건강 및 소득 측면에서는 선진국 수준에 도달했음에도 불구하고, 사회적 유대, 자유, 청렴성과 같은 비경제적 요소에서는 낮은 성과를 보이고 있음을 나타낸다. 특히 사회적 신뢰와 자

2 Frey and Stutzer(2002)는 행복의 결정 요인으로 개인적 요인, 사회인구학적 요인, 경제적 요인, 상황적 요인 그리고 제도적 요인으로 설명하였다.

3 행복지표는 삶의 만족도, 행복, 삶의 질, 웰빙 등 다양한 지수로 발표되고 있다.

유에 대한 낮은 체감은 전체 행복도 평가를 낮추는 주요 요인으로 지목된다.

경제성장과 행복이 선순환적으로 같이 증가하기 위해서 다음과 같은 정책이 필요하다. 첫째, 경제성장 외적 요소 강화이다. 삶의 질 향상을 위해 사회적 자본 강화(신뢰·연대·공동체성), 공정한 제도 운용, 시민 자유 확대 등 비경제적 요소의 개선이 필요하다. 둘째, 행복지표에 기반한 정책 설계이다. GDP 중심의 정책 성과 평가에서 벗어나, 웰빙(well-being)·삶의 만족도 등 주관적 지표를 반영한 정책 목표 수립이 중요하다. 셋째, 교육, 노동, 환경, 주거, 건강 등 다양한 영역에서 행복 지향적 정책 패러다임 전환이 요구된다. 특히, 사회적 신뢰 회복 및 시민 참여 확대, 공공부문 청렴성 제고, 열린 행정, 참여민주주의 강화 등을 통하여 시민의 제도 신뢰 회복과 자율성 보장을 도모해야 한다.

### 2) 경제성장률 둔화의 구조적 원인과 신성장동력 확보의 필요성

2000년대 이후 한국경제는 지속적인 경제성장률 하락세를 보이고 있으며, 특히 2020년대에 들어서는 연평균 2%대 성장률이 고착화되는 추세를 보인다. 이러한 현상은 일정 부분 경제규모의 확대에 따른 자연스러운 성장 속도 둔화로 해석될 수 있으나, 구조적 문제와 정책적 대응 지연의 결과로도 분석될 수 있다. 대표적으로, 성장률 하락에 비해 고용시장의 구조조정 속도가 느려, 청년실업률이 지속적으로 높은 수준을 유지하고 있다는 점이 사회·경제적으로 주요 과제로 대두되고 있다. 이는 성장률 둔화가 단순한 경기순환적 현상이 아니라, 기존 주력산업의 국제경쟁력 약화와 신산업 육성 지연이라는 구조적 요인과 밀접하게 관련되어 있음을 시사한다. 현재 한국의 주력산업은 반도체, 자동차, 조선, 철강 등으로 대표되며, 이들 산업은 글로벌 기준에서도 높은 경쟁력을 갖추고 있으나, 산업의 수명 주기상 정점(peak-out) 국면에 진입하였다는 분석이 제기된다. 동시에, 중국을 비롯한 신흥국의 추격과 선진국의 기술 고도화 경쟁 속에서 한국은 이른바 '샌드위치 현상'에 직면하고 있으며, 이는 수출 주도형 성장 모델의 지속가능성에 의문을 제기하는 배경이 되고 있다.

이러한 성장 정체 국면을 극복하기 위해서는 다음과 같은 종합적이고 선제적인 경제활성화 전략이 필요하다. 첫째, 신성장동력 산업의 육성이다. 인공지능(AI), 시스템 반도체, 바이오 헬스, 친환경·에너지 전환 산업 등 미래 수요 기반 산업에 대한 전략적 투자와 지원이 필요하다. 그리고 기초연구 강화, 산학연 협력, 혁신 인프라 구축을 통하여 산업 생태계 전반의 기술혁신 역량을 강화해야 한다. 둘째, 기업 규제완화 및 투자 환경 개선이다. 불필요한 규제 정비, 투자 유인을 위한 세제 인센티브, 사업 인허가 간소화 등을 통하여 기업의 창의적 활동과 투자 확대를 유도해야 한다. 셋째, 내수 기반 강화 및 소비 진작이다. 소득세 감면, 소비쿠폰 제공, 내구재 교체 지원 등 소비 진작 정책으로 내수의 성장기여도를 회복해야 하며, 고용안정성 확보와 가계부채 관리를 병행함으로써 소비 여력을 유지하는 것이 중요하다.

결국, 한국경제의 저성장 고착화 현상은 단순히 외부 요인에 기인한 것이 아니라, 산업구조 변화의 지연과 정책적 대응 부족이라는 내생적 문제에 기반한다. 이에 따라 혁신성장을 위한 신성장동력 확보, 기업 친화적 정책 환경 조성, 소비 기반 강화가 함께 추진되어야 하며, 이를 통하여 지속가능한 경제성장 경로로의 복귀를 도모할 수 있을 것이다.

### 3) 대외의존적 경제구조와 내수의 경제성장 기여도 변화

한국경제는 높은 대외의존도를 특징으로 하며, 수출과 수입이 국내경제에 미치는 영향이 매우 크다. 제16장에서 분석한 바와 같이, 2023년 기준 명목 국민총소득(GNI) 대비 수출입 비율은 100.5%로, 이는 2013년 이후 처음으로 100%를 초과한 수치이다. 이 수치는 한국경제가 국내생산에 의존하기보다는, 상당 부분을 해외시장과의 연계 속에서 운영되고 있음을 의미한다. 이러한 무역 개방도는 국제 분업 구조 속에서 효율적 자원배분과 기술 발전에 유리한 환경을 조성할 수 있지만, 세계경제의 변동성에 대한 노출도 증가라는 양면성을 지닌다. 즉, 주요 교역국의 경기변동, 국제무역 규범의 변화, 지정학적 리스크 등은 한국경제에 직접적인 효과를 미칠 수 있다. 이는 특히 수출 주도형 성장전략을 채택해 온 한국경제에서 더욱 민감하게 작용한다.

그런데도 내수시장의 중요성도 매우 크다. 제16장에서 알아보았듯이 2000년 이전까지는 내수의 경제성장 기여도가 순수출 기여도보다 높았던 반면, 이후에는 내수 기여도가 지속적으로 감소하고 있다. 이러한 추세는 한국 경제성장의 하락 원인이 순수출 부진보다는 내수 성장기여도의 감소에 있다는 점을 시사한다. 이에 대한 대응으로 첫째, 대외 충격에 대한 경제 회복탄력성 강화가 필요하다. 글로벌 경기 변동에 민감한 구조를 보완하기 위해, 교역 다변화, 전략산업의 고부가가치화, 지정학적 리스크 완화 전략 등이 필요하다. 둘째, 내수 활성화를 위한 구조적 접근이 필요하다. 가계소득 증대, 중소기업 경쟁력 강화, 서비스산업 고도화, 소비자 신뢰 회복 등으로 내수의 성장기여도를 회복할 필요가 있다. 셋째, 균형 있는 성장전략으로의 전환이 필요하다. 수출에 의존한 외생적 성장에서 벗어나, 내수와 수출이 균형을 이루는 경제구조로의 전환이 장기적으로 지속가능한 성장 전략으로 평가된다.

한국경제는 세계적으로 높은 무역의존도를 바탕으로 성장해 왔지만, 내수 기반의 성장 동력이 약화되면서 구조적 한계에 직면하고 있다. 따라서 앞으로는 외부 충격에 대한 리스크 완화와 함께 내수의 질적 성장 기반을 강화하는 정책적 노력이 필요하다. 이는 한국경제의 회복탄력성과 지속가능성을 동시에 제고하는 데 핵심적인 과제가 될 것이다.

### 4) 민간과 정부의 경제성장 기여도 변화와 내수 활성화의 필요성

한국의 경제성장은 역사적으로 민간부문 중심 성장에 의해 주도되었다. [그림 17-2]는 1970년 이후 민간과 정부의 경제성장률 기여도를 비교한 것으로 정부의 기여도는 전 시기를 통틀어 대체로 2% 내외에서 안정적으로 유지됐지만, 민간부문은 시기에 따라 큰 변동폭을 보여 왔다. 1980년대 고도성장기에는 연평균 8~9%에 달하는 높은 성장률을 기록하였으며, 이 중 대부분은 민간부문의 기여도(8% 내외)에 의해 달성되었다. 그러나 2000년대 이후에는 민간의 성장기여도가 점진적으로 하락하였으며, 최근에는 2%대 이하로 떨어지면서 전체 경제성장률의 정체를 초래하는 주요 원인이 되고 있다. 이는 민간부문, 특히 소비 및 투자의 부진, 기업의 투자심리 위축, 고용 불안정 등이 복합적으로 작용한 결과로 해석할 수 있다.

**그림 17-2** 민간과 정부지출의 경제성장 기여도

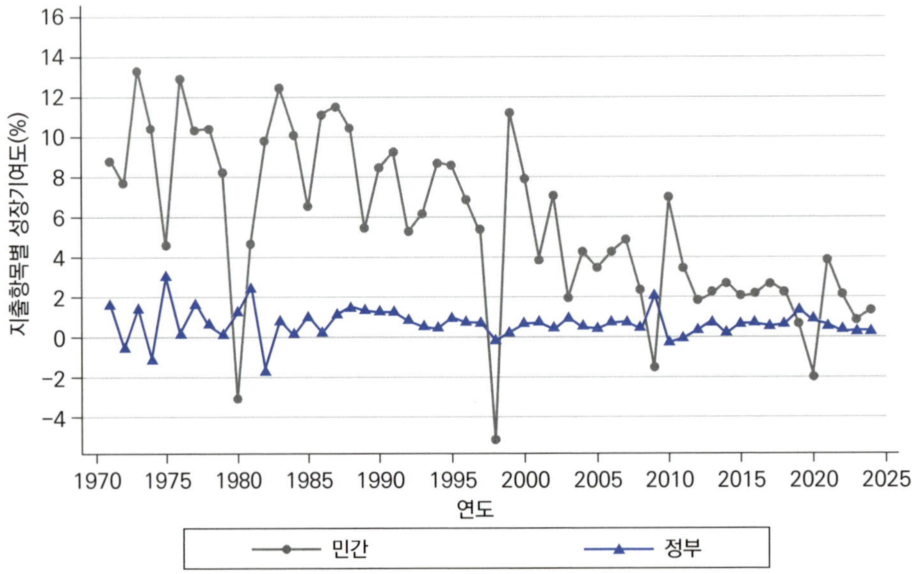


출처: 한국은행 경제통계시스템(ECOS).

지속적인 경제성장률을 유지하기 위해서는 민간부문의 활력 회복과 내수시장 강화가 핵심 과제로 부상한다. 특히, 수출 중심의 성장전략이 외부 충격에 취약하다는 점에서, 내수 기반의 구조적 전환이 요구된다. 먼저, 내수 활성화를 위한 정책 방향이다. 금리인하 및 통화 완화 정책으로 소비 및 투자심리를 개선하고, 기업의 자금조달 여건을 완화하여 민간부문의 자율적 성장동력 회복을 유도해야 한다. 둘째, 소비 진작을 위한 정책 수단으로 소비쿠폰 지급, 내구재 교체 지원 등 다양한 형태의 소비 장려책을 통하여 가계 소비를 확대할 수 있다. 셋째, 투자 환경 개선 및 규제완화이다. 기업의 사업 인허가 절차 간소화, 세제 인센티브 제공, R&D 투자 지원 등으로 민간부문의 투자 활성화 기반을 강화해야 한다. 넷째, 노동시장 및 일자리 안정화이다. 고용 불안은 소비 위축의 주요 요인이므로, 고용창출과 일자리 질 개선을 통하여 소비 여력을 높이는 간접적 효과도 고려되어야 한다.

민간부문은 한국경제의 성장동력을 제공해 온 핵심 주체였다. 그러나 최근 들어 그 기여도가 지속적으로 하락하면서 경제 전반의 활력이 약화되고 있다. 이에 따라, 내수 및 민간시장 활성화를 위한 구조적 정책 전환이 필요하며, 이는 외부 충격에 대한 경제의 복원력 강화, 나아가 지속가능한 성장 기반 구축의 핵심이 될 것이다.

### 5) 저출산·고령화와 경제성장

저출산·고령화로 인한 인구 규모와 구조의 변화는 경제발전에 결정적인 영향을 미치는 요인이다. 인구의 절대 규모가 축소되면 경제활동인구 감소로 이어지며, 이는 노동공급 위축과 총생산의 감소를 야기한다. 더 중요한 것은 인구구조의 변화이다. 고령층의 비중이 증가하고 청·장년층의 비중이 감소하면 경제활동으로 부가가치를 창출하는 인구는 줄어드는 반면, 사회복지 지출 수요는 급증하게 된다. 결과적으로 조세수입 감소와 재정지출 확대가 동시에 발생하면서, 재정건전성과 경제성장률 하락이 우려되는 상황이 나타난다.

한국은 세계에서 가장 빠른 속도로 저출산·고령화를 경험하고 있다. [그림 17-3]에 따르면, 1970년의 합계출산율은 4.53명, 출생아 수는 약 106만 명에 달했으나, 이후 지속적으로 감소하여 1984년에는 1.74명, 2018년에는 0.98명, 2023년에는 0.72명으로 감소하였다.[4] 이에 따라 출생아 수도 2024년 기준 23만 명 수준으로 급감하였다. 이는 장기적으로 인구감소, 인구구조변화 및 생산가능인구 축소를 초래하며 경제의 저성장 고착화로 이어질 수 있다.

4 합계출산율은 여자 1명이 가임기간 동안 갖게 될 평균 출생아 수이다.

그림 17-3 합계출산율과 출생자 수 추이

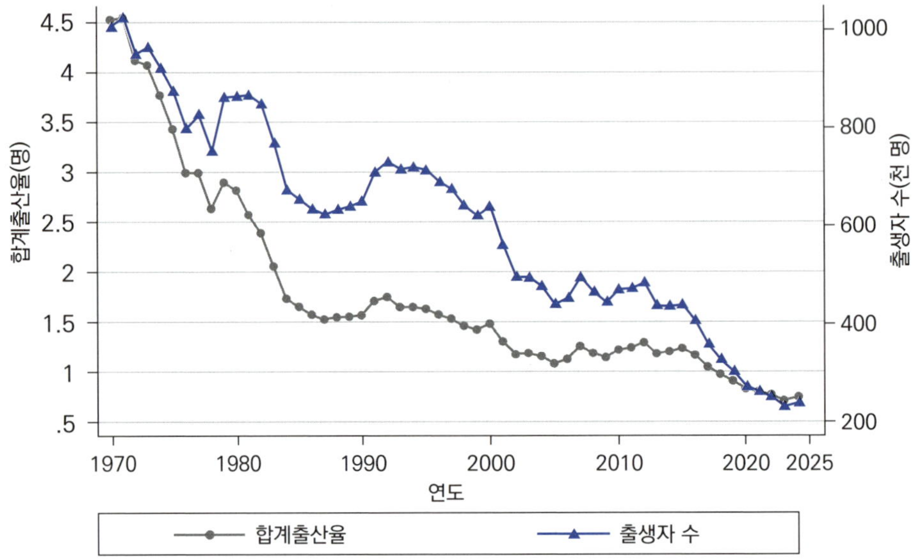


출처: 통계청 국가통계포털(KOSIS).

이러한 인구규모 및 인구구조의 급격한 변화에 대응하기 위해서는 다음과 같은 종합적이고 전략적인 정책이 필요하다.

첫째, 이민 정책 확대로 외국인 노동자 유입 확대를 통하여 인력 부족을 보완하고, 노동시장 개혁으로 고령화에 따른 노동력 공백을 완화해야 한다. 둘째, 여성과 청년의 경제활동 참여율 제고를 위한 고용 친화적 환경 조성(유연근무제, 경력단절 여성 지원 등)이 병행되어야 한다. 셋째, 자동화 및 디지털 전환 가속화이다. AI, 로봇, 스마트공장 등 첨단기술을 활용한 생산성 향상이 인구감소로 인한 노동력 부족 문제를 보완할 수 있는 핵심 전략이다. 특히 중소기업의 디지털 전환 지원과 기술혁신 인프라 강화가 병행되어야 한다. 넷째, 출산 및 육아 지원 정책 강화이다. 보육 서비스 확충, 유아교육 지원, 주거 안정 정책 등을 통하여 출산과 육아에 대한 부담을 완화하고 일과 양육이 병행할 수 있는 노동환경을 조성해야 한다. 장기적으로는 가족 친화적 문화 조성과 함께 출산 인센티브의 실효성 제고가 필요하다.

결국, 저출산·고령화는 단순한 인구 문제를 넘어 노동시장, 재정, 성장잠재력 전반에 걸쳐 구조적 도전을 야기한다. 따라서 인구구조 변화에 선제적으로 대응하는 다양한 지각에서의 정책 설계가 필요하며, 이를 통하여 경제의 지속가능성과 사회적 안정성을 동시에 확보할 수 있을 것이다.

### 6) 소득분배 구조의 특징과 복지정책 방향

제14장에서 분석한 바와 같이 한국의 소득분배 상태는 국제적으로 비교할 때 양호한 편에 속한다. 세계은행(World Bank)은 1993년 보고서에서 이른바 '동아시아 기적'의 핵심 요소로 높은 경제성장률과 함께 소득분배의 형평성을 유지한 점을 강조한 바 있다. 한국은 고속성장을 이룩하는 동안, 다른 개발도상국에서 흔히 발생하는 급격한 소득격차 확대 현상이 비교적 제한적으로 나타났다는 점에서 주목할 만하다. 그러나 OECD 국가들과의 비교에서는 사회보장정책효과에 의문을 제기할 수 있다. 시장소득(세전소득) 기준으로는 양호한 소득분배 상태를 보이지만, 처분가능소득(세후소득) 기준의 소득분배 지표는 상대적으로 저조한 순위를 기록하고 있다. 이는 한국의 조세 및 이전을 통한 정부의 소득재분배정책 효과가 다른 국가보다 상대적으로 약하다는 사실을 시사한다.

이러한 결과는 사회복지지출의 절대적 규모가 낮고, 지출의 구조적 효율성도 떨어진다는 점에서 기인한다. OECD 평균에 비해 한국은 GDP 대비 사회복지지출 비중이 낮은 국가 중 하나이며, 기존 복지지출이 빈곤 감소나 소득분배 개선으로 효과적으로 이어지지 않는 구조로 되어 있다는 점을 시사한다. 이러한 상황에서는 한국의 복지정책은 보편적 복지(universalism) 중심보다는 선택적 복지(selectivism)를 먼저 시행하는 것이 필요하다. 보편적 복지는 모든 국민에게 균등한 서비스를 제공함으로써 사회적 연대감을 형성할 수 있으나, 제한된 재원을 분산시키는 결과로 실질적인 재분배에는 역효과를 초래할 수 있다. 반면, 선택적 복지정책은 저소득층이나 취약계층에 집중된 지원을 제공함으로써 사회 양극화 완화, 빈곤 감소, 소득재분배 개선에 더욱 효과적일 수 있다.

결국, 한국이 지속가능한 성장을 이루는 동시에 사회적 형평성을 강화하기 위해서는, 복지지출의 확대뿐 아니라 그 배분 방식의 효율성 제고가 필요하다. 특히, 정밀 타기팅이 가능한 선택적 복지정책을 중심으로 정책 방향을 설정함으로써 복지의 사각지대를 해소하고, 실질적인 소득분배 개선 효과를 극대화할 수 있을 것이다.

### 7) 혁신생태계의 약화와 대응 방안

한국은 세계 최고 수준의 R&D 투자 규모를 기록하고 있는 국가 중 하나이다. 제10장에서 논의한 바와 같이, 2019년 기준 한국의 R&D 지출은 GDP 대비 비율로 OECD 국가 중 2

위를 차지할 정도로 높은 수준이며, 이는 민간과 정부 양 부문의 적극적인 투자를 반영하는 지표이다. 그러나 이처럼 막대한 R&D 투자에도 불구하고, 혁신성과 측면에서는 기대에 미치지 못하는 결과가 지속적으로 지적되고 있다. 예를 들어, 특허의 경우 등록 건수는 세계적으로 상위권에 속하지만, 국제적으로 인정받아 인용되는 고품질 특허 수는 상대적으로 저조하다. 이는 양적 성과와 질적 성과 사이의 불균형을 보여주는 것이다. 마찬가지로, 국내 연구자의 학술지 논문 게재 수는 많지만, 피인용 횟수 등 연구 영향력 지표에서는 주요 선진국에 비해 낮은 평가를 받고 있다.

이러한 현상의 근본 원인 중 하나는 연구개발 성과가 산업 현장과 실질적인 생산성 향상으로 충분히 연결되지 못하고 있다는 점이다. 다시 말해, R&D가 활발하게 이루어지더라도, 그 결과물이 기업의 총요소생산성(TFP) 향상이나 신산업 창출로 이어지는 연결고리가 취약한 구조를 가지고 있다는 것이다. 이는 한국의 혁신 생태계(innovation ecosystem)가 구조적으로 비효율적이라는 문제를 시사한다. 따라서 다음과 같은 정책적 대응이 요구된다. 첫째, 연구개발비의 효율적 배분이다. 단순한 투자 확대에서 벗어나, 기초연구와 응용연구 간 균형, 산학연 협력의 강화, 성과 중심의 지원체계 구축이 필요하다. 둘째, 산업화 연계 제도 정비이다. 특허와 논문 등의 연구성과가 실제 사업화, 창업, 생산성 향상으로 이어질 수 있도록, 기술 이전 활성화, 기술금융 확대, 공공 연구성과의 민간 이전 인센티브 강화 등의 제도 개편이 필요하다. 셋째, 혁신생태계의 질적 개선이다. 단순히 R&D 투입 요소를 늘리는 데서 벗어나, 협력적 생태계 조성, 스타트업-대기업 간 기술 협업, 글로벌 오픈 이노베이션 확대 등으로 혁신의 파급력을 높이는 구조적 개혁이 요구된다.

결국, 양적 투자 중심의 R&D 정책에서 벗어나, 성과의 질과 산업화 연계성을 높이는 방향으로 혁신생태계를 개편하는 것이 절실하다. 이를 통하여 투입 대비 산출의 효율성을 극대화하고, 산업경쟁력 강화와 지속가능한 성장을 동시에 달성할 수 있을 것이다.

### 8) 노동시장의 구조적 과제와 개혁 방향

한국경제는 고도성장을 이루었지만 노동시장에서는 경직성, 낮은 생산성, 불평등 구조 등 여러 구조적 문제를 안고 있다. 이러한 문제를 해결하기 위해서는 노동생산성 제고, 노동시장 유연성 확대, 노동조합의 역할 재정립, 근로시간 개선, 사회안전망 강화 등 다각적인 개혁이 요구된다.

첫째, 노동시장 유연성과 안정성 문제의 조합 즉, 유연안정성(flexsecurity) 강화가 필요하다. 한국의 노동시장 유연성은 대기업-중소기업 간 임금 격차, 정규직-비정규직 간 이중구조, 플랫폼노동 확대 등으로 인해 낮은 평가를 받고 있다. 세계경제포럼(WEF)의 노동시장 경쟁력 지표에서도 한국은 낮은 순위를 기록하고 있으며, 이는 고용 창출과 인적자원 배분의 효율성 저하로 이어진다. 반면에, 노동시장 유연화는 필연적으로 일부 계층의 소득 불안정성을 수반할 수 있으므로, 이를 보완할 수 있는 사회안전망 확충이 병행되어야 한다. 실업급여 강화, 재취업 프로그램 확대, 직업훈련 기회 제공 등을 통하여 고용안정성과 유연성을 동시에 확보하는 정책 패러다임이 필요하다.

둘째, 낮은 노동생산성과 산업구조의 비효율성이다. 한국의 노동생산성은 OECD 평균에 못 미치며, 특히 낮은 서비스산업 노동생산성은 경제 전체의 효율성을 저해하는 요인이 되고 있다. 이를 해결하기 위해서는 산업구조의 고도화, AI·디지털 전환, 직업훈련 및 인력 재교육 강화 등이 병행되어야 한다. 특히 중소기업과 서비스업 부문에서의 혁신역량 강화가 핵심 과제로 떠오르고 있다.

셋째, 노동조합의 역할 변화의 필요성이다. 한국의 노동조합 조직률은 낮은 편이나, 특정 대기업 중심으로 조직된 노조의 영향력은 매우 크다. 따라서 노동조합은 단순한 임금 인상 요구를 넘어, 생산성 제고, 기업의 지속가능한 성장, 근로자 권익 향상이라는 폭넓은 역할을 수행해야 한다. 노사 협력 체계의 강화는 장기적으로 산업 경쟁력 유지에 기여할 수 있다.

넷째, 근로시간과 근무 환경 개선이 필요하다. 한국은 OECD 평균 대비 높은 연간 노동시간을 기록하고 있으며, 이는 근로자의 삶의 질 저하와 생산성 저하로 이어질 수 있다. 이를 개선하기 위해 성과 중심의 근무 문화 정착, 유연근무제 확대, 업무 자동화 및 디지털 도구 활용이 필요하다. 효율적인 근무 환경은 고용의 질을 높이고, 경제 전반의 지속가능한 성장에 기여할 수 있다.

### 9) 중소기업 및 스타트업 성장 제약과 정책 대응

한국경제는 대기업 중심의 산업구조로 인해 중소기업과 스타트업의 성장 기반이 취약한 상황에 놓여 있다. 특히, 혁신역량을 갖춘 신생 기업들이 자본을 충분히 조달하지 못하는 구조적 한계는 경제의 역동성과 창의성을 저해하는 주요 요인으로 작용하고 있다. 이러한 문제를 해결하기 위해서는 스타트업에 대한 자본시장 접근성 확대, 중소기업의 디지털 전환 촉진, 공정한 경쟁 환경 조성이 병행되어야 한다.

첫째, 벤처캐피털(VC) 시장을 활성화하고, 정부의 직접적 재정지원 및 세제 인센티브를 강화함으로써 혁신적 사업 모델을 가진 스타트업들이 충분한 초기 자금을 확보할 수 있도록 도움을 주어야 한다. 이는 새로운 성장동력 확보뿐 아니라 고용 창출 측면에서도 긍정적인 효과를 가져올 수 있다.

둘째, 중소기업의 디지털 전환 지원은 경쟁력 제고의 핵심 과제로 부상하고 있다. 스마트공장 도입 확대, 인공지능(AI) 및 빅데이터 기반의 경영 역량 강화 정책 등으로 중소기업이 생산성과 효율성을 극대화할 수 있도록 해야 한다. 디지털 역량을 갖춘 중소기업은 글로벌 시장에서도 충분한 경쟁력을 확보할 수 있다.

셋째, 공정한 시장 환경의 조성이 필요하다. 대기업과 중소기업 간 거래의 공정성을 보장하고, 상생협력체계를 제도화함으로써 중소기업이 불리한 위치에 놓이지 않도록 해야 한다. 공정거래 관련 법·제도의 실효성을 높이고, 불공정 행위에 대한 규제강화를 통하여 보다 투명하고 공정한 산업 생태계를 구축할 수 있도록 해야 한다.

### 10) 대기업 중심의 경제구조와 재벌의 지배구조 개혁

한국경제는 대기업, 특히 재벌그룹 중심의 구조를 기반으로 성장해 왔다. 이러한 구조는 자본과 인재의 집중으로 신속한 산업화와 경제성장을 견인한 측면이 있으나, 동시에 시장 왜곡과 불공정 경쟁, 경제력집중에 따른 구조적 문제를 야기하고 있다.

첫째, 재벌 계열사 간 과도한 내부거래는 중소·중견기업에게 불리한 경쟁 환경을 조성하고 있다. 이는 시장에서의 공정한 경쟁 원칙을 훼손하며, 기술 기반의 혁신기업들이 성장하기 어려운 생태계를 초래한다. 특히 거래 상대방이 제한된 중소기업은 재벌 계열의 독점적 지위에 종속될 가능성이 크다. 둘째, 주요 재벌은 낮은 지분율로도 그룹 전체를 지배하는 지배구조 형태는 소액주주의 권리 보호 미흡, 기업경영의 투명성 저하, 기업 가치(valuation)의 저평가로 이어질 수 있으며, 국내 자본시장의 신뢰도에도 부정적인 영향을 미친다. 셋째, 대기업 중심의 경제구조에서는 스타트업 및 중소기업의 성장 여력이 제한되며, 산업 생태계 전반의 혁신역량과 경쟁력이 약화될 우려가 있다. 특히, 대기업과 협력업체 간의 관계가 수직적이고 종속적인 구조를 띠는 경우, 전체 경제의 지속가능성에 부정적인 영향을 미칠 수 있다.

이러한 문제들을 해결하기 위해서는 다음과 같은 정책적 개입과 제도개선이 필요하다. 먼저 재벌의 지배구조 개혁으로 순환출자 해소, 지주회사 규제 강화, 일감몰아주기 제한, 기술탈취 방지 등 제도적 장치 마련이 필요하다. 중소기업·스타트업의 성장 지원으로 기술개발 투자 확대, 판로 개척 지원, 금융 접근성 제고이다. 그리고 공정한 시장 환경 조성으로 공정거래법 강화, 경쟁 촉진 정책 도입, 대·중소기업 간 동반성장 시스템 강화가 필요하다. 결국, 대기업과 중소기업이 균형 있게 성장하는 산업구조로 전환이 요구된다. 이를 통하여 전반적인 기업 경쟁력을 강화하고, 지속가능발전을 도모할 수 있는 기반이 마련될 것이다.

### 11) 국가 및 민간부채의 증가와 정책 대응

한국은 과거 경기위기 극복 과정에서 정부주도의 부채 기반 산업정책을 적극적으로 활용해 왔다. 그 결과, 최근 들어 국가부채뿐 아니라 민간부채(기업 및 가계부채) 역시 빠르게 증가하고 있다. 국가부채의 절대 수준은 지금까지 경제 규모 대비 과도하지는 않지만, 사회복지지출의 확대와 저출산·고령화의 급진전으로 인해 향후 증가 속도는 더욱 가속화될 것으로 전망된다.

제8장에서 살펴본 바와 같이, 한국의 GDP 대비 국가부채 비율은 OECD 평균 대비 양호한 수준을 유지하고 있으나, 최근 증가율이 매우 가파르게 나타나고 있으며, 이는 장기적으로 재정건전성에 부담으로 작용할 수 있다. 반면, 민간부채는 현재의 경제 규모에 비해 매우 높은 수준이다. 특히 가계부채는 GDP의 90%를 초과하고 있으며, 세계적으로도 상위권에 속하는 수준이다.[5] 이러한 과도한 부채는 금융시장의 안정성과 소비 위축 가능성 측면에서 중대한 위험 요인으로 작용할 수 있다. 기업부문에서도 중소기업과 자영업자를 중심으로 부채 부담이 심화되고 있으며, 이는 경기회복과 구조조정 과정에 부담 요인이 되고 있다.

이에 따라 다음과 같은 정책적 대응이 요구된다. 가계부채 관리 강화를 위해 대출 총량 규제, 금리 조정 등 금융 규제를 통하여 부채 증가 속도 통제가 필요하다. 부동산시장의 연착륙을 유도하여 공급 확대, 투기 억제, 실수요자 중심 정책 병행 추진이 필요하다. 그리고 중소기업과 자영업자 지원을 위해 저금리 금융지원, 디지털 전환과 경영혁신을 위한 제도적 지원 강화가 필요하다. 요컨대, 국가 및 민간부문 부채의 동시 증가 속에서 재정건전성과 금융 안정성 간 균형을 유지하는 것이 경제의 지속가능성을 위한 핵심 과제로 부각되고 있다.

5 국제결제은행(BIS)의 발표에 의하면 2024년 말 한국의 GDP 대비 가계부채 비율이 90.1%로 2021년 3분기 말 99.2%에서 하락하였지만 분석대상국 44개국 중에서 5위로 매우 높은 수준이다. 한국보다 높은 국가는 스위스(125.4%), 호주(112.1%), 캐나다(100.0%), 네덜란드(93.6%)이다.

### 12) 사회복지지출의 구조와 과제

한국 사회는 양극화 해소, 소득분배 개선, 빈곤층 보호라는 과제에 직면해 있으며, 이를 해결하기 위한 핵심 정책 수단 중 하나로 사회복지지출의 확대와 구조 개편이 요구되고 있다. 제14장에서 살펴본 바와 같이, 한국은 세전소득 기준으로는 소득분배나 빈곤율 측면에서 OECD 국가 중 양호한 편에 속하지만, 정부의 조세 및 이전 정책이 반영된 세후소득 기준으로는 오히려 하위 그룹에 속하고 있다. 이는 정부정책의 소득재분배 기능이 상대적으로 취약하다는 점을 시사한다. 그런데도, 최근 들어 급격한 증가세를 보이고 있지만, 한국의 GDP 대비 사회복지지출 비중은 OECD 최하위 수준에 머물러 있으며, 특히 저출산과 고령화의 심화는 향후 필수적 복지지출의 규모를 더욱 확대시킬 것으로 전망된다. 이에 따라 사회복지지출의 양적 확대뿐만 아니라, 구조적 전환을 병행하여 지속가능하고 효과적인 복지체계를 구축하는 것이 중요하다. 현재 한국의 사회보험제도는 국민연금, 건강보험, 고용보험, 산재보험, 장기요양보험의 다섯 가지로 구성되어 있으며, 이는 국민의 기본적인 생활 안정과 복지 보장을 위한 핵심 제도이다. 그러나 고령화에 따른 재정 부담 증가, 보험 사각지대의 존재, 낮은 수급률 등으로 인해 사회보험의 지속가능성이 위협받고 있다.

이러한 문제를 해결하기 위해서는 다음과 같은 정책적 대응이 필요하다. 국민연금 개혁으로 제도의 재정안정성을 높이기 위한 수급 구조와 납부 체계의 개선, 건강보험 재정안정화로 의료 이용의 효율성 제고 및 급여 체계 개편, 고용보험의 포괄성 확대로 비정규직, 자영업자 등 취약계층에 대한 보호 강화 그리고 실업 보호 체계 개선으로 구직자 지원 및 재취업 프로그램의 실효성 강화이다. 궁극적으로, 한국은 사회보험의 기능을 강화하면서도, 재정의 지속가능성과 형평성을 균형 있게 고려한 포괄적 복지 체계로의 전환이 요구된다.

### 13) 높은 자영업자 비중

제11장에서 논의한 바와 같이, 자영업자는 고전적인 노동시장 분류인 노동자와 자본가의 경계를 넘나드는 취업 형태이다. 이들은 자본을 스스로 조달해 경영에 투자하고 동시에 직접 노동을 제공함으로써 생산활동에 참여하며, 경영 실패 시 무한책임을 지는 특성이 있다. 이에 따라 자영업자는 노동소득과 자본소득을 동시에 창출하는 복합적인 경제주체로 분류된다. 2023년 기준으로 자영업자의 비중은 OECD 기준으로 전체 취업자의 23.2%로 OECD 국가 중에서도 높은 수준에 해당한다. 이러한 높은 자영업자 비중은 한국 노동시장

의 구조적 특성과 밀접하게 연관되어 있다.

우선, 노동시장의 유연성이 약하고 낮은 정년퇴직 연령은 중·장년층 근로자의 조기 퇴출을 유도하고, 이들 다수가 생계유지 수단으로 자영업에 진입하는 경향을 보인다. 또한, 고용 불안정에 노출된 비정규직 근로자들 역시 안정적인 소득을 기대하며 자영업으로 유입되는 경우가 많다. 이러한 현실을 고려할 때 향후 자영업 정책은 단순한 창업 지원에서 벗어나 질적 성장과 생존 가능성을 높이는 방향으로 전환되어야 한다. 창업 진입 기준의 합리적 조정과 함께, 경쟁 완화, 경영 역량 제고, 지속가능한 사업 모델에 대한 지원 강화 등 정책적 재정비가 요구된다. 또한 노동시장의 고용안전성을 강화하여 퇴직 후 무분별한 자영업 진출도 방지할 수 있어야 한다. 이는 자영업의 과잉 진입을 억제하고, 생산성과 경쟁력을 높여 자영업 부문이 더 건강하게 성장할 수 있는 기반을 마련하는 데 기여할 것이다.

#### 14) 낮은 서비스산업 비중과 제도적 한계

한국은 선진국 수준의 경제발전 단계에 진입하였음에도 불구하고, 서비스산업이 경제성장의 핵심 동력으로 자리 잡지 못하고 있다. 제12장에서 논의된 것처럼 서비스산업은 경제수준에 비해 부가가치 비중이 낮은 수준에 머물고 있다. 이는 서비스산업이 제조업에 비해 노동생산성이 낮다는 것을 의미한다. 이러한 산업 구조적 불균형은 만성적인 서비스수지 적자로 이어지고 있다. 하지만 이는 단순히 서비스산업의 경쟁력이 제조업보다 본질적으로 낮기 때문이라기보다는, 한국의 산업정책이 제조업 중심으로 편향되어 있었던 점에서 기인한다. 즉, 무역지원, R&D 투자 등에서 제조업에 대한 지원은 상대적으로 강화되어 온 반면, 서비스산업은 공공재적 성격이 강조되어 시장경제적 관점에서 접근되지 못하는 경우가 많았다. 따라서 서비스산업이 경쟁력을 갖추기 위해서는 제도적·정책적 재정비가 필요하다. 서비스산업에 대한 시장 친화적 접근과 함께, 균형 잡힌 산업 지원 정책이 병행되어야 할 것이다.

### (2) 대외적 도전

#### 1) 자국경제 중심의 세계경제 패러다임 전환

최근 세계화 전략은 GATT나 WTO 체제처럼 모든 국가에 보편적으로 적용되는 전통적 세계화 방식에서 벗어나, 각국의 이익을 우선시하는 자국 중심의 전략적 세계화로 전환되고 있다. 특히 코로나19 팬데믹과 러시아-우크라이나 전쟁을 겪으며 글로벌 공급망의 불안정성이 부각되었고, 여기에 미국과 중국 간의 미래산업 패권 경쟁이 격화되면서, 경제와 안보가 결합된 경제안보 중심의 세계화가 중요해지고 있다. 이러한 흐름 속에서 기존의 신고전파적 자유무역 전략은 자국의 산업 보호와 주도권 확보를 중시하는 방향으로 변화하고 있다. 동시에, 제4차 산업혁명이라는 새로운 기술 환경에서 디지털 전환과 에너지 전환을 둘러싼 국가 간 경쟁이 심화되면서, 미국과 중국은 자국 중심의 공급망 재편과 기술 확보를 위한 정책을 본격화하고 있다. 이를 반영하듯, 미국은 인도·태평양 경제 프레임워크(IPEF), Chip4 동맹 등을 통하여 새로운 형태의 전략적 경제협력을 모색하고 있다.

이러한 우려 속에 세계는 경제와 안보가 결합된 경제안보(economic security) 시대로 접어들고 있으며, 이는 장기적 동맹국 중심의 경제협력 강화로 나타나고 있다. 이에 따라 협력국가 간에만 무역자유화를 허용하는 글로벌 보호무역주의가 확산되고 있으며, 이에 따라 한국의 반도체, 자동차, 배터리 등 핵심 수출 산업이 타격을 받고 있다. 동시에 대중국 수출 의존도가 높은 한국경제는 중국 수출 감소에 따른 위험에도 직면하고 있다. 이러한 환경 변화에 대응하기 위해서는 수출시장의 다변화, 고부가가치 제품 개발과 친환경·디지털 전환을 통한 첨단 제조업 경쟁력 강화, 그리고 핵심 원자재와 부품의 자립화를 위한 공급망 내재화 전략 등 종합적인 대응 정책이 필요하다.

### 2) 에너지전환과 탄소중립

전 세계는 지구온난화로 야기된 기후위기를 극복하면서 지속가능한 성장을 후세대에 물려주기 위하여 노력하고 있다. 대표적으로 2015년에 파리협약(Paris Declaration)을 통하여 2050년까지 넷제로(net zero) 즉, 탄소중립(carbon neutrality)을 달성하자는 데 동의하였다. 한국도 2030년까지 2018년 배출량 대비 40%를 감축하고, 2050년에 탄소중립 달성을 국제사회에 천명하였다. 이러한 각국의 노력은 탄소배출이 국가가 정한 기준에 비해 높다고 판단되면 관세를 부과하겠다는 정책을 발표하고 있다. 대표적인 것이 유럽연합(EU)이 2026년부터 시행하겠다는 탄소국경조정제도(CBAM)이다. 이러한 정책은 국제무역에서 개발도상국에 불리한 녹색 보호주의(green protectionism)라는 비판과 탄소중립을 달성하기 위한 정당한 환경조치(legitimate measures)라는 주장이 제기되고 있다(Kang and Park, 2023).

한국이 이러한 무역환경에 더욱 민감할 수밖에 없는 것은 반도체, 자동차, 석유화학, 철강 등 전통적인 성장동력산업이 에너지 집약적이고 온실가스 배출이 많은 산업이기 때문이다. 물론 이 산업들은 인류의 지속발전에 필요한 소위 고탄소 산업에 속하기 때문에 끊임없는 기술혁신을 통하여 다양한 형태의 무역장벽에 대응해야 할 필요가 있다. 한국이 이러한 산업의 국제경쟁력이 최고 수준에 도달한다면 경쟁국 산업에 비해 낮은 관세를 부과받을 것이다. 이에 대한 대응으로 기존산업의 녹색화를 통한 탄소저감도 중요하지만, 이미 탄소배출이 적은 녹색산업(전기차·수소차, 친환경 반도체·배터리 기술개발) 육성이 필요하다. 이러한 전환을 촉진하기 위하여 신재생에너지 확대(태양광·풍력·수소에너지 투자), 탄소배출권 시장을 활성화하고 친환경투자에 대한 정부의 적극적인 지원이 필요하다.

### 3) 제4차 산업혁명 시대와 AI·디지털 전환

제4차 산업혁명은 AI, 빅데이터, 사물인터넷(IoT), 블록체인, 클라우드 컴퓨팅 등의 기술이 산업 전반에 융합되며 급속한 변화를 이끄는 시대를 말한다. 특히 AI와 디지털 전환은 생산, 유통, 소비는 물론 교육, 의료, 금융, 행정 등 사회 전 분야에 영향을 미치며 새로운 가치 창출과 효율성 향상을 가능하게 한다. 이는 기존 산업구조의 재편뿐 아니라 일자리, 기업 경쟁력, 국가 성장 전략에도 중대한 전환점을 제공한다. 한국 사회 역시 이러한 흐름에 발맞춰 디지털 전환 전략을 추진하고 있으며, 민간의 혁신역량과 공공의 제도적 뒷받침이 함께 요구된다. 그러나 기술 격차, 디지털 소외 계층 발생, 개인정보 보호 문제 등 새로운 도전도 병존하고 있다. 따라서 단순한 기술 수용을 넘어서 사회 전체의 디지털 포용성과 윤리적 기준을 포함한 균형 잡힌 정책 설계가 필수적이다.

## 4 한국 경제발전 정책 패러다임의 전환

### (1) 지속가능발전과 ESG 경영

정부주도의 수출주도형 산업정책으로 빠른 경제성장을 달성한 한국경제는 이미 선진국형 경제에 도달하였으므로 과거와 동일한 방식의 정책만으로는 앞으로 지속적인 성장을 보장하기 어렵다. 이러한 이유로 최근에는 한국경제의 지속가능성에 관한 관심이 부쩍 높아졌다. 이를 위해서는 한국경제 내부의 문제뿐 아니라 세계 자본주의 체제가 어떻게 변화해 왔으며, 시장과 정부의 역할이 어떻게 재편되고 있는지 함께 살펴볼 필요가 있다.

지속가능발전은 1987년 세계환경개발위원회(WCED)가 발표한 보고서『우리 공동의 미래

(Our Common Future)』의 정의가 가장 많이 인용된다. 여기서 지속가능발전은 "미래세대의 필요를 충족시킬 수 있는 능력을 손상시키지 않으면서 현재 세대의 필요를 충족시키는 개발"이라고 정의하였다. 이후 모한 무나싱헤(M. Munasinghe)는 구체적 실행 방안으로 지속가능경제학(sustainomics)을 제안하며, 경제성장·사회발전·친환경정책이 서로 선순환을 이루어야 한다고 강조하였다.[6] 그리고 유엔 차원에서도 지속가능발전을 달성하기 위하여 새천년개발목표(MDGs)(2000~15)와 지속가능발전목표(SDGs)(2016~30)를 제시해 국제사회가 공동으로 추진할 과제를 설정하였다.

최근 환경과 경제성장을 선순환 관계로 정책을 채택해야 한다는 녹색성장전략이 있다. 이는 생태효율성(eco-efficiency)·녹색경제(green economy) 등 다양한 용어로 불리기도 한다. 녹색성장은 환경을 지키면서 경제성장을 달성하기 위한 전략이고, 지속가능발전은 경제·사회·환경이 함께 균형 있게 발전해야 한다는 더 넓은 개념이다. 따라서 녹색성장 정책에 추가하여 사회보장정책과 같은 사회발전까지 고려해야 지속가능발전을 달성할 수 있다.

또한 최근 기업경영의 목적에 대한 시각도 변화가 일어나고 있다. 과거에는 기업경영 목적이 주주의 이익극대화를 최우선으로 하는 주주 자본주의(shareholder capitalism)가 주류였지만, 최근에는 노동자·소비자·지역사회·협력업체 등 여러 이해관계자의 이익을 함께 고려해야 한다는 이해관계자 자본주의(stakeholder capitalism)가 강조되고 있다. 이는 기업경영에 있어서 단순히 재무적 성과만을 추구하는 것이 아니라, 사회적 책임을 포함하는 비재무적 요인도 함께 고려하라는 요구이다. 이러한 경영을 ESG 경영이라고 부른다.

### (2) 경제발전 패러다임 전환 방향

한국경제는 저성장, 저출산·고령화, 경제안보, 탄소중립 등 다양한 국내외적 도전에 직면해 있다. 한국은 과거 고도 경제성장 과정에서 직면한 다양한 국내외적 경제위기를 성공

6 그에 의하면 경제성장은 자원의 효율적 사용 정도, 일자리 창출 등, 사회발전은 소득분배, 빈곤문제, 사회적 형평과 포용, 사회통합, 교육 기회 등, 그리고 친환경은 자연자원 고갈과 오염방지, 자연보호, 환경의 질, 생물다양성 추구 등을 의미한다(Munashinghe, 1992, 1995).

**표 17-4** 한국의 경제발전 패러다임 전환 방향

| | 기존 | 전환 방향 |
|---|---|---|
| 경제에 대한 시각 | 이분법 | 다차원 |
| 정부와 민간 | 정부주도(큰 정부) | 민간주도(작은 정부) |
| | 하향식 의사결정 | 상향식 의사결정 |
| | 약탈적 정치·경제제도 | 포용적 정치·경제제도 |
| 규제개혁 | 규제강화 | 규제개혁(선진화) |
| | 포지티브 규제 | 네거티브 규제 |
| | 사전적 규제 | 사후적 규제 |
| 산업정책 전환 | 제조업 중심 | 제조업·서비스업 균형발전 |
| | 재정(부채)지원 산업정책 | 인센티브형 산업정책 |
| | 에너지 다소비 | 에너지 효율형, 친환경 |
| 혁신생태계 강화 | 양적 투자 성과 | 질적 투자 성과 |
| 사회보장정책 | 상대적 격차 해소 | 절대적 격차 해소 |
| | 현금형 | 생산적(workfare) 복지 |

출처: 강성진(2020)을 수정·보완.

적으로 극복한 경험이 있다. 따라서 현재 직면한 국내외적 도전 과제도 적절한 경제발전 패러다임 전환으로 극복할 수 있다. [표 17-4]는 한국의 경제발전 패러다임의 전환 방향을 현재와 미래를 단순하게 비교한 것이다.

### 1) 경제정책에 있어서 이분법적 시각이 아닌 다양성과 다차원적 접근

한국 사회에서는 사회 현상을 바라볼 때 이분법적인 시각이 강하게 나타나는 경향이 있으며, 이는 다양한 사회적 갈등의 주요 원인 중 하나로 작용하고 있다. 특히 시장과 정부, 성장과 분배, 성장과 환경 등 주요 거시정책의 선택 과정에서 이러한 이분법적 사고가 두드러지게 드러난다. 이러한 경향은 정책 영역을 넘어, 부유층과 저소득층, 제조업과 서비스업, 노동자와 자본가, 중소기업과 대기업, 수도권과 지역, 세대 간, 정규직과 비정규직 등 사회 전반에 걸쳐 나타나는 이분법적 구분에서도 확인할 수 있다. 그러나 현실은 이렇게 단순

한 이분법으로 설명하기 어려운 복잡한 특성이 있다. 예를 들어, 부유층과 저소득층을 명확히 구분할 수 있는 기준은 존재하지 않으며, 동일한 소득수준이라도 자산규모나 생활 여건에 따라 큰 차이가 있을 수 있다. 자영업자는 노동과 자본을 동시에 투입하는 경제주체이므로 전통적인 노동자와 자본가라는 이분법 구도에 쉽게 포함되기 어려운 중간적 위치에 있다. 또한, 많은 노동자가 주식 투자에 참여하면서 이들을 단순히 노동자로만 분류하기도 어렵다.

이처럼 사회 현실이 점점 더 복합적이고 다층적으로 변화하고 있는 상황에서 지나치게 단순화된 이분법적 사고는 정책 효과를 떨어뜨릴 수 있다. 따라서 다양한 사회 집단의 특성과 차이를 충분히 반영하고, 이를 바탕으로 한 유연하고 차별화된 정책 설계가 요구된다. 이러한 다차원적 접근은 한국 사회가 직면한 복잡한 갈등 구조를 보다 효과적으로 해결하고, 사회통합과 지속가능발전을 이루는 데 중요한 토대가 될 것이다.

### 2) 정부주도형에서 민간주도형으로 제도·정책 전환

한국경제는 지속가능발전을 달성하기 위해 기존 정부주도형 경제발전 모델에서 민간주도형, 나아가 혁신 중심형 체제로 전환할 필요가 있다. 과거 한국경제는 정치권과 관료 중심의 정부주도로 성장해 온 것이 사실이다. 그러나 이제는 경제 규모가 커져 일부 계획만으로 운영되기 어려우며, 민간부문의 경쟁력도 세계적인 수준에 이르렀다. 이러한 상황에서 지속가능한 성장을 이루려면, 정부는 직접 개입보다는 민간의 자율성과 창의성을 북돋는 간접적이고 보완적인 역할로 전환해야 한다.

정책 결정 방식 역시 기존의 하향식(top-down) 구조에서 벗어나서 민간과 현장의 목소리를 반영하는 상향식(bottom-up)으로 변화해야 한다. 상향식 접근은 실행력과 창의성을 높이는 데 도움이 된다. 이를 가능하게 하려면 정치, 경제, 사회 제도가 더 포용적인 방향으로 전환되어야 한다. 대런 아세모글루(D. Acemoglou)와 제임스 로빈슨(J.A. Robinson)은『국가는 왜 실패하는가』(2012)에서 지속가능한 성장을 달성하기 위해서는 약탈적인 제도 대신 포용적인 제도가 자리 잡아야 한다고 주장한다. 제도는 단순한 규칙이나 법률을 넘어서 경제 성과의 질을 결정짓는 핵심 요소로 작용한다. 학자들은 제도를 게임의 규칙, 사회적 자본, 생산성의 결정 요인 등 다양한 관점에서 정의하며, 국가 간 경제력 격차를 설명하는 중요한 요인으로 본다(강성진, 2022). 앞에서 살펴보았듯이 비경제적 요소의 국제경쟁력에서도 확인했듯이 한국은 인프라와 ICT 분야에서 세계적인 수준을 보이지만 낮은 정부 효율성과 노동시장 유연성은 제도의 비효율성을 드러낸다.

워싱턴 컨센서스(Washington Consensus)는 1989년에 존 윌리엄슨(J. Williamson)이 세계은행, IMF, 미국 재무부 등 국제금융기구들이 신흥국의 경제위기 해결을 위해 제시한 시장 중심의 경제개혁 지침을 10개 항목으로 정리한 것이다. 이는 재정건전성 확보, 무역자유화, 민영화, 외국인 투자 유치, 규제완화 등 자유주의적 정책으로 구성되었으며, 특히 중남미와 개발도상국에 구조조정 조건으로 적용되었다. 하지만 이러한 일률적 접근은 각국의 제도적·문화적 특성을 고려하지 않아 모든 국가에 공통적으로 적용되는 데 한계가 있다는 비판을 받았다. 이에 따라 2006년 다니엘 로드릭(D. Rodrik)은 수정된 워싱턴 컨센서스(Augmented Washington Consensus)를 제안하며, 단순한 시장개혁을 넘어서 기업지배구조 개선, 부패 척결, 사회안전망 확충, 인적자본 투자, 포용적 성장과 지속가능성을 중시하는 방향으로의 전환을 촉구하였다.

### 3) 규제 패러다임의 전환: 규제개혁을 통한 혁신 친화적 경제 환경 구축

한국경제는 기존의 규제강화 중심 접근에서 벗어나, 유연하고 창의적인 경제 환경을 조성하기 위한 규제개혁이 요구된다. 과도한 사전 규제는 기업의 활동과 기술혁신을 위축시키고, 경제 전반의 역동성을 떨어뜨릴 수 있다. 반면, 불필요한 규제를 줄이거나 없애는 규제개혁은 효율성과 공정성을 함께 추구할 수 있으며, 빠르게 변화하는 기술과 산업 환경에 맞춘 유연한 제도 설계를 가능하게 한다. 특히, 4차 산업혁명처럼 기술 변화 속도가 빠른 시대에는 경직된 사전적 규제보다는 문제가 발생한 뒤 대응하는 사후적 규제 체계가 더 적합하다. 사전 규제는 위험을 예방하는 데에는 효과적일 수 있지만, 변화가 빠른 환경에서는 오히려 새로운 시도를 막는 걸림돌이 될 수 있다. 반면 사후 규제는 시장의 자율성을 보장하면서도 문제 발생 시 엄정하게 대응할 수 있어, 규제의 실효성과 유연성을 동시에 확보할 수 있다. 이러한 변화는 규제를 단순한 억제 수단이 아니라, 책임 있는 자율성과 건강한 경쟁을 유도하는 정책 도구로 재정립하는 것을 의미한다. 다만, 어느 수준까지 규제를 완화할 것인지에 관한 판단은 주관적일 수 있으므로 OECD 평균 등 국제적 기준을 참고하는 것이 합리적이다.

규제 방식의 중요한 변화 중 하나는 포지티브 규제에서 네거티브 규제로의 전환이다. 포지티브 규제는 '허용된 것만 가능'한 방식으로 안정성은 확보할 수 있지만, 변화에 민첩하게 대응하기 어려워 혁신의 속도를 늦추고 새로운 산업의 진입장벽을 높이는 데 한계가 있다.

반대로 네거티브 규제는 '금지된 것 외에는 모두 가능'한 방식으로, 시장의 유연성을 넓히고 기업의 창의력과 민간주도의 신산업 활성화를 촉진할 수 있다. 예를 들어, 원격의료 규제완화는 의료 산업뿐 아니라 인공지능, 웨어러블 기기, 헬스케어 플랫폼 등 다양한 분야에 긍정적인 파급효과를 미칠 수 있다. 특히 저출산과 고령화가 진행 중인 한국 사회에서는 고령층을 위한 원격의료 서비스가 훌륭한 복지정책이 될 수 있다. 이는 단순한 규제완화를 넘어서 새로운 산업 생태계 조성과 국가경쟁력 강화로 이어지며, 궁극적으로는 작은 정부와 민간주도형 경제체제로의 전환을 의미한다. 따라서 규제개혁은 단순히 제도를 손보는 수준을 넘어, 미래지향적인 혁신생태계를 구축하기 위한 핵심 전략이 되어야 한다. 이를 위해 법과 제도를 정비하는 것은 물론, 행정문화 전반의 변화도 함께 이루어져야 한다.

### 4) 산업·제도 구조개혁

한국경제는 오랜 기간 제조업 중심의 성장전략을 통하여 고도성장을 이뤄냈지만 이제 그 한계에 직면해 있다. 제조업 비중이 높은 것은 경쟁력을 의미하기도 하지만, 동시에 서비스산업에 대한 제도적 제약과 규제로 인해 산업구조가 불균형하게 유지되어 온 결과이기도 하다. 앞으로 지속가능한 성장을 이루기 위해서는 제조업과 서비스업이 균형 있게 발전할 수 있도록 제도와 전략의 전환이 필요하다. 특히 의료, 헬스케어 등 고부가가치 서비스 분야에 대한 규제를 완화하고, R&D 지원과 세제 혜택을 제조업과 균형 있게 배분함으로써 서비스산업의 혁신을 유도해야 한다. 더불어, 기존의 부채 중심 지원 방식에서 벗어나, 성과와 혁신을 촉진하는 인센티브 기반의 정책으로 전환이 요구된다. 단기적인 금융지원은 지속가능성이 낮으므로, 기술개발, 친환경 투자, 근로장려금(EITC) 확대와 같은 생산성 향상과 자립을 도모하는 정책이 장기적인 성장에 더 크게 기여할 수 있다.

산업구조 측면에서도 에너지를 많이 소비하는 산업에서 벗어나 친환경적이고 저탄소 기반의 산업구조로의 전환이 필수적이다. 철강이나 석유화학 등 전통 산업은 탄소배출 비중이 높아 국제 환경 규제에 취약한 구조로 되어 있다. 이에 따라 신재생에너지, 전기차·수소차, 탄소 저감 기술과 같은 친환경 산업을 새로운 성장동력으로 육성하는 것이 경제의 지속가능성과 국제경쟁력 확보를 위한 핵심 전략이 된다. 이러한 구조적 전환은 단순한 환경 보호나 복지 확대 차원을 넘어서 지속가능한 국가경쟁력을 확보하기 위한 전략적 선택이라는 인식을 가져야 한다.

### 5) 질적 혁신생태계 강화

한국은 세계 최고 수준의 R&D 투자 규모를 자랑하지만, 질적인 성과는 아직 제한적이라는 평가를 받고 있다. 특허 인용 수, 기술의 상용화 수준, 논문의 영향력 등 질적 지표는 양적 투자에 비해 부족하며, 이는 기술혁신이 생산성과 부가가치로 충분히 이어지지 못하고 있음을 보여준다.

혁신생태계 강화는 한국경제가 과거의 추격형(catching up) 성장 모델에서 벗어나, 선도형(first mover) 경제로 도약하기 위한 핵심 기반이 된다. 현재 한국의 R&D가 실제 산업 현장에서 활발히 활용되고 시장 경쟁력으로 이어지기 위해서는 제도적인 개혁이 함께 이루어져야 한다. 따라서 단순히 R&D 예산을 늘리는 데 그치지 않고, 성과 중심의 혁신생태계를 구축하는 방향으로 정책 전환이 필요하다. 이를 위해서는 성과에 따른 인센티브 체계 마련, 연구개발과 산업 간 연계 강화, 산학협력의 고도화, 기술의 산업화 촉진, 규제완화, 중소기업과 벤처기업의 혁신 참여 확대 등이 종합적으로 추진되어야 한다.

### 6) 시장과 정부의 균형을 통한 지속가능한 복지국가 전략

한국이 선진 복지국가로 도약하기 위해서는 시장의 효율성과 정부의 형평성이 조화를 이루는 보완적인 경제시스템을 구축할 필요가 있다. 시장은 경쟁을 통하여 자원을 효율적으로 배분하는 기능을 하지만, 실제로는 독점, 불평등, 소득격차 등 다양한 형태의 시장실패가 자주 발생한다. 이러한 한계를 보완하기 위해 정부는 조세 기반의 복지정책과 사회적 안전망을 통하여 국민 삶의 질을 높이고 형평성을 제고하는 역할을 해야 한다.

제14장에서 보았듯이 한국의 공공 사회지출 비율은 GDP 대비 14.8%(2022년 기준)로, OECD 평균인 21.1%에 비해 낮은 수준에 머물러 있다. 이에 따라 더욱 적극적인 복지 확대가 필요하다. 이 과정에서 정부의 역할은 시장과 대립하는 것이 아니라, 시장의 한계를 보완하며 포용성과 연대를 강화하는 따뜻한 시장경제를 실현하는 데 있다. 이는 시장경제 원칙을 살리면서도 사회적 책임과 정부 개입이 조화를 이루는 모델로 이해할 수 있다. 또한, 기존의 현금 중심 복지에서 생산적 복지로의 전환이 요구된다. 전통적인 현금지원은 단기적인 생계 안정을 돕지만, 장기적으로는 복지 의존도를 높일 우려가 있다. 반면, 생산적 복지는 수혜자의 자립과 노동시장 참여를 유도하는 방식으로, 일자리 창출, 직업훈련, 창업 지원 등과 연계해 복지가 경제적 자립과 성장을 뒷받침할 수 있도록 설계되어야 한다. 이러한 투자

중심의 복지 시스템은 단순한 이전 지출을 넘어 사회 전체의 생산성을 높이고 성장잠재력을 확장하는 것을 목표로 한다. 특히 고령화와 인구 감소가 본격화되고 있는 한국 사회에서는 개인의 역량을 키우는 복지 체계로의 전환이 절실하다. 복지가 자립과 사회참여로 이어질 때, 한국은 경제 활력을 유지하며 지속가능한 복지국가로 발전할 수 있을 것이다.

## 5 한국의 지속가능발전을 위한 방안

인류가 당면한 다양한 문제를 해결하고 지속가능한 경제발전을 이루기 위해서는 단순한 시장경제 체제만으로는 충분하지 않다. 전통적인 자유시장 경제는 효율성이라는 강점이 있으나, 불평등, 환경문제, 경기 불안정 등 다양한 한계를 지닌다. 따라서 시장 기능을 보완하고 사회적 형평성을 높이기 위해 정부의 역할이 점점 더 중요해지고 있다. 실제로 한국의 경우, 2021년 기준으로 정부 예산의 35.8%가 보건, 복지, 고용 분야에 배정되었으며, 이는 정부의 개입 없이는 지속가능하고 포용적인 경제체제를 구축하는 데 한계가 있음을 보여준다. 이러한 현실은 시장 중심의 접근 방식만으로는 현대 자본주의의 문제를 해결하기 어렵다는 점을 시사한다.

시장과 정부가 조화를 이루며 각자의 역할을 적절히 분담하는 경제 모델의 필요성은 여러 이론에서도 강조되고 있다. 대표적으로 아나톨레 칼레츠키(A. Kaletsky)는『자본주의 4.0』에서 금융위기 이후 시장과 정부가 상호 보완적인 관계를 맺는 새로운 자본주의 형태를 제시하였다. 또한 앤서니 기든스(A. Giddens)는『제3의 길』을 통하여 중도좌파적 관점에서 시장의 효율성과 정부의 공공성이 균형을 이루는 경제 모델을 제안하였다. 결국, 현대 경제는 시장의 자율성과 정부의 개입이 균형 있게 작동할 때 비로소 지속가능하고 포용력 있는 발전을 이룰 수 있다. 앞으로의 경제정책은 이러한 균형을 기반으로 하여 공공과 민간부문이 협력하는 방향으로 설계되어야 할 것이다.

# 연습문제

17.1. 자본주의 경제체제의 역사적 발전 과정과 주요 성과를 설명하고, 현재 자본주의 체제가 직면한 새로운 도전과 과제를 서술하시오.

17.2. 지속가능한 성장을 위한 한국경제의 과제를 제도적 측면에서 설명하고, 최근 국가경쟁력 지표를 통하여 나타난 한국경제의 강점과 약점을 서술하시오.

17.3. 한국형 경제발전 전략의 역사적 특징과 한계를 설명하고, 현재 한국이 지향해야 할 경제발전 전략의 방향을 서술하시오.

17.4. 경제성장과 주관적 행복 간의 괴리 현상에 관해 설명하고, 한국 사회에서 행복 증진을 위한 정책 방향을 서술하시오.

17.5. 한국경제의 높은 대외의존도 특성과 그로 인한 구조적 한계를 설명하고, 향후 지속가능한 성장을 위한 정책적 방향을 서술하시오.

17.6. 저출산·고령화가 한국경제에 미치는 영향을 설명하고, 이에 대응하기 위한 정책적 방향을 서술하시오.

17.7. 한국의 소득분배 상태와 복지정책의 특징을 설명하고, 향후 효과적인 소득재분배를 위한 정책 방향을 서술하시오.

17.8. 한국의 R&D 투자 현황과 혁신성과의 문제점을 설명하고, 향후 혁신생태계 개선을 위한 정책 방향을 서술하시오.

17.9. 한국의 국가부채 및 민간부채 현황과 그 문제점을 설명하고, 향후 부채 관리 및 경제의 지속가능성을 위한 정책 방향을 서술하시오.

17.10. 전통적 시장경제 체제의 한계를 설명하고, 지속가능한 경제발전을 위해 정부 역할의 필요성과 향후 정책 방향을 서술하시오.

# 색인


## ㄱ

간접세 ........ 199
개별소비세 ........ 203
경공업 ........ 157
경제개발 5개년 계획 ........ 21, 79, 113
경제기획원 ........ 20, 77
경제력집중 ........ 31
경제안정화종합시책 ........ 178, 342
공공기관 ........ 196
공공부조 ........ 387
공공재 ........ 187
공적개발원조 ........ 454
국가경쟁력 ........ 464, 466
국가 기후변화 적응 대책 ........ 422
국가부채 ........ 195
근대화이론 ........ 40
글로벌 금융위기 ........ 148, 363
글로벌 복합위기 ........ 367
금산분리 ........ 111, 242
금융기관 ........ 219, 353
금융시장 ........ 59, 220, 353, 361, 365
금융실명제도 ........ 112
금융억압 ........ 58, 90
금융하부구조 ........ 222
기계산업 ........ 171
기본소득 ........ 398
기후변화대응 기본계획 ........ 422
기후변화 종합대책 ........ 418

## ㄴ

네거티브 리스트 ........ 90
노동정책 ........ 32
녹색성장 ........ 137
녹색성장 5개년 계획 ........ 421

## ㄷ

대기업 ........ 279, 281, 476
대외원조 ........ 56
대외차관 ........ 27
대충자금 ........ 57, 66, 200
동아시아 외환위기 ........ 350
디지털 전환 ........ 6

## ㅁ

무상원조 ........ 57, 76, 454
민간부채 ........ 477
민간주도 경제발전 이행기 ........ 36, 99, 202, 228, 257, 264, 286, 294, 315, 390, 409, 416, 445
민영화 ........ 205, 332

## ㅂ


부가가치세 ........ 201
브라운 각서 ........ 163
비교우위이론 ........ 180
비철금속산업 ........ 170


## ㅅ


사회보장제도 ........ 383, 386
사회보험 ........ 386
사회복지지출 ........ 478
사회서비스 ........ 387
사회안전망 ........ 358
산업합리화 ........ 349
생산적 복지 ........ 101
서비스산업 ........ 309, 449, 479
서비스산업 경쟁력 강화 종합대책 ........ 321
서비스산업 발전법 ........ 324
석유화학산업 ........ 176
소득분배 ........ 25, 377, 473
소득재분배 ........ 186
소득주도성장정책 ........ 144
수입대체 전략 ........ 26, 63
수입산업 ........ 17
수정자본주의 ........ 45
수출산업 ........ 16
수출실적링크제 ........ 87
수출주도형 ........ 83
수출주도형 산업정책 ........ 23
수출진흥종합시책 ........ 88
스태그플레이션 ........ 342
식민지근대화론 ........ 48
신성장 4.0 전략 ........ 147


## ㅇ


에너지기본계획 ........ 410
에너지믹스 ........ 406
에너지전환 ........ 6, 480
FTA ........ 456
엔젤투자 ........ 298
영점기준예산제도 ........ 202
온실가스 감축 ........ 424
온실가스 배출 ........ 33, 404
외국인직접투자 ........ 358, 437, 438
외자도입정책 ........ 84
워싱턴 컨센서스 ........ 39, 150, 485
유치산업보호론 ........ 180
음의소득세 ........ 398
ESG 경영 ........ 481
인기영합주의(populism) ........ 19
인적자본 축적 ........ 28
일반회계 ........ 188
1·21 사태 ........ 163


## ㅈ


자동차산업 ........ 173
자본주의 ........ 45, 149
자본주의 4.0 ........ 149
자본주의 맹아론 ........ 46
자영업자 ........ 280, 283, 478
재정 ........ 186

저출산·고령화 ............................ 6, 471
전자산업 ............................ 174, 249
정보통신산업 ............................ 250
정부주도 고도성장기 ... 69, 200, 225, 256, 263, 292, 315, 388, 408, 414, 441
정부주도형 고도성장기 ............................ 35, 285
제4차 산업혁명 ............................ 481
조선산업 ............................ 169
조세체계 ............................ 190, 199, 201
종속이론 ............................ 40
종합부동산세 ............................ 204
종합토지세 ............................ 203
주택담보대출비율(LTV) ............................ 135
중견기업 ............................ 280
중소기업 ............................ 279, 281, 475
중소기업정책 ............................ 291
중화학공업 ............................ 157
중화학공업화 선언 ............................ 164
지속가능발전 ............................ 7, 481, 488
지속가능발전 기본계획 ............................ 419
지속가능발전 준비기 ... 37, 125, 203, 235, 259, 268, 288, 295, 318, 391, 410, 418, 450
직접세 ............................ 199

## ㅊ

철강산업 ............................ 166
출자총액제한제도 ............................ 108

## ㅋ

카드사태 ............................ 359

## ㅌ

탄력관세제도 ............................ 90
탄소중립 ............................ 480
탄소중립기본법 ............................ 425
특별소비세 ............................ 201
특별회계 ............................ 188

## ㅍ

8·3 긴급경제조치 ............................ 340
포지티브 리스트 ............................ 90
포퓰리즘 ............................ 121
피터팬 증후군 ............................ 278

## ㅎ

한강의 기적 ............................ 3, 72
한국 자본주의 태동기 ............................ 35
한국판 뉴딜종합계획 ............................ 145
한미원조협정 ............................ 66
한미잉여농산물협정 ............................ 66
한일기본조약 ............................ 96
한일협정 ............................ 87
해외직접투자 ............................ 439
혁신생태계 ............................ 473, 487
환경 쿠즈네츠 곡선 ............................ 427
환율제도 ............................ 87, 444

QR코드를 스캔하시면 참고문헌을 확인할 수 있습니다

## 강성진

고려대학교 경제학과 학사, 석사
미국 스탠포드(Stanford)대학교 경제학 박사
前 일본 쯔꾸바대학교 조교수
現 고려대학교 경제학과 교수
제56대 한국경제학회 회장
제46대 한국국제경제학회 회장
제18대 한국경제연구학회 회장


### 저서 및 논문

강성진, 2022, 《경제발전론》, 제2판, 박영사.
강성진, 2020, 《라이브 경제학》, 매일경제신문사.
Hwan Joo Seo and Sung Jin Kang, 2024, Income Redistribution, Inequality and Democracy, Routledge.
Sung Jin Kang and Hwan-Joo Seo, 2023, "Validity of the Meltzer and Richard Hypothesis under Captured Democracy and Policy Regime Hypotheses," Economic Analysis and Policy, 80, pp.1732-1749.
Hwan Joo Seo, Sung Jin Kang and Yong Jun Baek, 2020, "Managerial Myopia and Short-termism of Innovation Strategy: Financialization of the Korean Firms," Cambridge Journal of Economics, 44(6), pp.1197-1220.
강성진·정태용, 2017, 《경제체제전환과 북한: 지속가능발전의 관점에서》, 고려대학교 출판문화원.

## 한국경제론


| | |
|---|---|
| 초판발행 | 2025년 9월 10일 |
| 지은이 | 강성진 |
| 펴낸이 | 안종만 · 안상준 |
| 편 집 | 전채린 |
| 기획/마케팅 | 김한유 |
| 표지디자인 | BEN STORY |
| 제 작 | 고철민 · 김원표 |
| 펴낸곳 | (주) 박영사<br>서울특별시 금천구 가산디지털2로 53, 210호(가산동, 한라시그마밸리)<br>등록 1959. 3. 11. 제300-1959-1호(倫) |
| 전 화 | 02)733-6771 |
| f a x | 02)736-4818 |
| e-mail | pys@pybook.co.kr |
| homepage | www.pybook.co.kr |
| ISBN | 979-11-303-2403-6 93320 |





정 가 29,000원